J. Dornfeld

Der rationelle Weinbau und die Weinbereitungs-Lehre

Mit einem Anhang über den Einfluss der climatischen Verhältnisse auf den

Weinbau

J. Dornfeld

Der rationelle Weinbau und die Weinbereitungs-Lehre
Mit einem Anhang über den Einfluss der climatischen Verhältnisse auf den Weinbau

ISBN/EAN: 9783743412255

Hergestellt in Europa, USA, Kanada, Australien, Japan

Cover: Foto ©Andreas Hilbeck / pixelio.de

Weitere Bücher finden Sie auf **www.hansebooks.com**

Der rationelle Weinbau

und die

Weinbereitungs-Lehre

mit einem Anhang über den Einfluß der climatischen Verhältnisse
auf den Weinbau.

Von

J. Dornfeld,

Cameral-Verwalter in Weinsberg,

Verfasser der Preisschrift „**Die Weinbauschule**", Ritter des Friedrichs-Ordens,
Mitglied der württembergischen Weinverbesserungs-Gesellschaft, sowie verschiedener anderer
landwirthschaftlicher Gesellschaften und Vereine.

Den Weinproduzenten und Wein-Commerzianten Deutschlands, sowie allen Freunden des
Weinbaues und eines reinen Naturweines gewidmet.

Heilbronn.
Buchhandlung von Albert Scheurlen.
1864.

Vorrede.

Wir besitzen über den Weinbau und die Weinbereitung aus ältern und neuern Zeiten zwar viele Schriften, dieselben beziehen sich aber entweder nur auf einzelne Weinbaugegenden, oder es wird in denselben blos der Weinbau oder die Weinbereitung abgehandelt, obgleich beide Gegenstände so enge mit einander verbunden sind, daß sie nicht wohl von einander getrennt werden sollten, weil auch bei dem rationellsten Weinbaue der erzeugte Wein noch durch eine unpassende Weinbereitung verdorben oder bedeutend an Qualität verlieren kann.

Außerdem sind in Folge der Verhandlungen der deutschen Wein- und Obstproduzenten (vergleiche die Wein- und Obstproduzenten Deutschlands von J. Dornfeld, Stuttgart, Cotta'scher Verlag 1852) sowie der deutschen Land- und Forstwirthe über Weinbau so viele Erfahrungen über einen rationellen Betrieb des Weinbaues und der Weinbereitung gemacht worden und so manche interessante Fragen zur Erörterung gekommen, daß dadurch in allen Weinbaugegenden Deutschlands ein reger Eifer in der Verbesserung des Weins erwacht ist, der theils von den Regierungen der einzelnen Länder, theils durch Privatvereine auf mancherlei Weise gepflegt und unterstützt wird, wodurch sich auch die frühern Weinbauverhältnisse in manchen Weinbaugegenden wesentlich geändert haben und überhaupt eine neue Epoche bei dem Weinbaue und der Weinbereitung eingetreten ist. Insbesondere gebührt der württembergischen Weinverbesserungsgesellschaft und der württembergischen Centralleitung der Landwirthschaft das Verdienst, daß, durch meistens unentgeldliche Vertheilung von vielen Millionen edler Reben, sowie durch Entsendung von intelligenten Weingärtnern in andere Weinbaugegenden, die Anpflanzung edler Rebsorten und die zweckmäßige Erziehung und Behandlung derselben wesentlich befördert und verbreitet wurde. Durch diese Bestrebungen und gegenseitige Mittheilungen sind auch manche neue Traubengattungen im Großen angepflanzt worden, die in einzelnen Weinbaugegenden entweder noch gar nicht bekannt waren, oder die nur im Kleinen in Versuchsanlagen gepflanzt wurden und deren Eigenschaften und Tauglichkeit zu der Erzeugung eines guten Weins noch nicht gehörig bekannt sind.

Es dürfte deßwegen für jeden intelligenten Weinbauer als ein Bedürfniß erscheinen, nicht nur die neueren erprobten Erfahrungen, sondern auch die Grundsätze, nach welchen überhaupt ein rationeller Weinbau und die damit in Verbindung stehende Weinbereitung einzurichten ist, in einer besondern Schrift zusammengestellt zu finden, und glaubt der Verfasser, einem solchen Unternehmen sich umsomehr unterziehen zu dürfen, als die in dem gegenwärtigen Werke aufgestellten Grundsätze sich fast durchgängig auf eigene Erfahrungen und Wahrnehmungen gründen, die bei dem nun seit mehr als zwanzig Jahren betriebenen eigenen ausgedehnten Weinbane gesammelt wurden, und bei dem nicht nur alle edleren Rebsorten im Großen angepflanzt, sondern mit dem auch einzelne Versuchsländer verbunden sind, in welchen gegen 150 der verschiedenartigsten Rebsorten zur Anpflanzung kamen.

Außerdem wollte der Verfasser in dem vorliegenden Werke die Grundsätze, die in der von ihm verfaßten und von der württembergischen Weinverbesserungsgesellschaft herausgegebenen Preisschrift „Die Weinbauschule" (Heilbronn, bei Albert Scheurlen) niedergelegt sind, weiter ausführen, daher das gegenwärtige Werk vielleicht vielen Besitzern der Weinbauschule willkommen ist, und insbesondere dürfte dasselbe bei dem Unterricht in den landwirthschaftlichen Fortbildungsschulen als Erläuterung des Inhalts der Preisschrift mit Nutzen Anwendung finden.

Auch der dem Werke beigegebene Anhang über den Einfluß der Witterungsverhältnisse auf den Weinbau dürfte nicht nur für alle diejenigen, welche sich für solche Einflüsse der Witterung interessiren, sondern insbesondere auch für die Weinproduzenten und Wein-Commerzianten von besonderem Werthe sein, indem nach den dort gegebenen Anleitungen und Vergleichungen sich schon nach beendigter Traubenblüthe in der Regel berechnen läßt, welcher Qualität von Wein man auf den kommenden Herbst entgegensehen darf, was auf den Verkauf so wie auf den Einkauf des Weins immer von wesentlichem Einfluß sein wird.

Möge nun das ganze Werk eine wohlwollende Aufnahme finden.

Weinsberg im September 1863.

Der Verfasser.

Inhalts-Uebersicht.

I. Beschreibung der Rebe und der Traube.

Seite.
1. Die Wurzel 1
2. Der Stamm, die Zweige, die Blätter . . 3
3. Die Traube . . . 12

II. Die Traubengattungen
nach ihrer systematischen Ordnung.

Weiße und rothe Trauben.

1. Orleans 21
2. Weißer Räuschling 22
3. Traminer (der rothe, Gewürz-, und weiße Traminer) . 22
4. Rother Malvasier 23
5. Rother Velteliner (der große, der mittlere, der kleine) 23
6. Der weiße Hängling 24
7. Der Elbling (der weiße, gelbe rothe, der Rauelbling) . 24
8. Der weiße Kleinedel 25
9. Der Rothurban 25
10. Der weiße Clevner . . . 26
11. Der Ruländer (graue Clevner) . . . 26
12. Sylvaner (der weiße, gelbe, rothe) . 27
13. Ortlieber (gelber, weißer) . . 28
14. Weißer Tokayer 28
15. Weißer Süßling . 28
16. Rother Reisler . 29
17. Weißer Rothgypsler 29
18. Weißer Burgunder . 30
19. Weißer Fütterer . . . 30
20. Rießling (der weiße, rothe) . 30
21. Weißer kurzstieliger Champagner . . 31
22. Heunisch (der weiße, gelbe, rothe, blaue) . . 31
23. Weißer Welschrießling . . . 32

	Seite
24. Rother Hans (kleiner Velteliner)	32
25. Rother Trollinger	32
26. Gutedel (der weiße, rothe, Krachgutedel)	33
27. Muskateller (der weiße, rothe)	33

Blaue und schwarze Trauben.

	Seite
1. Blaue Eicheltraube	34
2. Blauer Augster	34
3. Blauer Marokkaner	34
4. Blauer Blüssardt (schwarzer Malvasier)	35
5. Blauer Bernardi	35
6. Rothblaue Zottelwelsche (blaurother Hudler, Gol, Weißlauber)	35
7. Blaue Müllertraube (schwarzer Rießling)	36
8. Schwarzblauer Zottelwelscher (Rohrtraube, Wullewelsch)	36
9. Schwarzer Traminer	37
10. Blauer Hängling	37
11. Blauer Färber	37
12. Schwarzer Elbling	38
13. Blaue Bodenseetraube	38
14. Schwarz-Urban	38
15. Blauer Clevner (blaues Möhrchen, blauer Arbst, Frühclevner)	39
16. Blauer Sylvaner	40
17. Blauer Portugiese	40
18. Blauer Tokaher	41
19. Blauer Carmenet	41
20. Blaue Kadarka	42
21. Blauer Neri	42
22. Blauer Klöpfer	42
23. Blauer Wildbacher	43
24. Blauer Gelbhölzer (Lomersheimer Schwarze)	43
25. Blaue Hartwegstraube (Grob-Tauberschwarz)	43
26. Blauer Liverdun	44
27. Blauer Pineau	45
28. Schwarzblauer Scheuchner, blauer Köllner (Grübler, Pommerer)	45
29. Der blaue Heunisch	45
30. Der Mohrenkönig	45
31. Blauer Burgunder	46
32. Blauer Affenthaler	47
33. Blauer Trollinger (der rothholzige, gelbholzige)	48
34. Blauer Gänsfüßler	48
35. Blaue Frankentraube (Süßroth)	49
36. Blauer Limberger	49
37. Schwarzer Muskateller	50
Blauer Muskateller	50

Tafeltrauben.

	Seite
Weiße und blaue Gaisbutte	51
Der weiße Malvasier	51
Gelbe Seidentraube, auch weiße Zibebe	52
Früher weißer Damaszener	52
Weiße frühe Lahntraube	52
Weißer Muskat-Sylvaner	52
Früher blauer Jakobi- oder August-Clevner	53
Weißer Gutedel-Malvasier	53
Blaues Ochsenauge	53
Blaue Isabelle	53
Blauer und zweifarbiger Morillon	53
Blauer Aramon	53
Rothe Kalebstraube	54
Weiße Vanilletraube	54
Weißer Pariser Gutedel	54
Früher weißer, auch Perl- oder Diamant-Gutedel	54
Rother Königs-Gutedel	54
Weißer und rother geschlitztblättriger oder Petersilien-Gutedel	54
Großer, weißer und rother spanischer Gutedel	55
Schwarzer auch blauer Muskat-Gutedel	53
Weißer Muskat-Gutedel	55

III. Der rationelle Weinbau.

Erfordernisse eines rationellen Weinbaues, sowie der Weinbereitung, Unterrichtsanstalten 56

IV. Lage der Weinberge.

Im Allgemeinen	68
1. Die südliche Lage	69
2. Die Erhebung über die Meeres- und Thalflächen	70
3. Die Richtung gegen die Himmelsgegend	73
4. Abdachungen gegen die Thalsohle	75
5. Die Richtung der herrschenden Winde	76
6. Die Umgebung der einzelnen Weinbergslagen	78
7. Die Regenmenge	80

V. Nahrungsstoffe der Reben, Boden der Weinberge.

Allgemeine Grundsätze über die Nahrungsstoffe der Pflanzen, Nahrungsstoffe der Luft	81
Urstoffe der Erde	86
Bildung unserer Erdrinde	90
Die Bodenarten und ihre Eigenschaften	95

	Seite
Der Humus	102
Der Untergrund	103
Chemische Untersuchung einzelner Weinbergserden	105
Chemische Untersuchung der Rebe und ihrer Asche	106
Allgemeine Grundsätze für einen guten Weinbergsboden	109
Boden für die einzelnen Traubengattungen	115

VI. Die anzupflanzenden Traubengattungen.

Allgemeine Grundsätze	126
Reine oder gemischte Bestockung	128
Passendste Traubengattungen	
Für weiße Weine	130
Für rothe Weine	130
Anpflanzung verschiedener Traubengattungen	
Für rothe und weiße Weine	
Mitten bei reiner Bestockung	
Unten bei reiner Bestockung	132
Oben bei reiner Bestockung	
Bei gemischter Bestockung	133

VII. Die Anlegung der Weinberge.

1. Die Vorbereitung des Bodens	135
2. Das Reuten (Rotten)	
a. Lage und Abdachung	140
b. Unebenheiten	140
c. Untergrund, Entwässerung	141
d. Die Art des Reutens	143
e. Das tiefe oder seichte Reuten	145
f. Die Zeit des Reutens	147
g. Die Anlegung von Mauern und Rainen	148
3. Die Setzreben	
a. Die Erziehung aus Samen	151
b. Die Erziehung aus dem Holze	153
c. Die Wurzelreben	156
d. Die Schnittlinge (Blindreben)	160
e. Die Auswahl der Reben	162
4. Das Setzen.	
a. Die Zeit des Setzens	164
b. Das Zurichten des Bodens	166
c. Das Auszielen (Weite der Bestockung)	167
d. Die Art des Setzens	171
e. Das Verlegen und Vergruben der Reben	177

VIII. Die Erziehung des Weinstocks.

	Seite
Allgemeine Grundsätze	182
1. Die Erziehung des jungen Rebstocks	182
a. Die Die Kopferziehung	183
b. Die Schenkelerziehung	188
2. Die Erziehung ohne Holzunterstützung	
Bockschnitt	
Balkenerziehung	190
Hecken-Weinberge	
3. Die Erziehung mit Holzunterstützung.	
a. Pfahlerziehung	193
b. Rahmenerziehung	196
c. Kammer-Erziehung	198
d. Die Erziehung an Geländen, Arkaden-Bogengang- Lauben- Buschbaum- Pyramiden- und Hochstamm-Erziehung	204
e. Die Erziehung in Töpfen	205
4. Die Erziehung des tragbaren Rebstocks.	
a. Das Schneiden.	
Im Allgemeinen	207
Der einzelnen Rebgattungen	213
Die Instrumente zum Schneiden	221
Die Zeit des Schneidens	221
b. Das Ruthenbiegen	223
c Außerordentliche Frühjahrs-Arbeiten.	
aa. Das Stöckesetzen	225
bb. Das Pfropfen der Rebstöcke	227
cc Das Ringeln der Reben	231
d. Das Verbrechen, Zwicken und Einkürzen der Reben	232
e. Das Ueberhauen, Gypfeln, Laubschneiden, Ausflügeln, Ausblatten der Reben	238

IX. Die Boden- und sonstige Weinbergsarbeiten.

Im Allgemeinen.	
1. Das Aufziehen, Aufdecken	242
2. Das Aufräumen	243
3. Das Hacken, Graben, Umkehren	244
4. Das Pfählen	247
5. Das Anhängen, Anheften, Gürten	250
6. Außerordentliche Arbeiten.	
a. Das Graben-Ausschlagen	
b. Das Rainpritschen	251
c. Das Steinelesen	
7. Das erste Felgen, Brachen, Rühren	252
8. Das Binden der Reben	253
9. Das zweite Felgen, Rühren, Lautergraben	255

	Seite
10. Das Heften oder zweite Binden	256
11. Das dritte Felgen	257
12. Das Bandaufschneiden und Pfähleausziehen	257
13. Das Niederlegen und Bedecken (Trechen, Beziehen) der Reben	259

X. Die Düngung.

Allgemeine Grundsätze 263
Die Düngung mit Mineralstoffen.
  1. Kalk 266
  2. Gyps oder schwefelsaurer Kalk . . 266
  3. Düngende Salze.
    a. Laugensalze
    b. Torf- und Steinkohlenasche } 267
    c. Salpetersaure- und kochsalzsaure Salze
  4. Der Mergel 268
  5. Der Schiefer 269
  6. Die Erde 269
Organische Düngung
  1. Pflanzen- oder vegetabilische Düngung.
    a. Gründüngung 272
    b. Die Düngung mit dem Laub und Holz der Reben . 274
    c. Düngung mit todten Pflanzentheilen.
      Stroh, Laub, Holznadeln, Heidekraut, Moos, Oelkuchen . 276
  2. Thierische Düngung.
    a. Abfälle der Abdeckereien . . 278
    b. Das Blut 278
    c. Hornspähne . . . 278
    d. Haare und sonstige Abfälle . . 278
    e. Wolle 278
    f. Knochen 278
    g. Guano oder Vogeldünger . . 278
    h. Jauche, Gülle 278
  3. Vegetabilisch animalische Düngung.
    a. Rindviehdünger . . .
    b. Pferdedünger . . .
    c. Der Schafdünger . . . } 283
    d. Der Schweinsdünger . .
    e. Der Abtritts- oder Menschendünger .
    f. Zubereitung und Wirksamkeit dieser Düngerarten
  4. Der künstliche Dünger.
    a. Compost . . . . } 288
    b. Der chemische Dünger . .
  5. Die Nachhaltigkeit, Zeit und Art der Düngung.
    a. Die Nachhaltigkeit . . . 290
    b. Die Zeit der Düngung . . . 292
    c. Die Art der Düngung . . . 294

XI. Die Krankheiten und Beschädigungen des Weinstocks und der Traube.

	Seite
1. Beschädigung durch die Winterkälte	296
2. Beschädigung durch Winde	299
3. Beschädigung durch Frühjahrs- und Spätjahrsfröste	300
4. Der rothe Brenner (Laubrausch)	306
5. Der schwarze Brenner	308
6. Die Gelbsucht	310
7. Der Honig- und Mehlthau	315
8. Die Saftüberfüllung und das Verwachsen der Reben	316
9. Die Trauben- oder Schimmelkrankheit	316
10. Der Grind	320
11. Beschädigungen durch Hagel, Wolkenbrüche, Regen, Nebel.	
a. Durch Hagel	321
b. Durch Wolkenbrüche	323
c. Durch Regen und Nebel	324
12. Das Braten der Trauben (Sonnenbrand)	326
13. Das Faulen der Trauben	326
14. Sonstige Unfälle des Rebstocks.	
a. Die Auszehrung, Entkräftung	328
b. Die Bemoosung	328
15. Die Beschädigungen durch Insekten.	
a. Der Heu- und Sauerwurm	329
b. Der Springwurmwickler	
c. Die rauchfarbige Eule	333
d. Die Flechtweiden-Eule	
e. Der Rebensticher	
f. Der Maikäfer	334
g. Die Hornisse, Wespen, Bienen, Mücken	
h. Die Schnecken und Ameisen	
16. Beschädigungen durch Thiere	336

XII. Die Weinbereitung.

1. Die Weinlese.	
Bestandtheile der Traubenbeere, die Entwicklung und das Ausreifen derselben	338
Die Zeit der Traubenlese	349
Die Art und Weise der Traubenlese	
a. Der Reifegrad der Trauben	351
b. Das Ausscheiden der verschiedenen Traubengattungen	351
c. Das Ausscheiden des guten und geringen Gewächses	351
d. Die Berücksichtigung der Witterungsverhältnisse	351
e. Der Uebergang zu der Spätlese	355
f. Die Einrichtung und Art der Lese	357

	Seite
2. Das Zerdrücken der Traubenbeere.	
a. Das Zerdrücken mit den Kämmen	360
b Das Zerdrücken ohne Kämme	362
c. Die Behandlung und Aufbewahrung der zerdrückten Traubenbeere	372
3. Das Keltern des Weinmostes.	
a. Die Kelterhäuser	373
b. Die Pressen	375
aa. Die Baum= (Hebel=) Pressen (Torkeln)	376
bb. Die Kasten= Schrauben= oder Spindelpressen	378
cc. Die hydraulischen Pressen Art des Pressens	380
4. Erzeugung verschiedener Gattungen von Weinmost, Prüfung auf Qualität	381
5. Die Gährung des Weinmostes	
Allgemeine Grundsätze	389
a Die Gährlokale	394
b. Die Gährgefässe	397
c. Die Art der Gährung.	
aa. Die Gährung an den Trebern	400
bb. Die Gährung ohne die Treber	402
cc. Die Entschleimung	403
dd. Die offene und verschlossene Gährung	407
d. Die Gährung des weißen Weins	410
e. Die Gährung des rothen Weins	412
f. Ueber das Aufhören und die Unterbrückung der Gährung	416

XIII. Die Nebennutzungen.

1. Abfälle an Laub und Rebholz	418
2. Rebschnittlinge	419
3. Die Traubenkerne	419
4. Die Weintreber	420
5. Die Weinhefe	420
6. Die Anpflanzung von Nebengewächsen	421

XIV. Die Behandlung des Weins im Keller.

Im Allgemeinen	421
1. Die Kellereinrichtung	422
2. Die Fässer	424
3. Das Ablassen des Weins und dessen Behandlung vor, bei und nach dem Ablasse	427
4. Bestandtheile des Weins, Prüfung der Qualität	434

Anhang.

	Seite
Einfluß der climatischen Verhältnisse auf den Weinbau, nach den Beobachtungen in Württemberg	438
1. Sommertage	439
2. Mittlere Temperatur	445
3. Regenfall	452
4. Traubenblüthe, Weinlese	456
Betrachtungen über die Bestimmung der Weinqualität nach den Witterungsverhältnissen	259

Wesentliche Druckfehler.

Seite 84 Zeile 24 von oben lies: in dieselben statt in denselben.
„ 92 „ 6 „ unten „ Nagelflue statt Nagelflur.
„ 96 „ 3 „ „ „ Mergel kommt in verschiedenen Formationen vor statt verschiedener Formation.
„ 100 „ 5 und 6 von oben siehe §. 78 statt Anmerkung zu §. 78.
„ 108 „ 1 „ 2 „ „ Columne 4 lies: von Meißen statt von Weißen.
„ 123 „ 7 von unten lies: Blüssardt statt Blässardt.
„ 125 „ 10 „ „ „ Karmenet statt Kormenot.
„ 125 „ 5 „ „ „ Kabarka statt Kobarka.
„ 142 „ 12 „ „ „ Hooibrenk statt Hovibrenk.
„ 160 letzte Zeile „ „ „ da jedoch, besonders wenn die Reben statt besonders wenn 2c
„ 233 Zeile 3 von unten lies: Sonnenbrand statt Sommerbrand.
„ 244 „ 1 „ oben „ und statt in.
„ 258 „ 1 „ „ „ freistehen statt reistehen.
„ 258 „ 12 u. 13 von oben lies: einschieben.
„ 272 „ 14 von oben lies: vegetabilische statt vegatabilische.
„ 344 „ 13 „ „ „ Zellen statt Zelten.
„ 372 „ 7 „ „ „ Walzen statt Walzer.
„ 406 „ 19 u. 20 von oben lies: Trauben statt Trüben.
„ 417 „ 10 von unten lies: bei statt be=.
„ 426 „ 9 „ oben lies: Wein statt Weingeist

Die rationelle Weinbau- und Weinbereitungslehre.

I. Beschreibung der Rebe und der Traube.

§. 1.

Die Rebe gehört zu den verbreitetsten Gewächsen der Erde, man findet dieselbe in wildem Zustande als Schlingpflanze von den Aequator-Gegenden bis zum fünfzigsten Grad nördlicher Breite, und auch in Deutschland wird dieselbe noch in manchen Gegenden wie im Rhein- und Donau-Thale als wilde Pflanze angetroffen. In diesem Zustande gelangen aber ihre Beerenfrüchte entweder gar nicht zur vollständigen Reife oder geben nur einen herben und sauren Saft, der dem als edlen Wein bekannten Nectar kaum oder nur in sehr entferntem Grade gleichkommt. Soll aus der Frucht der Rebe ein edler Wein erzeugt werden, so bedarf die Rebe einer sorgfältigen Anpflanzung und Erziehung, und um beide dem Zwecke entsprechend vollführen zu können, ist vor allem eine genaue Kenntniß der Rebe und ihrer Frucht, der Traube, erforderlich.

Die Rebe besteht aus der Wurzel, dem Stamme und den Zweigen mit ihren Blättern, von welchen jeder Theil seine Functionen zu verrichten hat, die zur Ernährung und Erhaltung der Pflanze dienen.

1. Die Wurzel.

Die Wurzel besteht aus dem Wurzelstock oder der Stange, weil sie sich meist fast senkrecht in dem Boden befindet, von der dann die übrigen Wurzeltheile ausgehen. Sie hat in der Regel eine Länge von 1—1½ Fuß und ist in Entfernungen von 2—3 Zoll in Gelenke (Knoten, Absätze) abgetheilt, an welchen sich die Wurzeln ansetzen. Dieselben werden abgetheilt:

a. In die Fußwurzeln, die am untersten Ende des Wurzelstocks sich ansetzen und ausbreiten, tief in den Boden eindringen und dort den Fuß des ganzen Stocks bilden, durch den derselbe die nöthige Festigkeit im Boden erhält. Sie sind zugleich die Hauptwurzeln, welche dem Stock die meiste Nahrung auch aus den untern Bodenschichten, sowie, wenn der obere Boden ausgetrocknet ist, die erforderliche Feuchtigkeit zuführen, und ohne welche kein Rebstock gehörig gedeihen und ein kräftiges Alter erreichen kann.

Unter denselben wird die stärkere, die mehr senkrecht und tief in den Boden eindringt, um dort Nahrung zu suchen, die Stech-, Pfahl- oder Herz-Wurzel genannt.

b. In die Seitenwurzeln, welche sich an verschiedenen Stellen der Stange ansetzen und ausbreiten und dem Stocke aus dem gebauten Grunde die erforderliche Nahrung zuführen.

c. In die Thau- oder Tagwurzeln, welche sich am obersten Gelenke unter dem Kopfe des Stocks bilden und ihren Namen daher haben sollen, daß sie, weil mehr an der Oberfläche des Bodens, theilweise zu Tage gehen und hauptsächlich den Thau einsaugen. Sie erscheinen an jungen Rebstöcken und in lockerem, kräftigem, gutgedüngtem Boden häufiger, als an alten Reben in festerem Boden.

Die Wurzeln entwickeln sich bei der in den Boden eingesenkten Rebe, besonders an dem an jedem Gelenke befindlichen Wulst, wo auch das Auge sich befindet, das durch die Wärme und Feuchtigkeit des Bodens in Trieb kommt und dadurch Leben in die Rebe bringt und dieselbe, weil das Auge als im Boden befindlich sich nicht entwickeln kann, dadurch zur Wurzelbildung anregt.

Jede größere Wurzel hat in der Regel wieder ihre Zweigwurzeln, die sich in dünne, zarte, faserartige Zweige abtheilen, aus dem Boden die zum Gedeihen des ganzen Rebstocks erforderliche Nahrung, die ihnen hauptsächlich durch das Wasser theils aus der Luft, theils aus der Erde zugeführt wird, an sich ziehen, und daher Saug- oder Haarwurzeln genannt werden.

Alle Wurzeln sind an ihrem Ende etwas ausgehöhlt und mit einer großen Menge kleiner Löcher oder Poren, wie der Kopf einer Gießkanne, versehen, durch welche die Nahrungssäfte aus dem Boden eingesaugt werden. Sie verlängern sich und wachsen, so lange sie im Boden Nahrung finden und dringen oft in die härteste Erde, in Steinspalten, weiche Steine und Gemäuer ein, um dort Nahrung zu suchen. Finden sie keine Nahrung oder wird durch harten Boden, Felsen ꝛc. das Vor- und Seitwärtsschreiten der Wurzeln gehindert, so tritt eine Stockung der Vegetation ein, die Wurzeln sterben nach und nach ab und mit ihnen der Rebstock selbst, oder er bleibt in der Entwicklung zurück. In einem kräftigen, gut durchgearbeiteten, nicht zu festen und zu lockeren Boden, durch den die Wurzeln überall dringen und Nahrung finden, wird die Bewurzelung sehr stark sein und gegen alle Seiten sich eine schöne Wurzelkrone bilden, während in all zu lockerem, leichtem, magerem, sandigem oder gar wässerigem Boden, die Wurzeln, weil sie weniger Nahrung finden, dünner und länger werden und weniger Seitenwurzeln haben, d. h. sie müssen sich mehr ausdehnen, um entsprechende Nahrung zu finden, wobei jedoch auch wieder zwischen den einzelnen Rebgattungen eine große Verschiedenheit stattfindet, indem manche Gattungen, wie der Trollinger, eine sehr starke Vegetationskraft besitzen und daher eine ausgedehnte Wurzelkrone bilden, während andere Gattungen mit geringerer Vegetationskraft, wie der Traminer, nur wenig ausgebreitete Wurzelkronen besitzen.

Die Wurzeln entstehen dadurch, daß sich innerhalb derselben kleine Luftgefäße bilden, die von einem feinen Zellgewebe in einer bedeckten Haut eingeschlossen sind, und sich nach und nach verlängern; die Haut der Wurzel durchdringen und in die Erde gehen, woraus deutlich zu entnehmen ist, daß auch die Wurzeln zu ihrer Fortbildung Luft nöthig haben, und daß, so wie sie zu tief mit Erde bedeckt werden und die Luft fehlt, die Pflanze zu Grunde gehen muß. Mit den gewöhnlich in weichem oder flüssigen Zustande befindlichen Nahrungssäfte der Rebe gehen aber auch Stoffe in die Wurzeln über, welche zur Ernährung derselben nicht nöthig sind, und die daher, nachdem die zusammengesetzten Stoffe durch die Rebe verarbeitet sind (§. 75), durch die Poren der Wurzeln wieder ausgeschwitzt werden; es sind dieß die Excremente der Reben.

2. Der Stamm, die Zweige, die Blätter.

§. 2.

Der Stamm, der sich außer der Erde befindet, ist eine Fortsetzung des Wurzelstocks. Er besteht bei der Kopferziehung zunächst in dem Kopfe (der Krone), einem runden Wulst, der, bei der Anlage eines Weinberges, durch mehrmaliges Abwerfen der aus dem obersten Gelenke des Setzholzes ausgewachsenen Zweige gebildet wird. Bei der Schenkelerziehung ist der Stamm eine einfache Verlängerung des Wurzelstocks, der, statt durch Abwerfen, durch Heranziehung der oben gedachten Zweige seine etwa ein Fuß hohe Form erhält. Durch das öftere Abwerfen der oberen Zweige an dem Stamme bildet sich dort auch nach und nach eine Art Kopf oder Krone; der Theil vom Kopf herab bis zum Boden und zum Wurzelstock heißt dann der Hals.

Aus dem Kopfe werden, wenn das Abwerfen desselben unterlassen wird, im dritten oder vierten Jahr die Schenkel, gewöhnlich drei, herangezogen, die den eigentlichen Stamm bilden, auf welchen dann, wie bei der Schenkelerziehung auf dem einfachen Stamme, die Zweige hervorwachsen. Die letztern werden abgetheilt:

a. In das zweijährige Holz, das entweder als fruchttragendes Holz zu der Erzeugung von Trauben oder zu der Heranbildung neuer Schenkel oder Stämme herangezogen wird. Im erstern Falle wird es

Tragholz, Zugäste, Gescheer, im zweiten Falle Bodenholz genannt, das unmittelbar aus dem Kopfe oder aus den unterften Theilen der Schenkel erwachsen ist.

Diese Hölzer sind, wie die Stange im Boden, in Gelenke (Knoten) abgetheilt, die sich durch ovale Erhabenheiten bemerklich machen. Ihre Form ist jedoch bei den einzelnen Rebgattungen verschieden und theils weit oder eng auseinanderstehend, groß oder klein, erhaben oder platt gedrückt, von der Farbe des Rebholzes oder heller oder dunkler gefärbt.

b. In das einjährige Holz, das aus dem zweijährigen Holze oder auch unmittelbar aus den Schenkeln oder dem Stamme und aus dem Kopfe herauswächst. So lange diese Triebe noch weich sind, werden sie Schooße, wenn sie aber ausgezeitiget und hart sind "Hölzer" genannt.

Der Körper des Rebstocks und der Rebe besteht aus verschiedenen Bestandtheilen, nämlich aus der Rinde, dem Holze und dem Marke. Die Rinde theilt sich ab in äußere und innere, und bedeckt den Rebstock sowohl innerhalb als außerhalb des Bodens. Sie hat die Bestimmung den Weinstock in der natürlichen Form zu erhalten, das Einsaugen und Ausdünsten der zum Leben desselben erforderlichen oder entbehrlichen Säfte zu bewirken und die im Innern zur Verarbeitung der Säfte vorhandenen Einrichtungen zu schützen.

Die äußere Rinde ist ein dünnes Häutchen, welches die fest daran liegende innere Rinde umgiebt, sie hat sehr viele Oeffnungen, die mit ähnlichen Oeffnungen der innern Rinde in Verbindung stehen. An den Wurzeln des Rebstocks bleibt sie glatt, weich, feucht und springt selten auf, an dem Stamme über dem Boden aber, wo sie den Einwirkungen der Kälte und Wärme, der Feuchtigkeit und Trockenheit und den Winden ausgesetzt ist, springt sie meistens über den Winter auf, so daß sie im Frühjahr abgestreift werden kann, indem sich dann schon wieder eine neue Oberhaut gebildet hat. Die innere Rinde ist sehr gefäßreich und liegt unmittelbar unter der äußern Rinde, sie besteht in einer lebenden Rinden-Substanz, die eine grüne mit Säften erfüllte Masse bildet, sie ist anfänglich glatt und zart, wird aber später stärker und verhärtet sich nach und nach.

Unter der Rinde liegt der Bast, dann der Splint und das festere Holz, die ein und dieselbe Substanz sind, sich aber nur in verschiedenen Lebensperioden befinden. Der Bast ist ein aus dicht zusammengedrängten Gefäßen zusammengesetztes Zellgewebe, das sich noch nicht verhärtet hat und daher schleimig und zäh ist. Er ist es hauptsächlich, durch den der Säfte-Umlauf befördert wird, weßhalb, wenn der Bast rings um den Stamm verletzt wird, oder durch Winterfrost zu Grunde geht, auch die Rebe abstirbt. Der Splint ist das weichere Holz, der verhärtete Bast, der das ältere feste Holz umgiebt, nach und nach in letzteres übergeht und wie bei andern Hölzern einen öfters kaum bemerkbaren Jahresring bildet. Sowie der Bast in Splint übergeht, so entsteht ob demselben wieder eine neue Basthaut, so daß die Vegetation nie stille steht. Das Holz ist der festere holzartige Theil der Rebe, es besteht aus lauter Gefässen und Fasern wie Röhrchen, die enge neben einander liegen und eine poröse, stets mit Flüssigkeit gefüllte Masse bilden.

Unter dem Holze in dem innersten Theile der Rebe befindet sich das **Mark**. Es ist eine lockere Substanz, die das Ansehen eines dichten mit Saft angefüllten Zellgewebes hat, und die Natur scheint es den Pflanzen in der Absicht gegeben zu haben, um Vorrath von Flüssigkeiten zu sammeln, damit sie bei eintretender Dürre nicht leiden; es ist daher in jungen Reben stärker vorhanden als in ältern, besonders dem Stamme, wo es von dem anwachsenden Holze immer mehr verengert wird, weil dasselbe, wenn es eine Festigkeit erlangt hat, nicht mehr so viel Nahrung erfordert, wie die junge Rebe. Es ist in dem ältern Rebholze von bräunlicher, in dem jüngeren, den Schoosen, von grünlicher oder weißlicher Farbe und sowohl in dem Stamme als in den Wurzeln vorhanden, auch findet man es, obgleich kaum sichtbar, in den feinsten Würzelchen. Es ist offenbar das wichtigste Organ der Rebe und gleichsam der Centralpunkt des vegetativen Lebens, obgleich ältere Reben, aus dem angeführten Grunde, auch fortleben können, wenn das Mark durchgestoßen wird, oder andere Hölzer, wie die Weide, wenn das Mark durch Alter und Fäulniß zu Grunde geht. Starke Markgefässe treiben, um das Wachsthum der Pflanze zu befördern, den Nahrungssaft mit mehr Schnelligkeit und in größerer Menge empor als engere, daher ist auch das Mark der jungen Rebe viel stärker, als in dem Stamme, und es läßt sich dadurch auch das starke Wachsthum der Rebe gegenüber von andern Pflanzen sowie einzelner Rebgattungen erklären Ebenso warum Reben auf ganz fettem Boden ein größeres Mark erzeugen als solche auf magerem Boden. Sobald an der jungen einjährigen Rebe das Mark in die bräunliche Farbe, der Bast in Splint und dieser in festeres Holz übergegangen ist, auch die äußere Rinde die ihr eigenthümliche braune oder braunrothe Farbe angenommen hat, so hat die Rebe oder das Rebholz seine Zeitigung und dadurch die Fähigkeit zur Fruchtbringung im folgenden Jahre erlangt. Reben, welche diese Zeitigung nicht erlangt haben, oder die vor derselben durch Spätjahrsfröste ec. beschädigt worden sind, bleiben in der Regel unfruchtbar.

Die ganze Rebe ist, wie schon bemerkt, in Gelenke abgetheilt und an jedem Gelenke mit Knoten versehen, an welchen sich die mit Zellgeweben verbundenen verschiedenen Gefässe der Rebe verengen und sich gegen den Mittelpunkt an die Markröhren sternähnlich anschließen, wie beim Durchschneiden der Rebe ersichtlich ist. Der Säfteumlauf wird dadurch etwas aufgehalten oder zusammengedrängt, damit die verschiedenen Reproductionsorgane Zeit gewinnen, ihr Geschäft zu vollziehen und die von der Wurzel durch Stamm und Rebe aufgenommenen, nährenden, belebenden oder flüssigen Stoffe zu ihrer weitern und endlichen Bestimmung zu verarbeiten und dadurch den Frucht= und andern Trieben Leben und kräftige Entwicklung zu geben.

Der Saft der Rebe ist eine Flüssigkeit, die aus der Erde und der Atmosphäre in dieselbe eingeführt und von ihr verarbeitet wird. Auf welche Weise die Verarbeitung vor sich geht, und welche Verrichtungen die einzelnen Bestandtheile der Rebe dabei zu übernehmen haben, darüber sind die Naturforscher noch nicht einig, nur so viel scheint sicher zu sein, daß die Säfte, welche die Rebe aus dem Boden und aus der Luft an sich zieht, ohne Zutritt und Mitwirkung der letztern selbst, sowohl außer als im Boden nicht verarbeitet werden können, daher auch die Rebe, so wie jede andere Pflanze besondere Luftgefässe enthält.

Der Saft übt zwei verschiedene Bewegungen aus, durch die eine wird er, nachdem er aus dem Boden durch die Saugröhren der Wurzeln eingesogen ist, bis zu den äußersten Zweigen des Stocks emporgehoben, indem er durch alle Gefässe der Rebe hindurchgeht, durch die andere läuft er, nachdem er durch die Einwirkung des Sonnenlichts und die Verarbeitung in den Blättern (§. 4) bedeutende Veränderungen erfahren, bis zu den letzten Wurzelverzweigungen unter der Erde zurück. Er ist beständig in Bewegung und je nach der Jahreszeit und dem Zustande der Entwicklung der Rebpflanze bald rasch, bald weniger geschwind. Die Wärme übt auf das Aufsteigen des Saftes einen wesentlichen Einfluß aus. Im Frühjahr zeigt derselbe die größte Thätigkeit, weil hier die größere Feuchtigkeit des Bodens mit der größeren Wärme=Entwicklung zusammentrifft. Bei Tage scheint er mehr im Aufsteigen, zur Nachtzeit mehr im Hinabsteigen begriffen zu sein.

Auch während des Winters stockt der Saft des Weinstockes nicht gänzlich, sondern er bewegt sich nur viel langsamer. Er dünstet aus und setzt auch die Verarbeitung der Säfte fort.

Bei diesem Säfte=Umlauf soll das Mark des Weinstocks als ein zur Verarbeitung des Saftes bestimmter Behälter, die Holzschichten als die Canäle des auffsteigenden Saftes und die Rindenschichten als die Röhren des absteigenden Saftes zu betrachten seyn. Die Haarröhren des Holzes, weil sie einen dem Haare ähnlichen Durchmesser haben, besitzen die Eigenschaft, die flüssigen Stoffe auf noch nicht genau erörterte Weise gegen die Gesetze der Schwere empor zu heben und zwar mit einer desto größeren Kraft, je kleiner sie sind.

Die Elektrizität der Luft scheint gleichfalls bei der Vegetation der Rebe, mithin an der Bewegung, Verarbeitung und Ausdünstung der Säfte wesentlich Antheil zu nehmen, wenigstens ist es Erfahrungssache, daß in Jahren, in welchen die Luft mehr mit electrischen Stoffen geschwängert ist, dieselben einen wesentlichen Einfluß auf die lebhafte Vegetation der Rebe ausgeübt haben.

§. 3.

An den Gelenken der Reben befinden sich die Augen, die entweder spitz oder stumpf, kahl oder wollig, oft schuppig und mit einer kleinen wolligen Spitze versehen, oder ganz geschlossen und auch in der Farbe etwas verschieden sind; dieselben wachsen in zwei entgegengesetzten Reihen, so daß, wenn das erste unterste Auge auf der rechten Seite der Rebe steht, das folgende auf der linken Seite erscheint und sofort. Das Auge ist eine Fortsetzung der Rinde, des Holzes und des Markes. Dasselbe ist durch drei oder vier lederartige Blättchen eingehüllt, die als eine Verlängerung der Rinde erscheinen. Diese Blättchen haben auf ihrer Oberfläche die Farbe der Reben, die innere Seite fällt aber ins Grüne. Sie bedecken das Auge in Form eines Daches. Unter dieser ersten Hülle befindet sich eine zweite, die aus einem wolligen Stoffe besteht, lichtroth und besonders dicht in dem obern Theile des Auges ist. Dasselbe wird aus der Rebe da gebildet, wo man beim Querdurchschnitt derselben Linien wahrnimmt, welche von dem Marke ausgehen und in verschiedener Richtung sich bis zum äußern Umfange erstrecken. Diese Linien scheinen Markfortsetzungen zu sein und werden daher Markstrahlen genannt. Das Auge selbst, wie alle übrigen Triebe, werden aber durch die an den Gelenken befindlichen Spiralgefäße hervorgebracht, die in Gefäßbündeln mit Zellgeweben bestehen.

Aus den Augen gehen entweder Früchte oder neue Zweige, einjähriges Holz, hervor. Sind dieselben vollkommen dick, fast viereckig, so sind sie in der Regel fruchtbringend und werden Fruchtaugen, sind sie aber dünn, zugespitzt und unvollkommen, so treiben sie nur Holz und Blätter und werden Holzaugen genannt. Letztere zeigen und entwickeln sich auch an den Gelenken der Schenkel und des Stamms sowie an den Auswüchsen des Kopfes.

Aus den Fruchtaugen entwickeln sich nicht unmittelbar die Trauben, sondern dieselben treiben zuerst Schooße (Lotten), die wieder in Gelenke abgetheilt sind, an welchen sich dann erst die Trauben ansetzen. So wie im Frühjahr Wärme eintritt, so schwellen die Augen an, es entwickelt sich eine Knospe, aus der dann der erste Trieb hervorgeht, der an seinem ersten Gelenke schon wieder ein Auge zeigt, das gewöhnlich, weil die Witterung noch kühl und die Vegetation noch schwach ist, in ein Holzauge übergeht, je mehr aber die Wärme zunimmt, desto schneller entwickelt sich auch der Trieb der Rebe. Das erste und zweite Gelenke (Glied) stehen, weil die Vegetation noch nicht sehr lebhaft ist, in der Regel enge beisammen, durch die wärmer gewordene Luft vermehrt sich aber die Vegetation täglich mehr, wodurch die Glieder des Triebs sich immer rascher ausdehnen und dadurch auch mehr von einander entfernt werden.

Bei anhaltend günstiger Witterung entwickeln sich schon am zweiten und bei einzelnen Traubengattungen sogar schon am ersten Glied aus den sich zeigenden jungen Augen die Traube bis zum siebten Glied und manchmal noch höher hinauf, so daß aus dem einen Auge des vorjährigen Holzes gewöhnlich zwei, öfters aber auch vier bis sechs Trauben hervorgehen. Die Eigenschaft, daß einzelne Traubengattungen schon aus den untersten Augen des vorjährigen Holzes Trauben treiben, während dieses bei andern erst am dritten oder vierten Auge der Fall ist, hat auf die Erziehung der Rebe einen wesentlichen Einfluß und verdient dabei, wie wir später nachweisen werden, alle Beachtung (§. 134.)

Die Entstehung der sogenannten Holzaugen kann nicht nur aus dem bereits angeführten Grunde, sondern auch noch weiter dadurch hergeleitet werden, daß die Säfte der Rebe zuerst bis gegen die Spitze der frischen Triebe steigen, dort eine Umbildung erleiden und in der Rinde gegen den Boden zurückkehren, daß jedoch, je weiter sie gegen unten kommen, der Saft geringer und zur Fruchtbildung untauglicher wird, so daß die an den untern Theilen der Rebe befindlichen Augen nicht mehr kräftig ausgebildet werden können, und unfruchtbar bleiben, worin auch der Grund zu suchen ist, warum bei starktriebigen Reben sich unten mehr Holzaugen als bei schwachtriebigen zeigen, und warum daher erstern längere Ruthen als letztern angeschnitten werden müssen. Tritt während der Entwicklung der Knospe und des Triebs unbeständige, kalte und regnerische Witterung ein, so fallen die Knospen gerne ab, oder die Augen der jungen Triebe verwandeln sich, weil es an Wärme fehlt, in Holzaugen, oder die sich zeigende unvollkommene Traube verwachst in eine Gabel (Bollhacken). Solche Gabeln sind daher nichts anderes als unausgebildete Trauben, daher auch bei ungünstiger Witterung der Winzer sagt: die Trauben vergabeln sich.

Aus dem hier Angeführten läßt sich auch erklären, warum die Reben der gleichen Gattung bei nassem, feuchten Wetter, auf kühlem, feuchten Boden oder in minder guten schattigen Lagen stärkeres Holz mit weiter auseinanderstehenden Gelenken hervorbringen, als in warmen sonnigen Lagen mit warmem Boden und warum die weit auseinanderstehenden mehr platten Augen weniger fruchtbar sind. Ueberhaupt hat die Wärme einen mächtigen Einfluß auf die Entwicklung der Triebe und der Trauben, wie denn in südlichen Ländern häufig schon die untersten Augen Trauben treiben, während dieses in mehr nördlichen weit weniger der Fall ist.

Die einjährigen Triebe haben gewöhnlich eine Länge von 2—4 Fuß, hie und da wachsen sie in triebigem Boden aber bis zu 6 und mehr Fuß, ihre obern Augen treiben keine Trauben mehr sondern Gabeln, Hacken (Bollhacken), Ranken, die in runden länglichen Trieben von der Farbe des Rebholzes bestehen und den Zweck haben, dem noch weichen, einjährigen Holze und den daran hängenden schweren Trauben zur Stütze zu dienen, damit das Holz durch die Winde nicht abgerissen und die Trauben nicht auf die Erde zu liegen kommen und verfaulen. Sie sind vornen in dünne Hacken abgetheilt, mit welchen sie sich an alle nahe Körper (Pfähle) anhängen, dieselben fest umschlingen und dadurch die Rebe festhalten. Sie verholzen bis zum Spätjahr wie das Rebholz, auch unterscheiden sich die einzelnen Rebgattungen dadurch von einander, daß sie bald mehr, bald weniger Gabeln treiben.

Ebenso erscheint auch bei dem Rebholz der verschiedenen Rebgattungen, nachdem sich dasselbe verholzt hat, hinsichtlich der Gestalt und Farbe ein wesentlicher Unterschied, indem dasselbe gerade oder etwas gebogen, gefurcht oder nicht gefurcht, dunkelbraun, hellbraun oder gelblich braun, röthlich und theilweise mit schwarzen oder braunen Punkten und Streifen versehen und hie und da glänzend ist. Bei den Endspitzen der jungen Triebe findet man gleichfalls sehr beständige Unterscheidungszeichen, indem dieselben theils grün, theils ins rothe spielend erscheinen und mit ganz loser Wolle oder mit dichten Haaren bedeckt sind, die den Endspitzen bei manchen Traubengattungen eine fast weiße Farbe geben.

§. 4.

Jedem Auge des einjährigen Holzes steht am gleichen Knoten ein Blatt gegenüber und ob dem Blattstiele entwickeln sich, geschützt durch den letztern, zwei ob einanderstehende Augen, wovon das untere kleinere das Holzauge bildet und während des Sommers ausschlägt und Schooße treibt, die man Aberzähne, Eberzähne, Geizen, richtiger Afterzähne, Aftersprossen, Nebenzweige, Winkeltriebe nennt, die, wie die Hauptzweige auch wieder ihre Knoten, Augen und Blätter und in günstigen Weinjahren auch noch kleine Träubchen treiben, die jedoch selten vollkommen reif werden. Das obere vollkommenere Auge bildet sich zum Fruchtauge des folgenden Jahres aus.

Die Blätter gehören zu den wichtigsten Organen des Weinstocks und sind gleichsam die Werkzeuge zum Athmen desselben. Dasselbe oder das Ausdünsten des Weinstocks geschieht hauptsächlich durch die Blätter, außerdem aber auch durch das Holz (§. 2), die Blüthen und Früchte. Die Ausdünstung ist sehr stark und soll wenigstens siebzehnmal stärker sein als diejenige des Menschen, die Wärme vermehrt sie, daher sie an heißen Tagen stärker als zur Nachtzeit und an Regentagen ist. Wärme auf Regen befördert sie sehr, während kühle Witterung und Feuchtigkeit dieselbe unterdrückt, daher auch nasse und kühle Sommer so nachtheilig auf die Entwicklung der Rebe und der Traube einwirken.

Die Blätter sind eine Verlängerung eines Theils des am Knoten befind=

lichen Gefäßbündels der Rebe, der zuerst den Stiel und an dessen oberem Ende durch seine Entfaltung und Ausbreitung das Blatt bildet.

Der Blattstiel ist bei den einzelnen Rebgattungen verschieden ausgebildet, lang oder kurz und, je nach dem Standort der Rebe an Mauern oder auf fettem Boden etwas länger als im normalen Zustande. Er ist in der Regel rund, dünn oder dick, unten und oben hie und da verdickt und mit mehr oder minder starken und zahlreichen Haaren (wollig, borstig) bedeckt, manchmal aber auch kahl. Seine Oberfläche ist theils glatt, theils gerippt, gestreift, warzig, und hie und da auf der obern Seite gefurcht. Seine Farbe ist hell, dunkel, gelbgrün, rothgestreift und roth überlaufen, auch ist derselbe manchmal etwas gekrümmt.

Der oben am Blattstiel sich theilende Gefäßbündel bildet die hervorspringenden Rippen des Blatts, durch deren weitere Veräftung die sogenannten Blattnerven auf der ganzen Oberfläche des Blatts entstehen. Dasselbe hat gewöhnlich fünf Hauptrippen, von welchen die längste und stärkste gerade aufwärts, von den übrigen aber je zwei auf jeder Seite sich ausdehnen und dadurch dem Blatt die Form geben. An die Hauptrippen schließen sich die Blattnerven an, die sich wieder in viele kleine Gefässe zertheilen und die Rippen dadurch mit einander verbinden. Rippen und Nerven sind besonders auf der untern Blattseite durch Erhabenheiten zu erkennen, sie treten entweder stark hervor oder liegen fast ganz in der Blattfläche, in welchem Falle dieselbe als eben betrachtet wird. Auf der obern Blattfläche stehen die Rippen am Stielpunkt bis in die Hälfte des Blatts gewöhnlich ein wenig hervor, verlieren sich aber dann und bilden bei manchen Rebgattungen Vertiefungen oder mit dem übrigen Blatt eine ebene Fläche. Die Zwischenräume der Rippen und Nerven sind mit einem Zellgewebe ausgefüllt, das sich wie ein Netz mit vielen Maschen gestaltet.

Durch die fünf Hauptrippen wird jedes Blatt in fünf Lappen getheilt, die durch Randeinschnitte sichtbar sind und sich wieder abtheilen in den Mittellappen und in die zwei vordern und zwei hintern Seitenlappen. Manchmal sind auch einzelne Lappen und besonders die hintern zusammengewachsen, daher die Blätter an manchen Rebgattungen als dreilappig oder fast als ganz (ohne Lappen) erscheinen.

Die Randeinschnitte in die Blätter, wodurch die Lappen gebildet werden, heißen Buchten, bei regelmäßig gelappten Blättern bilden sich zwei zwischen dem Mittel- und den Vorderlappen, zwei zwischen den Vorder- und Hinterlappen und durch die letztern eine am Stiel, die Stielbucht. Die Buchten haben sehr verschiedene Formen, dieselben gehen entweder tief oder nur schwach in das Blatt hinein, in welchem Fall sie seicht oder tief sind, gehen sie aber bis zur mittleren Hauptrippe, so daß ein jeder Lappen fast ein eigenes Blättchen bildet, wie bei der Petersilien-Rebe, so heißt das Blatt zusammengesetzt. Außerdem ist der Grund der Bucht entweder spitz- oder stumpfwinkelig, ausgerundet oder herzförmig. Gehen die Lappen oben übereinander, so sind sie überdeckt, im andern Falle offen.

Der Rand der Blätter hat gewöhnlich viele kleinere Einschnitte, mit kleinen Läppchen, die man Zähne nennt, und an deren Spitzen bei manchen Rebgattungen sich gelbe, kugelige, auch hackenförmige Knöpfchen befinden. Die Form der Zähne ist sehr verschieden, sie sind groß, klein, spitzig, stumpf, ungleich, wenn große mit kleineren Zähnen wechseln. Unter diesen Zähnen hat der Endzahn des Mittellappens die ausgeprägteste Form, daher derselbe auch als besonderes Erkennungszeichen der einzelnen Rebgattungen betrachtet und bezeichnet wird, als kuppelförmig, halbkuppelförmig und zugespitzt. Die Blätter im Ganzen unterscheiden sich dann wieder durch ihre Größe, Dichtheit, Glätte, Farbe u. s. w., sie sind daher entweder groß oder klein, länglich, rund oder stumpf, d. h. mehr breit als lang, dick oder dünn, leder- oder taftartig, steif oder schlaff, glatt oder rauh, glänzend, eben, faltig oder blasig, d. h. mit kleinen Erhebungen, hie und da mit zurückgeschlagenen Rändern. Die Farbe ist theils dunkel- theils hellgrün, theils röthlich mit vielen Unterabtheilungen ins bläuliche, bräunliche, gelbliche, röthliche spielend. Die Farbe der untern Blattseite ist gewöhnlich von der, der obern Blattseite verschieden. Auch durch die Verfärbung der Blätter im Spätjahre unterscheiden sich die einzelnen Rebgattungen, manche zeigen keine Spur von rother Farbe, während andere einen Ueberfluß davon besitzen. Erstere zeigen dann bei der Verfärbung eine Neigung zum Gelbwerden, letztere zum Rothwerden. Dieselbe nimmt besonders bei den ins Gelbe spielenden Blättern in der Regel ihren Anfang am Rande derselben und dehnt sich nach und nach über den ganzen Blattrand und den größeren Theil des Blattes aus. Die rothe Farbe zeigt sich bei manchen Gattungen mehr in Flecken, welche nach und nach das ganze Blatt einnehmen.

Eine besondere Beachtung verdient die Behaarung der Blätter. Die Haare wachsen aus kleinen Poren und scheinen dazu bestimmt zu sein, die feineren Luftfeuchtigkeiten einzusaugen, daher auch Reben auf besonders hitzigem Standort sowie aus südlichern Gegenden öfters eine etwas stärkere Behaarung zeigen. Dieselbe ist jedoch sehr verschieden, je nachdem die Eigenthümlichkeit der Rebsorte dieselbe mehr oder minder zu ihrem Gedeihen bedarf und bildet deßwegen ein besonderes Unterscheidungszeichen zwischen den einzelnen Rebgattungen, auch ist die Behaarung auf der Oberfläche des Blatts und auf der untern Blattfläche häufig verschieden, daher auch dieser Unterschied zu berücksichtigen ist. Unter der Behaarung versteht man jedoch nicht die häufig an den Rippen oder Nerven befindlichen Borste, sondern die auf der ganzen Blattfläche verbreiteten Haare. Nach dieser Behaarung lassen sich die Blätter abtheilen:

 a. in Blätter oben und unten behaart oder unten wollig (stärker behaart);

 b. in filzige Blätter, unten mit langen, durch einander gewirkten Haaren, wie ein Filz;

 c. in fast nackte oder kahle Blätter, mit nur wenigen unmerkbaren Haaren auf der Blattfläche, während die Rippen mit Haaren oder Borsten versehen sein können.

Die Verrichtungen der Blätter sind äußerst wichtig und viel umfassend, sie gewähren den zarten Zweigen, den Augen, den Blüthen und der Traube Schutz gegen Unfälle und gegen den Einfluß ungünstiger Witterung, so wie Schatten in der heißen Jahreszeit und dienen zur Entwicklung und Erhaltung des Auges für das folgende Jahr. Sie sind mit einer Menge kleiner Oeffnungen (Poren) versehen, die dazu bestimmt sind, Feuchtigkeit (Regen, Thau) sowie elastisch dunstförmige und gasförmige Stoffe (Kohlenstoff, Sauerstoff) aus der Luft einzusaugen. Sie wachsen sehr schnell und befördern eben dadurch auch das Wachsthum der Rebe, indem das, was dieselbe durch die Blätter einsaugt, unablässig zur Bildung neuer Triebe verwendet wird.

Durch die Poren der glatten Oberfläche erfolgt bei Tage hauptsächlich die Ausdünstung des Weinstocks, d. h. das Geschäft der Absonderung und des Auswurfs derjenigen Säfte, die der Stock im Ueberfluß hat oder die ihm unnütz sind. Diese Ausdünstung ist beim Weinstocke beträchtlich und steht im Verhältniß mit dem Flächengehalt seiner Blätter.

Durch die Poren der untern Blattfläche werden hauptsächlich zur Nachtzeit gasförmige Stoffe aus der Luft aufgenommen, und Luft in alle Theile des Weinstocks geleitet, die auf den Saft desselben reinigend und belebend wirkt.

Die Blätter sind somit diejenigen Organe, in welchen der Lebenssaft der Pflanze verarbeitet wird, sie sind zur Ernährung und zum Leben derselben unentbehrlich und ein Rebstock, der ganz oder zum größern Theile entblättert würde, würde entweder ganz zu Grunde gehen oder in der Vegetation weit zurück bleiben. Das Auge wird unfruchtbar, wenn das schützende Blatt während der Bildung desselben hinweggenommen, und die Traube bleibt in der Zeitigung zurück oder wird gar nicht reif, wenn der Stock entlaubt, oder die Blätter durch die Sommerhitze gesengt werden oder durch Krankheit ihre Funktionen nicht mehr verrichten können.

3. Die Traube.

§. 5.

Aus dem einjährigen Holze erwachst die Traube, dieselbe besteht in dem Traubenstiele, dem Kamme, den Beerenstielen und den Beeren.

Der Traubenstiel ist derjenige aus dem Rebholz gewachsene Zweig, der die Traube mit der Rebe in Verbindung bringt. Er ist anfänglich eine weiche, nach der Auszeitigung aber eine holzige Masse und in der Länge, Dicke, Farbe und sonstigem äusseren Aussehen bei den einzelnen Rebsorten sehr verschieden. Er kann lang oder kurz, dick oder dünn, steif oder biegsam, hängend, zottig, borstig oder kahl sein. Seine Farbe wechselt nach den verschiedenen Rebsorten vom hellen Gelbgrün bis zum dunkeln Roth, wobei er gestreift, punktirt, warzig oder glänzend erscheinen kann. Bei den meisten Rebsorten ist der Traubenstiel durch einen Knoten in zwei Theile getheilt, der letztere ist öfters stark verdickt, manchmal aber auch flach und kaum bemerkbar, bei verschiedenen Traubensorten kommt an demselben eine kleine Traube mit einigen Beeren, manchmal aber auch nur eine Gabel hervor, die nach dem Blühen der Traube vertrocknet und abfällt. An diesem Punkte ist der Traubenstiel leicht abzubrechen.

Der Kamm ist eine Fortsetzung des Traubenstiels und beginnt da, wo aus demselben kleinere Stielchen hervorwachsen, an welchen sich die Traubenbeere befinden (die Beerenstielchen). Er wird der Blumenstiel genannt. Bei manchen Traubengattungen gehen von dem Kamme verschiedene Zweige (Aeste) aus, an welchen sich dann erst die Beerenstielchen befinden. Die Trauben werden daher eingetheilt in einfache und in zusammengesetzte. Letztere haben 3—4 Abtheilungen, nämlich den Haupt- oder Blumenstiel, die an demselben befindlichen Nebenstiele (Zweige), die sich öfters noch in Stiele dritter Gattung verästen, und auf welchen dann erst die Beerenstielchen sitzen, deren Gesammtheit an einem Aestchen, die Dolde, bildet. Solche zusammengesetzte Trauben werden als ästig, manchmal aber auch als achselig und besonders dann als solche bezeichnet, wenn am untern Theile der Traube, da wo der Traubenstiel endigt, sich ein oder zwei Zweige zeigen, die wie Achseln über den übrigen Theil der Traube hervorstehen.

Die Beerenstielchen sind bei den einzelnen Traubengattungen auf verschiedene Weise geformt, sie sind entweder lang oder kurz, dick oder dünn, gleich dick oder gegen beide Endpunkte oder nur gegen einen etwas verdickt, glatt oder rauh, hie und da warzig. Gegen die Beere endigt das Stielchen in einem Wulst, der allmählig verdickt, oder klein, oder keulenförmig, oder zugespitzt, hie und da warzig oder glatt erscheint. Wenn man die Beere abnimmt, so zeigt sich am Trennungsorte ein kleiner Ring, die Franze, die gleichfalls verschiedene Formen hat.

§. 6.

Auf den Beerenstielchen sitzen die Traubenbeere, die verschiedene Bildungsstufen durchmachen müssen, bis sie ihre ganze Reife und Vollkommenheit erreichen.

Die Beere entsteht aus der Blüthe, ist anfänglich ganz hart und grün, wird aber, je mehr sie ihrer vollkommenen Ausbildung entgegengeht, nach und nach weich und nimmt eine bestimmte Form und Farbe an. Sie besteht dann aus der Beerenhaut, dem Safte und den Kernen.

Die Blüthe der Traube enthält von aussen gegen innen den Kelch und die Blumenkrone, die Staubfäden und den Stempel.

Jedes Beerenstielchen endigt mit einer erweiterten und abgeplatteten Oberfläche, die in dem Fruchtboden besteht. Dieser Fruchtboden ist ein wenig rund und erhaben und trägt in seiner Mitte den Blumengriffel (Stempel), die Staubfäden und die Honiggefässe, am Umfange befindet sich die Blumenkrone und der Kelch.

Der Kelch ist die äussere Decke der Blüthenknospe, einblätterig und hat die Form eines kreisförmigen, grünen, dünnen und schmalen Bändchens, das durch seinen untern Rand mit dem Fruchtboden zusammenhängt, am obern Rande aber freisteht und nicht sehr regelmässig ist, indem sich theils abwechselnd mit den Blumenblättern fünf fast kaum bemerkbare Zähne, theils andere Bildungen zeigen. Dieser Rand des Kelchs vertrocknet oft vor dem Aufblühen der Blume, weil er äusserst klein und dünn ist, woher auch die Unregelmässigkeiten desselben kommen mögen. Der ganze Kelch vertrocknet und fällt, jedoch viel später, mit den übrigen Blüthentheilen ab, manchmal erst, wenn die Frucht etwa den dritten Theil ihres Umfanges erreicht hat.

Die Blumenkrone ist gleichfalls eine aber viel grössere Decke als der Kelch. Sie ist die unmittelbare Schutzdecke der Geschlechtstheile, der Staubfäden und des Stempels (Griffels), und hält dieselbe unhüllt, bis die Befruchtung vor sich gehen solle. Sobald dieselbe beginnt, öffnet sich die Blüthenknospe, d. h. die Blumenkrone springt der Länge nach an den fünf gegen die Spitze vertieften Furchen auf und besteht dann aus fünf, freistehenden, grünen Blättchen, die sich jedoch nicht oben, sondern unten am Fruchtboden von der Knospe nach einander trennen und gegen die Spitze sich ziemlich schnell aufrollen, so dass die ganze Blumenkrone nur noch von den Staubfäden getragen wird, und hier einen Stern oder Kelch bildet, der sofort in einem Stück zur Erde fällt. Aus der Form der Knospen der Blumenkrone lässt sich schon auf diejenige der künftigen Frucht schliessen, indem sie kugelig bei den Traubengattungen mit runden Beeren, etwas länglich oder birnförmig bei jenen mit länglichen oder eiförmigen Beeren erscheint.

Nach der Ordnung, dem Bau und der Vereinigung, die man in den Blüthentheilen bemerkt, erscheint der Kelch als eine Vereinigung der äusseren, die Blumenkrone mehr als eine Verlängerung der inneren Rinde. Sie haben durch Einsaugung und Ausdünstung die gleichen Verrichtungen wie die Rinde und Blätter der Reben und tragen somit wesentlich zur Entwicklung der Blüthe bei.

Die Staubfäden stehen je einer hinter einem Blumenblatt, nach Innen zu, auf dem Fruchtboden in der Furche zwischen diesem und der Basis des Fruchtknotens und sind stets ebenso zahlreich wie die Blumenblättchen. Sie sind gewöhnlich aus fünf eine Linie langen Fäden gebildet, an deren äusserster Spitze sich die Staubbeutel befinden. Die letztern bestehen in einem gelben Körper mit zwei Zellen, die sich gegen ihre Spitze mit einander vereinigen und dem Staubbeutel ein herzförmiges Aussehen geben. Der Inhalt derselben ist staubig und von weiß gelber Farbe. Die Staubfäden sind die männlichen Zeugungsorgane. Wenn die Blüthe vollkommen entwickelt ist, platzen die Staubbeutel der Länge nach an dem Theile auf, der gegen den Mittelpunkt der Blüthe gerichtet ist und lassen den von ihnen verschlossenen Befruchtungsstaub auf die Narbe d. h. auf die Mündung des weiblichen Begattungstheiles fallen. Der Samenstaub verbreitet den herrlichen Geruch, der während der Blüthezeit in den Weinbergen duftet. So lange die Befruchtung dauert, halten sich die Staubfäden aufrecht und ihre Staubbeutel sind gegen die Narbe gerichtet, so bald aber dieselbe vorüber ist, so verwelken sie und fallen in der Regel ab, nur bei einigen Traubengattungen bleiben sie stehen, bis die Beere sich färbt oder sogar bis nach der Beerenreife.

Der Stempel (Griffel) besteht aus einem Fruchtknoten, auf dem oben an der Spitze ein runder Punkt sich befindet, den man die Narbe nennt. Der Fruchtknoten kann zwei verschiedene Formen haben: bald ist er abgerundet, beinahe kugelrund und spitzt nach seinem obern Ende rasch zu, um dadurch unterhalb der Narbe einen Stempel oder Griffel zu bilden; bald ist er länglich, spindelförmig und verbindet sich nach und nach mit der Narbe. Man sollte glauben die letztere Form gebe den Traubenkernen eine ovale oder längliche Gestalt, man findet jedoch auch bei diesen Traubengattungen häufig runde Beere. Zwischen diesen zwei entgegengesetzten Erscheinungen kommen dann auch noch Fruchtknoten von keiner genau bestimmten Form vor.

Die Narbe ist die Mündung des weiblichen Begattungstheiles, sie ist abgerundet, platt und gegen das Innere etwas gesenkt, bisweilen fast zweispaltig. Ihre sammtartige Oberfläche, von grünlicher oder gelblicher Farbe, läßt in dem Augenblicke der Befruchtung durch die Staubbeutel einen kleinen Tropfen durchsichtigen Saftes ausschwitzen, durch den der befruchtende Staub in den Fruchtknoten geführt wird. Der Fruchtknoten ist hohl und durch eine Scheidewand in der Mitte in zwei gleiche Fächer getheilt, die öfters auf der Oberfläche desselben durch Einschnitte angezeigt werden. Jede Höhlung schließt zwei Eier ein, die an der schiefsten Stelle der inneren Wand sitzen, durch den in den Fruchtknoten geführten Staub befruchtet werden und dadurch den Grund zu der Entstehung der Frucht und einer neuen Pflanze legen. Diese Eierchen füllen die Höhlung nicht ganz aus, sondern es bleibt zwischen ihnen und der Wand immmer noch ein leerer Raum, der aber verschwindet, sobald die Frucht zu wachsen anfängt.

Nicht alle Fruchtknoten scheinen auch bei den günstigsten Witterungsverhältnissen befruchtet zu werden, oder die nöthige Kraft zu ihrer Entwicklung zu haben, denn es ist eine regelrechte Erscheinung, daß alle Traubensorten gegen das Ende der Blüthenzeit eine Menge von Fruchtknoten abfallen lassen. Sind die Witterungs-Verhältnisse günstig, d. h. ist die Luft rein, ohne Dünste und hat die Atmosphäre eine Wärme von mindestens 16—18 Grade Reaumur, so erfolgt die Befruchtung binnen 36—48 Stunden, und es sind dann Aussichten auf einen reichen und guten Herbst vorhanden. Treten aber vor der Traubenblüthe und während derselben kalte Luft, Nebel und Regen ein, so wird dieselbe dadurch wesentlich gestört, die Staubfäden sind von der Kälte angegriffen und zusammengezogen oder geschwächt durch häufige Nässe, es mangelt ihnen die zu ihrer natürlichen Verrichtung erforderliche Schnellkraft sie gelangen nicht zu der gleichfalls kranken Narbe, und können daher dieselbe entweder gar nicht oder nur unvollständig befruchten, besonders da auch der zur Befruchtung erforderliche Saft verdickt, vermindert oder verdorben ist. In einem solchen Falle erscheinen entweder gar keine Trauben, oder solche mit unbefruchteten Kleinbeeren oder mit kranken Beeren, die später abfallen und daher nur einen geringen Herbst in Aussicht stellen.

Blüthen, wie bei den Weinreben, welche die männlichen und weiblichen Befruchtungswerkzenge in sich begreifen, werden Zwitterblüthen genannt.

Nach der Befruchtung wird die Narbe welk und verhärtet an der kleinen befruchteten Beere. Sie befindet sich entweder genau in der Mitte der Beerenspitze oder ist hie und da etwas auf die Seite gestellt.

Am Grunde des Fruchtknotens (Stempel) ist derselbe an der Stelle des früheren Kelches mit einem angeschwollenen zirkelförmigen Randstreifen umgeben, in dem sich kleine Körper in der Form von vier eckigen Plättchen befinden, die man die Scheibe auch Honiggefässe nennt. Dieselben reihen sich, wie die Staubfäden, in der Vertiefung zwischen dem Fruchtboden und der Basis des Fruchtknotens an einander, kommen in allen Blüthen vor und unterscheiden sich nur in der Farbe, indem sie bei einigen Gattungen von gelber, bei anderen von grüner Farbe sind. Sie welken mit den Staubfäden und fallen mit diesen zu gleicher Zeit ab.

Außerdem findet man bei den meisten Traubengattungen am Grunde des Fruchtknotens und scheinbar vereinigt mit der Scheibe, kleine Drüsen, die bald hart werden und dann jenen Theil bilden, den man an der Beere oder dem Beerenstiel (§. 5) die Franze nennt.

Die hier gegebene Beschreibung der Traubenblüthe (Scheine, Gescheine) ist der gewöhnliche Stand derselben, es zeigen sich aber bei einzelnen Traubengattungen bald mehr bald mindere Abweichungen davon, in Beziehung auf die Form der Knospen, die Art und Weise der Entfaltung der Blumenkrone, der Richtung der Staubfäden, der Zahl der Blumenblätter, der Staubfäden- und der Fruchtknoten-Zellen, daher es sehr von Interesse wäre, diese Verschiedenheiten genauer kennen zu lernen, indem sich bei weiteren Beobachtungen vielleicht auch darnach Kennzeichen auffinden lassen, welche die einzelnen Rebsorten von einander unterscheiden.

§. 7.

Nachdem die Befruchtung der Blüthe vor sich gegangen ist, verwandelt sich der Fruchtknoten in eine runde oder längliche, nach und nach aufschwellende harte Beere. Sie hat die Bestimmung die befruchteten Keime einige Zeit in ihrem Innern aufzubewahren und zu entwickeln, bis die letztern die erforderliche Reife und Vollkommenheit und dadurch die Kraft zur Fortpflanzung der Rebe erlangt haben, in welchem Zustande die Beere weich, süß und voll Saft erscheint. Dieselbe besteht aus dem Balge, dem Fleische, Mark oder Safte und den Kernen. Der Balg (Haut) scheint mit der inneren Rinde des Rebholzes in Verbindung zu stehen, er ist dehnbar, zuerst dick, je mehr aber die Zeitigung der Beere voranrückt, desto dünner wird er, bei einigen Traubenarten sogar durchsichtig. Seine Beschaffenheit ist auch bei vollständiger Reife nicht bei allen Sorten gleich, sondern er ist entweder dick, fleischig und weich, oder dick und hart, oder mehr oder weniger dünn, hie und da auch beim Aufbeißen krachend. Das Fleisch oder Mark der Beere besteht aus einer Menge von Röhrchen und Bläschen (Zellen), die eine Art von zusammengesetzter Drüse ausmachen, in der der Saft bereitet und aufbewahrt wird. Die Beere wird dadurch gebildet, daß aus dem Mittelpunkt des Stiels zwei große Gefässe hervorkommen, die den Saft in die Beere bringen, sich durch die Mitte derselben erheben, wenn sie an das entgegengesetzte Ende derselben gekommen, sich umbiegen und sich im Kreise umher in acht oder zehn feine Adern theilen, die sich weiter verästeln und endlich nahe an der äusseren Fläche sich wieder vereinigen, um in den Stiel zurückzukehren, stets in einigem Abstande von sich selbst und dem Balge, um gleichsam den überflüssigen, unzubereiteten Saft wieder in den Stiel zurückzuführen.

Das Mark der Beere besteht in einer schleimigen, gewöhnlich weißlichen und nur bei der sogenannten Farbtraube in einer rothen Substanz, die durch eine Anhäufung der zartesten Bläschen entsteht, welche die Zwischenräume eines netzförmigen Gewebes ausfüllen, das aus vielen sehr feinen Fäden zusammengesetzt ist. Man unterscheidet in der Beere das Centralmark, worin die Kerne sich befinden mit einem schleimigen Safte; das mittlere Mark, welches den Zwischenraum zwischen dem ersteren und den Mündungen der zurückführenden äussern Gefässe ausfüllt und einen sehr süßen, zuckerhaltigen Saft enthält; ferner das Rindenmark, das zwischen dem mittlern Mark und dem Balg sich befindet und in einem zwar zuckerhaltigen aber mehr säuerlichen Stoffe, als derjenige des mittlern Markes besteht. Endlich befindet sich über dem innern Theile des Balgs eine färbende harzartige Substanz, welche zur Zeit der Reife sichtbar wird und der Traube die Farbe gibt, die auch in den Balg selbst überzugehen scheint, daher die verschiedenen Gattungen bald weiß, gelb, grünlich, bald blau, roth, blauroth, grünroth 2c. sind.

Die Kerne befinden sich in der Mitte der Beere, welche deren gewöhnlich fünf enthalten solle, wovon aber öfters nur 1—3 ausgebildet sind, einzelne Sorten haben sogar gar keine Kerne (§. 137). Von dem Fleische der Beere laufen die Enden mehrerer kleinen Fleischröhren in dem Kerne aus, um den Keim darin auszubilden und zu nähren.

Die Kerne sind im reifen Zustande mit einer kaffeebraunen, einen adstringirenden Stoff enthaltenden Haut überzogen, sind hart, dick, lassen sich vom Traubenfleisch leicht ablösen und enthalten eine weiße Substanz zum Kern, aus der sich Oel ausscheiden läßt. Durch dieselben, wenn sie vollständig ausgezeitigt sind, pflanzt sich die Rebe fort, es kommt jedoch diese Fortpflanzung, weil sie lange Jahre in Anspruch nimmt, bis die Rebe zum Ertrag kommt, selten vor. Wird der Blüthenstaub bei der Befruchtung der Traube auf andere Traubengattungen durch den Wind, oder durch Insekten (Bienen 2c.), oder auf künstliche Weise übertragen, so entstehen Bastarde, wodurch sich vielleicht manche neue, brauchbare, vielleicht sogar vorzügliche Traubengattung erzeugen ließe.

Betrachtet man die Traubenbeere nach ihrer Farbe, Gestalt und Beschaffenheit, so sind sie, wie schon bemerkt, von verschiedener Farbe, die je mehr die Reife zunimmt, bei den blauen Trauben dunkler wird (dunkelblau, schwarzblau), manche rothe gehen nach und nach in's bläuliche über (rother Sylvaner), die graurothen nehmen einen bläulichen Farbenton an (Ruländer) und die grünen zeigen Neigung zum gelb werden und bekommen öfters braune Flecken. Außerdem befinden sich fast auf allen Beeren kleine Punkte, die auf den dunkelfarbigen hell, auf den hellfarbigen aber dunkel erscheinen. Oben auf der Beere befindet sich die vertrocknete Narbe, die entweder etwas hervorsteht oder bei manchen Traubengattungen in einem kleinen Grübchen liegt, auch sind die Beere mit einem Dufte belegt, der bei manchen Rebsorten sehr stark (Trollinger), bei andern fast unmerklich ist.

Die Farbe der Traube hat einigen Einfluß auf deren Reife, indem, wie allgemein bekannt, ein dunkler Körper mehr Licht und also auch mehr Wärme aufnimmt als ein heller, wornach auch dunkel (blau und schwarz) gefärbte

Trauben etwas früher reifen, als rothe und diese wieder etwas früher als weiße Trauben derselben Gattung. Die Form der Traubenbeere ist entweder verschieden lang, oder länglich eiförmig, oder länglich in's Kugelige spielend, oder rund, kugelig, wobei dann namentlich bei den länglichen eine Menge von Abstufungen, zugespitzt, oval, stumpf, vorkommen. Ferner sind die Beere entweder klein, oder mittelmäßig, oder groß, oder sehr groß.

Die innere Beschaffenheit der Beere ist entweder saftig mit viel Saft, oder fleischig mit weniger Saft, auch hart.

Der Saft ist entweder dünnflüssig oder schleimig, wässerig, säuerlich (herb), süß ohne besondere Schärfe (mild süß), oder sehr süß mit einer gewissen Schärfe, Weinsäure, die jedoch durch die größere Menge Zucker überdeckt wird und dadurch dem Weine gerade den angenehmen Geschmack gibt. Bei einzelnen Traubengattungen mit besonderem aromatischen Geschmack, wie beim Muskateller, Muskat-Gutedel, Rießling. Die Trauben im Ganzen genommen sind meist etwas länglich (cylindrisch), und entweder einfach oder achselig mit Seitenästen (Achseln §. 5), dicht, wenn die Beere enge, neben und aufeinanderstehen, locker, wenn dieß weniger der Fall ist, zottig mit sehr langen Beerenstielchen.

Hinsichtlich der Reife werden sodann die Trauben noch eingetheilt in frühreifende, mittelreifende und spätreifende d. h. in solche, die in guten Weinjahren schon im Monat September oder zu Anfang des Monats Oktober oder erst zu Ende desselben vollständig zur Reife kommen.

II. Die Traubengattungen.

§. 8.

Woher die Rebe stammt, wo der Ursitz derselben war, läßt sich nicht mehr bestimmen. Manche nehmen an, daß dieselbe ursprünglich aus Asien, aus den Gegenden zwischen dem Schwarzen und Kaspischen Meere stamme, weil dort auch bessere Rebsorten häufig noch im wilden Zustande angetroffen werden und die Rebe eine außerordentliche Vegetation entwickle, so daß Stämme von 3—6 Fuß Durchmesser vorkommen. Wie schon erwähnt (§. 1) ist aber die Rebe als wilde Pflanze auf einem großen Theil des Erdkörpers verbreitet und man findet sie in Gegenden, wie z. B. in Nordamerika, wo sie nicht durch frühere Cultur, sondern nur durch die Natur verbreitet worden sein kann. Wir glauben deßwegen, daß die Rebe eine schon ursprünglich weit verbreitete Pflanze ist, daß man jedoch in den angeführten Gegenden Asiens, wo auch Noah mit seiner Arche gelandet sein solle und wo überhaupt, so weit unsere

Kenntnisse und Traditionen reichen, der Ursitz der Civilisation und der Cultur des Menschengeschlechts zu suchen sein möchte, es zuerst verstand, aus dem Saft der Traube das edle Getränke, den Wein, zu bereiten, und daß dadurch auch von hier aus zunächst die culturmäßige Anpflanzung der Rebe in die benachbarten asiatischen Länder, den Wohnsitz der alten Cultur-Völker, und von diesen dann später in andere Länder, Griechenland, Italien und die römischen Provinzen verbreitet worden sey.

Die nunmehr auf einem großen Theile unseres Erdkörpers cultivirten Rebsorten sind, hinsichtlich der Farbe und der Gestalt der Traubenbeere, des Laubes und des Rebholzes sehr verschieden von einander, so daß wir nur allein in Deutschland gegen dreihundert Sorten zählen und in Frankreich soll der berühmte Minister und Chemiker Chaptal gegen das Ende des vorigen Jahrhunderts in einer besondern Anlage sogar zwölfhundert Sorten angepflanzt haben. Diese große Zahl von Sorten, die wir, wenn wir die verschiedenen Sorten in andern entferntern Ländern (Asien, Amerika) berücksichtigen, noch lange nicht alle kennen, mögen theils schon ursprünglich bestanden haben, wie die verschiedenen Sorten wilder Reben in Amerika nachweisen, theils auch durch die Erziehung der Rebe aus Samen und der vorausgegangenen Befruchtung durch andere Rebsorten sowie auch durch climatische Einflüsse entstanden seyn, indem es eine bekannte Sache ist, daß Pflanzen und insbesondere auch die Reben in entferntere Gegenden versetzt, leicht und in der Weise ausarten, daß sie in geringen Lagen sich verschlechtern, in besseren aber sich veredeln und dadurch, weil sie diese Eigenschaften bei Verpflanzung durch Rebschnittlinge beibehalten, neue constante Abarten bilden. Außerdem kommen die einzelnen Rebsorten in den einzelnen Ländern und Weinbaugegenden unter solch verschiedenen Namen vor, daß die meisten Sorten nach ihrer provinziellen Benennung häufig eine ganz andere Sorte darstellen, als in einer andern benachbarten Gegend, während die Traube ein und dieselbe ist, so daß man nach den verschiedenen Namen die eigentliche Sorte häufig nicht erkennen kann. Es haben sich deßwegen schon manche Oenologen Mühe gegeben, in dieses Chaos durch Classifikation der einzelnen Rebgattungen und durch Sammlung und Zusammenstellung der einzelnen Benennungen Ordnung zu bringen, unter welchen sich neuerlich der verstorbene Hofdomänenrath v. Gok in Stuttgart und Freiherr v. Babo zu Weinheim, im Großherzogthum Baden, besonders auszeichneten. Ersterer gründete in seinem Werke „die Weinrebe und ihre Früchte" (Stuttgart in der Georg Ebner'schen Kunsthandlung 1836) die Classifikation der einzelnen Rebgattungen auf die Behaarung der Blätter, letzterer in seinem Werke „der Weinstock und seine Varietäten" (Frankfurt am Main bei Heinrich Ludwig Brönner 1844) auf die Gestalt der Beere, ob lang, oder länglich, oder kugelig, wobei dann als Unterabtheilungen die Behaarung und

Bezahnung der Blätter erscheinen. Letzteres Werk ist nicht nur neuer, sondern auch systematischer geordnet, und umfaßt, mit wenigen Ausnahmen, die sämmtlichen Traubensorten Deutschlands, während das Erstere sich hauptsächlich nur auf württembergische Traubensorten (ca. 120 Gattungen) beschränkt. Wir verweisen hinsichtlich der Kennzeichen der einzelnen Reb- und Traubensorten sowie der verschiedenen Benennungen derselben auf diese Werke und beschränken uns hier hauptsächlich auf die Aufzählung der Eigenschaften derjenigen Traubengattungen die vorzugsweise in Süddeutschland gepflanzt werden und bemerken nur noch, daß die Untersuchung der Blätter der Reben am besten während oder gleich nach der Blüthe vorgenommen wird, weil hier die Kennzeichen derselben, besonders auch die Behaarung, sich am vollständigsten ausgebildet haben, während die Kennzeichen der Traubenbeere und des Rebholzes am richtigsten vor der Traubenlese beurtheilt werden können.

§. 9.

Wir theilen die Reb- und Traubengattungen ab in weiße und rothe und in blaue und schwarze, auch lassen sich dieselben, je nach ihrer hauptsächlichsten Benützungsart in Wein- und Tafeltrauben scheiden. Wir beginnen daher zunächst mit den vorzüglich zur Weinerzeugung tauglichen Trauben und werden dann eine Zusammenstellung der Tafeltrauben folgen lassen, wobei wir die Eintheilung nach dem v. Babo'schen System zu Grund legen:

Weiße und rothe Trauben,

I. Abtheilung. Beere länglich.

Erste Unterabtheilung. Blätter filzig.

Zweite Unterabtheilung. Blätter wollig, zottig.
(Siehe Tafeltrauben §. 41.)

Dritte Unterabtheilung. Blätter fast kahl.
Endzahn, halbkuppelförmig.

1. **Orleans.** Die Orleansrebe soll unter Karl dem Großen von Orleans in Frankreich nach dem Rüdesheimerberg, im Rheingau, verpflanzt worden sein und sich von dort aus im Rheinthale weiter verbreitet haben. Der Stock macht sehr starkes, kräftiges Holz, erfordert deßhalb eine lange Erziehung, ist auch zu Spalieren zu gebrauchen und taugt für magern, sehr warmen Boden. Es gibt einen gelben und grünen Orleans, beide Sorten sind sehr tragbar, dauerhaft in der Blüthe und röhren nicht leicht ab, reifen aber sehr spät, geben aber bei vollkommener Reife einen geistreichen, dauerhaften Wein ohne besonderes Arom, der sich erst in einigen Jahren gehörig entwickelt. Das Gewicht

des grünen Orleans betrug nach der Mostwage von Mechanikus Kinzelbach in Stuttgart, oder der württembergischen Weinverbesserungsgesellschaft, womit auch die Wage von Mechanikus Oechsle übereinstimmt: 1857 96, 1858 89 bis 90, 1859 106, 1862 107 Grade.

Beide Gattungen taugen nur in vorzügliche besonders geschützte Lagen.

II. Abtheilung. Beere rund ins Längliche.

Erste Unterabtheilung. Blätter filzig.

a. Endzahn, kuppelförmig.

§. 10.

2. Weißer Räuschling: Der Stock ist mittelmäßig stark mit grober abspringender Rinde, macht ziemlich viel und starke Triebe, und erträgt, je nach der Boden-Qualität, lange oder kurze Erziehung.

Er wird in Württemberg wenig gebaut und kommt hauptsächlich nur in den Weinbergen des Jagstthales bei Dörzbach und zum Theil auch im Tauberthale vor. In der Schweiz am obern Zürchersee und wahrscheinlich auch in der Bodenseegegend erscheint er unter dem Namen Lindauer,

Gock, die Weinrebe S. 101,

und wird dort sowie auch im Breisgau, in der Ortenau (Baden) und im Elsaß häufig gepflanzt. Die Traube ist ziemlich groß, etwas locker, saftreich und reift etwas spät.

Gewicht des Saftes:

1857: 86, 1858: 72, 1859: überreif 98, 1862: 94 Grade.

Zu dem Räuschlinggeschlecht wird häufig auch der blaue Räuschling (Klöpfer) und der Gelbhölzer gerechnet, sie sind jedoch nach der systematischen Eintheilung etwas verschieden von dem weißen Räuschling, daher sie hienach (§. 36) unter ihren speziellen Benennungen vorgetragen werden.

Zweite Unterabtheilung. Blätter wollig, zottig.

a. Endzahn, kuppelförmig.

§. 11.

3. Der Traminer ist eine schwachtriebige Rebsorte mit schwachem, zärtlichem Wurzelansatze, daher der Stock in der Regel schwach erscheint und keinen starken Holztrieb macht. Er scheint von Tyrol aus in Deutschland verbreitet worden zu sein und seinen Namen von dem Dorfe Tramin an der Etsch erhalten zu haben. Bei dem Traminer kommen drei Gattungen vor, der rothe, der weiße und der schwarze Traminer.

Gewicht des Weinmostes vom rothen Traminer:
1857: 95—96, 1858: 88—89, bei der Spätlese 98—99, 1861: 100, 1862: 98—100 Grade.

Der Traminer gewährt nur in ganz entsprechender Lage und Boden und bei sorgfältiger Behandlung einen angemessenen, außerdem aber nur einen geringen Ertrag, daher dessen Anpflanzung mit Vorsicht geschehen muß.

Neben dem gewöhnlichen rothen Traminer gibt es auch noch einen rothen Gewürz- oder Muskat-Traminer, der sich in ganz reifem Zustande durch einen vorzüglichen Muskatgeschmack auszeichnen soll. Der Stock ist wenig verbreitet und kommt hauptsächlich nur in Rebsammlungen vor. In der Nähe von Karlsruhe in Baden soll jedoch durch den verstorbenen Markgrafen Wilhelm von Baden ein ganzer Weinberg mit Gewürztraminer angelegt worden sein und diese in der ächten Sorte bestehen.

Der schwarze Traminer
siehe unten §. 29.

b. Endzahn, halbkuppelförmig.

§. 12.

4. Der rothe Malvasier, in Württemberg auch Mährer oder früher rother Velteliner genannt (Gock S. 31), wird sonst auch als rother Hängling beschrieben (Babo S. 216) ist in der Regel sehr starktriebig und verlangt daher auf gutem kräftigem Boden eine lange Erziehung, d. h. mit langen Schenkeln und Bögen, weßhalb er hauptsächlich zu der Anlegung von Rebgeländen (Kammerzen) oder auch zu Wandspalieren an Gebäuden, Lauben ꝛc. taugt.

Gewicht 1857: 102, 1858: 91, 1859: 91. 1862: 105 Grade.

In Oesterreich und besonders in Steyermark sollen mit einer hieher gehörigen Traube unter dem Namen rother Zierfahnler ganze Weingärten angepflanzt sein. Dieselbe kommt auch unter dem Namen Italienischer Malvasier vor und ist in dem Werke von Babo als rothe Babotraube beschrieben, nach meinen Untersuchungen konnte ich aber zwischen dieser Rebe und dem oben beschriebenen rothen Malvasier keinen wesentlichen Unterschied finden.

§. 13.

5. Der Velteliner ist eine alte weit verbreitete Traube, sie kommt in Württemberg im untern und mittlern Neckarthal sowie in dessen Seitenthälern hie und da, im Kocher-, Jagst- und Tauberthale dagegen unter dem Namen Fleischtraube sehr häufig vor und bildet dort mit einigen andern Gattungen zum Theil den Haupttrebsatz. Auch am Rhein, insbesondere aber in den östreichischen Donaugegenden sowie in Steiermark trifft man dieselbe häufig an. Dem Namen nach sollte diese Traubengattung aus dem Veltelin im Mailändischen, früher zum Kanton Graubündten gehörig, stammen, neuerlich will man

jedoch dort (Bronner) keine ähnliche röthliche Traubengattung, sondern eine sehr verschiedene schwarze Traube gefunden haben, auch kennt man in der Schweiz unter dem Namen Velteliner nur einen sehr dunkelrothen Wein, daher bei dem früheren stärkeren Weinverkehr mit Oestreich wir wohl werden annehmen dürfen, daß die Veltelinertraube von dort aus verbreitet worden ist.

Man unterscheidet zwischen einem großen, mittleren und kleinen Velteliner. Bei allen drei Gattungen ist die Traube röthlich und hat die Eigenthümlichkeit, daß sie in minder guten Jahren und in nicht sehr warmen Lagen auf der Rückseite nie ganz roth wird, sondern grünlich bleibt, dessen ungeachtet aber auch in diesem nicht ganz reifen Zustande noch einen guten kräftigen Wein gibt. Anmerkung 1.

Gewicht vom mittleren Velteliner:
1857: 92, 1858: 86, 1859: 85, 1861: 95, 1862: 100 Grade.

Der kleine Velteliner kommt in einzelnen Gegenden Württembergs unter dem Namen Hans vor, er unterscheidet sich von dem eigentlichen Velteliner durch seine kugelige Beere, den spitzern Endzahn der Blätter und seine frühere Reife, während jener mehr runde in's längliche spielende Beere und halb kuppelförmige Endzähne hat. Der kleine Velteliner wird deßwegen hienach (§. 20) als Hans besonders beschrieben werden.

Zu dem Velteliner Geschlecht wird unter dem Namen früher Velteliner auch der Mährer gerechnet, der jedoch unter dem Namen Malvasier bereits besonders beschrieben ist. (§. 12.) Anmerkung 2.

§. 14.

6. Der weiße Hängling kommt unter dem Namen grüner Häußler hauptsächlich nur in der Gegend von Reutlingen vor, der Rebstock ist schwach, wie der Süßrothe (§. 38) und gleicht auch im Uebrigen demselben, daher wir uns hier auf dessen Beschreibung beziehen und nur noch bemerken, daß die frühreifende, gelbgrüne Traube auch im reifen Zustande die gleichen Eigenschaften wie die süßrothe Traube besitzt, ebenso empfindlich wie diese ist und zum Theil noch etwas kleinere Beere wie diese hat.

7. Der Elbling ist die verbreitetste Traubengattung nicht nur in Würt-

---

1. Anmerkung. Babo, der Weinstock und seine Varietäten S. 206 beschreibt nur den großen Velteliner und zweifelt, ob es auch noch andere Unterarten gibt. Nach den aus dem Rheinthale erhaltenen Reben vom großen Velteliner unterscheidet sich derselbe aber sehr durch seine große gedrungene sehr spät reifende Traube mit großen Beeren von dem mittleren Velteliner, so daß diese Unterart wohl als eine constante angenommen werden darf.

2. Anmerkung. Babo im angeführten Werke S. 601 zählt den Mährer zu dem Geschlecht der Hansen, was unrichtig ist, indem sich beide Traubengattungen wesentlich unterscheiden und auch in Württemberg nie unter dem gleichen Namen vorkommen.

temberg, sondern in ganz Europa, indem man denselben in allen nördlich gelegenen Weinbauländern von den Pyrenäen bis nach Ungarn antrifft. Es gibt dreierlei Gattungen: der weiße Elbling, der rothe Elbling und der schwarze Elbling. Bei den ersten Gattungen kommen dann noch Unterarten vor, und zwar:

a. Der gelbe Elbling, eine Unterart des Weißelblings, wahrscheinlich durch Anpflanzung von Reben von alten, weniger kräftigen Weißelblingstöcken entstanden, die auf magerem Standort auch gelbliche Trauben treiben, soll hauptsächlich in Baden an der Bergstraße und in Rheinbayern am Hardtgebirge verbreitet sein. Er unterscheidet sich vom Weißelbling durch kleinere, hellere, gelbe Beere mit durchscheinenden Adern und durch hellgrüne Blätter. Er soll dauerhafter in der Blüthe sein, einen süßeren Saft haben und etwas besseren Wein geben, als der Weißelbling.

b. Der Rau= auch Grobelbling ist eine Ausartung des geschlachten Elblings und kommt als Weiß= und Rothelbling vor. Er zeichnet sich vor dem geschlachten Elbling dadurch aus, daß das Laub zackiger, d. h. tiefer eingeschnitten ist und mehr und längere Zähne hat, während dasselbe bei dem geschlachten Elbling weniger eingeschnitten und mehr rund erscheint. Außerdem erzeugt der Rauelbling kleinere Trauben mit einzelnen großen und vielen Kleinbeeren mit wenig und geringem Saft und gehört eben deßwegen zu den geringen wenig einträglichen Traubengattungen.

Gewicht vom weißen Elbling:
1857: 92, 1858: 69, 1859: 85: 1860: 65—70, 1861: 88, 1862: 94 Grade.

Vom rothen Elbling 1857: 91, 1858: 71, 1859: 79, 1860: 65, 1861: 87, 1862: 95 Grade.

In der Bodenseegegend kommt der weiße dort häufig grüne Elbling unter dem Namen Dickelbling oder Burgauer vor.

8. Der weiße Kleinedel gleicht viel dem weißen Burgunder und weißen Clevner, unterscheidet sich aber von ersterem durch seine nicht ganz runden Beere und von letzterem durch den statt spitzen, mehr kuppelförmigen Endzahn.

Gewicht, 1857: 87, 1858: 87, 1859: 83—84, 1862: 89 Grade.

Der Stock scheint jedoch etwas weniger tragbar als der weiße Burgunder und weiße Clevner zu sein.

c. Endzahn, spitzig.

§. 15.

9. Der Rothurban. Der Urban, nach dem Schutzheiligen der Weingärtner genannt, ist eine Württemberg speziell angehörige Reb= und Traubengattung, der auch hier hauptsächlich nur in der mittlern Neckargegend gepflanzt

wird, und wahrscheinlich aus dem Tyrol oder dem nördlichen Italien zu uns gekommen ist. Er ist ein starktriebiger Rebstock, der eine lange Erziehung mit Schenkeln und Bögen erfordert, weil er erst am vierten oder fünften Auge seine Haupttrauben treibt. Er wird abgetheilt in den Roth- und Schwarz-Urban.

Gewicht 1857: 97, 1858: 84—85, 1859: 80, 1860: 76, 1861: 91, 1862: 97 Grade.

Der Rothurban gehört zu den besseren Weinbergstrauben und dürfte in Gemeinschaft mit dem mittlern Velteliner und dem Hans einen vorzüglichen, süßen, geistreichen Wein liefern. Der Stock taugt übrigens auch vorzüglich zu der Bekleidung von hohen Geländen, Lauben u. s. w.

Der Schwarz-Urban §. 31.

10. Der weiße Clevner wird häufig mit dem weißen Burgunder verwechselt und kommt daher selten in reiner Bestockung zur Anpflanzung. Er unterscheidet sich jedoch von dem letztern (§. 19) durch seine kleinere etwas längliche, mehr hellgelbe oder weißliche Beere, durch sein minder glänzendes mehr dunkelgrünes, blasiges und stärker gerippptes sowie durch das oben und unten wollige, mattgrüne Blatt und durch die weißwolligen Endspitzen der jungen Triebe. Ferner durch den schwächeren Rebstock, den engeren Knotenstand und durch das schlanke, dünne, mehr dunkelbraune Rebholz, gefurcht mit dunklern Streifen und braun, auch grau punctirt.

Der Rebstock hat eine mittlere Vegetationskraft, darf daher nicht zu stark durch Anschneiden von Tragreben in Anspruch genommen und auch nicht lang geschnitten werden, weil er die Trauben mehr am hintern Holze treibt.

Gewicht in geringerer Lage:
1857: 92, 1859: 95, 1860: 72—73, 1862: 100 Grade.

11. Der Ruländer, auch rother oder grauer Clevner genannt, gehört zum Clevnergeschlecht, was schon daraus hervorgeht, daß hie und da an einem und demselben Stock sich graue und blaue Clevnertrauben zeigen, oder daß in manchen Jahren ganze Stöcke blaue Trauben tragen, während sie später wieder in den Ruländer übergehen. Wenn jedoch von solchen veränderten Trauben Reben geschnitten und verpflanzt werden, so sollen sie die angenommene Eigenschaft der blauen Clevnertraube beibehalten. Der Stock treibt in den ersten Jahren stark in's Holz, zeigt aber im Durchschnitt, wie überhaupt die Clevnerreben nur eine mittlere Vegetationskraft, daher ihm nicht zu viel Holz angeschnitten werden darf.

Gewicht, 1857: 99—105, 1858: 92, 1859: 98—106, 1861: 101 Grade.

Die Traube wird, namentlich im Elsaß, auch unter dem Namen grauer Tokayer angepflanzt, den einzelne Weinzüchter für eine besondere Unterart hal-

ten wollen, indem er reichlicher trage, als der gewöhnliche Ruländer und sich
nicht so leicht verfärbe, wie der letztere. Nach meinen und anderer Oenologen
genau angestellten Vergleichungen (Bronner, die Bereitung von Rothwein
S. 103) kann aber zwischen beiderlei Gattungen kein wesentlicher, sondern nur
darin ein Unterschied gefunden werden, daß die unter dem Namen „graue
Tokaher" gepflanzten Stöcke öfters ein unregelmäßig etwas gekrümmtes Rebholz
und mehr spitze Augen besitzen, auch einen reichlichern Ertrag geben, als an=
dere Ruländerstöcke, was ohne Zweifel daher kommt, daß die ursprünglichen
Reben einem sehr fruchtbaren Stocke entnommen wurden, daher der graue
Tokaher blos eine constantere Gattung des Ruländers bilden dürfte.

Dritte Unterabtheilung. Blätter fast kahl.

a. Endzahn, kuppelförmig.

§. 16.

12. Der Sylvaner ist mit dem Elbling die verbreitetste, in manchen Ge=
genden (Kocher, Jagst, Tauber), sogar die vorherrschende Traubengattung, und
nicht selten wird neuerlich der Elbling durch den Sylvaner verdrängt. Der=
selbe scheint von Oesterreich aus in die Main=, Rhein= und Neckargegenden
eingewandert zu sein, daher er auch in manchen Gegenden, wie im Tauberthal,
und am Main und Rhein, „Oestreicher", genannt wird.

Es gibt verschiedene Gattungen von Sylvaner, nämlich den weißen oder
grünen Sylvaner, den gelben Sylvaner, den rothen Sylvaner, den blauen
oder schwarzen Sylvaner.

Der gelbe Sylvaner unterscheidet sich vom grünen Sylvaner durch hellere,
gelbgrüne Blätter und durch die gelbliche Farbe seiner Beere, die bei voll=
ständiger Reife mit vielen braunen Punkten besprengt sind, und ist daher
hauptsächlich nur während der Sommer= und Herbst=Vegetation genau zu er=
kennen. Er wird weit weniger als der grüne Sylvaner angebaut und kommt
in Württemberg hauptsächlich am Traufe der Alp, im Lauterthale, vor, wo er
dem grünen Sylvaner vorgezogen wird, weil er süßere, etwas früher reifende
Trauben als jener liefere und daher auch einen besseren, kräftigeren Wein
geben solle. Ohne Zweifel ist der gelbe Sylvaner eine Unterart des grünen
Sylvaners und dadurch konstant geworden, daß man Reben von ursprünglich
schwachen und alten Stöcken des grünen Sylvaners anpflanzte, die in mage=
rem Boden öfters auch gelbliche Trauben treiben und diese Eigenschaft fort=
pflanzen. Der gelbe Sylvaner ist daher auch häufig weniger fruchtbar als
der grüne.

Gewicht des weißen (grünen) Sylvaners: 1857: 103. 1858: 86. 1859:
92. 1860: 70—75. 1861: 85. 1862: 92 Grade.

Gewicht des rothen Sylvaners:
1857: 94. 1858 geringere Lage: 72. 1859: 92. 1861: 96 Grade.
Der blaue oder schwarze Sylvaner hienach §. 32.

III. Abtheilung. Beere kugelig.

Erste Unter-Abtheilung. Blätter filzig.

a. Endzahn, kuppelförmig.

§. 17.

13. Der gelbe Ortlieber ist zu Ende des vorigen Jahrhunderts vom Elsaß aus durch einen Gastwirth Ortlieb zu Reichenweiher verbreitet worden, und war anfänglich eine sehr beliebte und gesuchte Traube, kam aber, weil er in ungeeigneter Lage und Boden sehr gerne und schnell fault, bald in Mißkredit.

Gewicht: 1857: 92. 1858: 101. 1859 als verfault: 0. 1861: 86. 1862: 85 Grade.

Die Traube reift ziemlich frühe und gewährt daher bei ihrer Fruchtbarkeit auch in minder günstigen Jahren noch einen guten und brauchbaren Ertrag, ihre Anpflanzung ist jedoch nur auf luftigen Höhen und auf magerem Boden zu empfehlen.

14. Der weiße Tokayer, auch Putscheere oder Ungar, ist ein ziemlich starker, jedoch empfindlicher Rebstock, weil das Holz selten vollständig reift; treibt sehr viele große, saftreiche Trauben und fand bei den Weingärtnern vielen Beifall und bald große Verbreitung.

Die Traube gibt jedoch nur einen dünnen, wässerigen Saft und ganz geringen Wein, daher deren Anpflanzung schon öfters, besonders in Württemberg, verboten worden ist.

Gewicht: 1857: 84. 1858: 76. 1859 überreif: 90. In geringeren Jahren nur 50—60. 1862: 78 Grade.

Der blaue Tokayer siehe hienach §. 34.

b. Endzahn, halbkuppelförmig.

§. 18.

15. Weißer Süßling. Diese Traubengattung soll viele Aehnlichkeit mit dem gelben Ortlieber und dem weißen Burgunder haben, und daher mit denselben öfters verwechselt werden. Nur hinsichtlich der Kuppelform des Endzahns unterscheidet sie sich vom Ortlieber, sowie dadurch, daß das Blatt weniger dunkel, die vordern Seitenlappen mehr unregelmäßig gebildet und

die Beere heller und nicht so stark punktirt sind, auch nicht so leicht faulen, wie beim Ortlieber.

Gewicht: 1857: 95. 1858: 97. 1859: 105. Auch in geringeren Jahren 75—85 Grade.

16. Der rothe Raifler. Der Stock ist stark und sehr tragbar, Blüthe und Reife jedoch etwas spät, daher er nur in guten Lagen zu pflanzen wäre.

Gewicht: 1857: 92. 1858: 85. 1859: 93. 1862: 81 Grade.

17. Der weiße Rothgypfler stammt aus Oestreich, und ist im südwestl. Deutschland und insbesondere auch in Württemberg erst in den letzten 10—15 Jahren zur Anpflanzung gekommen. Er hat seinen Namen von den rothen Endspitzen seiner Triebe und zeigt in den meisten Bodenarten ein gutes, kräftiges Wachsthum.

Rebstock: Stark mit guter Wurzelbildung und fein abspringender Rinde.

Rebholz: (einjährig) Stark und schlank, rund, fein gefurcht, bläulich grau mit hellbraunen Streifen, zuweilen braun punktirt, etwas im Zickzack wachsend, reift ziemlich frühe und ist nicht empfindlich gegen Kälte.

Endspitzen: Wollig, röthlich gefärbt, 1—2 Fuß lang.

Knoten: Wenig erhaben, Abstand der Gelenke mittelmäßig.

Augen: Etwas erhaben, klein, geschlossen, spitzig, zuweilen mit etwas Wolle.

Blätter: Mittelgroß, dick, borstig und sehr stark behaart, blasig, rund, fünflappig mit tiefen Einschnitten, sehr konstant, dunkel- und mattgrün, zuweilen Verfärbung in's Gelbgrüne.

Bezahnung: Klein und gleich, meist rechtwinkelig, sehr konstant. Stielbucht eng geschlossen.

Blattstiel: Kurz, dick, behaart und gegen die Sommerseite röthlich gefärbt.

Traube: Mittelgroß, ästig, auch walzenförmig mit sehr gedrängten, in der Regel übereinanderstehenden Beeren.

Beere: Mittelgroß, rund, hie und da in's Längliche spielend, weißlich grün, bei guter Zeitigung durchsichtig und gegen die Sonnenseite röthlich gefärbt, fein punktirt und grünweißlich bebuftet.

Reife: mittelmäßig, mit dem Elbling.

Saft: bei völliger Reife süß, kräftig mit gutem, eigenthümlich aromatischem Geschmack und gibt einen starken, guten Wein.

Die Rebe trägt in guter Lage mit warmem trockenen Boden sehr reichlich und sicher, ist nicht empfindlich in der Blüthe und die Traube widersteht lange der Fäulniß, daher die Rebe größere Verbreitung verdient, bei dem kräftigen Wachsthum könnte dieselbe auf Bogreben geschnitten werden, bei der großen Fruchtbarkeit des Holzes ist aber der Zapfenschnitt angemessener.

Gewicht nach den von dem Gemeinderath Single in Stuttgart angestellten Beobachtungen 1857: 106. 1858: 93. 1859: 100 Grade.

c. Endzahn, spitzig.

Zweite Unterabtheilung. Blätter wollig, zottig.
    a. Endzahn, kuppelförmig.

    b. Endzahn, halb- oder verlängert kuppelförmig.

§. 19.

18. Der weiße Burgunder ist von Frankreich aus in Deutschland verbreitet worden, wo er in Burgund und in den hinter den dortigen Gebirgen liegenden Weingegenden bis in die Champagne im Großen gepflanzt wird. Er wird nicht selten mit dem weißen Klevner verwechselt, beide Sorten unterscheiden sich aber durch verschiedene hier und §. 15 beschriebene Merkmale.

Das Blatt solle sich dadurch kennzeichen, daß es an der Grundbucht von der Rippe an keinen Blattansatz mehr hat.

Gewicht:

1857: 96. 1858: 90. 1859: 93. 1860: 72—73. 1861: 98. 1862. 100 Grade.

Der Stock trägt nach den bisherigen Erfahrungen reichlich, ist dauerhaft und wenig empfindlich in der Blüthe, sowie gegen manche Krankheiten, wie der Schwarz- und Rothbrenner, Grind 2c.

19. Der Fütterer, Fütterling, Förderling auch Wiesethaider, Missethäter genannt, ist eine alte Weinbergstraube Württembergs und gehört diesem speziell an, da sie außer in dem angrenzenden untern Neckarthale sonst nirgends vorkommen soll. Rebe und Traube haben äußerlich manche Aehnlichkeit mit dem weißen Rießling. Der Fütterer treibt gern Holz, jedoch einen stärkeren Stock als der Rießling, mit grob abspringender Rinde, ist gegen den Frost nicht sehr empfindlich, in der Blüthe dauerhaft, setzt viele mittelmäßig große, engbeerige, grünlich gelbe Trauben an, die einen süßen, ziemlich gewürzhaften Wein geben, aber gerne faulen.

20. Der Rießling gehört nicht zu den starken, sondern zu den schwachen Rebgattungen, die kein starkes Holz machen, er ist aber deßwegen nicht schwachtriebig, wie der Sylvaner, sondern zeichnet sich auch noch im Alter durch gute Triebkraft aus und hat daher einen größeren Wurzelstock als jener. Er erreicht ein ziemlich hohes Alter und bleibt dabei stets in gutem Ertrag.

Es gibt einen weißen und einen rothen Rießling.

a. Der weiße auch kleine Rießling ist die edelste bis jetzt in Deutschland bekannte Traubengattung, er stammt aus den Rheingegenden, wo er schon seit Jahrhunderten gepflanzt wird. Von dem kleinen Rießling unterscheidet sich der grobe Rießling durch stärkeres Holz und stärkeren Trieb sowie durch dunkleres saftigeres Laub, erträgt in ganz günstigen Weinjahren zwar reichlich, läßt aber in minder günstigen Jahren die Traubenbeere in der Blüthe fallen (wie der Rau-Elbling), kommt jedoch in den Weinbergen selten vor. Er ist ein ausgearteter Rießlingstock und sollte überall ausgerottet werden.

In andern Weinbaugegenden, namentlich im Moselthale, werden bei dem weißen Rießling unterschieden (Babo, der Weinstock und seine Varietäten (S. 475)

    aa. Der gelbe Rießling, der etwas früher reifen und den besten Wein geben soll.

    bb. Der grüne Rießling, später reifend und weniger bouquetreich.

    cc. Der rothstielige Rießling.

    dd. Der wilde und schütterbeerige Rießling, geringhaltig, vielleicht der oben beschriebene Grob-Rießling.

b. Der rothe Rießling unterscheidet sich von dem weißen Rießling durch seine hellrothe Farbe und die etwas tiefer eingeschnittenen Blätter, er wird in der Gegend von Heilbronn im Großen angebaut, ist noch etwas sicherer in der Blüthe und trägt noch reichlicher als der weiße Rießling, soll auch etwas früher reifen, ist aber weniger bouquet- und gehaltreich als jener.

Gewicht des weißen Rießlings.
1857: 95. 1858: 93. 1859: 96. 1860: 79—80. 1861: 96. 1862: 95 Grade.

Gewicht des rothen Rießlings.
1857: 94. 1858: 82. 1861: 87. 1862. 90 Grade.

    c. Endzahn, spitzig.

§. 20.

21. Der weiße kurzstielige Champagner, auch kleiner Heinsch genannt, stammt aus Frankreich und soll manche Aehnlichkeit mit dem weißen Burgunder haben.

Gewicht: 1857: 90. 1858: 87—88. 1859: 93. 1862: 80 Grade.

Der Stock darf zu den besseren Weinbergstrauben gerechnet, aber nicht mit dem langstieligen Champagner (gelben Gouais) verwechselt werden, der weniger Ertrag und einen geringeren Wein gibt.

22. Der Heunisch ist eine alte im südwestlichen Deutschland längst bekannte Traube, die aus Ungarn zu uns gekommen ist und früher weit mehr als neuerlich Anpflanzung gefunden haben muß. Er gleicht viel dem Elbling, unterscheidet sich jedoch von demselben hauptsächlich durch die dickeren und stärker gezahnten, meist dreilappigen, mehr lichtgrünen, ebene nicht blasige, unten stark behaarte Blätter und den spitzigen Endzahn, sowie durch den geringeren Gehalt der Traube und des Weins, während der Elbling ein großes dunkel-

grünes meist fünflappiges sehr blasiges Blatt mit starken Zähnen und starken Endspitzen hat und auf der untern Seite an den Blattrippen zwar borstig, aber weniger behaart ist. Der Heunisch gibt einen geringen Wein.

Gewicht: 1857: 78. 1858: 83—87. 1859: 91. 1862: 89 Grade.

Es gibt einen weißen, gelben, rothen und blauen Heunisch, die sich jedoch hauptsächlich nur durch die Farbe von einander unterscheiden.

23. Der weiße Welschrießling soll aus der Champagne nach Deutschland verpflanzt worden sein, wo er noch nicht sehr verbreitet ist und früher nur in der Gegend von Heidelberg Anpflanzung gefunden habe, neuerlich aber auch in Steyermark verbreitet sei.

Gewicht: 1857: 93. 1858: 85. 1859: 94. 1862: 96 Grade.

Wegen der späten Reife nur in den besten Weinbaugegenden und besten Lagen zum Anbau zu empfehlen, in Steyermark solle derselbe aber, bei den günstigern klimatischen Verhältnissen eine sehr geschätzte Weinbergstraube sein.

24. Der rothe Hans auch kleiner Velteliner genannt wird hauptsächlich in Württemberg und besonders in der Gegend von Plochingen als Weinbergstraube im Großen gebaut und dort als solche sehr geschätzt.

Gewicht: 1857: 103. 1858: 78. 1859: 90. 1860: 74. 1861: 95. 1862: 100 Grade.

Diese Traubensorte verdient größere Verbreitung als sie bisher gefunden hat.

Dritte Unter-Abtheilung. Blätter fast kahl.

a. Endzahn, kuppelförmig.

---

b. Endzahn, halbkuppelförmig.

§. 21.

Der rothe Trollinger wird in dem mittlern Neckarthale hie und da als Weinbergstraube gepflanzt, er scheint jedoch etwas weniger einträglich zu sein als der blaue Trollinger und auch einen geringeren, jedoch feineren Wein als dieser zu geben, daher er bis jetzt nirgends große Verbreitung gefunden hat. Im Uebrigen wird sich auf die Beschreibung des blauen Trollingers berufen (§. 38) und nur bemerkt, daß sich der rothe Trollinger von demselben durch die hellrothe Farbe seiner Trauben, durch die feinere abspringende Rinde, durch das weniger stark gefurchte Rebholz, sowie durch die etwas dunklere, braune Farbe desselben mit dunklern Streifen und durch die weniger dunklen Knoten unterscheidet.

Gewicht: 1857: 88. 1858: 77. 1859: 83. 1862: 97 Grade.

Es soll sodann auch noch einen weißen Trollinger geben, der jedoch so selten gepflanzt wird, daß er mir noch nie zu Gesicht kam.

c. Endzahn spitzig.

§. 22.

26. Der Gutedel scheint aus Frankreich, wo er sehr verbreitet ist, zu stammen, er kommt in den Weinbergen Süddeutschlands und Oestreichs, mit Ausschluß des Rheingaues, des Niederrheins, der Mosel- und der Bodenseegegend überall vor und bildet in einzelnen Gegenden, wie im Breisgau, in dem Kocher-, Jagst- und Tauberthale eine der Haupttraubengattungen in den dortigen Weinbergen.

Die gewöhnlich zur Weinbereitung zu verwendenden Gutedelarten werden abgetheilt in den weißen, rothen und Krachgutedel. Außer diesen gibt es noch verschiedene andere Gutedelarten, die jedoch selten im Großen angebaut werden und daher mehr zu den Tafeltrauben gehören (§. 44).

Der Krachgutedel unterscheidet sich vom weißen Gutedel durch eine härtere Haut und festere Beere, die beim Zerdrücken krachen. Dieselben sind beim Krachgutedel fleischig, beim gewöhnlichen Gutedel vollsaftig, dagegen gibt jener einen kräftigern Wein und bildet in verschiedenen Gegenden des Breisgaues fast den ausschließlichen Rebsatz, von dem der bekannte, angenehme Markgräfler Wein gewonnen wird.

Gewicht: 1857: 78. 1858: 79. 1859: 80. 1861: 88. 1862: 93 Grade.

Es gibt auch einen rothen Krachgutedel, der jedoch mehr unter dem Namen Königsgutedel bekannt ist, selten als Weinbergstraube zur Anpflanzung kommt, etwas früher reifen aber weniger zur Weinbereitung taugen soll, besonders da er sich gern abbeert. Er gehört zu den Tafeltrauben.

27. Der Muskateller wurde früher weit häufiger und in größerer Menge als gegenwärtig gepflanzt.

Es gibt verschiedene Muskatellertrauben, weiße oder gelbe, rothe und schwarze, die sich sämmtlich durch einen bisamartigen Muskatgeschmack auszeichnen, der sich auch dem Weine in hohem Grade mittheilt. Die Trauben reifen jedoch spät und gelangen daher nur in den besseren Weinbaugegenden und in guten Lagen sowie in kräftigem warmen Boden zur vollständigen Zeitigung, sie sind etwas empfindlich in der Blüthe und verlangen als Weinbergstraube eine kurze Erziehung, weil der Rebstock zwar ziemlich stark ist, aber bei seiner schwachen Bewurzelung nur wenig nachhaltige Triebkraft hat und daher bei der gewöhnlichen Bestockung auch nur geringen Ertrag gibt. In südlichen Gegenden, namentlich in dem südlichen Frankreich, werden aus der Muskatellertraube die vorzüglichsten Muskatweine bereitet, aber auch hier findet eine kurze Erziehung auf Zapfen mit 1—2 Augen statt, weil Trauben mit längerem Holz viel von ihrem Muskatgeschmack verlieren sollen.

Der schwarz-blaue Muskateller.

Unten §. 39.

Außer diesen gewöhnlichen Muskatellerarten gibt es auch noch einen grauen und violetten } Muskateller, die jedoch nur als Unterarten des rothen Muskatellers zu betrachten sind und hier keine besondere Beschreibung verdienen.

Blaue und schwarze Trauben.

I. Abtheilung. Beere länglich.

Erste Unter-Abtheilung. Blätter filzig.

a. Endzahn kuppelförmig.

§. 23.

1. Die blaue Eicheltraube kommt hie und da jedoch sehr selten in den Weinbergen vor.

Gewicht: 1858: 75. 1859: 84. 1862: 76 Grade.

Sie kommt selten zur vollkommenen Reife und sollte als Weinbergstraube ganz ausgerottet und nur an warmen Wandungen als Spalier gepflanzt werden, wozu sich die Rebe bei ihrer starken Triebkraft vorzüglich eignet und hier dann auch ihre gehörige Zeitigung erlangen könnte.

b. Endzahn halbkuppelförmig.

§. 24.

2. Der blaue Augster wird im südwestlichen Deutschland selten angebaut, dagegen mehr in Steyermark und Ungarn.

Gewicht: 1857: 86. 1858: 76. 1859: 83. 1862: 99 Grade.

Ist eine sehr einträgliche Traube, eignet sich aber mehr zu Spalieren als zu einer Weinbergstraube.

c. Endzahn spitzig.

§. 25.

3. Der blaue Marokkaner kommt hauptsächlich nur in Traubensammlungen vor und gehört mehr zu den Tafel- als Weintrauben.

Gewicht: 1857: 72. 1858: 62. 1859: 80. 1862: 77 Grade.

Eignet sich vermöge seiner starken Triebkraft mehr an Mauern und Wandungen als in den Weinberg und ist jedenfalls eine geringe Weinbergstraube.

Zweite Unter-Abtheilung. Blätter wollig, zottig.

Dritte Unter-Abtheilung. Blätter fast kahl.

a. Endzahn kuppelförmig.

b. Endzahn halbkuppelförmig.

c. Endzahn spitzig.

§. 26.

4. Blauer Blüssart, auch schwarzer Malvasier, ist noch wenig verbreitet, er soll am Genfersee häufig gepflanzt werden und ist jedenfalls eine französische Traubengattung.

Der Rebstock ist mittelmäßig stark mit feiner abspringender Rinde, treibt nicht stark in's Holz und leidet gerne bei ungünstiger naßkalter Witterung.

Die Traube ist ziemlich groß, dicht mit großen, eiförmigen, schwarzblauen Beeren, die ziemlich früh reifen und einen sehr süßen, gewürzhaften Saft haben, der einen guten Wein geben sollte. Sie ist jedoch etwas empfindlich in der Blüthe und scheint nicht sehr reichlich zu tragen.

5. Blauer Bernardi. Wird gleichfalls wenig gepflanzt und scheint mehr als Tafeltraube vorzukommen. Rebstock: Stark mit ziemlich fein abspringender Rinde. Derselbe solle im Sandboden üppig treiben.

Die Traube ist mittelgroß, dicht, ästig, reift mittelmäßig, fast etwas spät und hat große, ovale, schwarzblaue Beere mit hellblauem Duft, die einen dünnen, süßen, bei vollständiger Reife gewürzhaften Saft geben.

Gewicht: 1857: 81. 1858: 85. 1859: 87. 1862: 75 Grade.

II. Abtheilung. Beere rund ins Längliche.

Erste Unter-Abtheilung. Blätter filzig.

a. Endzahn kuppelförmig.

b. Endzahn halbkuppelförmig.

§. 27.

6. Der rothblaue Zottelwelsche kommt auch unter dem Namen blaurother Hudler, Weißlauber, Gol vor. Der Rebstock ist sehr stark mit grob abspringender Rinde und holzt gerne, verlangt zwar eine gute Lage, nimmt aber mit geringem Boden vorlieb. Er gehört zu den schlechteren Traubensorten, ist nicht zu empfehlen und sollte überall ausgerottet werden.

7. **Die blaue Müllertraube,** in einzelnen Gegenden Württembergs unrichtig auch schwarzer Rießling genannt. Dieselbe stammt aus Frankreich, wo sie in verschiedenen Departements, namentlich in der Gegend von Orleans im Großen gepflanzt wird.

Der Stock gehört mehr zu den schwächeren als stärkeren Rebgattungen, mit grober abspringender Rinde, er hat aber eine starke Vegetationskraft, ist wenig empfindlich, nimmt mit geringem Boden vorlieb und trägt gerne und viel, besitzt aber keine große Dauerhaftigkeit, daher bei der Erziehung darauf besondere Rücksicht genommen werden muß.

Gewicht von mittlerer Lage:
 1857: 100, 1858: 90, 1859: 87 Grade.

Nach diesem Gewicht sollte die Traube einen guten Wein geben, nach allgemeinen Erfahrungen ist aber der Saft zwar süß, hingegen wenig geistreich und gibt nur einen leichten, milden Wein, der im ersten Jahre angenehm zum Trinken ist, aber nicht auf's Lager taugt und bald an Farbe verliert, weil die harte Beerenhaut weniger Farbstoff besitzt und bei der Gährung weniger fahren läßt als bei andern Traubengattungen, namentlich dem Clevner. Auch in Frankreich wird der Wein nach Jullien zu den geringeren gerechnet, doch kann derselbe dadurch sehr verbessert werden, wenn die Traube, welche anscheinend frühe reift, nicht als Frühtraube behandelt, sondern, wenn die Lese derselben möglichst verschoben und jedenfalls nicht vor der gewöhnlichen Lesezeit vorgenommen wird, indem die blaue Färbe nicht immer die vollständige Reife anzeigt, vielmehr braucht die Traube, nach erfolgter Färbung, noch einige Zeit, um bei ihrer harten Beerenhaut den Wassergehalt auszuschwitzen und denselben in Zuckerstoff zu verwandeln. Die Traube gleicht viel dem blauen Clevner und wird daher, namentlich bei dem Verkaufe der Trauben nach dem Pfunde an Fabrikanten moussirender Weine, gerne mit demselben verwechselt oder absichtlich für Clevner verkauft, sie unterscheidet sich von demselben jedoch hauptsächlich durch ihre glänzendere, schwarzblaue Farbe, sowie durch die stärkeren und behaarteren Trauben- und Beerenstiele. Die Rebe ist an dem Blatt gut zu erkennen, indem die Oberfläche des letzteren mit vieler weißer Wolle überzogen ist, was wie mit Mehl bestaubt aussieht, wodurch sie den Namen Müllertraube erhalten hat.

c. Endzahn spitzig.

§. 28.

8. **Der Schwarzblaue Zottelwelsche** wird von Babo als blaurothe Rohrtraube beschrieben, in Württemberg, wo er im mittleren Neckarthale hie und da gebaut wird, kommt er unter dem Namen Wullewelsch vor. Er hat manche Aehnlichkeit mit dem Trollinger und dem rothblauen Zottelwelschen

(rothen Hupler, Weißlauber), doch sind gegenüber vom Trollinger die Trauben lockerer, auch unterscheidet er sich hauptsächlich durch den weißen Filz seiner untern Blattseite. Vom rothblauen Zottelwelschen durch die mehr geschlitzten Blätter, den spitzen Endzahn und durch die dunklere Farbe und etwas bessere Qualität seiner Trauben.

Der Rebstock ist stark, dauerhaft, in der Blüthe spät und nicht empfindlich, auch verlangt er keinen besonders guten Boden.

Die Rebe ist besonders auch wegen der späten Reife der Trauben nicht sehr empfehlungswerth und kann daher jedenfalls nur in den besseren Weinbaugegenden und in guten Lagen gepflanzt werden.

Zweite Unterabtheilung. Blätter wollig, zottig.

a. Endzahn kuppelförmig

§. 29.

9. **Schwarzer Traminer.** Rebstock: schwach mit feiner anliegender Rinde, scheint sehr empfindlich zu sein und bald abzugehen, ist auch wenig tragbar.

Verlangt, wie alle Traminergattungen, einen besonders angemessenen Boden und wird daher nicht überall zu empfehlen sein, obgleich der Wein von vorzüglicher Qualität zu sein scheint.

Gewicht: 1857: 92, 1858: 93, 1859: 88—89, 1862: 95 Grade.

b. Endzahn halbkuppelförmig

§. 30.

10. Der blaue Hängling wird in Württemberg hauptsächlich am Traufe der Alp in Reutlingen und Umgegend unter dem Namen Schwarzer Häußler, sowie zu Weilheim im Lauterthal gepflanzt. Der Rebstock ist theils mittelmäßig, theils etwas schwach mit zarter abspringender Rinde und verlangt einen guten Boden und eine kurze Erziehung, wenn er einen entsprechenden Ertrag geben solle.

Gewicht: 1857: 100, 1859: 93, 1862: 107 Grade.

Im Uebrigen hat der Hängling viele Aehnlichkeit mit der Süßrothenoder Frankentraube (§. 38.)

11. Der Färber ist die einzige, in Deutschland angepflanzte Rebe, welche einen rothen Saft hat, er ist jedoch keine vorzügliche Traubengattung, indem er spät reift, selten ganz reif wird, und auch in diesem Zustand nur einen säuerlich süßen Saft gibt.

Gewicht: 1856: 79, 1859: 86, 1862: 95 Grade.

Er wird deßwegen in der Regel nur der rothen Farbe wegen gepflanzt, wobei jedoch erst noch die Frage näher zu untersuchen und zu erörtern wäre, ob dem Weine wirklich mehr Farbstoff, als von andern blauen und schwarzen Traubengattungen mitgetheilt, und ob während der Gährung nicht ein Theil der rothen Farbe durch die Kohlensäure zerstört wird. Jedenfalls wird es zweckmäßig sein, wenn man, um eine dunkle rothe Farbe zu erhalten, den Wein stark an den Trebern vergähren läßt.

Der Rebstock ist ziemlich schwach mit grober abspringender Rinde, treibt nicht stark ins Holz und ist gegen Kälte und sonstige ungünstige Witterungseinflüsse empfindlich.

Er verlangt bei seiner schwachen Bewurzelung einen guten Boden und eine geschützte Lage, sollte aber nie in großer Menge angepflanzt werden.

12. Der Schwarzelbling kommt als Weinbergstraube wenig zur Anpflanzung, er unterscheidet sich vom Weiß- und Rothelbling (§. 14.) durch seine Farbe, seine weniger großen, selten ästige Trauben und die kleineren Beere sowie auch dadurch, daß er selten so reichlich trägt wie jene, obgleich sein Ertrag nicht gering ist.

Gewicht: 1857: 86, 1858: 77, 1859: 92, 1862: 82 Grade.

13. Die blaue Bodenseetraube kommt in der Bodenseegegend unter dem Namen blauer oder schwarzer Sylvaner vor, sie gehört jedoch nicht zu dem Sylvanergeschlecht und wird deßwegen von Babo unter obigem Namen als eine besondere Gattung beschrieben. Nach genauen, von verschiedenen Oenologen an Ort und Stelle angestellten Untersuchungen ist jedoch die Bodenseetraube, wenn auch einige kleine Abweichungen vorkommen, (die Beeren seien nach Babo nicht kugelig, sondern rund ins längliche spielend) nichts anderes, als ein blauer Burgunder, der von Babo ganz übergangen wird und der denselben, wie es scheint, zum Clevnergeschlecht rechnet, ob er gleich einen weißen Clevner und weißen Burgunder beschreibt und die Unterscheidungszeichen genau angibt. Es wird sich deßwegen bezüglich der Bodenseetraube auf die Beschreibung des blauen Burgunders und auf die dort angeführten Unterscheidungszeichen vom blauen Clevner bezogen (§. 38.)

c. Endzahn spitzig.

§. 31.

14. Der Schwarzurban, auch schwarzer Süßwelscher, Blauwelscher oder schwarzer Zottelwelscher genannt, gleicht ganz dem in §. 15 beschriebenen Rothurban und unterscheidet sich von demselben blos durch seine schwarzblaue, etwas kleinere Beere, sowie durch das etwas dunklere Rebholz, das fein gefurcht und grau punctirt ist und dunklere Streifen hat, auch solle der Stock weniger empfindlich gegen den Frost sein als jener. Er reift mittelmäßig, jedoch etwas früher als der Trollinger (§. 38) und gibt einen etwas stärkeren, gewürzreiche-

ren Wein als der Rothurban, der namentlich wegen des reichen Farbestoffs unter der Beerenhaut eine schöne, dunkelrothe Farbe bekommt.

Gewicht: 1857: 97, 1858: 90, 1859: 87—88, 1861: 95, 1862: 103 Grade.

Der Schwarzurban gehört zu den besseren Weinbergstrauben und verdient, daß er in guten geschützten Lagen mehr als bisher angebaut wird, wobei man sich jedoch sehr zu hüten hat, daß er nicht mit dem gewöhnlichen Zottelwelschen (§. 27) verwechselt wird, von dem er sich hauptsächlich durch seine weniger wolligen oder filzigen Blätter unterscheidet.

15. Der blaue Clevner, am Rhein auch Klebroth genannt, scheint von Frankreich aus bei uns verbreitet worden zu sein, wo er in Burgund, besonders aber in der Champagne eine ausgebreitete Anpflanzung findet. Der Rebstock ist zwar ziemlich stark mit grob abspringender Rinde, aber schwach bewurzelt, daher er nicht zu den starktriebigen Reben gehört, worauf bei der Erziehung besondere Rücksicht zu nehmen ist, auch kommt er nicht in allen Bodenarten gleich gut fort (§. 83). Dagegen ist er nicht sehr empfindlich gegen Frost und gegen ungünstige Witterung in der Blüthe, leidet aber in manchen Jahren vorzugsweise durch den Heu= und Sauerwurm. Mit dem blauen Clevner wird häufig der blaue Burgunder verwechselt, sie haben jedoch verschiedene Unterscheidungszeichen, woran jede Sorte zu erkennen ist (§. 38). Bei dem Clevner sind die Beere rund, ins Längliche spielend und stehen sehr dicht (gedrungen), das einjährige Holz ist dünn, etwas flach gefurcht und bei schwächerem Wuchse stehen die Augen enge beisammen, es ist röthlich braun, grau punctirt und treibt in der Regel am zweiten und dritten Auge der Tragrebe und der jungen Schoose je eine Traube. Der Saft ist dünn schleimig, sehr süß und aromatisch und gibt einen vorzüglichen, gewürz= und bouquetreichen Rothwein.

Gewicht: 1857: 90—94, 1858: 95—96, 1859: 89, 1860: 74, 1861: 87, 1862: 100 Grade.

Wenn die ganzen Trauben gekeltert und nicht zu stark ausgepreßt werden, so kann aus der blauen Clevnertraube auch ein vorzüglicher weißer Wein bereitet werden, der häufig zu der Fabrikation von moussirenden Weinen verwendet wird, wozu sich die Clevnertraube vorzüglich eignet.

Neben dem gewöhnlichen blauen Clevner gibt es auch noch einige andere Clevnersorten, namentlich

a. einen frühen blauen Jakobi= oder August=Clevner,

b. das blaue Möhrchen und

c. den blauen Arbst, auch Thalroth.

Der Früh=Clevner ist keine Weinbergs= sondern Tafeltraube und wird unter diesen beschrieben werden (§. 42).

Das blaue Möhrchen unterscheidet sich von dem blauen Clevner durch seine kleineren Trauben, die frühere Reife derselben und durch den geringeren Ertrag, hauptsächlich aber dadurch, daß sich die Blätter schon gegen das Ende des Monats August ganz roth färben, was beim ächten Clevner in der Regel nur am Rande der Fall ist.

Der blaue Urbst wird hauptsächlich im Baden'schen Oberlande gepflanzt und davon der rothe Affenthaler und Zellerwein erzeugt. Er unterscheidet sich von dem blauen Clevner durch den schwächeren Rebstock, sein fast rundes, glätteres, wachsartig glänzendes Blatt mit schönen rothen Flecken und Rändern, das sich jedoch nicht so häufig wie beim Möhrchen ganz ins Rothe verfärbt, sowie besonders durch kurze Blattstiele und hellgrün wollige Endspitzen der jungen Triebe. Ferner durch seine mehr kleinen als großen Trauben, am Grunde ästig, einem Tannenzapfen ähnlich, auch sind die Beere weniger gedrungen, insbesondere aber auch durch den dünneren rothen Traubenstiel bei vollständiger Reife. Er trägt viel reicher als das Möhrchen und solle auch den gewöhnlichen blauen Clevner nicht selten im Ertrag übertreffen.

Dritte Unterabtheilung. Blätter fast kahl.

a. Endzahn kuppelförmig.

§. 32.

16. Der blaue Sylvaner gleicht bis auf die Farbe dem grünen und rothen Sylvaner (16). In niedern Lagen mit fettem mehr kühlem Boden (Lehm) wird die Traube selten ganz schwarzblau und gleicht dann fast ganz dem rothen Sylvaner, während er in magerem warmen Boden, auch in minder guten Jahren seine blaue Farbe bekommt. Der Wein von dem blauen Sylvaner solle einen kräftigern Wein geben als die andern Sorten, was wohl daher kommen mag, daß die blaue Traube mehr Gähr- und Gerbstoff, als der grüne Sylvaner besitzt, wodurch sich der vorhandene Zuckerstoff mehr in Alkohol als bei letzterem verwandeln kann.

b. Endzahn halbkuppelförmig.

§. 33.

17. Der blaue Portugiese ist im südwestlichen Deutschland und namentlich in Württemberg erst neuerlich als Weinbergstraube angepflanzt worden und kommt von Oestreich, wo er in Steiermark schon geraume Zeit bekannt ist und wahrscheinlich aus Portugal bezogen wurde.

Der Rebstock ist stark, mit grob abspringender Rinde, hat ein sehr kräftiges Wachsthum und gehört daher zu den starktriebigen Rebstöcken. Das einjährige Holz ist dick, etwas gebogen, auf der Augenseite flach gedrückt, weit gefurcht, sattbraun ins Gelbliche, dunkelbraun gefleckt, saftreich mit weiten Saftgefäßen und bleibt fleischig, so lange es wächst. Das Mark ist stark und locker, wornach der Rebstock zu den weicheren und empfindlichern gehört. Er hat die Eigenschaft, daß er im Spätjahr lange fortwächst, und, so lange sein Wachsthum dauert, das Holz nicht gehörig zeitiget. Außerdem treten, wenn der Stock durch Düngung oder kräftigen fetten Boden zu mast gebaut wird, gerne Saftstockungen ein, die verschiedene Krankheiten, namentlich den Grind, Schwarzbrenner, Gelbsucht herbeiführen und die Pflanzung zu Grunde richten. Die Anpflanzung dieser Rebgattung erfordert daher nach Lage und Boden eine besondere Beachtung (§. 83). Die Knoten sind weit, verdickt, wenig erhaben. Augen: Dick, kurz, geschlossen. Endspitzen: Kahl, hellgrün.

Blätter: Groß, dünn, flach, meist glatt, tief eingeschnitten, oben dunkelgrün, glänzend, unten heller. Verfärbung ins Rothe.

Der Rebstock trägt frühzeitig, gerne und viel Trauben. Die letztern sind schön, schwarzblau, hie und da ästig, ziemlich gedrungen, früh reifend mit dem Clevner (in guten Lagen etwas früher) mit ziemlich großen, etwas länglichen Beeren; die sehr viel Farbstoff besitzen und einen dünnen, sehr süßen, angenehmen Saft haben, jedoch ohne besonderes Arom.

Gewicht: 1857: 88—89, 1858: 78, 1859: 81, 1861: 88, 1862: 95 Grade.

c. Endzahn spitzig.

III. Abtheilung. Beere kugelig.

Erste Unterabtheilung. Blätter filzig.

a. Endzahn kuppelförmig.

§. 34.

18. Der blaue Tokayer unterscheidet sich von dem weißen (§. 17) hauptsächlich durch seine Farbe, und daß er noch später reift als jener, daher er noch weniger empfehlungswerth als dieser ist.

Gewicht des Saftes: 1857: 82, 1858: 60, 1859: überreif 96; in geringeren Jahren: 47—60, 1862: 88 Grade.

b. Endzahn halbkuppelförmig.

c. Endzahn spitzig.

§. 35.

19. Der blaue Karmenet wird in Frankreich als Weinbergstraube in verschiedenen Departements, namentlich aber in demjenigen der Gironde gepflanzt

und aus demselben theilweise die feinen Bordeaux- und Medocweine gewonnen. In Deutschland ist die Rebe noch wenig verbreitet und kommt hauptsächlich nur in Musteranlagen vor.

Der Rebstock ist theils schwach, theils mittelmäßig stark, mit grob abspringender Rinde, er zeigt keine starke Vegetationskraft und scheint gegen ungünstige Witterungseinflüsse sehr empfindlich zu sein und mehr einen sandigen, warmen oder hitzigen als strengen Thonboden und eine gute geschützte Lage zu verlangen, auch scheint er keine lange Erziehung vertragen zu können.

Gewicht: 1857: 95, 1858: 98, 1859: 106, 1862: 105 Grade.

20. Die blaue Kadarka stammt aus Ungarn und wird auch als edler schwarzblauer Tokayer (Gock) beschrieben, wird aber in Württemberg sowie im südwestlichen Deutschland noch selten angepflanzt.

Der Rebstock ist stark und starktriebig, die Traube groß und dicht, die Beere schwarzblau, saftreich mit dünner Beerenhaut und bei vollständiger Reife mit einem süßen Safte von gewürzhaftem Geschmack.

Reifezeit mittelmäßig.

In Ungarn sollen von der Kadarka die vorzüglichsten rothen Weine erzeugt und aus der Traube besonders auch Trockenbeere zur Ausbruchbereitung gewonnen werden, bei uns dürfte jedoch dieselbe hauptsächlich nur in guten Lagen mit gutem warmen oder auch hitzigen Boden, wo schwachtriebige edle Sorten nicht mehr recht gedeihen, zur Anpflanzung gebracht werden.

21. Der blaue Neri ist wenig bekannt und nur in Traubensammlungen zu finden. Der Rebstock ist ziemlich stark mit grobabspringender Rinde, zeigt gute Triebkraft, ist nicht empfindlich und trägt gerne.

Die Traube ist mittelgroß, dicht mit dunkelblauen, ziemlich großen, saftreichen Beeren, mit dünner Beerenhaut, die einen dünnen, etwas säuerlich süßen Saft enthalten, der jedoch bei vollständiger Reife kein geringes Gewicht zeigt:

1857: 93, 1858: 90, 1859: 93, 1862: 89 Grade.

Die Reifezeit ist die mittlere, und dürfte die Rebe bei ihrem guten Ertrag und ihren saftreichen Trauben als Weinbergstraube kein ungünstiges Resultat liefern, jedenfalls aber einen guten Mittelwein geben.

Zweite Unterabtheilung.   Blätter wollig, zottig.

a. Endzahn kuppelförmig.

§. 36.

22. Der blaue Klöpfer kommt häufig unter dem Namen blauer Räuschling vor; er unterscheidet sich jedoch von den Räuschlingen hauptsächlich durch sein weniger filziges, mehr wolliges Blatt. Unter ersterem Namen wird er namentlich im Breisgau (Emendingen und Jhringen) öfters angepflanzt. Der

Rebstock ist stark mit ziemlich feiner, abspringender Rinde, hat gute Triebkraft, und soll auch sehr fruchtbar sein, nach meinen Erfahrungen ist jedoch letzteres nicht der Fall.

Gewicht: 1857: 90, 1858: 89, 1859: 93, 1862: 78 Grade.

Die Reifezeit der Traube ist die mittlere, sie scheint aber keinen besonders guten gewürzreichen Wein zu geben und gehört daher nicht zu den empfehlungswertheren Traubengattungen.

23. Der blaue Wildbacher ist hauptsächlich in Steiermark zu Hause, wo er fast wild wächst, und wird im südwestlichen Deutschland selten und nur in Traubensammlungen gepflanzt. Der Rebstock ist ziemlich stark mit fein abspringender Rinde, großer Triebkraft und außerordentlicher Tragbarkeit, dauerhaft und nicht empfindlich.

Die Traube ist klein, dicht, hie und da etwas ästig. Vollständige Reife etwas spät, in geringen Weinjahren selten.

Gewicht: 1857: 89, 1858: 94, 1859: 90, 1862: 91 Grade.

Taugt nur in vorzügliche Lagen, wo aber bessere Traubengattungen zweckmäßiger gebaut werden, und ist daher im Allgemeinen nicht zu empfehlen.

Zur Bekleidung von Lauben sehr tauglich, reift aber dann noch später.

24. Der blaue Gelbhölzer kommt in Württemberg in dem Enzthale bei Vaihingen, Roswaag und Mühlacker unter dem Namen „Lomersheimer Schwarze" vor. Der Rebstock ist nicht stark, mit fein abspringender Rinde, in gutem Boden aber doch von ziemlich starker Triebkraft, er ist nicht empfindlich und trägt gerne und viel. Rebholz: Etwas schwach, fein gefurcht, glatt, gelbbraun, schwärzlich punktirt, manchmal dunkler gestreift. Knoten: Verdickt vorstehend. Augen: Mehr stumpf mit schwacher Spitze. Endspitzen: Weißwollig.

Blätter: Mittelgroß, dick, steif, etwas blasig, meist tief eingeschnitten, oben hellgrün, etwas glänzend, unten graugrün, schwach zottig.

Gewicht: 1857: 90, 1858: 85, 1859: 91, 1862: 96 Grade.

Bei der Versammlung der württembergischen Weinproduzenten zu Vaihingen a. d. Enz den 8. September 1862 ist zwar der Lomersheimer Schwarze für einen Affenthaler Rebstock erklärt worden, derselbe scheint jedoch bezüglich der Gestalt des Blatts, des Endzahns und der Reifezeit der Traube doch einige Verschiedenheit vom Affenthaler zu zeigen (§. 38).

25. Die blaue Hartwegstraube wird in Württemberg hauptsächlich im Tauberthale mit dem Süßrothen (§. 38) unter dem Namen Grobschwarz, Tauberschwarz gepflanzt. Der Rebstock ist stark, hat viele Triebkraft, trägt gerne und viel Trauben und taugt daher besonders in den magern Boden des Tauberthales.

Die Traube ist ziemlich groß, lang, ästig, locker und reift ziemlich frühe, aber hie und da etwas ungleich, so daß sich an manchen Trauben reife und unreife Beere befinden.

Gewicht: 1857: 95, 1858: 74, 1859: 85, 1861: 92, 1862: 90 Grade.

von niedern Lagen

Aus dem Grobschwarzen wird in Verbindung mit dem Süßrothen der rothe Tauberwein erzeugt, der zwar nicht von großer Dauerhaftigkeit, aber in den ersten Jahren sehr süß und angenehm zum Trinken ist.

b. Endzahn halbkuppelförmig.

c. Endzahn spitzig.

§. 37.

26. Der blaue Liverdun ist erst neuerlich, besonders in Württemberg, im Großen zur Anpflanzung gekommen, die Erfahrungen darüber sind daher noch ziemlich mangelhaft. Er stammt aus Frankreich und namentlich wird er im Departement de la Meurthe, dem östlichen Lothringen und der Umgegend von Nancy, Luneville, Saarburg und Toul, besonders wegen seiner Fruchtbarkeit häufig angebaut, wo er unter dem Namen Liverdun oder schwarzer Ericé vorkommt.

Der Rebstock ist schwach mit grober, abspringender Rinde und treibt keine starke Wurzeln, jedoch in der Jugend viel Holz, das frühe zeitigt, sehr viele Trauben treibt und sogar, wenn die Hauptaugen durch Frost Schaden gelitten haben, noch durch die Beiaugen Trauben nachtreiben soll, so daß er zu den ertragreichsten Rebgattungen gehört. Soll jedoch der Ertrag nachhaltig sein, so darf ihm wegen seiner schwachen Wurzelbildung nicht zu viel Tragholz gelassen werden, weil er sich sonst überträgt und bald altert, er erfordert deßhalb in der Erziehung eine besondere Behandlung (§. 138), auch verlangt der Stock wegen seines reichen Ertrags einen kräftigen, ausgeruhten Boden (§. 83).

Die Traube ist theils mittelgroß, theils klein, einfach und gedrungen, hie und da auch locker und reift ziemlich frühe mit dem schwarzen Burgunder, jedoch etwas langsamer als dieser und soll die Eigenschaften haben, daß sie sich auf der Sommerseite um ca. 8 Tage früher färbt, als auf der Rückseite, daher nicht zu frühe zu lesen.

Gewicht: 1857: 75, 1858: 67, 1859: 84, 1861: 95, 1862: 95 Grade.

Die Liverdunrebe wird nur für Lagen und Gegenden zu empfehlen sein, wo nicht auf Qualität, sondern hauptsächlich nur auf Quantität gebaut wird. Auch in Frankreich will man die Erfahrung gemacht haben, daß, je fruchtbarer der Stock ist, desto mehr die Qualität des Weins abnimmt.

27. Der blaue Pineau gleicht viel dem Clevner und kommt hie und da in den Clevnerpflanzungen vor, er unterscheidet sich jedoch von dem letzteren (§. 31) durch seine runden, kugeligen Beere, durch die stärkere Behaarung seiner Blätter und durch den größeren Endzahn. Der Pineau stammt aus Frankreich, wo er ziemlich verbreitet zu sein scheint, doch kommen dort unter diesem Namen auch andere Traubengattungen vor.

Der Rebstock ist ziemlich schwach mit grob abspringender Rinde und hat, wie der Clevner, keine große, nachhaltige Triebkraft, ist empfindlich, erfordert eine ähnliche Behandlung wie der Clevner, scheint aber nicht sehr einträglich zu sein und wäre daher nicht zu empfehlen.

Gewicht: 1857: 91 Grade. 1858: 82 Grade.

28. Der schwarzblaue Scheuchner auch blauer Köllner wird in Württemberg hie und da, hauptsächlich aber im obern Remsthal und an den steilen Kalkgebirgen des mittleren Neckarthales angebaut und kommt dort unter dem Namen Grübler, Pommerer vor.

Der Rebstock ist stark, hat starke Vegetationskraft, ist nicht empfindlich gegen Frost und sehr fruchtbar, so daß häufig jedes Auge vom untersten an zwei Trauben treibt.

Stock und Trauben gleichen viel dem Trollinger, das Blatt unterscheidet sich jedoch durch die unten wollige Blattseite und die Traube ist gedrungener und zeitigt später als der Trollinger.

Die Rebe wird hauptsächlich nur wegen ihres reichlichen Ertrags gepflanzt, ist aber nicht zu empfehlen und sollte nur in steilen und ausgezeichnet warmen Lagen gepflanzt werden.

29. Der blaue Heunisch unterscheidet sich von dem weißen Heunisch (§. 20) hauptsächlich durch seine Farbe und durch seine späte Reifezeit und ist, da er in der Regel nur einen sauern Wein gibt, nicht zu empfehlen.

30. Der Mohrenkönig ist eine blaue Traube, die bei uns noch wenig vorkommt, in einzelnen Gegenden von Steyermark (am Gaberberg bei Tüffer), aber als Weinbergstraube öfters gepflanzt wird.

Der Rebstock ist mittelgroß, hat keine besonders starke Triebkraft und erfordert daher mehr eine kurze als lange Erziehung, er soll aber nicht besonders empfindlich sein, namentlich strengen Winterfrösten widerstehen und ziemlich guten Ertrag geben.

Der Wein ist nicht besonders gehaltreich, ohne Arom.

Gewicht: 1857: 82. 1858: 75. 1859: 82. 1862 überreif: 104 Grade.

Dritte Unter-Abtheilung. Blätter fast kahl.

a. Endzahn kuppelförmig.

———

b. Endzahn halbkuppelförmig.

§. 38.

31. Der blaue Burgunder wird häufig mit dem blauen Clevner verwechselt (§. 31), unterscheidet sich jedoch von demselben durch folgende wesentliche Merkmale.

Das Holz ist stark, kräftig, röthlich braun und blaugestreift und treibt in der Regel am dritten und fünften Auge der Tragreben je eine Traube. Das kräftige Wachsthum des Holzes ist nachhaltig. Das Blatt ist kahl (nicht behaart), glatt und blaßgrün; die Traube mehr langstielig, mit starkem Kamm und Achseln, die Beere kugelförmig und stehen weniger gedrungen als beim Clevner. Gock unterscheidet in seinem Werke "Die Weinrebe" zwar bereits zwischen dem Clevner und Burgunder und findet den Unterschied hauptsächlich darin, daß das Blatt des Clevners mehr behaart ist, als dasjenige des Burgunders; auf die besondern Unterscheidungszeichen ist man jedoch erst durch die in dem Werke von Gemeinderath Single in Stuttgart "die Abbildungen der württembergischen Traubensorten" angestellten Vergleichungen aufmerksam geworden.

Der Burgunderstock ist zwar etwas starktriebiger, als der Clevner, er darf aber, wenn er dauerhaft sein solle, dessenungeachtet nicht mit zu viel Tragholz versehen werden, sondern verlangt, wie jener, eine besonders aufmerksame Erziehung (§. 138). Es gibt zweierlei Burgunderarten, eine größere und eine kleinere, die sich jedoch hauptsächlich nur durch die Größe der Trauben und Beere, durch stärkere Achseln und ein größeres Blatt von einander unterscheiden. Der große Burgunder wird hauptsächlich in der Bodenseegegend unter dem Namen "blauer Sylvaner" gepflanzt (§. 30), den kleinen Burgunder findet man häufig in den Clevner-Anlagen des württembergischen Unterlandes, namentlich an den Abfällen gegen das Rheinthal in den Oberämtern Maulbronn und Neuenbürg, wo er durch die württembergische Weinverbesserungsgesellschaft mit dem Clevner verbreitet wurde. Der Bezug der Schnittlinge durch dieselbe erfolgte theils aus der Gegend von Weinheim in Baden, wo meistens Clevner, theils aus Rheinhessen (Ingelheimer Grund), theils von Aßmannshausen im Rheingau, wo die Weinberganlagen durchschnittlich zur Hälfte mit dem kleinen Burgunder, und der Rest mit Clevner bestockt sein sollen.

Die Traube des blauen Burgunders zeitigt etwas später, als der Clevner, jedoch immer noch ziemlich frühe, auch gibt dieselbe einen etwas geringeren Wein, als jene. Die Beere sind jedoch saftig, süß, gewürzhaft, daher der Wein doch noch zu den vorzüglichen rothen Weinen gehört. Dagegen trägt die Burgunderrebe reichlicher als der Clevner, und da auch Trauben und Beere größer sind, so ist dieselbe weit einträglicher als dieser. Der ächte blaue Burgunder darf daher zu den vorzüglichsten Rebsorten gerechnet und dessen Anbau sehr empfohlen werden.

Neben dem gewöhnlichen Burgunder gibt es auch noch einen frühen blauen Burgunder, der etwas früher als der gewöhnliche Burgunder zeitigt, jedoch nicht so frühe, wie der Frühklevner. Er taugt deßwegen eher als dieser zur Weinbergstraube, gibt jedoch keinen solchen gewürzreichen Wein, wie der spätere blaue Burgunder.

32. Der Affenthaler kommt in Württemberg, namentlich im mittlern Neckarthale in der Gegend von Eßlingen, Cannstadt, Marbach, Winnenden, sowie im Enzthale hie und da zur Anpflanzung, und ist eine Rebgattung die Württemberg speciell angehört. Woher sie stammt, ist nicht genau bekannt, da sie jedoch zu dem Burgundergeschlecht gehört und auch als kleiner säuerlicher Burgunder beschrieben wird (v. Gock S. 47), so ist es wahrscheinlich, daß sie aus Frankreich zu uns gekommen ist.

Der Rebstock ist mittelstark, mit ziemlich feiner, abspringender Rinde, hat jedoch nicht viel Triebkraft und muß daher in der Erziehung besonders behandelt werden (§. 138).

Der Stock ist in der Jugend sehr fruchtbar, läßt aber im Alter gern nach, wenn er nicht geeigneten Boden und eine angemessene kurze Erziehung bekommt. Er ist nicht empfindlich gegen ungünstige Witterungseinflüsse, namentlich gegen Spätjahrs- und Frühjahrsfröste, und das Holz zeitigt gerne und regelmäßig, daher er zu den sogenannten harten oder dauerhaften Rebsorten gehört.

Die Traube ist mittelgroß, länglich, etwas locker, meist ästig, fault selten und reift ziemlich frühe, doch später und langsamer als der Clevner und der blaue Burgunder, zeigt aber bei der Lese hie und da dreierlei Trauben, nämlich ganz reife, mittelreife und halbreife, daher die blaue Färbung nicht immer für eine vollständige Reife angesehen werden darf, vielmehr muß die Traube beinahe bis zur Ueberreife am Stock hängen bleiben und darf nicht in ungünstigen Lagen gepflanzt werden, wenn der Saft nicht sauer, sondern süß schmecken soll. Die Beere sind mittelgroß, schwarzblau, blauduftig und enthalten einen dünnen, strengen, säuerlich süßen Saft, der nur bei der Ueberreife etwas milder schmeckt und zwar einen dauerhaften aber in den ersten Jahren etwas harten Wein gibt.

Gewicht: 1857: 90. 1858: 88. 89. 1862: 94 Grade, aber auch bei diesem guten Gewicht immer etwas säuerlich schmeckend.

Da bei dem Affenthaler, sowohl bei der Anpflanzung, als bei der Erziehung und der Zeitigung so verschiedene Rücksichten zu nehmen sind, die nicht von jedem Weingärtner eingehalten werden und eingehalten werden können, auch der Wein, wenn er mild und angenehm zum Trinken werden soll, längere Zeit zur Ablagerung nöthig hat, während neuerlich der Weintrinker sich mehr für neue Weine entscheidet, so gehört er nicht zu den empfehlenswerthen Traubengattungen.

33. Der blaue Trollinger, auch Schwarzwälscher genannt, wird in Württemberg fast in allen Weinbaugegenden gepflanzt. Er kommt bei Besigheim unter dem Namen Pommerer, im Kocherthale als Bockshode, im Oberamt Neuenbürg als Hammelsschelle, in Hohenhaslach als Hubler, an der Alptraufe als Zottler, und im Rhein- und Mainthale zum Theil als Fleischtraube, Malvasier &c. vor, scheint aus Oberitalien und Tyrol zu stammen und hauptsächlich seit dem Anfange des vorigen Jahrhunderts bei uns verbreitet worden zu sein.

Neben dem rothen und weißen Trollinger (§. 21) gibt es unter dem blauen Trollinger einen gelb- und einen rothholzigen Trollinger, die sich hauptsächlich durch die Farbe des Holzes und außerdem auch durch den Wuchs des Stocks, die Farbe und Gestalt der Blätter, sowie durch die Größe der Trauben und die Fruchtbarkeit des Stocks von einander unterscheiden.

Der rothholzige Trollinger treibt mehr schlankes Holz von röthlich brauner Farbe.

Der Stock ist etwas härter und das Holz weniger empfindlich gegen Frost, aber auch weniger fruchtbar als beim gelbholzigen Trollinger, woraus sich erklären läßt, warum der Wein von der Traube öfters eine bessere Qualität zeigt, als von letzterem.

Bei dem gelbholzigen Trollinger ist der Rebstock stark, mit grob abspringender Rinde und treibt etwas weniger aber kräftiges Holz mit etwas engen Gelenken und also auch mehr Fruchtaugen.

Gewicht des gelbholzigen Trollingers: 1857: 93, 1858: 76, 1859: 85, 1860: 68—69, 1861: 92, 1862: 100 Grade.

Der Trollinger taugt bei seinem starken Wuchse namentlich auch zu Spalieren und gehört zu den besten und beliebtesten Tafeltrauben.

34. Der blaue Gänsfüßler scheint seinen Namen von dem tief eingeschnittenen Blatt erhalten zu haben, das eine Aehnlichkeit mit einem Gänsefuß hat. Er ist eine alte bekannte Traubengattung, ist früher im Rheinthale, so lange der Kammerbau noch allgemeiner eingeführt war (§. 127), häufig gepflanzt worden und wird noch jetzt dort als Wandspalier zu der Bekleidung

von Gebäuden und Lauben öfters gebraucht. Er ist in früheren Zeiten wahrscheinlich aus Italien zu uns gekommen.

Der Rebstock ist stark, baumartig und hat eine sehr starke Triebkraft, so daß er als Wandspalier ganze Wandungen überdeckt und in dieser Eigenschaft auch einen sehr guten Ertrag liefert, was weniger als Weinbergstraube bei der gewöhnlichen Erziehung der Fall ist, doch wird er in Württemberg auch in den Weinbergen, namentlich im Zipfelbachthale in der Gegend von Winnenden, häufig gepflanzt. Er treibt zwar viele Trauben, ist aber empfindlich in der Blüthe, so daß nach derselben manche fehlen oder kleinbeerig sind.

Gewicht: 1857: 81, 1858: 80, 1859: 80 Grade.

Der Gänsfüßler gehört als Weinsbergstraube nicht zu den empfehlungswerthen Gattungen.

35. Die blaue Frankentraube oder der Süßrothe, Süßschwarze, wird häufig in dem Tauber- und dem obern Jagstthale gepflanzt, wo aus derselben in Verbindung mit dem Grobschwarzen (§. 36) die süßen, angenehmen, rothen Tauberweine erzeugt werden.

Der Rebstock ist nicht sehr stark und hat nur mittlere Triebkraft, daher bei dessen Erziehung besonders auf die Bodenbeschaffenheit Rücksicht genommen werden muß (§. 137). Er ist ziemlich empfindlich, besonders in Niederungen und leidet daher leicht Schaden durch Frost, den Brenner ꝛc.

Gewicht: 1858: 71, 1859: 89, 1861: 88, 1862 92 Grade.

Der Rebstock setzt zwar viele Trauben an, er gehört jedoch wegen seiner Empfindlichkeit und der Lockerheit der Trauben nicht zu den einträglichern Gattungen, daher bei dessen Anpflanzung mit besonderer Sorgfalt in der Auswahl der Lage und des Bodens zu Werke gegangen werden muß.

36. Der blaue Limberger ist eine erst neuerlich in Württemberg und in dem südwestlichen Deutschland bekannt gewordene Traubengattung und aus Oestreich mit dem blauen Portugiesen zu uns gekommen.

Der Rebstock ist stark mit guter Wurzelbildung, hat ein kräftiges Wachsthum, eine gute Triebkraft und ist dauerhaft. Er ist nicht empfindlich, hat ein festes, hartes Holz mit engem Mark, das auch in fettem Boden bald aufhört zu wachsen und frühe zeitigt, wodurch es durch Spätlingsfröste weniger Schaden nimmt und auch für das nächste Jahr die Tragaugen gehörig ausbilden kann.

Rebholz: Stark, gefurcht, etwas platt gedrückt, braun mit schwarzen und bräunlichen Punkten. Knoten: Wenig erhaben, Abstand ziemlich weit. Augen: Stark, stumpf mit schwacher Spitze. Endspitzen: Glatt, dunkelgrün.

Das Blatt ist groß, dick, blasig, fast rund, dunkelgrün, pergamentartig, oben und unten kahl mit wenig eingeschnittenen Seitenlappen, nicht starker Bezahnung und halbkuppelförmigem, manchmal auch ganz kuppelförmigem Endzahn.

Die Traube ist groß, schwarzblau, etwas locker mit Achseln und reift ziemlich frühe, doch etwas später als der Portugiese. Die Beere sind mittelmäßig, der Fäulniß auch bei ungünstiger Witterung nicht so bald unterworfen, mit einem süßen Saft, der einen geistreichen, dauerhaften und gewürzhaften rothen Wein geben soll, der jedoch, weil die Beere den Farbstoff weniger fahren lassen, an den Trebern vollkommen vergähren muß, wenn er dickroth werden soll.

Eine Anlage unten und in der Mitte von blauen Limbergern und oben von blauen Portugiesen sollte einen vorzüglichen rothen Wein geben.

c. Endzahn spitzig.

§. 39.

37. Der schwarze Muskateller ist süßer und gewürzhafter als der weiße und rothe Muskateller, hat aber weniger Muskatgeschmack.

Die Traube gibt gerne einen feinen, sehr gewürzreichen aber doch etwas leichten und nicht sehr haltbaren Wein, dagegen kann sie mit anderen blauen oder schwarzen Trauben gepflanzt, das Gewürz derselben sehr erhöhen.

Gewicht 1857: 96, 1858: 90, 1859: 97, 1861: 82, 1862: 101 Grade.

Neben dem schwarzen gibt es auch noch einen blauen Muskateller, die zwar häufig mit einander verwechselt werden, sich aber doch wesentlich von einander unterscheiden, namentlich hat der blaue Muskateller etwas stärkere, lederartige, längliche Blätter mit weniger aber breiten Zähnen. Er reift viel später als der schwarze Muskateller, hat hellblaue Beere mit weniger Muskatgeschmack, ist sehr empfindlich in der Blüthe und trägt meistens nur wenige und geringe saure Trauben und ist daher weder als Weinbergs- noch als Tafeltraube zu empfehlen.

Nähere Unterscheidungsmerkmale beider Gattungen enthält Single die Traubensorten Württembergs S. 36.

Tafeltrauben.

§. 40.

Zu den Tafeltrauben rechnen wir diejenigen, die sich wegen ihres feinen angenehmen Geschmacks hauptsächlich zum Genusse oder als besondere Curiosität zu der Aufstellung auf der Tafel eignen und in der Regel in Gärten und an Spalieren erzogen werden können.

Zu solchen Traubengattungen gehören übrigens auch manche Weinbergstrauben, daher wir zunächst diese unter Bezugnahme auf die bereits erfolgte Beschreibung hier zusammenstellen.
1. Der rothe und weiße, sowie der Gewürztraminer §. 11.
2. Der rothe Malvasier §. 12.
3. Der Roth- und Schwarz-Urban §. 15 und 31.
4. Der weiße und blaue Clevner §. 15 und 36.
5. Der Ruländer §. 15.
6. Der grüne, rothe und blaue Sylvaner §. 16 und 32.
7. Der weiße und blaue Burgunder §. 19 und 38.
8. Der rothe und blaue Trollinger §. 21 und 38.
9. Der weiße und rothe, so wie der Krachgutebel §. 22.
10. Der weiße, rothe und schwarze Muskateller §. 22 und 39.
11. Der blaue Marokkaner §. 25.
12. Der blaue Blüffardt §. 26.
13. Der blaue Bernardi §. 26.
14. Der blaue Portugiese §. 33.
15. Der blaue Carmenet §. 35.
16. Der blaue Pineau §. 37.

Ausschließlich zu Tafeltrauben eignen sich sodann hauptsächlich noch folgende Sorten:

I. Abtheilung. Beere länglich.

Erste Unterabtheilung. Blätter filzig.

Endzahn halbkuppelförmig.

§. 41.

17. Gaisbutte weiß und blau.

Eignen sich hauptsächlich nur zur Bedeckung von Lauben und heißen Wandungen und sind wegen der großen Trauben und der langen ovalen Beere mehr interessante als vorzügliche Tafeltrauben. Die weiße und blaue Gattung soll sich durch das Blatt etwas von einander unterscheiden, daher erstere von Babo unter dem Namen Sauterne beschrieben wurde.

Zweite Unterabtheilung. Blätter wollig, zottig.

Endzahn halbkuppelförmig.

18. Der weiße Malvasier.

Derselbe gehört zu den vorzüglichsten Tafeltrauben und ist zur Anpflanzung als Spalier an Mauern und Wandungen besonders zu empfehlen, indem er wegen seiner Frühreife eine sehr gesuchte Tafeltraube ist, die in der Regel gut bezahlt wird.

Dritte Unterabtheilung. Blätter fast kahl.

Endzahn spitzig.

19. Die gelbe Seidentraube auch weiße Zibebe genannt.

Eine vorzügliche, wegen der Frühreife sehr geschätzte Tafeltraube, die in südlichen Ländern häufig als Weinbergstraube gepflanzt und getrocknet wird, die Beere aber als Trockenbeere (Zibeben) in den Handel kommen. Der Stock ist empfindlich gegen die Winterkälte und bei uns hauptsächlich in geschützten Lagen an Mauern und Lauben auf gutem, mildem, kräftigem Boden anzupflanzen.

20. Der frühe weiße Damaszener kam aus Griechenland unter dem Namen „Weißer Griechischer" zu uns.

Ist sehr empfindlich gegen Frost und gegen naßkalte Witterung während der Blüthe. Er fordert eine lange Erziehung als Spalier.

II. Abtheilung. Beere rund ins Längliche.

Erste Unterabtheilung. Blätter filzig.

Endzahn spitzig.

§. 42.

21. Die weiße frühe Lahntraube.

Scheint sich hauptsächlich zur Bekleidung von Lauben und Mauern zu eignen.

Zweite Unterabtheilung. Blätter wollig, zottig.

Endzahn halbkuppelförmig.

22. Der weiße Muskat=Sylvaner unterscheidet sich von dem gewöhnlichen weißen oder grünen Sylvaner hauptsächlich durch das mehr wollige Blatt und durch den feinen Muskatgeschmack.

Derselbe wird in dem südlichen Frankreich häufig als Weinbergstraube angepflanzt und werden aus demselben vorzügliche Weine erzeugt.

Er soll dort theilweise unter dem Namen **Clairet de Limaux** vorkommen, einige unter diesem Namen dem Verfasser zugekommenen Reben stimmten zwar mit obiger Beschreibung ziemlich überein, unterscheiden sich aber sehr von einem andern als Muskat=Sylvaner erhaltenen Rebstock, beide aber waren sehr empfindlich und ihre Früchte kamen in mittleren Weinbergslagen selten vollständig zur Zeitigung, daher der Muskat=Sylvaner hauptsächlich nur als Tafeltraube in geschützter Lage und in gutem Boden anzupflanzen wäre.

Dritte Unter-Abtheilung. Blätter fast kahl.

Endzahn spitzig.

23. Der frühe blaue Jakobi- oder August-Clevner stammt aus Burgund und der Champagne und wird hauptsächlich nur wegen seiner frühen Reife, die in guten Jahren bald nach Jakobi oder im Monat August erfolgt, geschätzt.

24. Der weiße Gutedel-Malvasier ist bis jetzt nur wenig und nur als Tafeltraube bekannt. Gehört zu den vorzüglichsten Tafeltrauben.

III. Abtheilung. Beere kugelig.

Erste Unter-Abtheilung. Blätter filzig.

a. Endzahn kuppelförmig.

§. 43.

25. Das blaue Ochsenauge stammt aus Amerika und ist eine noch wenig bekannte Traubengattung.

Taugt wegen der späten Reife, und weil der Stock eine lange Erziehung fordert, nur zur Bedeckung von Lauben, Wandungen ꝛc.

b. Endzahn verlängert kuppelförmig.

26. Die blaue Isabelle stammt gleichfalls aus Nordamerika, ist erst neuerlich bei uns verbreitet worden und zeichnet sich durch eigenthümlichen erdbeerartigen Geschmack aus.

Wegen der Weitbeerigkeit der Traube und des geringen Saftgehalts der Beere eignet sich die Rebe durchaus nicht zur Weingewinnung. Dagegen bei ihrer starken Triebkraft sehr zur Bedeckung von Lauben, Wandungen ꝛc., wozu häufig nur ein Stock nöthig ist.

Zweite Unter-Abtheilung. Blätter wollig, zottig.

c. Endzahn spitzig.

27. Morillon, blauer und zweifarbiger. Der erstere wird in Frankreich theilweise als Weinbergstraube gepflanzt, der letztere erscheint blos als Curiosität und als solche nur für die Tafel brauchbar.

28. Der blaue Aramon wird in dem südlichen Frankreich wegen seiner Tragbarkeit in einigen Departements als Weinbergstraube gepflanzt und dann zur Weingeistfabrikation verwendet, bei uns kann die Traube wegen der späten Reife nur an warmen Mauern und Wandungen, so wie in geschützten Lagen zur Bedeckung von Lauben gepflanzt werden und ist wegen der großen langen Trauben und der großen Beere hauptsächlich als Merkwürdigkeit zu betrachten.

29. Die rothe Calebstraube zeichnet sich hauptsächlich durch ihre große, oft mehrere Pfund schwere Trauben und durch die großen Beere aus, woher sie auch den Namen hat. Sie ist nur durch ihre Größe merkwürdig und daher auch nur dadurch für die Tafel geeignet.

Taugt nur als Spalier an heißen Wänden.

Dritte Unterabtheilung. Blätter fast kahl.

Endzahn spitzig.

§. 44.

30. Die weiße Vanilltraube scheint aus südlichen Gegenden, wahrscheinlich aus dem südlichen Frankreich zu stammen, wo die Muskatweine erzeugt werden und zeichnet sich durch ihren außerordentlichen gewürzigen Geschmack aus, der noch stärker als beim Muskateller sein soll, was sich jedoch bei dem von mir in guter Lage unter andern Weinbergstrauben gepflanzten Exemplare noch nicht gezeigt hat.

Der Rebstock zeigt bei der gewöhnlichen Erziehung eine sehr geringe Ertragsfähigkeit, daher er auch bei der späten Zeitigung nur an warmen Mauern und in sehr gutem Boden gepflanzt werden sollte, wo er dann wahrscheinlich auch mehr Gewürz entwickelt.

31. Der weiße Pariser Gutedel, auch Gutedel von Fontainebleau, soll von der Insel Cypern stammen und wird namentlich in der Gegend von Fontainebleau an Spalieren in Gärten mit Mauern umgeben, im Großen gepflanzt und zum Verkauf nach Paris gebracht, wo er als vorzügliche Tafeltraube gut bezahlt wird.

Ist am Spalier ziemlich fruchtbar und dauerhaft in der Blüthe, die spät eintritt, bei einer niedern Erziehung im Weinberg aber empfindlich und wenig fruchtbar.

32. Der frühe weiße Gutedel, auch Perl- oder Diamant-Gutedel, unterscheidet sich vom Weißen und Pariser Gutedel wenig und hauptsächlich nur durch das etwas stärkere Rebholz, den engeren Knotenstand, durch das unten mehr gelbgrüne Blatt, durch die großen, mehr lockeren Trauben mit größeren Beeren. Die Traube zeitigt gleichfalls frühe.

33. Der rothe Königs-Gutedel, auch frührother Krachgutedel, unterscheidet sich von dem gewöhnlichen rothen Gutedel durch die dickere Beerenhaut und insbesondere dadurch, daß sich die Beere noch im unreifen Zustande und sogleich nach der Blüthe roth färben.

34. Der weiße und rothe, geschlitzt blättrige Gutedel oder Petersilien-Gutedel unterscheidet sich von den übrigen Gutedelarten hauptsächlich durch die

tief bis auf den Stielpunkt eingeschnittenen Blätter, welche viel dem Blatt der Petersilie gleichen.

Bei dem rothen Petersiliengutedel zeigt blos die Farbe einen Unterschied gegenüber vom weißen. Er ist in Deutschland nur in Traubensammlungen zu finden, in Frankreich dagegen wird er hie und da gepflanzt.

Neben dem ganz geschlitztblättrigen Gutedel gibt es auch noch einen halbgeschlitztblättrigen, der sich durch die weniger geschlitzten Blätter unterscheidet, indem den Stielpunkt noch eine schmale Blattfläche umgibt. Derselbe ist jedoch im südwestlichen Deutschland nicht bekannt, soll aber in Steiermark als Weinbergstraube öfters angetroffen werden und fruchtbarer als der ganzgeschlitztblättrige sein.

35. Der große, weiße und rothe spanische Gutedel zeichnet sich zwar nicht durch geschlitzte, aber durch tief eingeschnittene Blätter, sowie durch seine großen, weißen oder röthlichen Beeren aus. Er gehört zu den vorzüglicheren Tafeltrauben, kommt aber in Deutschland nur in einzelnen Traubensammlungen sowie hie und da in Gärten an warmen Geländen vor.

36. Der schwarze Gutedel, auch blaue Muskat-Gutedel, kommt selten als Weinbergstraube vor, doch findet man ihn in einzelnen Weinbergen zu Reutlingen.

Gehört zu den empfindlichern Traubengattungen und wäre hauptsächlich nur an geschützten Mauern und in gutem, mildem, kräftigen Boden zu pflanzen.

37. Der weiße Muskat-Gutedel zeichnet sich durch den etwas schwachholzigen Rebstock und gelbe Beere mit hartem Fleische, hauptsächlich aber durch seinen Muskatgeschmack vor dem gewöhnlichen weißen Gutedel aus, der sich jedoch bei feuchter, ungünstiger Witterung nicht gehörig entwickeln soll.

Gehört zu den vorzüglichsten Tafeltrauben, der Rebstock ist aber etwas empfindlich, trägt nicht viel und sollte daher nur an warmen, geschützten Mauern, und in gutem, lockeren, warmen Boden gepflanzt werden. Er ist in Deutschland wenig verbreitet, kommt aber in südlichen Ländern, namentlich in dem südlichen Frankreich, auch als Weinbergtraube vor.

§. 45.

Wir haben hier 27 weiße und rothe und 37 blaue und schwarze Gattungen von Weinbergstrauben, die hauptsächlich in Württemberg und im südwestlichen Deutschland angepflanzt werden, sowie 21 Gattungen besonderer Tafeltrauben beschrieben; es ist jedoch schon bemerkt worden (§. 8), daß die Zahl der verschiedenen Traubengattungen sich weit höher beläuft, und daß dieselbe noch lange nicht vollständig ermittelt ist. Auch in den, in Württemberg von einzelnen Freunden und Beförderern des Weinbaues angelegten Reb- und Traubensammlungen, sowie in den Versuchsanlagen des Verfassers befinden sich noch manche Traubengattungen, die hier nicht beschrieben wurden, weil sie weder als Wein- noch als Tafeltrauben von besonderem Werthe, oder weil sie auf die eine oder andere Weise noch nicht gehörig erprobt sind.

Wir glauben jedoch uns auf eine Beschreibung von weiteren Traubengattungen nicht einlassen zu sollen, indem unter den bereits beschriebenen Gattungen die vorzüglichsten Weinbergs- und Tafeltrauben begriffen sind, so daß man insbesondere bei der Anlage eines Weinberges hinsichtlich der Wahl der Sorten nicht in Verlegenheit kommen wird. Vielmehr wollen wir nunmehr, auf welche Weise der Rebe der beste und reichste Ertrag abgewonnen, und wie das Produkt derselben behandelt werden muß, um ein edles Getränke, den Wein, davon zu bereiten, einer nähern und sorgfältigern Betrachtung unterziehen.

III. Der rationelle Weinbau.

§. 46.

Wenn gleich die Rebe zu denjenigen Gewächsen gehört, welche am weitesten auf unserer Erde verbreitet sind, wie sie denn auch bei uns im wilden Zustande angetroffen wird (§. 1), so gehören doch diejenigen Gattungen, die wir so eben hier beschrieben haben, und aus welchen gute und edle Weine erzeugt werden können, südlichern Gegenden an, die erst durch die Cultur des Bodens bei uns verbreitet worden sind.

Die Rebe erfordert deßhalb, wenn sie durch unsere climatische Verhältnisse nicht zu Grunde gehen und einen entsprechenden Ertrag geben soll, eine sehr sorgfältige Behandlung, die, wie wir hienach sehen werden, in verschiedenen Geschäften besteht, welche fast das ganze Jahr andauern und viele Arbeit und Aufmerksamkeit erfordern.

Die Rebe verlangt zunächst warme climatische Verhältnisse und kann daher in Deutschland nicht überall, sondern nur in warmen, geschützten Thälern und in der Regel an südlich gelegenen Abhängen und Bergen gepflanzt werden, auf welchen vermöge ihrer Abdachung die Sonnenstrahlen stärker auffallen und daher auch eine größere Erwärmung des Bodens bewirken. Aus eben diesem Grunde und bei den besondern Eigenschaften der Rebe als ein rankendes, tief wurzelndes Gewächs können aber durch den Weinbau viele Bodenflächen in Cultur gebracht werden, die sonst bei der Anpflanzung anderer Produkte wenig oder gar keinen Ertrag geben würden, auch gewährt die Rebe unter allen bei uns bekannten Produkten nicht nur auf der kleinsten Bodenfläche den größten, sondern namentlich an steilen fast unzugänglichen Abhängen öfters einen sehr vorzüglichen Ertrag, daher auch in den weinbautreibenden Bezirken auf kleinem Flächenraum eine große und in der Regel eine weit größere Bevölkerung Nahrung und ein angemessenes Fortkommen findet, als bei jeder andern landwirthschaftlichen Beschäftigung.

Bei diesen besondern Verhältnissen hat der Weinbau einen hohen nationalwirthschaftlichen Werth, und es ist ihm deßwegen sowohl in der alten, als neuern Zeit von allen und insbesondere von der württembergischen Regierung, nicht nur eine große Aufmerksamkeit geschenkt worden, sondern es sind zum Schutze und zur Beförderung desselben und des mit demselben in Verbindung stehenden Obstbaues vielfache Anordnungen getroffen worden, die einen theils mehr, theils minder günstigen Einfluß auf denselben ausübten und auch für die Zukunft nicht aus dem Auge gelassen werden dürfen, da auch beim Weinbau, wie bei jeder andern Produktion, ein steter Fortschritt stattfinden muß, was wir nun unter dem rationellen Weinbaubetrieb näher ausführen wollen.

§. 47.

Unter dem rationellen Weinbau versteht man einen Betrieb, der sich auf allgemeine aus der Vernunft abgeleitete und in der Natur der Dinge bewährte Sätze gründet, und daher nicht nur eine genaue Kenntniß aller Weinbauverhältnisse hinsichtlich der climatischen Einflüsse und der Bodenverhältnisse sowie hinsichtlich der Natur der Rebe, ihrer Bestandtheile, ihrer Nahrungsstoffe, ihrer Gebrechen, Krankheiten, Feinde ꝛc., sondern auch eine richtige und zweckmäßige Beurtheilung und Anwendung dieser Verhältnisse bei der Ausübung des Weinbaues erfordert. Derselbe ist somit ein weit umfassender und muß sich namentlich erstrecken:

1) Auf eine genaue Kenntniß der Lage der Gegend und der Bodenfläche auf der Weinreben gepflanzt werden wollen, indem dieselben nicht in jeder Lage gedeihen und ein gutes Getränke liefern, sondern dieses hängt ab von der Erhebung über die Meeresfläche, von der Lage gegen die Himmelsgegend und von der mehr oder minder steilen Abdachung, sowie von der Lage in engen oder weiten Thälern, in der Nähe von Waldungen, fließenden Wassern, Seeen, kalten Moos- und Wiesgründen, indem alle diese Umstände einen wesentlichen Einfluß auf das Gedeihen der Rebe und des Weins ausüben.

2) Auf eine genaue Kenntniß des Bodens und der in demselben enthaltenen der Rebe günstigen oder nachtheiligen Nahrungsstoffe, und zwar nicht allein auf der Oberfläche, sondern auch in dem Untergrunde, weil die Rebe, als ein tief wurzelndes Gewächs, Raum zur Bewurzelung haben will und die einzelnen Gattungen nicht in jeder Bodenart gedeihen, vielmehr manche und besonders die edleren ganz geeignete Bodengattungen verlangen, wenn ihr Gedeihen ein Nachhaltiges sein soll.

3. Auf die Anlage der Weinberge, namentlich die Art des Reutens, ob tief oder seicht zu reuten und wie der Untergrund zu behandeln ist, wenn sich

Stein-, Kiesfelsen, Quellen, zeigen und wie nach der Beschaffenheit der Lage, des Bodens und der Traubengattung die Reben zu setzen sind, weit oder eng, tief oder seicht, ob mit Blindreben oder Wurzelreben, Fechser 2c.

4. Auf eine genaue Kenntniß der Rebe selbst und ihrer verschiedenen Bestandtheile (§. 1—7), sowie der einzelnen Rebgattungen, ihrer Vegetationskraft nach der Beschaffenheit des Stocks, des Holzes oder Laubs, weil, wie schon bemerkt, nicht jede Traubengattung in jede Lage, in jeden Boden paßt und bei der großen Zahl von einzelnen Gattungen große, für den Ertrag und die Qualität des Weins höchst nachtheilige Mißgriffe gemacht werden können, wenn unpassende Rebgattungen angepflanzt werden.

5. Auf die Kenntniß, welche Nahrungsstoffe die Rebe zu einem kräftigen Gedeihen aus der Luft und dem Boden vorzüglich nöthig hat, wie solche dem letztern durch Düngung beizubringen und welche Düngerarten für die einzelnen Bodengattungen am angemessensten sind.

6. Auf die zweckmäßige Erziehungsweise der einzelnen Rebgattungen nach ihrer Vegetationskraft, indem, wenn Reben mit schwacher Vegetationskraft höher und holzreicher erzogen werden wollen, als die schwächeren Wurzeln zu ernähren vermögen, die Reben bald altern und absterben, während, wenn bei starker Vegetationskraft dem Stock zu wenig Holz gelassen wird, Saftstockungen und dadurch Krankheiten entstehen, oder der Stock seine Triebkraft mehr durch starken Holzwuchs, als durch Ansetzung von Trauben, deren Augen gerne verholzen, an den Tag legt.

7. Welchen Gefahren und Krankheiten die Rebe und die Trauben ausgesetzt und wie solche möglichst zu verhüten sind.

8. Auf die Kenntniß der Blüthe und Reife der Trauben, damit nicht frühe und spätreifende Trauben nebeneinander in gleicher Lage gepflanzt werden, und dadurch die Lese und die Erzeugung eines guten Weins gestört, sondern jeder Traubengattung die ihrer Reife und sonstigen Beschaffenheit angemessene Lage und Bodenart angewiesen wird.

9. Auf die Kenntniß des größeren oder geringeren Ertrags und der Qualität des Weins, der aus jeder einzelnen Traubengattung erzielt werden kann, indem davon der Absatz und der Verkaufswerth des Weins sowie überhaupt die Rentabilität des Weinbergs wesentlich abhängt.

10. Auf die Kenntniß einer sorgfältigen Weinbereitung, namentlich welche Traubengattungen zur Erzeugung eines guten charakterfesten Weins zusammenpassen, wie eine sorgfältige Lese und Kelterung, insbesondere die Auslese, vorzunehmen und bei welchen Traubengattungen eine Spätlese anzuwenden, und wie eine vollständige Gährung sowohl des weißen als rothen Weins einzuleiten und wie die Weine nach der Gährung im Keller aufzubewahren und zu behandeln seien.

Aus diesen hier nur angedeuteten Punkten wird man leicht ermessen können, welcher Umfang und welcher Reichthum von Kenntnissen, namentlich auch in naturwissenschaftlichen und chemischen Fächern, zu einem rationellen Betriebe des Weinbaues erforderlich sind; um nun dazu zu gelangen und die einem rationellen Betriebe entgegenstehenden Hindernisse bleibend beseitigen zu können, ist zunächst eine angemessene Reglung der Weinbauverhältnisse, sowie die Errichtung und Beförderung von solchen Anstalten erforderlich, in und durch welche der Weinbauer sich die erforderlichen rationellen Kenntnisse erwerben kann.

§. 48.

Der Weinbau ist nicht so, wie manche andere Culturart beschaffen, die, wenn sie nicht taugt, in kurzer Zeit wieder verlassen und durch eine andere ersetzt werden kann, sondern er gehört zu den nachhaltigen, stabilen Culturen, die, wenn eine Anlage einmal gemacht ist, nicht sogleich wieder verlassen, geändert oder verbessert werden kann, sondern so lange beibehalten werden muß, bis der Weinberg gealtert ist und eine neue Anlage erfordert, daher auch Verbesserungen, die von der hergebrachten Behandlungsweise abweichen, nur mit der größten Vorsicht eingeführt werden dürfen.

Der Weinbauer kann sich jedoch ebensowenig, wie jeder andere Produzent, wenn er durch den Minderwerth seines Produkts nicht bedeutenden Schaden leiden will, angemessenen, durch die Zeitverhältnisse gebotenen Verbesserungen entgegenstemmen, vielmehr muß er dafür sorgen, daß sein Produkt stets eine gesuchte und beliebte Waare ist.

Der Weingeschmack hat sich gegenüber von demjenigen in ältern Zeiten dadurch wesentlich verändert, daß die Consumtion der alten abgelegenen Weine bedeutend abgenommen und sich jüngeren, süßen, pikanten Weinen zugewendet hat, auch will man häufig keine aus blauen und weißen Trauben gewonnene, sogenannte Schillerweine, durch welche das Zarte und Feine der weißen Trauben durch die Härte und das Herbe der blauen Trauben verdeckt wird, sondern man will Weine von bestimmter Farbe, weiß oder roth, und durch die auch für den Gaumen ein bestimmter Charakter ausgedrückt wird. Auch hat durch die bedeutende Consumtion von Bier, Obstmost und Kaffee nicht nur die Weinconsumtion im Allgemeinen bedeutend abgenommen, sondern der Geschmack hat sich dadurch auch sehr verändert, indem die herben, sauren, harten Weine selten Liebhaber mehr finden, sondern hauptsächlich nur noch süße, milde, flackere (dünne) und doch geistreiche Weine verlangt werden.

§. 49.

Damit nun dieser Zweck durch sichere und nachhaltige Verbesserungen des Weinbaues erreicht wird, sollte zunächst für eine angemessene Reglung desselben auf jeder Markung gesorgt werden und zwar:

1) Durch Ausscheidung der nur allein zum Weinbau tauglichen Lagen, die in der Regel zu den besseren gehören werden, da jedoch an sehr steilen Abhängen auch minder gute Lagen nur allein als Weinfeld einen angemessenen Ertrag gewähren, so wäre zwischen guten und geringeren Lagen zu unterscheiden.

2. Durch Ausscheidung der sowohl zum Weinbaue als zum Feldbaue geeigneten Lagen, die hinsichtlich des Weinbaues entweder noch zu den mittleren oder zu den geringeren gehören werden.

3. Durch Ausscheidung der zum Weinbau nicht geeigneten Lagen.

Jeder zweckmäßig betriebene Weinbau erfordert zunächst Schutz gegen Winde und Stürme, den eine geschlossene Weinbergsanlage, wenn sie größere Flächen umfaßt, schon durch sich selbst gibt, indem dadurch nicht nur kalte Winde auf=, sondern auch die warme Luft mehr zusammengehalten wird, was auf die Zeitigung des Rebholzes und der Trauben einen sehr günstigen Einfluß ausübt, während bei einem nicht geschlossenen Rebfeld gerade das Gegentheil eintritt. Auch wird, wenn neben und zwischen einem Rebfeld andere Produkte, namentlich Gras und Klee, gebaut werden, nicht nur der Frost und die Entwendung der Trauben befördert, sondern auch schädliche Thiere und Insekten herbeigezogen und viel Unkraut in den Weinbergen verbreitet, daher in dieser Richtung zum Schutze der einzelnen Weinbergbesitzer feste Bestimmungen in der Art gegeben werden sollten, daß

a. die unter Punkt 1. aufgenommenen Lagen ausschließlich zum Weinbaue bestimmt seien und in denselben, mit Ausschluß der Ruhezeit von dem Aushauen bis zur Wiederanlage, die jedoch auf eine bestimmte Zeit, etwa 4—6 Jahre, zu reguliren wäre, keine andern Produkte gebaut werden dürfen;

b. daß bei den unter Punkt 2. aufgenommenen Lagen, so lange sich der größere Theil der Besitzer für die Benützung als Weinfeld erklärt, die gleichen Bestimmungen, wie unter Punkt 1. stattzufinden haben, so bald aber die Mehrzahl derselben ihr Feld für andere Culturen bestimmen, der ganze Distrikt zur willkührlichen Bebauung freigegeben werden sollte, und

c. daß bei dem Weinfeld unter Pkt. 3., wenn auf demselben auch der Weinbau nicht untersagt werden will, hauptsächlich auf dessen Verlassen und auf die Anpflanzung anderer Produkte durch Belehrung und andere Mittel hinzuwirken wäre, was vielleicht am leichtesten dadurch erreicht werden könnte, wenn solchen Weinbergen der allgemeine Weinbergsschutz entzogen würde.

Bei der Ausscheidung der zum Weinbaue nicht geeigneten Distrikte dürfte jedoch sehr in Berücksichtigung zu ziehen sein, ob dieselben nach Lage und Boden zu einer andern Cultur passen und wenn dieses nicht der Fall ist, wie an steilen Abhängen, wo dem Boden nur durch die Aufführung von Mauern ein Ertrag abzugewinnen ist, sollten solche Distrikte eher unter die Abtheilung 1.

aufgenommen, dabei aber darauf gesehen werden, daß dieselben mit frühreifenden Traubensorten angepflanzt werden. Besonders in rauheren Gegenden könnte manche Lage durch Anpflanzung geeigneter Traubengattungen dem Weinbaue erhalten werden, während, wenn sie, unter den angeführten Umständen, auch anfänglich zu andern Culturen (Klee, Obst, Kartoffel) benützt wird, nach einiger Zeit, wenn die Mauern nach und nach einstürzen und der Boden abgeschwemmt wird, der Veröbung anheimfallen, weil für jene Culturen die kostspieligen Mauern und Raine selten erneuert werden, während, so lange auf den betreffenden Distrikten Weinbau getrieben wird, Mauern und Raine stets in gutem Stande erhalten werden müssen. Beispiele von solchen Veröbungen sind in den minder bedeutenden Weinbaudistrikten viele zu finden, was immer als ein nationalwirthschaftlicher Verlust betrachtet werden kann. Außerdem wären aber bei einer zweckmäßigen Reglung des Weinbaues nachfolgende Verhältnisse zu berücksichtigen.

4. Weinberge von unebener oder mehr östlicher und westlicher Lage können durch Abheben oder Ausfüllen der Unebenheiten sowie durch Aufführung von Mauern auf der östlichen oder westlichen Seite sehr verbessert werden, indem dieselben dadurch eine mehr südliche Lage erhalten, wie dieses schon in manchen Weinbaugegenden geschehen ist. Es können aber auch durch solche Abhebungen und Auffüllungen sowie durch Aufführung von Mauern die Besitzer der benachbarten Weinberge sehr benachtheiligt werden, indem dadurch ihre Weinberge mehr beschattet werden, oder bei höher liegenden, Abrutschungen erfolgen können, daher auch hier die verschiedenen Interessen durch feste Bestimmungen geregelt werden müssen. Ebenso

5) bei der Aufführung von Stütz- und Flügelmauern sowie bei der Anlegung von Rainen und Böschungen, namentlich wie weit man dabei vom Nachbar entfernt bleiben muß, um demselben keinen Schaden zuzufügen. Ferner sollte

6. bei der neuen Anlage der Weinberge genau bestimmt werden, wie man sich dabei gegen den Nachbar zu verhalten hat, insbesondere welche Entfernung von der Eigenthumsgrenze und vom Nachbar man bei der Anlegung von Grenzfurchen und bei dem Setzen der Reben einzuhalten hat. Namentlich sollte dabei auch auf die Entfernung der sogenannten Steinmauern, Steinkästen (§. 158) gedrungen werden, indem sie den Weinbergen ein unschönes Ansehen geben und dadurch vieler Boden nutzlos liegen bleibt.

7. Durch die Anpflanzung ausgiebiger, aber schlechter, spätreifender Traubengattungen, wie Tokaher (Putzscheeren), ist schon mancher Weinort in bedeutenden Mißkredit gekommen, der Anpflanzung solcher Traubengattungen, durch welche einem sicheren Weinabsatze bedeutender Schaden zugefügt wird, sollte daher mit aller Strenge entgegengetreten werden.

8. Die Beschattung der Weinberge durch Aufführung von Gebäuden, durch die Anlegung von Hecken und das Setzen von Bäumen, bringt nicht nur dem Eigenthümer, sondern auch den Nachbarn manchen Schaden und zieht schädliche Thiere (Vögel) und Insekten herbei, daher die Erbauung oder die Anpflanzung solcher Gegenstände im Allgemeinen untersagt und da, wo es Einzelne für nöthig oder vortheilhaft finden, nur nach zuvor eingeholter obrigkeitlicher Erlaubniß und vorausgegangener Vernehmung der Nachbarn zur Ausführung gebracht werden sollte.

9. An steilen Bergen kann bei heftigem Regen und Wolkenbrüchen durch den Wasserabfluß bedeutender Schaden durch Abschwemmungen von Boden, Rebstöcken und Pfählen angerichtet werden, es muß deßwegen Vorsorge getroffen werden, daß der Wasserabfluß durch Anlegung von Wasserabzugsgräben geregelt und der Schaden möglichst verhütet wird, auch sind darüber Bestimmungen zu geben, wie es mit den abgeschwemmten Gegenständen zu halten ist und welche Entschädigungen bei dem Einsturze von Mauern in Anspruch genommen werden können.

10. Die Trauben sind, wenn sie einmal der Reife entgegengehen, manchen Entwendungen und Beschädigungen durch Menschen und Thiere ausgesetzt, daher für den Schutz derselben durch Aufstellung von Hütern gesorgt werden muß. In manchen Gegenden, wie im Rhein- und Breisgau, wird dabei sogar der Schluß der Weinberge angeordnet, so daß dieselben, außer den Hütern, Niemand ohne besondere obrigkeitliche Erlaubniß begehen darf, wodurch die Trauben, namentlich gegen Entwendung, gesichert werden.

11. Zu den wichtigsten Arbeiten einer rationellen Weinbereitung gehört die Weinlese, während dieselbe namentlich von den kleineren Weinbergbesitzern häufig sehr vernachläßigt wird. Die Zeit der Vornahme derselben dem einzelnen Weinbergbesitzer zu überlassen, wäre daher für eine gute Weinbereitung mit großem Nachtheile verbunden, weil der gewöhnliche Weingärtner den Zeitpunkt der Lese öfters nicht erwarten kann, nur auf Quantität sieht und, sowie einzelne Trauben zu faulen anfangen, mit derselben beginnen würde. Genaue Vorschriften über die Bestimmung der Zeit der Lese durch die Gemeinden und ganze Bezirke, über die Vorlese und die allgemeine Lese, über die Spätlese, das Auslesen des rothen und weißen, des guten und geringen (unzeitigen und faulen) Gewächses, sowie insbesondere das Lesen und Absondern des Weins nach den besseren, mittleren und geringern Weingeländen sind daher ein unumgängliches Erforderniß, wobei jedoch dem größeren Weinbergbesitzer, der verschiedene Traubengattungen von verschiedener Qualität (früh- und spätreifende), angepflanzt hat, in der besondern rationellen Behandlung der Lese kein wesentliches Hinderniß in den Weg gelegt werden sollte.

Sehr zweckmäßig erscheint die bisherige Leseordnung in Württemberg, wornach die Zeit der Lese durch die Bezirksbeamten unter Zuziehung der Ortsvorsteher der Weinorte und nach vorausgegangener Besichtigung der Weinberge bei dem sogenannten Herbstsatze bestimmt wird und wobei die einzelnen Bezirke wieder unter sich über den Beginn der Lese geeignete Rücksprache nehmen, so daß die Lese in jeder Weinbaugegend in der Regel zu gleicher Zeit beginnt, was bei dem gewöhnlich eingeführten Verkaufe des Weins während des Herbstes unter der Kelter die gute Folge hat, daß die Weinkäufer in jedem Weinorte Wein zum Verkaufe antreffen, wodurch der Absatz wesentlich erleichtert wird.

Nach all diesem ist für einen rationellen Weinbau und eine rationelle Weinbereitung eine zweckmäßige Weinbauordnung ein dringendes Bedürfniß und es ist dieses auch in älteren und neueren Zeiten anerkannt und zu diesem Behufe manche zweckmäßige Anordnung getroffen worden. Bei einer den neueren Grundsätzen entsprechenden Weinbauordnung dürfte aber bei deren Entwerfung die im Herzogthum Nassau für das Rheingau eingeführte Ordnung um so mehr zum Muster dienen, als von tüchtigen Oenologen schon öfters die Behauptung aufgestellt worden ist, daß die dort bestehenden Vorschriften viel zu dem dortigen musterhaften Weinbaubetriebe beigetragen haben.

§. 50.

Durch die Erlassung zweckmäßiger Verordnungen über den Betrieb des Weinbaues und der Weinbereitung kann zwar viel für eine rationelle Behandlungsweise gewirkt werden, die Hauptsache bleibt jedoch immer, daß der Weingärtner selbst für eine solche Betriebsweise gewonnen wird und daß er einsehen lernt, daß das Verharren bei dem althergebrachten Schlendrian nicht mehr in seinem Vortheile liegt, sondern daß er auch seiner Seits in dem Betriebe seines Weinbaues durch angemessene Verbesserungen fortschreiten und dadurch den Anforderungen der Zeit und dem Geschmacke der Käufer möglichst zu entsprechen suchen muß.

Das erste Erforderniß in dem Betriebe eines rationellen Weinbaues ist das Verlassen der in vielen Weinbaubezirken noch bestehenden gemischten Bestockung, wodurch die sogenannten mißfarbigen Schillerweine erzeugt werden, und der Uebergang zur reinen Bestockung, so daß nur eine gute, oder nur wenige und nur solche Traubengattungen mit einander gepflanzt werden (weiß oder roth), welche nach Klima, Lage, Boden und Zeitigung zu einander passen und aus welchen ein kräftiger, charakterfester Wein erzeugt werden kann. Dieses Ziel läßt sich, ohne daß der Weingärtner zu kostspieligen, Verlust bringenden Experimenten veranlaßt wird, auf verschiedene Weise erreichen.

1. Durch Ausmittlung und Bestimmung derjenigen Traubengattungen

für jede einzelne Weinbaugegend, die nach Klima, Lage und Boden für dieselbe zu einem rationellen Betrieb am passendsten erscheinen.

2. Durch Anlegung von Musterweinbergen in den besseren Weinbaugegenden entweder von Seiten der Regierung, oder von einzelnen, namentlich den landwirthschaftlichen Vereinen, um dem Weingärtner ein lebendiges Beispiel zur Nacheiferung zu geben, wobei jedoch auf die bestehenden klimatischen, Boden- und sonstigen Verhältnisse die sorgfältigste Rücksicht genommen werden muß, damit eine solche Anlage sowohl hinsichtlich des Ertrags als der Qualität des Weins wirklich als eine in allen Beziehungen nachahmungswürdige Musteranlage erscheint.

3. Durch Beischaffung von solchen Reben in guter Qualität, welche zur Anpflanzung für die einzelnen Weinbaugegenden am passendsten erscheinen und durch deren unentgeltliche Abgabe an die Weingärtner oder durch Abgabe um billige Preise, damit dieselben bei dem Uebergange zu den anempfohlenen Verbesserungen stets versichert sind, daß sie die dazu nothwendigen Reben in guter Qualität und mit möglichst geringem Kostenaufwand erhalten können.

4. Durch Aussetzung von Preisen für die zweckmäßige Anpflanzung und Erziehung guter Rebsorten sowie für sorgfältige Lese und Kelterung, durch Beeren oder Raspeln der Trauben, und für die Gährung in verschlossener Bütte mit Senkboden 2c.

5. Durch periodische Visitation derjenigen Weinberge, für deren musterhafte Anlage Preise gegeben werden durch Weinbauverständige, um sich zu überzeugen, ob die Anlagen fortwährend in musterhaftem Stande erhalten werden und durch Versammlung der Weingärtner des betreffenden Orts und der Umgegend, um ihnen die Anlage solcher Weinberge zur Nachahmung zu empfehlen und Belehrung darüber zu ertheilen.

6. Durch Aufhebung und Beseitigung der auf dem Weinbaue haftenden beengenden Verhältnisse und drückenden Abgaben, da wo sie noch bestehen, wie Kelterbann, Zehent-, Theil-, Bodenweinabgaben 2c. Damit sich der Weingärtner bei der Anlegung seiner Weinberge und bei der Bereitung seines Weins frei bewegen kann und nicht, wie z. B. bei der Anpflanzung von frühe reifenden Trauben, befürchten muß, daß dieselben wegen der beengenden Leseordnung am Stocke verfaulen, oder der Wein wegen des Kelterbanns und der bestehenden Kelterordnung in der Bütte versauert, oder daß er bei der Anpflanzung von etwas spät reifenden Trauben genöthigt wird, solche vor der vollständigen Reife abzuschneiden, wodurch natürlich jede nachhaltige Weinverbesserung unterdrückt wird.

§. 51.

Zu der Herstellung und Einführung eines ganz rationellen Weinbaues gehört aber nicht blos die Anpflanzung passender Rebsorten in geeigneter Lage und Boden, sondern der Weingärtner muß auch, wie bereits angeführt, mit der Natur des Weinstocks und der einzelnen Rebgattungen sowie mit der darauf zu gründenden Erziehung, ferner mit der Natur der Traube sowie mit der Weingewinnung daraus durch sorgfältige Lese, Kelterung und Gährung genau bekannt sein und um diese Kenntnisse möglichst vollkommen erlangen zu können, sind Anstalten nöthig, in welchen der junge Weingärtner den erforderlichen Unterricht erhalten kann.

Zwar wird in Deutschland und besonders in den besseren Weinbaugegenden der Weinbau mit einer höheren Intelligenz betrieben als in manchen andern Ländern, und insbesondere ist es der württembergische Weingärtner, der mit vielem Fleiße, Eifer, Aufmerksamkeit und seltener Ausdauer sich dem Weinbaue widmet. Der Fleiß und die Intelligenz der Einzelnen genügt aber noch nicht, sondern der ganze Weinbaubetrieb sowie die Weinbereitung muß sich auf zwar einfache aber richtige naturwissenschaftliche Kenntnisse gründen, indem nur dadurch die anzustrebenden Verbesserungen eine zuverlässige Basis erhalten und von nachhaltigem gewinnreichen Erfolge sein können.

Die Errichtung von Musteranstalten für den Unterricht in dem Weinbau oder von sogenannten Weinbauschulen ist daher ein unumgängliches Erforderniß für den Betrieb eines rationellen Weinbaues, in welchem nicht nur der erforderliche theoretische, sondern hauptsächlich auch praktischer Unterricht in dem Weinbaubetriebe und der Weinbereitung zu ertheilen und zu welchem Behuf jede Anstalt mit einem angemessenen Areal von Weinbergen zu versehen wäre.

Die Nothwendigkeit der Errichtung von Weinbauschulen kam in Württemberg schon im vorigen Jahrhundert zur Sprache und ist auch in andern Ländern als solche erkannt worden. Zu diesem Behuf sind nicht nur in Oestreich in der Nähe von Wien, sowie zu Würzburg in Bayern bereits solche Anstalten errichtet, sondern auch in Frankreich soll nach öffentlichen Ankündigungen zu Beaume, Provinz Burgund, eine chemische Station, verbunden mit einer Weinbauschule eingerichtet werden, um eine Pflanzstätte für den rationellen Betrieb des Weinbaues zu erhalten.

Man sollte deßwegen auch in dem südwestlichen Deutschland, als dem Hauptweinlande Deutschlands, mit der Errichtung solcher Anstalten nicht mehr länger säumen, und insbesondere dürfte für Württemberg die Errichtung einer Weinbauschule am nothwendigsten und geeignetsten erscheinen, indem, bei der großen Verschiedenheit der Weinbaugegenden und der sehr verschiedenen Erziehungsweise der Reben, hier das Bedürfniß einer rationellen Behandlung des Weinbaus am meisten hervortritt, auch dürfte es für Württemberg, das in andern landwirthschaftlichen Fächern viele vortreffliche Anstalten besitzt und in mancher Beziehung andern Ländern zum Vorbilde dient, als Ehrensache zu betrachten sein, auch hier mit gutem Beispiel voranzugehen.

Der Unterricht in einer solchen Anstalt hätte sich übrigens nicht blos auf den Weinbau zu beschränken, sondern auch auf diejenigen Fächer auszudehnen, die häufig mit dem Weinbaue verbunden sind, nämlich auf den Obst- und Gemüsebau, indem der erstere in allen Weinbaugegenden, namentlich von dem Weingärtnerstande, ausgedehnt betrieben wird und letzterer demselben, besonders in der Nähe größerer Städte, einen sehr gewinnreichen Nebenverdienst gewährt, der ihm, besonders bei Fehlherbsten, sehr zu statten kommt und daher ein zweckmäßiger Unterricht in diesen Fächern von großem Nutzen für den Weingärtner sein dürfte.

Außerdem müßte aber mit einer Weinbauschule auch noch ein gewöhnlicher landwirthschaftlicher Betrieb in Verbindung stehen, damit der nöthige Dünger, das Bindstroh ꝛc. erzeugt wird, und den Weinbauschülern, bei ungünstiger Witterung, wo in den Weinbergen nicht gearbeitet werden darf, die nöthige Beschäftigung gegeben werden kann. Das zu der Errichtung einer Weinbauschule erforderliche Areal wird daher immerhin eine Fläche von 150—200 Morgen zu umfassen haben.

§. 52.

Bei dem Betriebe des Weinbaues überhaupt, insbesondere aber bei einem rationellen Betriebe desselben muß hauptsächlich auch auf den Weinabsatz Rücksicht genommen und demgemäß vorzugsweise nur solcher Wein produzirt werden, der dem Geschmacke der Konsumenten entspricht und sowohl darnach als hinsichtlich des Preises angemessene Abnahme findet, d. h. es muß für jede Weinbaugegend bestimmt werden, ob dort nach den Absatzverhältnissen hauptsächlich nur edle, oder gute oder gemeinere Mittelweine mit Vortheil erzeugt werden können. Von der Erzeugung geringer Weine kann natürlich keine Rede sein. Edle Weine finden zwar nicht selten zu unverhältnißmäßig hohen Preisen Absatz, derselbe ist aber ein beschränkter und die allzu ausgedehnte Produktion von edlen Weinen möchte daher nicht im Interesse des gewöhnlichen Weingärtners liegen, dagegen desto mehr die Erzeugung guter und zugleich charakterfester Mittelweine, wobei insbesondere zu berücksichtigen wäre, daß dieselben nicht nur hinsichtlich der Farbe und des Geschmacks den Anforderungen der Consumenten zu entsprechen haben, sondern auch in solcher Menge erzeugt werden, daß sie um verhältnißmäßig billige Preise abgesetzt und dadurch, namentlich mit dem wohlfeileren Bier, angemessene Conkurrenz halten können. In Weinbau-Gegenden mit einer gemischten Bestockung und wo das Weinbergs-Areal sehr vertheilt ist, wie in Württemberg, ist es aber für den einzelnen Weingärtner öfters eine Unmöglichkeit, besonders durch Ausscheidung des rothen und weißen Gewächses, einen charakterfesten Wein zu erzeugen, weil die erzeugte Quantität nicht selten zu klein ist und es an dem erforderlichen Herbstgeschirr fehlt, um eine passende Ausscheidung und Auslese vornehmen zu können, es sind deßwegen neuerlich in manchen Orten Weingärtner-Vereine (Associationen) zu dem Zwecke gebildet worden, um das Trauben-Erzeugniß zusammenzuwerfen, gemeinschaftlich zu keltern, den Wein sofort im Ganzen zu verkaufen und den Erlös nach dem Gewichte der Trauben zu vertheilen. Solche Vereine könnten fast in jedem größeren Weinorte errichtet werden, wo es nicht an dem erforderlichen Herbstgeschirr und an Kellern und Fässern zum vorübergehenden Einkellern des Weins fehlt. Als Grundsatz wäre dabei festzuhalten:

a. Daß die Weinberge nach ihrer Lage gut, mittel, gering, abgetheilt und die Trauben darnach sowie überhaupt nach ihrer Qualität sortirt werden.

b. Daß die weißen und blauen Trauben je besonders gelesen, die rothen aber in der Regel mit den weißen vereinigt oder, wenn deren Zahl groß ist, gleichfalls besonders gelesen werden.

c. Daß, besonders in geringeren Weinjahren, oder in besseren, wenn die Trauben zu faulen beginnen, die geringen weniger reifen oder faulen Trauben bei der Lese sorgfältig ausgeschieden und besonders gekeltert werden.

d. Daß früh- und spätreifende Trauben von einander abgesondert gehalten und gekeltert werden und die letztern möglichst lange am Stock hängen bleiben, so daß sie ihre vollständige Reife erhalten.

e. Daß all dieses durch eine besondere, von den betreffenden Weingärtnern unter Mitwirkung der Ortsobrigkeit gewählte Commission überwacht und von derselben namentlich die Classifikation der Trauben mit Sorgfalt und Gewissenhaftigkeit vorgenommen wird.

f. Daß die Trauben in der Regel von den Kämmen gesondert (gebeert, geraspelt) werden, sorgfältig gekeltert, die weißen Weine womöglich süß in's Faß gebracht, die rothen aber entweder in verschlossener Kufe mit Senkboden und Gährrohr oder im Fasse mit Gährrohr der Gährung überlassen werden, und

g. daß die Vereine nicht allzu sehr ausgedehnt, sondern hauptsächlich nur auf die kleineren Weinbergbesitzer beschränkt werden, damit das nach oder während des Herbstes zum Verkauf zu bringende Weinquantum nicht allzugroß ist, und die Preise dadurch nicht herabgedrückt werden oder ein Theil unverkauft bleibt.

Durch die auf solche Weise behandelten Trauben und insbesondere dadurch, daß das weiße und rothe Gewächs besonders gehalten wird, werden die Weine verkäuflicher und es werden dafür in der Regel bessere Preise erzielt, als beim Einzelnverkauf, auch kann durch die Trennung der früh- und spätreifenden Trauben, das Auszeitigen derselben besser abgewartet und nicht nur dadurch, sondern auch durch die sorgfältige Lese, Kelterung und Gährung eine weit bessere Qualität erzielt werden. Außerdem erspart der Weingärtner die sonst mit dem Keltern und mit dem Verkaufe zugebrachte Zeit und ist wegen des Geldbedarfs, der öfters bedeutenden und peinlichen Sorge des Weinverkaufs überhoben, denn wenn auch der Wein im Herbst keinen Käufer finden sollte, so können, durch Bestellung von Faustpfändern auf den unter Verschluß der Vereinskommission und der Ortsbehörde befindlichen Wein, Gelder wenigstens bis zum halben Werth aufgenommen und dadurch das nächste Geldbedürfniß des Weingärtners befriedigt werden, was immer noch weit vortheilhafter ist, als wenn derselbe zum Selbstausschank schreiten muß.

Wir haben hier die Grundsätze im Allgemeinen angeführt, worauf ein rationeller Weinbau so wie die Weinbereitung und der Weinverkehr zu beruhen haben, wir wollen nun den Versuch machen, dieses auch im Einzelnen nach den verschiedenen Lagen, Bodenarten und Betriebsweisen nachzuweisen.

IV. Lage der Weinberge.

§. 53.

Das Gedeihen der Rebe, als Pflanze, von welcher ein edles Getränke gewonnen werden kann, erfordert warme, hie und da etwas feuchte klimatische Verhältnisse, daher in allzuheißen Klimaten die Rebe entweder ausdorrt, oder bei allzustarker Feuchtigkeit und guter Bodenkraft deren Vegetation in zu hohem Grade gesteigert wird, so daß sie ihre Triebkraft in Blatt- und Holzbildung verschwendet und nur geringe Früchte hervorbringt, wie dieses häufig in den Aequatorgegenden bis zum 25. Grade der Breite der Fall ist, wo der lange anhaltende Regen während der Regenzeit (statt des Winters) die Gefäße des Weinstocks mit rohen Säften überfüllt, die nachfolgende Hitze und Dürre aber das Holz vor der Zeit hart macht und die Gefäße austrocknet, wodurch die Blätter welken und abfallen, die Vegetation sich übereilt und die Trauben entweder gar nicht oder nur unvollständig zeitigen, so daß sie nicht Zeit haben, den Traubensaft zur Weingährung vorzubereiten und die verschiedenen Stoffe zu zersetzen, daher sie häufig nur ein dickes, süßes Getränke, aber keinen haltbaren und geistreichen Wein geben. Doch ließen sich vielleicht auch hier noch gute Weine erzielen, wenn auf die Cultur der Rebe mehr Sorgfalt verwendet und namentlich passende Lagen an höhern nördlich abdachenden Bergen gewählt würden.

In kalten Klimaten erliegt die Rebe dem Froste und gedeiht entweder gar nicht, oder deren Früchte gelangen selten zur gehörigen Zeitigung und liefern daher nur ein saures, ungenießbares Produkt. Die besten Lagen für die Rebe, wo sie ohne besondere Cultur gedeiht, werden deßhalb unter 25—40 Graden der Breite zu suchen sein, obwohl auch hier, wenn die Rebe ihrer natürlichen Vegetation überlassen und dieselbe nicht durch den Schnitt zurückgehalten, sondern nur auf die Quantität des Produkts gesehen wird, nicht selten nur geringe, wenig haltbare Weine von derselben gewonnen werden, wie dieses bei vielen italienischen und spanischen Weinen der Fall ist.

Je mehr aber der Weinbau in kältere Climate vorrückt, desto mehr bedarf die Rebe Schutz gegen die ungünstigen climatischen Einflüsse; während man daher in heißen südlichen Gegenden für den Weinbau die kühlern nördlichen Lagen und in der Höhe der Berge, wo kühlere Winde wehen, auswählt, muß in kältern nördlichen Gegenden der Weinbau sich in die niedern wärmeren Thäler und an sonnige Abhänge flüchten und dadurch die Ungunst des Climas wieder ausgeglichen werden.

Auf unserer nördlichen Erdhälfte und insbesondere in Deutschland wird regelmäßig bis zum 52. Grad der Breite (Sachsen, Schlesien), Weinbau getrieben, was nur durch sorgfältige Auswahl der betreffenden Lagen möglich ist, indem hievon der größere oder geringere Grad der Kälte, der Wärme, des Lichts und der Beschaffenheit der Luft abhängt, wie denn überhaupt alles dieses einen großen Einfluß auf die Fruchtbarkeit eines jeden Grundstücks ausübt. Man hat daher bei der Auswahl der Lage für einen Weinberg hauptsächlich Rücksicht zu nehmen

a. auf die mehr oder minder südliche Lage im Allgemeinen,
b. auf die Erhebung über die Meeresfläche sowie über die einzelnen Thalflächen,
c. auf die Richtung gegen die Himmelsgegend,
d. auf die Abdachung gegen die Thalsohle,
e. auf die Richtung der herrschenden Winde,
f. auf die Umgebung der einzelnen Weinberglagen und
g. auf die Regenmenge, die in einer Gegend fällt.

§. 54.

1. Die südliche Lage.

Die Lage der Weinberge oder Weingärten innerhalb der angeführten Weinbaugrenzen hat auf den Betrieb des Weinbaues einen sehr entscheidenden Einfluß, denn je südlicher eine dem Weinbaue zugängliche Landschaft gelegen ist, je weniger sich dieselbe über das allgemeine Erdniveau erhebt, desto weniger wird die Lage und der Boden der Weingärten auf das Erzeugniß derselben einen den Weinbau bedingenden Einfluß ausüben, je weniger aber eine

Landschaft dem südlichen Himmelsstriche angehört und je höher sie liegt, desto mehr wird bei der Anlegung der Weingärten die Lage, der Boden und die besondern Eigenschaften der einzelnen Traubengattungen zu berücksichtigen sein. Während in südlichen Gegenden, wie z. B. in Italien, im südlichen Frankreich der Weinbau häufig auf niedern, ebenen Flächen oder an mehr nördlich gelegenen der Sonnenhitze weniger ausgesetzten Abhängen getrieben wird, muß sich derselbe, sowie er die Grenze jener Länder überschreitet, schon mehr an südlich gelegene Berge und Abhänge zurückziehen, und in Deutschland selbst sind eben gelegene Weingärten schon eine Seltenheit oder gehören zu den minder guten Lagen der betreffenden Weinbaugebiete. Ferner hat in südlichen Ländern die starke Ausdünstung des Meeres oder großer Seeen einen sehr vortheilhaften Einfluß auf die Erzeugung der Weine, wie denn in Spanien, Ungarn, Griechenland ꝛc. die vorzüglichsten Weine in der Nähe großer Flüsse oder des Meeres gewonnen und in Italien manche Weingärten sogar bewässert werden, während in den mehr nördlichen Weinbaugegenden der Weinbau durch die Nähe des Meeres, wie im westlichen Frankreich, bedeutend zurückgedrängt wird und die Nähe großer Seeen einen sehr ungünstigen Einfluß auf denselben ausübt (§. 59). Ebenso erfordert in den mehr nördlich gelegenen Ländern bei dem Betriebe des Weinbaues die Auswahl des Bodens eine besondere Vorsicht, indem derselbe hier nur in einem warmen, kräftigen, der Wärme und der Feuchtigkeit zugänglichen Erdreich mit gutem Erfolg getrieben werden kann und dessen Kraft- und Wärme-Erzeugung von Zeit zu Zeit noch durch angemessene Düngung unterstützt werden muß, während in südlichern Ländern ein kühler (jedoch nicht naßkalter) Boden ohne Düngung dem Weinbaue mehr entspricht. Auch bei der Auswahl der anzupflanzenden Reben muß in nördlich gelegenen Weinbaugegenden mit Vorsicht zu Werke gegangen werden, indem hier manche in südlichen Gegenden angepflanzten Traubengattungen gar nicht zur gehörigen Reife gelangen und daher nur von mehr frühreifenden Sorten ein edles Produkt erwartet werden kann. Das Gleiche ist der Fall bei der Erziehung der Rebe und der Bebauung der Weinberge, indem in jenen Ländern beides mit besonderer Vorsicht und Kenntniß (§. 50. 51) geschehen muß und daher einen großen Kosten-Aufwand erfordert, während in südlichen Ländern mit weit weniger Kosten Alles mehr der Natur überlassen werden kann.

§. 55.

2. Die Erhebung über die Meeres- und über die Thalflächen.

Das Meer, das den Erdkörper umschließt, bildet die niedrigste, zugleich aber gleichste Fläche desselben, über welche sich die bewohnte und vegetative Erdfläche mit ihren Hügeln und Bergen theils mehr, theils weniger erhebt, es gewährt daher eine sichere Grundlage für die Berechnung der Erhebung der Erdfläche und wird deßhalb auch bei allen sich darauf beziehenden Untersuchungen und Berechnungen zur Basis genommen. Die Messung erfolgt mit dem Barometer durch den Druck der Luft, den dieselbe auf das Quecksilber ausübt. Je stärker der Luftdruck, desto höher steigt das Quecksilber in dem luftleeren Raume, je geringer, desto mehr fällt dasselbe; da nun an der Fläche des Meeres das Quecksilber in der Barometerröhre durchschnittlich einen Stand von 28 Zoll 2 Linien pariser Maß zeigt und je mehr sich die Erdfläche über die Meeresfläche erhebt, die Luft immer reiner und leichter wird, und aus diesem Grunde mit jeder senkrechten Erhebung von 75 pariser Fuß das Quecksilber um' je eine Linie fällt, so läßt sich dadurch die Erhebung über die Meeresfläche bei jeder Erd= oder Bergfläche wenigstens annähernd leicht berechnen. Eine andere mehr sichere Berechnungsart geschieht auf trigonometrische Weise unter Zuhülfnahme des Theodoliten oder eines Nivellir=Instruments mit einem Höhenkreis oder auch eines Sextanten. Hiebei wird zuerst die Entfernung des Standpunktes von dem Höhenpunkt und sofort die Zenithdistanz oder der Vertikal=Winkel ermittelt. Ersteres erfolgt durch gewöhnliches geometrisches Messen, letzteres mittelst eines Gradbogens. Die Vertikal= (aufrechtstehende, scheidelrechte) Linie bildet mit ihrer Grundlinie einen Winkel von 90 Graden, wenn nun mit dem Absehen des Gradbogens nach dem Punkt, dessen Höhe zu ermitteln ist, visirt wird, so zeigt der an dem Gradbogen befindliche Senkel die Grade des Vertikalwinkels gegenüber von dem gegebenen Höhenpunkt an und wenn diese von 90 Graden abgezogen werden, so besteht der Rest in dem Höhenwinkel des gegebenen Punktes, unter dessen Zugrundlegung sich auf trigonometrische Weise berechnen läßt, wie hoch der gegebene Punkt über der Meeresfläche liegt, doch muß dabei stets ein dritter Punkt gegeben sein, dessen Höhe über dem Meere bekannt ist.

Je höher nun die Erdoberfläche über die Meeresfläche sich erhebt und je höher ein Gebirge ist, desto mehr ist es den starken, kalten Winden ausgesetzt, desto geringer also auch die Wärme seiner Luftschichten und desto weniger für den Weinbau geeignet. Von der geringern oder größeren Erhebung der einzelnen Weinbaugegenden über die Meeresfläche hängt daher das Gedeihen des Weinbaues wesentlich ab und es findet hier zwischen den mehr südlich und den mehr nördlich gelegenen Gegenden nur in so fern ein Unterschied statt, daß in jenen wegen der allgemein wärmeren climatischen Verhältnisse der Weinbau auch noch bei größeren Erhebungen über die Meeresfläche (§. 53) als in diesen gedeihet, wie denn auf dem Cap der guten Hoffnung der dortige edle Constantiawein bei einer Erhebung des Berges von 2000 Fuß über den Meeresspiegel gewonnen wird. In Deutschland erheben sich die mildern Weinbaugegenden (Rheingau) etwa 200, die höher gelegenen Gegenden 18—1900

Fuß über die Meeresfläche. Aber nicht allein von der Erhebung der Weingebirge über die Meeresfläche, sondern auch von derjenigen über die betreffenden Thalsohlen hängt die Erzeugung eines guten und edlen Weines ab, indem, wenn auch das Thalniveau einer Weinbaugegend im Allgemeinen nicht allzusehr über die Meeresfläche sich erhebt, doch die höhern Theile der Gebirge oder die Rücken derselben sich nicht sehr zum Weinbaue eignen, weil auch hier die häufigeren und stärkeren Winde auf die Vegetation der Rebe und die Zeitigung der Traube, sowie auf die Austrocknung des ohnehin magern Bodens einen nachtheiligen Einfluß ausüben, wodurch jedenfalls nur ein geringes Produkt erzeugt werden kann. In unserem gemäßigten Clima wird daher auch bei geringer Erhebung über die Meeresfläche, die Erhebung der Weingebirge über die Thalsohle 400—500 Fuß nicht übersteigen, bei höher liegenden Gegenden aber höchstens nur 200—300 Fuß betragen dürfen, wenn noch ein guter Wein erzielt werden soll.

Bei der Erhebung der einzelnen Weingebirge über die Thalsohle muß dann wieder zwischen der untern, mittlern und obern Lage unterschieden werden. Auf die untern Lagen können die Sonnenstrahlen, besonders in engen Thälern, weniger einwirken und wenn der Abend herbeikommt und dieselben nicht mehr wirken können, so steigt die erwärmte Luft von dem Thal in die Höhe, wodurch die Luftschichten sowie der Boden an den höhern Bergabhängen erwärmt bleiben, während in den Thälern, besonders im Frühjahr und Spätjahr, Luft und Boden sich stark abkühlen und aus letzterem kalte feuchte Nebel aufsteigen. Solche Niederungen sind nicht selten den Frühjahrs= und Spätjahrs= frösten ausgesetzt und die mittlere Temperatur ist an denselben überhaupt niedriger, indem nach angestellten Beobachtungen (Babo, der Weinbau nach der Reihenfolge der Arbeiten S. 70) der Wärmegrad des Bodens an südlichen Abhängen gegen diejenige der Ebene im Durchschnitt täglich 1,3 Grad Reaumür mehr betrug, so daß vom Frühjahr bis zum Spätjahr während 193 Tagen eine ebene Lage 250 Wärmegrade weniger empfing als sonnige Bergabhänge, was auf die Zeitigung der Traube und des Holzes einen nachtheiligen Einfluß ausübt. Eben deßwegen gehören auch ebene, auf der Thalsohle angelegte Weinberge in der Regel nicht zu den vorzüglichen. Die obere Lage der Weingebirge sowie der Rücken derselben ist, wie schon bemerkt, den Winden zu sehr ausgesetzt, wodurch die Luft stets abgekühlt wird und die Sonne weniger wirken kann. Die vorzüglichste Lage bildet daher die Mitte der Berge, indem dieselbe durch ihre höhere Lage vor dem Frost, und durch den Berg selbst vor starken und kalten Winden geschützt ist, die Sonnenstrahlen möglichst senkrecht auffangen und dadurch dem Boden, der Rebe und der Traube am meisten Wärme erhalten kann. Aus diesem Grunde ist auch das von der Mitte eines Weinberges gewonnene Weinprodukt in der Regel das Vorzüglichste.

§. 56.

3. Die Richtung gegen die Himmelsgegend.

Die Richtung gegen die Himmelsgegend wird abgetheilt in die östliche, südliche, westliche und nördliche, die dann wieder verschiedene Unterabtheilungen haben, wie die südöstliche, südwestliche, nordöstliche, nordwestliche u. s. w. Je länger nun eine solche Lage den Einwirkungen der Sonnenstrahlen ausgesetzt ist, und je mehr dadurch der Boden erwärmt und die Vegetation der Rebe und der Traube befördert wird, desto mehr ist sie für den Weinbau geeignet. Unter diesen Lagen ist mithin die südliche die vorzüglichste, indem sie nicht nur die Sonnenstrahlen am längsten behält, sondern auch noch den weitern Vortheil gewährt, daß namentlich im Frühjahr, wenn Reifen und Frost eintreten, der Reif, Thau und Regen, welche während der Nacht fallen, auf den jungen empfindlichen, zum Theil erstarrten Trieben nicht zu schnell, sondern nur nach und nach, bevor die Sonne allzusehr brennt, aufgelöst und aufgetrocknet werden, wodurch die Reben vor manchen Beschädigungen (Frost) verwahrt und die Zeitigung der Trauben, welche während derselben etwas Feuchtigkeit verlangen, wesentlich befördert wird. Nach ihr folgt die südwestliche und südöstliche, namentlich darf erstere noch zu den vorzüglichsten Weinbergslagen gerechnet werden, weil hier, nachdem die untern Luftschichten bereits erwärmt sind, die Sonne, besonders gegen das Spätjahr, auf die Zeitigung der Trauben und des Holzes einen sehr vortheilhaften Einfluß ausübt, während bei letzterer hie und da schon die bei der östlichen Lage vorkommenden Nachtheile eintreten. Die östlichen und westlichen Lagen dürfen in der Regel zu den mittlern Weinberglagen gerechnet werden. Die östliche Lage wird durch die aufgehende Sonne, deren Strahlen in gerader Richtung auf den Weinstock fallen, frühe erwärmt und diese Wärme wird auch, wenn die Sonnenstrahlen die Lage bereits verlassen haben oder nur noch schief einfallen, durch die inzwischen eingetretene Erwärmung des Bodens und der untern Luftschichten, fast den ganzen Tag bis gegen Abend erhalten, wodurch der Trieb und überhaupt das vegetative Leben des Weinstocks frühzeitig erweckt wird, was auf die Ergiebigkeit des Weinstocks und die Zeitigung der Traube einen vortheilhaften Einfluß ausübt. Dagegen sind die östlichen Lagen häufig den kalten und rauhen Ost- und Nordostwinden ausgesetzt, die nicht nur an den Reben manche Beschädigungen, wie Winddürre ꝛc., sondern auch Frost und Reifen veranlassen, wodurch, wenn die gefrorenen zarten Triebe durch die aufgehende Sonne schnell aufthauen, die Gefäße derselben (§. 2) sich ausdehnen und zerspringen und dadurch zu Grunde gehen. Die östliche Lage hat übrigens, die Beeinträchtigung des Ertrags durch Frost ausgenommen, vor der westlichen Lage manchen Vorzug und sie kann sogar zu den guten gerechnet werden, wenn sie hinreichen=

ben. Schutz vor den kalten Winden genießt (§. 58). Die westliche Lage bekommt die Sonnenstrahlen zu spät, hie und da erst gegen Mittag, wodurch der Boden zu spät erwärmt und die Vegetation aufgehalten wird. Reifen, Thau und Regen bleiben daher zu lange auf den jungen Trieben stehen und werden dann durch die glühende Hitze der Mittagssonne allzuschnell abgetrocknet, der gleiche Fall tritt bei dem Boden ein, indem auch dieser die Feuchtigkeit zu lange behält und wenn die Sonne erscheint, zu schnell austrocknet, wodurch Saftstockungen und verschiedene Krankheiten der Reben und Trauben entstehen (§. 200). Gegen Abend empfängt die westliche Lage die Sonnenstrahlen in gleicher Richtung mit dem Horizont, wodurch dieselben unter die Weinstöcke bringen, den dürren Boden noch mehr anstrocknen und nicht selten auf die unbeschützten Trauben eine nachtheilige Wirkung ausüben. Außerdem ist die Lage gegen Westen den heftigen und feuchten Westwinden und, da von dieser Gegend auch die meisten Gewitter kommen, häufiger dem Hagel und den Verheerungen durch Wolkenbrüche 2c. ausgesetzt. Im Allgemeinen erzeugt die westliche Lage, weil sie mehr Feuchtigkeit genießt, zwar mehr, aber geringeren Wein als die östliche Lage.

Die nördliche Lage ist die ungünstigste, indem sie das Licht und die Sonnenstrahlen nur von hinten, und, wenn die Weinberge stark gegen Norden abdachen, die Sonne erst gegen Mittag empfängt und dieselbe bald wieder verliert. Die auf diese Weise auffallenden Sonnenstrahlen haben weit weniger Wirkung, der Boden wird dadurch später und schwächer erwärmt, er dünstet weniger aus und bleibt länger feucht (§. 4). Eine solche Lage übt daher auf die Vegetation der Rebe einen sehr nachtheiligen Einfluß aus, indem sie später beginnt und früher aufhört, wodurch Holz und Traube öfters nicht zur gehörigen Reife kommen, was auch auf den quantitativen Ertrag der Rebe im nächsten Jahre einen nachtheiligen Einfluß hat. Dagegen genießt die nördliche Lage den Vortheil, daß dieselbe durch geringere Wärmeentwicklung und die spätere Vegetation weniger den Frühjahrsfrösten ausgesetzt ist, weil der an den Reben sich ansetzende Reifen hier nicht, wie in südlichen Lagen, wenn die Sonne erscheint, schnell aufgelöst und dadurch die Triebkraft der Rebe zerstört wird, sondern derselbe bleibt hier auch während der Mittagszeit an den Reben hängen, bis überhaupt mildere Witterung eintritt, wodurch dieselben weit weniger Schaden nehmen. Nördliche Lagen, besonders wenn sie vor den heftigen Nord-, Nordost- und Nordwestwinden geschützt sind und das Holz des Vorjahrs gehörig zur Reife kam und dadurch die erforderliche Triebkraft hat, können quantitativ einen größern Ertrag als mehr südliche Lagen geben, qualitativ wird aber das Weinerzeugniß allen andern Lagen nachstehen. Unter den nördlichen Lagen ist übrigens aus den bereits oben angeführten Gründen die nordöstliche Lage wieder der nordwestlichen vorzuziehen.

§. 57.

4. Die Abdachungen gegen die Thalsohle.

Die Wärme äußert auf alle Pflanzen einen wesentlichen Einfluß, insbesondere ist es aber der Weinstock, der zu seinem Gedeihen und zu der Zeitigung der Traube einen gewissen Grad von Wärme erfordert. Dieselbe wird durch die Sonnenstrahlen bewirkt, indem dieselben, sowie sie die Erdoberfläche treffen, absorbirt werden und in fühlbare Wärme sich verwandeln. Von dem erwärmten Boden werden dann erst durch die Ausstrahlung der Wärme die untern Luftschichten erwärmt, daher am Boden die Wärme am stärksten, je höher in der Luft, also auf Bergen, desto geringer ist. Außerdem hängt die Erwärmung des Bodens von der Richtung ab, in welcher die Sonnenstrahlen auffallen, je senkrechter dieses geschieht, desto mehr haben sie Wirkung, je schiefer, desto weniger Wärme verbreiten sie, woraus sich die Abnahme der Wärme und die Zunahme der Kälte in den nördlichen Gegenden erklären läßt. Bei unsern gemäßigten climatischen Verhältnissen müssen deßwegen für den Weinstock Lagen gewonnen werden, welche die Wärme der Sonnenstrahlen nicht nur möglichst vollständig aufnehmen, sondern durch welche auch die Kraft derselben bei dem Auffallen auf dem Boden noch vermehrt wird. Solche Lagen bestehen in Abdachungen an Bergen und Hügeln, an welchen die Sonnenstrahlen Mittags bei minderer Steilheit in einem stumpfen, bei mittlerer in einem rechten, bei stärkerer Steilheit in einem spitzen Winkel auffallen. Da nun nach den angeführten physikalischen Regeln die Sonnenstrahlen da am kräftigsten wirken, wo sie möglichst senkrecht, also in dem spitzigsten Winkel auffallen und dieselben, da wo sie vom Boden nicht ganz aufgesogen werden, in demselben Winkel wieder zurückprallen und dadurch gleichfalls Wärme verbreiten, so darf man annehmen, daß die steilsten gegen Mittag gekehrten Lagen an den Bergen auch die vorzüglichsten für den Weinbau seien. Allzusteile Abdachungen haben aber den Nachtheil, daß das Wasser zu schnell abläuft, der fruchtbare Boden häufig abgeschwemmt wird und die Sonnenstrahlen zu stark aufprallen, wodurch der Boden zu schnell austrocknet und die Vegetation gehemmt wird. An solchen Lagen muß daher die Steilheit durch aufzuführende Mauern oder Raine gemildert werden, wie dieses auch in den soeben angeführten vorzüglichen Weinberglagen der Fall ist, so daß die einzelnen Weinbergsbeete wohl selten eine stärkere Abdachung als von 30 Graden haben.

Die angemessensten Abdachungen für den Weinbau dürften daher die mehr sanft ansteigenden sein, mit einem Neigungswinkel von 15—30 Graden und wo der Berg Mittags gegen die Sonne einen rechten Winkel bildet.

An ganz schwachen Abdachungen oder auf ebenen Lagen haben die Sonnenstrahlen, als in einem ganz stumpfen Winkel auffallend, die geringste Wirtung, auch beschatten sich dadurch die Rebstöcke selbst, was besonders auf die Auszeitigung der Traube einen nachtheiligen Einfluß ausübt, daher die Weine von ebenen Lagen häufig von geringer Qualität sind. Außerdem sind solche Weinbergslagen öfters den Frühjahrs- und Spätjahrsfrösten ausgesetzt, auch lauft hier das Wasser entweder gar nicht oder nur langsam ab. Solche Lagen müssen daher die Feuchtigkeit in sich und in ihren Früchten verzehren, wodurch letztere mehr Wassertheile erhalten, was besonders in nassen Jahrgängen große Nachtheile herbeiführt, indem die Trauben gerne faulen, die Rebstöcke die meiste Zeit im Wasser stehen und durch Gelbwerden, durch Ansetzung des Schwarzbrenners oder auf andere Weise Schaden nehmen. Dagegen zeichnen sich solche Lagen, weil der Boden in der Regel sehr fett und kräftig ist, wenn sie keinen Frostschaden erleiden, durch einen reichlichen Ertrag aus, daher in guten Jahren zwar große Quantität, aber geringere Qualität erzeugt wird. Bei nördlichen Weinbergslagen sind schwache Abdachungen häufig zuträglicher als steile, weil die Sonnenstrahlen von hinten einfallen und dieselben daher je weniger steil, desto bälder erhalten, sie sind aber dessen ungeachtet aus den in §. 56 angeführten Gründen keineswegs empfehlungswerth.

§. 58.

5. Die Richtung der herrschenden Winde.

Die über ganze Länder hinziehenden, sowie an einzelnen Weinberghalden herrschenden Winde üben einen großen Einfluß sowohl auf die Größe, als die Güte des Weinerzeugnisses aus, so daß hie und da ganz günstige Weinbergslagen dadurch, daß sie kalten und feuchten Winden ausgesetzt sind, in eine geringe Classe zurückfallen, während sonst ungünstige Lagen durch den Schutz vor schädlichen Winden sehr gewinnen und ein weit besseres Erzeugniß liefern, als andere ähnliche, aber nicht geschützte Lagen. Kalte Winde üben sowohl auf die Entwicklung der Rebe durch die Erzeugung von Frost, als auf die Traube durch die Zerstörung der Blüthe, durch späte und unvollständige Zeitigung ꝛc. einen sehr nachtheiligen Einfluß aus. Zu den schädlichsten Winden gehören daher die kalten Nord-, Nordost- und Ostwinde, während heiße feuchte Südwinde, wie der Föhn in der Bodenseegegend, das schnelle Faulen der öfters noch unreifen Trauben herbeiführen und dadurch gleichfalls großen Schaden bringen. Westwinde sind häufig sehr stürmisch, führen öfters Regen und Gewitter herbei und sind hie und da von Wolkenbrüchen und Hagel begleitet, was Alles den Reben und Trauben nicht zuträglich ist, sondern denselben großen Nachtheil bringen kann (§. 195). Zu den besseren und zuträglichern Winden gehören die trockenen, warmen Süd-, Südost- oder Südwestwinde, indem sie die nassen und unreifen Früchte schnell abtrocknen, den Frost und andere schädliche Einflüsse verhüten und die Befruchtuug, sowie die Ausbildung und Auszeitigung der Reben und Trauben befördern. Je mehr daher eine Weinbergslage gegen schädliche Winde geschützt ist und von den besseren milden Winden bestrichen werden kann, desto besser ist dieselbe. Der Schutz wird herbeigeführt durch benachbarte höhere Gebirge, welche die Weinberge, besonders gegen Norden und Osten, umgeben, durch Waldungen, namentlich dichte Laubwaldungen, welche sich zwar in der Nähe, aber nicht unmittelbar an den Weinbergen entweder oben oder auf den Seiten oder an benachbarten Bergen und Hügeln befinden, durch die kesselartige Gestalt der Weinberge selbst, oder durch Erhöhungen und Bergeinschnitte in denselben, indem besonders die sogenannten muldenförmigen Einschnitte bei guter südlicher Lage zu den vorzüglichsten Weinberglagen gehören, nicht nur, weil solche Mulden meistens von den kalten und feuchten Ost- und Westwinden überschlagen werden und sich dort stets eine warme Luftschichte entwickeln kann, sondern weil auch solche Vertiefungen in der Regel einen tiefgründigen, kräftigen Boden haben, der den Trieb der Rebe, sowie die Traubenerzeugung und deren Entwicklung sehr befördert. Auch durch sich selbst gewähren höhere Weingebirge einzelnen Theilen Schutz gegen kalte Winde, indem namentlich die mittlern Berglagen, besonders bei etwas südwestlicher Lage, weit weniger als die höhern Lagen, gegen den Rücken oder auf dem Rücken der Berge, von kalten Winden bestrichen werden können. Hie und da kann blos ein benachbarter Hügel oder die Wendung des Thales den rauhen Winden eine solche Richtung geben, daß dieselben, sowie schädliche Ausdünstungen von den Weinbergen abgeleitet werden. Kalte Nord-, Ost- oder Westwinde werden gemildert, wenn sie zuvor über weite, warme Ebenen streichen, dadurch sich erwärmen und die ursprünglichen schädlichen Eigenschaften verlieren, bevor sie die ihnen entgegenstehenden Weingebirge berühren, wie dieses in manchen Gegenden des mittlern Neckarthales, sowie im Rheinthale bei dem auf der linken Seite gegen Osten liegenden Haardtgebirge der Fall ist. Solche Lagen sind in der Regel trocken und haben weniger Regen, weil die von Westen und Südwesten herziehenden Regenwolken über sie wegstreichen, sich erst am entgegengesetzten Gebirge stoßen und dort entleeren. Sie genießen mithin die Vortheile, aber nicht die Nachtheile der östlichen Lage (§. 56) und gehören daher nicht selten zu den vorzüglichen Weinbergslagen.

Zu den minder günstigen Lokalitäten für den Weinbau gehören, wenn sich in den Weingebirgen gegen Nord, Ost oder West tiefe Bergschluchten befinden, durch welche kalte, nasse und feuchte Winde Zutritt zu den an den Schluchten selbst oder an Vorbergen befindlichen Weinbergen haben, indem dadurch die schädlichen Winde vermehrt werden, daher lange Thalwände ohne tiefe Bergeinschnitte für den Weinbau weit vortheilhafter sind. Auch enge, tiefe Thäler haben den Nachtheil, daß die Sonne später erscheint und sie früher verläßt, der Luftzug gehemmt ist und die warmen Luftschichten sich in denselben nicht gehörig entwickeln können; sie sind deßwegen häufig kühl, neblich und dem Weinbaue weniger günstig, besonders, da sich in denselben im Früh- und Spätjahr gerne Frost erzeugt, der den Reben Schaden bringt. Weniger ist dieses der Fall in engen, aber mehr flachen Thälern, indem hier mehr Luftzug ist und die Sonne länger und kräftiger wirken kann, wodurch sich in dem Thalgrunde eine große Menge von Wärme ansammelt, während die kalten Winde darüber wegstreichen. Solche Thäler bilden, bei entsprechender Richtung gegen die Himmelsgegend, öfters sehr vorzügliche Weinbergslagen. In weiten Thälern kann die Sonne vom frühen Morgen bis zum späten Abend ihre Wirkung vollständig entwickeln, die warmen Winde haben dort mehr ungehinderten Zutritt, während die kalten Winde, bevor sie sich den an den Thalwandungen angelegten, mithin mehr vom Thalgrunde zurückstehenden Weinbergen nähern, erwärmt werden, wodurch in solchen Thälern gewöhnlich eine freie, heitere Luft herrscht, die den Frost mehr verhütet als begünstigt. Aus diesem Grunde haben auch das Rheinthal vor den in dasselbe einmündenden engern Thälern, sowie das mittlere und untere Neckarthal vor den engeren Thälern der Enz, des Kochers und der Jagst entschiedene Vorzüge.

§. 59.

6. Die Umgebung der einzelnen Weinbergslagen.

Die Umgebungen der Weinberge, die Nachbarschaft einzelner Gegenstände haben auf den Weinbau einen sehr wesentlichen Einfluß, so daß davon häufig die gute oder geringe Lage derselben abhängt.

Vortheilhaft für den Weinbau sind:

a. Alle Gegenstände, durch welche, wie bereits angeführt (§. 58), die rauhen, kalten, stürmischen Winde abgehalten und dadurch die Wärme der einzelnen Lagen erhöht wird, wie die Umgebungen von höhern Gebirgen, von schützenden Waldungen, die Nähe von Gebäuden, Felsen u. s. w.

Welch' großen Einfluß der Schutz durch Gebirge und höher liegende Waldungen auf den Weinbau hat, ist daraus ersichtlich, daß in dem obern Neckarthale, das Schutz durch das nahe Alpgebirge und durch die Schönbuchswaldungen genießt, namentlich zwischen Tübingen und Rottenburg bei einer Erhebung des Thalgrundes von 12—1400 Fuß noch bedeutender Weinbau getrieben wird, während im oberen Kocherthal bei Hall bei einer Erhebung der Thalfläche von 952 Fuß der Weinbau fast ganz aufgehört hat.

b. Die sogenannten Wetterscheiden, durch welche die Gewitter und also auch Hagel und Wolkenbrüche von einzelnen Gegenden abgeleitet werden.

c. Die Umgebungen der Weinberge mit Mauern und Erddämmen, indem dadurch besonders auf dem Rücken der Berge nicht nur die kalten und rauhen Winde abgehalten, sondern auch durch das Abprallen der Sonnenstrahlen an den Mauern Wärme in den Weinbergen verbreitet wird, auch bieten die Mauern große Flächen dar, zur Anlage von einträglichen Rebgeländen.

d. Die Nähe von ansehnlichen Flüssen und Seen in weiten oder flachen Thälern wirkt auf die Vegetation der Rebe und der Traube in vielen Fällen sehr vortheilhaft, indem der Reflex der Sonnenstrahlen auf der ausgedehnten Wasserfläche eine sehr günstige Wirkung auf gegenüberliegende Weinberge, hinsichtlich der Erhöhung der Wärme, ausübt und die von größeren Wasserflächen häufig aufsteigenden Nebel bei eintretenden Frühjahrsfrösten die Reben vor dem allzufrühen Bescheinen der Sonne schützen, wodurch das Aufthauen des Reifs langsamer von statten geht und die jungen Triebe und Trauben mehr erhalten werden, auch befördern die Ausdünstungen des Wassers die Entwicklung und Zeitigung der Trauben sehr, so daß auf die Erzeugung der ausgezeichneten Weine des Rheingaues, so wie auf diejenige der vorzüglichen Weine von Untertürkheim, Cannstatt, Mundelsheim, Besigheim u. s. w. zuverlässig auch die Ausdünstungen des Rheins und des Neckars sehr günstig einwirken. Die feineren Theile dieser Ausdünstungen steigen in die Höhe, verbreiten sich in der Atmosphäre und fallen im Sommer als Thau oder als erquickender Regen, im Herbste als dünner Nebel herab, sie mäßigen die Hitze und Trockenheit, vermehren die Säfte, befördern dadurch die Vegetation, erweichen die Trauben und beschleunigen die Zeitigung derselben. Solche günstige Einwirkungen setzen jedoch einen warmen, trockenen Weinbergsboden voraus, der die atmosphärischen Ausdünstungen gerne und leicht an sich zieht, während bei einem kühlen, kalten oder nassen Boden gerade das Gegentheil eintreten würde.

Nachtheilig für den Weinbau sind:

a. Die unmittelbare Nähe von Ortschaften und von Fabriken, indem dadurch Rauch und unreine Dünste verbreitet werden, die durch Niederschlag theils die Blüthe beschädigen und die Befruchtung hindern, oder sich den Trauben mittheilen und dadurch auf deren Geschmack einen ungünstigen Einfluß ausüben, auch sind solche nahe Weinberge der Beschädigung durch die verschiedenen Hausthiere, sowie durch Vögel ꝛc. sehr ausgesetzt.

b. Das unmittelbare Angrenzen der Weinberge an dichte, besonders Nadelwaldungen, indem aus denselben kalte, feuchte Nebel aufsteigen und dadurch Schatten, Kälte und Feuchtigkeit verbreitet werden, weil hier Schnee und Eis länger liegen bleiben und dieselben auch nach heftigem Regen langsamer aus-

trocknen, ein freier warmer Luftzug gehindert und viele schädliche Thiere (Vö=
gel und Vierfüßler) herbeigezogen werden.

c. Die Nähe von Bäumen, Hecken u. s. w., indem dadurch gleichfalls Schat=
ten verbreitet, durch ihre Wurzelausläufer den Rebstöcken viele Nahrung ent=
zogen und schädlichen Insekten, Vögeln, Mäusen ꝛc. der Aufenthalt erleichtert
wird.

d. Die Nähe von Wiesen= und grünen Futter= und Fruchtfeldern, indem
sie Thau und Nebel stark anziehen, dadurch Kälte verbreiten und die Gefahr
des Erfrierens der Rebstöcke, besonders im Frühjahr, sowie die Beschädigung
durch schädliche Thauniederschläge sehr vermehren.

e. Die Nähe von kalten, wasserhaltigen Moos= und Wiesgründen, besonders
am Fuße der Weinberge, indem durch die starken, kalten und nebeligen Aus=
dünstungen die Luft verunreinigt, erkältet und nicht nur schädliche Thaunieder=
schläge herbeigezogen werden, sondern auch die angrenzenden Weinberge der
Gefahr des Erfrierens vorzugsweise ausgesetzt sind.

Der gleiche Fall tritt ein

f. wenn in engen Thälern Flüsse und Bäche sich befinden, indem sie durch
den gehemmten Luftzug gleichfalls Kälte verbreiten und die Gefahr des Er=
frierens des Weinstocks vermehren.

g. Die Nähe von Schnee= und Eisbergen, durch welche sogar während des
Sommers hie und da eiskalte Winde herabziehen, so wie die Nähe von aus=
gedehnten Seeen, weil durch deren Ausdünstung die Luft gleichfalls, besonders
während der Nacht abgekühlt wird und zu starke Thau= und Regenniederschläge
erfolgen, sind den Reben in unserm gemäßigten Clima gleichfalls sehr schädlich,
indem eiskalte Winde die zarten Triebe der Rebe häufig beschädigen und die
Atmosphäre erkälten, starke Thau= und Regenniederschläge aber zwar die Ve=
getation befördern, den Trauben aber viel Wasser mittheilen, den Zuckergehalt
derselben, sowie später den geistigen Gehalt des Weins vermindern und öfters
eine baldige Fäulniß der Trauben herbeiführen, wodurch zu einer frühzeitigen
Lese geschritten werden muß, wie dieses in der Bodenseegegend häufig vorkommt.

§. 60.

7. Die Regenmenge.

Die in einer Gegend fallende Regenmenge ist für den Weinbau von we=
sentlichem Einfluß, indem hauptsächlich Wärme und Feuchtigkeit die bedingen=
den Ursachen zu der Erzeugung eines guten Weins sind. Die Traube ver=
langt zu ihrer vollständigen Auszeitigung einen gewissen Grad von Feuchtigkeit
und namentlich ist dieses bei einzelnen Traubengattungen, wie z. B. bei dem
Trollinger, in höherem Grade der Fall, indem derselbe, wenn, nach vorausge=

gangener heißer und trockener Witterung, während der Zeitigung kein Regen fällt, bei hitzigem Boden in der Vegetation stille steht und nur geringe Quantität und Qualität liefert. Aus diesem Grunde werden auch in südlichen Gegenden, wo während des Sommers selten Regen fällt, die vorzüglichsten Weine in der Nähe der großen Flüsse, Seen oder dem Meere erzeugt, indem dort die stärkeren Thauniederschläge den Regen ersetzen.

Allzuviel Regen und Feuchtigkeit schadet jedoch der Weinerzeugung außerordentlich, so daß sogar in sehr warmen Gegenden, wie z. B. auf den westindischen Inseln, aus den §. 53 angeführten Gründen, die Erzeugung eines geistreichen und haltbaren Weins zur Unmöglichkeit wird. Auch in gemäßigten Gegenden ist eine größere Regenmenge wenigstens der Erzeugung eines guten Weins schädlich, indem durch den größeren Regenfall auch die Temperaturverhältnisse sich in der Regel niedriger stellen, weil viele Regentage auch manche trübe Tage zur Folge haben, an welchen die Wärme-Entwicklung geringer ist, was für die gute Auszeitigung der Trauben um so nachtheiliger ist, als durch den stärkeren Regenfall dieselben auch viele wässerige Theile aufnehmen, die bei den niedrigern Temperaturverhältnissen nicht mehr gehörig zersetzt und in Zucker verwandelt werden können. Bei der Beurtheilung einer Gegend hinsichtlich ihrer besseren oder geringeren Lage für den Weinbau darf daher die durchschnittlich fallende Regenmenge (§. 263, 268) wohl auch in Rechnung gebracht werden.

V. Die Nahrungsstoffe der Reben, der Boden der Weinberge.

§. 61.

Die Reben, sowie alle Pflanzen, werden nur dadurch ernährt, daß sie die nährenden Stoffe in flüssiger oder dampfartiger Form theils aus der Luft, theils aus dem Boden aufsaugen.

Die Luft besteht hauptsächlich aus Stickstoff und Sauerstoff, sowie in geringerer Menge aus Kohlen- und Wasserstoff. Es sind dieses gasartige Grundstoffe, die chemisch nicht zerlegbar sind, theils aber unter sich, theils mit andern Stoffen (Erde, Metalle, Wasser) verschiedene Verbindungen eingehen.

Der Stickstoff bildet beinahe $4/5$ der Atmosphäre, außer derselben ist er sehr sparsam in der Natur verbreitet. In den Grundstoffen des Mineralreichs fehlt er ganz, dagegen wird er in dem thierischen Organismus in beträchtlicher Menge gefunden.

Der Sauerstoff macht ungefähr den fünften Theil der Atmosphäre aus. Er ist der wichtigste Bestandtheil der Luft, indem durch ihn der Bestand des thierischen Lebens, das Athmen, das Keimen des Samenkorns und das Gedeihen der Pflanzen, das Brennen des Feuers und das Verwesen der Pflanzen- und thierischen Stoffe bedingt wird. Er verbindet sich, wo er sich wirksam zeigt, mit dem Gegenstand, auf den er wirkt, und bildet Säuren.

Der Kohlenstoff kommt nur in sehr geringer Menge und nicht selbstständig, sondern nur in Verbindung mit dem Sauerstoffe vor, mit dem er die Kohlensäure bildet, durch die hauptsächlich die Ernährung der Pflanzen bewirkt wird.

Der Wasserstoff bildet gleichfalls einen geringen Theil der atmosphärischen Luft, er ist leichter als die übrigen Luftarten, daher man ihn in der Regel zum Füllen der Luftballons verwendet. Er geht am häufigsten mit dem Sauerstoff Verbindungen ein und bildet dann das Wasser, das entweder als wässeriger Dunst sich in der Atmosphäre befindet oder sich als Thau und Regen niederschlägt.

Diese Bestandtheile der Luft werden von den Blättern und Wurzeln der Pflanzen durch die Poren derselben eingesaugt (§. 1. 4), im Innern verarbeitet und das Ueberflüssige auf gleiche Weise durch Ausdünstung wieder ausgestoßen.

§. 62.

Neben den angeführten Grundstoffen enthalten die Pflanzen aber auch Mineralien (Erde, Metalle, Salze u. s. w.), die sie hauptsächlich aus dem Boden beziehen und die, aufgelöst durch den Zutritt der Luft, der Wärme und des Wassers, den Pflanzen in flüssigem Zustande zugeführt werden.

Der in der Luft enthaltene Wärmestoff, so wie das damit in Verbindung stehende Sonnenlicht (§. 57) üben gleichfalls einen wichtigen Einfluß auf das Gedeihen der Pflanzen aus. Ohne Wärme erstarrt der Boden und die Pflanze wird zu Eis und geht zu Grunde. Ohne dieselbe ist daher kein Pflanzenleben denkbar. Die natürliche Wirkung der Wärme besteht darin, daß sie die Körper ausdehnt, die Kraft, womit die Theile derselben zusammenhängen, schwächt oder auflöst, und dadurch den Einfluß anderer Stoffe auf die Bildung neuer Zusammensetzungen erleichtert. Auf diese Art macht dieselbe die Säfte der Pflanzen flüssiger, sie erleichtert ihre Bewegungen in den Gefässen (§. 2) und begünstigt, im Verein mit Flüssigkeit und Luft, die Auflösung der nährenden Theile der Erde und das Einsaugen derselben durch die feinen Poren der Wurzeln. Allzuviel Wärme befördert aber die Ausdünstungen der Pflanzen all zu sehr, indem sie ihnen das Wasser entzieht, welches die Säfte flüssig erhält und so in ihren Organen Stoffe verdichtet, die früher flüssig waren, wodurch die Vegetation gehemmt wird und das Leben der Pflanzen stille steht oder gänzlich aufhört. Dieser Fall tritt bei großer Hitze ein, wenn nicht durch Regen, Thau oder künstliche Wässerung der durchs Ausbünsten und Verdampfen verursachte Verlust ersetzt wird.

Vermindert sich aber die Wärme der Luft bedeutend, und es tritt Kälte ein, so verdicken sich die Säfte der Pflanze gleichfalls, die Bewegung derselben wird langsamer, die Thätigkeit der Organe vermindert sich und die Lebensverrichtungen werden matter und stehen zuletzt ganz still, wenn die Lebenskräfte nicht wieder durch Wärme erneuert werden. Dieser Fall kommt vor, wenn die Kälte der Luft so zunimmt, daß die innere Wärme der Pflanze der äußern Kälte nicht mehr widerstehen kann, indem dann der Saft der Pflanzen sich in Eis verwandelt, das die Gefässe derselben ausdehnt, wodurch dieselben zerspringen und die ganze Pflanze zu Grunde geht.

Das Licht übt zwar keinen so bedeutenden Einfluß auf das Pflanzenleben aus, wie die Wärme, dasselbe ist jedoch dessenungeachtet von besonderer Wichtigkeit, indem Pflanzen im Schatten oder in der Dunkelheit erzogen, bei weitem nicht die Farbe, den durchbringenden Geruch und den Geschmack haben und weit seltener Früchte tragen, als wie die, welche den unmittelbaren Einwirkungen der Sonnenstrahlen ausgesetzt sind. Auch wird durch das Licht die Kohlenstoff-Aufnahme der Pflanzen (§. 113), die in der Dunkelheit aufhört, bedingt und die Ausdünstung derselben befördert, indem die Blätter derselben nur dann Sauerstoff ausströmen, wenn sie von der Sonne beschienen werden.

Eine weitere Beschaffenheit der Luft, welche auf die Vegetation der Pflanzen Einfluß ausübt, ist die Elektricität derselben. Sie ist eine elastische, unsichtbare Flüssigkeit, allgemein in der Natur verbreitet und hat die besondere Eigenschaft, daß sie andere Körper selbst auf bedeutende Entfernungen anzieht und abstößt. Ihre bis jetzt noch nicht vollständig ermittelten Einwirkungen auf die Atmosphäre und dadurch auf das Leben der Pflanzen sind jedenfalls von großem Einflusse, indem sie durch ihre anziehende und abstoßende Kraft nicht nur das hie und da gestörte Gleichgewicht der Bestandtheile der Atmosphäre (Stickstoff, Sauerstoff, Kohlenstoff und Wasserstoff) wieder herstellt und dadurch zum Gedeihen von Thieren und Pflanzen beiträgt, sondern sie bedingt auch die Wirkung des Sauerstoffs auf die Pflanzen und bestimmt den Umlauf und das Ausströmen der wässerigen Flüssigkeiten. Sie zeigt ihren Einfluß auf die Vegetation insbesondere bei Wasserniederschlägen, indem das mit elektrischen Stoffen geschwängerte Regenwasser, namentlich bei Gewitterregen, auf das Keimen und Wachsen der Pflanzen weit günstiger als gewöhnliches Brunnen- oder Flußwasser wirkt.

Das Wasser, das aus 12—15 Procent Wasserstoff und aus 85—88 Procent Sauerstoff besteht, theilt beide Stoffe den Pflanzen mit, trägt dadurch wesentlich zu deren Ernährung bei und ist überhaupt für deren Leben ganz unentbehrlich, indem es die Erde befruchtet, ihre Theile trennt und sie dadurch empfänglich macht für die Ausbreitung der Wurzeln, den Zutritt der Luft und für die Entwicklung der ersten Keime, auch besitzt es nicht nur die Eigenschaft, die Gefässe der Pflanzen zu erweitern und auszudehnen und die Lebenskraft derselben stets in Thätigkeit zu erhalten, sie zu reizen, zu stärken, im Zustande der Erschlaffung wieder zu wecken und zu beleben, sondern auch alle diejenigen Nahrungsstoffe (Mineralien) zu lösen, welche für sich allein nicht flüssig oder luftförmig werden können. Es trägt ferner durch seine flüssige Beschaffenheit zur Erzeugung der verschiedenen Säfte der Pflanzen bei und vermittelt dadurch die Bildung der festen Pflanzentheile (§. 2).

§. 63.

Die Bestandtheile der Pflanzen sind durch die Verbindungen, welche die Grundstoffe unter sich und mit andern Körpern eingehen, in den mannigfachsten Verhältnissen in denselben enthalten, wodurch dann auch die Verschiedenheit der einzelnen Pflanzengattungen entstanden ist.

Durch jene Verbindungen entstehen eine Menge neuer Körper, die zur Ernährung der Pflanzen beitragen, wie z. B. durch die Verbindung des Kohlenstoffs und Sauerstoffs, die Kohlensäure; durch die Verbindung des Stickstoffs mit dem Sauerstoff, der Salpeter und mit dem Wasserstoff, das Ammoniak. Ferner durch die Verbindung der Kohlensäure mit reiner Kalkerde der kohlensaure Kalk ꝛc. Eine nähere Ausführung dieser verschiedenartigen Verbindungen gehört jedoch nicht hierher, sondern zur landwirthschaftlichen Chemie, wir haben deßwegen hinsichtlich der Ernährung der Pflanzen nur noch anzuführen, daß alles, was als Pflanzen-Nahrung brauchbar sein soll, entweder flüssig oder luftförmig sein muß, damit dasselbe durch die feinen, mit bloßem Auge gar nicht erkennbaren Poren der Wurzeln und Blätter der Pflanzen aufgesaugt und denselben zugeführt werden kann, da feste Körper nicht in denselben einzudringen vermögen.

Wenn man die Pflanzenkörper chemisch zerlegt, so bilden Kohlen-, Wasser- und Sauerstoff und bei einzelnen Pflanzen Stickstoff, zu welchen auch die Traube gehört, die vier Grundelemente derselben, wozu noch einzelne Mineralstoffe kommen. Man nennt jene die organischen Stoffe, weil sie als die Hauptbestandtheile aller organischen Stoffe (des Pflanzen- und Thierreichs) anzusehen sind, oder auch verbrennliche, weil sie beim Erhitzen an der Luft vollständig verbrennen und verschwinden, d. h. sich in luftförmige Verbindungen verwandeln. Die Mineralstoffe, welche gewöhnlich nur in geringer Menge in den Pflanzen enthalten sind, gehören zu den unorganischen oder unverbrennlichen Stoffen, weil sie durch die Hitze nicht verbrannt oder verflüchtigt werden. Unter diesen Bestandtheilen der Pflanzen ist der Kohlenstoff in der größten Menge in denselben enthalten und macht daher die Grundlage des ganzen Gewächs-Reiches aus.

Die Kohlensäure der Luft wird fortwährend von den Blättern der Pflanzen eingesaugt und von denselben zerlegt, wodurch sie sich den Kohlenstoff aneignen, den Sauerstoff aber wieder in die Atmosphäre ausstoßen und dadurch die, durch das Einathmen von Menschen, Thieren und Pflanzen konsumirte Menge stets wieder ersetzen. Die zum Leben der Pflanzen so unentbehrliche Kohlensäure ist aber nicht blos in der Luft, sondern auch in dem Quellwasser und in jedem Boden enthalten, der gährende Stoffe enthält, indem Gährung durch die Entwicklung der Kohlensäure entsteht. Dieselbe wird daher täglich in größter Menge erzeugt, sie wird unerachtet ihrer verschiedenartigen Entstehung von der Luft aufgenommen und trägt wesentlich zur gleichförmigen Erhaltung derselben bei.

Den Sauer- und Wasserstoff erhalten die Pflanzen hauptsächlich mit dem Wasser, beide bringen mit demselben in die Pflanzen, verbinden sich mit ihren Säften und sind als Nahrungsstoffe die ersten Lebensbedingungen derselben.

Der Stickstoff wird von den Pflanzen theils aus der Atmosphäre angezogen, theils den Wurzeln derselben in dem animalischen und vegetabilischen Dünger durch den Ammoniak zugeführt. Der Stickstoff ist außer in der Luft, auch noch in dem Körper der Thiere und Pflanzen enthalten, sterben nun diese ab und gehen in Fäulniß (Gährung) über, so werden von den vorhandenen vier Grundstoffen, der Kohlenstoff und Sauerstoff ausgestoßen und mit dem dritten, dem Wasserstoff, bleibt er verbunden und stellt das Ammoniak vor, das eines der wichtigsten und werthvollsten Nährmittel der Pflanzen ist. Es besitzt einen sehr starken, stechenden Geruch und eine große Flüchtigkeit, es entweicht daher in die Atmosphäre, wenn die Fäulniß nicht in der Erde stattfindet, oder seine Flüchtigkeit nicht durch Säuren (Schwefelsäuren, Salzsäure, Humus) an den Boden gebunden wird, daher es nur in diesem Falle zur Ernährung der Pflanzen dient.

Die mineralischen (unorganischen) Stoffe werden den Pflanzen durch das Wasser zugeführt, indem dieselben, wie bereits angeführt, durch die Einwirkung der Luft, der Wärme, der Kälte und des Wassers verwittern, sich in feine Theile auflösen, dadurch mit dem Wasser sich verbinden und mit demselben in die Pflanzen übergehen.

Nach dem hier Angeführten bestehen die Nahrungsmittel der Pflanzen hauptsächlich in Kohlensäure, Wasser, Ammoniak und einigen Mineralstoffen, wie nun aber diese einzelnen Stoffe von der Natur verarbeitet und diejenigen Stoffe daraus gebildet werden, die wir in den Pflanzen finden, in diese Geheimnisse der Natur sind unsere Chemiker bis jetzt noch nicht eingedrungen, daher wir hier unser Nichtwissen bekennen müssen.

§. 64.

Die Urstoffe unseres Erdkörpers bestehen aus Mineralien und zwar aus Erde und Metallen.

Unter Erde versteht man trockene, lockere Körper, welche, in reinem Zustande geruchlos, von weißer Farbe, im Feuer unschmelzbar und unzerstörbar und im Wasser nicht ganz lösbar sind. Diese Erden rechnete man früher, wie die Grundstoffe der Luft, zu den Elementen (einfache Grundstoffe); nach neueren Untersuchungen ist dieses aber nicht der Fall, sondern es sind Verbindungen von Metallen mit dem Sauerstoff (Metalloxyde).

Metalle sind unzerlegbare Körper, die sich durch ihren eigenthümlichen Glanz, ihr starkes Gewicht, ihre Undurchsichtigkeit, ihre Zähigkeit und Dehnbarkeit auszeichnen. Sie sind schmelzbar, gehen mit dem Sauerstoff (Oxygen) gerne Verbindungen ein, wodurch sie ihre physische Eigenschaft verlieren und sich in ein erdartiges Pulver verwandeln (Oxydation), wodurch sich die Metalloxyde und Metallsäuren bilden.

Diejenigen Erdarten, die im Boden allgemein verbreitet sind und in größerer Menge in demselben vorkommen, sind Kieselerde, Thon-, Kalk- und Bittererde. Weitere Erdarten, welche neuerlich durch die Chemie entdeckt worden sind (Barytherde, Glycinerde ꝛc.), weil sie nur in einzelnen Mineralien enthalten sind, kommen hier nicht in Betracht.

1. Die Kieselerde ist im Wasser, sowie auch in Säuren, außer der Flußspathsäure, völlig unauflöslich, nimmt aber, wenn sie im trockenen Zustande mit Wasser übergossen wird, bei 100 Theilen 250—280 Theile Wasser in sich auf, läßt jedoch dasselbe schnell wieder verdunsten (dreimal schneller als kohlensaurer Kalk und fünfmal schneller als Thonerde). Sie ist über die Hälfte aus Sauerstoff zusammengesetzt, und ist am häufigsten auf unserem Erdkörper verbreitet, so daß mehr als die Hälfte desselben aus Kieselerde besteht, daher sie überall im Boden mit andern Erdarten gemischt (§. 65), als feinstes Pulver oder als Sand, sowie auch in den Pflanzen vorkommt.

2. Die Thonerde ist zwar nicht im Wasser, aber in allen Säuren auflöslich. Sie schluckt das Wasser gierig an und nimmt das vierfache ihres Gewichts im Wasser auf, ohne es in Tropfen fahren zu lassen und hält dasselbe stark zurück, besonders im Innern des Bodens. Sie besteht aus 46,70 Sauerstoff und aus 53,30 Theilen einer metallischen Substanz, dem Aluminium, und ist in jedem Boden, in größerer Menge aber im bündigen, in geringerer im losen Boden vorhanden.

In Verbindung mit Kieselerde und Eisen bildet sie den Thon, der zunächst aus dem Feldspath und Thonschiefer (§. 66) entstanden zu sein scheint und zwar viel Wasser, jedoch nur eine bestimmte Menge, in sich aufnimmt, er widersetzt sich dem Eindringen des Weitern, d. h. er ist wasserdicht. Er hat die meiste Anziehungskraft und verbindet sich deßwegen gern mit andern Stoffen, er saugt die Feuchtigkeit aus der Luft an, zersetzt im nassen Zustande die atmosphärische Luft und verbindet sich mit dem Sauerstoff. Er erwärmt sich langsam, langsamer als der Sand und verliert die Wärme viel schneller wieder, doch hält er sie länger als Kalk und Bittererde. Im glühenden Zustande verhärtet es sich zu einer steinigen Masse.

3. Die Kalkerde hat einen laugenhaften Geschmack und ist im Wasser und in allen Säuren auflöslich. Wenn sie mit Wasser begossen wird, schluckt sie dasselbe unter Zischen begierig an und zerfällt zu einem feinen Pulver. Dabei erzeugt sich ein hoher Grad von Wärme, die daher kommt, daß das von dem Kalke eingeschluckte Wasser mit ihm verbunden wird und dadurch seine Wärme fahren läßt. Sie bildet dadurch die Grundlage des Mauerkalkes. Reine Kalkerde besteht aus 28,09 Sauerstoff und aus 71,91 Calcium, kommt aber in der Natur nirgends vor, sondern ist im Boden entweder als kohlensaurer Kalk oder als schwefelsaurer Kalk enthalten.

a. Der kohlensaure Kalk besteht aus Kalkerde, Kohlensäure und Wasser, er kommt jedoch im Boden stets in einer Mischung mit Thon und Sand vor. Er löst sich in allen Säuren auf, wobei die mit ihm verbundene Kohlensäure, wenn man denselben mit einer verdünnten Salz- oder Salpetersäure ꝛc. begießt, in Gestalt von Bläschen und mit Geräusch entweicht. Wird der kohlensaure Kalk (Kalksäure) einem hohen Hitzegrad ausgesetzt (gebrannt wie in den Ziegelöfen), so verflüchtigt sich zuerst das Wasser, dann die Kohlensäure, er ist nun reine Kalkerde oder gebrannter Kalk. Er nimmt in zerriebenem Zustande fast eben so viel Wasser auf, als sein Gewicht beträgt, verdunstet dasselbe schneller wieder als reine Thonerde, langsamer aber als Thon. Er saugt in einer bestimmten Zeit weniger Feuchtigkeit aus der Luft an, wie der Thon, aber mehr als gemengte kalklose Bodenarten, auch auf die Zersetzung der Luft durch Aufnahme des Sauerstoffs derselben wirkt er ebenfalls geringer als der Thon.

Durch eine Verbindung der kohlensauern Kalkerde mit Thon entsteht der Mergel.

b. Der schwefelsaure Kalk ist aus Kalk, Schwefelsäure und Wasser zusammengesetzt und kommt unter dem Namen Gyps und Alabaster vor. Er ist im kalten Wasser löslich und im Feuer schmelzbar. Wenn man ihn einer hohen Feuerhitze aussetzt, so verdunstet das Wasser und ein Theil des Schwefels, er nimmt eine weiße Farbe an, zerfällt und erscheint als gebrannter Gyps. Er verbindet sich mit dem Wasser nicht so rasch wie der Kalk, nimmt aber eine größere Menge davon auf, und wird hauptsächlich zum Vertünchen der Wandungen und Decken, so wie auch zu Abgüssen benützt.

4. Die Bittererde oder Talkerde, auch Magnesia, ist im Wasser unauf-

löslich, aber in allen Säuren lösbar. Sie äußert keine Wirkung auf die organischen Substanzen und entwickelt keine Wärme, wenn sie mit Wasser übergossen wird. Sie nimmt bis zum vierfachen Betrag ihres Gewichts Wasser auf, ohne es in Tropfen fahren zu lassen. Sie saugt weit langsamer, als die Kalkerde, Feuchtigkeit aus der Luft an und viel später als diese sättigt sie sich mit Kohlensäure. Sie kommt im Boden immer nur als kohlensaure Bittererde vor, die im Wasser gering löslich ist und bei dem Begießen mit Säuren aufbraust, wie kohlensaure Kalkerde. Die kohlensaure Bittererde nimmt von allen Bestandtheilen des Bodens das meiste Wasser auf, verdunstet dasselbe am langsamsten, saugt am meisten Feuchtigkeit aus der Luft auf und zieht aus der Luft in größter Menge Sauerstoff an. Sie nimmt von der Luft die wenigste Wärme an, erkaltet am schnellsten und kommt fast in allen Bodenarten, jedoch in sehr geringer Menge vor.

§. 65.

Zu den Metallen, welche eines Theils zu der Bildung unseres Erdkörpers, andern Theils zur Ernährung der Pflanzen beitragen, gehören hauptsächlich Eisen, Silicium, Aluminium, Magnium, Calium, Natrium, Calcium. Alle diese Metalle sind unzerlegbar und gehören somit, wie die Bestandtheile der Luft, zu den Grundstoffen unseres Erdkörpers. Sie werden selten in reinem Zustande getroffen, sondern in der Regel verbunden mit andern Naturkörpern, besonders mit Felsmassen, denen sie häufig ihre Farbe geben. Sind sie vermischt mit Schwefel, so haben sie ein metallisch glänzendes, mit dem Sauerstoff der Luft aber ein erdiges Aussehen. Durch eine Mischung mit wirklicher Säure werden es Salze.

1. Das Eisen kommt allein im reinen Zustande in der Erde vor, jedoch nur als Meteoreisen, in der Regel erscheint es in Verbindung mit Sauerstoff, d. h. im oxydirten Zustande. Es ist allgemein in der Erde in großer Menge verbreitet und macht ca. den 200. Theil unserer Erdrinde aus. Es gibt wenige Mineralien, die nicht Eisen enthalten, wenn es auch nur als Farbestoff darin enthalten ist. Mit dem Thon ist es oft in großer Menge verbunden, dem es häufig auch seine braunrothe Farbe gibt; geringer ist sein Gehalt in den bittererdigen Gesteinen oder Erdarten, am geringsten im Kalke enthalten. Auch das Wasser mancher Flüsse und Ströme, so wie vieler Quellen enthält Eisen in großen oder kleinen Quantitäten, so wie man es auch häufig in Gewächsen findet.

Das mit Sauerstoff verbundene Eisen wirkt auf viele Felsarten zerstörend und zersetzend ein, dagegen spielt dasselbe beim Festerwerden, Erhärten mineralischer Massen eine große und wichtige Rolle, indem ihm bei veränderten Mischungsverhältnissen eine starke bindende Kraft verliehen ist und es daher auch zum Erhärten unserer Felsmassen vieles beigetragen hat.

2. **Silicium, Aluminium** und **Magnium** (Mangan) bilden die metallischen Grundlagen der Kieselerde, Thonerde und Talkerde und werden daher auch Erdmetalle genannt. Diese Metalle kommen in reinem Zustande nirgends, sondern blos verbunden mit andern Körpern vor, sie werden daher erst auf chemischem Wege rein dargestellt. Unter denselben ist Mangan (Braunstein) das verbreitetste und wird in dieser Beziehung dem Eisen wenig nachgeben, ob es gleich stets nur in geringer Menge getroffen wird.

3. **Cali, Natron** und **Calcium** gehören zu den sogenannten Alkali=Metallen. Sie kommen nirgends rein vor, sondern durch ihre Verbindung mit Sauerstoff entspringen die Alkalien oder alkalinischen Erden, woher sie ihren Namen haben. Sie zeichnen sich durch einen scharfen, brennenden Geschmack aus und haben die Eigenschaft, daß sie die rothe Farbe der Pflanzensäfte in eine blaue, und die blaue in eine grüne verwandeln. Sie haben eine große Neigung, sich mit Säuren zu verbinden, in welchem Falle beide ihren ursprünglichen Charakter verlieren und sich gegenseitig neutralisiren.

Das Kali oder vegetabilische Laugensalz ist vorzüglich in den Pflanzen und hauptsächlich auch in der Rebe enthalten und wird aus der Asche der verbrannten Pflanzen gewonnen, aus der zuerst Potasche und aus dieser sodann reines Cali dargestellt wird, das in einer weißen salzartigen Substanz besteht.

Das Natrum (Soda) trifft man in mineralischen, vegetabilischen und thierischen Körpern an. Es ist überall mit Säuren verbunden. Mit der Salzsäure vereinigt, bildet es das Kochsalz. Es wird aus diesem, sowie auch aus Pflanzen, die auf salzigem Boden oder am Meeresstrande wachsen, auf chemischem Wege dargestellt und hat ähnliche Eigenschaften wie das Kali.

Calcium ist, wie bereits erwähnt, (§. 64) die metallische Grundlage der Kalkerde.

Die schon hie und da erwähnten Säuren sind mächtig wirkende Kräfte bei vorkommenden chemischen Veränderungen. Sie zeichnen sich vorzüglich durch ihren sauren Geschmack aus, und üben einen großen Einfluß auf die Farbe der Pflanzensäfte aus, indem sie die meisten blauen Pflanzengefässe roth und mehrere rothe, gelbroth färben. Sie sind es, welche fortwährend zahllose Zersetzungen von Mineralkörpern hervorbringen und eine Menge Verbindungen mit denselben eingehen, wodurch sie Salze bilden. Die größere Zahl derselben stellt sich, in Folge ihrer Anziehung zum Wasser, flüssig dar, einige sind feste Körper, andern ist Gasgestalt eigen. Sie entstehen meist durch Verbindung gewisser Substanzen mit Sauerstoff.

Die interessanteren Säuren bestehen hauptsächlich:

aus Schwefelsäure, Kohlensäure, Salpetersäure, Phosphorsäure und

Salzsäure. Diese Säuren, und besonders die Schwefelsäure sind in Menge mit Alkalien, Erde und Metallen verbunden, wie denn z. B. der Gyps fast zur Hälfte aus jener Säure besteht.

Die durch Säuren in Verbindung mit andern Körpern gebildeten Salze spielen keine unwichtige Rolle bei der Vegetation der Pflanzen und sind in denselben in großer Menge vorhanden. Im Allgemeinen werden sie eingetheilt in Salze des Mineralreichs, die sich durch Verbindung mit Metallen oder Erde zu einem Salze vereinigt haben, und in Salze der Pflanzen und des Thierreichs, die hauptsächlich aus Abgängen von organischen Körpern, wie der Salpeter, gewonnen wird.

§. 66.

Unsere Erdrinde bestand ursprünglich aus Felsen und Gesteinen, die auf zweifache Weise entstanden sind, durch Feuer und auch Wasser, und werden deßwegen eingetheilt in plutonische oder vulkanische und in neptunische. Die plutonischen Gebilde waren ursprünglich in feurig flüssigem Zustande vorhanden und erkalteten nach und nach zu einer festen steinigen krystallinischen Masse, wie dieses noch gegenwärtig bei den durch den Ausbruch der Feuerberge entstehenden vulkanischen Gebilden der Fall ist. Die plutonischen Gebilde sind die ältesten unserer Erdrinde und gehören zu den sogenannten Urgebirgen. Sie zeichnen sich aus durch ihre festen, dichten, krystallinischen Bestandtheile ohne Bindemittel, durch ihre metallreichen Gänge, der Hauptlagerstätte der Metalle, und dadurch, daß in denselben die Reste einer organischen Welt gänzlich fehlen. Sie bestehen hauptsächlich in Quarz, Feldspath, Glimmer, Granit, Gneis. Quarz gehört zu den einfachen Gesteinen und besteht blos aus Kieselerde, er ist hell oder ganz durchsichtig, farblos und bildet die Bergkrystalle. Feldspath besteht hauptsächlich aus Thon und Kieselerde, er ist graulich, gelblich oder röthlich weiß, hie und da durchsichtig und glänzend, manchmal auch matt und erbig und zeichnet sich gegenüber von Quarz durch seine geringere Härte und seine Verwitterbarkeit aus.

Der Glimmer hat einen lebhaften, metallähnlichen Glanz, woher er seinen Namen hat, er spaltet sich in die dünnsten Blättchen, ist von geringer Härte und besteht hauptsächlich aus Kieselerde, Thonerde verbunden mit Kali.

Granit ist schon zusammengesetzt aus Quarz, Feldspath und Glimmer, fast zu gleichen Theilen, doch herrscht der Feldspath vor.

Gneis besteht hauptsächlich aus Glimmer, dann aus Feldspath und Quarz. Außer diesen Hauptgebirgsarten enthalten die Urgebirge noch manche andere plutonische Massen, wie Glimmerschiefer, Magneteisen; Talk- und Chloritschiefer, Urgyps, körnigen Kalk ꝛc., sie sind jedoch von geringerer Bedeutung und können hier übergangen werden.

Die neptunischen Gebilde sind hauptsächlich durch die Wirkungen des Wassers, durch Anschwemmungen von Trümmern der Urgebirge entstanden und werden deßwegen auch

Flöz- oder Sekundäre-Gebirge

genannt.

Durch die Wirkungen des Wassers, der Luft und wahrscheinlich auch durch vulkanische Kräfte (Feuer) wurde ein Theil des Bestandes der Urgebirge aufgelöst und in feinere und gröbere Theile zertrümmert. Beim Granit und Gneis ist es hauptsächlich der Feldspath, der die Verwitterung begünstigt, er wird am frühesten erdig, das Wasser löst ihn auf und der Zusammenhalt der drei Stoffe, aus welchen dieselben bestehen, ist aufgehoben, das Gestein zerfällt, Trümmer reißen los, es entstehen Spalten, das Wasser bringt ins Innere, Klüfte trennen die Massen und ganze Blöcke stürzen in die Tiefe. Auf diese Weise entstanden Anschwemmungen unter der Meeresfläche, die durch den Hinzutritt von verschiedenen Bindemitteln (Thon, Kalk, Eisen) zu einer zusammenhängenden, mehr oder minder festen Masse verbunden wurden und später durch plutonische Kräfte gehoben, nun die Flözgebirge ausmachen.

Die auf diese Weise gebildeten Gebirgsarten sind in ihren Bestandtheilen sehr verschieden, sie werden jedoch nach den verschiedenen Hauptbestandtheilen in einzelne Abtheilungen oder Gruppen gebracht, die hauptsächlich bestehen:

1. in der Thonschiefergruppe,

die aufgelagert auf dem Urgebirge hauptsächlich Thonstein, Thonschiefer, Grauwacke, Sandstein, Kohlensandstein (Anthracit), Steinkohle, Todtliegendes und Trümmer-Gestein rc. enthält.

In dieser Gruppe kommen Ablagerungen von Kalk, Mergel, Gyps und Thon vor, auch zeigt sich bereits ein vegetatives Leben durch die Entstehung ausgedehnter Waldungen, der baumstämmigen Farrenkräuter, so wie einiger lebender Thiere, die zur Classe der Reptilien gehören. Außerdem scheinen bei der Bildung dieser Gruppe große Umwälzungen unserer Erdrinde stattgefunden zu haben, welche einen Theil derselben zertrümmert, zermalmt, und später zu andern Bildungen (Grauwacke, Todtliegendes) verwendet, auch ganze Urwaldungen (Steinkohlenbildung) begraben haben.

2. In dem bunten und rothen Sandstein,

der seinen Namen von dem braunrothen Aussehen erhalten hat. Er besteht aus Quarzkörnern mit Glimmerblättchen und aus einem eisenhaltigen, theils kieseligen, theils thonigen, theils kalkigen Bindemittel mit Erzgängen.

3. In dem Muschelkalk.

mit vielen versteinerten Muscheln, daher der Namen, und in verschiedenen Mergel- und Kalksteinschichten bestehend.

Nach neueren microscopischen Untersuchungen sollen die Kalksteine, sowie auch die Kreide auf dem Grunde des Meeres aus einer Menge kleiner zusammengebackener Schalthiere entstanden sein, die dem bloßen Auge nicht sichtbar sind und durch ein kalkiges, hie und da auch thoniges, Bindemittel zusammengehalten werden.

4. In dem Keuper,

der in sehr verschiedenen Schichten von Mergel, Gyps, Thon und Sandstein besteht.

5. In dem Liaskalk, auch schwarzen Jura

mit vielen Versteinerungen, bestehend

    a. in dem eigentlichen Liaskalk, einem Kalksteine, der sich von dem Muschelkalk durch seine schwarzblaue Farbe unterscheidet;

    b. in Kalkmergelschiefer;

    c. Liassandstein;

    d. Thoneisenstein.

6. In dem Jurakalk,

auch braunen oder weißen Jura, gleichfalls mit vielen Versteinerungen und in vielen Abtheilungen bestehend.

7. In dem Kreide= und Quader= (grüner) Sandstein,

mit vielen fossilen Resten von Säugethieren, Vögeln, Fischen, Pflanzen, bestehend aus kalkigen, sandigen und thonigen Lagern.

8. In vulkanischen Gebilden,

die hauptsächlich während der letzten Periode der Erdbildung aus dem Innern der Erde sich erhoben, die einzelnen Schichten durchdrungen, in Spalten bis zur Oberfläche der Erde aufgestiegen und dort zum Theil noch Berge gebildet haben.

Nach der Bildung der Flöz= oder Sekundär=Gebirge entstanden hauptsächlich aus einzelnen Trümmern derselben neuere Schichtenbildungen,

die Terziäre= oder Molasse=Bildung.

Sie ist durch Anschwemmungen unter dem Meerwasser oder unter dem Wasser großer Landseen entstanden und besteht hauptsächlich in Thon= und Kalkablagerungen und in einem festen Sandstein von sehr feinem Korn, der eigentlichen Molasse, mit häufigen Einlagerungen von Braunkohle und mit manchen Unterbrechungen von Mergel= und Gypsschichten. Auf die Molasse folgen häufig große Lager von Sand, feste Geröllschichten aus Trümmern von Ur= und Flözgebirgen (Nagelflur), und zum Theil mächtige lose Geröll= oder Kiesablagerungen.

An die dritte Periode der Erdbildung schließen sich

die Diluvial=Gebilde

an. Man nimmt an, daß sie entweder durch eine große Fluth angeschwemmt worden sind, oder den Niederschlag größerer Wasserbedeckungen von spätern

Perioden der Erdbildung ausmachen. Sie bestehen hauptsächlich in großen Lehmlagern und aus Lagern von Süßwasserkalk, Geröllen, Grus, Sand und in einzelnen Gegenden aus ungeheuren, über die Oberfläche derselben zerstreuten Felsblöcken vom Urgebirge. Sie kommen besonders in großen Flußthälern und in ehemaligen Binnenseen, wie in Oberschwaben, vor und zeichnen sich dadurch aus, daß sie keine regelmäßigen Schichten bilden und viele Fossilien von großen, zum Theil untergegangenen Säugethieren enthalten. Sie bilden häufig die Unterlage der gebauten oder Dammerde. Die letzte Bildung unserer Erdrinde besteht in den

Postdiluvial= oder Alluvial=Bildungen,

die sich erst nach dem Zurücktritt und dem Verlaufen der Diluvialgewässer bis auf unsere Tage gebildet haben. Sie finden sich hauptsächlich in den Flußthälern als Anschwemmungen von Geschieben, Sand, Lehm, als Kalktuffbildungen, als Torfmoore ꝛc.

§. 67.

Alle diese Gebirgsarten haben die Eigenschaft, daß, wenn sie mit der Luft und dem Wasser in Berührung kommen, sie sich nach und nach auflösen (verwittern), ihre Auflösung geht jedoch nicht gleich leicht vor sich. Je einfacher und dichter eine Steinart ist, je weniger sie metallische und kalische Bestandtheile hat, desto schwerer löst sie sich zu Erde auf, und aus je weniger Steinarten eine Felsart zusammengesetzt ist, je weniger klüftig sie ist, desto schwerer zerfällt sie zu Sand und Brocken, daher auch die Urgebirge in der Regel weit weniger löslich als die Flöz= und später gebildete Gebirge sind.

Die schnelle oder langsame Verwitterung der verschiedenen Felsmassen hängt von der Gattung und der Menge der Bindemittel ab. Stark eisenhaltige und kalkige Bindemittel geben gewöhnlich festere Gesteinarten, als thonige, indem der feste Thon überhaupt schneller verwittert als der Kalk. Bei einem reichlichen, thonigen Bindemittel bleiben besonders die Sandsteine weich und lösen sich bald auf, das gleiche ist bei den losen Sandsteinen der Fall, wo es an Bindemitteln fehlt.

Die Verwitterung der festen Erd= und Felsmassen erfolgt theils auf mechanische, theils auf chemische (auflösende) Weise. Auf mechanische Weise durch das Eindringen des Wassers in die feinsten Spalten der Gebirgsarten und durch den schnellen Wechsel zwischen Kälte und Wärme, wodurch, wenn das Wasser sich durch Kälte in Eis verwandelt und sich dadurch ausdehnt, die zusammenhängenden Theile zersprengt, aufgelöst und nach und nach in Erde verwandelt werden, oder wenn bei feuchtem Zustande der Uebergang in den trockenen Zustand durch Hitze allzusehr beschleunigt wird, wodurch eine beschleunigte Ausdünstung oder schnelle Entziehung der Wasserdünste stattfindet, was ein Zerspringen der festen Massen in kleinere Splitter, wie bei den festen

Thon- und Mergelarten, zur Folge hat. Auch das Eindringen der Wurzeln der Pflanzen in die feinsten Ritzen der Gebirgsarten und der dadurch bewirkte Zutritt des Wassers trägt sehr zur Trennung und Auflösung derselben bei. Das Wasser spielt dabei immer eine Hauptrolle. Ebenso tragen auch Wolkenbrüche und große Ueberschwemmungen zur Auflösung der verschiedenen Gebirgsarten bei, indem dadurch große Massen von den Gebirgen losgerissen, fortgerollt und durch das fortwährende Aneinanderreiben und Aneinanderstoßen abgerundet und bis zum feinsten Sande aufgelöst werden. Unser Flußsand und Kies hat dadurch seine Entstehung erhalten. Auch bei den chemischen Zersetzungen ist das Wasser hauptsächlich thätig, indem durch den Zutritt desselben und durch die häufig darin enthaltene Kohlensäure sich viele Bestandtheile des Mineralreiches (Eisen, Kali, Natron) auflösen oder nach §. 65 neue Stoffe, Säuren, Oxyde ꝛc. gebildet werden, welche auf die Zersetzung der Stein- und Erdarten einwirken und deren Verwitterung beschleunigen. Häufig wirken die mechanischen und chemischen Kräfte mit einander gemeinschaftlich auf die einzelnen Zersetzungen.

Durch solche Zertrümmerungen und Zersetzungen der festen Theile unserer Erdrinde, die beim Entstehen derselben, ohne Zweifel durch die größere Wärme des Erdkörpers, im großen Maßstab stattgefunden hat, sind alle unsere fruchtbaren Erdarten entstanden und man kann daher häufig von der darunter befindlichen Gebirgsart auf ihre Bestandtheile schließen, indem sie nicht selten durch deren Verwitterung gebildet wurden. Regelmäßig ist jedoch dieses nicht der Fall, indem durch die größeren Wasserflächen, welche in den Urzeiten unseres Erdkörpers denselben bedeckten, durch große Strömungen, sowie noch gegenwärtig durch Flüsse und Bäche, die Auflösungen der verschiedenen Gebirgsarten an ganz andere Stellen geführt und abgelagert wurden, als da, wo sie ursprünglich gelegen waren und noch mit ganz andern Substanzen gemischt wurden, als ihr ursprünglicher Gehalt betragen hat, wie die öfters mehrere hundert Fuß betragende Diluvial-Anschwemmungen so wie auch gegenwärtig noch die Anschwemmungen unserer größeren Flüsse besonders an ihren Ausmündungen zur Genüge nachweisen. Auch hat gerade dieses Vermengen verschiedener Erdbestandtheile hauptsächlich zur Fruchtbarkeit des Bodens beigetragen. Doch dürfen wir uns unsere Flußbeete in urweltlichen Zeiten nicht so vorstellen, wie sie gegenwärtig beschaffen sind, sondern häufig als große einzelne Wasserbecken, von welchen aus sich erst nach und nach das Wasser durch die ihm entgegenstehenden Gebirgsmassen einen Weg bahnen mußte. In solchen Becken kommen dann allerdings auch Boden-Ablagerungen vor, welche den dort befindlichen Gebirgsarten entsprechen, wie denn in unserem mittlern und untern Neckarthale, wo der Muschelkalk vorherrscht, häufig große kalkhaltige Lehmablagerungen sich befinden, welche hauptsächlich durch den aufgelösten Muschelkalk und seinen Mergel entstanden sein mögen, während in den angrenzenden Thälern der Keuperformation mehr strengerer Thonboden vorkommt, der dem mehr Thon enthaltenden Keuper und Keuper-Mergel entspricht. Wir werden deßwegen den Grundsatz aufstellen dürfen, daß zwar alle Bodenarten aus dem allmäligen Verfall und der Verwitterung der von der Urzeit herkommenden Gebirgsarten entstanden seien, daß aber nur solcher Boden, der auf der Felsmasse, welcher er seine Entstehung verdankt, liegen geblieben ist, derselben mehr oder weniger in seinen Bestandtheilen gleich kommen wird, daß dagegen, wo der Boden aus angeschwemmtem Material besteht, derselbe in der Regel keine Verwandtschaft weder in seinen mineralogischen Bestandtheilen noch in seiner chemischen Zusammensetzung mit den unter demselben befindlichen Felsmassen hat, wie z. B. die kalkhaltigen Lehmanschwemmungen in der Keuperformation von Heilbronn und Weinsberg.

§. 68.

Durch die auf so verschiedene Weise vorgegangene Zerkleinerung, Verwitterung und Auflösung der Gebirgsarten sind die verschiedenartigsten Bodenarten entstanden, die der rationell gebildete Weinbauer genau kennen muß, wenn er mit nachhaltigem Erfolge Weinbau treiben will. Diese Verschiedenheit ist noch dadurch bedeutend vermehrt worden, daß die einzelnen Gebirgsabtheilungen nicht aus einerlei, sondern wie bereits bemerkt worden, aus sehr verschiedenen, oft sehr mächtigen, manchmal aber auch sehr dünnen Schichten von wenigen Fuß bestehen, die einen sehr verschiedenen, bald mehr thonigen, bald mehr kalkigen oder sandigen Gehalt haben und die daher bei Boden, der nicht durch Anschwemmung, sondern durch Verwitterung der unter ihm liegenden Gebirgsschichte entstanden ist, besonders an Bergen, große Mannigfaltigkeit in dem Gehalt desselben veranlaßt haben.

Die Hauptbestandtheile eines großen Theils der Bodenarten bestehen jedoch in Thon, Kalk, Sand (oder wenn man auf die Urstoffe zurückgeht, §. 62 in Kieselerde, Kalk und Thonerde), wornach dieselben im Allgemeinen nach ihren festen Bestandtheilen, welche nicht verflüchten, je nachdem der eine oder andere Bestandtheil in größerer Menge vorhanden ist, eingetheilt werden in:

Thonboden,
Kalk- und Mergelboden,
Sandboden.

Außerdem enthalten manche Bodenarten auch noch Bittererde, Eisenoxyd und Humus. Die beiden ersten Gattungen kommen jedoch selten in großer Menge vor und wäre dieses der Fall, so würden dieselben nur die Unfruchtbarkeit des Bodens vermehren. Eisenoxyd gibt dem Boden in der Regel die braune Farbe, daher dasselbe in allen dergleichen Bodenarten zu finden ist.

Thon und Sand sind die unentbehrlichen Bestandtheile aller fruchtbaren Bodentheile, während der Kalk bei gewissen Mischungen fehlen, für die Rebe aber nicht wohl entbehrt werden kann. Der Sand trägt insbesondere dazu bei, die festen Thontheile zu trennen, den Boden dadurch lose und für Luft, Wärme und Feuchtigkeit zugänglich zu machen.

1. Thonboden.

Zu diesem werden diejenigen Bodenarten gerechnet, die mehr als 50—60 Procent Thon, aber nicht mehr als 10 Procent Kalk besitzen, und bei welchen dann der Sand hauptsächlich den Rest ausmacht. Der Thon besteht übrigens nicht mehr aus reinem Thon, sondern aus einer Verbindung von Thon und Kieselerde mit mehr oder weniger Eisenoxyd (§. 64). Hinsichtlich des Kalkgehalts wird der Thonboden eingetheilt in

kalkhaltigen und in kalklosen.

Hat der Thonboden weniger Thonerde und mehr Sand, so geht er über in einen sandigen Thon= oder

2. in den sogenannten Lehm= (Löss=) Boden.

Dieser besteht in

30—50 Procent Thon, 10 Procent Kalk und 45—65 Procent Sand.

Hat der Boden nur 20—30 Procent Thon und dagegen mehr Sand, so heißt er sandiger Lehmboden. Beide Gattungen werden wieder in kalkhaltigen und kalklosen Lehmboden abgetheilt.

3. Kalkboden.

Zu dem Kalkboden wird derjenige Boden gerechnet, der über 60 Procent Kalk und dagegen nur 30—50 Procent Thon und den Rest in Sand besitzt. Der Kalk hat sich bereits mit der Kohlensäure der Luft geschwängert und besteht daher in kohlensaurem Kalke.

Je nach dem Thon= und Sandgehalt wird der Kalkboden eingetheilt

in thonigen Kalkboden mit etwa 30 Procent Thon und 10 Procent Sand,
in lehmigen Kalkboden mit etwa 20 „ „ 20 „ „
in sandigen Kalkboden mit etwa 10—15 „ „ 25—30 „ „

Hat der Boden zwar über 10, aber nicht mehr als 20 Procent Kalk, so nennt man ihn mergelhaltig, hat er aber zwischen 20 und 60 Procent Kalk, so wird er

4. zu dem Mergelboden

gerechnet, der wieder abgetheilt wird in thonigen, lehmigen und sandigen Mergelboden, je nachdem der Thon= oder Sandgehalt vorherrschend ist. Der Mergel kommt in verschiedener Formation vor, namentlich aber in der Muschelkalkformation als Kalkmergel, in der Keuperformation als Thon= oder Sandmergel, in der Liasformation als Kalkmergelschiefer 2c. Außer dem Kalk und Thon enthält der Mergel auch noch andere Bestandtheile, wie Kali, Natron, Gyps, welche der Rebe sehr zuträglich sind.

5. Der Sandboden.

Der Sand besteht in einer Verbindung der Kiesel- und Kalkerde mit Eisenoxyd, wobei, je nachdem seine Zerkleinerung von Sand- oder Kalkfelsen stattfand, die eine oder andere Erdart vorherrscht.

Er hat unter sich keine Bindekraft, daher er zu seiner Fruchtbarkeit eine Beimischung von Thon unumgänglich nöthig hat. Ohne ein Bindemittel besteht der Sand in Flugsand, der keinen Werth hat.

Zu einem fruchtbaren Sandboden gehören mindestens 10 Procent Thon und höchstens 90 Procent Sand; hat er mehr Thon, bis 20 Procent, so kann man denselben als lehmigen Sandboden bezeichnen. Kalkgehalt ist nicht gerade nöthig, daher man beide Bodengattungen abtheilen kann in kalkhaltigen und kalklosen, sowie, wenn ihm nur einige Procent Kalk beigemischt sind, in mergeligen Sandboden. Im Allgemeinen sind jedoch kalkhaltige Böden fruchtbarer als kalklose, weil der Boden durch den Kalk lockerer wird, derselbe die Feuchtigkeit mehr anzieht, und auf den Humus und die Pflanzenüberreste günstig einwirkt, indem er den an den Thon gebundenen Humus auflöslicher macht und dadurch die Thätigkeit des Bodens erhöht. Auch wird die durch das Wasser aufgelöste Kohlensäure des Kalkes von den Pflanzen gierig eingesogen, was sehr zu ihrem guten Gedeihen beiträgt.

§. 69.

Die einzelnen Bodenarten sind jedoch theils mechanisch, theils chemisch auf so verschiedene Art verbunden, daß sie in unzählige Abstufungen zerfallen, wovon hauptsächlich die Dichtigkeit, die wärmehaltende und die wasserhaltende Kraft des Bodens abhängt, wir haben daher in dieser Beziehung noch zu betrachten:

1. die Dichtigkeit.

Unter derselben versteht man die Gebundenheit und Festigkeit des Bodens; diese Eigenschaft kommt hauptsächlich dem Thone zu, je weniger daher der Thonboden mit Sand und Kalk gemengt ist, desto gebundener ist derselbe. Der Boden wird in dieser Beziehung eingetheilt:

a. In zähem (Lett-) Boden, der auch bei der Bearbeitung zusammenhängend bleibt, große Schollen bildet, nur schwer getrennt werden kann und auf der Schnittseite glatt und glänzend erscheint, beim Austrocknen sich verhärtet und daher dem Eindringen der Wurzeln großen Widerstand entgegensetzt. Er enthält 80—90 Procent Thon und sehr feinen Sand, der eine undurchlassende Eigenschaft besitzt.

b. In strengen Boden, der gleichfalls noch viel Gebundenheit zeigt, nicht leicht in Pulver, sondern nur in Schollen zerfällt, bei starkem Regenwetter sich sehr geschlossen zeigt und bei langanhaltender Hitze und Trockenheit durch weite Sprünge zerklüftet. Es ist dieß der fruchtbare Thonboden mit 60—80 Procent Thon. Die Zähigkeit und Strenge des Bodens wird jedoch gemildert, wenn demselben, wie dieses häufig im Neckar= und Enzthale der Fall ist, kleinere Steine und Kiesel beigemengt sind.

c. In lockern, mürben Boden, der sich leicht bearbeiten läßt und bei der Bearbeitung leicht zu Pulver zerfällt, wohin der Lehmboden mit 20—50 Proc. Thon und der thonige und lehmige Kalkboden gehört.

d. In losen, leichten Boden, der wenig Bindekraft hat und gerne zu einem mehr oder minder groben Pulver zerfällt, wohin der Sandboden, sowie der sandige Kalkboden und der Kreideboden gehört. Der Kalk zerfällt an der Luft, dorrt bei trockener Witterung ganz aus und wird Staub, daher auch die stark kalkhaltigen Böden wenig Gebundenheit zeigen und die Beimischung von Kalk den Zusammenhang des Thons sehr mindert und denselben milder macht.

Wenn man reinen, von Sand gesäuberten Thon hinsichtlich seiner Dichtigkeit zu 100,0 annimmt, so beträgt nach einer früher von Professor Schübler in Tübingen vorgenommenen Untersuchung (Chaptal II. Bd. S. 335. Correspondenzblatt 1823. IV. Bd. S. 51) diejenige

des zähen Thonbodens	83—98	
des strengen Thonbodens	68—70	
des Mergelbodens	50—53	
des Lehmbodens	33—35	Procent Thon.
des leichten lehmigen Kalkbodens	14	
der Kalkerde	5,0	
der Gypserde	7,3	
des Quarz= und Kalksandes	0	

§. 70.

2. Die wasserhaltende Kraft des Bodens.

Das Wasser übt auf die Fruchtbarmachung des Bodens und auf die Vegetation der Pflanzen einen sehr großen Einfluß aus (§. 42); diese gute Eigenschaft trifft jedoch nur dann zu, wenn das Wasser in einer dem Boden und der Pflanze entsprechenden Menge vorhanden ist, so wie dasselbe aber in allzugroßer Menge sich ansammelt, so wirkt es auch sehr nachtheilig auf die Befruchtung des Bodens und die Vegetation der Pflanzen, daher es bei der Beurtheilung des Bodens sehr auf seine wasserhaltende Kraft ankommt. Es ist dabei besonders zu berücksichtigen, ob der Boden nach seiner Beschaffenheit viel Wasser in sich aufnehmen kann und ob er dasselbe lange behält oder bald wieder fahren läßt.

Hiebei kommt es hauptsächlich auf den Thon-, Kalk- und Sandgehalt der einzelnen Bodenarten an, im Allgemeinen ist jedoch zu bemerken, daß die wasserhaltende Kraft des Thon-, Kalk- und Sandbodens in einem gewissen Verhältniß zu der Größe ihrer Theilchen besteht und daher zunimmt, je feiner die einzelnen Theile derselben zerfallen und sich aufgelöst haben, so daß zwischen der wasserhaltenden Kraft ein und derselben Bodenart öfters eine bedeutende Verschiedenheit herrscht.

Der Thon, so wie die Bitter- oder Talkerde haben die meiste wasserhaltende Kraft, indem sie nicht nur häufig am meisten Wasser in sich aufnehmen können, sondern dasselbe auch am längsten behalten (§. 64), zähe und strenge Thonböden, welche wenig Kalk und Sand und sehr viel Thon besitzen, werden deßwegen immer auch die meiste wasserhaltende Kraft besitzen. Ist dasselbe im Uebermaß vorhanden, so gehören sie zu den wasserhaltigen und weil das Wasser nicht erwärmt, sondern erkältet, auch zu den kalten Böden, die namentlich der Rebe am wenigsten zusagen.

Die Kalkerde schluckt das Wasser zwar gierig an und nimmt mehr Wasser zwischen sich auf als der Thon (§. 64), hält es aber nicht so fest wie die Thonerde und trocknet daher schneller aus, doch ist ihre wasserhaltende Kraft sehr verschieden, indem sie im feinsten pulverförmigen Zustande 85 Theile Wasser in sich aufnehmen kann, während in Form von Sand die wasserhaltende Kraft sich bis auf 29 vermindert. Der Sandboden kann am wenigsten Wasser zwischen sich aufnehmen und läßt dasselbe am schnellsten wieder fahren, weil seine einzelnen Sandtheile in gröberen Theilen bestehen, daher sich auch die wasserhaltende Kraft vermindert, je gröber der Sand ist; dagegen vermehrt sich dieselbe bedeutend, je feiner der Sand ist, und wenn derselbe schlammartig wird, kann er sogar wasserhaltig und undurchlassend werden, wie die sogenannten kühlen oder kalten Schlaisböden zur Genüge nachweisen.

Nach Schübler halten 100 Theile an Wasser zurück nach dem Gewicht:

zäher Thonboden	61
strenger Thonboden	70
Mergelboden	63
Kalkhaltiger Thonboden	40
Kalkhaltiger Lehmboden	46
Lehmiger Kalkboden	92
Lehmiger Sandboden	38
Quarzsand	25
Kalksand	29
Reiner Thon	70

Kalkerde 85
Humus- oder Dammerde 190
Bitter- oder Talkerde 256
Gypserde 38

Ueber die wasserhaltende Kraft der verschiedenen Mergelarten siehe Anmerkung zu §. 78.

§. 71.
3. Die wärmehaltende Kraft des Bodens.

Welche große Kraft die Wärme auf die Vegetation der Pflanzen ausübt, haben wir bereits angeführt (§. 42); nicht jeder Boden hat aber die Eigenschaft, den gleichen Grad von Wärme in sich aufzunehmen und dieselbe längere Zeit zu behalten, sondern dieselbe ist sehr verschieden und hängt zunächst von den wärmeleitenden Eigenschaften des Bodens ab, die theils in der Farbe desselben, theils in dessen Bestandtheilen zu suchen sind.

Die Farbe hat keinen unwesentlichen Einfluß auf die Entwicklung der Wärme, indem eine dunkle Farbe weit mehr Wärme aufnimmt als eine weiße, daher auch die Wärmeentwicklung des Bodens theilweise durch dessen Farbe bedingt wird. Die dunklen Bodenarten, vom Braunen bis zum Schwarzen, nehmen die Wärme weit schneller auf, als die weißen kalk- und kreideartigen Böden. Nach den angestellten Beobachtungen erwärmte sich eine schwarze Dammerde, der Sonne ausgesetzt, in einer Stunde, nach dem Thermometer, von 18 auf 31 Grade, während in der gleichen Zeit die Wärme eines kreidehaltigen Bodens sich nur um 2 Grade erhöhte. Außer der Farbe kommt bei der Beurtheilung der wärmehaltenden Kraft eines Bodens auch die Festigkeit desselben in Berücksichtigung. Je fester ein Boden ist, desto langsamer nimmt er die Wärme in sich auf, er behält sie aber desto länger, wenn er nicht wasserhaltend ist. Je loser ein Boden ist, desto schneller erwärmt er sich, läßt aber auch die Wärme schnell wieder fahren, weil die kältere Luft leicht Zutritt hat. Wenn man daher die schnelle Erwärmung des Bodens zur Grundlage nimmt, so gehören die Sandböden zu den wärmsten, wenn man das längere Behalten der Wärme berücksichtigt, so gehören die Thonböden, namentlich mit viel Kieselerdegehalt (§. 64), sowie der Kalkboden und die durch Verwitterung ehmaliger vulkanischer Gebilde (Basalt, Porphyr, Lava) entstandenen Bodenarten zu den nachhaltigsten. Kalk verbreitet auch noch dadurch Wärme in den Boden, daß sich einzelne Theile desselben durch den Zutritt von Feuchtigkeit auflösen und Wärme erregen, so wie, daß er Dünger und andere nährende Bodentheile schnell auflöst, wodurch gleichfalls Wärme erzeugt wird.

Nach Schübler beträgt die wärmehaltende Kraft, wenn man die des Kalksandes = 100 annimmt:

des Quarzsandes	95,6	
des reinen Thons	66,7	
der Kalkerde	61,8	
der Dammerde (Humus)	49,0	Procent.
der Bitter- oder Talkerde	38,0	
der Gypserde	73,8	

Im Allgemeinen wird man annehmen dürfen, daß die aus den Ur- und vulkanischen Gebilden entstandenen Böden wegen ihres stärkeren Kieselerdegehalts die meiste, die von den Flöz- oder sogenannten sekundären Gebirgen und namentlich aus den neueren Gebilden herkommenden Bodenarten (Kies) eine mittlere, diejenigen von tertiären Bildungen aber die geringste Wärmekraft besitzen, wobei jedoch manche Ausnahmen vorkommen mögen.

In agronomischer und önologischer Beziehung werden die Bodenarten in jener Richtung eingetheilt:

a. In hitzige Böden, welche die Wärme gerne aufnehmen und lange behalten, wohin die Sandböden, die strengeren Thon- und Mergel-, sowie die Kalkböden und die vulkanischen Erden gehören.

b. In warme Böden, welche die Wärme zwar gerne aufnehmen, aber auch leichter wieder fahren lassen, wozu die mehr milden Böden, der thonhaltige Kalk- und Mergel-, sowie die sandigen Thon- und die kräftigen, mehr thonhaltigen Lehmböden gerechnet werden.

c. In kühle Böden, welche etwas wasserhaltig sind und die Wärme weniger gerne aufnehmen und schneller wieder fahren lassen, wie die losen und leichten Lehmböden mit wenig Thon und viel ganz feinem wasserhaltigem Sand.

d. In kalte Böden, welche wasserhaltig, zähe und wenig empfänglich für die Aufnahme der Wärme sind, wohin die zähen Thonböden gehören.

Wie sehr die Bodenwärme insbesondere auf die schnellere Vegetation der Rebe und Traube und auf eine bessere Qualität des Weins einwirkt, beweisen einige an verschiedenen Orten angestellte Untersuchungen der Bodenwärme, indem nach Babo (der Weinbau nach der Reihenfolge der Arbeiten S. 236) bei Messungen der Erdwärme im Sommer des Jahrs 1840 sich folgende Resultate zeigten:

Im Baden'schen Oberlande (Freiburg)
Mitteldurchschnitt der Bodenwärme . . . . 11,8 Grad R.
Höchste Wärme . . . . 15,0 " "
    Bei Weinheim an der Bergstraße
Durchschnitt in bester Lage . . . . 14,2 " "
Höchste Wärme . . . . 18,5 " "
Durchschnitt in geringer Lage . . . . 12,9 " "
Höchste Wärme . . . . 16,0 " "

Im Rheingau
Zu Aßmannshausen am 17. Juli . . . . 20,0 Grad R.
Zu Rüdesheim am 3. September . . . . 23,0 „ „
und in einem ähnlichen Verhältniß werden auch die Weinqualitäten an diesen Orten hinsichtlich der Stärke und des Bouquets zu einander stehen.

§. 72.

Durch die hier angeführten Bestandtheile und Eigenschaften des Bodens wird derselbe aber noch nicht für alle Pflanzen fruchtbar, sondern es gehören auch noch organische Stoffe, Humus, dazu, um denselben vollständig fruchtbringend zu machen.

Der Humus entsteht aus der Verwesung thierischer und vegetabilischer (Pflanzen=) Körper, die mit atmosphärischen Stoffen geschwängert, in Gährung übergehen und dadurch neue, für die Ernährung der Pflanzen taugliche Stoffe erzeugen (§. 43). Haben sich die gedachten Körper vollständig aufgelöst, so zerfallen sie in eine braune, pulverige Masse, welche mit Erden und Alkalien, wie z. B. dem Kalke, mancherlei Verbindungen eingeht und eine Säure bildet, die man Humussäure nennt und die hauptsächlich aus Kohlenstoff, Hydrogen, Azot und Oxygen besteht.

Humus ist nicht nur nach den Stoffen, aus welchen er erzeugt wird, einer Verschiedenheit, sondern auch nach dem Grade der Auflösung einer fortwährenden Veränderung unterworfen. Er wird eingetheilt in milden fruchtbaren Humus, der hauptsächlich aus den verschiedenen Düngerarten entsteht, und in sauren Humus, der entsteht, wenn der Boden fortwährend feucht oder naß ist, so daß Luft und Wärme nicht einwirken können, wodurch er sich mit dem Sauerstoff des Wassers verbindet und in diesem sauren Zustande nicht in die Organe der Pflanzen übergehen kann, mithin unfruchtbar ist oder nur saure Pflanzen (saures Futter) erzeugt.

Unter Humus oder Dammerde wird jedoch häufig auch die obere gebaute Erdschichte verstanden, die mit Humus geschwängert ist. Dieselbe besteht jedoch zum geringsten Theil aus Humus, indem ein sehr kräftiger, fetter Boden höchstens 5—10, ein mittlerer selten mehr als 3, ein geringerer magerer Boden aber nur 1—2 Procent Humus besitzt.

Die Auflösung oder Verwendung (Consumtion) des Humus zu der Ernährung der Pflanzen ist bei den einzelnen Bodengattungen sehr verschieden. Der Thonboden hat die Eigenschaft, den feineren Humus mit sich zu binden und in bedeutender Menge in seine Zwischenräume aufzunehmen, ohne ihn durch bloßes Wasser, durch Ausspielen oder andere mechanische Operationen wieder abzugeben, er muß jedoch wegen seiner Zähigkeit und weil dadurch die Wurzeln der Pflanzen sich nicht so frei nach allen Seiten ausdehnen können, mit vielem Humus durchdrungen sein, soll er sich fruchtbar zeigen. Wenn er aber einmal ganz durchdrungen ist, so erfolgt die Zersetzung langsam, weil sich der Thon beim allzustarken Eindringen der Luft widersetzt und dadurch den Humus gegen allzuschnelle Zersetzung schützt, wodurch sich auch die länger dauernde und gleichförmige Fruchtbarkeit desselben erklären läßt.

Der Kalkboden zersetzt in Folge seines starken Kohlensäuregehalts den Humus sehr schnell, er zeigt deßwegen eine gute, aber weniger nachhaltige Vegetationskraft als der Thonboden. Weniger ist dieses, je nach dem Verhältniß seines Thon- und Kalkgehalts, bei dem Mergelboden der Fall.

Der Sandboden zersetzt den Humus gleichfalls schnell, weil wegen seiner Lockerheit Luft, Wärme und Feuchtigkeit besser auf die Zersetzung einwirken können, wodurch die Abscheidung des Kohlenstoffs ꝛc. schneller vor sich geht.

Auf die langsamere oder schnellere Zersetzungsweise des Humus muß daher bei der Düngung des Bodens Rücksicht genommen werden.

Die allmählige Zersetzung des Humus erfolgt dadurch, daß sich der Sauerstoff der Luft mit dem Kohlenstoff des Humus zu Kohlensäure, zum Theil mit dem Wasserstoff zu Wasser verbindet, wobei zugleich ein Theil des Stickstoffs vom Humus in Verbindung mit Wasserstoff zu Ammonium und mit Sauerstoff zu Salpetersäure sich bildet. Diese verbinden sich zu Salzen, welche den Pflanzen als Reizmittel dienen und zugleich die Kraft besitzen, die im Boden befindlichen mineralischen Nährstoffe aufzuschließen und für die Pflanzen genießbar zu machen.

Sind die nährenden Theile des Humus von den Pflanzen aufgezehrt, so wird der Boden unfruchtbar, daher derselbe durch Dünger oder durch Aufbringung von fruchtbarer Erde wieder ersetzt werden muß (§. 167). Der Humus hat zugleich die Eigenschaft, daß er einen geringen Grad von Bündigkeit hat, daß er mehr als alle übrigen Bestandtheile des Bodens das Wasser aus der Atmosphäre und den Sauerstoff der Luft ansaugt, fast am meisten Wasser zwischen sich angezogen erhalten kann, dasselbe lange behält, und, der Sonne ausgesetzt, sich schnell erwärmt, wodurch sich zugleich seine befruchtende Wirkung erklären läßt. Zugleich mindert er auf mechanische Weise den zu starken Zusammenhang, namentlich des Thonbodens, macht den dürren Sandboden wasserhaltiger, den wasserhaltigen Boden durch dessen Trennung wärmer und verhütet durch die Ansaugung der in der Luft befindlichen Wasserdämpfe das Ausdorren der Pflanzen.

§. 73.

Auf das Gedeihen der Pflanzen hat übrigens nicht blos der obere gebaute Boden, sondern auch der unter demselben befindliche Untergrund einen wichtigen Einfluß, und insbesondere ist dieses der Fall bei den tief wurzelnden Pflanzen, wie bei der Rebe, bei der schon der Obergrund mindestens eine Tiefe von 2—3 Fuß haben muß.

Der Untergrund besteht entweder aus den gleichen Erdschichten wie der Obergrund, nur ohne Humus, er ist gleichartig, oder es sind andere Erdschichten, Gesteine, Felsen vorhanden, in welchem Falle er als ungleichartig bezeichnet wird. Ersteres kommt häufig da vor, wo sich der Obergrund aus der Verwitterung des Untergrundes gebildet hat, oder bei angeschwemmtem tiefgründigem Boden, wie in Thälern und Niederungen, wo der letztere öfters sehr tief ist, so daß die unter demselben liegenden ungleichartigen Schichten keinen Einfluß mehr auf die Vegetation der Rebe haben. Der ungleichartige Untergrund zeigt sich besonders da, wo nur seichte Anschwemmungen, wie an Bergen und Hügeln stattgefunden haben, oder wo Gesteine und Felsen den Untergrund bilden.

Hinsichtlich seiner Beschaffenheit ist der Untergrund entweder wasserdurchlassend oder er hält dasselbe zurück, er ist undurchlassend. Der durchlassende Untergrund besteht gewöhnlich in Schichten von gröberem Sand, Steingerölle, Kies, den milderen Thon- und Lehmarten, oder in zerklüfteten Felsen; der undurchlassende dagegen in zähem, festem Thon (Letten), oder in festen, zusammenhängenden Felsmassen und Geschieben, welche dem Wasser keinen Durchzug gestatten, insbesondere gehört hieher auch der ganz feine Sand, zumal, wenn ihm reichlich Glimmertheile beigemischt sind, der in Verbindung mit etwas Thon sich so verkittet, daß er den Boden ganz verschließt und undurchlassend macht (§. 70), so daß sich ob demselben sogar saurer Humus bildet, wie viele Torfmoore zur Genüge nachweisen. Da nun die Wurzeln der Reben nicht blos in dem Obergrund sich verbreiten, sondern auch in den Untergrund dringen, um dort Nahrung zu suchen, so ist ein angemessener, durchlassender Untergrund für das Gedeihen der Rebe und für einen längeren Bestand der Weinberge von großer Wichtigkeit. Der beste und für die Rebe am tauglichste Untergrund ist wohl derjenige, der dem Eindringen der Wurzeln der Rebe den geringsten Widerstand entgegensetzt und dabei einen gehörigen Feuchtigkeitsgrad besitzt, ohne naß zu sein, wie die meisten der angeführten durchlassenden Boden- und Felsschichten, während der zähe Thon oder Letten, sowie der undurchlassende Sand das Wasser entweder gar nicht oder nur langsam aufnehmen und dasselbe lange behalten, wodurch die Wurzeln der Rebstöcke auf einem solchen Untergrund häufig naß und im Wasser stehen, was zum Gelbwerden der Rebstöcke, zum Kränkeln derselben und baldigen Abgange des Weinberges häufig Veranlassung gibt. Ein felsiger, undurchlassender Untergrund hat weniger Nachtheile, weil das Wasser auf demselben schneller ablaufen kann; doch mag sich auch hier bei geringer Abdachung oder ebener Lage am Fuße oder auf dem Rücken der Berge das Wasser gegen den Obergrund anstauen.

Auch ist derselbe bei heftigem Regen und Wolkenbrüchen häufig starken Ab=
schwemmungen unterworfen, weil das Wasser nirgends versenken kann und dann
den gebauten Boden bis auf den festen Untergrund fortreißt. Haben Wein=
berge mit felsigem Untergrund einen seichten Obergrund, oder ist der Untergrund
von losem Sand und Steingerölle und allzu durchlassend, so trocknet der Bo=
den bei heißem Wetter bald aus, was auf die Vegetation gleichfalls nachthei=
lig wirkt. Unter dem steinigen und felsigen Untergrund ist der Kalkstein der
beste, weil er meistens zerklüftet ist und die Wurzeln der Reben sich gerne
zwischen die einzelnen Spalten hineinziehen und von dem Kalkgehalt des Ge=
steins Nahrung suchen. Weit weniger angemessen ist ein Untergrund von
Sandsteinen, weil diese häufig langsamer verwittern, bei und nach der Ver=
witterung der Rebe wenig Nahrung geben und auch die Feuchtigkeit weniger
anziehen, als der Kalkstein, vielmehr durch ihren Sandgehalt zum Austrocknen
des Bodens beitragen.

Ein nachtheiliger, undurchlassender Untergrund kann, im Falle die Schich=
ten nicht allzu stark sind, verbessert werden, wenn man dieselben durchbricht
und mit dem Obergrunde vermischt oder beseitigt, wie beim zähen Thon, festen
Sand und bei Mergel= und Steinschichten. Doch muß man dabei sehr mit
Vorsicht zu Werke gehen, weil, wenn auf dem bisherigen seichten und magern
Obergrunde inzwischen feine Weine erzeugt worden sind, wie in dem Tauber=
thale, die Qualität des Weins durch einen tieferen Untergrund, und dadurch
herbeigeführte stärkere Vegetation der Rebe leicht verschlechtert werden kann.

§. 74.

Wenn wir nun die hier im Allgemeinen entwickelten Grundsätze über Bo=
denbildung und Bodenbestandtheile speziell auf die Anpflanzung der Rebe an=
wenden, so kommen wir zu folgendem Resultat:

Die Rebe als Schlingpflanze gedeiht fast in jedem Boden, von dem
Sumpflande der Niederungen bis in dem beinahe losen Sande (§. 1.), wenn aber
die Frucht derselben zu einer vollständigen Reife gelangen und aus dem Saft
derselben ein angenehmes, geistreiches Getränke gewonnen werden soll, so
nimmt daran die Beschaffenheit des Bodens wesentlichen Antheil, daher der=
selbe besondere Beachtung verdient. Es kommen dabei hauptsächlich in Berück=
sichtigung:

a. seine physikalischen Eigenschaften, Dichtigkeit, Anziehungskraft für die
   Feuchtigkeit, wasserhaltende und wärmehaltende Kraft;
b. die Beschaffenheit der unorganischen Stoffe;
c. der Gehalt an organischen Stoffen.

Diese Eigenschaften und Bestandtheile des Bodens sind im Allgemeinen
bereits oben (§. 68—72) abgehandelt worden, um aber zu erfahren, welche

von diesen Bestandtheilen hauptsächlich zur Ernährung der Rebe beitragen, sind schon mancherlei Untersuchungen der Bodenarten einzelner Weinberge und der Bestandtheile des Rebholzes sowohl in als außerhalb Württembergs angestellt worden, die keine uninteressanten Resultate lieferten.

Wir berufen uns in dieser Beziehung hinsichtlich

1. des Weinbergbodens von dem Keupergebirge auf der Markung Stuttgart auf die Untersuchungen des Professors Schübler zu Tübingen,

> Correspondenzblatt des württembergischen landwirthschaflichen Vereins von 1823, II. Bd., S. 59;

2. der Weinbergerden auf der Markung Heilbronn, gleichfalls Keuperboden, auf die Untersuchung von Professor Dr. G. F. Walz in Heidelberg, (früher in Speier),

> die Wein- und Obstproduzenten Deutschlands, von Dornfeld, Stuttgart, Cotta'scher Verlag 1852, S. 132;

3. der Weinbergserden in der Rheinpfalz, namentlich auf den Markungen Deidesheim, Forst, Ruppertsberg und Speier auf die Untersuchung von Professor Dr. Walz,

> vergl. Beiträge zur Weinkultur, von Walz, Landau 1846, sowie die Wein- und Obstproduzenten S. 122;

4. des Weinbergbodens von Kaiserstuhl, Markung Ihringen und des dort befindlichen Minerals auf die Untersuchung von Professor Dr. v. Babo in Freiburg,

> die Wein- und Obstproduzenten S. 117;

5. des Weinbergbodens am Johannisberg im Rheingau auf die Untersuchung von Professor v. Liebig in München,

> Heklers Weinbaulehre, 1858 S. 6.

Die Erdarten dieser verschiedenen Weinberge bestehen bei dem aus dem Keuper entstandenen Boden, wie zu Stuttgart und Heilbronn hauptsächlich aus Thon (wirklichem und kieselsaurem), Eisenoxyd, kohlensaurem Kalk, Magnesia, Kali, Natron und etwas schwefelsaurem Kalk, während der Boden von den Weinbergen in der Pfalz, wahrscheinlich zum größern Theile aus der Verwitterung des Vogesensandsteins entstanden, vorzüglich Kieselerde, Thonerde, Eisenoxyd, kohlensauren Kalk, Kali und Natron enthält. Dagegen besteht der Boden eines vorzüglichen Weinberges im Vogelsang zu Würzburg in Franken auf der Muschelkalkformation in kohlensaurer Kalkerde 54, Thonerde 26, Kieselerde 10, Bittererde 6, Humus, Schwefel, Eisenoxyd 4 Theile.

§. 75.

Aus den Bodenbestandtheilen derjenigen Weinberge, auf welchen vorzügliche Weine erzeugt werden, läßt sich schon beurtheilen, welche Bestandtheile des

Bodens von Wichtigkeit sind für das Gedeihen der Rebe, diejenigen Bestandtheile aber, welche die Rebe wirklich aus dem Boden entnommen hat, lernt man erst aus der Untersuchung ihrer Asche kennen, indem alle unorganischen (Boden=) Bestandtheile der Rebe bei der Verbrennung des Holzes, der Blätter u. s. w. als Asche zurückbleiben. Wir lassen deßwegen eine Uebersicht über die von Professor Dr. Walz und andern Chemikern angestellten Untersuchungen der Aschen von den auf verschiedenen Bodengattungen gewachsenen Reben und deren Ergebniß folgen;

Unorganische Bestandtheile der Reben mit dem Laube	Von Heilbronn. Obere Wasserrunze.		
	Clevner.	Rießling.	Trollinger.
Aschenprocente	6,20	7,745	6,00
Kali	70,56	63,67	119,13
Natron	92,67	70,93	34,65
Kalk	206,26	235,31	301,43
Magnesia (Bittererde)	69,12	47,22	92,72
Manganoxydul	0,37	1,40	1,74
Phosphorsaures Eisenoxyd . . .	22,06	23,62	24,64
Phosphorsaure Thonerde . . .	11,75	9,17	10,07
Phosphorsaurer Kalk	111,82	96,46	92,48
Schwefelsaurer Kalk	21,30	23,10	20,62
Chlornatrum	12,72	16,95	16,99
Kieselerde	35,28	34,57	32,29
Kohle, kohlensaurer Sand ꝛc. . .	346,19	277,60	253,25
	1000,00	1000,00	1000,00

Unorganische Bestandtheile der Reben ohne Laub.	Aus Worms. Liebfrauenkirchhof.	Von Kaiserstuhl. Auf dem Dolorit.	Von Weißen. Zäher Porphyrboden.	Aus der Pfalz						
				von Deidesheim.				von Speier.		
				Traminer.	Rießling.	Ruländer.	Traminer.	Ruländer.	Ruländer.	Rießling.
Aschenprocente	2,835	3,41	2,849	2,87	3,03	2,93	2,81	3,08	2,89
Kali	17,547	38,75	37,482	29,63	22,58	21,41	29,23	22,48	21,87
Natron	26,702	3,75	1,336	13,96	9,84	19,33	13,62	18,53	10,91
Kalk	28,902	16,96	34,344	16,65	15,99	7,23	16,51	8,47	16,51
Magnesia (Bittererde)	9,173	10,31	1,055	0,46	6,32	0,15	0,69	0,37	7,31
Eisenoxyd	0,392	—	—	—	—	—	—	—	—
Phosphorsaures Eisenoxyd	9,130	1,75	1,504	1,43	2,56	1,25	1,51	1,33	1,63
Phosphorsaurer Kalk	—	21,41	15,694	10,57	21,65	20,30	10,16	19,71	20,91
Schwefelsaurer Kalk	3,439	3,87	6,186	1,81	1,85	1,73	1,03	1,63	2,75
Chlornatrium	3,048	0,73	1,614	0,53	0,03	0,15	0,89	0,21	0,12
Kieselerde	1,607	2,47	0,725	1,75	1,49	2,35	1,59	2,39	1,78
Sauerstoff der Basen (Kali, Natron, Kalk ꝛc.) sammt Kohle und Kohlensäure	21,608	17,041	16,750	14,85	16,52	15,53	14,83	15,80	16,17

Dadurch, daß Rebholz zu den Untersuchungen mit und ohne Laub verwendet wurde, zeigt sich einiger Unterschied besonders an starkem Aschen- und Kieselerdegehalt bei den Untersuchungen von Heilbronn.

Nach diesen Ergebnissen und der Ansicht der Chemiker scheinen die für das Gedeihen der Reben wichtigsten Bodenbestandtheile in einer gewissen Menge von Alkalien und alkalischen Erden zu bestehen. Es sind dieß nach v. Babo Kalk, Bittererde, Kali, Natron, die sich in der Asche an Kohlensäure gebunden finden, was beweist, daß sie in der Pflanze an eine organische Säure gebunden waren.

Die einzelnen Bestandtheile dieser unorganischen Stoffe sind jedoch nicht nur bei den verschiedenen Rebgattungen unter sich, sondern auch bei jeder einzelnen Rebgattung, je nachdem sie auf einem Boden gewachsen ist, sehr verschieden, daher darauf, bevor nicht noch weitere vergleichende Versuche mit einzelnen Rebgattungen angestellt sind, noch keine festen Regeln über die Anpflanzung der Reben nach den verschiedenen Bodengattungen gegründet werden können, doch wird ein Boden, dem jene hauptsächlich zum Gedeihen der Rebe erforderlichen Stoffe ganz fehlen, oder die in demselben nur in unverhältnißmäßig geringer Menge vorhanden sind, wenig zur Anpflanzung der Rebe geeignet sein. Auch scheinen nach obigen Analysen einzelne Gattungen bald diesen bald jenen Stoff zu einer geordneten Vegetation in größerer Menge zu bedürfen, wie z. B. der Traminer mehr Kali, der Rießling mehr reinen und phosphorsauren Kalk, der Ruländer und Clevner mehr Natron, der Trollinger viel Kali, Kalk und Bittererde, woraus sich denn auch erklären läßt, warum letzterer in den Muschelkalkgebirgen des Neckarthales eine so starke und lange andauernde Vegetationskraft zeigt.

§. 76.

Insofern nun nicht nur das Gedeihen der Rebe, sondern auch das Zeitigen der Traube und die Entwicklung der geistigen Kraft des Weins von der Wärme sowohl der Atmosphäre als des Bodens abhängt, so können wir doch für einen hauptsächlich der Anpflanzung der Rebe entsprechenden Boden folgende allgemeine Grundsätze aufstellen:

1. Die wärmehaltende Kraft desselben muß vorherrschend sein, daher diejenigen Böden, welche viel Kieselerde oder Quarzsand, der fast ganz aus Kieselerde besteht und weniger Thon- und Kalkerde enthalten, sondern die überhaupt mehr aus den Urgebirgsarten entstanden sind, als die vorzüglicheren erscheinen werden.

2. Seine Dichtigkeit darf nicht zu stark sein, damit er die Wärme leicht aufnehmen kann und dieselbe nicht zu lange behält, daher die reine Thonerde (§. 64) nicht vorherrschend sein darf, wogegen Boden von mehr gemischter

Art, der sich durch seine Mischung nicht so fest zusammenlegen kann, sowie Boden von verwittertem Granit oder überhaupt von plutonischen und vulkanischen Gebilden, welche jene Eigenschaft gleichfalls besitzen und daher der Einwirkung der atmosphärischen Luft leicht zugänglich sind, dem Weinstock äußerst zuträglich ist.

3. Der Boden muß einige Anziehungskraft für Wasser und Feuchtigkeit haben und daher etwas Kalk besitzen (§. 70), seine wasserhaltende Kraft darf jedoch nicht zu groß sein, weil sonst die Wärme nicht gehörig wirken kann und allzuviel Wasser und Feuchtigkeit dem Rebstock schadet. —

4. Der Kalkgehalt desselben darf jedoch nicht stark sein, weil sonst die nährenden Theile des Bodens zu schnell aufgelöst werden (§. 71), und dadurch ein angemessenes Verhältniß der Bodenbestandtheile unter sich gestört wird, auch scheint ein allzustarker Kalkgehalt auf das Bouquet der Weine nachtheilig einzuwirken.

5. Ein allzustarker Sandgehalt des Bodens (Sandboden) ist der Rebe und besonders dem Ertrag derselben gleichfalls nicht günstig, indem er wenig nährende Bestandtheile besitzt, also mager ist, daher vielen Dünger erfordert, wenig Wasser und Feuchtigkeit in sich aufnimmt und dasselbe, sowie auch die Wärme, schnell wieder fahren läßt.

6. Das im Boden enthaltene Eisen (§. 65) ist zwar ein guter Wärmeleiter und hat deßhalb auf denselben und namentlich auf kühlen und kalten Boden eine gute Wirkung, wenn es aber in zu großer Menge vorhanden ist, so wirkt es auf die Vegetation nicht günstig, weil es doch keine eigentlichen Nährstoffe hat und den warmen Boden zu sehr austrocknet.

7. Humus scheint nicht unumgänglich nothwendig zum Gedeihen der Reben erforderlich zu sein, indem die Erfahrung lehrt, daß besonders bei neuen Anlagen Reben in einem Boden kräftig herangewachsen sind, der keinen Humus enthalten hat, auch beweist dieses das dem Boden sehr zuträgliche Uebertragen mit Mergel und mit der vom Untergrund heraufgenommenen Erben, die keinen Humus enthalten, doch kann, wenn auch bezüglich der Quantität ein entsprechender Ertrag erzielt werden will, bei alten und überhaupt schon länger im Ertrag stehenden Weinbergen, bei welchen die nährende Kraft des Bodens schon etwas ausgesogen ist (§. 72) eine von Zeit zu Zeit zu wiederholende Düngung mit organischen Stoffen und dadurch die Erzeugung von Humus nicht entbehrt werden.

8. Ein durchlassender Untergrund ist für das gute Gedeihen der Rebe in ser Regel ein unumgängliches Erforderniß (§. 73), und nur da dürfte eine Ausnahme stattfinden, wo der Obergrund sehr tief ist und Reben auf demselben gepflanzt werden, die nicht tief wurzeln.

§. 77.

Wenn wir nach diesen allgemeinen Grundsätzen die Bodenarten nach ihrer Zuträglichkeit für den Weinstock zu classificiren suchen, so ist durch die Erfahrung und nach der Beschaffenheit des Rebstocks hinlänglich nachgewiesen, daß derselbe am besten gedeiht in einem warmen, trockenen, lockern, milden und kräftigen Boden mit durchlassendem Untergrund, wo die feinen Wurzeln der Reben überall durchdringen und Nahrung finden können; wir werden daher in die erste Linie zu setzen haben die warmen vulkanischen Bodenarten, dann in der zweiten Linie die warmen und kräftigen Mergel- und die kalkhaltigen, nicht zu strengen, sondern etwas sandhaltigen Thonböden, sowie den aus Thonschiefer entstandenen Boden, indem der Schiefer durch sein blätterartiges Gefüge und das weniger gepreßte Aufliegen der einzelnen Schieferstückchen auf einander und auf dem obern Boden nicht nur den Zutritt der warmen Luft sehr erleichtert, der Aufnahme der Wärme eine größere compactere Fläche darbietet und dadurch sehr wärmehaltend erscheint, sondern ebendadurch auch die schnelle Austrocknung des Bodens verhindert, weil die durch die äußere trockene Luft im Boden befindliche Feuchtigkeit, die in Dampfform entschwindet, demselben nicht entzogen wird, sondern an dem untern Theile der kleinen Schieferblättchen als kleine Wassertropfen wieder hängen bleibt; auch gibt der Schiefer durch seine allmählige Verwitterung der Rebe immer wieder neue Nahrung und es haben deßwegen die vorzüglichen Weinberge im Rheingau, Johannisberg, Rüdesheim, Aßmannshausen rc. neben ihrer guten Lage und dem warmen, kieselerdehaltigen Boden, besonders auch dem dortigen, zur Grundlage der Weinberge dienenden Thonschiefer das ausgezeichnete Erzeugniß zu verdanken.

Solche warme zum Theil hitzige Böden üben auf die Auszeitigung der Trauben und den geistigen Gehalt der Weine dadurch einen sehr vortheilhaften Einfluß aus, daß sie gerne viel Wärme aufnehmen, dieselbe lange behalten und insbesondere während der kühlen Nächte nur nach und nach ausströmen lassen, wodurch die Trauben stets in einer warmen Temperatur sich befinden, was deren vollständige Auszeitigung außerordentlich befördert. Es werden deßhalb in solchen Bodenarten mit guten Lagen, die in der Regel auch die zur Ernährung der Rebe vorzüglich dienenden Alkalien (§. 75) in einem angemessenen Verhältniß enthalten, die geist- und bouquetreichsten Weine erzeugt und auch in minder günstigen Lagen werden auf denselben stets bessere Weine gewonnen, als auf kühlen und kalten Böden. Insbesondere sind es die warmen und strengen Mergelböden, wie im Weinsbergerthale, die dem Weine ein vorzügliches Gewürz geben.

Der Kalkboden, der in dritter Linie erscheint, verzehrt durch seinen starken Kalkgehalt (§. 72) die nährenden Theile schnell, ist bei starker Düngung immer etwas magerer und erzeugt zwar, vermöge seines guten Wärmegehalts, feine, aber mehr gewürzhafte als bouquetreiche Weine, auch sind solche Weine in den ersten Jahren zwar feurig, mild und angenehm zum Trinken, haben aber weniger Lagerhaftigkeit als die in starkem Thon= und Mergelboden er= zeugten Weine. Der quantitative Ertrag ist in der Regel aus dem angeführ= ten Grunde nicht sehr groß.

Der Gyps, eine mit Schwefelsäure verbundene Kalkerde (§. 64), kommt besonders in dem Mergel häufig vor, er unterscheidet sich jedoch von dem letztern dadurch, daß er nicht so leicht wie dieser zerfällt und vom Kalke, daß er nicht mit Säuren aufbraust. Der Boden mit Gypsgehalt erwärmt sich stark, behält die empfangene Wärme lange, er nimmt wenig Wasser auf und behält es nicht lange, auch hat er eine geringe Bindekraft und gleicht daher viel dem Kalk= sowie dem Sandboden. Eigentlicher Gypsboden kommt jedoch selten vor, er taugt jedoch sehr zur Verbesserung des strengen thonhaltigen Bodens, indem er dessen Dichtigkeit mildert.

Der Lehmboden gehört, je mehr er mit feinem, schlammartigem, wasser= haltendem Sande gemischt ist (§. 68. 70. 71) zu den kühlen, je mehr er sich aber dem Thonboden nähert, mehr zu den warmen Böden. In demselben wird gewöhnlich zwar viel, aber meistens leichter, jedoch auch zarter Wein er= zeugt, der bald trinkbar wird, aber wenig Haltbarkeit besitzt.

Der Sandboden gehört zwar zu den warmen Bodenarten (§. 71), weil er aber bei seinem geringen Thongehalt (§. 68) wenig Bindekraft und wasser= haltende Kraft hat, so trocknet er allzu schnell aus, hat wenig nährende Theile für die Rebe und ist daher zu deren Anpflanzung nicht sehr geeignet, auch wird in demselben wenig Weinbau getrieben, da er meistens nur in weiten Thälern oder auf Hochebenen vorkommt. Hat jedoch der Sandboden hinrei= chenden Obergrund und einen feuchten etwas undurchlassenden Untergrund, von dem die Rebe Feuchtigkeit anziehen kann, so erscheint er für den Weinbau schon weit geeigneter, als bei sandigem, stark durchlassendem Untergrund. Solche Bodenarten geben jedoch nur leichte, aber zarte, übrigens wenig haltbare Weine.

Am wenigsten geeignet für den Weinbau ist der kalte, zähe und wasser= haltige Boden (§. 70. 71), indem, wenn er auch noch einen ähnlichen, un= durchlassenden Untergrund hat, was nicht selten der Fall ist, die Rebstöcke auf demselben wenig gedeihen und bald kränkeln und absterben. Auf demsel= ben werden in der Regel nur geringe und gehaltlose Weine erzeugt und nur in ganz heißen und trockenen Jahren können hievon Ausnahmen vorkommen.

Hinsichtlich des Humusgehalts (§. 12) des Bodens ist anzuführen, daß fette, kräftige Böden einen reichlichen, magere Böden aber gewöhnlich einen geringen Ertrag geben, dagegen erzeugen erstere häufig auch einen fetten, molzigen Wein, der wenig Geist und Gewürz hat und manchen Krankheiten, wie dem

Schwerwerden unterworfen ist. Allzufetter Boden treibt häufig mehr in's Holz als in Trauben und letztere sind gewöhnlich von minder guter Qualität.

Sind einzelne Bodenarten mit kleinen Steinen, Kieseln oder grobem Sande gemengt, so wird dadurch ihre Zuträglichkeit für den Weinstock öfters wesentlich verändert, indem ein allzufester Boden dadurch lockerer gemacht wird, so daß die Luft mehr eindringen kann, ein allzu leichter, loser und sandiger oder kalkhaltiger Boden aber dadurch mehr Festigkeit bekommt. Auch erhalten die Steine die Wärme länger und ziehen die Feuchtigkeit der Luft mehr an, so daß der Boden dadurch stärker erwärmt und länger feucht erhalten wird. Ein Gerölle von Kalksteinen ist zuträglicher als von Sandsteinen, indem erstere die Feuchtigkeit mehr anziehen und durch ihre Verwitterung der Rebe mehr Nahrung als die Sandsteine geben.

§. 78.

Es ist bereits angeführt worden (§. 68), daß die Gebirge und namentlich auch die Weingebirge aus sehr verschiedenen, häufig wechselnden Stein- und Erdschichten bestehen, und daß darnach auch der daraus entstandene Boden verschiedene Eigenschaften besitzen kann. Im Allgemeinen wird man annehmen können, daß der unten am Fuße der Gebirge befindliche Boden am kräftigsten und fettesten sein wird, weil er nicht nur manche angeschwemmte kräftige Bodentheile enthält, sondern weil ihm auch durch Abschwemmungen von den obern Theilen des Gebirges stets neue Nährtheile zugeführt werden. Der mittlere Theil des Gebirges wird den nachhaltigsten und schon vermöge der Lage den wärmsten Boden, der obere Theil dagegen mehr magern, sandigen oder kühlen, zähen Thon oder Lehm enthalten.

Ein großer Theil unseres Weinbergbodens ist durch Verwitterung der unter demselben befindlichen Mergelschichten entstanden, unter dem Mergel besteht aber noch (§. 68) eine große Verschiedenheit, daher auch die von demselben herkommenden Bodenarten sehr von einander abweichen. Enthält der Mergel zuwenig Kalk und Sand und besteht somit hauptsächlich aus Thon, so bildet sich aus der Verwitterung desselben ein zäher, schwerer, meist kalter Thonboden. Enthält er zu wenig Kalk oder Gyps und neben dem Thon viel Sand (Sandmergel), so ist er mager und besitzt wenig Triebkraft, hat er zu viel Kalk und weniger Thon und Sand, so hat er zwar viele, aber nicht sehr nachhaltige Triebkraft. Ist in dem Mergel viel Eisen (Braunstein) enthalten, was jedoch selten vorkommt, so ist er der Vegetation des Weinstocks mehr schädlich als nützlich.

Außerdem bietet der Mergel (Hohenheimer Wochenblatt für Land- und Forstwirthschaft 1860. S. 269 und 278) noch die besonderen Vortheile dar,

a. daß er den Baugrund vor zu großer Austrocknung schützt (wie der Thonschiefer);

b. daß er die Sonnenstrahlen für die Rebe auf eine intensive Weise sammelt;

c. daß er bei längerem oder starkem Regenfall durch sein blättriges Gefüge das Festsetzen des Bodens verhindert und

d. durch den Zutritt von Regenwasser eine versteckte Wärme dadurch entwickelt, daß der Boden eine höhere Temperatur annimmt und daß dieses sich auch bei bereits benetztem und wieder getrocknetem Mergel wiederholt, so daß die Wärmeentwicklung nicht eine einmalige, sondern eine wiederholende ist.

Die Erscheinungen sub a—c treffen jedoch nur bei dem schuppigen oder zu kleinen Schieferblättchen zerfallendem Mergel zu, während bei Mergel, der bei dem Begießen mit Wasser in erdige Stücke zu einem Gries zerfällt, dieses nicht der Fall ist. Es wird deßwegen ein wesentlicher Unterschied zwischen dem blättrigen und mehr erdigen (schüttigen) Mergel gemacht und dabei insbesondere dem glimmerreichen Thon, sowie dem plattigen Sandmergel die Beibehaltung der schieferartigen Auflösung zugeschrieben.

Ohne Zweifel hängt dieselbe, sowie die Wärmeentwicklung sub d auch mit dem Kalkgehalte des Mergels zusammen, indem durch die Zugießung von Wasser, wie bei dem Kalkboden des Tauberthales, worüber von dem Verfasser Untersuchungen angestellt worden sind, kleine Theile des kohlensauren Kalkes sich auflösen und dadurch nicht nur Wärme verbreiten (§. 71), sondern auch, wenn Kalk in größerer Menge vorhanden ist, zur Auflösung des Mergels selbst beitragen.

Der Mergel, und insbesondere der schieferige, zeigt übrigens nicht nur eine schützende Kraft gegen die Hitze und gegen die Austrocknung und Verschleimung des Bodens in Folge von Kälte, sondern er ist auch ein Schutzmittel gegen die Kälte, indem nach den bestehenden Erfahrungen frisch beschüttete Weinberge viel unempfindlicher gegen Frühjahrsfröste sind, als die mit verschafftem Boden.

Wirken auch bei dem verborgenen Schaffen der Natur noch ganz andere Kräfte mit, um den Einfluß des Bodens auf die Rebe zu vermitteln, so ist doch in Vorstehendem nachgewiesen, daß sich der praktische Weinbauer aufgefordert fühlen darf, bei der Mischung des Bodens mit Umsicht und eigenem Nachdenken zu Werke zu gehen und dabei insbesondere auf die in vielen Gebirgen enthaltenen Mergellager Rücksicht zu nehmen. In wie vielen Weinorten liegen die trefflichsten Schichten in den Weinbergen selbst nur wenige Fuß unter der Erdfläche, und dem Weingärtner fällt es nicht ein, seinen Boden damit zu beschütten, mühsam trägt er vielmehr den vom Regen abgeschwemmten, ausgelaugten Floßboden, den ihm der gütige Regen zu seinem eigenen

Besten nehmen wollte, vom Thal wieder zu Berg, statt daß er darauf sinnt, seinem Boden frisches, unverwittertes Gebirge zuzuführen!

§. 79.

Wir haben bisher den für die Rebe zuträglichen Boden im Allgemeinen betrachtet, bei der großen Zahl der verschiedenen Rebgattungen gedeiht aber nicht jede Rebe gleich gut in jedem sonst guten Boden, sondern es finden hier je nach der Beschaffenheit des Rebstocks und der ihm zuträglichen Ernährungssäfte viele Abweichungen statt, die einer nähern Ausführung bedürfen.

Wenn es auch der Wissenschaft noch nicht gelungen ist, durch genaue Untersuchung der verschiedenen Rebgattungen und ihrer Aschen mit Zuverlässigkeit bestimmen zu können, welche Bodenart jede einzelne Rebgattung vorzugsweise verlangt, um anhaltend guten und sichern Ertrag zu gewähren (§. 75), so ist doch durch Erfahrung, namentlich bei denjenigen Rebgattungen, welche häufiger zum Anbau kommen, mit ziemlicher Sicherheit festgestellt, welcher Boden und welche Lage denselben am zuträglichsten ist, daher wir unter Berücksichtigung der Aufschlüsse, welche uns die Wissenschaft gibt, in jener Richtung folgende Grundsätze aufstellen können.

Die Rebe zieht ihre Nahrung, wie bereits ausgeführt worden ist (§. 61), theils durch die Blätter aus der Luft, theils durch die Wurzeln aus dem Boden. Die Letztern sind jedoch bei den einzelnen Rebgattungen von sehr verschiedener Ausbildung, indem sie bald ausgedehnte, bald nur schwache Wurzelkronen zeigen (§. 1). Reben mit schwacher Wurzelkronenbildung müssen daher ihre Nahrung aus dem Boden mehr in ihrer unmittelbaren Nähe suchen und haben daher bei gutem Gedeihen einen kräftigen milden Boden nöthig, den ihre zarten Wurzeln überall durchdringen und in demselben die erforderliche Nahrung aufsuchen läßt, während Reben mit starker Vegetationskraft und ausgedehnten Wurzelkronen ihre Wurzeln öfters in große Tiefe und in entferntere Bodentheile entsenden, um dort Nahrung zu suchen. Letztere gedeihen deßwegen fast in allen der Rebe zuträglichen Bodenarten, während für jene in der Regel eine sorgfältige Auswahl zu treffen ist.

Ferner werden Rebsorten, deren Holz frühe reift und die weniger empfindlich gegen Spätjahrs- und Winterfröste sind, in fettem und kühlem Boden weniger Unfällen unterliegen und mithin besser im Ertrag sein, als solche, deren Holz im Spätjahr länger fortwächst und daher spät reift.

Rebsorten, in ganz ungeeignetem Boden gepflanzt, arten gerne aus, werden empfindlich in der Blüthe, die Beeren fallen ab (röhren aus), oder die Trauben werden kleinbeerig und geben wenig Ertrag, es muß deßwegen bei der Anlage eines Weinberges auf die Beschaffenheit des Bodens besondere Rücksicht genommen werden. Bei der Lage ist zu berücksichtigen, daß wegen der kühlen Temperatur und den heftigen Winden auf Höhen und Bergrücken keine spätreifende und keine langstieligen oder langachseligen Sorten gepflanzt werden sollten, weil dort die Zeitigung überhaupt später erfolgt, und letztere durch die starken Winde zu sehr bewegt und herumgetrieben werden, wodurch die Stiele abgedreht und lahm werden und die Zeitigung der Traube aufhört.

In Beziehung auf die Qualität des Weins ist zu beachten, daß manche Rebsorten mit porösem Holz und starkem Mark, deren Trauben viel Schleimtheile und weniger Gerbestoff enthalten (§. 248), wie Sylvaner, in hitzigem, magerem Boden oder bei schwacher Düngung einen gesunderen und gehaltvolleren Wein geben, als in kühlem oder fettem Boden oder bei starker Düngung, während härtere und zugleich etwas spätreifende, meist starktriebige Sorten mit festem Holz und schwachem Mark, deren Trauben viel Gerbestoff besitzen, wie die Trollinger, in kräftigem fettem Boden oder bei starker Düngung schneller zur Reife gelangen und mithin einen besseren Wein geben, als in magerem Boden.

§. 80.

Nach diesen allgemeinen Grundsätzen lassen sich für die hauptsächlich als Weinbergstrauben zur Anpflanzung kommenden Gattungen, unter Bezugnahme auf die §§. 9—39 eingehaltene Ordnung, folgende Eintheilungen hinsichtlich der Bodenbeschaffenheit machen:

Weiße und rothe Trauben.

a. Reben, welche fast in jedem Weinbergsboden gut fortkommen.

1. Der Orleans (§. 9.) Doch ist es zweckmäßig, wenn derselbe mehr in einem tief gereutheten, hitzigen, steinigen Boden gepflanzt wird, indem er hier tief in die Klüften der Felsen eindringt, wogegen in einem kühlen Lehmboden dessen Früchte seltener zur vollkommenen Reife gelangen.

2. Der weiße Räuschling (§. 10.) Er ist jedoch, weil er gerne aufspringt und fault, für magere Böden geeigneter als für kräftigere und fette.

3. Der Elbling (§. 14) wird in allen Bodenarten gepflanzt und kommt auch in allen gut fort, wir treffen deßwegen denselben von dem kühlen zum Theil kalten Lehmboden bis zu dem hitzigen und strengen Thonboden, sowie im Kalkboden überall an; der warme kräftige Thonboden scheint ihm jedoch am besten zuzusagen, indem er hier den reichsten Ertrag abwirft, auch in dem triebigen, etwas zähen Thonschieferboden am Fuße der Alp zeigt er eine außerordentlich starke Vegetation mit reichem Ertrag. Weniger reichen Ertrag zeigt er in dem leichten hitzigen Kalk- und Sandboden, dagegen taugt er bei seiner starken Vegetationskraft auch in warme, magere, kiesige und steinige Böden, wo er häufig und mit Vortheil oben an den Bergen und gegen den Rücken

derselben angepflanzt wird. In dem starken, warmen Thonboden kommt er bei seiner Empfindlichkeit, jedoch besser durch die Blüthe, als im mageren leichten, sandhaltigen, lehmartigen Boden, am schlechtesten in kalten Böden.

Seine Neigung zum Faulen bei regnerischer, feuchter Witterung erhöht sich bedeutend im kühlen und kalten Boden, so daß hie und da, wie in der Bodenseegegend, fast der ganze Ertrag zu Grunde geht; auch ist die Qualität des Weins in solchen Böden weit geringer, als in warmen, trockenen Böden.

4. Der Rothurban (§. 15.)

Siehe Schwarzurban §. 82.

5. Der Sylvaner (§. 16) kommt, wie der Elbling, in allen Bodengattungen zur Anpflanzung. Auf kräftigem, reichem Thon- und Lehmboden am Fuße der Weinberge fault jedoch die Traube gerne bei etwas nasser und feuchter Witterung, und gibt einen fetten, molzigen, wenig gewürzhaften Wein, der gerne schwer und schleimig wird, besonders bei westlicher und nordwestlicher Lage der Weinberge, auch dauert in solchem triebigem Boden das Wachsthum der Rebe im Spätjahr zu lange fort, wodurch bei ungünstiger Witterung das starkmarkige Holz nicht zur gehörigen Zeitigung kommt und der Ertrag des nächsten Jahres zum Theil verloren geht. Dagegen eignet er sich sehr, und vor vielen andern Traubengattungen in magern Kies-, Sand- und Kalkboden, auch kommt er im steinigen Boden fort und gibt zwar in solchen Bodenarten einen etwas geringeren Ertrag, aber einen viel feineren, gesunderen und aromatischeren Wein, als in fettem Boden. Der Sylvaner gehört zwar zu den schwachtriebigen Rebsorten, er kommt aber aus dem Grunde in allen Bodenarten gut fort und gibt überall einen guten Ertrag, weil die Rebe nicht empfindlich ist und schon an den untersten Augen der Tragrebe schöne vollkommene Trauben (meistens zwei) treibt (§. 3) und daher auch bei kurzer Erziehung und kurzem Schnitt noch genügend Trauben trägt.

6. Der Tokayer (§. 17) gedeiht bei seiner starken Vegetationskraft in allen Bodenarten; auf kräftigem Thon- und Lehmboden trägt er zwar sehr reichlich, fault bei ungünstiger Witterung aber auch gerne und gibt gewöhnlich einen leichten, wässerigen Wein, wogegen er auf warmem, magerem Boden zwar etwas weniger Ertrag, aber einen besseren Wein liefert, der jedoch immer leicht bleiben wird.

7. Der Rothgypfler (§. 18) ist neuerlich erst auf der Markung Stuttgart und Umgegend zur Anpflanzung im Größern gekommen und soll nach den dort angestellten Beobachtungen in allen Bodenarten, namentlich in derjenigen der Keuperformation fortkommen und guten Ertrag gewähren, besonders aber im Lehmboden, starken und sandigen Thonboden.

8. Der weiße Burgunder (§. 19) und

9. der weiße Süßling (§. 18)

gehören, und besonders der erstere, zu den weniger empfindlichen Traubengattungen und können deßwegen auch in den meisten Bodenarten mit gutem Erfolg gepflanzt werden, doch wenn mehr auf reichlichen Ertrag gesehen wird, so gewähren sie in sogenannten kühlen oder kalten Böden, also in Lehmböden, in etwas zähem, wasserhaltigem Thon (Lettboden), wie man am Fuße der Gebirge häufig antrifft, einen größeren Ertrag, als in hitzigen Thon=, Kalk= und Sandböden, dagegen wird der Wein hier geistreicher, aromatischer und gesünder. Auch soll der Stock in solchen hitzigen Böden gerne ausarten (ungeschlacht werden), wie der Rauelbling, und dann in der Blüthe eine große Empfindlichkeit zeigen, was an der dunkleren Farbe der Blätter, den tieferen Einschnitten und den scharfkantigen Zähnen zu erkennen sei. Von dem Verfasser sind jedoch darüber noch keine näheren Erfahrungen gemacht worden, vielmehr sind die von ihm im warmen Thonboden gepflanzten weißen Burgunder freudig gediehen und haben einen guten Ertrag gegeben. Ob übrigens der weiße Burgunder auch im Kalkboden, wie er im Tauberthale vorkommt, gut gedeiht und einen entsprechenden Ertrag gewährt, wäre noch näher zu ermitteln.

10. Der Heunisch (§. 20) gleicht viel dem Elbling und kann, wie dieser, in allen Bodenarten mit gutem Erfolge gepflanzt werden.

11. Der Welschrießling (§. 20) scheint gleichfalls für alle Bodenarten zu taugen und zeigt besonders auch in magerem Sand= und Kiesboden eine lang andauernde Fruchtbarkeit. Wegen der spätern Reife werden jedoch, wenn die climatischen Verhältnisse nicht besonders günstig sind, warme vor kühlen und kalten Böden vorzuziehen sein.

12. Der rothe Trollinger.
Siehe den blauen Trollinger §. 82.

§. 81.

b. Reben, welche einen besonders geeigneten Boden verlangen.

1. Der Traminer (§. 11) verlangt bei seiner schwachen Triebkraft und großen Empfindlichkeit einen lockern, milden, warmen, kräftigen Boden, mithin einen warmen kräftigen Lehm= oder Sandboden mit viel Humus und Kaligehalt, auch darf derselbe ziemlich Kalk besitzen, der die Wärme und Feuchtigkeit schnell aufnimmt, letztere nicht zu lange behält und mithin der nicht stark wurzelnden Rebe die gehörige Nahrung gibt. Sie verlangt daher öftere Düngung. In schweren, strengen und kalten Böden altert die Rebe bald, artet aus und trägt wenig. Außerdem soll in Traminerweinbergen nie bei nasser Witterung und auch Morgens nicht, wenn starker Thau auf den Reben liegt, gearbeitet werden, weil vorzugsweise diese Rebe das Arbeiten im Weinberg,

so lange die Böden und die Stöcke noch naß und feucht sind, nicht ertragen kann.

2. Der Velteliner (§. 13) verlangt, als eine spätreifende Traube, neben einer guten Lage einen kräftigen, warmen und sogar hitzigen Thon-, Mergel- oder Kalkboden und dabei eine gute Düngung, wenn er einen guten Ertrag geben soll. In magern und steinigen Böden kommt er zwar gleichfalls fort, sein Ertrag ist aber geringer. In kühlem und kaltem Boden reift er selten vollständig.

3. Weißer Hängling oder grüner Häußler (§. 14).
Siehe Süßrother §. 83.

4. Weißer Clevner (§. 15) und
5. Ruländer (§. 15).
Siehe blauer Clevner §. 83.

6. Der Ortlieber (§. 17) kann bei seiner starken Neigung zur Fäulniß nur in warmen, magern, steinigen oder sandhaltigen Böden oder auf luftigen Höhen gepflanzt werden, wo er gegenüber von andern Traubengattungen einen reichen Ertrag verspricht. In Niederungen und in kühle, kalte und nasse Böden taugt er durchaus nicht.

7. Der rothe Reisler (§. 18) fordert wegen später Reife, neben einer guten Lage, einen warmen, kräftigen Boden, wenn er entsprechenden Ertrag gewähren soll.

8. Der weiße Fütterer (§. 16) hat viele Neigung zum Faulen und taugt deßwegen nicht in reiche, kräftige Thon- und Lehmböden, sondern kann, wie der Ortlieber, mit Vortheil nur in magerem Sand-, Kalk- und Thonboden und auf luftigen Höhen gepflanzt werden, ob er gleich die Frühlingsfröste leichter als andere Traubengattungen erträgt und daher auch in Niederungen taugt, jedoch nie in kühle, wasserhaltige und humusreiche Böden.

9. Der weiße und der rothe Rießling (§. 19) kommen zwar fast in allen Bodenarten fort, da jedoch die Rießlingstraube spät reift und der Rießlingwein sich hauptsächlich durch sein feines Bouquet auszeichnen soll, so muß bei der Wahl des Bodens darauf besondere Rücksicht genommen und deßhalb die Rießlingrebe nicht in kühlem und kaltem Boden gepflanzt werden, weil hier die Traube viel später reift und das Bouquet sich nur schwach oder gar nicht entwickelt. Der angemessenste Boden für die Rießlingrebe ist ein warmer, kräftiger, nicht allzu strenger Thon mit Sandgehalt, sowie namentlich Boden von verwittertem Granit oder von vulkanischen Bestandtheilen (Basalt zc.) mit gutem Humusgehalt; doch soll der Wein im Thonschieferboden noch bouquetreicher werden, als im Basalt (§. 77). Außerdem erfordert der Boden und

die Traube zur Entwicklung des Bouquets etwas Feuchtigkeit, die demselben entweder durch einen feuchten, jedoch nicht nassen Boden, oder durch starke Thauniederschläge in der Nähe von größeren fließenden Wassern oder von Seen zugeführt werden kann. Aus eben diesem Grunde zeigt auch der im hitzigen Kalk- und Sandboden gepflanzte Rießlingwein zwar einen starken geistigen Gehalt, aber, wenn nicht eine feuchte Unterlage vorhanden ist, weniger Bouquet. Im leichten sandhaltigen Boden wird der Rießling früher reif und angenehm trinkbar, zeigt aber wenig Haltbarkeit. Eine allzustarke Düngung, weil die Vegetation des Stocks dadurch zu stark angeregt und die Zeitigung der Traube verzögert wird, hat auf die Vorzüglichkeit des Produkts gleichfalls einen ungünstigen Einfluß.

10. Der rothe Hans oder kleine Velteliner (§. 20) verlangt einen etwas magern Boden, weil er bei allzukräftigem, rauhem oder etwas feuchtem Boden und bei allzustarker Düngung zu sehr ins Holz treibt, leicht ausartet, ungeschlacht und weniger tragbar wird. Ein etwas magerer Lehm- und sandhaltiger Thonboden oder auch kräftiger Sandboden, wie er in den obern Weinbergslagen, besonders der Keuperformation vorkommt, eignet sich daher für denselben am besten.

11. Der Gutedel (§. 22) fordert mehr feuchten lockern, als strengen und sehr trockenen Boden, indem in dem letztern seine Vegetationskraft bedeutend nachläßt, die Rebe nur kleine lockere Trauben treibt und wenig Ertrag gibt. Ein kräftiger Lehm-, feuchter Sand- oder ein lockerer Kalkboden, wie in dem Kocher- und Tauberthale, der Wärme und besonders Feuchtigkeit gerne aufnimmt und letztere nicht zu schnell fahren läßt, sind ihm daher sehr zuträglich, wobei aber der Lehmboden immer den Vorzug verdient. Sogar in kühlem, etwas kaltem, aber kräftigem Boden gedeiht er gut und soll dort in der Blüthe dauerhafter sein, als im trockenen, hitzigen Boden. Auch mageren Boden, wenn er einen gehörigen Feuchtigkeitsgrad hat, erträgt er, doch gibt er in fettem Boden einen reichlichern Ertrag. Er taugt daher mehr in Niederungen, besonders auch wegen seiner frühen Reife, und weil er keine Neigung zum Faulen hat; er unterliegt aber gerne dem Frost und treibt nicht mehr nach, worauf bei der Anpflanzung Rücksicht zu nehmen ist.

12. Der Muskateller (§. 22), der spät reift und nur bei vollständiger Reife seinen Muskatgeschmack gehörig entwickelt, kann nur in warmem, hitzigem, etwas mildem Thon-, Kalk-, oder auch in kräftigem Sandboden gepflanzt werden, besonders wenn derselbe nicht allzu trocken ist. In kühlem und kaltem Thon- und Lehmboden wird er selten ganz zur Zeitigung kommen und wenig Muskatgeschmack entwickeln.

§. 82.

Blaue und schwarze Trauben.

a. Reben, welche fast in jedem Weinbergsboden gut fortkommen.

1. Die blaue Eicheltraube (§. 23),
2. der blaue Augster (§. 24),
3. der blaue Marokkaner (§. 25),

gehören nach den angeführten Beschreibungen zu den geringeren Weinbergs- oder theilweise mehr zu den Tafeltrauben, kommen aber, vermöge ihrer starken Triebkraft in jedem Boden fort, doch wird ihnen wegen ihrer zum Theil späten Zeitigung ein warmer, thonreicher Boden zuträglicher, als ein kühler und kalter sein.

4. Der rothblaue Zottelwelsche, blaurother Hubler, Gol, Weißlauber (§. 27),
5. Der schwarzblaue Zottelwelsche, Wullewelsch (§. 28),

nehmen bei ihrer starken Vegetationskraft auch mit geringem Boden vorlieb, doch werden sie bei ihrer späten Reife auf warmem, kräftigen Boden einen bessern Wein geben, als auf kühlem und kaltem Boden.

6. Die Müllertraube (§. 27) kann bei ihrer starken Vegetationskraft in jedem Weinbergsboden gepflanzt werden, doch wird von derselben auf warmem, magerm Boden, besonders auf Höhen mit guten Lagen, weil hier die starke Vegetation etwas gehemmt wird, ein besserer Wein erzielt werden, als in Niederungen mit fettem, kühlem oder kaltem Boden.

7. Der schwarze Elbling (§. 30) hat weniger Vegetationskraft als der Weiß- und Rothelbling (§. 80), scheint jedoch wie diese, keine besondere Erdart zu verlangen.

8. Der Schwarz-Urban (§. 31),
9. der schwarzblaue Scheuchner, Grübler, Pommerer (§. 37),
10. der blaue Trollinger, Schwarzwälscher (§. 38),
11. der blaue Gänsfüßler (§. 38),

werden häufig mit einander und in den verschiedenartigsten Bodenarten gepflanzt, doch sind diesen Traubengattungen die warmen, kräftigen, kalkhaltigen Thon- und thonigen Kalkböden an den steilen Muschelkalkgehängen des mittleren Neckar- und des Enzthales am zuträglichsten, die besonders der Trollingerrebe viel Kali und Kalk mittheilen können (§. 75), wo sie öfters in einem seichten, dünn auf dem Felsen auflagernden Obergrunde gut fortkommen und lange dauern, indem die kräftigen Wurzeln in die Felsenspalten eindringen und dort ihre Nahrung suchen. In den weniger kalkhaltigen, aber kräftigern, fettern und thonreichen Böden der Keuperformation werden die Trauben zwar größer und die Beeren vollkommener, dagegen tritt die Reife etwas später ein, bei vollkom=

mener Reife wird aber der Wein gewürzhafter. In kühlen und kalten Bodenarten tragen diese Traubengattungen zwar vielen, aber geringen Wein, weil sie als spät reifend, selten zur vollkommenen Reife kommen. Doch wird der Urban als etwas früher reifend auch in kühlem Boden immer noch einen besseren Wein als die übrigen Sorten geben.

In magern Kalk= und Sandboden geben diese Traubengattungen, weil sie bei ihrer starken Triebkraft zu wenig Nahrung finden, den geringsten Ertrag und die Stöcke altern schneller, wenn nicht stark gedüngt wird. In allzu hitzigem und trockenem Boden bleibt besonders der Trollinger bei lang andauernder Trockenheit gerne in der Entwicklung stehen und gibt dann nur unvollkommene Früchte, daher bei solchen Bodenarten ein etwas feuchter durchlassender Untergrund sehr zuträglich ist, auch deutet darauf der starke Gehalt an Bittererde bei der Trollingerrebe hin, indem diese Erdart das meiste Wasser aufnehmen und somit den Boden stets etwas feucht erhalten kann (§. 64).

12. Der blaue Sylvaner (§. 32).
Siehe weißer Sylvaner §. 80.

13. Der blaue Tokayer (§. 34) verlangt, weil er später reift, als der weiße, noch eine wärmere Lage und einen wärmeren Boden als der letztere (§. 80).

14. Der blaue Neri (§. 35) scheint bei seiner guten Triebkraft in allen für den Weinstock geeigneten Bodenarten fortzukommen, nur wird in warmem, kräftigem Thon= oder Mergelboden ein besserer und wahrscheinlich auch mehr Wein erzielt werden, als in leichtem und kühlem oder kaltem Boden.

15. Der blaue Klöpfer, auch blauer Räuschling (§. 36), wird in verschiedenen Bodenarten angepflanzt; er scheint jedoch, wenn er einen reichlichen Ertrag gewähren soll, mehr einen lockern, sandhaltigen, wenn auch nicht gerade kräftigen Thon=, Mergel= oder Lehmboden zu lieben, als einen warmen und strengen oder zähen und kalten Thonboden.

16. Der blaue Wildbacher (§. 36) wird bei seiner starken Triebkraft in allen Bodenarten fortkommen, da er jedoch spät zeitigt, so dürfte neben guter Lage ein warmer, kräftiger Thon=, Mergel= oder Sandboden für die Anpflanzung in Süddeutschland das angemessenste sein.

17. Der blaue Gelbhölzer, auch Lomersheimer Schwarze (§. 36), wird in Württemberg hauptsächlich im kalkhaltigen Thon= und Lehmboden mit Kalksteinunterlage gepflanzt, zeigt aber auch in warmem, etwas steinigem Thon=, sowie in Mergelboden ein gutes Gedeihen, daher er auch noch in andern Bodenarten fortkommen wird, doch scheint ihm ein warmer, kräftiger Boden am zuträglichsten.

18. Die blaue Hartwegstraube, Grobschwarz, Tauberschwarz (§. 36) zeigt in dem magern, warmen, kalkhaltigen Boden des Tauberthales ein gutes Gedeihen, daher sie hauptsächlich für magere, aber warme Bodenarten geeignet

sein dürfte, doch kommt die Rebe auch in andern Bodenarten (Thon=, Lehm=, Sandboden) gut fort und gibt namentlich in kräftigen, warmen Thon= und Lehmboden reichen Ertrag.

19. Der blaue Köllner (§. 37) gleicht viel dem schwarzblauen Scheuchner (oben Pkt. 9) und scheint, wie dieser, in den meisten Bodenarten gut fortzukommen.

20. Der blaue Heunisch (§. 37).
Siehe weißer Heunisch §. 80.
Bei der späten Reife wird er neben guter Lage vorzugsweise nur in kräftigem, warmem Boden anzupflanzen sein. Sandboden taugt weniger.

21. Der blaue Burgunder (§. 38) zeigt in den verschiedenartigsten Bodenarten (Thon=, Mergel=, Lehm=, Kalk= und Liasschieferböden) ein gutes Gedeihen, doch wird in den eigentlichen Kalkböden, sowie auch in magern Sandböden sein Fortkommen weniger gesichert sein, jedenfalls gibt er in solchen Böden einen geringeren Ertrag, und von kühlen und kalten Böden ist der Wein nicht so gewürzhaft, wie von warmen und hitzigen Böden.

22. Der Affenthaler (§. 38) wird in Württemberg, wo er vorzugsweise zu Hause ist, in sehr verschiedenem Boden gepflanzt, wenn aber aus demselben ein guter Wein erzeugt werden soll, so verlangt er neben guter, südlicher Lage auch einen guten, warmen, nachhaltig kräftigen, nicht zu strengen, sondern mehr milden Thon=, Mergel= oder Kalkboden. In kühlen Lehm= und Thonböden zeigt er zwar viel Fruchtbarkeit und gewährt einen reichen Ertrag, der Wein wird aber, wenn nicht außerordentlich warme Jahre eintreten, immer einen herben säuerlichen Geschmack behalten.

23. Der blaue Limberger (§. 38) scheint, nach den bis jetzt gemachten Erfahrungen, in jedem Weinbergsboden gut fortzukommen, doch wird ihm, wie dem Elbling, (§. 80) der warme, strenge, kräftige Thon= oder thonhaltige Kalkboden am besten zusagen; es darf hier nicht zu stark gedüngt werden, wenn keine Saftstockung eintreten und der Rebstock in der Blüthe nicht empfindlich werden soll. In hitzigen, magern, leichten, stark sandhaltigen Böden ist er wie der Elbling empfindlich in der Blüthe, auch bleibt er, wenn der Boden allzu trocken und hitzig wird, in der Entwicklung stehen, wenn nicht noch rechtzeitig Regen eintritt.

§. 83.
b. Reben, welche einen besonders geeigneten Boden verlangen.

1. Der blaue Bläßardt §. 26.
2. Der blaue Bernardi §. 26.

Beide Gattungen gehören zu den empfindlichern Rebsorten, die einen warmen, milden, lockern, kräftigen Boden verlangen (sandiger Thon=, warmer kräftiger Lehm=, kräftiger Sandboden); auf strengen, zähen Thon=, leichten magern Lehm=, Kalk= und Sandböden, sowie auf kühlen und kalten Böden werden sie nur kümmerlich gedeihen und bald abgehen.

3. Der schwarze Traminer (§. 29.)
Siehe den rothen Traminer §. 81.

4. Der blaue Hängling (§. 30) verlangt einen guten, warmen, kräftigen, milden Boden und wird daher, bei seiner ohnehin etwas schwachen Triebkraft, nur in einem kalk- und sandhaltigen reichen Thon oder Lehm mit anziehender Feuchtigkeit zu einem entsprechenden Ertrag gelangen.

5. Der Färber (§. 30) gedeiht als ein gegen Kälte sehr empfindlicher Rebstock und bei seiner geringen Vegetationskraft nur in warmem, mildem, kräftigem Boden, in strengen, kalten oder zu hitzigen Böden geht er bald zu Grunde.

6. Der blaue Clevner (§. 31) gehört zwar nicht zu den besonders empfindlichen Rebsorten, er verlangt aber doch wegen der schwachen Bewurzelung einen ganz geeigneten Boden. Der Clevner gedeiht am besten in einem warmen, milden, kräftigen Thon- oder Mergel-, oder in einem kräftigen Lehmboden mit einem bedeutenden Gehalt von Humus, in dem der schwache Wurzelstock die gehörige Nahrung findet, derselbe sollte einen angemessenen Gehalt von Natron besitzen (§. 75), und zwar mit Sand- und Kalk gemischt sein, aber nicht in zu reichem Maße, indem die Clevnerrebe in dem eigentlichen Sand- und Kalkboden, sowie in magern Böden wenig oder nicht gedeiht, daher auch das Tauber- und das mittlere Kocher- und Jagstthal mit ihren Kalkböden für den Clevner nicht taugen und die früher versuchte Anpflanzung dort kein Fortkommen fand, auch ist die Rebe in dem leichtern, losern Boden bei ihrer schwachen Wurzelkrone mehr dem Erfrieren ausgesetzt. (Anmerkung 3.)

Die Klevnerrebe verlangt ferner einen Boden, der entweder schon an und für sich einige Feuchtigkeit besitzt, oder der die Feuchtigkeit gerne aufnimmt

---

3. Anmerkung. In der Champagne und in Burgund wird zwar die Clevnerrebe auch im Kreide- und in einem stark kalkhaltigen Boden gebaut, der letztere besitzt aber neben dem Kalk- auch einen starken Thon- und Humusgehalt und scheint daher für den Clevneranbau nicht ungeeignet zu sein, auch ist in beiden Weinbaugegenden die Erziehung der Rebe eine ganz andere, als in Württemberg, und namentlich in Burgund werden die Weinberge, nachdem die einzelnen Rebstöcke ein Alter von 10—15 Jahren erreicht haben, eingelegt (vergrubt wie in der Bodenseegegend), und dadurch fortwährend erneuert.

Außerdem wird es noch einer nähern Untersuchung bedürfen, ob in den gedachten französischen Weinbaugegenden überall die ächte blaue Clevnertraube gepflanzt werde, oder ob nicht mehr die blaue Burgunder- oder ähnliche Traubengattungen, die zu ihrem Fortkommen keinen besondern Boden verlangen, zur Anpflanzung kommen. (Bronner's Rothweine S. 91).

Die von dem Verfasser aus der Champagne bezogenen Reben gleichen jedenfalls nicht der Clevnerrebe.

aber nicht zu lange behält, oder wo die Feuchtigkeit des Bodens durch starke Thauniederschläge, wie z. B. in der Nähe von großen fließenden Wassern oder Seen, oder durch einen etwas feuchten aber durchlassenden Untergrund ersetzt wird. In einem solchen Boden wird die Rebe bei entsprechender Erziehung (§. 137) lange in gutem Ertrage bleiben und ein ziemliches Alter erreichen. In strengen, hitzigen Thon= und Mergelböden mit gleichem Untergrund ist daher deren Anpflanzung gleichfalls nicht anzurathen, indem hier zwar eine vorzügliche Qualität erzeugt werden kann, der Ertrag hinsichtlich der Quantität aber weit hinter den Erwartungen zurückbleiben wird, auch werden die Reben in solchem Boden keine lange Dauer zeigen. Kalte, wasserhaltige Thon= und mehr kühle als warme Lehmböden taugen ebensowenig, indem hier die Rebe mehr in's Holz als in Trauben treibt, der Weinberg mithin im Ertrag bald nachlassen und selten den feinen, gewürzhaften Wein geben wird, der den Clevnerwein vor vielen andern rothen Weinen auszeichnet.

7. Der blaue Portugiese (§. 33) gedeiht am besten in einem warmen, auch hitzigen, strengen und trockenen oder auch sandhaltigen Thon=, Mergel= und Kalkboden, der jedoch kräftig, aber nicht fett sein darf, wie man denselben häufig in den obern Lagen der Keuperformation, sowie am Traufe der Alp in der Liasformation antrifft, wo der kalkhaltige Weinbergsboden mit dem Liasschiefer übertragen und gemengt wird, der zwar durch seine Verwitterung und dunkle Farbe die Vegetation außerordentlich befördert, jedoch wegen des Kalkgehalts den Boden nie zu fett werden läßt, sondern immer etwas mager hält, daher auch hier die Portugieserrebe vorzugsweise gut gedeiht, wozu die höhere luftige Lage über der Meeresfläche auch einiges beitragen mag.

In niedere Lagen, wo der Frost sich häufig einstellt und in kühle, feuchte, humusreiche und gut gedüngte Böden taugt die Portugieserrebe nicht, indem bei dem saftreichen und fleischigen Holz öfters Saftüberfüllungen und Saftstockungen eintreten, wodurch nach §. 33 leicht Frostschaden oder andere Krankheiten entstehen, die den Ertrag beeinträchtigen und den Stock zu Grunde richten.

8. Der blaue Karmenot verlangt nach den bis jetzt gemachten Erfahrungen (§. 35) einen sandigen, warmen, milden Thon= oder Lehmboden oder auch kräftigen Sandboden mit etwas feuchter Unterlage.

In kalten oder hitzigen, strengen Thonböden altert er bald und gibt wenig Ertrag.

9. Die blaue Kobarke wird zwar bei ihrer starken Triebkraft in den meisten Bodenarten gut fortkommen, vorläufig und bis weitere Erfahrungen gesammelt sind, dürfte jedoch deren Anpflanzung in der §. 35 beschriebenen Bodenart oder überhaupt in warmem, trockenem und kräftigem Boden am angemessensten erscheinen.

10. Der blaue Liverdun (§. 37) verlangt bei seiner schwachen Wurzel=
bildung einen warmen, kräftigen, ausgeruhten Boden, wo er in seiner nächsten
Umgebung die erforderliche Nahrung finden kann und sollte daher nur, wie
der Clevner, in warmen, lockern, kräftigen, etwas sandhaltigen und die Feuch=
tigkeit anziehenden humusreichen Thon=, Mergel= oder Lehmböden gepflanzt
werden, nachdem in demselben zuvor einige Jahre Futterkräuter gebaut waren,
oder in sogenanntem wildem (Wald=Waide=) Boden. In magerem, also nament=
lich auch im Kalk= und Sandboden, altert die Rebe bald und kommt selten
zum vollen Ertrag.

11. Der blaue Pineau (§. 37) hat bei schwacher Vegetationskraft und
ziemlicher Empfindlichkeit gleichen Boden nöthig, wie der Clevner u. blaue Liverdun.

12. Der blaue Mohrenkönig (§. 37) wird, bis dessen Eigenschaften näher
bekannt sind, nur in warmem, kräftigem Thon=, Mergel= und Lehmboden an=
zupflanzen sein.

13. Die blaue Frankentraube oder der Süßrothe, Süßschwarze (§. 38)
gehört zu den empfindlichern Traubengattungen und muß daher hinsichtlich der
Lage und Bodengattung mit Auswahl angepflanzt werden. Hinsichtlich der
Lage taugt dieselbe, weil sie gerne aufspringt, nicht in feuchte Niederungen,
sondern mehr in luftige Höhen, auch kann sie, aus dem angeführten Grunde,
einen kühlen, feuchten, humusreichen Thon= oder Lehmboden nicht ertragen;
dagegen gedeiht sie bei angemessener Düngung gut in einem warmen, magern,
sand= oder kalkhaltigen Thon= oder Mergelboden, oder in einem thonhaltigen
Kalkboden, sowie auch in einem kräftigen Sandboden, wie man solche im Tau=
berthale antrifft. Auch gedeiht sie bei ihrer etwas frühen Reife sogar in
nördlichen oder nordwestlichen Lagen noch gut und gibt, weil sie in jenen Bo=
denarten, ohne aufzuspringen, lange hängen gelassen werden kann, noch einen
guten Wein.

14. Der schwarze Muskateller (§. 39.)
Siehe den weißen Muskateller §. 81.

VI. Die anzupflanzenden Trauben-Gattungen.

§. 84.

Bei der Anlegung von Weinbergen verdient die Frage, welche Trauben=
gattungen anzupflanzen seien, die sorgfältigste Ueberlegung, indem bei der ver=
schiedenen Reifezeit und den sonstigen besondern Eigenschaften derselben Klima,
Lage und Boden auf das Gedeihen der Reben und auf deren Ertrag einen
solch wesentlichen Einfluß ausüben, daß hiervon das Gelingen eines rentablen
Weinbaues überhaupt abhängig gemacht werden muß. Es lassen sich in die=
ser Richtung folgende allgemeine Grundsätze aufstellen:

1. In jeder Weinbaugegend und in jedem Orte derselben muß sowohl hinsichtlich der Quantität als der Qualität, je nach der Oertlichkeit, der möglichst beste und nachhaltigste Weinertrag zu erzielen gesucht werden. Es dürfen deßwegen

2. in minder günstigen Weinbaugegenden und Weinbergslagen (§. 56) keine spät=, sondern müssen mehr frühreifende Trauben gepflanzt werden und insbesondere ist auch auf solche Gattungen Rücksicht zu nehmen, deren Holz gern und bald zeitigt und viele Fruchtaugen entwickelt, weil sonst in minder günstigen Jahren manche derselben nicht zur Auszeitigung und Ertragsfähigkeit gelangen. Ebenso dürfen

3. in Gegenden, in welchen öfters Regen fällt, starke Thaunniederschläge erfolgen und deren klimatische Verhältnisse überhaupt etwas feucht sind, keine Traubengattungen gepflanzt werden, die gerne und bald in Fäulniß übergehen.

4. Der zu erzeugende Wein muß eine bestimmte Farbe, roth oder weiß und dadurch einen festen Charakter erhalten, sogenannte Schillerweine sind (nach §. 223) gänzlich zu verwerfen. Man muß daher bei der Anpflanzung eines Weinberges sich darüber entscheiden, ob man weißen oder rothen Wein erzeugen und ob man weiße oder blaue Traubengattungen anpflanzen will. Ebenso muß man sich

5. bei jeder Anpflanzung klar machen, ob man mehr auf Quantität oder mehr auf Qualität bauen will, und im ersten Falle mehr auf ausgiebige und dauerhafte, im andern Falle mehr auf edle Trauben gesehen werden.

6. In einem wie in dem andern Falle dürfen aber nur solche Traubengattungen zusammen angepflanzt werden, welche nicht ungleich reifen, indem sonst die bessere Qualität der frühreifenden durch die geringere Qualität der spätreifenden Trauben, besonders in ungünstigen Weinjahren, wieder aufgehoben wird, vielmehr sollte. je nach der Oertlichkeit, nur eine oder nur wenige, aber gleichreifende Sorten zur Anpflanzung kommen.

7. Auch wenn mehr auf Quantität gebaut wird, sollten nie solche Traubengattungen gewählt werden, welche auch in guten und mittlern Weinjahren nur einen geringen, leichten oder sogar sauren Wein geben, deßhalb sollte einer jeden Anpflanzung wo möglich eine Prüfung der anzupflanzenden Traubengattungen, nach dem in benachbarten Weingärten daraus erzielten Mostgewicht, vorausgehen und keine Traubengattungen angepflanzt werden, die nicht mindestens in mittlern Jahren ein Gewicht von 65, in guten Jahren aber von 73—75 Graden nach der Mostwage der württembergischen Weinverbesserungsgesellschaft (Mechanikus Kinzelbach, Oechslin) zeigen.

8. Wird hauptsächlich auf Qualität gebaut, so dürfen, neben einer guten Lage und gutem Boden, vorzüglich nur edle Rebsorten, wie Rießling, Trami=

ner, Clevner, weiße und blaue Burgunder, Ruländer u. s. w. zur Anpflanzung kommen. Der Weinmost sollte mindestens

in geringen Jahren ein Gewicht von	65—70 Graden,
in mittlern Weinjahren . . .	70—80 „
in guten von	80—90 „
in vorzüglichen von	90—100 „

zeigen. Im Allgemeinen kann als Grundsatz angenommen werden, daß, je kleiner die Beeren einer Weintraube sind, und je dunkler ihre Farbe ist, desto besser wird, unter sonst gleichen Verhältnissen, auch der Wein. Weintrauben mit sehr großen Beeren enthalten in der Regel viel wässerigen Saft und geben nur geringen Wein, sie eignen sich daher nicht für unsere climatischen Verhältnisse.

Hinsichtlich der Lage dürfte

9. in minder günstigen Lagen, weil hier doch keine vorzüglichen Weine erzeugt werden können, mehr auf Quantität, in vorzüglichen Lagen dagegen mehr auf Qualität gebaut werden.

10. Eine besondere Berücksichtigung bei der Anpflanzung der einzelnen Traubengattungen verdient der Geschmack der Consumenten, indem, wenn z. B. mehr rothe Weine verlangt werden, hauptsächlich blaue und schwarze Traubensorten, wenn die weißen Weine gesucht sind, vorzüglich weiße Traubengattungen zu pflanzen wären. Namentlich bei dem Absatze der Weine in entferntere, besonders Nichtweingegenden, darf nicht immer der Geschmack des Produzenten, der durch den Genuß der gewöhnlichen Landweine nicht selten etwas verdorben ist, entscheidend sein, sondern, wenn ein nachhaltiger Absatz erzielt werden will, muß man sich hauptsächlich nach dem Begehr der Käufer, ob rothe oder weiße, schwere (gehaltreiche) oder leichte Weine ꝛc. verlangt werden, richten und darauf auch bei der Anpflanzung der Traubengattungen Rücksicht nehmen. Insbesondere ist zu beachten, daß durch ein Gemisch von mehreren Traubengattungen der eigenthümliche Geschmack einer jeden derselben verwischt wird, daher edle Weine nur nach den einzelnen Sorten zu erziehen sind, bei andern Weinen aber, welche aus gemischten Anpflanzungen gewonnen werden, ist darauf zu sehen, daß nur wenige und nur solche Traubengattungen mit einander gepflanzt werden, die auch hinsichtlich ihres Gehalts und Geschmacks zu einander passen.

§. 85.

Bei der Bestockung eines Weinberges kommt hauptsächlich auch der wichtige Umstand zur Sprache, ob in demselben ein oder mehrere Rebgattungen angepflanzt werden sollen. Bisher wurden die Weinberge häufig gemischt mit sehr verschiedenen, nicht selten ganz ungleichartigen Sorten, bestockt und zur Rechtfertigung dieser Behandlungsweise angeführt:

a. daß dadurch, weil nicht jedes Jahr die einzelnen Sorten gleich gut gedeihen, der Ertrag mehr gesichert sei, so daß weniger gänzliche Fehlherbste eintreten;

b. daß besonders durch die gemischte Bestockung von weißen und rothen Trauben der Wein haltbarer und zum Theil angenehmer, auch vor manchen Krankheiten bewahrt werde, indem dem milden, aus weißen Trauben gewonnenen Wein die rothen Trauben Haltbarkeit, dem rothen rauhen Wein aber die weißen Trauben Süße und Milde verleihen, wodurch der Wein mehr Kaufsliebhaber finde.

Welche Nachtheile jedoch mit einer solchen gemischten Bestockung verbunden sind, ist bereits §. 48 nachgewiesen worden, daher wir eine solche unter keinen Umständen empfehlen können; damit soll aber nicht gesagt sein, daß in jedem Weinberge nur eine Traubensorte gepflanzt werden soll, indem dieses, bei den verschiedenen Lagen und Bodenarten, die in einem und demselben Weinberg häufig vorkommen, nicht selten ebenso unzweckmäßig wäre, als die sogenannte gemischte Bestockung.

Wie bereits ausgeführt worden ist, hat sich der rationelle Weinbauer bei der Bepflanzung seiner Weinberge genau nach den climatischen Verhältnissen der Weinbaugegend, sowie nach der Lage und dem Boden seiner Weinberge zu richten, zu diesem Behuf wird er weiße und blaue Trauben womöglich nicht in einem und demselben Weinberg, sondern jede Gattung in einer besondern Anlage pflanzen, spät reifende Trauben nicht für rauhere Gegenden oder ungünstige nördliche oder niedere Lagen, sondern für jede Traubengattung diejenige Lage und Bodengattung wählen, die für dieselbe, nach ihrer Vegetationskraft und Reifezeit am angemessensten erscheint.

Im Allgemeinen kann man hinsichtlich der Lage und häufig auch hinsichtlich des Bodens die höhern Gebirge in drei Lagen, nämlich in die untere, mittlere und obere, die kleineren Berge und Hügel aber in zwei, nämlich in die untere und obere abtheilen, bei den ganz niedern und fast ebenen Lagen findet kein Unterschied statt. Nach diesen verschiedenen Lagen wäre auch die Bestockung in der Art einzurichten, daß für jede Lage eine ihr entsprechende Traubengattung zu wählen ist, so daß also höchstens dreierlei Gattungen zur Anpflanzung kommen, oder wenn je in den einzelnen Abtheilungen mehr als eine gepflanzt werden wollte, so müßte dieß wenigstens beet- oder zeilenweise geschehen, und die betreffenden Gattungen, hinsichtlich ihrer Vegetationskraft und Reifezeit, möglichst mit einander übereinstimmen. Gleiche Rücksicht, besonders hinsichtlich der Reifezeit, wäre auch da zu nehmen, wo, wie beim kleineren Weinbauer, das Erzeugniß des ganzen Weinbergs oder dasjenige einiger Weinberge im Herbst zusammengelesen wird.

Durch eine solche Bestockungsweise könnte in jedem Weinberge eine seiner

Lage und Bodenbeschaffenheit entsprechende reine oder ungemischte Bestockung hergestellt und dadurch nicht nur sehr zur Veredlung des Weines beigetragen, sondern zugleich auch das Interesse des kleinen Weinbauers hinsichtlich der Sicherheit des Ertrags und der zu erzielenden Quantität gewahrt werden.

§. 86.

Wir haben bereits erwähnt (§. 84), daß bei einem rationellen Weinbaubetrieb hauptsächlich auf die Erzeugung charakterfester, weißer oder rother Weine gesehen werden muß und daß bei der Auswahl der Traubengattungen darauf besondere Rücksicht zu nehmen ist.

Als die passendsten Traubengattungen dürften daher anzunehmen sein:

1. für weiße Weine.

a. Für edle bouquetreiche Weine:

1. Der weiße Rießling, als die bis jetzt bekannte edelste weiße Traubengattung.
2. Der rothe und weiße Traminer.
3. Der weiße Clevner.
4. Der weiße Burgunder.
5. Der Ruländer.
6. Der mittlere Velteliner.
7. Der weiße und rothe Muskateller.
8. Der Orleans.
9. Der rothe Malvasier.

Davon gehören Nr. 1, 2, 6, 8 zu den starken, kräftigen, Nr. 3, 4, 5, 7, 9 mehr zu den milden, etwas weniger haltbaren Weinen.

b. Für kräftige Mittelweine:

1. Der weiße Hängling.
2. Der weiße und rothe Elbling.
3. Der Rothurban.
4. Der grüne, gelbe und rothe Sylvaner.
5. Der gelbe und weiße Ortlieber.
6. Der weiße Rothgyphfler.
7. Der weiße Fütterer.
8. Der rothe Rießling.
9. Der weiße Welschrießling.
10. Der rothe Hans, auch kleiner Velteliner.
11. Der rothe Trollinger.
12. Der weiße und rothe Gutedel, sowie der Krachgutedel.

Davon dürfen die Weine von Nr. 2, 3, 6, 7, 8, 9, 10, 11 zu den stärkern, kräftigern, diejenigen von Nr. 1, 4, 5, 12 zu den mildern, weniger haltbaren, gerechnet werden.

c. Für geringere Mittelweine:

1. Der weiße Räuschling.
2. Der weiße Tokayer, jedoch nur in Verbindung mit andern bessern Traubengattungen.
3. Der rothe Reisler.
4. Der weiße und gelbe Heunisch.

2. Für rothe Weine.

a. Für edle, gewürzreiche Weine:

1. Der blaue Blüssardt.
2. Der Schwarzurban.
3. Der blaue Clevner und der blaue Arbst. Geben den edelsten Rothwein.
4. Der blaue Carmenet.
5. Der blaue Burgunder.
6. Der schwarze Muskateller.

Die Weine aus diesen Traubengattungen dürfen sämmtlich als stark, kräftig und gewürzhaft bezeichnet werden.

b. Für kräftige Mittelweine:

1. Der blaue Bernardi.
2. Die blaue Müllertraube, auch schwarzer Rießling.
3. der schwarzblaue Zottelwelsche (Wullewelsch).
4. Schwarzer Traminer.
5. Blauer Hängling (Schwarzer Häußler).
6. Der schwarze Elbling.
7. Der blaue Sylvaner.
8. Der blaue Portugiese.
9. Die blaue Kabarka.
10. Der blaue Neri.
11. Der blaue Gelbhölzer (Lomersheimer Schwarze).
12. Die blaue Hartwegstraube (Grob-Tauberschwarz).
13. Der blaue Liverdun.
14. Der schwarzblaue Scheuchner (Grübler, Pommerer).
15. Der blaue Affenthaler.

16. Der blaue Trollinger (Schwarzwälsch).
17. Die blaue Frankentraube (Süßroth).
18. Der blaue Limberger.

 Davon geben Nr. 3, 6, 9, 10, 11, 14, 15, 16 starke, in den ersten Jahren etwas rauhe, aber lagerhafte, Nr. 1, 2, 4, 5, 7, 8, 12, 13, 17, 18 mehr milde, angenehme, süße, zum Theil etwas leichte Weine.

c. Für geringere Mittelweine:

1. Der blaue Angster.
2. Der rothblaue Zottelwelsche (Hudler, Weißlauber, Gol).
3. Der Färber.
4. Der blaue Klöpfer (auch blauer Räuschling).
5. Der blaue Wildbacher.
6. Der blaue Hennisch.
7. Der blaue Gänsfüßler.

§. 87.

Nach den gegebenen Nachweisungen kann, auch wenn reine Bestockung eingeführt werden will, wegen der Verschiedenheit des Bodens und der Lage und wegen den sehr von einander abweichenden Eigenschaften der verschiedenen Traubengattungen, nicht jeder Weinberg mit Vortheil und Zweckmäßigkeit durch eine Traubengattung bestockt werden (§. 85), es kommt deßwegen, wenn dieser Fall eintritt, sehr viel darauf an, welche Traubensorten zur Bestockung eines Weinberges nach seiner Lage und seinem Boden gewählt werden, daher wir hierüber, neben dem bereits ausgesprochenen Grundsatze (§. 84), daß keine ungleichreifende Trauben zusammengepflanzt werden sollen, noch Folgendes anzuführen haben:

Da sich die Weinconsumtion nach §. 48 neuerlich von den alten abgelagerten Weinen ab, und mehr den neuen, süßen, milden Weinen zugewendet hat, so muß auch bei der Produktion, sowohl der weißen als rothen Weine, darauf besondere Rücksicht genommen und der Grundsatz festgehalten werden, daß da, wo harte Traubengattungen gepflanzt werden, welche einen lagerhaften, erst nach mehreren Jahren angenehm trinkbaren Wein geben, wie die in §. 82 Ptk. 9, 10, 11 beschriebenen Sorten, neben denselben weichere Traubengattungen zur Aufpflanzung zu bringen sind, welche die Härte und das Raue des Weins mildern, und daß da, wo hauptsächlich weiche Sorten, wie Sylvaner, Gutedel ꝛc. gepflanzt werden, welche milde, leichte, zum Theil dicke, molzige Weine geben, die allzubald abnehmen und manchen Krankheiten unterworfen sind, denselben Traubengattungen beizugeben sind, welche dem Weine mehr Kraft und Haltbarkeit verleihen.

Zu diesem Behuf könnten, in Rücksicht daß an hohen und gut gelegenen

Weinbergen die Trauben oben und unten ihre vollständige Reife etwas später als in der Mitte erhalten, zur Anpflanzung je nach der Lage und Bodenbeschaffenheit kommen:

Für rothe Weine,
da wo harte Traubengattungen gepflanzt werden:

In der Mitte: Blaue Trollinger, schwarzblaue Zottelwelsche (Wullewelsch), der schwarzblaue Scheuchner (Grübler, Pommerer), Schwarzurban, Schwarzer Muskateller, der blaue Gelbhölzer (Somersheimer Schwarze).

Unten: Blaue Clevner, blaue Burgunder, blaue Limberger, Affenthaler, blaue Liverdun, blaue Müllertraube.

Oben: Blaue Burgunder, blaue Portugieser, blaue Hartwegstraube (Grobschwarz, Tauberschwarz), blaue Sylvaner, die blaue Frankentraube (Süßrothe), der blaue Hängling, blaue Müllertraube.

Für weiße Weine:

In der Mitte: Weißer Rießling, der mittlere rothe Velteliner, der Elbling, der Traminer, der Rothurban, rothe Trollinger, Rothgipfler, der rothe Rießling, der Welschrießling, der weiße und rothe Muskateller.

Unten: Der Gutedel, der weiße Burgunder, der weiße Clevner, der Ruländer, der Sylvaner (im sandigen Boden), Fütterer (im mageren Boden). (Anmerkung 4.)

Oben: Der Sylvaner, der Ortlieber, der Fütterer, der rothe Hans, der

---

Anmerkung 4. Die Anpflanzung des Gutedels in den untern Theilen der Weinberge wird neuerlich vielfach empfohlen, weil er in dem dort häufig vorkommenden Lehmboden besonders gut gedeihe (§. 81) Die, nach bereits kräftig vorangeschrittener Vegetation eingetretenen Frosttage am 13., 14. und 15. April 1862 haben aber zur Genüge bewiesen, daß der Gutedel nicht besonders in untere Lagen taugt, weil er etwas frühe treibt und daher sehr dem Erfrieren ausgesetzt ist. Die gedachten Frosttage haben bei den in den untern Theilen der Weinberge angepflanzten Gutedeln den Ertrag um die Hälfte bis Dreiviertel vernichtet, während bei den neben angepflanzten spättriebigen Sylvanern kaum ein Frostschaden zu bemerken war Aus diesem Grunde wird der Sylvaner immer eine empfehlungswerthe Traubengattung auch für Niederungen sein, wenn er dort auch gerner fault und keinen so feinen Wein gibt, als in magerem Boden auf Höhen, denn es wirkt nichts nachtheiliger auf einen rationellen Weinbaubetrieb, als wenn Traubengattungen in Lagen zur Anpflanzung empfohlen werden, von welchen der Ertrag in einer Nacht zu Grunde gerichtet werden kann, während der Nachbar, der andere Gattungen anpflanzte, noch einem guten Ertrag entgegensieht. Die Anpflanzung des Gutedels dürfte sich daher mehr für Höhen in kühlem, wenn auch magerem Lehmboden eignen, wie er auf dem Rücken der Muschelkalkgebirge häufig vorkommt und wo derselbe auch an gedachten Frosttagen keinen Schaden nahm.

weiße Burgunder, der Gutedel besonders in den kühlen Lehmböden auf dem Rücken der Gebirge.

§. 88.

Bei der Anpflanzung der einzelnen Weinberge wäre nun, wenn nach Lage und Boden nicht reine Bestockung vorgezogen, d. h. nur eine Traubengattung angepflanzt werden will, einige von den hier angeführten, oder oben (§. 9—39 und 79—83) weiter beschriebenen Traubengattungen zu wählen und dabei sorgfältig auf Lage und Boden Rücksicht zu nehmen, so daß z. B. für mittlere und geringere Lagen keine spätreifenden, sondern mittel- oder mehr frühreifende, für magere Boden keine solche Traubengattungen zu bestimmen sind, welche einen kräftigen Boden verlangen u. s. w. und wobei nur noch zu bemerken ist, daß je mehr edle und geistreiche Sorten zur Anpflanzung kommen, desto feiner, edler, gewürz- und bouquetreicher auch der Wein wird. Demgemäß werden die edelsten rothen Weine aus dem blauen Clevner und blauen Burgunder erzeugt, ferner feine Weine aus einer Mischung des Schwarzurbans mit dem Clevner oder Burgunder, sehr gute Mittelweine aus Mischungen des blauen Trollingers mit dem Clevner, Burgunder, oder mit dem blauen Portugiesen, und dem blauen Sylvaner, oder des blauen Burgunders mit dem blauen Limburger und dem blauen Liverdun, oder der Franken- (Süßrothen) Traube mit dem Grobschwarzen, blauen Sylvaner, blauen Liverdun oder blauen Burgunder.

Die feinsten und bouquetreichsten weißen Weine werden von dem weißen Rießling gewonnen, wenn er in gute und vorzügliche Lagen mit entsprechendem Boden gepflanzt wird, in geringen Lagen oder auch schon in geringen Mittellagen mit minder gutem Boden sollte derselbe wegen seiner Spätreife nie zur Anpflanzung kommen.

Nach dem Rießling folgt sogleich der rothe und weiße Traminer, der gleichfalls einen sehr feinen und geistreichen Wein gibt, nur etwas weniger bouquetreich, als der Rießling, dagegen reift er früher und hat mehr Süße als dieser. In geringen Weinjahren können daher durch eine Mischung von Rießling und Traminer noch gute Weine erzielt werden. Auch durch eine Mischung des Rießlings mit Ruländer oder weißem Clevner, werden sehr feine Weine erzeugt, nur wird, weil die letztern früher reifen, die Mischung in der Regel erst im Fasse vor sich gehen müssen. Durch eine Mischung von etwa ein Drittel Rießling, ein Drittel Velteliner und ein Drittel Sylvaner, Elbling, Ortlieber oder Gutedel werden gleichfalls angenehme und geistreiche Weine erzeugt. Ebenso durch eine Mischung von Traminer und Sylvaner.

Zu der Erzeugung sehr guter Mittelweine eignen sich die Velteliner mit dem Gutedel, Sylvaner oder Elbling, der Rothurban mit dem Fütterer, Gutedel oder Sylvaner, der Hans mit dem Sylvaner und weißen Burgunder, der Welschriesling mit dem Sylvaner und weißen Burgunder, der Elbling mit dem weißen Burgunder, Gutedel, Ortlieber, Fütterer oder Hans.

Aus den übrigen, sowohl rothen als weißen Traubensorten können entweder nur leichte oder geringe oder, wenn sie auch mit besseren Sorten gemischt werden, nur mittelmäßige Weine erzeugt werden, oder sie eignen sich nicht für ausgedehnte Pflanzungen, daher sie selten oder nur ausnahmsweise zur Anpflanzung kommen sollten.

VII. Die Anlegung der Weinberge.

§. 89.

Der Anlage eines Weinberges muß die Entwerfung eines geeigneten Plans vorausgehen, wobei nicht nur die klimatischen Verhältnisse, die Lage, der Boden und die anzupflanzenden Traubengattungen nach den bereits entwickelten Grundsätzen zu berücksichtigen sind, sondern es müssen auch Vorbereitungen hinsichtlich der Zurichtung des anzupflanzenden Platzes und der Ansammlung der Reben getroffen werden, was in gewissen Fällen hie und da einige Jahre erfordert, indem die Rebe zu ihrem Gedeihen nicht nur einen geeigneten, theils mehr, theils minder kräftigen, sondern als tief wurzelnd, auch einen tiefgründigen lockern Boden verlangt.

1. Die Vorbereitung.

Bei der Anlage eines Weinberges kommt zunächst zur Sprache, ob eine ganz neue Anlage gemacht, oder ob ein abgegangener Weinberg wieder erneuert werden solle. Der erstere Fall kommt zwar in der Regel seltener vor, er erfordert aber ebendeßwegen eine sehr umsichtige Ueberlegung, wenn die Anlage allseitig als gelungen betrachtet werden soll. Hier kommen zunächst die klimatischen Verhältnisse in Betracht, ob dieselben überhaupt der Anlegung von Weinbergen zuträglich sind (§. 53—55), sodann die Lage (§. 56—66), indem dieselbe nicht in der Tiefe und auf Ebenen wegen der Kühle des Grundes und des dort entstehenden Frostschadens und ebenso wenig auf hohen unbeschützten Bergen, wegen der über dieselben streichenden kalten Winde und der geringen Wirkung der Sonne sich befinden darf und überhaupt vor starken und kalten Winden geschützt sein muß. Auch muß sie eine gute, möglichst südliche, nicht allzusteile und nicht zu schwache Abdachung haben, so daß diejenigen Lagen zu den besseren gerechnet werden dürfen, welche sich in der Mitte der Berge befinden, und die Sonne am längsten den Tag über behalten. Außerdem darf die nächste Umgebung keine ungünstige sein, indem z. B. die unmittelbare Begrenzung durch Waldungen oder die Anlegung von Weinbergen mitten in Waldungen denselben durch Beschattung, durch Entziehung der Nahrung durch die Wurzeln der Waldbäume mancher Nachtheil zugehen würde und später die Trauben durch Insekten, Vögel und andere Thiere vielen Beschädigungen ausgesetzt wären.

Hinsichtlich des Bodens ist zu erwägen (§. 76. 77), ob derselbe überhaupt zum Weinbaue sich eigne und namentlich soviel wärmehaltende und Nähr-Kraft besitze, daß die Rebe in demselben gut gedeihen kann, insbesondere ob sich an der Oberfläche keine Wasserquellen zeigen und ob und wie dieselben abgeleitet und der Boden dadurch trocken gelegt werden kann; ob der Ober- und Untergrund nicht in wasserhaltigem Thon bestehe, der nicht beseitigt oder nicht verbessert werden kann; ob der Boden nicht zu seicht ist und daher ein angemessenes Reuten durch feste Felsmassen nicht unmöglich gemacht oder sehr erschwert wird; ob der Boden nicht zu locker, zu leicht und zu mager sei, so daß die Rebe in demselben, wie im losen Sand, nicht die gehörige Nahrung findet.

Auf einem Felde, auf dem früher keine Reben gepflanzt wurden, wird es bei der tiefen Wurzelung derselben und der noch unbenützten Bodenkraft selten an der erforderlichen Nahrung für dieselben fehlen, vielmehr ist es Erfahrungssache, daß dieselben in einem solchen ausgeruhten Boden (wie Wald- und Waidboden) sehr freudig gedeihen, auch läßt sich ein nicht ganz geeigneter Boden verbessern, wie z. B. ein wasserhaltiger Thon durch Anlegung von Wasserabzugsdohlen (§. 93), durch Aufführung und Vermischung mit Mauerschutt, Kalksteingerölle oder leichterem, besserem, sand- oder kalkhaltigem Boden; ein leichter, loser Boden aber durch Beimischung von einem festeren Thon oder Lehm, oder durch Aufführung von Rasen, oder durch starke Düngung, doch wird es bei Neuanlagen immer das Angemessenste sein, wenn man solche in sehr ungeeignetem Boden, im Falle nicht durch eine vorzügliche Lage die Nachtheile theilweise ausgeglichen werden, gänzlich unterläßt, weil es immer etwas sehr unsicheres bleibt, ob der Boden auch bei aller Mühe und Arbeit auf nachhaltige Weise verbessert werden kann und ob durch die oft sehr bedeutenden Verbesserungskosten der künftige Ertrag nicht ganz absorbirt wird. Zeigt sich bei einer Neuanlage durch darunter befindlichen Felsmassen ein seichter Boden, so kann derselbe durch Ausbrechung der Felsen oder durch Aufbringung von Erde auf die seichten Stellen und Aufführung von Mauern tiefgründiger gemacht werden, wie dieses an den steilen mit vorzüglichen Lagen versehenen Muschelkalkgebirgen des mittlern und untern Neckarthales, sowie auch des Enz- und Tauberthales hie und da der Fall ist.

§. 90.

Soll ein abgegangener Weinberg wieder erneuert werden, so ist, da über die Lage bereits entschieden ist, hauptsächlich zu untersuchen, ob die Fläche noch den erforderlichen Bodenreichthum besitze, um der neu anzupflanzenden Rebe die nöthige Nahrung zu geben, oder ob derselbe auf natürliche oder künstliche Weise ersetzt werden muß.

Die neuesten Untersuchungen unserer Naturforscher haben gezeigt, daß die Pflanzenwurzeln diejenigen Safttheile, welche nicht zur Ernährung der Pflanzen dienen, wieder von sich geben, ausschwitzen, wie dieses bei den Exkrementen der Thiere der Fall ist (§. 1). Wenn nun eine Pflanze, wie die Rebe, Jahre lang an einer Stelle stehen bleibt, so wird in gewissen Fällen nicht nur die zur Ernährung derselben geeignete Bodenkraft von derselben nach und nach ausgesogen, sondern die Erde wird auch mit ihren Exkrementen immer mehr angefüllt und dadurch unfruchtbar, die ausgeschiedenen Stoffe tragen jedoch die Fähigkeit zur Ernährung anderer Pflanzen in sich, worauf, wie in der Landwirthschaft allgemein bekannt ist, die Fruchtwechselwirthschaft und bei dem Weinbaue auch die natürliche Erneuerung der Bodenkraft der abgegangenen Weinberge beruht.

Die erforderliche Bodenkraft für die Neuanlage wird vorhanden sein, wenn der Boden solche zur Ernährung der Rebe taugliche Bestandtheile in sich begreift, welche nur sehr langsam verwittern und daher demselben immer wieder neue Nährtheile zuführen, wie z. B. da, wo der Boden hauptsächlich aus Kalksteingerölle, Kalkschiefer, hartem Kalk- oder Thon-Mergel, oder aus Urgebirgstrümmern (Granit) oder vulkanischem Boden besteht, und wo zugleich, vermöge der guten Lage und der steilen Abdachung, durch das starke Aufprallen der Sonnenstrahlen die Vegetation ohnehin befördert wird, auch würde in einer solchen Lage und in einem solchen Boden wegen der hitzigen Eigenschaft beider der Versuch, durch die Zwischenanpflanzung anderer Gewächse den Boden ausruhen zu lassen und demselben neue Kräfte zu geben, nur schlecht gelingen, weil hier andere Gewächse, wie Körnerfrüchte oder Futterkräuter, nur schlecht oder gar nicht gedeihen würden. Außerdem kann aber durch die Anpflanzung besonders von tief wurzelnden Futterkräutern (Klee) in einem von Natur triebigem Boden ein Ueberreiz in demselben entstehen, wodurch zwar in den ersten Jahren die Reben ein sehr üppiges Gedeihen zeigen, ohne in diesem Verhältniß einen höhern Ertrag zu gewähren, dann aber aus Ueberreiz bald wieder absterben, wie dieses in dem stark kalkhaltigen Boden des Tauberthales bei vorangegangenem mehrjährigem Kleeinbau der Fall sein soll.

Das alsbaldige Reuten (Rotten) eines Weinberges, nachdem die alten Reben ausgehauen sind, heißt man das Reuten vom Stock hinweg. Wenn aber auch ein solches Reuten vom Stock hinweg vorgenommen werden will oder muß, so sind auch hiebei einige Vorbereitungen nöthig, indem es in manchen Fällen sehr zweckmäßig erscheint, wenn in dem letzten Jahre vor dem Aushauen der Reben dieselben möglichst lang angeschnitten werden, um von ihnen noch den möglichst großen Ertrag zu erzielen, sofort aber alle weitere Bauarbeiten unterlassen, und der Boden mit Klee oder Grassaamen eingesät und sofort nach dem Herbst untergereutet wird, was sehr zur Kräftigung des Bodens beiträgt, ohne demselben einen allzugroßen Ueberreiz zu geben. Außerdem kann auch Rasenerde, Kompost oder sonst ein geeignetes Kräftigungsmittel angesammelt werden, das beim Reuten mit der Erde in den Reutgräben gemischt wird.

§. 91.

Hat der Boden nach dem Abgange eines Weinbergs nicht die nöthige Kraft, um die neugesetzten Reben nachhaltig ernähren zu können, so muß dieselbe, wenn die Rebanlage gedeihen soll, auf irgend eine Weise ersetzt werden. Die natürlichste Ersetzung erfolgt, wenn man den Boden einige Jahre ausruhen und öb liegen läßt, damit derselbe, vermöge seiner Anziehungskraft, durch die Luft, den Thau und den Regen mit denjenigen Bestandtheilen sich schwängern oder diejenigen innern Bestandtheile auflösen kann, welche zur Ernährung der Rebe nothwendig sind. Die zweckmäßigste Ersetzung ist jedoch, wenn der ausgehauene Weinberg einige (4—6) Jahre mit andern und besonders mit tief wurzelnden Gewächsen angebaut wird, wie mit Klee und namentlich dem blauen Klee (Luzerne), indem durch andere Gewächse die für die Rebe unfruchtbaren Exkremente derselben konsumirt, durch das tiefe Wurzeln der Boden gelockert, der Zutritt der Luft befördert und manche befruchtenden Theile aus der Tiefe heraufgeholt werden, so daß durch alles dieses der Boden neue Nahrungssäfte sammeln kann und besonders durch die Verwesung der langen ausgebreiteten Wurzeln, sowie der dichten Grasnarbe demselben viele nachhaltige, der Rebe sehr zuträgliche Nahrungsstoffe zugeführt werden. Da jedoch der Boden durch den Einbau anderer Gewächse gleichfalls in Anspruch genommen wird, so ist es nach den gemachten Erfahrungen angemessen und dem Gedeihen der später anzupflanzenden Rebe sehr förderlich, wenn derselbe, während jener Anpflanzung, einige Male tüchtig gedüngt wird. Namentlich will man die Bemerkung gemacht haben, daß, wenn bei dem längeren Einbau von blauem Klee, besonders in leichterem Boden, nicht vor dem Reuten ein bis zweimal gut gedüngt wird, der Weinberg keine Nachhaltigkeit zeige, sondern mehr ins Holz als in Trauben treibe. Ebenso sollen auch Weinberge, bei welchen der Boden zuvor einige Jahre ganz öb lag, zwar langsamer heranwachsen, aber dauerhafter sein als solche, in welchen zuvor Klee gebaut wurde, weil hier, durch allzustarken Trieb der Rebe, in den ersten Jahren der Stock allzusehr in Anspruch genommen werde und dadurch früher nachlasse.

Die Ausblümung eines Weinbergs mit andern Gewächsen, besonders mit Gras oder Klee, kann entweder im letzten Jahr des Bestands desselben durch die Einsaat zwischen die Rebstöcke (§. 90) geschehen, wobei dann das Aushauen der Rebstöcke erst nach dem Herbst erfolgt, oder der Weinberg wird nach dem Aushauen der Stöcke mit einer Körnerfrucht (Gerste, Einkorn) angeblümt und unter dieselbe dann auch der Gras- oder Kleesaamen gesäet, unter deren Schutze derselbe im ersten Jahre freudig gedeiht.

Der Boden, der eine längere Vorbereitung für das künftige Gedeihen der Rebe erfordert, besteht hauptsächlich in solchem, der weniger alkalische Stoffe, sowie Kalk ꝛc. (§. 75) mit sich führt, wie dieses namentlich bei den kühlen Böden, besonders dem Lehmboden, und bei dem in der Keuperformation entstandenen Thonboden häufig vorkommt, daher in Württemberg auch in solchen Bodenarten die mehrjährige Anpflanzung anderer Gewächse, namentlich blauer Klee, vor der Neuanlage eines Weinberges fast überall eingeführt ist, auch ist zu berücksichtigen, daß bei der Anpflanzung der verschiedenen Gewächse, welche zur Vorbereitung für die Neuanlage eines Weinberges dienen, auf die Beschaffenheit des Bodens besondere Rücksicht zu nehmen ist, indem die Erfahrung lehrt, daß eine gleichförmige Behandlung nicht überall als angemessen erscheint, namentlich, je mehr ein warmer Boden schon an und für sich Kalk, Natron und Kali enthält, desto weniger wird, aus den bereits angeführten Gründen, den künftigen Rebanlagen die längere Anpflanzung von tief wurzelnden und eine starke Grasnarbe gebenden Gewächsen, wie blauer Klee ꝛc., zuträglich sein, vielmehr ist in einem solchen Falle die Anpflanzung von andern Gewächsen oder von einjährigem rothen Klee, wie in dem Ohr- und Tauberthale, angemessener.

Eine künstliche Wiederherstellung der erschöpften Bodenkräfte kann vorgenommen werden durch Aufbringung und das Unterreuten von kräftiger Erde, Kompost, Rasen, stark verwestem Dünger oder durch das Ausfüllen der Reutgräben mit solchen Substanzen, oder durch Belegung derselben mit Reben-, Dorn-, Nadelholzbüscheln, indem diese durch ihre Verwesung der Rebe nicht nur viele Nahrung geben, sondern auch die untern Bodenschichten längere Zeit locker erhalten, wodurch die Wurzeln der Rebe sich überall gehörig ausbreiten können. Hauptsächlich wird bei einer solchen künstlichen Erneuerung der Bodenkräfte darauf Rücksicht zu nehmen sein, daß dadurch den Reben nicht nur die organischen Grundstoffe, die ihre nachhaltige und kräftige Vegetation bedingen, Kohlen-, Wasser-, Sauer- und Stickstoff, sowie die Erzeugnisse derselben, die Kohlensäure, das Ammoniak und Humus (§. 61. 63. 72), sondern auch die erforderlichen unorganischen Stoffe: Kalk, Kali, Natron ꝛc. (§. 75) in gehöriger Menge zugeführt werden, was aber in manchen Fällen mit keinem unbedeutenden Kosten-Aufwand verbunden sein dürfte.

2. Das Reuten (Rotten).

§. 92.

Durch das Reuten (Rotten) eines Weinberges sollen neben einer tiefen, der Rebe zuträglichen Auflockerung des Bodens auch verschiedene andere Zwecke erreicht werden, die wir hier zu betrachten haben und worüber vor dem Beginnen der Arbeit ein angemessener Plan entworfen werden muß, wenn die neue Anlage ganz zweckmäßig ausfallen soll.

a. Lage und Abdachung.

Ein Weinberg soll eine gleiche, möglichst südliche Lage haben, damit die Sonnenstrahlen eine gleiche Wirkung auf denselben ausüben, indem jede Ungleichheit in der Lage auch eine ungleiche Wirkung der Sonnenstrahlen und dadurch eine Ungleichheit in der Zeitigung der Trauben herbeiführt. Wenn daher insbesondere bei der neuen Anlage eines Weinberges ein solcher sich mehr gegen Osten oder Westen neigt, so kann die Lage in eine mehr südliche verwandelt werden, wenn die hintere gegen Osten oder Westen stehende Seite bedeutend erhöht und die Erhöhung erforderlichen Falls durch Mauern oder Grasraine unterstützt wird, wie dieses in manchen Gegenden Württembergs hie und da zur Anwendung gekommen ist, wobei jedoch der Nachbar ohne seine Zustimmung nicht benachtheiligt werden darf.

Sind die Abdachungen an einem Weinberge zu steil, so daß der obere Boden bei starkem Regen leicht abgeschwemmt werden könnte, so muß die Steilheit durch Aufführung von Mauern oder durch Anlegung von Grasrainen auf die §. 57 angegebene Weise gemildert und zu diesem Behufe schon vor der Anlage des Weinberges die erforderliche Vorsorge getroffen, bei deren Errichtung aber die hienach enthaltenen Vorschriften (§. 98) berücksichtigt werden.

b. Unebenheiten.

Bei der neuen Anlage von Weinbergen kommt es nicht selten und hie und da auch bei dem Umreuten alter Weinberge vor, daß sich Vertiefungen und Erhöhungen zeigen, die, wenn der Weinberg eine gleiche Lage erhalten soll, nicht so belassen, sondern ausgeglichen werden müssen. Können die einzelnen Erhöhungen zu der Ausgleichung der Vertiefungen verwendet werden, so kann dieses während des Reutens dadurch geschehen, daß man die Erde auf diejenige Seite schafft, wo sich die Vertiefungen befinden. Ist die Erhöhung in der Mitte, so wird mit dem anzulegenden Reutgraben auf beiden Seiten begonnen und die Erde immer gegen die Vertiefung geschafft, so daß die Erhöhung in der Mitte sich verlieren muß; ist die Erhöhung auf der einen Seite, so wird der Reutgraben auf der niedern Seite angelegt, und die

Erde fortwährend auf diese Seite geschafft, wodurch sich Erhöhung und Vertiefung gleichfalls ausgleichen werden, sind aber nur Erhöhungen und keine Vertiefungen vorhanden oder letztere von ersteren weit entfernt, so müssen in den Erhöhungen vor dem Reuten, je nach dem Zuge derselben, den Berg hinauf oder quer sogenannte Schlitzgräben angelegt und hier so viel Erde aus- und in die Vertiefungen getragen oder bei Seite geschafft werden, bis die Erhöhung ausgeglichen ist, wobei jedoch die Vorsicht zu gebrauchen wäre, die obere humusreiche Erde zuvor abzuheben, bei Seite zu legen und dann beim eigentlichen Reuten in den Untergrund zu schaffen, weil sonst der letztere an solchen Stellen zu mager bliebe.

§. 93.

c. Der Untergrund. Die Entwässerung.

Auf den Untergrund eines Weinberges muß je nach der verschiedenen Beschaffenheit desselben (§. 73) bei und vor dem Reuten desselben besondere Rücksicht genommen werden, indem durch die Heraufschaffung und Vermischung des Untergrunds mit dem Obergrund der letztere öfters bedeutend verbessert werden kann, wie z. B., wenn sich in ersterem Mergel, Gyps, fetter Thonschiefer ⁊c. befindet, oder wenn mit dem obern, lockern, leichten Boden, ein strengerer und schwererer Boden oder auch nicht allzugrobes Steingerölle gemischt, oder wenn der strenge Obergrund durch den mehr sandigen Untergrund lockerer gemacht werden kann. Ist dagegen der Obergrund seicht und befinden sich in dem Untergrund Felsen, so müssen solche so weit ausgebrochen werden, als zur Gewinnung eines angemessenen Obergrundes nöthig ist, wobei die Steine bei steilen Abdachungen zu der Aufführung von Mauern verwendet werden können. Zeigt sich der Untergrund dadurch undurchlassend, daß sich in demselben dünne Schichten von Steinen, wie in dem Mergelboden, die Mergelsteine, oder fester Mergel (Kies), oder zäher Thon (Letten) befinden, so müssen die dünnen Schichten durchbrochen, Steine und Thon beseitiget, oder der letztere, je nach Umständen, sowie der Mergel mit dem übrigen Boden gemischt werden.

Kommen Wasserquellen, oder an einzelnen Stellen kleine Ansammlungen von Wasser, sogenannte Wassergallen, oder überhaupt ein stark wasserhaltiger Untergrund zu Tage, so muß derselbe durch Ableitung des Wassers möglichst trocken gelegt werden. Dieses geschieht, wenn das Wasser nicht in den tiefern Untergrund versenkt werden kann, durch die Anlegung von unterirdischen Gräben, die mit kleineren Steinen ausgefüllt und dann, wie das übrige Gereuth, mit Erde bedeckt werden, und durch die sich dann das Wasser abziehen kann, oder es können, wenn der Wasserandrang stärker ist, auch gemauerte Abzugsdohlen angelegt werden.

In der neuern Zeit ist häufig auch die Entwässerung der Weinberge durch Drainröhren (Drainirung) zur Sprache gekommen, indem bei den außerordentlich günstigen Resultaten, den die Drainirung des Bodens bei andern Culturzweigen herbeigeführt hat, bei den Weinbergen gleichfalls und um so mehr sehr günstige Ergebnisse erwartet werden dürften, als die Reben gerade zu denjenigen Pflanzen gehören, welche eine allzugroße Feuchtigkeit am wenigsten ertragen können, und deßwegen öfters von einer Krankheit, der Gelbsucht, befallen werden, die durch die Drainirung beseitigt werden könne. Außerdem könnte durch den Zutritt der Luft in den untern Bodenschichten mittelst der Drainröhren ein allzustrenger Weinbergsboden milder und lockerer gemacht, und dem Boden vom Frühjahr bis zum Spätjahr eine Menge warmer Luft zugeführt werden, wodurch die Vegetation der Rebe und die Zeitigung der Trauben außerordentlich befördert werden müßte. Nur wäre der Umstand zu befürchten, daß, weil sich die Wurzeln tiefstehender Gewächse häufig der Feuchtigkeit nachziehen, dieses auch bei der Rebe der Fall sein könne, wodurch sich die Drainröhren durch die in denselben sich bildenden Wurzelschwänze bald verstopfen könnten, wie dieses bei Drainanlagen in Baumpflanzungen schon der Fall gewesen seie. Ob nun in Deutschland schon größere Drainanlagen in Weinbergen vorgenommen und ob dabei die in Aussicht gestellten Vortheile auch wirklich erreicht worden sind, ist dem Verfasser nicht bekannt, auch hat eine von ihm im Kleinen angelegte Drainirung in Beziehung auf die Reben kein außergewöhnliches Resultat herbeigeführt. Dagegen wurde bei der Versammlung der deutschen Wein- und Obstproduzenten in Wiesbaden im Spätjahr 1858 angeführt, daß Drain-Anlagen am Neuschateller See und in Frankreich mit gutem Erfolge in den Weinbergen eingeführt werden und daß nach den bisherigen Erfahrungen das Verstopfen der Röhren durch Wurzelgeflechte der Reben nicht zu befürchten sei, weil die Rebe das Wasser nicht so suche, wie saftreichere und wasserhaltigere Pflanzen, als die Weide ꝛc.

Auch in der Gegend von Wien wurden von dem Gärtner Daniel Hovibrenk zu Hitzing gelungene Versuche mit der Drainirung von Weinbergfeldern gemacht, wodurch namentlich auch ein früheres Reifen der Trauben herbeigeführt worden sei.

(Hohenheimer landwirthschaftliches Wochenblatt, 1860, Seite 245.)

Wollen Versuche mit der Drainirung von Weinbergen gemacht werden, so wird es jedenfalls zweckmäßig sein, wenn dieses bei der Neuanlage derselben geschieht, weil, wenn ein alter Weinberg mit einem wasserhaltigen Boden drainirt werden wollte, die an eine größere Feuchtigkeit gewöhnten Wurzeln durch die Trockenlegung des Bodens leicht ausdorren und absterben und der Weinberg dadurch statt zu- bedeutend abnehmen könnte.

In Württemberg dürften sich, nach der Ansicht des Verfassers, die Weinberge in der Bodenseegegend wegen des dortigen größeren Feuchtigkeitsgrades vorzugsweise zur Drainirung eignen, indem dadurch zugleich das häufige Faulen der Trauben verringert und die Zeitigung derselben befördert würde.

§. 94.
d. Die Art des Reutens.

Bei dem Reuten eines Weinberges kommt zunächst zur Sprache, ob derselbe ganz oder nur einzelne Theile desselben gereutet werden sollen, und ob, vermöge seiner mehr oder minder steilen Abdachung und der Beschaffenheit des Bodens, Mauern oder Grasraine erforderlich sind oder nicht.

Sollen nur einzelne Abtheilungen gereutet werden, so muß man sich dabei genau nach der Anlage des übrigen Weinberges richten, damit, gegenüber von diesem, keine Ungleichheiten entstehen, während man bei der neuen Anlage eines ganzen Weinberges freiere Hand hat und planmäßiger auf die bereits angegebene Weise verfahren kann.

Sind Mauern oder Raine aufzuführen, so müssen die Stellen, wo dieses zu geschehen hat, zuvor genau bezeichnet, und der Weinberg in eben so viele Abtheilungen abgetheilt werden, von welchen jede nach einem besondern Plane zu reuten und anzulegen ist, jedoch so, daß die Zeilen der Stöcke möglichst auf einander gehen.

Der Zweck des Reutens besteht übrigens nicht nur in einer tiefen Auflockerung und Umkehrung des Bodens, so daß die obere, durch die Berührung mit der Luft und durch Düngung oder Anpflanzung von andern Gewächsen fruchtbar gemachte Bodenschichte in die Tiefe kommt, um die Reben gehörig tief setzen zu können, und denselben einen zu ihrem Gedeihen gut zugerichteten Boden zu verschaffen, sondern auch darin, daß die untere unfruchtbare Erde an die Oberfläche gebracht, durch Verwitterung fruchtbar gemacht und dadurch den Reben die zu ihrem Gedeihen erforderlichen unorganischen Bestandtheile nach und nach zugeführt werden.

Wenn nun ein Weinberg eine gleiche Lage hat, oder nicht in viele und schmale Abtheilungen durch Aufführung von Mauern abgetheilt ist, wird mit dem Reuten in der Regel unten am Berg dadurch begonnen, daß man einen sogenannten Reutgraben von 3—4 Fuß Breite quer durch den Weinberg, unter Zugrundlegung eines bestimmten Maßes, absteckt, und die Erde sofort, je nachdem man seichter oder tiefer reuten will, 2—3 Fuß tief aushebt und dieselbe entweder auf einen nahe liegenden leeren Platz bringt, oder an das obere Ende der zu reutenden Fläche (die Stirne) trägt, um damit den letzten Graben auszufüllen. Ist der erste Graben ausgetragen, so wird ein zweiter Graben von gleicher Breite abgesteckt, derselbe in gleicher Tiefe, wie der erste Graben, ausgehoben, die Erde in den letztern geworfen und derselbe damit ausgefüllt, wobei darauf zu sehen ist, daß die obere fruchtbare Erde, wenn zuvor Klee gepflanzt wurde, die Kleenarbe, unten in den Graben zu liegen kommt, damit die Wurzeln der Rebe genügende, kräftige und andauernde Nahrung finden. Auch soll besonders ein zäher, strenger, zusammenhängender Boden nicht mit dem Spaten ausgestochen und in den Reutgraben geworfen werden, weil sonst der ganze Stich zusammengeballt beisammen bleibt, und der Boden dadurch wenig oder gar nicht aufgelockert in die Tiefe kommt, wodurch dem Eindringen und Ausbreiten der Wurzeln viele Hindernisse entgegengesetzt werden. Am wenigsten zweckmäßig, sondern sehr verwerflich ist es, wenn, nachdem der Reutgraben ausgeschlagen ist, der nächste zum Ausfüllen bestimmte Boden, an der festen Wand untergraben wird, so daß dieselbe auf einmal in den Graben stürzt, wodurch zwar der Graben größtentheils ausgefüllt, aber ein ganz undurchgearbeiteter Boden in großen festen Massen in den Untergrund kommt, in dem die Reben, wie bereits angeführt, nicht gehörig wurzeln können und durch den auch noch der Abfluß des Wassers in der Tiefe gehemmt wird.

Am zweckmäßigsten ist es, wenn der Boden mit der Haue oder dem zweizinkigen Karst aufgehauen und mit der Schaufel in den Reutgraben geworfen wird.

Hat der Boden viele Steine, wie im mittleren Neckar- im Kocher- Jagst- und Tauberthale, so ist es sehr zweckmäßig, wenn die größten Steine ausgelesen und damit der Boden des Reutgrabens belegt wird, indem die Rebe mit Lust ihre Wurzeln durch die Steine treibt, und das Wasser sich in dem Graben nicht aufhalten kann, sondern unter den Steinen seinen Weg weiter sucht. Besonders angemessen ist dieses, wenn ein Weinberg einen zähen, lettigen, undurchlassenden Untergrund hat (§. 93), doch wird in solchen Fällen manchmal etwas tiefer gereutet werden müssen, damit der Boden über der Steinlage immer noch eine Tiefe von 2 Fuß erhält.

Wie bei dem ersten und zweiten Reutgraben, so wird mit der Anlegung und Ausfüllung der übrigen fortgefahren, bis der ganze Platz umgereutet ist, worauf der letzte Graben entweder mit der vom ersten Graben beigetragenen oder mit anderer disponiblen Erde ausgefüllt wird. Damit jedoch für die Ausfüllung der einzelnen Reutgraben nicht zu wenig und nicht zu viel Erde gewonnen wird, so muß man sich bei der Anlegung derselben, sowohl für die Breite als Tiefe eines bestimmten Maßes bedienen, indem das gereutete Feld stets eine gleiche Tiefe zu erhalten hat, so daß der unter demselben befindliche Untergrund eine gleiche ansteigende Fläche bildet, auf dem das in dem Boden befindliche Schnee- und Regenwasser bequem ablaufen kann. Ein ungleiches Reuten würde viele Mißstände veranlassen und namentlich eine ungleiche Tiefe den großen Nachtheil herbeiführen, daß in den stärkeren Vertiefungen, besonbers bei undurchlaſſendem Untergrund, das Waſſer längere Zeit ſtehen bliebe und Krankheiten der Rebe veranlaſſen würde.

§. 95.

Eine beſondere Vorſicht erfordert das Reuten, wenn, was auch bei alten Weinbergen vorkommen kann, ſich kleinere Erhabenheiten oder Vertiefungen zeigen, oder wenn überhaupt einem Weinberge in Folge einer andern Eintheilung oder der Aufführung von Mauern theilweiſe eine andere Lage gegeben und dieſes bei dem Reuten ausgeglichen werden ſoll. Zeigen ſich nämlich Vertiefungen, welche erhöht werden ſollen, ſo werden an ſolchen Stellen, um mehr Boden zu gewinnen, die Reutgräben breiter gemacht und damit ſo lange fortgefahren, bis die Vertiefung ausgefüllt iſt, wogegen, wenn man an die höher liegende Fläche kommt, an der Breite der Gräben nach und nach etwas abgebrochen wird, bis ſie wieder die urſprüngliche Breite erhalten haben und der gereutete Boden eine gleiche Fläche bildet. Sind Erhöhungen, aber keine Vertiefungen vorhanden, in die man die überflüſſige Erde ſchaffen kann, ſo wird dieſelbe durch anzulegende Schlitzgräben auf die in §. 92 angegebene Weiſe beſeitigt, will man aber, beſonders bei neuen Anlagen, die Lage eines Weinberges wegen der Richtung gegen die Sonne, auf einer Seite etwas erhöhen, ſo kann man dieſes neben der in §. 92 angegebenen Weiſe auch ſchon durch das Reuten dadurch erreichen, daß man mit der Anlegung der Reutgräben auf der niedern Seite in ſchiefer Richtung beginnt und dieſelben tiefer aushebt, wodurch mehr Boden gewonnen und derſelbe dadurch erhöht wird.

Mußten bei ſehr ſtarken Abdachungen ſchmale, durch hohe Mauern geſchiedene Abtheilungen gemacht werden, ſo iſt es zur Erhaltung der Mauern ſehr zweckmäßig, wenn nicht von unten gegen oben, ſondern quer über jede Abtheilung gereutet wird.

§. 96.

b. Das tiefe oder ſeichte Reuten.

Die Tiefe der Reutgräben hängt hauptſächlich von der Lage und Bodenbeſchaffenheit der einzelnen Weinberge ab. Im Allgemeinen darf angenommen werden, daß in hohen, ſteilen Lagen tiefer zu reuten iſt, als in niedern Lagen, weil in jenen der Boden gewöhnlich hitziger iſt, derſelbe durch das ſtarke Aufprallen der Sonnenſtrahlen früher austrocknet und Regen- und Schneewaſſer ſchnell abläuft und daher nicht ſo tief in den Boden bringt, wodurch, wenn nicht durch tiefes Reuten für eine tiefe Bewurzelung der Rebe geſorgt wird, dieſelbe in heißen und trockenen Sommern leicht austrocknen und in der Vegetation zurückbleiben könnte. Unter ſolchen und ähnlichen Verhältniſſen wird daher der Reutgraben an der festen Seite gegen den Berg eine Tiefe von 2½—3 Fuß erhalten dürfen, so daß der umgereutete Boden eine Tiefe von 3—4 Fuß hat. Insbesondere bei ganz neuen Weinbergsanlagen wird bei einem strengen Thon-, Mergel- oder steinigen und felsigen Boden darauf zu sehen sein, daß tief gereutet wird, indem dieses auf die Dauerhaftigkeit des Weinberges einen großen Einfluß hat. Man wird hier, namentlich bei steinigem, felsigen oder hartem, mergeligen (kiesigen) Untergrund immerhin auf eine Tiefe von 4—6 Fuß gehen dürfen. Besondere Umstände können gleichfalls ein vorübergehendes oder theilweises tieferes Reuten veranlassen, wie z. B., wenn an einzelnen Stellen Steine und Felsen, anstatt sie mit vielen Kosten aus dem Weinberg zu schaffen, versenkt, oder der Boden des Reutgrabens nach §. 94 mit Steinen belegt werden soll. Im ersten Falle macht man tiefe Gruben, in die man die Steine hineinwirft, worauf solche wieder mit Erde bedeckt werden. Ferner wenn man, wegen Mangel an besondern Erdengruben, aus dem Weinberge selbst Erde gewinnen will, indem dann von einzelnen Beeten (Abtheilungen) die obere fruchtbare Erde abgehoben und zum Uebertragen des übrigen Weinberges verwendet wird. Solche abgehobene Weinbergsbeete müssen dann bei der neuen Anlage, um sie mit dem übrigen Weinberge wieder in gleiche Lage zu bringen, tief, öfters 6—8 Fuß tief gereutet und der dadurch heraufgeschaffte magere Boden durch starke Düngung möglichst bald verbessert werden.

Ein seichtes Reuten ist hauptsächlich nur da zuträglich, wo der Boden schon an und für sich locker und dem Eindringen der Wurzeln der Rebe keine wesentlichen Hindernisse entgegenstellt, wie dieses in Niederungen bei Sandboden, sandigem Lehm oder bei stark kalkhaltigem Boden der Fall ist.

In solchen, sowie überhaupt in Bodenarten, in welchen mehr ein seichtes Reuten geboten ist, kann ein tiefes Reuten auch nachtheilig wirken, weil dadurch der gute fruchtbare Boden so tief vergraben wird, daß denselben die Rebe in den ersten Jahren ihrer Pflanzung nicht erreichen kann, wodurch sie in der Entwicklung zurückbleibt, auch kann in allzutief gereutetem Boden die Wärme bis zu den Wurzeln der Rebe nur langsam eindringen, wodurch die Vegetation gleichfalls aufgehalten und die vollständige Zeitigung der Trauben (Ueberreife) verhindert wird, so daß ein ungeeignetes Reuten auch die Qualität des Weins verschlechtern kann. In solchen Fällen wird es gut sein, wenn die obere fruchtbare Erde nicht sogleich in die Tiefe geschafft, sondern dieselbe bei Seite gelegt, der Reutgraben zuerst mit magerer Erde von der untern Bodenschichte aufgefüllt und dann erst die gute Erde hineingezogen wird, so daß die neuzusetzenden Reben in dieselbe zu stehen kommen, oder solche mit ihren Wurzeln bald erreichen können.

Außerdem ist noch sehr zu berücksichtigen, ob die anzupflanzenden Traubengattungen viele starke und tiefgehende Wurzeln ansetzen, wie der Trollinger der Urban ꝛc., oder ob dieselben nur einen schwachen Wurzelstock besitzen, wie der Traminer, Sylvaner ꝛc., indem bei ersteren immer einen Fuß tiefer als bei letzteren gereutet werden darf, weil jene, wenn sie älter werden und im Untergrund nicht mehr gehörig Raum und Nahrung finden, gerne gelb werden und kränkeln, während bei letztern Gattungen ein zu tiefes Reuten die Stöcke unfruchtbar machen soll, weil sie mehr ins Holz als in Trauben treiben. Es ist deßwegen auch hieraus ersichtlich, daß eine ungeeignete gemischte Bestockung von stark- und schwachtriebigen Rebsorten nichts weniger als angemessen erscheint, auch wäre es wohl möglich, daß die in einzelnen Weinbaugegenden bestehende Klage, daß der Trollinger gerne an Gelbsucht leide, von einem nicht gehörig tiefen Reuten herkommt. Wenn daher, je nach der Bodenbeschaffenheit, bei starktriebigen Reben eine Tiefe der Reutgräben von 3—4 Fuß als nothwendig erscheint, wird bei schwachtriebigen Reben eine Tiefe von 2—3 Fuß genügen.

Ein seichtes Anlegen der Reutgräben kann auch durch besondere Umstände geboten werden, wenn, wie im Tauberthale, der Obergrund seicht ist und große Felsmassen sich im Untergrund befinden, die sich nicht durchbrechen und beseitigen lassen, oder wenn unter den gleichen Verhältnissen ein zäher, wasserhaltiger Untergrund vorhanden ist, der nicht heraufgeschafft werden will, auf den aber die Reben, als nachtheilig, auch nicht mit ihren Wurzeln kommen sollen. In solchen Fällen wird aber von der Anpflanzung starktriebiger Reben keine Rede sein können.

Will man den Untergrund aus andern Ursachen nicht heraufschaffen, jedoch den Wurzeln der Rebe den Zutritt zu demselben durch Auflockern verschaffen, so wird derselbe $\frac{1}{2}$ Fuß tief aufgehackt und sodann die Erde des nächsten Grabens darüber geworfen.

§. 97.

f. Die Zeit des Reutens.

Das Reuten der Weinberge wird in der Regel vom Spätjahr nach dem Herbst bis zum Frühjahr vorgenommen, weil hier der Weingärtner am wenigsten von seinen übrigen Geschäften in Anspruch genommen wird, mithin die meiste Zeit darauf verwenden kann. Es kommt jedoch auch hiebei sehr auf die Bodenbeschaffenheit an, zu welcher Jahreszeit dasselbe am zweckmäßigsten vor sich gehen kann, ob während des Sommers, oder im Spätjahr vor dem Winter, oder während des Winters, oder im Frühjahr.

Im Allgemeinen muß so frühzeitig gereutet werden, daß sich der Boden vor dem Einlegen der Reben noch gehörig setzen kann, weil, wenn die Rebe in allzu lockern und zerklüfteten Boden zu stehen kommt und derselbe sich erst später setzt, dieselbe eine ungleiche Lage erhält, d. h. bald zu tief, bald zu seicht zu stehen kommt, wodurch die Bewurzelung derselben nicht gehörig vor sich gehen kann, was der Entwicklung äußerst nachtheilig ist.

Bei einem warmen, strengen und sehr geschlossenen Boden, wie beim strengen Thon- und Mergelboden, wird der Sommer und das Spätjahr immer die geeignetste Zeit zum Reuten bilden, wenn der Weingärtner dazu die nöthige Zeit finden kann. Ist dieses nicht der Fall, so sollte das Reuten wenigstens während des Vorwinters in den Monaten November und Dezember geschehen. Ueberhaupt ist diese Zeit in den meisten Fällen die geeignetste für die Reut-arbeiten, besonders auch bei seichtem, etwas lockerem und leichtem Obergrund, damit derselbe die Winterfeuchtigkeit gehörig aufnehmen kann und im Frühjahr, nach dem Setzen der Reben, nicht so leicht austrocknet.

Werden die Reben, wie im Tauberthale, vor dem Winter gesetzt, so muß das Reuten ohnedieß sogleich nach dem Herbst begonnen werden.

Blos bei tiefgründigem, zähem, lettartigem Boden dürfte es angemessener sein, mit dem Reuten desselben erst im Frühjahr zu beginnen, weil sonst der-selbe während des Winters zu viel Wasser anziehen und vermöge seiner Schwere sich allzusehr setzen, dabei wieder zusammenballen und eine feste Masse bilden könnte, was einer guten und starken Bewurzelung sehr hinderlich wäre.

Aus eben diesem Grunde erscheint auch das Reuten während des Winters, besonders in Bodenarten welche die Feuchtigkeit gerne anziehen und lange be-halten, nicht angemessen, am allerwenigsten soll aber der Boden gefroren in den Untergrund gebracht werden, indem derselbe, weil der Zutritt der Wärme fehlt, nur langsam aufthauet und wenn dieses auch nach und nach geschieht, derselbe keine lockere, sondern, wie beim kalten Boden, eine kalte, feste Masse bildet, welche die Vegetation der Rebe nicht befördert, vielmehr zu manchen Krankheiten, wie das Gelbwerden, den schwarzen Brenner ꝛc. Veranlassung gibt. Es ist deßwegen bei der Anlage eines Weinberges von besonderer Wich-tigkeit, die Zeit des Reutens so zu wählen, daß bei dem Umkehren des Bodens derselbe möglichst trocken und locker in den Untergrund kommt.

Wird, wie im Kocher- und Jagstthale, mit dem Reuten zugleich das Setzen verbunden, so hat ersteres sich nach der Zeit des letzteren zu richten.

§. 98.

g. Die Anlegung von Mauern und Rainen.

Die Nachtheile, die mit allzusteilen Abdachungen verbunden sind, sind

bereits nachgewiesen worden (§. 57. 92) und daß daher solche durch Aufführ=
rung von Mauern oder Grasrainen zu mildern sind. In welchen Fällen nun
Mauern oder Grasraine nöthig sind, darüber entscheidet wieder die Bodenbe=
schaffenheit, indem bei einem zähen, bündigen Boden, bei Abdachungen von
20—30 und mehr Graden, noch keine oder wenig Mauern erforderlich sind,
während bei leichterem und loserem Boden, wie bei den steinigen, thon= lehm=
und kalkhaltigen Böden des mittlern Neckar= des Kocher= Jagst= und Tau=
berthals öfters schon Unterstützungen durch Mauern bei 15—20 Graden Ab=
dachung angebracht werden müssen.

Bei steilen Abdachungen wird man sich wegen der Festigkeit und der Höhe
der aufzuführenden Unterstützungen unbedingt für die Herstellung von Mauern
zu entscheiden haben, bei minder steilen kommt aber die Frage in Betracht,
ob es angemessen sei, Mauern oder Grasraine anzulegen. Mauern sind
dauerhafter und geben dem Weinberge ein hübscheres Aussehen als Grasraine,
sind aber sehr kostspielig, daher deren Errichtung nur dann anzurathen ist,
wenn die Steine aus dem Weinberge selbst oder in dessen Nähe gebrochen
werden können; im andern Falle wird man sich mit Grasrainen begnügen
müssen, die zwar weniger dauerhaft sind, den Frost gerne anziehen und Un=
kraut im Weinberg verbreiten, aber von jedem Weingärtner fast ohne Kosten
hergestellt werden können, und dem Aermeren auch einigen Grasertrag ab=
werfen. Bei östlicher, westlicher oder nördlicher Lage, sind die Raine haltba=
rer als bei südlicher Lage, wo dieselben bei heißer Sommerwitterung öfters
so ausbrennen, daß die Grasnarbe abstirbt, und der Rain einrutscht. Zur
Dauerhaftigkeit eines Rains trägt es bei, wenn bei dem Setzen desselben der
grüne Rasen nicht auswärts, sondern auf die Seite (quer) gerichtet, und wenn
der Rain jedes Jahr, so lange noch Feuchtigkeit im Boden ist, gepritscht wird.
Die Höhe der Mauern oder Grasraine richtet sich nach der Steilheit der Ab=
dachung, indem dieselben so hoch aufgeführt werden sollen, daß die einzelnen
Abtheilungen keine steileren Abdachungen als von 20—24 Graden erhalten.

Bei der Anlegung der Mauern (Terrassen) werden dieselben quer über
den Berg entweder in gerader Linie oder schief in einem schwachen Winkel, je
nach der Neigung des Berges, gezogen. Die Dauerhaftigkeit hängt haupt=
sächlich von einem guten Fundament ab, das bei Mauern von 4—5 Fuß
Höhe 1½ Fuß, bei höhern Mauern 2—3 Fuß tief und 3—4 Fuß breit an=
gelegt werden muß. Die Mauer selbst darf nicht senkrecht aufgeführt werden,
sondern muß, um dem Andrange des Wassers und der erweichten Erde mehr
widerstehen zu können, eine Neigung etwa 1 Zoll auf 1 Fuß Höhe gegen den
Berg haben und muß mit guten festen Hintermauern unten von 3, oben von
2 Fuß Breite versehen sein. Statt der Weinbergswege (Furchen) wird in

steilen Weinbergen gewöhnlich ein Geftäffel angelegt, das mit Steinplatten einzufassen ist.

Bei dem Zuge der Mauern ist darauf zu sehen, daß sie soviel als möglich den Reflex der Sonnenstrahlen befördern und dadurch eine gute Wirkung auf die Zeitigung der Trauben ausüben, auch soll durch dieselben die Richtung der von oben kommenden Gewässer geregelt und deren Gewalt durch eine zweckmäßige Vertheilung gebrochen werden. Aus diesem Grunde sind schief angelegte Mauern, wie man sie im Neckarthale bei Untertürkheim, Cannstatt und auch zu Weinsberg findet, zweckmäßiger als geradelaufende, weil über letztere das Wasser bei starken Regengüssen und Wolkenbrüchen von einem Mauerabsatze auf den andern ungehindert stürzen und dadurch nicht nur den Boden an manchen Stellen auswühlen, sondern auch die Mauern selbst umreißen kann. Bei der Anlegung von schiefen Mauern ist dieß weit weniger der Fall, indem am Fuße derselben gleichfalls schiefe Wasserabzugsgräben angebracht werden, welche das Wasser in eine gepflasterte Wasserrinne (Wasserfurche, Geftäffel) führen, wodurch der Ablauf desselben geregelt und größere Bodenabschwemmungen verhindert werden. Solche schiefe Mauern müssen von zwei Seiten gegen die in der Mitte befindliche Wasserrinne ziehen und letztere daher, je nach der Steilheit des Berges, in Entfernungen von 30—60 Fuß angelegt werden.

Will man die durch jeden Regen abgeflößte Erde wieder sammeln, so kann man am Fuße des Geftäffels ausgemauerte und gepflasterte Sammelkästen anlegen, in welche das Wasser geleitet wird und in denen der abgeflößte Boden sich niederschlägt, wie man sie in der Gegend von Würzburg öfters antrifft.

An steilen Bergen und bei geradlaufenden Mauern wird das Geftäffel nicht immer gerade den Berg hinauf durch die Mauern angelegt, sondern an der Seite derselben hinauf geführt, wodurch zwar die Steilheit etwas gebrochen, aber auch die Sicherheit des Tritts, besonders bei schweren Lasten, vermindert und der verderbliche Wasserabzug noch mehr befördert wird.

Sehr zweckmäßig ist es und trägt sehr zur Zierde des Weinberges bei, wenn bei hohen Mauern entweder am Fuße derselben oder durch Einsetzung von Reben in die Mauern selbst, Rebgelände (Kammerzen) angelegt und dadurch der durch die Anlegung der Mauern verloren gegangene Boden wieder ersetzt wird (§. 128—130). Bei der Einlegung der Reben in die Mauern werden in denselben Oeffnungen von 4—6 Zoll im Quadrat gelassen und sodann hinter und durch dieselben 3—4 Fuß lange Reben 2—4 Fuß tief von oben eingelegt und in Entfernungen von 8—10 Fuß hervorragende Steine mit viereckigen Löchern eingesetzt, in welche die zum Gelände erforderlichen Rahmschenkel eingesteckt und befestigt werden.

3. Die Setzreben.

§. 99.

Bei der neuen Anlegung eines Weinberges können die dazu erforderlichen Reben entweder
    a. aus Samen, oder
    b. aus dem Holze erzogen werden, b. h. im letztern Fall
in Wurzelreben oder
in Schnittlingen (Blindreben)
bestehen.

a. Die Erziehung aus Samen.

Die Erziehung der Rebe aus Samen ist nirgends allgemein gebräuchlich und ist bis jetzt nur von einzelnen Oenologen versuchsweise in Anwendung gekommen, weil es sehr lange ansteht (8—12 Jahre), bis von den aus Samen gezogenen Reben ein vollkommener tragbarer Rebstock herangebildet ist und weil, wenn dabei nicht mit aller Sorgfalt verfahren wird, die herangezogenen Rebstöcke entweder weit geringere (herbe und saure) Trauben als der Mutterstock, oder von demselben ganz verschiedene Trauben, sogenannte Bastarde, geben, die häufig gleichfalls von geringem Werthe sind. Da jedoch auf der andern Seite durch die Erziehung der Rebe aus Samen dauerhaftere, an die klimatischen Verhältnisse mehr gewöhnte und den verschiedenen Beschädigungen und Krankheiten weniger ausgesetzten Rebstöcke erzogen und durch Befruchtung während der Blüthe neue schätzbare Traubengattungen gewonnen werden können, bei welchen die gegenseitig guten Eigenschaften von zwei Gattungen vereinigt erscheinen würden, wie z. B. bei einer Vereinigung des weißen Burgunders mit dem weißen Rießling, oder mit dem grünen Muskateller, die frühere Reife und das feine Bouquet, so wäre es, besonders für den deutschen Weinbau, von großer Wichtigkeit, wenn ausgedehnte nachhaltige Versuche mit der Erziehung der Rebe aus Samen angestellt würden, was aber, weil die anzustellenden Versuche viele Jahre erfordern dürften, nur in einer zu errichtenden Weinbauschule mit Erfolg geschehen könnte, daher auch aus diesem Grunde die Errichtung einer solchen sich empfehlen dürfte (§. 51).

Wir wollen nun versuchen, darzustellen, auf welche Weise ein nachhaltig guter, gesunder und kräftiger Rebstock aus Samen gewonnen werden kann.

Jede Frucht kann aus dem Kerne nur dann in ihrer ganzen Vollkommenheit erzogen werden, wenn sie vollständig ausgezeitigt ist und also auch der Kern seine vollständige Reife erlangt hat, Pflanzen aus minderreifen Kernen erzogen, gleichen häufig nicht mehr dem Mutterstock, sondern bestehen in sogenannten Wildlingen, die nur unvollkommene wenig schmackhafte oder gar keine Früchte hervorbringen, wie bei den aus Kernen erzogenen Obstbäumen schon vielfach die Erfahrung gemacht worden ist. Wenn man daher aus Traubenkernen Reben von der gleichen Sorte erziehen will, so müssen die dazu erforderlichen Trauben nicht nur in ganz vorzüglichen Jahrgängen, in welchen dieselben ihre vollständige Reife, wo möglich Ueberreife, erlangt haben, sondern auch von besonders tragbaren Stöcken und von diesen wieder von den ausgezeitigtsten Reben genommen werden, so daß auch die Kerne durch ihre braune Farbe die §. 7 näher beschriebene Reife vollständig nachweisen. Außerdem sind die Trauben nur von solchen Stöcken zu nehmen, bei welchen man versichert ist, daß sie während der Blüthe nicht von andern Traubengattungen befruchtet worden sind und dadurch keine Bastarde zu Tag kommen, mithin nur von rein, d. h. von ein und derselben Traubengattung bestockten Pflanzungen.

Die auf diese Weise gesammelten Trauben werden in einem dem Frost nicht unterworfenen Lokale bis zum künftigen Frühjahr durch Aufhängen oder auf andere Weise vor eigentlicher Fäulniß bewahrt, nachdem zuvor die weniger ausgebildeten Beere davon entfernt worden sind. Im Monat März werden dann die Kerne aus den fast ganz vertrockneten Beeren herausgenommen und die ausgebildetsten zur Aussaat in der Art verwendet, daß man dieselben in gute, feine mit etwas Sand vermischte Erde in Reihen ziemlich weit auseinander säet, oder steckt und ½ Zoll hoch mit Erde bedeckt. Die Aussaat kann entweder im freien Land oder in einem Mistbeet geschehen, jedenfalls muß aber eine solche Einrichtung getroffen werden, daß die jungen Pflänzchen vor den Nachtheilen der Frühjahrs- und Spätjahrsfröste gesichert sind. Gehen die Pflanzen zu dicht auf, so werden die schwächeren ausgezogen, damit für jede derselben ein Raum von 3 Zoll im Quadrat bleibt und im Uebrigen vom Unkraut rein erhalten. Während des Winters werden sie mit Stroh und leichtem Dünger bedeckt, so daß die Kälte keinen Schaden thun kann. Im zweiten Jahre werden die jungen Pflanzen im Frühjahr kurz beschnitten, so daß nur ein Auge sichtbar bleibt und mit kurzen Pfählen versehen, an welche die neuen Triebe gebunden werden. Im dritten Jahre werden die Stöcke gleichfalls kurz beschnitten und jedem Stock nur ein Trieb oder eine Rebe gelassen, die an das Pfählchen gebunden wird. Sind die Stöckchen erstarkt, so können sie im 4. oder 5. Jahre ausgehoben und wie Wurzelreben versetzt werden, in welchem Falle alle Triebe bis auf einen abgeworfen werden, an dem man 3—4 Augen stehen läßt, der wie Wurzelreben oder Schnittlinge mit dem Wurzelstock in den Boden kommt, bis auf 1 Zoll mit Erde bedeckt, und an dessen oberem Ende in den folgenden Jahren durch Abwerfen der jungen Triebe der Kopf erzogen wird. Solche aus Samen gezogene Stöcke erhalten viele feine Haarwurzeln, die zum Einsaugen der Bodensäfte geschickter sind, als die Wurzeln der andern Reben, wodurch der Weinberg dauerhafter und tragbarer werden solle.

Außerdem lassen sich auch durch künstliche Befruchtung neue Traubensorten erziehen. Sprenger sagt im dritten Theil seines Weinbaues S. 108, daß sich durch künstliche Befruchtung die Eigenschaften zweier Traubensorten, die zu gleicher Zeit blühen, in der aus dem Kern erzogenen Rebe vereinigen lassen, wenn man, noch ehe die Blumen sich öffnen und ehe die Staubfäden den Samenstaub ausfließen lassen (§. 6), denn etwas vom eigenen Samenstaub der Pflanze gehört zur Befruchtung, in den Blumen der einen Blüthe alle Staubbeutel abschneidet und auf die Narbe der andern Blume den ausfließenden Samenstaub mit einem Pinsel in ziemlicher Menge so aufträgt, daß er sich mit der von der Narbe ausschwitzenden Feuchtigkeit vermischt, wie dieses bei gleichblühenden und nahe bei einander stehenden Weinstöcken durch den Wind, die Insekten ꝛc. zufällig geschieht. Es wäre deßwegen sehr interessant, wenn hierüber weitere Versuche angestellt werden wollten.

§. 100.

b. Die Erziehung aus dem Holze.

Das einjährige und zum Theil auch das zweijährige Rebholz zieht Wurzeln und treibt an den Augen junge Schoose, sowie es in den Boden gebracht wird, worauf die Erziehung und Fortpflanzung der Rebe aus dem Holze beruht.

Bei der Auswahl und Zurichtung des Holzes sind jedoch verschiedene Rücksichten zu beobachten, die einer besondern Erörterung bedürfen.

Nachdem man sich über die Sorten, die angepflanzt werden sollen, entschieden hat (§. 84—88), ist es die erste Sorge, daß man die betreffenden Reben in reiner, gesunder, unverfälschter Qualität bekommt. Man kann zwar die Gattung des Rebholzes an der Farbe desselben, an dem Abstande der Gelenke, an der Form der Augen ꝛc. erkennen, es gehören aber hiezu sehr erfahrene Weingärtner und auch diese können sich täuschen, weil es einzelne Rebgattungen gibt, die sehr schwer von einander zu unterscheiden sind. Damit hier keine Verwechslung vorgeht, ist es sehr angemessen, wenn man die Reben aus eigenen Weinbergen nehmen kann und wenn man in denselben, besonders bei gemischten Bestockungen, die betreffenden Stöcke (etwa mit einer Weide am Schenkel) genau bezeichnet. Jedenfalls sind die Reben, wenn man nicht betrogen werden will, nur von ganz zuverlässigen Weingärtnern zu beziehen. Das Sammeln geschieht in der Regel im Frühjahr bei dem Schneiden der Rebstöcke, da, wo aber schon vor dem Winter gesetzt oder zum Theil geschnitten wird, auch beim Schneiden im Spätjahr, nur muß dann im letztern Falle für gutes Aufbewahren der Reben während des Winters durch Einschlagen in Sand oder Erde im Keller oder freien Land gesorgt werden.

Nicht jede Rebe ist aber zur Setzrebe tauglich, wenn der künftige Ertrag des Weinberges ein guter sein soll, weil es unter jeder Traubengattung auch weniger fruchtbare und hie und da fast unfruchtbare Stöcke (wie der Rauh=Elbling §. 14) gibt, die sich auf gleiche Weise fortpflanzen und von welchen daher keine Setzreben gesammelt werden dürfen, vielmehr muß das Rebholz nur von solchen Stöcken und Schenkeln genommen werden, welche sich durch besondere oder mindestens gute Fruchtbarkeit auszeichnen, weßhalb die Stöcke wo möglich mehrere Jahre lang zu beobachten und besonders zu bezeichnen sind. Auch muß das Holz stark, gesund und mit engstehenden Augen versehen sein, wobei man sich jedoch, ohne sich von der guten Tragbarkeit eines Stocks über= zeugt zu haben, von dem etwa starken Holztrieb nicht täuschen lassen darf, in= dem unfruchtbare Stöcke öfters am meisten Holz treiben; aber auch schwaches, nicht völlig reifes, erfrorenes oder sonst beschädigtes Rebholz darf nicht zur Nachzucht genommen werden. Besonders bei solchen Rebsorten, welche sich in verschiedene, von einander schwer zu erkennende Unterarten abtheilen, wie z. B. bei dem Clevner (§. 31) erfordert die Auswahl der Reben und deßhalb die genaue Bezeichnung der tragbaren Stöcke eine besondere Sorgfalt.

Da die Rebstöcke im Alter im Ertrag und Trieb nachlassen und daher häufig kein kräftiges, gern tragbares Rebholz mehr hervorbringen, so besteht die weitere Regel, daß das Setzholz von keinen alten, sondern von jungen, kräftigen, jedoch bereits im Ertrag stehenden Weinbergen genommen werden soll, indem nur von dem Setzholze aus diesen dauerhafte und reichlich tragende Stöcke erwartet werden dürfen. Die Lage und der Boden, in welchem eine Rebe gewachsen ist, haben auf das künftige Gedeihen und die Ertragsfähigkeit derselben gleichfalls wesentlichen Einfluß. Die Setzreben sollen daher eher aus einer kalten in eine wärmere Lage, als umgekehrt gebracht werden, zu welchem Behuf z. B. die Reben zur Anpflanzung auf Höhen, welche den Winden stark ausgesetzt sind, von ähnlichen Weinbergen und nicht von wärmeren Geländen genommen werden sollten, weil jene an die rauheren climatischen Einflüsse weit mehr, als letztere gewöhnt sind. Dagegen werden Reben von rauheren Ge= länden in gelindere versetzt, gewöhnlich sehr freudig gedeihen. Aehnliche Ver= hältnisse finden auch bei dem Boden statt, daher Reben aus sehr warmem und fruchtbarem Boden nie in mageren und kalten, wohl aber umgekehrt verpflanzt werden sollten, indem die im fetten Boden erzogenen Reben ein weites Ge= fäßsystem besitzen, dick und weich sind, und daher in einem magern Boden schlecht vegetiren werden. Aus diesem Grunde sind auch Reben von im Garten gezogenen masten und kräftigen Rebgeländen (Kammerzen) weniger für eine Weinbergsanlage geeignet, als diejenigen von gewöhnlichen Rebstöcken.

In keinem Falle sollten die Reben aus vernachläſſigten, herabgekommenen Weinbergen mit ausgeſaugtem Boden genommen werden, indem die Stöcke in ſolchen Weinbergen ſelten gute und fruchtbare Reben hervorbringen.

§. 101.

Die zum Setzen erforderlichen Reben werden gewöhnlich von dem einjährigen Holze, in einzelnen Gegenden, wie im oberen Neckarthale und am Traufe der Alp, aber auch vom zweijährigen Holze und zwar vom vorjährigen Bogen, an dem man etwas einjähriges Holz ſtehen läßt, genommen, daher man ſolche Reben, wegen ihrer gebogenen Form, Krägen nennt. Sie ſollen dauerhaftere Weinberge, als diejenigen von einjährigem Holz geben, was aber ohne Zweifel daher kommt, daß in dem dortigen, rauheren Clima das einjährige Holz, beſonders in den obern Theilen, weniger gut ausgeitigt, wodurch bei deſſen Verwendung das Gedeihen der neuen Anlage weit mehr in Frage geſtellt wird, als wenn man zur Unterlage zweijähriges Holz nimmt und an demſelben nur einige untere Augen vom einjährigen, jedenfalls am meiſten ausgezeitigten Holze ſtehen läßt.

An welchen Theilen des Rebſtocks das Rebholz gewachſen, iſt nicht gleichgültig, indem in der Regel das aus dem Kopfe oder aus Zapfen (Knoten) auf dem Kopfe gewachſene Holz, wenn auch dünner, doch weit kräftiger und fruchtbarer, mithin tauglicher zur Fortpflanzung iſt, als das Rebholz aus dem harten Holze, auf dem Schenkel, oder am äußerſten Ende der Bogrebe (dem Schnabel) oder vom Zapfen eines Schenkels, daher hauptſächlich von jenen Theilen des Rebſtocks die Setzreben geſammelt werden ſollten.

Die einzelnen Theile einer Rebe taugen gleichfalls nicht gleich gut zur Fortpflanzung. Der untere Theil derſelben, der auf dem alten Holze aufgeſeſſen, iſt in der Regel kräftiger und ausgereifter, als der mittlere und obere Theil, daher jener hauptſächlich nur zur Fortpflanzung verwendet, der übrige Theil aber beseitigt werden ſollte; auch iſt es gut, wenn man beim Schneiden der Reben noch etwas vom alten Holze mit abſchneidet, damit das junge Holz bis zum Gebrauche nicht ausdorrt.

Vor dem Gebrauche muß die Rebe auf eine beſtimmte Länge eingekürzt werden, was man Zuſchneiden heißt. Die Länge iſt, je nach den verſchiedenen Setzarten verſchieden (§. 111, 112), doch muß ſtets auf eine angemeſſene Länge geſehen werden, damit die Rebe nicht blos am Fuße, ſondern auch an den untern Seitengelenken eine gute Wurzelkrone treibe (§. 1) und dadurch ſich gehörig befeſtigen und die erforderliche Nahrung aus dem Boden einſaugen kann.

Iſt die Rebe zu kurz, ſo kann ſich entweder nur eine Wurzelkrone ausbilden, oder die obere kommt zu ſeicht zu ſtehen, wodurch ſie durch Froſt, Hitze oder durch die Bearbeitung des Bodens beim Hacken leicht beschädigt werden kann.

In der Regel hat die Setzrebe eine Länge von 1½—1¾ Fuß, was gewöhnlich die Länge von der Spitze des mittlern Fingers bis zum Ellenbogen ist, wornach die Weingärtner das Maß nehmen. Nach diesem Maß wird die Rebe oben etwa ¼—½ Zoll über dem Auge, damit dieses Saft behält und nicht so leicht verdorrt, unten aber so abgeschnitten, daß der Wulst vom Auswuchs aus dem alten Holze, wo die Rebe eine schwache Biegung macht, stehen bleibt, indem die hier sich zeigenden kleinen Augen sehr dazu beitragen, daß der Stock bald mehrere Wurzeln treibt, dadurch bald eine gute Wurzelkrone bekommt und erstarkt und gedeiht; auch will man behaupten, daß nur solche unten etwas gebogene Reben Pfahlwurzeln treiben, indem durch die Biegung die Wurzelausschläge mehr dem Untergrunde zugewiesen werden; andere Reben, welche gerade und nicht gebogen sind, sollen nur horizontale Wurzeln treiben. Manche Weingärtner lassen beim Schneiden der Reben aus Unkenntniß noch vom alten Holze stehen, da jedoch dieses sich nicht so schnell bewurzelt, wie das einjährige Holz, vielmehr gerne fault und die Fäulniß auch der Rebe mittheilt, so erscheint eine solche Behandlungsweise ganz fehlerhaft. Ist an dem Schnittling nichts mehr vom alten Holz vorhanden, so wird die Rebe unter dem untersten Auge, wo das Holz (der Steeg) das Mark durchkreuzt, eben geschnitten, so daß man nichts oder wenig mehr vom Marke sieht, was die gute Folge hat, daß bei einem solchen gleichen ebenen Schnitt der untere Theil der Rebe leichter überwächst und Wurzeln treibt. Da, wo mit der neuerlich eingeführten Rebscheere geschnitten wird, erhalten die Reben oben und unten einen ebenen Abschnitt, bei dem Schneiden mit der Hape wird aber oben gewöhnlich schief geschnitten, wobei darauf zu sehen ist, daß der Abschnitt gegen das obere Auge gerichtet ist, weil dasselbe sonst bei starkem Ausfluß des Saftes leicht ersaufen könnte.

Sowohl beim Sammeln der Reben nach dem Schneiden, als beim Zuschneiden derselben müssen sie vor der Sonne geschützt werden, weil sie leicht austrocknen; wenn daher das Setzen nicht sogleich erfolgt, so sind sie entweder in einem Keller aufzubewahren und von Zeit zu Zeit mit Wasser zu begießen, oder an einem schattigen, kühlen Ort in Erde einzuschlagen, so daß blos die Spitzen sichtbar, oder, wenn die Aufbewahrung länger dauert, auch diese 2—3 Zoll hoch mit Erde bedeckt sind. Das Einschlagen in Erde verdient jedoch vor der Aufbewahrung in dumpfen Kellern den Vorzug.

§. 102.
c. Die Wurzelrebe.

Die zugeschnittene Rebe (Schnittling, Blindrebe) kann entweder sogleich zu der Weinbergsanlage verwendet, oder zuvor zu einer Wurzelrebe herangezogen werden. Letzteres geschieht entweder in besondern Rebländern oder durch Ableger von tragbaren Rebstöcken.

Die Ausbildung der Rebe beruht hauptsächlich auf ihrer mehr oder minder starken Bewurzelung, indem die Wurzeln die Hauptnahrungsorgane sind, welche die zum Wachsthum der Rebe erforderlichen Stoffe aufnehmen und derselben zuführen (§. 1). Je wurzelreicher daher eine Rebe ist, desto mehr Nahrungsstoffe kann sie aufnehmen und auf ein desto besseres Gedeihen des künftigen Rebstockes darf gerechnet werden. Bei der Anlage eines Reblandes ist daher darauf, sowohl hinsichtlich der Lage als des Bodens, besondere Rücksicht zu nehmen. Diesem zufolge muß dasselbe eine warme, womöglich gegen Morgen oder Mittag sich neigende Lage und einen guten, warmen, lockern, nicht zu fetten, lieber etwas magern, sandigen Boden haben, der Wärme und Feuchtigkeit gerne aufnimmt und letztere nicht zu lange behält, indem in einer solchen Lage und in einem solchen Boden die Vegetation und Bewurzelung sehr befördert wird, und, wenn die Reben später in einen fetteren Weinbergsboden kommen, in demselben weit besser gedeihen, als im umgekehrten Fall. Will man nur für eine bestimmte Weinbergsanlage Wurzelreben ziehen, so ist es zweckmäßig, wenn dieselben in gleichem Boden erzogen werden. Ein allzufetter und triebiger Boden, wie gutes Gartenland, sollte aus dem bereits angeführten Grunde (§. 100) nie zu einer Rebschule benützt werden.

Zur Anlage eines Reblandes wird der Boden $1\frac{1}{2}$—2 Fuß tief umgegraben und sofort, in Entfernungen von 2—3 Fuß, Gräben etwas schief von 1—1½ Fuß Tiefe und Weite gezogen und in dieselben die Reben schief an der Wand des Grabens 3—5 Zoll weit eingelegt, worauf von der ausgeschlagenen Erde wieder etwas in den Graben geworfen, der Fuß der Rebe festgetreten und der Graben sofort mit der übrigen Erde zugefüllt wird. Die Bedeckung des obern Theils der Rebe mit Erde darf 1 Zoll, diejenige des untern Theils 5—6 Zoll nicht überschreiten, auch kann man das Anwachsen derselben dadurch befördern, daß man den Graben zuvor mit Schleimsand, Floßerde, Compost oder Moos auslegt. Jedenfalls muß darauf gesehen werden, daß der untere Theil der Rebe nicht auf den ungereuteten Boden zu stehen, sondern immer noch 4—5 Zoll gereuteten und besonders guten fruchtbaren Boden unter sich hat, indem sonst die untere, mithin die wichtigste Wurzelbildung nicht gehörig vor sich gehen kann, man muß daher schon beim Umgraben des Bodens darauf geeignete Rücksicht nehmen. Auch das Eingießen der Reben mit Wasser, besonders bei warmer Witterung und trockenem Boden ist sehr anzurathen. Will man auf beiden Seiten des Grabens Reben einlegen, so muß derselbe eine Weite von 3 Fuß erhalten

Das Einlegen der Reben in das Rebland geschieht am zweckmäßigsten sogleich nach dem Schneiden, indem dann der Boden in der Regel noch Winterfeuchtigkeit hat und die Reben noch frisch und nicht vertrocknet sind, so daß bei den meisten ein gutes und kräftiges Anwachsen erwartet werden darf. Ist jenes aber nicht möglich, so müssen die Reben, wie bereits bemerkt (§. 101), sorgfältig an einem kühlen Ort oder durch Einschlagen in Erde aufbewahrt werden.

Während des Sommers wird das Rebland einigemal gefelgt und von Unkraut rein erhalten, im Spätjahr aber die angewachsenen Reben nach dem Laub gemustert und die falschen Stöcke von andern Sorten, was selten ganz zu vermeiden ist, ausgeschieden und sofort die Reben angehäufelt oder mit Erde bedeckt, damit sie gegen die Winterkälte verwahrt sind. Im folgenden Frühjahr wird die Erde von den jungen Trieben bis zu dem Kopfe hinweggezogen und, weil sich bald neue Triebe zeigen, die jungen Stöcke frühzeitig bis auf ein Auge abgeworfen, damit sich ein kleines Köpfchen bildet. Sind die Triebe des ersten Jahres noch schwach, so können dieselben auch blos eingekürzt werden, sind sie aber sehr stark, so kann die einjährige Rebe (Einlauber), welche in diesem Falle gute, dicht am Stock stehende Wurzelkronen mit zarten Wurzeln gebildet haben wird, auch schon herausgenommen und zum Versetzen im Weinberg verwendet werden. Bleibt sie aber noch ein Jahr im Rebland stehen, so wird sie im zweiten, wie im ersten Jahre behandelt und im darauffolgenden Frühjahr (Zweilauber), entweder gleichfalls auf ein Auge abgeworfen oder zum Versetzen verwendet. Die Reben mehr als zwei Jahre im Rebland zu lassen, erscheint nicht sehr angemessen, weil dieselben dann zu starke Wurzeln ziehen, die beim Versetzen nicht mehr gerne anwachsen. Eine zweijährige Erziehung erscheint daher am zweckmäßigsten, oder in dem angeführten Falle, besonders wenn die Rebe in kräftigem, triebigem Boden erzogen wird, auch eine einjährige, indem sich dann die Rebe beim Versetzen schneller an die neuen Boden- und climatischen Verhältnisse gewöhnt und noch nicht verholzt ist, sondern eigene Kraft besitzt, um aus sich selbst neue Wurzeln zu treiben.

§. 103.

Will man nicht in besondern Rebländern Wurzelreben ziehen, oder hat man dazu keine Gelegenheit, so kann dieses auch in den Weinbergen selbst, besonders in jungen, durch Heranziehung von Ablegern (Fechser, Fößling) geschehen. Wenn ein Stock einen überflüssigen Schenkel oder aus dem Kopf mehrere lange Ruthen (Wasserruthen, Bodenhölzer) getrieben hat, die nicht zur Ergänzung der Schenkel nöthig sind, so können dieselben neben dem Stock und ohne sie von demselben zu trennen, dadurch eingelegt werden, daß man eine $1/2$ oder gegen 1 Fuß tiefe und 1 Fuß lange Grube gräbt, den Schenkel oder die Rebe in dieselbe einlegt, auf der Stockseite mit zwei gekreuzten Pfählchen befestigt, sofort die Grube wieder mit Erde zufüllt, solche festtritt und die Rebe am andern Ende der Grube heraufzieht, bis auf 4—6 Augen abwirft und, damit sie aufrecht stehen bleibt, an einem kurzen Pfahl festbindet. Solche Reben treiben nicht nur häufig schon im ersten Jahre einige Trauben, sondern ziehen auch Wurzeln, so daß sie im folgenden Frühjahr oder längstens im zweiten Jahre von dem Mutterstock, da wo sie in die Erde gezogen wurden, abgelöst, ausgezogen und zum Versetzen verwendet werden können. Doch ziehen solche Ableger, weil sie vom Mutterstock nicht getrennt sind, selten einen solchen starken und gut bewurzelten Fuß, wie die im Reblaub gezogenen Wurzelreben, daher sie weniger zum Versetzen bei der Anlage neuer Weinberge, als zur Ergänzung nebenstehender abgegangener Rebstöcke brauchbar sind, in welchem Falle sie schon beim Einlegen an die Stelle des abgegangenen Stocks gezogen werden und, nachdem sie vom Mutterstock abgelöst sind, im Boden stehen bleiben.

Die zum Einlegen bestimmten Schenkel oder Reben werden schon beim Schneiden dadurch bezeichnet, daß man dieselben nicht beschneidet oder einkürzt, auch nicht von Vollhacken reiniget, sondern blos vom Schenkel das alte und kurze Holz hinwegnimmt, so daß nur noch die zum Einlegen bestimmte Ruthe übrig bleibt. Das Einlegen kann dann entweder sogleich oder erst beim Hacken geschehen, daher solche Stöcke auch Hackstöcke genannt werden.

Auf ähnliche Weise werden auch die sogenannten Korbstöcke erzogen, indem die einzulegende Rebe in einem von Weiden geflochtenen 10—12 Zoll hohen und 5—6 Zoll weiten Korb gezogen wird, der unten am Boden mit einer 1 Zoll im Quadrat haltenden Oeffnung versehen ist, in dem Korb sofort aufgerichtet, derselbe in die Grube eingesetzt und mit Erde gefüllt und umgeben wird, so daß die abgeworfene Rebe noch mit 4—6 Augen aus dem Korb und dem Boden hervorsteht. Die Rebe zieht in dem Korbe Wurzeln, wird dann im folgenden Frühjahr dicht unten am Korb abgeschnitten, mit dem Korbe herausgenommen und dahin versetzt, wo man sie nöthig hat. Es gewährt eine solche Erziehung den großen Vortheil, daß durch die Versetzung die Bewurzelung der Rebe nicht gestört wird, und dieselbe dadurch an ihrer neuen Stelle, da das Flechtwerk des Korbes im 2. oder 3. Jahre verfault ist, sich ungehindert ausbreiten kann.

Statt dem vorjährigen Holz kann man auch grüne Sommertriebe, besonders von jungen, noch nicht im Ertrag stehenden Weinbergen, während oder sogleich nach der Blüthe als Ableger einlegen, die im gleichen Jahre noch Wurzel ziehen und im folgenden Frühjahr versetzt werden können, wie dieses im Ohrthal hie und da vorkommt. Solche Ableger nennt man Gräßling.

Außerdem lassen sich auch nach §. 11 bei der Anlegung junger Weinberge mit Schnittlingen dadurch Wurzelreben erziehen, daß man die Reben etwas weit von einander einlegt und wenn beide wachsen, eine Rebe mit den Wurzeln herauszieht, ausscheidet, oder sogenannte Scheidstöcke macht, wobei man jedoch sehr vorsichtig zu Werke gehen muß, damit der im Boden bleibende Stock nicht verletzt wird.

Hat man nur wenige Reben von seltenen Gattungen, so kann man dieselben dadurch vermehren, daß man die Reben wagerecht in das Rebland 2—3 Zoll tief einlegt und dieselbe mit guter feiner Erde bedeckt, so daß jedes Auge einen Trieb mit einer Wurzelbildung macht. Nach Verfluß des ersten und zweiten Jahres werden diese Triebe etwas eingekürzt, und im dritten Jahre, wenn sie gehörig Wurzeln gebildet haben, von einander getrennt und jeder Trieb besonders versetzt und so behandelt, wie nach §. 99 die aus Samen gezogenen Stöckchen. Man kann auch die Reben vor dem Einlegen auf 2—3 Augen zerschneiden, sie der Länge nach in gute Gartenerde 4—6 Zoll von einander bis an das oberste Auge einsenken und dann auf die angegebene Weise behandeln, doch werden solche Stöcklinge mehr für Gartenanlagen oder für Zucht in Töpfen erzogen, als für Weinbergsanlagen, weil die Erziehung viel zu viel Zeit erfordert und solche Stöcke wegen des kurzen Wurzelstocks nur in ganz vorzüglichen Boden taugen.

§. 104.

d. Die Schnittlinge (Blindreben).

Wie die zum Setzen zu verwendenden Schnittlinge oder Blindreben gesammelt, geschnitten und bis zum Setzen aufbewahrt werden sollen, ist bereits abgehandelt worden (§. 100—101). Manche Weingärtner wollen jedoch wissen, ob die Reben auch den erforderlichen Trieb haben, oder sind der Meinung, daß dieselben besser anwachsen, wenn man sie zuvor antreiben lasse und sie dann erst später (Ende Mai oder Anfangs Juni) in warmen Boden bringe, es ist daher in einzelnen Orten und Gegenden, wie bei Heilbronn, das Stürzen oder das verkehrte Einlegen der Reben in eine Grube eingeführt. Durch dieses Stürzen solle bewirkt werden, daß die obern Augen, welche Schooße treiben, als tief in kühler Erde, zurückgehalten werden, weil sie, wenn sie stark angetrieben hätten und beim Setzen an die Luft und Sonne kämen, leicht abbrennen könnten, wogegen bei den untern Augen, welche beim Setzen in den Boden kommen und zur Wurzelbildung beitragen sollen, als der Sonnenwärme mehr ausgesetzt, der Trieb erweckt wird, wodurch dieses Verfahren zwar den Vortheil gewährt, daß diejenigen Reben, welche keine oder nur eine geringe Triebkraft haben, ausgeschieden werden können und daß die getriebenen Reben, wenn sie unbeschädigt in den warmen Boden kommen, gerne und schnell anwachsen, besonders wenn die Reben schon etwas stark angetrieben haben, die

Triebe beim Setzen leicht abgestoßen werden können, in welchem Falle der Trieb entweder ganz unterdrückt wird, oder von den Reben wieder neue Triebe gemacht werden müssen, mithin das Anwachsen verzögert wird oder unvollständig geschieht, so kann eine solche Behandlungsweise, weil bei derselben, wenn auch aus dem abgestoßenen Auge oder Trieb nicht unmittelbar die Wurzeln entstehen (§. 1), doch die Wurzelbildung verzögert oder gestört wird, in keinem Falle zur allgemeinen Anwendung empfohlen werden. Noch viel weniger kann das Antreiben der Reben in lehmhaltigem Wasser oder in ähnlicher Gülle angerathen werden, weil die Reben dadurch an zu große Feuchtigkeit gewöhnt werden und daher leicht verdorren, wenn sie solche im Weinbergsboden, besonders bei trockener Witterung, nicht mehr vorfinden.

Dagegen ist es sehr zweckmäßig, wenn jede Rebe nach dem Zuschneiden sogleich in's Wasser gestellt wird, unter das etwas Lehm gemischt ist, damit dieselbe feucht und nicht ausgetrocknet in den Boden kommt. Wird spät gesetzt, etwa erst im Mai, und sind die Reben lange zuvor in Kellern oder andern Räumen aufbewahrt worden und mithin etwas ausgetrocknet, so wird es auf das schnelle Anwachsen in dem warmen Boden jedenfalls eine gute Wirkung ausüben, wenn dieselben nach dem Zuschneiden einige Tage in Zübern 2—3 Zoll hoch in lehmhaltiges Wasser gestellt werden. Auch Wurzelreben sollen, wenn man sie nach dem Schneiden an einem feuchten und schattigen Ort im Boden einschlägt oder kurze Zeit in's Wasser stellt, sehr bald und gerne anwachsen. So lange die Reben in kühlen Räumen oder durch Einschlagen in Erde aufbewahrt werden, ist es sehr angemessen, wenn dieses in ihrem ganzen ursprünglichen Bestande geschieht und das Zuschneiden erst kurz vor dem Setzen erfolgt, weil dadurch das Austrocknen derselben wesentlich verhütet wird. Will man zugeschnittene Reben längere Zeit aufbewahren, oder in entferntere Gegenden versenden, so ist es gut, wenn man dieselben, um das Austrocknen zu verhüten, oben und unten mit etwas Baumwachs verklebt oder in Kollodium eintaucht. Insbesondere können Wurzelreben bei längerem Aufbewahren oder bei Versendungen dadurch vor dem Eintrocknen bewahrt werden, daß man die Wurzeln in eine mit Wasser angerührte breiartige Masse von frischem Kühdünger und zähem Lehm eintaucht.

Manche Weingärtner nehmen zu der Anlage der Weinberge auch gerne sogenannte Haarschnittlinge, welche in jungen Gereuten dadurch gewonnen werden, daß einzelne Reben, wenn sie nicht abgeworfen werden und etwas mit Erde bedeckt sind, feine Haarwurzeln ziehen und dadurch nach dem Ablösen der Rebe vom Mutterstock gerne anwachsen.

Auf wie verschiedene Weise die Rebe sich fortpflanzen läßt, beweist der weitere Umstand, daß man neuerlich mit Reben Versuche machte, an welchen von unten herauf die Rinde 5 Zoll lang ganz abgeschält war, ohne die Augen zu verletzen und daß diese weit kräftigere Triebe gemacht haben sollen, als eingelegte Reben mit der Rinde.

(Heilbronner landwirthschaftl. Wochenblatt 1861. No. 52.)

§. 105.

e. Die Auswahl der Reben.

Eine der wichtigsten Sorgen bei der Anlage eines Weinberges ist die Auswahl der Reben, indem davon nicht allein das gute Gedeihen desselben, sondern auch der höhere oder geringere Ertrag abhängt. Es sind daher dabei nicht nur die §. 84—88 aufgestellten allgemeinen Grundsätze genau zu beobachten, sondern auch noch weiter zu berücksichtigen, daß da, wo ohne vorherige Zubereitung des Bodens sogleich vom Stock hinweg gereutet wird, wenn die Bodenverhältnisse nicht besonders günstig sind, womöglich nicht wieder die gleiche Traubengattung angepflanzt wird, weil die zur Ernährung derselben erforderlichen Bodenbestandtheile durch die vorangegangene Pflanzung, aus den §. 90 angegebenen Gründen, so ausgesogen sein können, daß das gute Gedeihen der neuen Anlage in Frage steht. Ebenso ist es auch bei einer gemischten Bestockung durchaus nicht räthlich, starktriebige und schwachtriebige Reben neben einander zu pflanzen, weil die erstern den letztern die Nahrungssäfte mehr oder weniger entziehen würden.

Ob eine Neuanlage mit Wurzelreben oder mit Schnittlingen (Blindreben) bestockt werden soll, ist gleichfalls eine Frage, die einer sorgfältigen Ueberlegung bedarf. Die Anlage mit Schnittlingen ist in den meisten Weinbaugegenden die gebräuchlichere, weil sie leichter und wohlfeiler zu bekommen sind, während die Anschaffung von Wurzelreben, wenn man sie kaufen muß, keinen unbedeutenden Aufwand oder bei der Selbsterziehung eine besondere Bodenfläche und eine ein- bis zweijährige Vorbereitung erfordert, dagegen wächst ein mit Wurzelreben angelegter Weinberg leichter an und kommt 1—2 Jahre früher in Ertrag. Manche Weingärtner wollen behaupten, daß Schnittlinge dauerhaftere Weinberge geben als Wurzelreben, es scheint jedoch dieses mehr auf einer durch lange Gewohnheit vorgefaßten Meinung zu beruhen, indem sich hiebei kein Grundsatz im Allgemeinen aufstellen läßt, sondern auch hier in vielen Fällen Lage und Boden die Entscheidung geben müssen, wie denn in einzelnen Weinbaugegenden, wie zu Reutlingen, zu Untertürkheim und Fellbach ꝛc., im mittlern Kocherthal, im Ohrthal, in der Bodenseegegend das Setzen mit Wurzelreben oder Ableger (Fechser) demjenigen von Schnittlingen vorgezogen wird, während in andern die Anlage mit Schnittlingen herkömmlich ist. In der Bodenseegegend legt man neue Weinberge sogar am liebsten mit alten Rebstöcken an, welche mit den Wurzeln ausgehoben und eingegraben

werden, weil sie früher zum Ertrag kommen sollen und zu dem dort einge=
führten Vergruben tauglicher seien.

Versuche, welche mit dem Einlegen alter Rebstöcke in starkem Thonboden
gemacht wurden, sind jedoch nicht als gelungen zu betrachten, daher auch hier
die Beschaffenheit des Bodens sehr zu berücksichtigen ist.

Nach den gemachten Erfahrungen haben auch die mit Wurzelreben ange=
legten Weinberge eine lange Dauer, nur muß die Anlage mit Sorgfalt und
mit ganz gesunden, kräftigen und gut bewurzelten Reben geschehen und daher
bei der Erziehung derselben die §. 102 gegebenen Vorschriften genau eingehal=
ten werden. Auch bei dem Herausnehmen der Wurzelreben aus dem Rebland
muß mit Achtsamkeit zu Werke gegangen, damit keine Wurzeln verletzt und
dieselben vor Sonne, Wind und Luft geschützt werden, weil jede Beschädigung,
sowie das Austrocknen der Wurzeln einen wesentlich nachtheiligen Einfluß auf
das Gedeihen derselben ausübt, daher, nach dem Herausnehmen aus dem Reb=
land, noch eine Ausscheidung der geringen von den guten und gesunden Wur=
zelreben stattfinden und ein sorgfältiges Beschneiden derselben vorgenommen
werden muß, bei dem die obern Wurzeln vom Kopfe abwärts bis auf 1/2 Fuß
ganz hinweggenommen, die übrigen aber bis auf 1—1½ Zoll eingekürzt und
die jungen Triebe auf dem Kopf bis auf das letzte Auge abgeworfen werden,
wobei namentlich die zarten Saugwurzeln sehr schonend zu behandeln sind. Die
Wurzelreben wachsen in mehr nördlichen oder westlichen Lagen, wo die Sonne
weniger wirken kann, oder in trockenen Jahren oder heißen und trockenen
Weinbergsgeländen weit leichter und kräftiger an, als Schnittlinge, daher hier
überall das Anlegen der Weinberge mit Wurzelreben denjenigen mit Schnitt=
lingen vorgezogen werden dürfte, besonders wenn die Weinbergbesitzer die Wur=
zelreben in eigenen Rebländern erziehen können. Sehr zweckmäßig dürfte es
sein, wenn man mit jeder Wurzelrebe einen Schnittling von gleicher Gattung
einlegt, indem dann jedenfalls einer von den Setzlingen gut anwächst und
dadurch nicht nur das gute Gedeihen des Weinberges gesichert ist, sondern
man kann auch, wenn beide Reben gut anwachsen und dieselben besonders am
Fuße in gehöriger Weite eingelegt werden, durch Herausnahme der Schnitt=
linge sich auf die leichteste Weise Wurzelreben erziehen (§. 111), die zum
Nachsetzen oder auf andere Weise verwendet werden können.

Werden dagegen zu einer Anlage mit Wurzelreben kranke, an der Stange
beschädigte oder schlecht bewurzelte oder ausgedorrte Stöcke genommen, oder
dieselben in Rebländern mit warmem, fetten Boden erzogen und nachher in
magern oder kalten Boden gebracht, so werden solche fehlerhafte Bestockungen
allerdings weniger dauerhafte Weinberge als mit Schnittlingen geben, weil
letztere mit dem Beginnen ihrer Vegetation sich an den betreffenden Boden
und an die klimatischen Einflüsse der Lage mehr gewöhnen, während die Wur=

zelreben durch das Versetzen in ihrer Vegetation gestört und durch eine ungünstige Lage und ungeeigneten Boden in ihrer Entwicklung wesentlich aufgehalten werden. In den angeführten Fällen, so wie, wenn man die Wurzelreben nicht selbst erziehen kann, sondern sie von unzuverlässigen Händlern erkaufen muß, wird daher, weil die Gattung der Reben besser an Schnittlingen als an Wurzelreben zu erkennen ist, die Anlage mit erstern der Anlage mit Wurzelreben vorzuziehen sein. Ebenso wird man auch in minder heißen Lagen und in mehr kühlem Boden ein gutes Gedeihen der Anlage mit Schnittlingen zu erwarten haben und daher hier eine solche, als minder kostspielig, angemessen oder wenigstens nicht nachtheilig erscheinen, auch dürfte in tiefgründigem Boden die Anlage mit Schnittlingen den Vortheil gewähren, daß dieselben mehr Pfahlwurzeln treiben oder überhaupt tiefer wurzeln, während durch das Versetzen der Wurzelreben und das Beschneiden der Wurzeln dieselben dadurch mehr zu dem Ansatz von Seitenwurzeln angewiesen werden. Wer jedoch schnell wieder zu einem guten tragbaren Weinberge kommen will, wird immer der Anlage mit Wurzelreben den Vorzug zu geben haben, nur muß man dabei die Vorsicht gebrauchen, die neue Anlage, wenn sie auch im zweiten und dritten Jahre kräftige Triebe macht, nicht zu frühzeitig zum Ertrage anzuschneiden, weil dadurch der Weinberg, ehe seine Wurzelkrone sich gehörig ausgebildet hat, zu sehr angegriffen wird und daher bald altert. Dieser Umstand mag daher auch dazu beitragen, daß, wenn sich gewinnsüchtige Weingärtner durch den starken Trieb ihrer mit Wurzelreben bepflanzten Weinberge verleiten lassen, solche zu frühzeitig zum Ertrag anzuschneiden, die Bepflanzung der Weinberge mit Wurzelreben bei Manchen in Mißkredit steht.

4. Das Setzen.

§. 106.

Bei der Anlage eines Weinberges muß auf das Setzen der Reben eine besondere Sorgfalt verwendet werden, denn es liegt sehr viel daran, daß der erste Satz gut gedeiht, weil dadurch der Weinberg nicht nur früher zum Ertrag kommt, sondern weil auch nachgesetzte Stöcke öfters in dem schon etwas festeren Boden weniger oder nur langsam anwachsen und somit das Gedeihen und die Dauerhaftigkeit eines Weinberges häufig von dem guten Gerathen des ersten Satzes abhängt. Wir haben daher bei dem Setzen der Reben die Zeit des Setzens, die Zurichtung des Bodens, das Auszielen und die Art des Setzens zu betrachten.

a. Die Zeit des Setzens.

Das Setzen der Reben kann entweder im Spätjahr nach dem Herbst oder im Frühjahr geschehen. Ersteres ist jedoch mit manchen Nachtheilen verbunden, indem die Reben bei dem Setzen mit Schnittlingen im Spätjahr öfters noch nicht vollständig ausgezeitigt sind, dieselben während des Winters, besonders weil die Kälte in den gereuteten Boden schneller eindringt, leicht erfrieren, oder durch allzugroße Nässe und das lange Liegen in dem feuchten Boden anfaulen können, was Alles dem künftigen kräftigen Gedeihen eines Weinberges schadet. Das Setzen im Spätjahr wird daher nur da mit Vortheil angewendet werden können, wo sich, wie im Tauberthale, ein seichter, hitziger, die Feuchtigkeit nicht lange anhaltender Boden befindet oder in südlichen Gegenden, wo der Boden im Frühjahr bald austrocknet und es daher in beiden Fällen angemessen erscheint, wenn die Reben in die Winterfeuchtigkeit kommen.

Für die meisten Weinbaugegenden Deutschlands ist die zweckmäßigste Zeit zum Setzen das Frühjahr, bis wohin die Reben ihre möglichste Auszeitigung erlangt haben, und wo noch die Winterfeuchtigkeit in dem Boden ist, und der letztere von der täglich kräftiger werdenden Sonne immer mehr erwärmt wird. Es ist jedoch dabei zwischen Reben, welche man zuvor antreiben läßt (stürzt, §. 104) und solchen, die man entweder als Schnittling oder Wurzelreben unmittelbar in den Boden bringt, zu unterscheiden. Bei ersteren muß das Antreiben der Augen zuvor abgewartet werden, auch ist es bei denselben, damit keine Unterbrechung des Triebs und keine Saftstockung eintritt, ein wesentliches Erforderniß, daß dieselben in den bereits erwärmten Boden kommen und dadurch ihre Vegetation ungehindert fortschreiten kann. Bei diesen wird daher die zweckmäßigste Zeit des Setzens die Mitte oder das Ende des Monats Mai oder auch der Anfang des Monats Juni sein.

Bei den Schnittlingen oder Blindreben, welche man nicht antreiben lassen will, sowie bei den Wurzelreben ist dagegen ein längeres Aufbewahren in Kellern oder das Einschlagen in Erde nicht sehr angemessen, daher bei diesen ein früheres Setzen zweckmäßiger erscheint. Die Setzrebe soll vom Rebstock abgeschnitten und die Wurzelrebe aus dem Reblaub genommen werden, so lange die Rebe noch nicht in Trieb gekommen ist, weil sonst Saftstockungen eintreten können und bei dem Mutterstock an den abgeschnittenen Stellen ein zu starker Saftausfluß und dadurch Kraftverlust stattfindet, mithin in der Mitte oder gegen das Ende des Monats März oder längstens in den ersten Tagen des Monats April. Wenn es nun auch gleich bei diesen sehr gut ist, wenn sie in bereits erwärmten Boden kommen und dadurch das schnelle Antreiben befördert wird, so ist hier doch und besonders bei den Wurzelreben das Setzen aus den oben angeführten Gründen im Monat April oder längstens zu Anfang des Monats Mai das angemessenste, wobei, sowie überhaupt bei allem Setzen darauf zu sehen ist, daß dasselbe bei trockenem oder nur bei feuchtem und nicht bei nassem Boden geschieht, weil sonst derselbe sich zusammenballt, fest wird und dem Eindringen der Wurzeln Widerstand entgegengesetzt. Doch ist, nach den gemachten Erfahrungen, das Setzen der Reben auch noch im Sommer bis gegen das Ende des Monats Juni ausführbar, wenn man dieselben an einem kühlen oder kalten, schattigen Orte einschlägt und beim Setzen die jungen Triebe möglichst schont, nur müssen dann die Reben, weil der Boden in der Regel nicht mehr die erforderliche Feuchtigkeit hat, mit Wasser gehörig eingeflößt werden. Auch Wurzelreben sollen noch im Sommer zum Versetzen verwendet werden können, indem dieselben, wenn die jungen Schoose auch bis auf das Köpfchen abgeworfen werden, wieder neue vollkommen ausgebildete Triebe machen sollen. Ob solche Reben aber dauerhafte Stöcke geben, möchte noch in Frage stehen, jedenfalls kann diese Eigenschaft der Reben dazu beitragen, daß man, wenn einzelne Stöcke in einem Gereute zurückbleiben, für dieselben noch im gleichen Jahre andere nachsetzen und dadurch einen gleichen Stand des Weinberges erhalten kann.

§. 107.

b. Das Zurichten (Planiren) des Bodens.

Es ist bereits bemerkt worden (§. 97), daß das Setzen der Reben nicht früher geschehen soll, als bis sich der umgereutete Boden gehörig gesetzt hat, was gewöhnlich während des Winters durch das Gefrieren desselben, das Einbringen des Schneewassers oder im Frühjahr nach einigen tüchtigen Regen erfolgt. Das Setzen des Bodens geschieht jedoch nicht gleichförmig, sondern an einer Stelle mehr, an der andern weniger, so daß, wenn der Boden vorher ganz gleich ist, nachher sich doch wieder Unebenheiten zeigen. Wollte man daher sogleich nach dem Reuten setzen, so würde mancher Stock zu tief, ein anderer zu hoch zu stehen kommen, so daß der Kopf von der Erde entblößt wäre, was nicht nur an und für sich dem Wachsen und Gedeihen der Rebe schaden würde, sondern in den Vertiefungen würde sich auch Regenwasser ansammeln, wodurch die Stöcke gleichfalls Schaden nehmen oder ganz abstehen könnten. Die Zeit, die ein Boden zum Setzen nöthig hat, richtet sich nach §. 97 ganz nach der Bodenbeschaffenheit, daher in einem milden, losen Boden, der sich bei der Umarbeitung locker, aber doch satt auf einander legt, bald nach dem Reuten und so bald er die nöthige Feuchtigkeit aufgenommen hat, mit dem Einlegen der Reben begonnen werden kann, während ein strenger, geschlossener Boden, der beim Umarbeiten sich nicht in feine Theile zertheilt, einige Monate zum Setzen bedarf.

Ist Letzteres geschehen, so wird unmittelbar vor dem Setzen der Reben der Boden mit der Trech- oder Felghaue oder mit einem eisernen Rechen verzogen, die größeren Erdschollen zerschlagen und die Unebenheiten ausgeglichen, so daß derselbe eine ganz gleiche Fläche bildet und dadurch zum Setzen der Reben vorbereitet ist.

§. 108.
c. Das Auszielen oder die Weite der Bestockung.

Vor der Bestockung eines Weinberges muß man darüber mit sich im Reinen sein, wie weit man bestocken oder setzen will, indem davon nicht nur der künftige Ertrag des Weinberges, sondern insbesondere auch die Qualität des Weins abhängt.

Die Weite der Bestockung hat sich zu richten nach der Lage, dem Boden, der Traubengattung und der Erziehungsart des Rebstocks.

Bei der Lage eines Weinberges kommt in Betracht, welche Wirkung die Sonnenstrahlen auf denselben ausüben können, mithin zunächst die Richtung nach der Himmelsgegend, sowie die steilere oder schwächere Abdachung. Weinberge, welche eine östliche oder westliche oder mehr nördliche Lage haben, entbehren entweder einen großen Theil des Tages ganz die Sonnenstrahlen, oder die Wirkung derselben ist minder kräftig, wodurch dieselben weit langsamer austrocknen, sie müssen deßwegen, wenn die Trauben durch Fäulniß keinen Schaden nehmen und eine möglichst gute Qualität erzielt werden soll, weiter als südlich gelegene Weinberge bestockt werden und dieses um so mehr, weil durch die feuchtere Lage die Vegetation der Rebe sehr befördert wird. Ein ähnlicher Fall tritt bei den niedern oder minder steilen Weinbergen ein, indem auch bei diesen die Sonne nicht so kräftig wirken kann, wie an steilen Abdachungen (§. 57), daher hier gleichfalls weiter als an letztern bestockt werden muß.

Auch auf besondere climatische Verhältnisse, besonders auf die Winde, muß bei der Bestockung eines Weinberges Rücksicht genommen werden, indem eine weite Bestockung den Winden weit mehr Zutritt gestattet, als eine enge, wodurch die Rebstöcke leicht winddürr und die Trauben am Stiele lahm werden und in der Zeitigung zurückbleiben. Schon der Umstand, daß die Trauben bei starken Winden durch die Blätter weniger Schutz genießen, übt auf die Auszeitigung derselben einen nachtheiligen Einfluß aus, weil die Erfahrung lehrt, daß die von Blättern wohlbedeckten Trauben süßer und gewürzreicher werden, als die mehr entblößten. In Gegenden, die häufig starken Winden ausgesetzt sind, wie am Traufe der Alp und besonders in der Bodenseegegend erscheint daher eine engere Bestockung als zweckmäßig und nothwendig, auch darf in einzelnen Gegenden auf Höhen, an hervorstehenden Bergrücken, in engen Thälern, wo häufig starke und kalte Winde streichen, darauf bei der Bestockung Rücksicht genommen und dieselbe nach Verhältniß etwas enger gestellt werden.

Bei dem Boden kommt es hauptsächlich auf dessen größere oder geringere Triebkraft, sowie auf dessen Wärme und wasserhaltende Kraft an, ob weiter oder enger gestockt werden soll. In einem warmen, kräftigen Boden, der die Rebe zu einer starken und ausgedehnten Vegetation anreizt, wodurch dieselbe auch mehr Raum zu ihrer Ausbildung nöthig hat, ist weiter, als in einem magern leichten Boden zu stocken, obgleich, weil der letztere weniger Nährkraft besitzt, in demselben auch nicht zu eng bestockt werden darf, wenn die Rebe die erforderliche Nahrung finden soll.

Ebenso muß in einem, die Feuchtigkeit lange anhaltenden, nassen, kühlen oder kalten Boden, damit die Sonne kräftiger wirken und die Feuchtigkeit schneller auftrocknen kann, die Bestockung weiter als in einem warmen und trockenen Boden angelegt werden.

Bei der anzupflanzenden Traubengattung ist besonders ihre größere oder geringere Triebkraft, die bei den einzelnen Gattungen sehr verschieden ist, zu berücksichtigen. Starktriebige Reben, wie Trollinger, Schwarz- und Roth-Urban ꝛc. müssen bedeutend weiter, als schwachtriebige oder schwachvegetirende, wie Sylvaner, Rießling, Traminer, Gutedel, Velteliner, gesetzt werden, wenn bei enger und gemischter Bestockung die schwachtriebigen Reben von den starktriebigen nicht unterdrückt, bei weiter Bestockung aber bei den schwachtriebigen Rebstöcken nicht unnöthig überflüssiger Raum vorhanden sein soll. Zugleich ist hieraus ersichtlich, wie schon bei der Anlage eines Weinberges eine gemischte Bestockung auf verschiedene Hindernisse stößt und daß eine solche sich mit einem rationellen Weinbaubetriebe nicht wohl verträgt.

Einen wesentlichen Einfluß auf die Weite der Bestockung, hat die Erziehung des Rebstocks, indem starkwüchsige Reben, mit 3—4 langen Schenkeln, weiten Bögen und langen Zapfen einen größern Raum zu ihrer Erziehung nöthig haben, als schwachtriebige Reben, welchen nur 1—2 kurze Schenkel mit Halbbögen oder Zapfen gegeben wird; es muß daher bei der Anlage eines Weinberges genau erwogen werden, nicht nur, welche Reben man anpflanzen, sondern auch wie man sie erziehen will, und darauf bei der Weite der Bestockung sorgfältig Rücksicht nehmen.

§. 109.

Im Allgemeinen läßt sich für die Weite der Bestockung der Grundsatz aufstellen, daß dieselbe nicht nur dem Rebstocke Raum zu seiner vollständigen Entwicklung geben, sondern auch der Sonne und der Luft überall Zutritt gestatten muß, damit die zur Vegetation der Rebe und der Zeitigung der Traube erforderliche Wärme-Entwicklung ungehindert vor sich gehen und der Boden gehörig austrocknen kann. Sie darf aber auch nicht zu weit sein, weil sonst heftige oder auch nur öftere starke Winde Reben und Trauben beschädigen, oder die Sonne, besonders an steilen Lagen mit hitzigem Boden, den letztern so austrocknen kann, daß die Rebe in der Vegetation zurückbleibt und der Weinberg dadurch, nach den gemachten Erfahrungen, weniger und einen geringeren Wein liefert, als bei einer engeren Bestockung.

Wie weit nun aber unter den angeführten Verhältnissen bestockt werden soll, dieß hängt so sehr von der örtlichen Beschaffenheit der Weinberge und deren Bestockung ab, daß hiefür keine speziellen Vorschriften gegeben werden können, sondern es kann nur so viel bemerkt werden:

a. daß bei schwachtriebigen Reben und kurzer Erziehung mit 1—2 Schenkeln und Halbbögen und Zapfen, je nach der Triebkraft des Bodens, an Bergen eine Weite von 3—3½ Fuß, an minder steilen Abhängen aber von 3½ Fuß genügen dürfte, welche Entfernung auch im Rheinthale bei den vorzüglichsten Weinbergen des Rheingaues und in der Pfalz bei kurzer Erziehung eingehalten wird;

b. daß bei Reben von mittlerer Vegetationskraft und mittlerer Erziehung mit 2—3 Schenkeln und Bögen, Halbbögen, auch zum Theil Zapfen wieder, je nach der Triebkraft des Bodens, an Bergen mit guter Lage eine Weite von 3½—4 Fuß, an minder steilen Anhöhen von 4 Fuß erforderlich ist und

c. daß bei Reben von starker Vegetationskraft und langer Erziehung mit 3—4 Schenkeln und weiten Bögen und langen Zapfen an Bergen eine Weite von 4½—5, an minder steilen Lagen von 5 Fuß und bei starker Vegetation auch noch darüber nöthig sein dürfte.

Hiebei kommt dann noch weiter in Berücksichtigung, daß bei der Schenkelerziehung (§. 120, 121) eher etwas enger, als bei der Kopferziehung gestockt, und daß bei der Reihen- oder gestreckten Rahmen-Erziehung mehr an der Breite, als an der Höhe, bei der kurzen ein- oder zweischenkeligen Pfahlerziehung aber eher an der Höhe, als an der Breite etwas abgebrochen werden darf, sowie daß inner der hier gegebenen Rahme auch die übrigen Verhältnisse (§. 108) ihre Berücksichtigung zu finden haben.

§. 110.

Ist der Boden geebnet und bestimmt, wie weit man setzen will, so beginnt das Ab- oder Auszielen, d. h. das Bezeichnen der Stelle, wohin jede Rebe gesetzt werden soll, mittelst eines Pfählchens von 1½ Fuß Länge, das man Ziel nennt. Dieses Auszielen hat den Zweck, daß die Rebstöcke nicht nur in schönen, geraden Linien, sondern in der Höhe und Breite in gleichweiter Entfernung von einander zu stehen kommen, indem durch ungleiche Entfernungen das Auge beleidigt und bei der künftigen Vegetation der Rebe die bereits angeführten Nachtheile eintreten würden. Zu diesem Behuf werden zuerst die äußern Zeilen auf allen vier Seiten abgesteckt, um sich nach diesen bei dem Abstecken der übrigen Zeilen richten zu können, was man den Stall oder Kranz nennt, und wobei man von der Grenzmarke in einer bestimmten Entfernung bleiben muß, die in den einzelnen Weinbaugegenden 1½—2 Fuß beträgt. Bei dieser äußern Einfassung muß mit besonderer Sorgfalt verfahren werden, indem bei unzweckmäßiger Anlage derselben dieses auch bei der ganzen innern Abzielung der Fall wäre.

Um dieses zu vermeiden, muß das ganze Gereut oder das einzelne Beet, das besonders ausgezielt werden will, genau in der Länge und Breite gemessen werden, und, wenn etwa bei der angenommenen Höhe und Breite etwas Raum übrig bleiben oder derselbe nicht ganz zureichen würde, an dem Maß zugegeben oder abgebrochen werden, wobei man sich, wenn nur einzelne Beete ausgezielt werden sollen, auch nach der Weite der benachbarten ältern Beete richten muß.

Ist darnach das Maß der Höhe und Breite der Zeilen vollkommen richtig gestellt, so wird dasselbe auf einem Pfahl genau angezeigt, worauf man Schnüre von starkem Bindfaden, sogenannte Reutschnüre nimmt, die man an den Seiten des Gereuts in gleicher Linie anzieht und einsteckt, sofort das Maß anlegt und neben, nicht über demselben, ein Pfählchen (Ziel) einsteckt, so daß die obere Seite mit dem Maß ganz gleich steht. Sind auf diese Weise alle vier Seiten des Gereuts abgesteckt, so ist der Stall oder Kranz fertig, worauf man die Reutschnüre von den äußern Zeilen der Länge und Breite nach über das ganze Gereute zieht und die Stelle, wo sich die Schnüre kreuzen, jedesmal mit einem Ziel gleichförmig, d. h. entweder fortwährend über oder unter der Schnur bezeichnet, wodurch die Entfernung der einzelnen Rebstöcke von einander genau gegeben ist.

Sollte der Weinberg unten und oben nicht gleich breit, oder auf beiden Seiten nicht gleich lang sein, so müssen Halbzeilen oder sogenannte Spitzzeilen, welche sich gegen die schmälere Seite zuspitzen, gemacht werden, im ersten Falle der Länge, im andern Falle der Breite nach, nur muß darauf gesehen werden, daß die Spitzzeile nicht an die äußere Furche kommt, daß sie da, wo sie ausläuft, je nach der übrigen Weite der Bestockung nicht zu schmal wird und daß, wenn einige Spitzzeilen erforderlich sind, dieselben nicht neben einander gezogen werden, sondern mit ganzen Zeilen abwechseln.

Das Abstecken einer Spitzzeile geschieht dadurch, daß man von dem Ziel der breiten Seite die Schnur in die Mitte der gegenüberstehenden Zeile zieht und darnach, soweit es die Breite der Zeile gestattet, die Ziele einstockt.

Bei den mehr östlich oder westlich liegenden Weinbergen dürfte noch insbesondere, wie beim Reuten (§. 92), so auch beim Abzielen Bedacht darauf genommen werden, daß später die Rebstöcke einen möglichst guten Stand gegen die Sonne bekommen, und daher das Auszielen nach der Sonnenlinie vorgenommen werden, so daß die Zeilen nicht gerade den Berg hinauf oder hinunter, sondern nach dem Stand der Sonne, den dieselbe um die Mittagszeit einnimmt, gezogen werden, was man dadurch leicht ermitteln kann, wenn man Mittags 12 Uhr einen Pfahl in das Gereut einsteckt und in der Richtung, in welcher derselbe seinen Schatten wirft, den Zug der Zeilen einrichtet. Es wird dadurch der Weinberg Mittags, wo die Sonnenstrahlen am kräftigsten wirken, denselben am meisten geöffnet, was auf das Gedeihen der Reben und auf die Zeitigung der Trauben eine sehr günstige Wirkung ausübt, daher dieses einfache Mittel zur Verbesserung weniger günstigen Weinbergslagen überall, wo es die Oertlichkeit gestattet, angewendet werden sollte.

§. 111.

d. Die Art des Setzens.

Das Setzen der Reben wird in den einzelnen Weinbaugegenden auf sehr verschiedene Weise vorgenommen, da jedoch die Art desselben häufig von der Beschaffenheit des Bodens abhängt, so haben wir jede Methode besonders zu betrachten.

1. Bei dem Setzen in Stufen werden kleine Gruben mit der Haue schief gegen den Berg gemacht und die Reben ebenso schief gegen den Berg in dieselben eingelegt, so daß der untere Theil, der Fuß, an den Bergen 6—8 Zoll, in ebener Lage 8—10 Zoll tief, der obere Theil, der Kopf, aber 1 Zoll tief in den Boden kommt. Diese Setzmethode ist in allen Bodenarten anwendbar, hauptsächlich muß sie aber zur Anwendung kommen, in Böden mit vielem Steingerölle oder in zähem, festen Boden, weil hier andere Setzmethoden entweder nicht angewendet werden können oder mit Nachtheilen, besonders beim Anwachsen der Reben, verbunden wären. Bei dieser Setzmethode kann der Rebe am sichersten die richtige Lage gegeben und dieselbe mit guter Erde überall und gleichförmig umgeben werden, sie erscheint daher, besonders wenn die Stufen nicht zu seicht gemacht werden, als die angemessenste und ist namentlich bei dem Setzen mit Wurzelreben sehr zweckmäßig, weil dabei die Wurzeln in die angemessenste Lage gebracht und dieselben dabei am meisten vor Beschädigung geschützt werden können.

Wird mit Schnittlingen gesetzt und will man später nach einem oder zwei Jahren einen Stock ausziehen und als Wurzelrebe verwenden (sogenannte Scheidestöcke machen), so muß die Stufe so breit gemacht werden, daß die Schnittlinge unten am Fuß 5—6 Zoll entfernt von einander zu liegen kommen, oben am Kopf aber bis auf 1—2 Zoll zusammenlaufen, so daß sie nur ein Pfählchen nöthig haben. Zu dem Stufenmachen bedient man sich einer besondern Setzhaue, die, um den Boden bequemer ausheben zu können, länger sein und gerader stehen muß, als die gewöhnliche Reuthaue.

2. Bei dem Setzen hinter die Haue wird keine Stufe gemacht, sondern zweimal auf der gleichen Stelle in den Boden gehauen, so daß die Setzhaue bis an den Schaft in den Boden kommt, der letztere sofort etwas zurückgezogen und dann die Reben unter die Haue gesteckt. Dasselbe paßt jedoch nur für lockern, etwas milden Boden, weil in steinigem Boden die Haue, durch die Steine aufgehalten, nicht immer die erforderliche Tiefe erreichen könnte und bei strengem oder zähem Boden dem untern Theil der Rebe die erforderliche Lockerheit des Bodens zum guten und schnellen Anwachsen entgehen würde. Diese Art des Setzens ist überhaupt mit verschiedenen Nachtheilen verbunden und daher nicht sehr empfehlungswerth, weil der Arbeiter beim Einhauen nicht immer die gleiche Stelle unter dem Ziele trifft und dadurch die Gleichheit des Setzens verrückt wird, wodurch ein Stock zu hoch, ein anderer zu nieder zu stehen kommt. Auch kommen die Reben zu schief und ungleich tief zu liegen, wodurch die Stöcke in trockenen Jahren durch die Hitze des Sommers, oder während des Winters, wenn beim Decken der Reben die Wurzeln von Erde etwas entblöst werden, durch die Kälte leicht Schaden nehmen können.

3. Das Setzen mit dem Setzholze oder der Stelze ist in sehr vielen Weinbaugegenden eingeführt. Das Setzholz ist 5 Fuß lang, 3 Zoll stark, abgerundet, oben zum bessern Regieren mit einem 1½ Fuß langen Querholz versehen, unten bis auf einen Zoll zugespitzt und mit Eisen beschlagen, von unten gegen oben aber in einer Höhe von 2 Fuß mit einem Absatze (Stelze) versehen. Mit dieser Stelze stellt sich der Arbeiter an den Abhang des Berges gegen unten, stoßt unterhalb hart am Ziele etwas schief abwärts vom Berge ein Loch in den Boden, erweitert dasselbe durch das Hin- und Herbewegen der Stelze, tritt dann mit dem Fuße auf den Absatz und drückt sie dadurch immer tiefer in den Boden, bis der Tritt mit dem Boden gleich ist und das Loch dadurch eine Tiefe von 2 Fuß und eine Weite unten von 1, oben 3—4 Zoll erhalten hat. In dieses Loch werden dann die zwei Setzreben gelegt, wovon die eine, wenn beide wachsen, nach ein oder zwei Jahren abgeschnitten wird. Will man aber die Reben so setzen, daß eine später ausgezogen werden kann (Scheidstock), so werden rechts und links vom Ziele aus, zwei schiefe Löcher gemacht, welche oben 1—2 Zoll, unten 1 Fuß weit von einander stehen und in jedes Loch dann eine oder auch zwei Reben gelegt. Auf ähnliche Weise wird verfahren, wenn mit einem Erdbohrer gesetzt wird.

Durch dieses Setzen kommen die Reben am tiefsten und fast senkrecht in den Boden, es ist daher besonders da in Anwendung zu bringen, wo der Boden nicht seicht, sondern tief umgereutet wurde und wo durch mehrjähriges Anpflanzen mit Klee oder auf andere Weise ein guter kräftiger Boden in den Un=

tergrund kam, oder wo ein strenger Thon- oder Mergelboden vorherrschend ist, der bei heißer und trockener Witterung häufig tiefe Sprünge bekommt, wodurch, wenn der Stock nicht tief steht, die Wurzeln leicht austrocknen und absterben können. In festem, etwas feuchten Boden, wird jedoch durch das Einstoßen und Hin- und Herbewegen des Setzholzes die Erde an den Wandungen des dadurch gebildeten Lochs etwas festgedrückt, wodurch die feineren Wurzeln der jungen Rebe nur mit Schwierigkeit in dieselbe eindringen können, was das Wachsthum derselben hindert, auch können in nassen Jahrgängen die tief gesetzten Reben, durch das Ansammeln des Wassers in der Tiefe, Schaden nehmen und in der Vegetation zurückbleiben oder ganz zu Grunde gehen, weil die Wärme weniger tief in den Boden bringt, daher in wasserhaltigem Boden das Setzen in Stufen angemessener erscheint.

Im Rheinthale und besonders im Rheingaue werden mit dem Setzholze drei Löcher gegen den Berg in Entfernungen von 3 Zoll gemacht und in jede Oeffnung eine Rebe eingelegt, die zusammen einen Stock, jedoch mit kurzer, gestreckter Erziehung (§. 125) bilden.

4. Das Setzen mit dem sogenannten Gaißfuß ist erst neuerlich in Gebrauch gekommen und scheint sehr zeit- und kostenersparend zu sein, wird jedoch hauptsächlich nur in mildem, lockern und zugleich kräftigem Boden, der keinen Zusatz von guter fruchtbarer Erde nöthig hat, und bei dem das Angießen der Rebe mit Wasser nicht erforderlich ist, mit Zweckmäßigkeit in Anwendung gebracht werden können, auch ist diese Setzmethode nur mit Schnittlingen (Blindreben) ausführbar.

Der Gaisfuß ist von Eisen und hat unten zwei bewegliche Hacken, welche die Rebe fassen, die man dann am obern Ende fest an die eiserne Stange drückt und das ganze Instrument sofort in den Boden stößt, bis der obere Theil der Rebe mit dem Boden gleich ist, worauf das Instrument zurückgebogen und herausgezogen wird, die Rebe aber im Boden bleibt.

5. Das Setzen während des Reutens, wobei die Reben, nachdem der Reutgraben zur Hälfte aufgefüllt ist, in denselben eingelegt werden, wie dasselbe in dem mittlern Kocherthale, in dem Jagstthale und in dem Tauberthale vorkommt und wobei die Reben zum Theil vom Berg gegen das Thal von oben gegen unten in die Gruben eingelegt werden, ist nicht sehr empfehlungswerth, weil ein gleiches und genaues Abzielen und Setzen häufig nicht möglich ist und dadurch eine pünktliche Weinbergsanlage verfehlt wird, auch ist sehr zu berücksichtigen, daß ein solcher Weinberg längere Zeit, als bei der gewöhnlichen Setzmethode, zu seiner Entwicklung nöthig hat (6—8 Jahre), und daß dadurch ein Theil des Ertrags verloren geht.

6. Die Einlage der Reben in die Stufen oder Oeffnungen geschieht in der Regel gegen den Berg, in einzelnen Weinbaugegenden finden aber hievon auch Ausnahmen statt, indem, wie bereits bemerkt, hie und da vom Berg gegen das Thal und in einigen Gegenden von Rheinbayern, besonders in ebenen Lagen, quer, d. h. nach der Breite des Weinbergsfeldes in der Art eingelegt wird, daß von zwei Zeilen die Stufen 1 Fuß tief quer gegen einander gemacht und die Reben sofort in diese eingelegt werden, so daß sie am Fuße nur 4—5 Zoll von einander entfernt liegen. In diesen Gassen wird später auch blos gedüngt und zuvor der Boden hie und da etwas ausgehoben, so daß der Dünger in eine Grube zu liegen kommt, die mit der ausgehobenen Erde wieder bedeckt wird.

7. Eine besondere Vorsicht erfordert das Setzen der Reben an Mauern und Rainen, weil durch dieselben die Kälte während des Winters tief eindringt und daher die Stöcke, wenn die Reben auf die gewöhnliche Weise von unten gegen oben eingelegt werden, in kalten Wintern leicht erfrieren können, und außerdem an Rainen öfters der üppige Graswuchs den Stöcken wenigstens theilweise die Nahrung entzieht. In solchen Fällen ist es daher angemessen, wenn die Reben von oben gegen unten eingelegt werden. Auch bei schmalen Furchen, oder wenn der Weinberg gegen den Nachbar einen Absatz hat ꝛc., ist es zweckmäßig, wenn die letzte Zeile gegen den Nachbar etwas schief gegen den eigenen Weinberg gesetzt wird, damit, wenn beim Nachbar Reutarbeiten, Setzung von Mauern und Rainen vorgenommen werden, die Wurzeln der Reben nicht Noth leiden.

8) Eine vorzügliche Beachtung verdient in Weinbergen mit hohen Mauern die Anlegung von Rebgeländen an denselben, indem dadurch der Ertrag der Weinberge sehr erhöht werden kann. Dieselben werden entweder durch Einlegen von Reben am Fuße der Mauern oder durch Einlegung von Mauerstöcken herangezogen. Die Reben werden weiter als bei der gewöhnlichen Weinbergsanlage in Entfernungen von 8—10 Fuß eingelegt und bei der Einlage am Fuße der Mauer dieselbe so eingerichtet, daß sie in die Mitte der Weinbergs-Zeilen zu liegen kommen und etwa 1 Fuß von der Mauer abstehen, damit später Reben und Trauben von dem herabfließenden Wasser nicht beschädiget werden und unten am Fuße der Mauer noch ein kleiner Graben zum Ableiten des Wassers gebildet werden kann, zu welchem Behuf die Rebe erst, wenn sie 1 Fuß hoch ist, gegen die Mauer gezogen werden darf.

Bei der Einlegung von Mauerstöcken muß schon bei der Anlegung der Mauern auf die §. 98 angegebene Weise Rücksicht genommen und sofort die Reben zu den Mauerstöcken in einer Länge von 3—4 Fuß, von oben herab in einer Tiefe von 2—4 Fuß da eingelegt werden, wo sich die in der Mauer befindlichen Oeffnungen befinden, wobei jedoch der Kopf der Rebe nicht zur

Oeffnung heraussehen darf, weil sonst derselbe oder die jungen Triebe durch die Sonne leicht abgebrannt werden können, auch ist es, wenn die Mauerstöcke tief gesetzt werden, sehr gut, wenn die Gruben hinter der Mauer nach dem Setzen nicht ganz zugeworfen, sondern mit guter Composterde etwa nur zur Hälfte angefüllt werden, damit die Sonnenwärme mehr eindringen und die Rebe zu einer schnellen und starken Vegetation veranlassen kann.

9) In manchen Weinbaugegenden, wie in dem mittleren Neckarthale, im Kocher- und Jagstthale enthält der Boden öfters so viel Steingerölle, daß beim Reuten und beim jährlichen Hacken die größeren Steine, als den Weinbergsarbeiten hinderlich, ausgelesen und im Weinberg auf besondere Haufen (Steinkästen, Steinmauern) gelegt werden, wodurch dem gebauten Feld viel Boden entzogen wird, es wäre deßwegen, wenn diese Steinmauern nicht ganz beseitigt werden können, sehr zweckmäßig und von besonderem Gewinn, wenn neben diesen Steinmauern langtriebige Reben eingelegt und dieselben später über die Steinmauern, ohne weitere Holzunterstützung gezogen würden, wodurch sich, wie an Mauer-Geländen, lange Schenkel bilden, auf welchen man dann, damit sie sich selbst tragen, Zapfen von 2—4 Augen anschneiden könnte (§. 123).

Im Allgemeinen ist es sehr angemessen, wenn bei dem Setzen die jungen Reben in fetten Sand (Schleimsand) oder in gute Composterde, oder auch in vermoderte Weintreber gelegt, und nachdem sie mit Erde halb zugedeckt sind, mit Wasser angegossen werden, indem sich dadurch die Erde weit fester anschließt, die Feuchtigkeit länger erhalten und das Wachsthum sehr befördert wird, daher dieses nirgends versäumt werden sollte. Die Sorgfalt, die man bei dem Setzen den Gereuten widmet, wird durch das kräftige Anwachsen und die frühere Ertragsfähigkeit derselben hinreichend belohnt, während Gereute, in welchen man nach dem ersten und zweiten Jahre viele Stöcke nachsetzen muß, selten kräftige und dauerhafte Weinberge geben, weil nachgesetzte Stöcke in dem schon etwas festeren Boden nicht mehr so gerne und so gut anwachsen, als wie im ersten Jahre. Insbesondere ist das Einschlämmen bei gestürzten oder angetriebenen Reben (§. 104) fast unumgänglich nöthig, indem sonst durch das Feststampfen oder Festtreten der Erde die Triebe abgestoßen und dadurch der erwartete Zweck verfehlt wird. Solche Beförderungsmittel zum schnellen und guten Anwachsen der Reben lassen sich jedoch hauptsächlich nur bei dem Setzen in Stufen oder mit dem Setzholze anwenden, daher auch aus diesem Grunde beide Setzmethoden für die zweckmäßigsten erkannt werden dürften.

§. 112.

Bei den einzelnen Setzmethoden herrscht darin wieder eine Verschiedenheit, wie tief die Rebe in den Boden zu stehen kommen soll, auch ist dabei auf die Lage der Weinberge und auf die Beschaffenheit des Bodens Rücksicht zu nehmen.

Tief oder mehr senkrecht zu setzen ist in flachen oder mehr eben gelegenen Weinbergfeldern, in welchen die Reben während des Winters dem Erfrieren ausgesetzt sind, ferner in tiefgründigem Boden mit fruchtbarer Erde, in dem die Reben ihre Nahrung mehr in der Tiefe zu suchen haben. Seichter ist zu setzen, d. h. die Rebe ist mehr schief einzulegen, in einem seichten Obergrund mit undurchlassendem festen, felsigen, oder zähen thonigen Untergrund, indem die Reben in letzterem keine Nahrung finden, vielmehr, wenn die Wurzeln auf einen wasserhaltigen Untergrund kommen, leicht Schaden nehmen und absterben. Ferner, wenn vom Stock hinweggereutet wird, weil der untere Boden, auch bei tiefem Obergrund, mehr mager als fett ist, und die Rebe daher ihre Nahrung mehr von oben als unten beziehen muß; jedenfalls braucht der Weinstock in solchem Obergrund, wenn tief gesetzt wird, länger zu seiner Entwicklung als in ausgeruhter fruchtbarer Erde (§. 91), wie dieses bei der Setzmethode im Kocher= Jagst= und Tauberthale in der Regel vorkommt.

Bei dem seichten Setzen in mehr schiefen Stufen kann zwar das Wasser besser ablaufen, die Wärme leichter und stärker zu den Wurzeln bringen und der Dünger schnellere und bessere Wirkung thun, wodurch die Reben schneller zum Wachsen gebracht und das Gerent schnell herangezogen werden kann, auf der andern Seite hat aber auch ein zu seichtes Setzen den großen Nachtheil, daß, weil dabei die Reben häufig keine Pfahlwurzeln, sondern ihre Wurzeln mehr auf den Seiten gegen den oberen fetteren Obergrund treiben, die Stöcke keine feste Haltung bekommen und später beim Schneiden leicht emporgehoben und aus ihrer Ruhe gebracht werden, auch können dieselben in kalten Wintern leicht erfrieren und in heißen Sommern durch allzustarkes Austrocknen des Bodens Schaden nehmen, oder in der Entwicklung zurückbleiben. Die Stufen zum Setzen sollten daher mindestens so tief gemacht werden, daß der Fuß des Stocks 1 Fuß tief zu liegen kommt, jedenfalls aber erscheint beim seichten Setzen das öftere Uebertragen des Weinberges mit Erde und namentlich schon im ersten Spätjahr oder im folgenden Frühjahr als eine Nothwendigkeit, damit die Wurzeln der Rebe nicht allzusehr an die Oberfläche des Bodens zu liegen kommen. Man mag nun aber tief oder seicht setzen, so muß die Rebe doch immer so zu liegen kommen, daß die obere Spitze noch $1/2$—1 Zoll mit Erde bedeckt ist, weil dieselbe dadurch vor dem Austrocknen geschützt und von oben durch die Wärme der atmosphärischen Luft, von unten aber durch die aus der Erde aufsteigende Feuchtigkeit zur schnellen und kräftigen Vegetation veranlaßt wird. Dessenungeachtet kommt, besonders bei einem trockenen und warmen Frühjahr, oder wenn der Boden sich noch etwas setzt, noch hie und da der Fall vor, daß die Spitzen der Reben zum Vorschein kommen und dadurch ausdorren, so daß sie entweder gar nicht oder erst am zweiten oder dritten Gelenke antreiben, wodurch der Stock kurz und schwach bleibt. Um dieses zu verhüten, ist es zweckmäßig, wenn die Spitzen der Reben mit Moos, Sägmehl, Gerberlohe oder einem andern schlechten Wärmeleiter bedeckt, oder beim Setzen der Reben in Stufen mit einem länglichen Rasen, die Grasnarbe gegen unten gekehrt, belegt werden, wodurch das baldige Austrocknen der Reben verhindert und das Anwachsen derselben wesentlich befördert wird.

§. 113.

e. Das Verlegen und Vergruben der Reben.

Statt dem vollständigen Erneuern der Weinberge ist in manchen Weinbaugegenden das Verlegen oder Vergruben der Reben, wie in der Bodenseegegend, im Baden'schen Oberlande, in Oestreich, besonders in Steyermark, sowie in einzelnen Weinbaugegenden der Schweiz und Frankreich, namentlich in Burgund, eingeführt.

Bei dieser Behandlungsweise werden, wenn einzelne Rebstöcke zu alt oder bei der Schenkelerziehung zu hoch sind, Gruben im Quadrat von 1¼—1½ Fuß tief und 2—2½ Fuß allweg weit gemacht und die ganzen Stöcke in der Art in dieselben eingelegt, daß jede Rebe des eingelegten Stocks gegen den gegenüberstehenden Stock quer gezogen und dort wieder gegen den Berg in die Höhe gerichtet wird, damit sie an die Stelle des gegenüber liegenden Stocks zu stehen kommt, wornach die Entfernung der einzelnen Stöcke von einander blos 2, höchstens 3 Fuß beträgt. Man hat dabei hauptsächlich darauf zu sehen, daß diejenigen Stöcke, welche im folgenden Jahre verlegt oder vergrubt werden sollen, schon im Sommer zuvor bezeichnet und zu dem künftigen Zwecke in der Art herangezogen werden, daß man nur die stärksten und längsten Reben stehen läßt, solche wenig oder gar nicht einkürzt, sie dagegen von allen Nebentrieben reinigt, damit die Kraft des Rebstocks einzig auf deren Ausbildung verwendet wird, auch sollten keine über 1—2 Fuß hohe alte Stämme zur Vergrubung kommen, damit nicht zuviel altes Holz in den Boden kommt, dagegen die einzulegenden Ruthen eine Länge von 2—4 Fuß erhalten und dadurch viele Wurzeln ansetzen können. Für das Verlegen müssen solche Jahre gewählt werden, in welchen die Reben ihre vollständige Zeitigung erlangt haben, indem unreifes Holz entweder gar nicht in Trieb kommt oder kranke und schwache Stöcke gibt. Das Einlegen kann im Herbst nach der Traubenlese erfolgen, am zweckmäßigsten geschieht es aber im Frühjahr (Monat März oder April), weil dort am besten beurtheilt werden kann, ob das

Holz vollkommen gesund ist oder nicht. Vor dem Einlegen des Stocks werden alle Reben entfernt, welche nicht zum Einlegen bestimmt sind, und die Wände in der Grube, in welche der Stock zu liegen kommt, möglichst senkrecht hergestellt. Von dem alten Stock räumt man alsdann die Erde bis an die Hauptwurzeln sorgsam weg, schneidet die obern (Thau=) Wurzeln ab, legt den Stock behutsam in die Grube nieder und sorgt dabei dafür, daß die Stange nicht abgebrochen und keine Hauptwurzel verletzt wird, auch darf vom alten Holz nichts aus dem Boden hervorstehen. Damit der Stock in seiner gehörigen Lage erhalten wird, tritt der Arbeiter mit dem Fuße darauf und zieht an der gegenüberliegenden Wand der Grube die Rebe da in die Höhe, wohin der neue Stock zu stehen kommen soll, unterlegt sie mit etwas guter Erde, und bedeckt dann den Stock mit soviel Boden, daß er fest zu liegen kommt und sich nicht mehr aufrichten kann, wobei die obere fruchtbare Erde in den unteren Theil der Grube kommen muß, damit die Rebe gehörig Nahrung findet, daher bei dem Ausheben der Grube die obere Erde besonders zu legen ist. Nachhaltiger ist es jedoch, wenn Rasen= oder gute Composterde in den untern Theil der Grube gebracht wird, in keinem Falle aber frischer Dünger, weil derselbe zu tief im Boden schimmeln und, unmittelbar an der Rebe, dieselbe in Fäulniß bringen würde. Während des Einlegens sucht man die Reben mit den benachbarten Stöcken in gleiche Linie und von denselben in die gehörige Entfernung zu bringen, worauf sie auf 3—4 Augen abgeworfen werden, so daß die Stöcke schon im ersten Jahre einige Trauben treiben, im zweiten Jahre aber einen halben und im dritten Jahre einen vollen Ertrag gewähren können.

Köpfe werden an solch eingelegten Reben nicht gezogen, weil es sonst 4—5 Jahre anstehen würde, bis sie in Ertrag kämen, sondern es findet dabei überall die Schenkelerziehung statt. Muß wegen Mangel an einzulegenden Stöcken und Reben an die Stelle des alten Stocks eine Rebe von gleichem Stock eingelegt werden, so wird ein Schenkel oder eine Rebe in die um den alten Stock gemachte Grube im Bogen herumgelegt und möglichst in der Nähe des alten Stocks aufgerichtet.

Der einzulegende Stock darf nicht zu tief, im lockern Boden $1\frac{1}{2}$ Fuß, in bündigem oder kaltem Boden aber höchstens 1 Fuß in Boden kommen, weil sonst die Luft keinen Zutritt hat und dadurch die Wurzelbildung gegen unten verhindert wird. Sehr zweckmäßig ist es, wenn die Gruben anfänglich und bis zum Spätjahr nur zur Hälfte mit Erde zugefüllt und dann vor dem Zufüllen mit kurzem Dünger belegt werden. Auch auf die Rebgattung muß bei dieser Verleg=Methode Rücksicht genommen werden, indem in der Regel nur stark= und langtriebige Reben, wie Trollinger, Elbling, Clevner, Burgunder dazu taugen, weil sonst für das Verlegen nicht die erforderliche Länge der

Reben gewonnen werden kann, auch kommen in denjenigen Gegenden, wo das Vergruben stattfindet, gewöhnlich solche Reben zur Anpflanzung. Schwachtriebige und kurz zu erziehende Reben, wie Rießling, Traminer möchten weniger dazu taugen, weil wegen der Kürze der Reben zu enge gestockt werden müßte.

Wie oft das Verlegen wiederholt werden muß, hängt von der Triebkraft des Bodens und der Rebe ab, in ganz magerem Boden muß nicht nur die Rebe in der Erziehung kurz gehalten, sondern auch das Verlegen wieder bald, in 8—10 Jahren, vorgenommen werden, um dem Stock dadurch wieder neuen Trieb zu geben, während in mehr kräftigem und triebigen Boden das Verlegen erst in 15—20 Jahren vor sich gehen darf, je nach dem die Stöcke sich abgängig zeigen, oder die aufrecht stehenden Schenkel zu alt oder zu lang werden und die Trauben dadurch zu hoch zu stehen kommen.

Ueber das Einlegen einzelner Reben behufs der Erziehung von Wurzelreben oder der Ergänzung abgegangener Stöcke siehe §. 103. 142. 143.

§. 114.

Die Ansichten über die Vortheile und Nachtheile der Weinberganlage und Erhaltung durch das Vergruben sind sehr verschieden, daher das Verfahren theils sehr empfohlen, theils sehr getadelt wird.

Die Vortheile bestehen darin:

a. Daß die Weinberge stets in einem verjüngten, gut mittlern tragbaren Zustande erhalten werden und daher selten einer vollständigen Erneuerung bedürfen, durch die sie mindestens 4—5 Jahre ganz ertraglos werden, was für manchen Weingärtner, besonders wenn während dieser Zeit gute Weinjahre eintreten, öfters mit großem Verlust verbunden ist.

b. Die Reben werden durch das Einlegen auf mehrere Jahre fruchtbarer, weil dieselben durch die Wurzelbildung der eingelegten Reben, sowie durch die Wurzeln des alten Stocks doppelten Nahrungszufluß erhalten.

c. Die Trauben werden in den ersten Jahren nach dem Einlegen, weil sie nahe am Boden stehen, vollkommener und reifer, was beides auf reichlichen und guten Ertrag Einfluß hat.

d. Rebstöcke von schlechten Traubengattungen lassen sich durch das Vergruben am schnellsten dadurch beseitigen, daß man dieselben aushaut und benachbarte bessere Stöcke dafür einlegt.

e. Die auf einmal aufzuwendenden bedeutenden Kosten einer neuen Anlage werden erspart, da die Kosten des jährlichen Vergrubens nicht von Bedeutung sind und von dem Weinbergbesitzer, weil sein Weinberg nie ertraglos wird, mit Leichtigkeit getragen werden können.

Die Nachtheile bestehen darin:

a. Daß keine Ordnung im Weinberge hinsichtlich des gleichen Zugs der Zeilen eingehalten werden kann, wodurch der Weinberg ein unschönes Aussehen bekommt und einzelne sehr vortheilhafte Erziehungsmethoden, wie die Rahmen-Erziehung, gar nicht angewendet werden können.

b. Daß der Weinberg nie in vollen Ertrag kommt, weil ein Theil der vergrubten Reben stets ertraglos ist.

c. Daß in vergrubten Weinbergen sich Stöcke von verschiedenen Altersstufen befinden, die auch hinsichtlich der Quantität und Qualität einen verschiedenen Ertrag geben. Denn

d. während die an den neuvergrubten Stöcken am Boden hängenden Trauben in der Reife vorauseilen, sind die an hohen Schenkeln und weiten Bögen hängenden öfters noch unreif, wodurch erstere entweder ganz zu Grunde gehen oder faulen, jedenfalls hat aber die Verschiedenheit der Trauben auf die Qualität des Weins einen nachtheiligen Einfluß, besonders wenn, wie es öfters der Fall ist, wegen der Fäulniß der untern Trauben, die Lese zu frühzeitig vorgenommen wird, auch wird dadurch eine bestimmte Leseordnung und die Auslese der Trauben erschwert.

e. Ist die Verlegmethode nur bei der Schenkelerziehung anwendbar und kann also da nicht eingeführt werden, wo bei der Kopferziehung die Reben durch Niederlegen vor dem Erfrieren während des Winters geschützt werden müssen, wenn nicht das umständliche und kostspielige Zudecken derselben mit Stroh, wie zu Ravensburg, eingeführt werden will.

f. Dieselbe kann nicht in allen Bodenarten mit gutem Erfolg angewendet werden, sondern nur in lockerem, losen Boden, in dem die Wurzeln der Reben auch ohne daß derselbe umgereutet wird, eindringen können, während in strengem, zähen und festen Boden dieses nicht der Fall und daher derselbe auch nicht für das Verlegen geeignet ist.

g. Bei heftigen Regen oder bei dem Abgange des Schnees sammelt sich in den einzelnen Gruben Wasser, das wegen der festen Seitenwände nicht abfließen kann und dadurch die Wurzeln der Rebe krank macht.

h. Wenn die jährlichen Kosten des Verlegens von mehreren Jahren zusammengerechnet werden, so werden sie denjenigen einer Neuanlage nicht nur gleichkommen, sondern dieselben eher übersteigen.

§. 115.

Erwägt man nun die Vortheile und Nachtheile des Vergrubens, so werden die letztern gegen die erstern wohl überwiegend erscheinen, daher dasselbe nur da mit Zweckmäßigkeit in Anwendung gebracht werden kann, wo klimatische und Bodenverhältnisse dasselbe gestatten, d. h. wo die Reben wegen der

Winterkälte nicht niedergelegt werden dürfen und wo ein lockerer, sandhaltiger Boden sich befindet, der der Bewurzelung der Rebe, auch wenn er nicht umgereutet wird, kein wesentliches Hinderniß entgegenstellt. Auch in magerem leichten Boden mit festem undurchlassenden Untergrund, wo die Rebstöcke ihre Nahrung mehr im Obergrund suchen müssen und bei gewöhnlicher Anlage bald zu Grunde gehen, könnte das Vergruben mit Vortheil angewendet werden und ebenso bei solchen Reben, welche anerkanntermaßen im Ertrag bald nachlassen. In Württemberg wird, wo, außer in der Bodenseegegend, fast überall die Kopferziehung eingeführt ist, sowie bei dem meist strengen Thon- und Mergelboden das Vergruben kein gedeihliches Fortkommen finden, wenigstens haben die von dem Verfasser in strengem Thonboden angestellten Versuche bis jetzt kein besonders günstiges Resultat gezeigt, da jedoch hier bei den vielen Clevner- und Burgunderanlagen häufig über die baldige Abnahme des Ertrags geklagt wird und deßwegen eine öftere Erneuerung derselben vorgenommen werden muß, so dürfte es von besonderem Interesse und vielleicht von großem Vortheil sein, wenn in den auf dem Rücken der Gebirge, wo der Frost weniger Schaden thut, öfters vorkommenden kräftigen und lockern Lehmböden Versuche mit dem Vergruben der Clevner- und Burgunderreben, bevor sie zu sehr gealtert sind, also in 12–15 Jahre um so mehr gemacht würden, als diese Rebgattung nach den Erfahrungen in der Bodenseegegend und in Burgund hauptsächlich zum Vergruben sich eignet und ihr fortwährend guter Ertrag davon abzuhängen scheint. Auch ließe sich vielleicht ein Mittel zwischen Kopf- und Schenkelerziehung dadurch finden, daß in den ersten Jahren nach dem Vergruben an der eingelegten Rebe stets 2 Hölzer erzogen werden, von welchen das untere immer wieder abzuwerfen wäre, wodurch sich, ohne daß der Ertrag des Stocks abnähme, nach und nach ein Kopf bilden würde, auf dem dann 1—2 Schenkel zum Niederlegen erzogen werden könnten. Ein besonderes Hinderniß steht übrigens dem Uebergang zur Vergrub-Methode dadurch im Wege, daß in manchen Weinbaugegenden die Weinberge weiter gestockt sind als beim Vergruben nöthig ist, wodurch längere Schenkel und Ruthen zum Einlegen erforderlich sind, was die Folge hätte, daß nicht selten die äußersten Spitzen der Reben zum Kopfholz bestimmt werden müßten, die entweder nicht ganz reif sind, oder jedenfalls weniger Triebkraft haben, als das stärkere hintere Holz, das gewöhnlich zu Setzreben und Einlegern benützt wird, daher in einem solchen Fall lieber ganz neue engere Zeilen zu bilden wären, wobei dann aber nach Zeilen (d. h. ganze Zeilen) vergrubt werden müßte, was überhaupt zweckmäßiger wäre, als das unregelmäßige Vergruben, indem dann jedes Jahr eine bestimmte Anzahl Zeilen vergrubt und dadurch nicht nur dem Weinberge ein gleichmäßigeres Aussehen gegeben, sondern auch der Wasserabfluß mehr befördert werden könnte.

VIII. Die Erziehung des Weinstocks.

§. 116.

Die Erziehung des Weinstocks muß nicht nur seiner natürlichen Beschaffenheit, sondern auch den klimatischen und Bodenverhältnissen (§. 53, 76), nach den bereits gegebenen Anleitungen entsprechen, insbesondere muß darauf gesehen werden, daß Stamm und Aeste in einem richtigen Verhältniß zu dem Bewurzelungsvermögen des Stocks stehen (§. 1), damit die Wurzeln demselben weder zu viel noch zu wenig Nahrung zuführen und der Stock dadurch in seinem Triebe weder allzusehr gesteigert noch zu stark geschwächt wird, d. h. je mehr die klimatischen und Bodenverhältnisse die Vegetation des Weinstocks befördern und je mehr und stärkere Wurzeln er nach seiner natürlichen Beschaffenheit erzeugen kann, einen desto höhern, kräftigern und astreichern Stamm wird er auch ernähren können, je mehr aber seine natürliche Beschaffenheit sich mehr dem zwergartigen nähert, je weniger die Vegetation durch klimatische und Bodenverhältnisse unterstützt wird, desto kürzer werden auch Stamm und Aeste gehalten werden müssen.

Als allgemeiner Grundsatz folgt daraus:

a. daß in nördlichen Weinbaugegenden und in hohen windigen Lagen die Reben nicht hoch, wie in südlichen Gegenden, gezogen werden dürfen;

b. daß in seichtem oder magerem Boden der Rebstock kürzer als in tiefgründigem und kräftigem Boden gehalten werden muß, und

c. daß Reben, welche vermöge ihrer natürlichen Beschaffenheit keine starke Vegetationskraft besitzen, zu keinen starken und hohen Stämmen, sondern möglichst nieder zu erziehen sind.

Die Erziehung des Weinstocks ist mithin eines der wichtigsten Geschäfte bei einem rationellen Weinbaue und verdient daher die sorgfältigste Behandlung. Dieselbe theilt sich ab:

1. In die Erziehung des jungen Rebstocks bis zu seiner Tragbarkeit;
2. in die Erziehung ohne oder mit einer Holzunterstützung, und
3. in die Erziehung des tragbaren Rebstocks.

---

1. Die Erziehung des jungen Rebstocks.

§. 117.

Die Erziehung des jungen Rebstocks beginnt, sobald derselbe in dem Gereut gesetzt ist und sich Schooße (Zweige), Lotten und Wurzeln gebildet haben. Dieselbe kann aber auf verschiedene Weise erfolgen, daher man sich schon beim Setzen der Reben für eine bestimmte Art entscheiden muß.

Die Haupterziehungsarten bestehen in der Kopf= und Schenkelerziehung, bei denen dann wieder verschiedene Unterarten vorkommen, daher wir eine jede Abtheilung besonders zu betrachten haben.

a. Die Kopferziehung.

Bei der Erziehung einer jeden Rebe besteht der hauptsächlichste Zweck in der Heranbildung eines kräftigen Rebstocks. Um nun dieses bei der Kopferziehung zu erreichen, muß vorzüglich auf die Ausbildung des Kopfes und auf die Kräftigung der Wurzeln gesehen werden; denn in dem Kopfe concentrirt sich später der ganze Saftzufluß des Rebstocks von unten und von oben und von hier aus wird er dann in die einzelnen Glieder gleichmäßig vertheilt, daher von der gehörigen Ausbildung des Kopfes auch die künftige Fruchtbarkeit und Dauer des Rebstocks abhängt. Zu diesem Behuf überläßt man die Rebe im ersten Jahre dem freien Wachsthume, ohne etwas davon zu schneiden oder zu binden und sorgt nur dafür, daß sie nicht auf irgend eine Weise beschädigt, wenn sie durch Regen oder Wind ihre Bedeckung verloren hat (§. 112) wieder zugedeckt, oder wenn sie vom Regen überschwemmt und verschüttet, wieder gelüftet, und der Boden vom Unkraut rein gehalten wird, weßhalb derselbe ein- oder zweimal gesegt und dadurch zugleich dem Zutritt der Wärme geöffnet werden muß. Im Spätjahr vor oder nach dem Herbst, bevor Fröste eintreten, wird an die jungen Stöcke Erde angehäufelt, damit sie vor der Kälte geschützt sind. Im folgenden Frühjahr nimmt man die Erde von den angehäufelten Stöcken hinweg und räumt um dieselben die Erde einige Zoll tief mit der Hand oder mit einem passenden Holz oder mit der Haue weg, worauf die jungen Triebe möglichst nahe am alten Holz abgeworfen werden, so daß höchstens das unterste Auge stehen bleibt, zugleich werden auch die obern Wurzeln bis zum zweiten Gelenke (die sogenannten Thauwurzeln §. 1) weggeschnitten, damit der Wurzeltrieb des Stocks mehr in der Tiefe erfolgt. Dieses Abwerfen muß frühzeitig geschehen, bevor der neue Saft in die Rebe kommt, damit, wenn letzteres erfolgt, die Abwürfe schon etwas vernarbt sind und die Rebe nicht zu viel Saft verliert, was dieselbe schwächen würde. Nach dem Abwerfen wird die Erde wieder an den Stock gebracht und derselbe, um ihn vor dem Froste und der heftigen Wirkung der Sonnenstrahlen zu schützen, leicht mit Erde bedeckt. Durch das Abwerfen der jungen Triebe wird der Stock genöthigt, den Bildungstrieb zu theilen, wodurch sich auf dem dadurch gebildeten kleinen Wulste mehrere Augen und somit mehrere Triebe entwickeln, die zur Bildung des Kopfes beitragen.

Sind einzelne Stöcke noch schwach, was häufig in Gereuten vorkommt, wo vom Stock hinweggereutet wurde, so ist es zweckmäßig, wenn dieselben vor dem Winter eine Düngung erhalten und im ersten Frühjahr nicht ganz abgeworfen, sondern nur auf einige Augen eingekürzt werden, damit der Stock gegen oben einen stärkeren Trieb bekommt und dadurch mehr erstarkt, indem, wenn solche Stöcke ganz abgeworfen werden und der Saftzudrang zu dem kleinen Köpfchen zu stark ist, dieselben leicht im Saft ersticken und zu Grunde gehen können, weil der Abwurf zu wenig Trieb und Zug hat. Im zweiten und dritten Jahre werden die jungen Stöcke und Gereuthe auf gleiche Weise, wie im ersten Jahre behandelt, d. h. letztere werden einigemal gefelgt, um sie von Unkraut freizuhalten und die Stöcke im Spätjahr angehäufelt und im Frühjahr aufgeräumt und abgeworfen.

Sind die Reben zum Ausscheiden gesetzt worden (§. 111), so wird im zweiten Jahre der schwächere Stock als Scheidstock herausgenommen, im andern Falle aber derselbe in diesem oder im dritten Jahre abgeschnitten. Das Ausziehen der Scheidstöcke kann', nachdem dieselben gehörig aufgeräumt sind, im lockern Boden mit der Hand geschehen, im festen Boden muß aber die Haue zur Hand genommen werden. Im dritten Jahre wird zugleich aufgepfählt und dabei jedem Stock, wenn drei oder mehr Schenkel herangezogen werden wollen, zwei Pfähle gegeben, die rechts und links vom Ziele in einer Entfernung von 5—6 Zoll gesteckt werden, damit den einzelnen Trieben die gehörige Richtung gegeben und dieselben mit Sorgfalt angebunden werden können. Werden weniger als drei Schenkel gezogen, so genügt auch ein Pfahl.

In dem aufgepfählten Gereut werden die jungen Triebe, die man auch Geschoße, Sommerlatten nennt, sobald sie eine Länge von 1—1½ Fuß erlangt haben, an die Pfähle mit Stroh angebunden, so oft die längeren Triebe es erfordern, aufgeheftet und da, wo sich lange Aberzähne (§. 4) zeigen, dieselben entweder abgezwickt oder ausgebrochen, damit der Haupttrieb desto mehr erstarkt. Im dritten Jahre wird das Gereut auch zum Erstenmal gehackt, wie bisher gefelgt und die Reben da, wo es herkömmlich und nöthig ist, über den Winter gedeckt, wenn nicht, die Köpfe wenigstens mit Erde angehäufelt, auch muß, wenn vom Stock hinweggereutet wurde, dasselbe, wenn es nicht schon früher geschehen, zum Erstenmal gut gedüngt werden. Im folgenden Frühjahr, mithin im vierten Jahre werden die vorjährigen Reben zu Zapfen von 4—6 Augen oder bei einem sehr kräftigen Trieb hie und da auch zu Bogen angeschnitten, woraus dann im fünften die Schenkel (§. 2) gebildet werden, wodurch der Stock seine vollkommene Ausbildung erhalten hat. Das Anschneiden von Zapfen im vierten Jahr ist jedoch in der Regel zweckmäßiger als Bögen, weil erstere weit kürzere Schenkel geben, die nicht so bald wieder abgeworfen oder zurückgeschnitten werden dürfen.

§. 118.

Bei dem sorgfältigsten Setzen und bei der besten Pflege der Gereute wachsen doch manche Reben entweder gar nicht oder nur schwach an, so daß der Stock später zu Grunde geht. Im ersten und zweiten Jahre müssen daher die Gereute im Spätjahr vor dem Anhäufeln genau durchgegangen und die fehlenden Stöcke durch das schiefe Einstecken des Ziels (Pfählchens) bezeichnet und Vorsorge getroffen werden, daß die fehlenden Stöcke im folgenden Frühjahr durch kräftige Wurzelreben auf die in §. 142 näher beschriebene Weise ersetzt werden. Sollten auch im dritten Jahre noch einzelne Stöcke fehlen, so ist es zweckmäßiger, wenn statt einer Wurzelrebe, im folgenden Jahre von einem benachbarten Stock eine Rebe an die Stelle des fehlenden Stocks herübergezogen und als Ableger (Sohn) behandelt wird, weil sich in der Regel der Boden schon zu stark gesetzt hat und Wurzelreben nicht mehr gerne anwachsen und selten tief wurzeln.

Bei der Erziehung der jungen Reben muß übrigens besonders auch auf die Bodenkraft und darauf Rücksicht genommen werden, mit welcher Gattung von Reben (Wurzelreben oder Schnittling) der Weinberg angelegt wurde, jedenfalls aber kein Stock früher zum Ertrag angeschnitten werden, als bis er gehörig erstarkt und der Kopf vollständig ausgebildet ist, so daß die Stange etwa einen Durchmesser von $^{3}/_{4}-1$ Zoll, der Kopf aber einen solchen von 2—3 Zoll hat. Bei der Anlage mit Wurzelreben kann in kräftigem Boden und wenn die Anlage gut gerathen ist, auch schon im zweiten Jahre aufgepfählt und im dritten Jahre zum Ertrag angeschnitten werden, während in magerem Boden oder, wenn ohne vorangegangene mehrjährige Anpflanzung von Futterkräutern, vom Stock hinweggereutet wird, bei der Anlage mit Schnittlingen oder überhaupt bei schwachen Stöcken es öfters sehr angemessen ist, wenn die Gereute dreimal abgeworfen und erst im vierten Jahre aufgepfählt und im fünften Jahre zum Ertrag angeschnitten werden, doch wird man bei dreimaligem Abwerfen im dritten Jahre die stärkeren Triebe nicht mehr ganz, sondern nur auf 1, 2—3 Augen abwerfen dürfen, weil sonst der Saftzudrang gegen den Kopf zu stark und derselbe darin ersticken oder ersaufen könnte, wie denn aus diesem Grunde bei dem kräftigen Boden des mittlern und untern Neckarthals die stärkern Triebe mancher Gereute im zweiten Jahre nicht mehr ganz, sondern auf 2 Augen, im dritten und vierten Jahre aber nur auf 3—4 Augen abgeworfen werden, während im Remsthal bei dem Reuten vom Stock hinweg, sowie im Kocher-, Jagst- und Tauberthale bei dem magern Boden und weil bei dem mit dem Reuten verbundenen Setzen der Reben dieselben etwas tiefer zu liegen kommen, die jungen Stöcke öfters bis zum sechsten Jahre zum Abwurf kommen.

Auch die Lage ist bei der Erziehung der Rebe zu berücksichtigen, indem, wenn dieselbe minder günstig ist, die Rebe weniger Triebkraft entwickelt und daher längere Zeit zu ihrer vollständigen Heranbildung erfordert, als in guten Lagen.

Ein allzufrühes Anschneiden zum Ertrag, auch wenn sich kräftige Triebe und Reben gebildet haben, hat häufig den Nachtheil, daß der Stock mehr gegen oben treibt, während die Wurzeln schwach bleiben, wodurch der Stock bald altert oder ertraglos wird. Das öftere Abwerfen des Stocks hat den Zweck, daß sich der Trieb mehr gegen unten zieht und dadurch der Stock sich mehr in der Tiefe bewurzelt.

Bei dem Anschneiden oder Zuschneiden der Reben zum Ertrag muß zugleich dafür gesorgt werden, daß der neu gebildete Kopf nicht zulauft, sondern stets Veranlassung zu neuen Trieben hat, daher man neben den zu den künftigen Schenkeln erforderlichen Hölzern, gerne noch 1—2 weitere als Zapfen stehen läßt, um sie im folgenden Jahre abwerfen und dadurch den Kopftrieb erhalten zu können. Durch das Zulaufen (Zuwachsen) des Kopfes wird der Stock entweder bald alt, weil er keine neue Kopftriebe mehr machen kann, oder es müssen später, wenn auch nicht der ganze Stock, doch einige seiner Schenkel abgeworfen werden, womit die Gefahr verbunden ist, daß derselbe in seinem eigenen Saft erstickt, oder daß ein Theil des Ertrags auf einige Jahre verloren geht. Die anzuschneidenden Reben läßt man zweckmäßig vertheilt in einem Drei- oder Viereck an den äußern Seiten des Kopfes stehen, damit der innere Theil Raum zu neuen Trieben hat.

§. 119.

Bei dem Heranziehen des Kopfes und des ganzen Rebstocks findet häufig eine verschiedene Behandlungsweise statt, indem in manchen Weinbaugegenden die jungen Triebe ganz nahe am Kopf abgeworfen werden, so daß kaum das untere sogenannte Wasserauge noch sichtbar ist, während in andern Gegenden im ersten Jahre entweder gar nicht oder nur bis auf ein Auge (1 Zoll hoch), im zweiten aber nur bis auf zwei Augen abgeworfen wird.

Diese verschiedenen Behandlungsweisen mögen sich zwar theilweise durch die eigenthümlichen Lagen und Bodenverhältnisse, sowie durch die zur Anpflanzung kommenden Traubengattungen rechtfertigen lassen; in manchen Fällen mag aber auch blos Gewohnheit die Richtschnur bilden. Durch das vollständige Abwerfen der einjährigen Triebe entwickeln sich an dem jungen Kopfe viele Augen, die neue Triebe hervorbringen und dadurch zu der Ausbildung eines schönen und zweckmäßigen Kopfes beitragen, läßt man aber einen kleinen Zapfen mit ein oder zwei Augen stehen, so nimmt der Trieb des Stocks hauptsächlich dahin seine Richtung und die übrigen Kopfausschläge unterbleiben entweder ganz oder sind weniger zahlreich, wodurch nothwendig die Ausbildung des Kopfes und dadurch, nach dem bereits Angeführten, auch diejenige des ganzen Stocks leiden muß. Wir glauben beßwegen, daß bei einer rationellen Kopferziehung der Ausbildung des Kopfes die möglichste Sorgfalt gewidmet und beßwegen die vollständige Abwerfung desselben bei der Anpflanzung von Wurzelreben im ersten, bei der Anpflanzung von Schnittlingen im ersten und zweiten Jahre in der Regel eingehalten werden sollte, und daß da, wo eine Ausnahme stattfinden muß (§. 117) und der Abwurf erst im zweiten Jahre erfolgt, derselbe auch noch im dritten Jahre vollständig geschehen sollte. Befürchtet man aber bei sehr starkmarkigen und vollsaftigen Reben, daß der Kopf bei starkem Andrange des Saftes ersticke, so wären nur ein oder zwei oder höchstens so viele Triebe, als man später Schenkel bilden will, etwas länger abzuwerfen, die übrigen Triebe aber möglichst kurz am Kopfe, wodurch die Nachtriebe und die Ausbildung des Kopfes gesichert blieben. Das Aufpfählen oder überhaupt das Anheften au die Holzunterstützung ist gleichfalls nicht zu übereilen, weil durch das Aufheften und durch das Ausbrechen oder Abzwicken der Nebenzweige die Triebe stärker wachsen, wodurch der Stock im Boden weniger erstarkt, während, wenn die Reben auf dem Boden liegen, das Aufsteigen des Saftes verhindert und derselbe mehr gegen den untern Theil der Rebe und die Wurzeln zurückgedrängt wird. Das Aufpfählen sollte daher nie früher, als in dem Jahre vor dem Anschneiden zum Ertrag geschehen, könnte aber in Gegenden, die weniger den Winden ausgesetzt sind, auch noch im ersteren Jahre unterlassen und erst beim Anschneiden erstmals vorgenommen werden.

Die jungen Stöcke ziehen gerne an den obern Gelenken Wurzeln, weil in den gebauten Boden die Wärme und Feuchtigkeit schneller eindringt und den Bildungstrieb weckt, wodurch aber den untern starken Wurzeln am Fuße der Stange die Nahrung entzogen wird, die Entwicklung derselben Noth leidet und Keime zum frühen Absterben des Stocks sich bilden, auch entstehen aus den obersten Wurzeln gerne neue Reben (Wurzeltriebe), die den Fruchtreben die Säfte entziehen und zu dem Eingehen des Stocks beitragen. Ueberdieß sind die an der Oberfläche des Bodens befindlichen Wurzeln dem Einflusse der Witterung sehr ausgesetzt und verdorren bei starker Hitze oder erfrieren bei strenger Kälte, werden beim Bearbeiten des Bodens leicht verletzt und bringen also dem Weinstock, gerade wenn er es bedarf, keine Nahrung. Dadurch rechtfertigt sich das Aufräumen der jungen Stöcke und das Abnehmen der Thau- und Tagwurzeln (§. 117), wobei man aber auch auf die Länge der gesetzten Reben Rücksicht nehmen muß, indem, wenn dieselben tief stehen, die Wurzeln bis zum zweiten Gelenke einschließlich, wenn sie aber seicht stehen, nur bis zum ersten Gelenke einschließlich abgeschnitten werden dürfen. Wenn es die Witterung gestattet, ist es übrigens zweckmäßiger, wenn man die Wurzeln nicht abschneidet, sondern sie nur zu Tage fördert, damit sie vertrocknen, weil dann der Stock keine Wunde erhält und weniger schnell neue Wurzeln nachtreiben kann.

§. 120.

b. Die Schenkelerziehung.

Die Schenkelerziehung unterscheidet sich nach §. 2 von der Kopferziehung dadurch, daß hier kein Kopf gebildet, sondern die Schenkel unmittelbar aus dem Wurzelstock durch eine angemessene Verlängerung herangezogen werden. Bei dieser Erziehungsweise werden in die Stufen auch Gruben, oder in die mit dem Setzholze zu machenden Oeffnungen (Löcher) der Gereute entweder nur eine Rebe, oder es werden den Berg hinauf in Entfernungen von 3—6 Zoll zwei Reben, wie in verschiedenen Orten von Rheinhessen, oder 3—4 Reben, wie im Rheingau, oder 4 Reben im Quadrat mit je 1/2 Fuß Entfernung, wie zu Rüdesheim, eingelegt und überhaupt bei der ganzen Erziehung auf die Bildung starker Schenkel Rücksicht genommen. Solche in Entfernungen von einigen Zollen eingelegte Reben bilden nur einen Stock und jede Rebe erhält in der Regel nur einen Schenkel, daher diese Behandlung in ein= zwei= drei= und vierschenkelige, oder wenn man das Ganze einen Satz nennen will, in ein= zwei= dreisätzige Erziehung eingetheilt wird.

Die Anlage erfolgt theils mit Wurzelreben, theils mit Schnittlingen (Blindreben), die man im ersten und zweiten Jahr willkürlich wachsen läßt, hie und da auch auf einige Augen einkürzt und das Rebfeld vom Unkraut rein erhält. Im dritten Jahre werden die Triebe, zum Theil dicht am alten Holz, theils auf 2—3 Augen, den stärksten Trieb etwas länger, die übrigen etwas kürzer abgeworfen, die Stöcke 4—6 Zoll tief aufgeräumt und die Thauwurzeln bis zum zweiten Gelenke abgeschnitten, im vierten Jahre wird wieder aufgeräumt, die Thauwurzeln werden entfernt und jeder Rebe ein Zapfen (Stift) von 3—4 Augen angeschnitten, der den künftigen Schenkel bildet und später einen Bogen, hie und da auch noch am untern Theile einen Stift erhält. Im dritten, manchmal auch erst im vierten Jahre erhält die Rebe einen Pfahl, an welchem die jungen Triebe mit Stroh geheftet werden. Wird mit Wurzelreben gesetzt, so beginnt das Aufpfählen und das Anschneiden zum Ertrag ein Jahr früher, während in magerem Boden das Abwerfen der Reben auf einige Augen bis in's vierte und die vollständige Erziehung bis in's fünfte und sechste Jahr dauert, indem auch hier, wie bei der Kopferziehung, wenn die Anlage dauerhaft werden soll, hauptsächlich auf Kräftigung des Stocks gesehen werden muß.

Hat eine Rebe mehrere Triebe (Schoose) gemacht, so läßt man dieselben zwar sämmtlich wachsen und wirft sie auch im zweiten, dritten oder vierten Jahre auf einige Augen ab, wodurch sich gleichfalls ein kleines Köpfchen bildet, sobald aber die Rebe zum Ertrag angeschnitten wird, läßt man nur den untersten, kräftigsten Trieb oder auch 2 Triebe, je nachdem man auf der Rebe 1 oder 2 Schenkel ziehen will, als solche stehen, wodurch sich mit der Zunahme der Stärke der Schenkel auch die Kopfform nach und nach wieder verliert. Wachsen einzelne Reben im ersten Jahre nicht an, so werden sie im folgenden durch Schnittlinge oder Wurzelreben ersetzt, bei späterem Ausbleiben wird dagegen da, wo 2 oder mehrere Reben gesetzt wurden, eine der angewachsenen an die Stelle der fehlenden gezogen und dort eingelegt.

§. 121.

Bei der Schenkelerziehung sind bezüglich der Lage, der Bodenbeschaffenheit, dem bäldern oder spätern Anschneiden zum Ertrag und der Abnahme der Thauwurzeln die gleichen Rücksichten zu beobachten, wie bei der Kopferziehung (§. 118. 119), die Schenkelerziehung gewährt jedoch häufig den Vortheil der früheren Tragbarkeit, weil auf die Erziehung eines angemessenen Kopfes keine Zeit verwendet werden darf, sowie, daß der Schnitt und die übrige Behandlungsweise, weil der Stock freier steht, die reihenweise Erziehung der Rebe an Rahmen oder an Pfählen erleichtert, wodurch in den freien Gassen die Sonne kräftiger wirken kann; sie hat aber auch verschiedene Nachtheile, indem bei derselben die Fähigkeit, neue Triebe aus dem Boden zu bilden, unterdrückt wird, wodurch, wenn an dem aufrecht stehenden Schenkel das untere Tragholz fehlt, derselbe, öfters gegen den Willen des Rebmanns, so hoch gezogen werden muß, daß dadurch die Tragreben zu weit vom Boden entfernt sind und die Zeitigung der Trauben Noth leidet, auch wird da, wo mehrere Reben in Entfernungen von 3 oder mehr Zollen eingelegt und dadurch mehrere einzelnstehende Stöcke zu einem Stocke vereiniget werden, durch das nahe Zusammenstehen dieser einzelnen Stöcke die Wurzelbildung und die Nahrungskraft des Bodens beeinträchtiget und verkümmert, wodurch die Weinberge nicht nur einen geringern Ertrag liefern, sondern auch früher wieder abgehen. Außerdem sind die Reben, weil die freistehenden Schenkel während des Winters entweder gar nicht oder nur unvollständig, die künftigen Tragreben aber nur sehr mühsam und mit größerem Aufwand niedergelegt werden können, weit mehr dem Erfrieren während des Winters oder sonstigen Beschädigungen, wie Saftstockungen ꝛc. ausgesetzt, wodurch der Stock entweder ganz verloren geht, oder, wenn der Schenkel abgeworfen wird, die Erneuerung und Heranziehung eines neuen Schenkels weit mehr Zeit erfordert, als bei der Kopferziehung, auch können sich unter der groben Rinde der Schenkel eine Menge schädlicher Insekten aufhalten (Heuwurm, Sauerwurm), die den Blüthen und Trauben sehr gefährlich werden.

Die Schenkelerziehung sollte daher nur da in Anwendung kommen, wo die klimatischen Verhältnisse das Niederlegen der Reben während des Winters nicht erfordern, sowie bei der Kammer-Erziehung, wo das Niederlegen der Reben gleichfalls nicht vorgenommen wird, aber auch hier ist, weil die mit der Schenkelerziehung verbundenen Nachtheile die Vortheile derselben nicht übersteigen, in vielen Fällen die Kopferziehung der Schenkelerziehung, besonders auch aus dem Grunde vorzuziehen, weil aus dem Kopfe immer wieder neue Triebe herangezogen und der Stock dadurch weit öfters erneuert und in gutem Ertrage erhalten werden kann.

2. Die Erziehung ohne Holzunterstützung.

§. 122.

Bei dieser Erziehungsweise wird der Rebstock entweder so niedergehalten, daß sich derselbe ohne Holzunterstützung selbst trägt, oder man läßt die Reben auf dem Boden liegen und dort gleichfalls ohne Holzunterstützung nach Belieben fortwachsen. Erstere Erziehungsweise ist unter dem Namen Bockschnitt (Bockweingarte), letztere unter dem Namen kriechende oder Heckenweingartenziehung bekannt.

Die Erziehungsart mit dem Bockschnitt beruht hauptsächlich darauf, daß dem Rebstock durch öfteres Abwerfen ein möglichst vollkommener gesunder Kopf gebildet wird. Dieses Abwerfen wird, je nachdem der Boden kräftig oder mager ist und mit Berücksichtigung, ob mit Wurzelreben oder mit Schnittlingen gesetzt wurde (§. 118) bis zum dritten oder vierten Jahre vorgenommen, in welchem Jahre dann die jungen Stöcke vor der Traubenblüthe, nachdem die Triebe 1 bis 1½ Fuß hoch gewachsen sind, durchgangen und die im Innern des Kopfes enthaltenen Triebe ausgebrochen werden, die am äußern Rande desselben aber läßt man möglichst kreisförmig 4—5, wenn sie auch noch schwach sind, stehen und kürzt sie etwa auf 1 Fuß ein, was später, wenn erforderlich, noch einmal geschehen kann. Im folgenden Jahre werden dann diese Triebe auf 2 Augen in der Art abgeworfen, daß das obere Auge gegen Außen zu stehen kommt, damit die neuen Triebe sich mehr gegen Außen entwickeln und der Stock dadurch, wenn die vorjährigen Triebe auf dem Kopfe gehörig vertheilt sind, eine Kesselform bekommt. Vor oder nach der Traubenblüthe, je nach der Triebkraft der Stöcke, werden die Nebenzweige (Aberzähne, Geizen) an den jungen Trieben ausgebrochen oder eingekürzt und sofort sämmtliche Triebe zusammengefaßt, in der Höhe von 2½ bis 3 Fuß mit Stroh zusammengebunden und einige Zoll über dem Band abgeschnitten, so daß sich der Stock selbst trägt, was später, wenn nöthig, noch einmal wiederholt wird. Im nächsten Jahre bilden dann die im Vorjahre angeschnittenen Reben kurze Schenkel, auf welchen bei der Frühjahrsbehandlung die jungen Reben bis auf 3 Augen zurückgeschnitten und die neuen Triebe sofort, wie im vorigen Jahre, in einem Bund vereiniget werden. Die im Innern des Kopfs gewachsenen Reben werden bei der Frühjahrsbehandlung dicht am Kopfe abgeschnitten, so daß derselbe immer hohl bleibt, während die jungen Reben am Rande des Kopfs neben den Schenkeln nur bis auf ein Auge abgeworfen werden, damit sich aus denselben immer wieder neue Triebe entwickeln, und, wenn die alten Schenkel zu lang oder abgängig werden, neue davon erzogen werden können, was, wenn dieselben eine Länge von 6—10 Zoll erreicht haben, stets zu geschehen hat. In allen weitern Jahren wird dann mit der Erziehung der Rebstöcke auf ähnliche Weise fortgefahren, doch können bei kräftiger Entwicklung an zwei gegenüberstehenden Schenkeln die Reben bis auf 4 Augen angeschnitten werden, während die übrigen nur 2—3 Augen erhalten. Sollten die Stöcke in den ersten Jahren noch zu schwach sein, um sich selbst tragen zu können, so kann denselben auch ein kurzer Pfahl gegeben werden.

Will man in ältern Bockweingärten abgegangene Stöcke durch Einleger von einem benachbarten Stocke ergänzen, so versteht es sich von selbst, daß die dazu bestimmten Reben, damit sie die gehörige Länge erhalten, nicht eingekürzt, sondern neben dem Stock an einen Pfahl in gestreckter Weise den Berg hinauf oder hinunter gebunden werden, was auch geschehen kann, wenn ein Stock zu triebig ist und zu üppig wächst, denn dann neben den sogenannten Korb- oder Kesselreben noch zwei, etwas längere Schenkel angeschnitten werden können, die, wie bei der gestreckten Erziehung, mit ihren Tragreben den Berg hinauf und hinunter gezogen und am Ende an Pfähle gebunden werden. Die Erziehung nach dem Bockschnitt kann übrigens nur in Anwendung kommen, in Weinbergen mit etwas magerem Boden, wo kein allzu üppiges Wachsen der Reben zu erwarten ist, und bei Reben, welche weniger triebig und kräftig sind und keine lange Erziehung erfordern, sondern einen kurzen Schnitt vertragen, wie der weiße Rießling, und wo nicht auf Quantität, sondern mehr auf Qualität gebaut wird. In kräftigem Boden müssen die Reben jedenfalls etwas länger geschnitten und die jungen Triebe frühzeitig eingekürzt werden.

In Württemberg ist diese Erziehungsweise blos bei dem Weinberge der Weinverbesserungsgesellschaft zu Untertürkheim und in einzelnen Rießlingpflanzungen an dem Eilfingerberg bei Maulbronn eingeführt.

Eine Abweichung von der Bockweingarterziehung ist der sogenannte Balkenbau, wo an beiden Seiten der Stocklinien die Erde etwas aufgeworfen wird, so daß sie einen Balken, neben in den Gassen aber eine Rinne oder

Vertiefung sich bildet. Zwei der längern und gesündern Reben werden dann umgebogen, die vordern drei Augen geblendet und in die Erde des Balken gesteckt, so daß jede Rebe einen halben Bogen bildet, wodurch auf der einen Seite die Trauben dem Boden möglichst nahe kommen, auf der andern das Wasser von den Stöcken möglichst abgeleitet und der Abfluß desselben durch die Rinnen befördert wird. Die übrigen Reben oder Schenkel erhalten, wie beim Bockschnitt, Zapfen von zwei bis drei Augen. Tragen sich letztere nicht selbst, so kann dem Stock ein Pfahl gegeben werden.

Ueber den sogenannten Kopfschnitt vergl. §. 134.

§. 123.

Die kriechende oder Heckenweinberg-Erziehung kommt selten vor und erscheint nur da als zweckmäßig, wo, wie etwa in südlichen Gegenden, die Weingärten an der See heftigen Winden ausgesetzt sind, oder wo, wie im obern Nahethal, einem Seitenthal des Rheins, der Boden der Weinberge fast aus lauter Steinen besteht, auch ließe sich nach §. 111 Pkt. 9 eine solche Erziehungsweise in Württemberg, wenn die sogenannten Steinmauern mit Reben überzogen würden, einführen.

In dem Nahethal werden, nach Bronner (der Weinbau in Süddeutschland), dem steinigen magern Boden entsprechend, die 2—2½ Fuß langen Setzreben entweder schon beim Reuten eingelegt oder nach demselben mit Setzeisen Löcher in den Boden gestoßen, in diese die Reben eingesteckt und die Löcher entweder mit trockener Erde zugefüllt oder neben denselben ein zweites Loch gestoßen, wodurch das erstere zugedrückt wird. Nach Verfluß des ersten und zweiten Jahres werden die jungen Stöcke auf 1—2 Augen abgeworfen, im dritten Jahr läßt man denselben 3—4 Zapfen von 2 Augen stehen, und im vierten Jahre wird eine Erdrebe (Bogrebe) von 4—5 Augen und einige Zapfen (Knöter) auf dem Kopfe angeschnitten, die dann, wenn sie neue Triebe gemacht haben, vermöge ihrer eigenen Schwere sich bereits auf den Boden legen und dort sich ausbreiten. Im fünften Jahre wird der Schnitt auf ähnliche Weise, nur etwas länger (mit mehr Augen) fortgesetzt, wodurch sich kleine Schenkel bilden, welche auf den Boden so hingelegt und vertheilt werden, daß jeder Schenkel mit seinen jungen Trieben einen Raum ausfüllt.

Wird auf diese Weise auch in den folgenden Jahren fortgefahren, so verlängern sich die Schenkel auf mehrere Ellen und der Boden wird nach und nach ganz mit Reben bedeckt, wobei dann hauptsächlich auf sorgfältiges Vertheilen und Ausbreiten derselben gesehen werden muß. Geht ein Stock ab, so wird von einem andern eine vordere Rebe in den Boden eingelegt und dadurch ein neuer Stock gebildet.

Während des Sommers werden die Reben weder ausgebrochen noch abgeschnitten, sondern Alles dem freien Wachsthum überlassen, wodurch, da die jungen, kaum 2 Fuß hohen Triebe aufrecht stehen, die Weinberge ein heckenartiges Aussehen erhalten. Bloß beim Beginnen des Frühjahrs wird das Schneiden derselben vorgenommen und sodann während des Sommers der Boden mit einem langen Karst gelockert.

Diese Erziehungsweise hat den großen Nachtheil, daß der Boden von den Reben ganz überdeckt ist, wodurch die Sonne wenig auf denselben eindringen kann und daher derselbe immer feucht bleibt, was, namentlich in nassen Jahrgängen, auf die Trauben und die Zeitigung des Holzes einen sehr nachtheiligen Einfluß ausüben muß, doch sollen bei derselben in einigen Orten des Nahethales, wo hauptsächlich Rießling und etwas Elbling angepflanzt sind, sehr gute Weine erzeugt werden, was unzweifelhaft von dem magern steinigen Boden herkommt, der auch selten gedüngt wird.

3. Die Erziehung mit Holz-Unterstützung.

§. 124.

Die Holzunterstützung hat den Zweck, eines Theils dem Rebstock eine feste Stütze zu geben, damit er, sowie die Trauben, durch Winde und Stürme und überhaupt durch ungünstige Witterung nicht beschädigt werden, andern Theils aber auch eine zweckmäßige Erziehung des Stocks zu ermöglichen und zu erleichtern, wobei hauptsächlich darauf zu sehen ist, daß der Boden den Einwirkungen der Sonne und der Luft ausgesetzt und die Tragreben sowie die Trauben demselben möglichst nahe gebracht werden, weil die warme Ausdünstung desselben auf die Entwicklung und Reife der Trauben einen sehr wohlthätigen Einfluß ausübt, doch dürfen bei feuchten und mehr ungünstigen climatischen Verhältnissen, wie in der Bodenseegegend, die Trauben auch nicht zu nieder zu hängen kommen, damit dieselben vor dem frühzeitigen Faulen geschützt sind. Hienach ist hauptsächlich auch die Zweckmäßigkeit der einzelnen Holzunterstützungen und die darnach sich richtende Erziehungsweise zu beurtheilen.

Dieselbe wird abgetheilt in die
Pfahlerziehung,
Rahmenerziehung,
Kammererziehung und in die
Erziehung an Geländen.

a. Die Pfahlerziehung.

Die Erziehung an Pfählen erfolgt entweder an einem oder an zwei, drei oder auch an vier und mehr Pfählen. Die Erziehung an einem Pfahl kommt hauptsächlich bei der Schenkelerziehung vor, doch wird auch bei der Kopferziehung in magerem Boden und bei dem eigenthümlichen Kopfschnitt mit einem Schenkel hie und da nur ein Pfahl gegeben. Im Breisgau des Baden'schen Oberlandes werden den zwei aus der Setzrebe gezogenen Schenkeln zwei lange Bogreben von 10—12 Augen und ein Zapfen von 3—5 Augen oder ein Bogen und zwei Zapfen angeschnitten und erstere über einander an den 7 Fuß langen Pfahl angebunden, daher ein Schenkel immer etwas länger als der andere sein muß. Im Moselthal werden sogar aus den drei eingelegten Setzreben drei Schenkel gezogen und diese mit ihren Tragreben in der Form von weiten Bogen mit 12—15 Augen und von Zapfen von 4—6 Augen, wie in der Bodenseegegend, an eine einzige 10—12 Fuß lange Stange gebunden, so daß ein Stock neben verschiedenen Zapfen häufig drei Bögen bekommt, die, wie Stockwerke, über einander zu stehen kommen und nicht selten 6—8 Fuß vom Boden entfernt sind, daher eine solche Erziehung, wenn man auch den sehr triebigen Thonschieferboden in Berücksichtigung zieht, offenbar zu den schlechtesten und unzweckmäßigsten gehört, wobei zwar sehr viel, aber meistens ein saurer Wein gewonnen wird. Man wird sich deßhalb auch nicht wundern dürfen, wenn von dem Moselthale aus durch Gall zu Trier zuerst empfohlen wurde, den sauren Wein mit Wasser zu verdünnen und mit Zucker zu verbessern. Jene unzweckmäßige Erziehung ist bekannt unter dem alten Moselbau, doch soll dieselbe neuerer Zeit in manchen Orten verlassen und durch eine niedrigere Erziehung unter dem Namen neuer Moselbau, aber immer noch mit einem Pfahl ersetzt werden.

§. 125.

Die Erziehung mit zwei oder mehreren Pfählen findet hauptsächlich bei der Kopferziehung Anwendung, indem hier aus dem Kopf einige Schenkel erzogen, die gegen den Berg möglichst nahe am Boden mit ihren Tragreben an die Pfähle gebunden werden. Man kann sie eintheilen in die höhere und in die niedere oder gestreckte Pfahlerziehung. Bei der Erziehung mit zwei Pfählen erhält der Stock zwei kurze Schenkel, die gegen den Berg etwas auf die Seiten gezogen und dort mit ihren Tragreben theils in ganzen Bögen, theils in halben Bögen oder mit Zapfen an die gesteckten Pfähle geheftet werden, wie sie im obern Neckarthale in der Umgegend von Rottenburg und Tübingen, in dem Steinach- und Lauterthal, sowie in dem Jagst- und Tauberthal eingeführt ist. Sie erscheint hauptsächlich da am angemessensten, wo entweder wegen der klimatischen Verhältnisse oder wegen der magern Bodenbeschaffenheit eine kurze Erziehung der Rebe nothwendig ist.

Bei der Erziehung mit 3 Pfählen werden dieselben in Entfernungen von 2—3 Fuß über den Stock in einem Dreieck gesteckt, so daß ein Pfahl in gerader Linie vom Kopfe des Stockes aus und die zwei andern auf die beiden

Seiten des Stocks, doch auch noch gegen den Berg gestellt werden. An diese Pfähle werden dann die aus dem Kopf erzogenen Schenkel mit ihren Tragreben und den daraus gebildeten Bögen, Halbbögen oder Zapfen gebunden.

Die Erziehung mit 4 Pfählen stimmt mit derjenigen mit 3 Pfählen überein, nur daß hier an den Kopf, zum Aufbinden der Kopftriebe, auch noch ein Pfahl gesteckt wird.

Nach diesen beiden Erziehungsarten werden die Reben hauptsächlich im mittlern und untern Neckarthale, im Remsthale, im Murrthale, im Enzthale und theilweise auch im Kocherthale behandelt, auch kommt sie im Mainthale bei Würzburg und Wertheim vor.

Bei der Erziehung mit fünf und mehr Pfählen erhält der Stock vier oder fünf Schenkel, sie ist jedoch nirgends allgemein, sondern nur ausnahmsweise bei starktriebigen Reben und in kräftigem, stark gedüngtem Boden eingeführt, und kann daher nur als eine unregelmäßige, hauptsächlich nur auf Quantität abzielende Erziehungsweise angesehen werden, wobei die Pfähle, um die Schenkel gehörig ausbreiten zu können, halbmondförmig um den Stock gesteckt werden. Die hier angeführten Erziehungsarten gehören zu der höhern Pfahlerziehung mit zum Theil langen Schenkeln und Bogreben, wodurch die Trauben, besonders bei weiten Bögen, theilweise ziemlich hoch an den Pfählen zu stehen kommen, die Zeitigung derselben in minder günstigen Weinjahren nicht gleichförmig erfolgt und daher der Qualität des Weins Eintrag thut.

Zu der niedern Pfahlerziehung wird gerechnet, wenn nur zwei, höchstens drei kurze Schenkel gegeben und auch diesen nur Zapfen mit wenigen Augen angeschnitten, im übrigen aber die Erziehung mit zwei oder drei Pfählen eingehalten wird. Hauptsächlich gehört aber zu der niedern Pfahlerziehung die sogenannte gestreckte oder Rheingauer Erziehungsweise, bei der jeder Stock drei kurze Schenkel erhält mit zwei Bog- oder Streckreben und auf dem dritten schwächeren Schenkel mit kurzen Zapfen von 2—4 Augen. Zu zwei Stöcken werden fünf Pfähle gegeben, die mit dem Stock in gleicher Linie den Berg hinauf und hinuntergesteckt werden, so daß der Kopf je einen Pfahl erhält und zwischen die beiden nächsten Stöcke gegen unten und oben gleichfalls ein Pfahl gesteckt wird. An den Pfahl beim Kopf wird nicht nur der schwächere Schenkel mit seinen Zapfen und Trieben, sondern auch die zwei Schenkel mit den Streckreben gebunden und letztere gegen die Pfähle in der Mitte der Stöcke in horizontaler Richtung, jedoch in einem kleinen Bogen den Berg hinauf und hinunter gezogen und sofort mit ihren Spitzen, etwa 1 Fuß hoch vom Boden, an den in der Mitte stehenden Pfahl geheftet, so daß die gestreckten Reben von 2 Stöcken nur einen Pfahl bekommen. Mit dieser Erziehungsweise sind verschiedene sehr wesentliche Vortheile verbunden, indem durch dieselbe die Trauben fast in gleicher Linie, nur wenige Zoll vom warmen Boden entfernt, u hängen kommen und deßwegen nicht nur frühe, sondern auch gleichförmig zeitigen können, auch bilden sich zwischen den geraden Stockreihen freie Gassen, in welche die Sonne ungehindert einwirken und den Boden weit mehr als bei andern Erziehungsarten erwärmen kann. Die Stöcke stehen auf beiden Seiten frei, daher man denselben besser beikommen und die Schnittmethode genauer einhalten kann, auch können in den offenen Gassen die übrigen Arbeiten weit leichter und weniger kostspielig vorgenommen und das Unkraut bequem und rechtzeitig, wenn es im Saft steht, ausgehackt werden; das Pfählen und Anbinden erfolgt vor dem Hacken, wodurch der Boden weniger zusammengetreten wird und für Wärme und Feuchtigkeit mehr empfänglich ist. Diese Erziehungsart gehört daher offenbar zu den rationellsten und sollte deßhalb überall, wo, besonders bei edlen Trauben, Pfahlerziehung stattfindet, eingeführt werden. Nur muß schon bei der Anlage der Weinberge darauf Rücksicht genommen werden, und den Berg hinauf, besonders bei schwachtriebigen Reben etwas enger als der Breite nach gestockt werden (§. 109).

Die gestreckte Pfahlerziehung kann bei der Kopf- und Schenkelerziehung in Anwendung gebracht werden, nur werden bei der letzten drei Reben zu jedem Stock genommen und dieselben in Entfernungen von 3—4 Zoll gerade den Berg hinauf eingelegt, wie dieses §. 111 Pkt. 3 näher beschrieben ist. An diesen drei zu Schenkelstöcken herangebildeten Reben werden dann die erforderlichen Zapfen und Streckreben angeschnitten.

§. 126.

b. Die Rahmen-Erziehung.

Die Rahmen bestehen gewöhnlich aus eichenen Pfosten (Stiefeln) von 2—3 Zoll Stärke und 3—6 Fuß Länge, welche in Entfernungen von 8—12 Fuß in geraden Linien den Berg hinauf fest in den Boden geschlagen und an welche dann 1—1½ Fuß über demselben Latten von 1—1½ Zoll Breite oder hölzerne Stänglen (Truberbalken) befestiget werden, an die sofort die Reben theils als Bogen, theils als Halbbogen oder Zapfen zu stehen kommen. Der Rahmenbau kommt hauptsächlich in einigen Gegenden des Rheinthales, besonders in der bahrischen Rheinpfalz, am Haardtgebirge rc. vor; es werden durch denselben gleichfalls offene Gassen gebildet, so daß er mit der gestreckten Pfahlerziehung vieles gemein hat und ähnliche Vortheile wie diese, sowie noch den weitern darbietet, daß, da die Rahmen feststehen, manche Arbeiten, wie das Pfahlspitzen, Pfahlstecken, Pfahlausziehen rc. erspart werden. Diese Erziehungsart kann bei der Kopf- und Schenkelerziehung in Anwendung gebracht werden und findet neuerlich auch in Württemberg bei intelligenten Weingärtnern, namentlich zu Stuttgart, Untertürkheim, Weinsberg rc. Eingang. Die Rahmenerziehung wird abgetheilt in die niedere und höhere und die Doppelrahmenerziehung.

Die niedern Rahmen haben nur Stiefeln von 3 Fuß Länge, wovon 1—1/2 Fuß im Boden sich befinden und bloß eine Querlatte, die 1—1 1/2 Fuß vom Boden an die Stiefeln mit Nägeln oder mit Weidenbändern geheftet wird. Sie eignet sich hauptsächlich für Reben mit niederer Erziehung und kurzem Schnitt, bei welcher besonders auf die Erzielung einer vorzüglichen Wein-Qualität gesehen wird, sowie für magern Boden.

Bei der höhern Rahmenerziehung erhalten die Rahmen vom Boden an eine Höhe von 2—2 1/2 Fuß, sie eignet sich daher hauptsächlich für kräftigen Boden, in welchem den Reben bei kurzer Erziehung doch etwas längere Schenkel sowie mehr Bog- und Halbbogreben, als Zapfen angeschnitten werden müssen, wobei dann die Reben so gebogen werden, daß die Spitze unten an den Schenkel, die Mitte des Bogens aber an die Latte gebunden wird. Sie gewährt mehr Raum für die Erziehung der Rebe, auch können die jungen Triebe regelmäßiger aufgebunden werden.

Die Doppelrahmenerziehung hat höhere Stiefeln von 3 1/2—4 Fuß Länge über dem Boden und eine doppelte Reihe von Latten (Trubern) in Entfernungen von 1 1/2—2 Fuß und taugt in kräftigen Boden und bei guter Düngung hauptsächlich für Reben, die eine längere Erziehung mit Bogen und Halbbogen verlangen. Man findet sie hauptsächlich in der Gegend von Heidelberg und Worms nnd auch in Württemberg, wo die Rahmenerziehung eingeführt ist, kommt sie gewöhnlich in Anwendung, sie kostet jedoch sehr viel Holz, ist mithin theuer und hat den Nachtheil, daß, wenn beim Schneiden und Anbinden der Reben nicht mit Vorsicht zu Werke gegangen wird, die Trauben etwas zu hoch vom Boden zu hängen kommen. Die Reben können entweder in Bögen, wie bei den höhern Rahmen, oder gestreckt, wie bei der gestreckten Pfahlerziehung, an die untere Rahme gebunden werden, die bei etwas langen Schenkeln dann 2 Fuß vom Boden zu stehen kommt.

Bei den hohen Holzpreisen hat man neuerlich am Rhein, in Frankreich und auch in einigen Orten Württembergs den Drahtbau eingeführt, indem statt der Querlatten an den Stiefeln starker Draht aufgezogen wurde, was ziemlich billiger als Holz zu stehen kommt, auch können die Drahtreihen enger als bei Latten oder Stänglen gezogen werden, so daß die niedern Rahmen 2, die höhern Rahmen 3—4, die Doppelrahmen 4—5 Reihen Draht erhalten, wodurch die jungen Triebe an den Rahmen besser vertheilt und zweckmäßiger angebunden werden können, auch wirkt der Draht weniger Schatten, als die Querhölzer, insbesondere aber können sich an dem Draht keine Insekten, wie an dem Holze der Heu- und Sauerwurm, aufhalten und verpuppen, wodurch die Weinberge vor vielen Beschädigungen gesichert sind.

Bei solchen Drahtanlagen werden in den Weinbergen oben und unten in Entfernungen von 30, 40 oder 50 Fuß starke eichene Pfosten, 1½—2 Zoll dick und 2 Zoll breit, schief eingeschlagen und an denselben in der Höhe von 1 Fuß hervorstehende Nägel, womöglich mit einem Hacken, befestigt, auf welchen der aufgezogene Draht ruhen kann. An den beiden Enden der Linie werden dann entweder große Steine 2 Fuß tief in den Boden eingegraben oder starke eichene Pflöcke in denselben eingeschlagen, an denselben ein Drahthacken befestigt, an dem dann die sämmtlichen aufgezogenen Drähte angehängt werden. Weil jedoch die Drähte bei der angegebenen Länge nie ganz fest angezogen werden können, auch die eingeschlagenen Pflöcke oder die eingegrabenen Steine etwas nachgeben, so ist es sehr angemessen, wenn vor dem Aufziehen der Drähte in jeder Linie, in die Mitte derselben, ein Spannschlößchen eingeschoben wird, an dem man den lockern Draht etwas aufwickeln kann, so daß er stets in starker Spannung bleibt.

Eine nähere Beschreibung und Zeichnung dieses Drahtbaues und besonders auch der Spannschlößchen enthält das Hohenheimer Wochenblatt für Land- und Forstwirthschaft von 1853 Nr. 48.

Bei hohen Rahmen wird es jedoch, damit das Ganze mehr Festigkeit bekommt und an die untere Linie die Schenkel fest angebunden werden können, sehr zweckmäßig sein, wenn dieselben statt Draht mit schmalen Latten versehen werden, zu welchem Behuf zwischen den höhern Pfosten in Entfernungen von 8—10 Fuß kleine eichene Pfosten von 2½—3 Fuß Länge eingeschlagen werden, an welchen die Latten noch besonders zu befestigen sind, damit sie sich nicht biegen und abspringen. Zur Erhaltung sämmtlicher Pfosten dient es sehr, wenn dieselben, soweit sie in den Boden kommen, angebrannt oder vor dem Einschlagen ganz mit Theer zwei- bis dreimal angestrichen oder nach §. 156 mit einer Auflösung von Kupfervitriol oder Chlorzink getränkt werden. Das Anstreichen mit Theer muß auch bei dem Draht nach dem Aufziehen oder mit Mening geschehen, der noch dauerhafter als der Theer sein soll.

§. 127.

c. Die Kammer-Erziehung.

Diese Erziehung scheint ihre Benennung von dem kammerartigen Holzgerüste erhalten zu haben, das dazu erforderlich ist. Es werden dabei der Länge der Zeilen nach in Entfernungen von 6—8 Fuß eichene Pfosten (Stiefeln) von 4—5 Fuß Länge und 2—3 Zoll Dicke in den Boden eingeschlagen und dieselben oben 6 Zoll unter der Spitze dadurch mit einander verbunden, daß in die Stiefel 1 Zoll tiefe und 1—2 Zoll weite Einschnitte gemacht werden, in welche eichene Querbalken oder Latten (Lämmrichbalken) von 1 Zoll Dicke und 14—16 Fuß Länge eingelegt und dort mit Weiden oder Nägeln befestigt werden. Die Zeilen erhalten eine Weite von 4½—6 und mehr Fuß, wobei je 3—4 Zeilen mit dünneren Querbalken (Querlatten, Truder) in Entfernungen von 4 Fuß mit einander verbunden werden, die dann zusammen eine Kammer bilden. An die Längebalken werden die Rebstöcke mit ihren Schenkeln festgebunden, auf die Querbalken oder Truder aber die Tragreben geheftet, wobei dann die jungen Triebe keine weitere Holzunterstützung haben, außer sie werden gleichfalls an die Truder gebunden, wobei aber manche abbrechen können. Will man die Reben nicht zu hoch ziehen und zugleich den neuen jungen Trieben einige Holzunterstützung geben, so kann man 8—9 Zoll unter dem Längebalken auch noch eine schmale Latte von gleicher Länge befestigen, auf die dann die Tragreben heruntergezogen und als Halbbogen angebunden werden. Diese Erziehungsart ist theilweise an der Bergstraße unter Heidelberg bis Weinheim und in Rheinbayern in der Umgegend von Landau und Edenkoben eingeführt und scheint aus südlichen Ländern und vielleicht noch aus der Römerzeit zu stammen, wo der Boden vor dem Austrocknen und die Trauben vor der allzugroßen Sonnenhitze geschützt werden müssen. Dieses ist jedoch in Deutschland nicht nothwendig, daher die Kammererziehung, weil die Trauben in der Regel zu hoch zu hängen kommen und dadurch, sowie der Boden, zu wenig den Einwirkungen der Sonne ausgesetzt sind, zu den ungeeignetsten Erziehungsarten gehört, bei der häufig nur geringer Wein erzeugt wird. Auch ist die Holzunterstützung sehr kostspielig und setzt einer geordneten Bearbeitung der Rebfelder manche Schwierigkeiten entgegen, daher auch in dieser Beziehung nicht empfehlungswerth. Zu der Kammer= gehört auch die Dachlauben=Erziehung, bei der die querstehenden Stiefel nach und nach bis zur Hälfte erhöht werden, so daß die aufgelegten Truder und die an dieselben angebundenen Reben einen dachartigen Abfall haben und das Ganze eine Art Laube bildet, die einfach ist, wenn der dachartige Abfall nur auf einer Seite erscheint, doppelt, wenn derselbe auf zwei Seiten angebracht ist, so daß die höhern Stiefeln in der Mitte stehen und die Laube sich auf beiden Seiten wie ein Satteldach abdacht.

Diese Lauben=Erziehung ist jedoch keine regelmäßige Erziehung für Weinberge, sondern kommt in denselben blos an Lauben oder in den Ortschaften in Höfen und Gärten vor, wie denn namentlich an der Bergstraße manche Höfe damit überzogen sind, was denselben nicht nur ein freundliches Aussehen gibt sondern auch öfters reichen Ertrag abwirft, daher solche Einrichtungen, wenn auch gleich der Wein davon etwas gering wird, doch mehr Nachahmung finden dürften. Für die Kammer= sowie für die Dachlauben=Erziehung taugen nur Reben von starker Triebkraft, die eine lange Erziehung vertragen, und die nach dem Kopf- oder Schenkelschnitt behandelt werden können, auch gehört dazu ein kräftiger Boden.

§. 128.

d. Die Erziehung an Geländen.

Die Erziehung an Geländen ist ein Uebergang von der hohen Rahmen-Erziehung durch Erweiterung derselben, indem die Gelände (Spaliere, in Württemberg Kammerzen-Erziehung) mit höhern Pfosten und mehr Querlatten versehen werden, so daß auch der Rebstock eine höhere und ausgebreitetere Erziehung erhält.

Gelände werden in den Weinbergen gewöhnlich an hohen Mauern oder an Weinbergshäuschen angelegt, in Gärten häufig als freistehend, oder als Bogengang, als Laube oder auch an Mauern erzogen, in den Ortschaften aber die Wandungen der Gebäude damit bedeckt. Die Oertlichkeit, an welcher die Gelände angebracht werden, ist daher sehr verschieden, daher auch die Erziehung der Rebe, welche sich darnach zu richten hat, verschieden sein muß. Im Allgemeinen lassen sich dabei folgende Grundsätze aufstellen.

Bei der Holzunterstützung werden die aufrecht stehenden Pfosten in Entfernungen von 8—10 Fuß fest in den Boden eingeschlagen und sofort an denselben Querlatten, Stangen oder auch einfache Pfähle neuerlich auch starker ausgeglühter Draht vom Boden an in Entfernungen von 1—1½, höchstens 2 Fuß befestigt, wobei hauptsächlich darauf zu sehen ist, daß die Pfosten in solchen Entfernungen von einander eingeschlagen werden, daß der Anfang und das Ende der Querlatte ꝛc. an einen Pfosten zu stehen kommt.

Bei der Anlage der Gelände und bei der Erziehung der Reben kommt es darauf an, mit welchen Traubengattungen dieselben besetzt und ob dieselben hoch oder nieder erzogen werden sollen. Zu der Anlage von Geländen, besonders in Gärten und an Gebäuden, werden häufig Tafeltrauben genommen (§. 40—44), weil dieselben gewöhnlich nicht zur Weinbereitung, sondern zum Verspeisen bestimmt sind, wobei als erster Grundsatz zu berücksichtigen ist, daß die Anlage und Erziehung der Rebe so erfolgen muß, daß die Wand des Geländes vollkommen von derselben gedeckt wird. Da nun die einzelnen Rebgattungen nicht gleich lange Reben treiben, sondern einige meist kurze, andere mehr mittelmäßige oder lange Triebe machen, so muß darauf schon bei der Anlage Rücksicht genommen und zu diesem Behuf schwachtriebige Reben nur zu niedern Geländen von 3—4 Querlatten, mittelmäßigtriebige zu Geländen von 5—7 Latten, starktriebige zu Geländen von 7 und mehr Latten verwendet oder zu der Bekleidung von ganzen Wandungen genommen werden.

§. 129.

Die Weite des Satzes und die Zahl der zu setzenden Reben, sowie die anzuschneidenden Schenkel hängen wieder von der niedern oder höhern Erziehung, beziehungsweise von der Zahl der nothwendigen Querlatten ꝛc. ab.

Bei der Entfernung der einzelnen Stöcke von 5—6 Fuß und bei mehr niederer Erziehung mit drei Querlatten, wobei dem Stock nur ein oder zwei Schenkel gegeben werden, genügt ein Stock, werden aber die Stöcke in Entfernungen von 8—12 Fuß gepflanzt und sollen dieselben hoch gezogen werden mit 5—7 oder mehr Querlatten, so müssen 2—3 Schenkel aus dem Kopf angeschnitten werden, wobei es zweckmäßig ist, wenn zwei Stöcke neben einander gesetzt werden. Bei starktriebigen Reben mit weiten Gelenken können die Latten in Entfernungen von 2 Fuß, bei minder triebigen in Entfernungen von 1½—1 Fuß angebracht werden.

Zum Setzen der Reben kann man Wurzelreben oder Schnittlinge nehmen, dieselben müssen aber länger, als gewöhnliche Setzreben sein und daher eine Länge von 3—4 Fuß erhalten, damit sich der Stock ausgedehnt bewurzeln und die erforderliche Kraft zu der hohen Erziehung sammeln kann. Auch kommt dabei mehr die Kopf- als die Schenkelerziehung in Anwendung; bei der letztern muß für jeden höher zu ziehenden Schenkel eine besondere Rebe eingelegt werden. Die Schenkel jeder Rebe werden entweder in gerader oder etwas zirkelförmiger Richtung an dem Lattengerüste hinaufgezogen, oder in wagrechter Richtung auf die Latten gelegt und dort festgebunden. Erstere kann man die fächerförmige, letztere die winkelrechte oder den Winkelschnitt nennen.

Bei der fächerförmigen Erziehung werden zwei Schenkel aus dem Kopf erzogen und solche rechts und links von demselben in entgegengesetzter Richtung an die erste Querlatte gebunden. Von diesen Schenkeln gehen je zwei Zugäste aus, auf welchen dann die Tragreben angeschnitten werden, was auf folgende Weise erreicht wird. Sowie der Stock zum Ertrag kommt, werden an jedem Schenkel zwei längere Reben angeschnitten, an der untern Latte senkrecht, doch etwas nach rechts und links ausgebreitet angebunden, wodurch die künftigen vier Zugäste oder längeren Schenkel gebildet sind. Die stärkern Triebe an diesen vier Reben werden den Sommer über sorgfältig an den Querlatten vertheilt und aufgeheftet, die schwächeren aber eingekürzt. Im folgenden Frühjahr werden die stärkeren Schneidreben, gewöhnlich die obersten, auf 5—6 Augen als neue Zugreben, die schwächeren aber als Zapfen auf 2 Augen zugeschnitten. Jedes Jahr wird nun fortgefahren, die Zugäste durch das Anschneiden neuer Zugreben zu verlängern, bis die Höhe des Lattengerüstes erreicht ist, wobei jedoch darauf Rücksicht zu nehmen ist, daß die Zugäste in Entfernungen von 1—1½ Fuß immer neue Zapfen erhalten, damit das Gelände mit den jungen Trieben gehörig bedeckt werden kann. Wird der Stock zu hoch oder ein Schenkel zu mager, so verjüngt man denselben durch Einkürzen des Schenkels und durch Heranziehung einer neuen Zugrebe von einem untern Zapfen.

Mit dieser Erziehungsweise ist jedoch der Nachtheil verbunden, daß, wie bei allen senkrechten Erziehungsmethoden, der Saft der Rebe größtentheils nach oben steigt, wodurch die untern Zapfen mager bleiben und wenig oder keine Früchte bringen, auch sind die meisten Früchte zu weit vom Boden entfernt und zeitigen, besonders an freistehenden Geländen, spät, daher diese Erziehung hauptsächlich nur bei solchen Traubengattungen in Anwendung kommen sollte, welche an Zapfen gerne tragen, wie bei Sylvaner, Gutedel, weniger bei Trollinger, Urban, Muskateller, rothe Malvasier, Seidentrauben, welche mehr lange Reben (Bogreben) verlangen.

§. 130.

Bei der winkelrechten Erziehung werden, wenn die Reben durch Abwerfen bis zum vierten Jahr zu einem kräftigen Stock herangezogen sind, zwei der stärksten auf dem Kopfe stehende Reben vereinigt und senkrecht $1/2$ Fuß über dem Kopfe mit einem Weidenbande aufgebunden und dann jede Rebe an der ersten Latte eingebogen, da, wo die Rebe gebogen wird, gleichfalls mit einem Weidenband fest an die Latte gebunden und sofort horizontal an derselben aufgelegt und in Entfernungen von 10—12 Zoll mit einem Weidenband versehen. Auf diese Weise bildet jede Rebe einen rechten Winkel und erhält dadurch ihre Grundform, wobei die untern Augen bis an die Latte, sowie die Augen auf der Latte die gegen unten sehen, ausgeschnitten werden, so daß nur in Entfernungen von 9—12 Zoll junge Triebe erscheinen, welche, wenn sie gehörig herangewachsen sind, an die zweite Latte und später an die dritte gebunden, höher wachsende aber abgezwickt werden, damit der Trieb in die Uebrigen geleitet und diese dadurch die erforderliche Höhe erreichen. Hat die Rebe noch nicht ihre horizontale Lage bis zum nächsten Stock, so wird der äußerste Trieb, sowie er erstarkt ist, statt senkrecht gleichfalls horizontal auf die Latte gebunden und der künftige Schenkel auf diese Weise gehörig verlängert. Ist der Stock auf die angegebene Weise ausgerüstet, so werden erst die weiter aus dem Kopf gewachsenen Reben ausgeschnitten, damit, wenn beim Umbiegen eine Rebe verunglückt, noch eine Reserverebe vorhanden ist. Im folgenden Jahre werden dann die Triebe des Vorjahrs theils zu Tragreben mit 4—6 Augen, theils zu Zapfen mit 2 Augen in der Art angeschnitten, daß zwischen zwei Reben ein Zapfen zu stehen kommt und auf die Weise abgewechselt, daß der Rebe des Vorjahrs ein Zapfen, dagegen dem Zapfen eine Rebe angeschnitten wird, wodurch eine Wechselwirthschaft entsteht, bei der das vorjährige längere und dadurch entkräftete Holz bis zur letzten Ruthe abgeworfen wird, während das ausgeruhte, kurze Holz die längeren Tragreben bekommt, so daß man jedes Jahr auf bestimmte Fruchtbildung rechnen kann. Die Tragreben werden an der dritten Latte festgebunden.

Ist das Lattengerüste höher, so wird bis zur dritten Latte unmittelbar aus dem Kopf ein dritter Schenkel und bis zur fünften Latte ein vierter Schenkel ꝛc. gezogen und diese ebenso, wie die untern Schenkel und Reben behandelt.

Sehr zweckmäßig ist es, wenn alle Schenkel aus dem Kopf gezogen werden, weil, wenn auf einem Stamm mehrere Schenkel und aus diesen wieder Schenkel gezogen werden, der Zug der Säfte sich öfters mehr auf eine, meist obere Seite, als auf die andere untere Seite neigt, wodurch der gleiche Trieb der Rebe und überhaupt die Ausbildung des ganzen Stocks gestört wird, weßhalb bei mehreren Schenkeln es auch nothwendig ist, zwei Reben zu setzen.

Auf dem Kopf selbst und an den untern Schenkeln werden keine Seitentriebe geduldet, sondern es muß aller Trieb in die obern mit Tragreben besetzten Theile der Schenkel geleitet werden, welche hier die eigentliche Grundlage der ganzen Erziehung bilden, doch kann in den ersten Jahren auf dem Kopf noch eine kurze Reserverebe von einigen Augen angeschnitten werden, damit, wenn ein Schenkel, so lange sie noch nicht gehörig erstarkt sind, verunglückt, ein anderer sogleich nachgezogen werden kann.

§. 131.

Bei den bisher beschriebenen Erziehungsweisen haben wir hauptsächlich diejenigen an Weinbergs= oder Gartenmauern oder an freistehenden Geländen oder an den Wandungen der Gebäude im Auge gehabt und dabei nur noch zu bemerken, daß es bei den vielen hohen Weingebirgen in Württemberg und bei den in denselben angelegten vielen Mauern es sehr auffallend erscheint, daß an denselben selten Rebgeländer (Kammerzen) angelegt sind, was ohne Zweifel daher kommt, daß die Weinbergsmauern gleichlaufend sind und kaum die Höhe des Bodens haben, wodurch bei starken Regengüssen und Wolkenbrüchen das Wasser über die Mauern herunterstürzt und die unten an denselben angelegten Stöcke mit Wasser, Erde und Steinen überschütten und nicht nur sehr verunreinigen, sondern manchmal ganz zu Grunde richten würde, auch hätte das Wasser, weil am Fuße der Mauer gewöhnlich ein Wasserabzugsgraben gegen das nächste Gestäffel angelegt ist, bei dem Einlegen von Stöcken neben der Mauer keinen geregelten Abzug und würde deßwegen verheerend sich über den ganzen Weinberg ergießen.

Durch die Nichtbekleidung der vielen Mauern mit Reben bleibt aber eine Menge Raum unbenützt und viel Ertrag geht in solchen Weinbergen verloren. Die angeführten Hindernisse ließen sich jedoch dadurch zum großen Theile be=

seitigen, wenn die Reben nicht unmittelbar am Fuße der Mauer, sondern 2—3 Fuß davon entfernt eingelegt und auf die in §. 111, Pkt. 8, angegebene Weise erzogen würden, oder wenn, besonders bei schief angelegten Mauern (§. 98) dieselben oben 1—1½ Fuß über den Boden erhöht würden, wodurch sich hinter denselben, also an der Mauer, ein Wasserabzugsgraben bildete, durch den das Wasser, wenn der Boden noch etwas ausgehoben werden wollte, gleichfalls sicher in das Gestäffel geleitet werden könnte.

§. 132.

Zu der Gelände-Erziehung gehört aber auch noch, wie bereits bemerkt,
  die Arkaden- oder Bogengang- sowie die Lauben-Erziehung,
ferner:
  die Buschbaum-Pyramiden- oder Hochstamm-Erziehung.

Bei der erstern werden in Entfernungen von 10—12 Fuß eichene Pfähle oder Pfosten von 12 Fuß Höhe in den Boden eingeschlagen und an denselben drei Reben eingelegt, von welchen der Fuß unten so ausgebreitet sein muß, daß er zusammen ein Dreieck bildet und die Reben dadurch die gehörige Nahrung erhalten, wogegen die Köpfe oben etwas zusammenzulaufen haben. Von den Reben rechts und links werden die Seiten des Bogengangs oder der Laube auf die angegebene Weise (§. 129, 130) bekleidet, von der Rebe in der Mitte wird aber der Schenkel an dem Pfosten in die Höhe gezogen und mit den Trieben desselben der obere Theil des Gangs oder der Laube (die Decke) bedeckt, der entweder eine Bogenform erhalten oder durch gleichliegende Querlatten gebildet werden kann.

Zu Buschbäumen und Pyramiden kann man einen kräftigen Rebstock wählen mit einem Hauptstamm (Schenkel), der an einem 10—15 Fuß hohen Pfosten (Stange) dadurch in die Höhe gezogen wird, daß derselbe jedes Jahr durch eine an der Spitze anzuschneidende Rebe von 3—5 Augen verlängert wird. An diesem Stamme zieht man 1—1½ Fuß über dem Boden kurze Zugäste von 3—10 Zoll Länge, die gegen oben in Entfernungen von ½—¾ Fuß von einander stehen und nach verschiedenen Seiten gerichtet sind, nach oben aber etwas kürzer geschnitten werden, so daß der Stock einen zugespitzten Busch oder eine Pyramide bildet. An den obern kurzen Zugästen wird ein Zapfen, an den unteren längeren zwei Zapfen mit 2—3 Augen angeschnitten. Während der Sommerbehandlung werden die jungen Triebe öfters eingekürzt, so daß sie sich selbst tragen und der Stock stets die angenommene Form behält. Solche Stöcke können in den Gärten auf den Rabatten, statt der Rosen- und Obstbäumchen gepflanzt werden, nehmen sich sehr gut aus und tragen meist schöne Trauben, namentlich Sylvaner und Gutedel, die gerne auf Zapfen tragen.

Eine andere Art um Buschbäume und Pyramiden zu erziehen, besteht darin, daß man drei Reben in einem Dreiecke von 3 Fuß Durchmesser einlegt und entweder jeder Rebe einen langen Pfahl oder ein Stänglen gibt, die oben zusammenlaufen oder es wird in der Mitte ein 10—12 Fuß langer Pfosten eingesetzt, indem man von 2 zu 2 Fuß je vier Löcher einbohrt, so daß sie einen Kranz bilden, in diese Löcher werden rund gemachte Hölzer von 2—3 Fuß Länge eingesteckt und außen an einem starken Raif befestigt, an den dann die einzelnen Reben, wie an einem Gelände vertheilt und gebunden werden, wobei die obern Querhölzer immer etwas kürzer gemacht werden müssen, so daß der Stock etwas spitz zuläuft und dadurch einen Buschbaum oder eine Pyramide bildet. Auf den um die einzelnen Raife zu ziehenden Schenkel werden gleichfalls nur Zapfen von 2—3 Augen angeschnitten und die jungen Triebe stets an der nächst obern Abtheilung angebunden, längere aber rechtzeitig eingekürzt.

§. 133.

Wir haben jetzt noch der Erziehung der Reben
in Töpfen
zu erwähnen, wodurch nicht nur frühzeitig reife Trauben gewonnen, sondern auch eine besondere Zierde für Wohngelasse erzogen werden kann.

Die einfachste Erziehung in Töpfen besteht darin, daß man eine Rebe von einem ältern Stocke, wie in §. 103 beschrieben ist, statt in einen Korb, in einen weiten irdenen Blumentopf zieht, denselben mit guter Erde und Lohe um die Rebe herum anfüllt und mit Moos bedeckt. Um das untere Loch, wo die Rebe eingezogen wird, kann man, um den Abfluß des Wassers und den Zutritt der Luft zu befördern, einige irdene Scherben legen, und um die Wurzelbildung zu erleichtern, am untersten Knoten einen schmalen Ringelschnitt machen. Während des Sommers muß der Stock durch Begießen mit Wasser stets feucht erhalten werden, wodurch sich bis zum Spätjahr die Rebe so bewurzelt haben wird, wovon man sich durch das Hinwegnehmen der obern Erde überzeugen kann, daß sie nach dem Herbst unten am Topf abgeschnitten, derselbe herausgenommen und in ein frostfreies Zimmer gebracht werden kann. Hat die Rebe schon im ersten Jahre Trauben getrieben, so wird dieselbe während des Sommers durch das Anbinden an ein Pfählchen, durch Einkürzen 2c. ebenso behandelt, wie jede andere Tragrebe, auch kann man auf diese Weise, wenn nach dem Herausnehmen des Stocks die Seitentriebe bis auf einige Augen eingekürzt und der Haupttrieb 2—3 Augen über der obersten Traube abgeschnitten wird, die Trauben lange bis zum Frühjahr am Stock aufbewahren. Solle aber derselbe zum frühen Treiben neuer Früchte herangezogen werden, so wird der Topf, nach dessen Herausnehmen aus dem Boden an einen kühlen, frostfreien luftigen Ort im Hause gestellt, damit derselbe abtrocknet und das Holz gehörig auszeitigt. Zu Anfang des Monats Dezember nimmt man die obere Erde bis auf die Wurzeln, ohne dieselben zu verletzen, heraus, gibt gute neue Erde, schneidet die getriebene Rebe auf 3—4 Augen zurück und stellt den Stock in ein warmes Zimmer an das Fenster oder zwischen Vorfenster, so daß derselbe einige Stunden des Tags die Sonne hat. Haben die Augen getrieben, so wird der Stock in ein Zimmer gebracht, das eine möglichst gleichförmige Wärme von 12 Graden nach Reaumür hat, durch öfteres, aber nicht zu starkes Begießen, womöglich mit Regen= und hie und da mit Dungwasser in gutem, kräftigem Trieb erhalten, dabei möglichst der Sonne ausgesetzt und vor Staub, Zugluft und starker Erschütterung bewahrt, was besonders vor und während der Blüthe zu geschehen hat. Durch sorgfältige Behandlung eines solchen Stocks wird man schon im Monat Juni, besonders von Frühsorten, reife Trauben erhalten. Nach der Abnahme der Früchte wird dann derselbe mit dem Ballen in das Land gesetzt, damit das Holz gehörig ausreift, im Spätjahr aber wieder in einen etwas größern Topf gebracht.

Zu der Pflanzung in Töpfen sind vorzugsweise solche Traubengattungen zu wählen, welche keine lange Erziehung erfordern, sondern gerne auf Zapfen tragen, wie Sylvaner, Gutedel 2c., auch wird dabei kein Kopf, sondern nur ein Schenkel erzogen.

4. Die Erziehung des tragbaren Rebstocks.

§. 134.

Durch die Erziehung des tragbaren Rebstocks muß derselbe nach den allgemeinen Erziehungsgrundsätzen (§. 116) in ein richtiges Verhältniß zu seiner Ernährungskraft gebracht und demnach die Vegetation desselben so geleitet werden, daß er seine Säfte nicht unnöthig vergeudet und sich dadurch schwächt und altert, sondern solche hauptsächlich zu seiner Erhaltung und Stärkung, sowie zu der Hervorbringung möglichst vollkommener und edler Früchte verwendet.

Um nun dieses gehörig erreichen zu können, müssen die mit der Erziehung der tragbaren Rebstöcke verbundenen Arbeiten jedes Jahr wiederholt werden, zu welchem Behuf man dieselben abtheilt:

    a. in das Schneiden der Reben,

    b. in das Ruthenbiegen,

    c. in das Verbrechen (Zwicken) und Einkürzen der Reben,

    d. in das Ueberhauen und Ausflügeln des Rebstocks, wozu noch verschiedene außerordentliche Frühjahrsarbeiten kommen.

Das Schneiden.

Das Schneiden der Reben hat den Zweck, den Rebstock nicht nur von allem überflüssigen Holze zu befreien, sondern auch die demselben zu belassenden Reben so zurückzuschneiden, wie es die Beschaffenheit des Stocks erfordert, wobei die klimatischen Verhältnisse, die Bodenkraft, das Alter des Rebstocks und die natürliche Vegetationskraft desselben zu berücksichtigen sind. Das Schneiden ist daher eine der wichtigsten Arbeiten in den Weinbergen und erfordert gute Kenntnisse in der Behandlung des Weinstocks, indem durch gutes und vorsichtiges Schneiden ein Weinberg in guten Stand gesetzt und darin erhalten, während er durch schlechtes Schneiden bald zu Grunde gerichtet werden kann.

Die dem Rebstock bei dem Schneiden zu belassenden Reben bestehen hauptsächlich in den Trag- oder Fruchtreben, die auf den Schenkeln des Rebstocks angeschnitten werden und in dem sogenannten Bodenholz, das unmittelbar aus dem Kopfe, oder bei der Schenkelerziehung aus dem untern Theil des Stammes erwachsen ist und zu zu der Heranbildung neuer Schenkel oder Stämme verwendet wird (§. 2).

Das Tragholz wird entweder lang oder kurz geschnitten, im erstern Falle gibt es Streck-, Bog- oder Schneidreben und zwar bei 5—8 Augen Halbbögen, bei 8 und mehr Augen ganze Bögen, im letzteren Falle Zapfen, Knoten, Stifte von 2—4 Augen.

Was nun zunächst die klimatischen Verhältnisse anbetrifft, so ist es eine bekannte Thatsache, daß in wärmeren Gegenden die Reben viel fruchtbarer sind, als in rauheren und daher schon an den unteren Augen schöne vollkommene Trauben treiben, während in den letztern dieses bei einzelnen Traubengattungen erst am dritten oder vierten Auge der Fall ist, man muß daher bei dem Schneiden der Reben zwischen den Frucht- und Holzaugen genau unterscheiden (§. 3). In südlichen Ländern werden, wenn man feinere Weine erzielen will, die Reben öfters bis auf wenige Augen abgeworfen, und geben dessenungeachtet noch einen reichlichen Ertrag, was man als Kopfschnitt betrachten kann, während, wenn man mehr auf Quantität sieht, dieselben auch baumartig wegen der stärkeren Vegetationskraft erzogen werden können (§. 116).

Die klimatischen Verhältnisse sind übrigens nicht jedes Jahr gleich, in manchen dem Rebstock besonders günstigen Jahren (Wärme mit abwechselnder Feuchtigkeit) treibt derselbe viel mehr und kräftigeres Holz als in andern, daher demselben im folgenden Jahre auch mehr Holz angeschnitten werden kann und darf als gewöhnlich, während im umgekehrten Fall weniger als herkömmlich anzuschneiden ist, weßhalb beim Schneiden nicht blos das Herkommen, sondern auch der Holztrieb des vorigen Jahrs besondere Berücksichtigung finden muß.

Die Bodenkraft des Weinberges, bestehe nun dieselbe in einer natürlichen oder durch Düngung herbeigeführten, entscheidet hauptsächlich darüber, ob lang oder kurz geschnitten werden soll. Ist der Boden mager und schwach in der Düngung, so kann nur wenig und kurzes Holz, mithin mehr Zapfen und Halbbögen als ganze Bögen angeschnitten werden, hat dagegen der Weinberg kräftigen Thon= oder Lehmboden und ist er in der Düngung gut unterhalten, so muß länger, mithin mehr auf ganze Bögen geschnitten werden, besonders da im kühlen, triebigen Lehmboden die untersten 2 Augen selten fruchtbar sind (vergleiche §. 204). Ist der Boden locker (leicht oder hitzig) und seicht und hat er trockenen, felsigen oder kiesigen Untergrund, der leicht austrocknet, wie Granit und andere Urgebirgsarten, so wie angeschwemmter Flußkies, so ist nicht viel Holz zu geben, weil in trockenen Sommern der Untergrund die Feuchtigkeit dem Obergrund immer mehr entzieht, wodurch, wenn dem Weinberge durch starkes Holzanschneiden zu viel zugemuthet wird, derselbe in einem Jahre rückgängig gemacht werden kann, während, wenn der Weinberg mehr tiefen Obergrund und mehr feuchten oder etwas wasserhaltigen Untergrund hat, wie Sand= und Kalkfelsen, wasserhaltiger Thon, die dem Rebstock Feuchtigkeit mittheilen, mehr Holz zu geben ist. Im Allgemeinen kann die Regel befolgt werden, daß, wenn ein Rebstock im Vorjahr sehr stark getrieben hat, so kann im Holz zugesetzt, war er mäßig im Trieb, so kann der vorjährige Schnitt beibehalten, war der Trieb gering, so muß am Holz abgebrochen werden.

Junge, gut angelegte Weinberge haben gewöhnlich weit mehr Triebkraft, als alte, daher darauf auch beim Schneiden sorgfältig Rücksicht genommen und erstern bei gleichen oder ähnlichen Rebgattungen in der Regel mehr Holz als letztern gegeben werden muß, durch zweckmäßiges mehr kurzes als langes Schneiden können ältere Weinberge lange in gutem Ertrag erhalten werden, während, wenn sie durch allzustarkes Anschneiden von Holz zu sehr zum Ertrag gereizt werden, bald zu Grunde gehen.

Bei jungen allzutriebigen Weinbergen, die dann mehr in's Holz als in Trauben treiben, kann der Trieb gemäßigt werden, wenn denselben 1 oder 2 Jahre viel Holz und lange Bogreben angeschnitten werden.

Die natürliche Vegetationskraft der einzelnen Rebgattungen ist sehr verschieden, daher bei dem Schnitt sich besonders darnach gerichtet werden muß, wie hienach (§. 137. 138) näher ausgeführt werden wird. Besonders muß zwischen zwergartigen und starktriebigen Reben unterschieden werden, indem bei ersteren die fruchtbaren Augen meist nahe am alten Holze sich befinden, während bei den letztern dieselben mehr entfernt vom alten Holze, erst mit dem 3. oder 4. Auge beginnen (§. 3), doch kommen bei jungen zwergartigen Reben in kräftigem Boden auch hie und da Ausnahmen vor, indem sie in solchen Fällen gleichfalls einen längeren Schnitt erfordern. Im Allgemeinen ist als

Grundsatz anzunehmen, daß das obere Holz des Weinstocks und die Zahl der Schenkel und Tragreben in einem richtigen Verhältniß zu dem Wurzelvermögen stehen muß, was man häufig nach der Stärke der Stange beurtheilen kann. Starktriebige Reben lassen sich nach §. 2 häufig an der Stärke des Markes erkennen.

Hat ein Weinberg im vorangegangenen Jahre einen allzureichen Ertrag gegeben, wodurch dessen Vegetationskraft geschwächt wurde, so ist demselben zu seiner Erholung im folgenden Jahre etwas weniger Holz anzuschneiden.

Auch von der weiten oder engen Bestockung eines Weinberges ist der Schnitt des Rebstocks abhängig, indem da, wo weit gestockt wird, der Stock also in einem weiteren Umkreise seine Nahrung finden kann, demselben mehr und längere Schenkel und Bögen angeschnitten werden können, als bei einer engen Bestockung.

§. 135.

Wenn man nun nach den hier im Allgemeinen aufgestellten Grundsätzen das Schneiden der Reben vornehmen will, so hat man hauptsächlich darauf zu sehen:

a. dem Stock so viel Früchte (Tragreben) anzuschneiden, als er ohne Nachtheil für den künftigen Bestand ertragen kann;

b. den Stock nieder zu halten, damit das Tragholz und die Trauben dem Boden möglichst nahe gebracht werden;

c. Für Tragholz im nächsten Jahre zu sorgen, d. h. den Stock durch passenden Schnitt zu veranlassen, brauchbare Fruchtreben für's kommende Jahr zu erzeugen und

d. den Stock durch all dieses nicht nur bei kräftiger Gesundheit, sondern auch in der angenommenen Erziehung zu erhalten.

Fruchtbildung für das gegenwärtige und Holzbildung für das künftige Jahr ist daher stets der Hauptzweck des Rebschnitts, zu diesem Behufe muß alles dasjenige Holz entfernt werden, das zu keinem der beiden Zwecke erforderlich ist. Das fruchtbringende Holz ist gewöhnlich aus dem Holze des Vorjahrs erwachsen, ist kräftig und zur Fruchtbildung herangereift, wogegen das aus dem Kopfe, den Schenkeln oder dem Stamme erwachsene Holz (Wasserruthen, Holzreben) selten oder nur wenige Früchte bringt und nur in bestimmten Perioden zur Bildung von neuem Holze verwendet werden kann.

Bevor jedoch der Rebmann mit dem Schneiden beginnt, muß er darüber einig sein, wie nach den verschiedenen Erziehungsarten geschnitten werden soll, ob kurz oder lang, ob auf Bögen oder Zapfen, ob viel oder wenig Schenkel erforderlich sind u. s. w. Um nun dieses gehörig beurtheilen zu können, stellt sich der Weingärtner vor den Stock und betrachtet seine Vegetationskraft im Allgemeinen und richtet darnach seinen Schnitt ein. Zuerst wird, nachdem die

Erde unter dem Kopf oder neben dem Stamm aufgeräumt ist, die Stärke des Wurzelstocks betrachtet, indem nach derselben, besonders bei jungen Weinbergen, genau beurtheilt werden kann, ob dem Stock viel oder wenig Tragholz zu geben ist, worauf die sogenannten Tag- oder Thauwurzeln aus dem §. 119 angeführten Grunde hinweggenommen oder zum Absterben blos gelegt werden.

Durch das Abnehmen oder Abschneiden der Thauwurzeln soll der Stock gezwungen werden, sich mehr am untern Theile der Stange zu bewurzeln, außerdem könnten dieselben die gegen den Kopf aufsteigende Säfte theilweise an sich ziehen und dadurch dem Kopftriebe schaden. Das tiefe Abnehmen der Thauwurzeln ist übrigens nach §. 119 hauptsächlich nur bei neu angelegten und jungen Weinbergen nothwendig, bei ältern Weinbergen, welche ihre Nahrung mehr von dem obern durch Düngung gekräftigten Boden beziehen müssen, könnte das tiefere Abnehmen derselben über das erste Gelenke durch Entziehung eines Theils der Nahrungssäfte auch schädlich wirken, daher hier hauptsächlich nur die unmittelbar unter dem Kopfe herausgewachsenen Wurzeln entfernt werden sollten, wie dieses auch in einzelnen Weinbaugegenden Württembergs eingeführt ist, wo in ältern Weinbergen das Abschneiden der Thauwurzeln sowohl bei der Kopf- als Schenkel-Erziehung zum Theil ganz unterlassen wird, was jedoch nicht überall als zweckmäßig erscheint. Nur in ganz alten Weinbergen, die hauptsächlich mit solchen Traubengattungen bestockt, die im Alter nicht mehr aus dem Kopf treiben, wie beim Trollinger, läßt sich dasselbe einigermaßen rechtfertigen.

§. 136.

Nach der Reinigung der Stange oder des Wurzelstocks geht man zu derjenigen des Kopfs oder des Stamms über, wobei man denselben zunächst von den schwachen oder dürr gewordenen Trieben, so wie von den dürren Stumpen früherer Abwürfe reinigt, und wenn sich ein abgestandener Schenkel vorfindet, oder wenn besonders bei einer kurzen Erziehung ein Schenkel zu alt oder zu lang ist, so wird derselbe möglichst nahe am Kopfe oder Stamm abgeschnitten und dagegen ein kräftiges Bodenholz ausgesucht, das, je nach der Stärke, auf 3—4 Augen abgeworfen und als Schenkel herangezogen wird, was auch zu geschehen hat, wenn schon von früheren Jahren ein Schenkel fehlt. Namentlich bei jungen Weinbergen hat man darauf zu sehen, die Schenkel nicht zu alt und zu stark werden zu lassen, damit sie dem Kopf nicht gleich werden und dadurch den Kopftrieb verhindern, daher stets junges Holz (Bodenholz) zur Erneuerung der Schenkel nachgezogen werden muß. Hiebei hat man, besonders bei der Kopferziehung, darauf zu achten, daß die Schenkel und die sonstigen auf dem Kopf befindlichen Hölzer nicht zu nahe beisammen stehen, sondern auf demselben so vertheilt werden, daß zwischen denselben junge

Triebe herausgeschnitten werden können, damit der Kopf nicht zulauft, sondern stets eine runde Form behält und die Kopftriebe erhalten werden. Haben sich auf dem Kopfe oder am Stamm im Vorjahr keine neuen Triebe gebildet und will der erstere zulaufen, so ist es sehr angemessen, wenn man in jungen Weinbergen die Köpfe mit dem Messer behackt (verwundet), wodurch neue Triebe erweckt werden, oder wenn man einen Schenkel abwirft, wodurch der Kopf wieder Luft bekommt, um neue Triebe zu machen, oder wenn man in ältern Weinbergen die zum Theil abgestandenen Köpfe von allen dürr gewordenen Stumpen und sonstigem alten Holze so lange reinigt, bis man auf grünes Holz und auf das noch gute Mark des früheren Triebs kommt, das wieder, besonders in warmen trockenen Jahren, neue Triebe bilden kann. Nach dem Reinigen des Kopfs wird derselbe mit feiner Erde wieder zugedeckt. Man kann sich bei diesem Geschäft, damit an dem Stock nicht zu stark beim Abschneiden gezogen werden darf, wodurch leicht Wurzeln abgerissen werden könnten, einer kleinen Handsäge von nur einigen Zoll Länge bedienen, mit der man dem Stocke öfters besser beikommen kann, als mit dem Messer, nur muß man, wo gesägt wurde, den Kopf mit dem Messer am äußern Rande, jedoch ohne das Mark zu verletzen, etwas beschneiden, weil sich dadurch die neuen Triebe besser entwickeln. Sehr zweckmäßig ist es, wenn man aus dieser Arbeit, um mehr Zeit dazu zu haben, ein besonderes Geschäft nach dem Hacken macht, wobei man die Stöcke noch einmal aufräumt und nach der Reinigung der Köpfe bis zum ersten Felgen offen stehen läßt, damit durch die stärkere Wärme der Kopftrieb möglichst geweckt wird.

Ist man mit dem Ausschneiden und Reinigen des Kopfs oder des Stamms fertig, so geht man mit dem Schneiden an die Schenkel und übrigen Hölzer.

Zuerst schneidet man die alten Bögen aus, läßt aber so viel vom einjährigen Holze stehen, als man zu den neuen Bögen und Zapfen nöthig hat, jedoch auf einem Schenkel höchstens zwei Hölzer, die man entweder zu zwei Bögen, oder zu einem Bogen und einem Zapfen oder zu zwei Zapfen von 3—5 Augen verwenden kann. Man nimmt dazu, damit der Schenkel nicht zu lang wird, die hintersten Reben vom vorjährigen Holze, wobei man womöglich den Zapfen nicht vor, sondern hinter die Bogrebe stellt, weil im erstern Falle, wenn der Bogen an den Pfahl gebunden ist, der Zapfen über den Bogen und Pfahl hinausstehen würde und leicht abgerissen werden könnte und weil, nach der Weingärtnersprache, der Sohn nicht vor dem Vater hergehen soll. Ob auf Bogreben (gestreckte Reben) oder auf Zapfen geschnitten werden soll, so wie die Länge der Bogreben (Ganz- oder Halbbogen) hängt nach der bereits gegebenen Ausführung theils von der Erziehungsweise, theils von dem Wachsthum der Reben, theils auch davon ab, ob die Gelenke mit den Fruchtaugen weit oder enge beisammen stehen, indem man im ersteren

Falle etwas längere Bögen als im letztern macht. Das gleiche ist zu beobachten, wenn sich die hintern Augen verholzt haben, daher darauf beim Schneiden besonders zu achten ist. Bei jungen Weinbergen ist auf die Stärke der Stangen Rücksicht zu nehmen, und wenn dieselbe noch schwach ist, auf Zapfen zu schneiden; weil, wenn dem Weinberg in früherer Jugend zu viel Ertrag zugemuthet wird, derselbe bald altert und im Ertrag nachläßt.

Der Schnitt wird 1—1½ Zoll lang über dem letzten Auge und entweder gleich oder schief auf der dem Auge entgegengesetzten Seite gemacht, damit bei dem Ausfließen des Saftes derselbe nicht über das Auge rinnt und dasselbe durch das Anbinden des Bogens an den Schenkel oder den Pfahl keinen Schaden nimmt. Der gleiche Schnitt mit der hienach beschriebenen Rebscheere ist jedoch zweckmäßiger als der schiefe, weil durch jenen die kleinste Zahl von Gefäßen blos gelegt wird, mithin auch weniger Saftausfluß erfolgt. Außerdem werden Schenkel und Rebe von allen Auswüchsen gereinigt und namentlich Aberzähne und Vollhacken ausgeschnitten.

Sind zur Erneuerung der Schenkel keine Bodenhölzer, oder ist am vorjährigen Bogen kein taugliches Holz zu einem neuen Bogen vorhanden, dagegen am Schenkel eine schöne Rebe, so kann man auch diese, besonders wenn sie nahe am Kopfe steht, zu einem neuen Schenkel heranziehen, oder zur Bogrebe verwenden und den Schenkel zurückschneiden. Man nennt dieses, weil die Ruthe an dem Schenkel einen Absatz bildet, in manchen Weinbaugegenden eine Stelze und verwirft eine solche Behandlungsweise, weil ein derartiger Schnitt ein schlechtes Aussehen hat und die Stelze beim Niederlegen gerne abbricht; bei dem Mangel an anderem Holz, namentlich in alten Weinbergen, läßt sich aber eine solche Behandlungsweise wohl rechtfertigen, überhaupt darf auf kürzere Schenkel und somit auf das Zurückholzen derselben sehr gesehen werden, weil bei zu langen Schenkeln der Saft zu stark vorwärts bringt, wodurch der Stock hinten nicht mehr austreibt. Im Allgemeinen hüte man sich, die Stöcke mit Holz zu überladen, indem dadurch nicht nur die Kraft und Gesundheit des Stocks nothleidet, sondern auch eine geringere Qualität Wein erzeugt wird, weil die Reben keine so vollkommene Trauben treiben und die Zeitigung derselben später erfolgt, wie bei weniger Holz, daher schneide man eher etwas weniger als zu viel Holz an.

Das abgeschnittene unbrauchbare Rebholz wird während des Schneidens 1—2 Fuß lang zerschnitten und auf den Boden geworfen, das dann in der Regel von Weibsleuten und Kindern gesammelt, auf kleine Haufen getragen mit Weiden zu Büscheln gebunden, nach Hause geschafft und dort als Brennholz verwendet wird. Dieses Geschäft heißt man das Rebenlesen.

Die zum Setzen brauchbaren Reben (Schnittling, Blindholz) werden dagegen nicht zerschnitten, sondern sogleich nach dem Schneiden nach den einzelnen Gattungen gesammelt in Büscheln zu 100—200 Stück gebunden und auf die §. 101 beschriebene Weise aufbewahrt.

§. 137.

Die Art des Schneidens hängt aber auch von der Erziehungsart und von der Gattung der Rebe ab. Auf welche Weise das Schneiden der Reben bei den verschiedenen Erziehungsarten vorzunehmen ist, ist bereits oben §. 117 bis 133 im Allgemeinen angedeutet worden und im Uebrigen sind die beim Schneiden der tragbaren Rebstöcke aufgestellten Grundsätze zu beobachten, daher hierüber nichts Weiteres anzuführen ist. Dagegen treten bei dem Schneiden der einzelnen Rebgattungen verschiedene Rücksichten ein, die einer nähern Betrachtung bedürfen.

Bei der verschiedenen Triebkraft der einzelnen Rebgattungen und bei der Einwirkung, welche die Triebkraft des Bodens und climatische Verhältnisse auf die Vegetation der Rebe ausüben, kommt bei der Frage, welche Erziehungsweise bei jeder Rebgattung die zweckmäßigste sei und ob daher lang, mittel oder kurz geschnitten werden soll, zunächst die Rebgattung und dann die climatischen Verhältnisse und die Triebkraft des Bodens in Betracht. Wir wollen deßwegen hier die bei dem Schneiden zu beobachtenden Regeln von denjenigen Traubengattungen näher erörtern, die in Deutschland hauptsächlich zur Weinbereitung benützt werden, auch werden hiebei die in Württemberg bei der Kopferziehung gemachten Erfahrungen zu Grund gelegt und Weinberge vorausgesetzt, die sich im mittlern kräftigen Alter befinden, weil bei jungen starktriebigen und bei alten schwachtriebigen Weinbergen öfters Ausnahmen gemacht werden müssen.

1. Der weiße Räuschling (§. 16 und 80) verträgt, je nach der Triebkraft des Bodens, langen Schnitt mit 3 Schenkeln und mit Bögen und Zapfen oder kürzeren mit 2 Schenkeln und Halbbögen und Zapfen.

2. Der Traminer (§. 11. 29. 81) verträgt bei seiner geringeren Vegetationskraft keine lange und ausgedehnte Erziehung, es darf deßwegen demselben nicht zuviel Holz gegeben werden, weßhalb in der Regel 2 nicht allzu lange Schenkel und ein Bodenholz als Reserveschenkel, damit erstere bald erneuert werden können, genügen dürften, dagegen können den Schenkeln, weil der Traminer weniger fruchttreibend ist und die hintern Augen selten Früchte bringen, Bogreben mit 12—15 Augen und hie und da auch noch ein Zapfen, dem Reserveschenkel aber ein Zapfen von 3—4 Augen angeschnitten werden. Allzu kurz geschnitten kann der Traminer, weil er frühe treibt, auch leicht im eigenen Saft ersticken.

3. Der rothe Malvasier oder Mährer verlangt nach §. 12 eine lange Erziehung mit 3 langen Schenkeln und weiten Bogreben sowie einigen Zapfen,

bei magerem Boden dürften jedoch auch 2 Schenkel und 1 Bodenholz mit 1 Zapfen genügen, wobei, weil das Holz weniger fruchtbar ist, lange Bogreben zu geben wären.

Junge Stöcke sind spät zum Ertrag anzuschneiden, damit dieselben zuvor möglichst erstarken und die lange Erziehung ertragen können.

4. Der Velteliner (§. 13. 82) ist zwar sehr fruchtbar, so daß fast jedes Fruchtauge zwei Trauben erzeugt, er treibt jedoch kein starkes und langes Holz und gehört daher mehr zu den schwachtriebigen Sorten, daher demselben in gutem Boden nur 2 Schenkel mit je einem Halbbogen von 6—7 Augen und 2—3 Bodenhölzer mit Zapfen von 2—3 Augen zur Erneuerung und zum Zurückholzen der Schenkel anzuschneiden sind, in magerem Boden häufig nur Zapfen. Wird dem Stock mehr Holz gegeben, so altert derselbe nicht nur bald, sondern die Trauben, weil der Stock sich überträgt, zeitigen auch selten ganz.

5. Dem Weiß- und Roth-Elbling (§. 14. 81), als starktriebig, sind in gutem kräftigen Boden und bei guter Düngung 3 etwas lange Schenkel mit je einem Bogen von 10—12 Augen und einem Zapfen von 2—3 Augen, sowie ein kurzes Bodenholz oder ein Reserveschenkel mit Zapfen von 3—4 Augen zu geben. Bei fettem Boden und kräftigem Trieb können auch vier Schenkel gegeben werden. In magerem Boden und bei weniger starker Düngung, wie im Kocher-, Jagst- und Tauberthale, sollten nur 2 Schenkel mit je einer Bogrebe von 10—12 Augen und einem kurzen Reserveschenkel mit einem Zapfen von 2—4 Augen angeschnitten werden, wobei auf sehr zweckmäßige Weise eine Wechselwirthschaft eingeführt werden kann, indem der Reserveschenkel zu einem langen Schenkel herangezogen, ein langer aber durch Zurückholzen zu einem Reserveschenkel gemacht wird. Wird dem Elbling zu viel Holz angeschnitten, so artet er, weil Holz und Trauben nicht zur gehörigen Zeitigung kommen können, gerne aus und geht in den Rauh-Elbling über.

Der schwarze Elbling (§. 82), ist nicht so starktriebig, wie die beiden andern Gattungen, es darf deßwegen demselben, je nach der Bodenkraft, etwas weniger Holz als jenen gegeben werden.

6. Dem Urban (§. 15. 31. 82) können bei seiner starken Triebkraft, je nach der Bodenbeschaffenheit, 3—4 lange Schenkel mit je einer Bogrebe und einem Zapfen belassen werden, insbesondere ist aber, weil er erst am vierten oder fünften Auge seine Haupttrauben treibt, auf lange Bogreben von 10—15 Augen zu halten, weil sonst bei kurzem Schnitt die meisten Fruchtaugen hinweggeschnitten werden und der Ertrag gering ist.

7. Der weiße und blaue Clevner, sowie der graue Clevner (Ruländer) (§. 15, 31, 83) verlangt nicht nur günstige klimatische Verhältnisse und ganz geeigneten Boden, sondern auch eine, seinem schwachen Wurzelstock angemessene

Erziehung. Der Clevner hat die Eigenschaft, daß er, wenn er zum Ertrag angeschnitten wird, sehr stark ins Holz treibt, daß aber dagegen der Wurzelstock zurückbleibt und wenn die Rebe einmal im Ertrag ist, wenig oder nicht mehr zunimmt, so daß, wenn derselbe in den ersten 5—6 Jahren nach dem starken Oberholz und nicht nach der Stärke der Stange behandelt und zu viel Tragholz angeschnitten wird, derselbe bald im Ertrag nachläßt, altert und abgängig wird. Derselbe sollte daher nicht frühzeitig zum Ertrag angeschnitten werden, bis die Stange und die Wurzeln erstarkt sind und demselben nicht zu viel Holz gegeben werden, höchstens zwei 1—2 Fuß lange Schenkel und ein Kopf= oder Bodenholz als Reserveschenkel mit Zapfen von 2—4 Augen, wogegen den beiden Schenkeln lange Bogreben von 12—15 Augen und etwa je ein Zapfen von 3—4 Augen anzuschneiden sind, weil die Clevnerrebe in der Regel erst am 3.—5. Auge Trauben treibt und die vom 5.—10. Auge getriebenen am vollkommensten sind. Sehr angemessen dürfte es sein, wenn bei dem Anschneiden der Bogreben eine Art Wechselwirthschaft eingeführt würde, wie dieses auch in manchen Gegenden von Burgund der Fall sein soll, so daß, wenn im ersten Jahre den zwei Schenkeln Bogreben angeschnitten werden, im zweiten Jahre der sogenannte Reserveschenkel eine Bogrebe erhält, dagegen einer der beiden andern Schenkel zurückgeschnitten und auf Zapfen behandelt wird, was zugleich den weitern Vortheil gewährt, daß die Schenkel fortwährend erneuert und stets auf jung Holz geschnitten werden kann, wodurch der Stock bis ins Alter in gutem Ertrag erhalten wird.

8. Der grüne, rothe und blaue Sylvaner (§. 16, 32, 80) gehört zu den schwachtriebigen Rebsorten, dem in magerem Boden, wie zum Theil im obern Neckarthale und im Enzthale, sowie im Kocher=, Jagst= und Tauberthale, nur zwei Schenkel, entweder mit zwei Halbbogen, je mit 6—7 Augen, oder mit einem Bogen und einem Zapfen und ein bis zwei Kopf= oder Bodenhölzer mit 2—3 Augen gegeben werden dürfen. Auch können auf den Schenkeln zum Zurückschneiden derselben, weil stets auf Jungholz gesehen werden muß, ein oder zwei Zapfen angeschnitten werden. In kräftigem Boden, wie im mittlern und untern Neckarthale, kann der Stock auch drei Schenkel mit je einer Bogrebe und einem Zapfen, sowie 1—2 Bodenhölzer vertragen, doch ist es auch hier zweckmäßig, wenn demselben nur zwei Bögen von 8—10 Augen und dem dritten Schenkel ein oder zwei Zapfen gegeben und darin mit den drei Schenkeln abgewechselt wird. Wird mehr Holz angeschnitten (der Stock überholzt), so hat dieses nicht nur den Nachtheil, daß der Stock bald altert, sondern die Trauben bleiben auch in der Zeitigung zurück und geben einen weniger kräftigen, öfters molzigen Wein, wogegen aus dem Sylvaner in gutem, warmen, nicht allzukräftigen Boden und bei kurzem Schnitt

ein sehr feiner und kräftiger Wein erzeugt werden kann, dem die Krankheiten, die dem Sylvanerwein nachgesagt werden, nicht anhängen.

9. Dem Ortlieber (§. 17, 81) sind bei seiner guten Triebkraft in kräftigem Boden drei Schenkel je mit einer Bogrebe und 1—2 Zapfen, sowie 1—2 Kopfhölzer, in magerem Boden aber nur 2—3 Schenkel mit Halbbögen oder Zapfen und einigen Kopfhölzern zu geben.

10. Der weiße und blaue Tokayer (§. 17, 34, 80) verlangt, weil die Reben selten ihrer ganzen Länge nach reif werden und der Stock bei seinem starken Ertrag sich leicht übertragen würde, einen kurzen Schnitt und sind deßwegen demselben nur Halbbögen und Zapfen zu geben.

11. Der Rothgypfler (§. 18, 80) wäre, als noch weniger bekannt, je nach der Bodenart, vorläufig auf ähnliche Weise zu schneiden, wie der Sylvaner, indem bei seiner guten Tragbarkeit derselbe bei allzuvielem Holz sich übertragen und bald abgängig werden, die Trauben aber in der Zeitigung zurückbleiben würden.

12. Der weiße Burgunder und der mit demselben verwandte Süßling (§. 18, 19, 80) verlangt keinen zu kurzen Schnitt, weil er sonst mehr ins Holz, als in Trauben treibt und gerne ausartet, wie der Rauelbling. In kräftigem Boden dürfen daher demselben drei Schenkel mit je einem Bogen von 9—12 Augen und ein Zapfen von 2—4 Augen, sowie ein Kopfholz mit 3—4 Augen gegeben werden, in magerem Boden und bei schwacher Düngung dagegen genügen zwei Schenkel von mittlerer Länge, je mit einem Bogen von 9—12 Augen und einem Kopfholz (Reserveschenkel) mit einem Zapfen von 3—4 Augen, wobei durch Zurückschneiden eines längern Schenkels mit dem Reserveschenkel gewechselt werden kann.

13. Der Fütterer (§. 19, 81) ist bei seiner starken Tragbarkeit und bei der Neigung der Trauben zum Faulen etwas kurz im Schnitt zu halten, damit der Stock Luft erhält und die Trauben die gehörige Zeitigung erlangen können. Es ist deßwegen angemessen, wenn derselbe in gutem Boden zwei Schenkel mit je einem Bogen von 8—10 Augen, einen Zapfen von 2—3 Augen und einen Reserveschenkel von 3—4 Augen erhält, in sehr magerem Boden aber statt der Bögen, theilweise auf Halbbögen und Zapfen geschnitten wird. Doch muß auch ein allzu kurzer Schnitt vermieden werden, weil der Stock durch den allzu starken Saftandrang leicht empfindlich wird, besonders in der Blüthe, und bei wenigen, aber allzumasten Trauben, die Fäulniß derselben früher eintritt.

§. 138.

14. Der weiße und rothe Rießling (§. 19, 81) ist zwar nicht schwachtriebig und treibt schon an den untersten Augen Trauben, reift aber spät, da-

her derselbe nieder gehalten werden muß und nicht zu viele Früchte ange=
schnitten werden dürfen, weil solche sonst selten zur gehörigen Reife gelangen.
Für die Rießlingrebe eignet sich am besten der Bockschnitt (§. 122) oder die
gestreckte Pfahl= oder Rahmen=Erziehung (§. 125, 126), je nach der Boden=
kraft mit 2—3 kurzen Schenkeln und zwei Streckreben von 7—10 Augen,
sowie mit einem Kopfholz von 2—4 Augen, wobei eine Wechselwirthschaft in=
soferne auf sehr zweckmäßige Weise eingehalten werden kann, daß demjenigen
Schenkel (Kopfholz), dem im vorangegangenen Jahre nur Zapfen gegeben
wurden, im folgenden eine Streckrebe und dagegen einem andern Schenkel nur
Zapfen angeschnitten und auf diese Weise stets gewechselt und besonders auf
Jungholz gehalten wird. Bei der dreischenkligen Pfahlerziehung mit drei
Pfählen, die in Württemberg am häufigsten in Anwendung kommt, muß gleich=
falls auf kurze Schenkel gesehen werden, auch dürfen den Schenkeln dabei
keine ganze, sondern nur Halbbögen von 6—8 Augen oder Zapfen von 3—5
Augen gegeben und durch öfteres Zurückschneiden der Schenkel, sowie durch
Heranziehung von Kopfhölzern zu jungen Schenkeln eine sehr angemessene
Wechselwirthschaft eingeführt werden. Alte Schenkel taugen für den Rießling
durchaus nicht, indem dadurch der Kopftrieb unterdrückt wird und der Stock
im Ertrag bald nachläßt.

15. Der Heunisch (§. 20, 80) kann nach dem gleichen Schnitt, wie der
Elbling, behandelt, durch etwas kürzeren Schnitt jedoch auf frühere und bessere
Reife der Trauben hingewirkt werden.

16. Der rothe Hans oder kleine Velteliner (§. 20, 81) ist zwar ziemlich
starktriebig und verlangt deßwegen auch einen längeren Schnitt, besonders, da
er an den hintern Augen selten und keine vollkommene Trauben treibt und
weite Gelenke hat. Er kann jedoch keine alte Schenkel vertragen, daher beim
Schnitt stets auf junges Holz gesehen werden muß. In magerem Boden,
wohin er vorzüglich taugt, sind daher dem Stock zwei kurze Schenkel mit Bo=
gen von 12—15 Augen und ein Kopfholz (Reserveschenkel) zum Verjüngen
der Schenkel mit Zapfen von 3—4 Augen, in kräftigerem Boden dagegen
drei Schenkel, je mit einem Bogen von 12—15 Augen und einem Kopfholz
zu geben.

17. Der rothe und blaue Trollinger (§. 21, 38, 82) gehört zu den stark=
triebigsten Rebsorten und verlangt daher lange Schenkel und Ruthen, beson=
ders da er an den hintersten Augen selten vollkommene Trauben treibt, doch
dürfen ihm bei den großen Trauben, die er treibt, auch nicht zu lange Ruthen,
wie dem Urban gegeben werden, weil der Stock sich sonst übertragen würde.

Es muß bei dessen Erziehung hauptsächlich auf starke Stöcke mit gut
ausgebildeten Köpfen gesehen werden, daher der Stock nicht zu bald zum Er=
trag angeschnitten werden darf, sondern öfters abzuwerfen ist. In kräftigem

Boden können demselben 3—4 lange Schenkel mit je einer Bogrebe von 8—10 Augen und einem Zapfen zum Zurückschneiden von 2—4 Augen gegeben, auch ist es besonders in jungen Weinbergen angemessen, wenn man darauf achtet, daß der Kopf nicht so bald zuwächst und daher für Kopfhölzer zur Erneuerung der Schenkel, in ältern Weinbergen aber für Zapfen auf den Schenkel zum Zurückschneiden derselben sorgt. In magerem Boden genügen drei Schenkel oder zwei Schenkel mit einem kurzen Reserveschenkel und einigen Zapfen, die Ruthe kann dagegen etwas länger, bis zu 12 Augen geschnitten werden, weil der Stock weniger und kleinere Trauben treibt und die Trauben leicht verwachsen zu Gabeln (Bollhacken) §. 3.

18. Der Gutedel (§. 22, 81) verträgt bei geeignetem Boden kurzen und langen Schnitt, daher auf letztern beim Schneiden besonders Rücksicht zu nehmen ist. In kräftigem Boden können drei Schenkel mit nicht zu langen Bögen von 8—10 Augen und Zapfen, in magerem Boden dagegen, wie im Kocher- und Tauberthale, nur zwei kurze Schenkel mit je einem Halbbogen von 6—7 Augen oder Zapfen und mit einem Kopfholz oder Reserveschenkel gegeben werden.

19. Der weiße (gelbe), rothe, blaue und schwarze Muskateller (§. 22, 39, 81) erfordert bei seiner schwachen Wurzelkrone und geringeren Triebkraft sowie bei der geringeren Fruchtbarkeit des Holzes eine besondere Erziehung, wobei demselben, wenn er nachhaltig im Ertrag bleiben soll, nicht zu viel Holz angeschnitten werden darf. Es genügen deßwegen zwei Schenkel und ein Kopfholz als Reserveschenkel, dagegen sind namentlich beim weißen und rothen Muskateller wegen der geringeren Fruchtbarkeit, besonders in den hintern Augen, lange Ruthen anzuschneiden. Der schwarze Muskateller treibt noch weniger ins Holz, dasselbe ist aber fruchtbarer, daher demselben kürzere Ruthen oder Halbbögen und Zapfen gegeben werden können.

20. Der rothblaue Zottelwelsche (Weißlauber, Gol) und der schwarzblaue Zottelwelsche (Rohrtraube, Wullewelsch) (§. 27, 28, 82) verlangen bei ihrer starken Triebkraft, wie der Trollinger, eine lange Erziehung mit Schenkel, Bogreben und Zapfen, doch kann durch eine etwas kürzere Erziehung auf bessere Reife der Trauben hingewirkt werden. Der schwarzblaue Zottelwelsche taugt namentlich auch zu Geländen in Weinbergen und in Gärten.

21. Die blaue Müllertraube (Schwarzer Rießling) (§. 27, 82) ist neben ihrer starken Vegetationskraft auch sehr fruchtbar, es darf ihr aber, wenn sie letztere Eigenschaft behalten und länger dauern soll, nicht allzu viel Holz angeschnitten werden, weil sonst ihre Kraft zu schnell absorbirt wird. In kräftigem Boden können 2—3 nicht allzulange Schenkel je mit einem Bogen von 10—15 Augen und ein Kopfholz zur Erneuerung der Schenkel, in magerem Boden dagegen blos zwei Schenkel je mit einer Bogrebe und einem Kopfholz

von 2—4 Augen als Reserveschenkel angeschnitten werden. Das Ueberholzen derselben mit 3—4 Schenkel, mit Ruthen von 15—20 Augen und 1—2 Zapfen auf jedem Schenkel, wie es in manchen Weinbaugegenden Württembergs vorkommt, ist ganz unpassend, trägt zum alsbaldigen Altern des Stocks bei und erzeugt eine geringe Weinqualität.

22. Der blaue Hängling (§. 30, 83) und die blaue Frankentraube (Süßroth §. 38, 83) haben viele Aehnlichkeit mit einander und sind auch im Schnitt gleich zu behandeln. Bei der geringeren Vegetationskraft sollten, wie im Tauberthale, wo namentlich der Süßrothe häufig angebaut wird, nie mehr, als zwei kurze Schenkel, je mit einer Bogrebe von 8—10 Augen, oder in magerem Boden mit einem Halbbogen, sowie mit einem Zapfen von 2—3 Augen und einem Kopfholz zur Erneuerung der Schenkel, was öfters geschehen muß, gegeben werden.

23. Der Färber (§. 30, 83) gehört gleichfalls zu den schwachtriebigen Reben, daher derselbe, wie andere ähnliche Sorten, nur zwei Schenkel mit Halbbögen oder Zapfen und einem Kopfholz vertragen kann. In sehr kräftigem Boden können ganze Bögen oder noch ein Zapfen gegeben werden.

24. Der blaue Portugiese (§. 33, 83) ist ein sehr saftreicher starktriebiger Rebstock, der sich namentlich bald entwickelt und daher bald zum Ertrag angeschnitten werden kann. Bei dem starkmarkigen Holz, das spät reift, darf jedoch, damit die Reife rechtzeitig erfolgt, nicht zu viel und zu langes Holz angeschnitten werden. Es können deßwegen 3—4, aber nicht zu lange Schenkel gegeben, auf denselben aber keine so lange Ruthen, wie bei dem Urban und Trollinger angeschnitten werden, sondern nur Bögen von 8—10 Augen oder Halbbögen mit je einem Zapfen, auch ist hauptsächlich auf Kopfholz zur baldigen Erneuerung der Schenkel zu sehen

Bei dem Anschneiden der Tragreben sollen mehr schwächere Reben gewählt werden, weil sie mehr innere Kraft, als die starken, markigen besitzen und daher auch schönere Trauben treiben.

25. Die blaue Hartwegsrebe (Grobschwarz §. 36, 82) hat weit mehr Triebkraft, als der Süßrothe, mit dem sie namentlich im Tauberthale gemischt gepflanzt wird, es kann ihr deßwegen in kräftigem Boden auch mehr Holz gegeben werden, nämlich drei Schenkel mit je einer Bogrebe von 8—12 Augen, einem Zapfen von 2—3 Augen und zur Nachzucht und Erneuerung der Schenkel ein Kopfholz von 2—4 Augen. In magerem Boden hat sich der Schnitt mehr demjenigen des Süßrothen (Pkt. 22) zu nähern.

26. Der blaue Liverdun (§. 37, 83) muß, wenn er nicht bald altern und im Ertrag nachlassen soll, in der Erziehung etwas kurz gehalten werden und zu diesem Behuf nicht nur 1—2 Jahre später, als andere Sorten, bis der Wurzelstock gehörig gekräftigt ist, zum Ertrag angeschnitten, sondern auch bei

der großen Fruchtbarkeit eines jeden Auges, beim jährlichen Schnitt kurz gehalten werden. In kräftigem Boden sind daher höchstens drei Schenkel mit kurzen Ruthen (Halbbögen oder Zapfen) von 4—8 Augen und ein Kopfholz, in magerem Boden aber nur zwei Schenkel mit Halbbögen und Zapfen und ein Kopfholz zu geben.

27. Dem schwarzblauen Scheuchner (Grübler, Pommerer §. 37, 82) darf bei seiner starken Fruchtbarkeit und bei der späten Reife der Trauben nicht zu viel Tragholz gegeben werden, weil sonst die Traubenreife noch mehr verzögert wird. In kräftigem Boden sollte derselbe höchstens drei Schenkel, in magerem Boden aber nur zwei Schenkel, je mit Halbbögen oder Zapfen und ein Kopfholz erhalten.

28. Der blaue Burgunder (§. 38, 82) verlangt einen ähnlichen Schnitt, wie der blaue Clevner (Pkt. 7), doch können demselben bei seiner stärkeren Triebkraft in sehr kräftigem Boden ausnahmsweise auch drei Schenkel mit etwas kürzeren Bogreben und Zapfen und einem Kopfholz gegeben werden.

29. Der Stock des blauen Affenthalers (§. 38, 82) gleicht viel dem Clevner und blauen Burgunder (Pkt. 7 und 28), d. h. er treibt in den ersten 4—5 Jahren mehr ins Oberholz, als in den Wurzelstock, zeigt eine größere Fruchtbarkeit, als er nachhaltig ertragen kann und muß daher auch, wie jene in der Erziehung behandelt werden, wenn er nicht frühzeitig altern soll. Der Stock darf daher nicht frühzeitig (nicht vor dem fünften Jahre) zum Ertrag angeschnitten werden, bis der Wurzelstock gehörig erstarkt ist und in sehr kräftigem Boden, wie der Sylvaner (Pkt. 8) höchstens auf drei kurze Schenkel angeschnitten werden, wovon zwei je eine Bogrebe, der dritte aber nur Zapfen erhält, in minderem kräftigen Boden dürfen ihm aber nur zwei Schenkel mit je einer Bogrebe und ein Kopfholz oder Reserveschenkel mit Zapfen von einigen Augen gegeben werden. Bei dieser Erziehung kann der Affenthaler fast in allen Bodenarten gepflanzt werden.

30. Der blaue Gänsfüßler (§. 38, 82) kann bei seiner starken Triebkraft auf ähnliche Weise, wie der blaue Trollinger (Pkt. 17) geschnitten werden, mit dem er auch häufig gemischt gebaut wird.

31. Der blaue Limberger (§. 38, 82) kann in der Erziehung, wie der blaue Portugiese behandelt werden (Pkt. 24), doch verträgt er etwas längere Schenkel und Ruthen.

Nach den hier für die hauptsächlichsten Traubengattungen angegebenen Schnittmethoden können auch diejenigen der übrigen Traubengattungen behandelt werden, wenn die Triebkraft und sonstigen Eigenschaften derselben gehörig beobachtet und darnach die Erziehung eingerichtet wird, daher eine nähere Beschreibung nicht erforderlich ist.

§. 139.

Fehlt in ältern Weinbergen an einer Stelle ein Stock, so kann von einem benachbarten Stock ein Schenkel oder eine Ruthe herübergezogen und auf die §. 103 angegebene Weise eingelegt und dadurch der fehlende Stock ergänzt werden, nur muß die Grube etwas tiefer als bei der Erziehung von Fechsern, mithin etwa 1½ Fuß tief, gemacht werden, damit der neue Stock weder durch Hitze noch durch Kälte Noth leidet, wie dieses hienach §. 142. 143 näher beschrieben ist.

Zu allen mit dem Schneiden der Rebe verbundenen Arbeiten bedient man sich in der Regel entweder des Rebmessers oder der Rebscheere. Das Rebmesser (Hape) ist vornen etwas gebogen, wodurch der Schnitt erleichtert wird und ist ein schon längst und in allen Weinbaugegenden bekanntes Instrument. Die Rebscheere ist erst neuerlich in Gebrauch gekommen, sie besteht aus zwei Schenkeln, wovon oben der eine Theil in einer stumpfen Hape, die einen Viertelskreis bildet, der andere in einem etwas abgerundeten scharfen Messer besteht, durch das die Rebe durchschnitten wird. In der Mitte zwischen den beiden Schenkeln ist die Scheere zur Erleichterung des Drucks mit zwei Federn versehen und unten befindet sich an dem einen Schenkel zum Zusammenlegen derselben ein Halter, am andern ein Hacken, der beim Gebrauch der Scheere die Hand zurück- und festhält. Sie gewährt den Vortheil, daß das Geschäft des Schneidens weit schneller und leichter vor sich geht und daß der Schnitt sicher und nicht schief, sondern gleich und eben, so wie weit schärfer und genauer geführt wird, daher die Scheere allgemeine Verbreitung verdient.

§. 140.

Um den bereits angegebenen Zweck des Schneidens der Rebe (§. 135) vollständig erreichen zu können, ist es nothwendig, daß dasselbe zu einer Zeit vorgenommen wird, wo das Holz der Rebe vollständig gezeitigt, der Saft mehr gegen den Stamm und die Wurzeln zurückgetreten und kein Drang gegen oben vorhanden ist (§. 2), so daß aus der durch den Schnitt geöffneten Wunde kein oder wenig Saft ausfließt, weil jeder Saftausfluß (das Thränen, Weinen der Rebe) die Kraft der inneren Vegetation vermindert. Die Zeit des Schneidens der Rebe ist daher von besonderer Wichtigkeit. Dasselbe kann entweder im Spätjahr nach dem Herbst oder im Frühjahr, bevor die Rebe in Trieb kommt, vorgenommen werden, es entsteht daher zunächst die Frage, welche Zeit als die zweckmäßigste erscheint. Das Schneiden im Spätjahr gewährt den Vortheil, daß während des Winters die Schnittwunde austrocknen und sich dadurch schließen und vernarben kann, wodurch im Frühjahr kein oder wenig Saftausfluß stattfindet (die Rebe sich nicht verblutet), was stärkend auf den Rebstock einwirkt, es hat aber den Nachtheil,

a. daß, wenn während des Winters durch Winterkälte, kalte Winde rc. ein Schenkel oder eine Ruthe Schaden nimmt, kein anderes Holz mehr zum Ersatze vorhanden ist;

b. daß durch das Herausschneiden alles überflüssigen Holzes die Weinberge sehr blos gestellt und sich dadurch selbst keinen Schutz mehr gegen Winde rc. geben, auch können dadurch die Reben leicht abgeknickt werden:

c. in kalten Wintern ist das durch den Schnitt verwundete Holz weit mehr den Einwirkungen des Frostes ausgesetzt und erfriert daher leichter.

Werden die Reben aber

d. niedergelegt und zugedeckt, so kann noch mancher Schenkel und manche Rebe beim Niederlegen verletzt oder abgebrochen werden, für den gleichfalls kein Ersatz vorhanden ist;

e. die im Spätjahr geschnittenen Reben sollen, weil kein Saftausfluß stattfindet, im Frühjahr bälder austreiben und daher auch mehr den Frühjahrsfrösten ausgesetzt sein, auch soll

f. der Herbstschnitt, weil der Trieb zu stark (geil) ist, mehr auf Holz und Blätter wirken, während der Frühjahrsschnitt mehr Früchte erzeugen soll;

g. verzögert sich der Herbst lange und wird dabei noch eine Spätlese vorgenommen, so bleibt bis zum Eintritt des Winters oder der ungünstigen, regnerischen und kalten Spätjahrswitterung, besonders bei den kurzen Tagen, wenig geeignete Zeit mehr übrig zur Vornahme eines geordneten Schnitts, auch dauert die Auszeitigung des Holzes häufig noch bis gegen den Winter fort, daher eine Verletzung desselben durch den Schnitt nichts weniger als zuträglich erscheint.

Wenn nun auch diese Nachtheile nicht immer eintreten, so werden für den Herbstschnitt doch nur wärmere, vor kalten Winden geschützte Gegenden geeignet sein, in welchen das Niederlegen und Decken der Weinberge nicht eingeführt und nicht nöthig ist, und wo auch die vollständige Zeitigung des Holzes frühe vor sich geht. In höher liegenden, kältern, den Winden mehr ausgesetzten Gegenden und wo das Decken der Reben als nothwendig erscheint, ist dagegen der Frühjahrsschnitt geeigneter, obgleich auch damit der Nachtheil verbunden ist, daß bei ungünstiger Frühjahrswitterung das Schneiden, das viele Aufmerksamkeit und Zeit erfordert, sich öfters sehr verzögert, so daß es theilweise mit dem Trieb der Reben zusammenfällt, wodurch ein stärkerer Saftausfluß entsteht und auch die übrigen Weinbergsarbeiten hinausgeschoben werden. Sehr zweckmäßig ist daher das in einzelnen Weinbaugegenden Württembergs eingeführte Verfahren, an den Stöcken vor dem Niederlegen derselben nur die alten Bogreben, insoweit sie kein neues Tragholz enthalten, sowie die abgängigen alten Schenkel auszuschneiden, was man Ausrüsten heißt, indem dadurch nicht nur das Niederlegen erleichert, sondern auch das Schneiden im Frühjahr sehr befördert wird.

Bei dem Frühjahrsschneiden muß zwischen nicht gedeckten und gedeckten Reben unterschieden werden. Mit dem Schneiden der nicht gedeckten Reben kann bei heiteren, warmen Tagen schon im Monat Januar und Februar begonnen werden, indem diese schon an die kältere Witterung gewöhnt sind. Bei gedeckten Reben ist dagegen das allzufrühe Aufziehen und Schneiden derselben manchmal mit großen Nachtheilen verbunden, weil dieselben durch das Niederlegen etwas weich und empfindlich werden und daher durch die öfters vorkommenden kalten Winde, sowie durch Schnee, Eis und Reifen in dem Monat Februar und theilweise auch im März durch Erfrieren, Windbürre rc. Schaden nehmen. Solche Reben sollten daher, wenn nicht besonders günstige Witterung eintritt, vor der Mitte des Monats März nicht aufgedeckt und mit dem Schneiden derselben erst zu Ende dieses Monats und zu Anfang des Monats April begonnen werden, doch können Reben, die nur mit Pfählen oder Steinen niedergelegt sind, früher aufgedeckt und geschnitten werden, als solche, die mit Erde gedeckt wurden, indem diese am empfindlichsten sind. Sind in ungünstigen Jahren die Reben nicht vollkommen reif geworden, so ist das frühe Aufziehen und Schneiden gleichfalls nicht zuträglich, weil dieselben noch empfindlicher sind als vollständig ausgereifte Reben und namentlich bei strengen Ostwinden gerne windbürr werden. Jedenfalls ist mit dem Schneiden der Reben in den Bergen der Anfang zu machen, weil dort ungünstige Witterung auf die Reben weniger nachtheiligen Einfluß ausübt, als in Niederungen. Ein spätes Schneiden der Reben ist wegen des allzustarken Saftausflusses in der Regel mit Nachtheil verbunden und nur bei allzutriebigen und masten Weinbergen, die mehr in's Holz als Trauben treiben, möchte ein spätes Schneiden den Vortheil gewähren, daß durch den stärkeren Saftabfluß der allzustarke Trieb unterbrochen und der Fruchtansatz befördert wird.

b. Das Ruthenbiegen.

§. 141.

Das Biegen der zum Ertrag angeschnittenen Ruthen hat den Zweck, nicht nur die sich später bildenden Trauben dem Boden möglichst nahe zu bringen, sondern es wird auch durch das Biegen und feste Anbinden der Ruthe das üppige Wachsen der Reben unterdrückt und die Gefäße des Holzes mehr zusammengedrückt, dadurch der Saftumlauf aufgehalten, mehr nach innen und vermöge des Selbsterhaltungstriebs zur Fruchterzeugung gedrängt, wodurch an den Bögen kräftige Augen und mehr und vollkommenere Früchte erzeugt, auch am hintern Theile der Rebe in der Nähe des Schenkels starkes

Fruchtholz für das künftige Jahr gebildet werden soll. Das Biegen der Ruthen kommt hauptsächlich nur bei der Pfahlerziehung vor (§. 124. 125), kann jedoch auch bei der Rahmenerziehung (§. 126), wenn lange Ruthen angeschnitten werden, in Anwendung gebracht werden, denn je mehr man die Rebe dreht und biegt, ohne ihr übrigens durch übermäßiges Drehen und durch Aufspringen der Rinde Schaden zu bringen, desto zuträglicher soll es für die Fruchterzeugung sein. Bei dem Biegen der Ruthen muß darauf gesehen werden, daß es einen schönen runden und feinen länglichen oder Geigenbogen gibt, zu diesem Behuf nimmt man die Ruthe am äußersten Ende (am Schnabel) mit der rechten Hand, und mit der linken Hand 1/2 Fuß rückwärts und biegt dann die Spitze ein wenig einwärts gegen die linke Hand, fährt dann mit der letztern bis an das hinterste Gelenke, biegt auch hier etwas ein und zieht mit der rechten Hand den Schnabel gegen die linke hin, so wird der Bogen möglichst rund werden. Wird die Ruthe auch in der Mitte gebogen, so bekommt der Bogen häufig einen Knick, wodurch er länglich und der Saftumlauf gestört wird. Erhält ein Schenkel zwei Bögen, so kann die eine Ruthe rechts, die andere links hingebogen werden, so daß beide Schnäbel am Schenkel zusammenkommen, eine Gabel machen und dort befestigt werden. Außerdem muß bei dem Biegen der Ruthen auch auf die Stellung derselben Rücksicht genommen werden; ist eine Ruthe aus einem obern Auge des Schenkels entsprungen, so muß sie abwärts gegen den Schenkel, ist sie aber aus einem untern Auge erwachsen, so muß sie aufwärts über die Spitze des Abschnitts gebogen werden, weil, wenn man sie abwärts, der angewachsenen Richtung entgegen, biegen wollte, dieselbe vom Schenkel leicht abschlitzen könnte; insofern jedoch abwärts gerichtete Bögen, als dem Boden näher kommend, zweckmäßiger sind als aufwärts gerichtete, so muß man schon beim Schneiden für eine gute Stellung der Bögen sorgen. Damit die Bögen die gegebene Form behalten, müssen sie entweder an den obern Theil des Schenkels oder an den Pfahl gebunden werden. Ersteres geschieht bei etwas längerer Erziehungsweise, wie im mittlern und untern Neckarthale sowie im Enzthale und in der Bodenseegegend, wo dann das Biegen der Reben sogleich nach dem Schneiden erfolgt. Bei einer kürzeren Erziehung, wie im oberen Neckarthale, im Rems= Kocher= Jagst= und Tauberthale, wo nur kleine Bögen oder Halbbögen gemacht werden, werden die Bögen an den Pfahl gebunden, daher das Biegen erst nach dem Hacken und Pfählen vorgenommen wird. Bei dem Binden der Bögen an die Schenkel werden dieselben den Berg hinunter oder niederwärts gegen den Schenkel, bei dem Binden an den Pfahl, weil der letztere gewöhnlich nicht unter, sondern über dem Stocke steht, den Berg hinauf oder auswärts gestellt. Bei der letztern Behandlung kommt das Ende des Bogens, das Schnabelholz, das häufig die schönsten Trauben hat, höher zu stehen, also auch die Trauben höher zu hängen, als bei dem Einwärtsstellen der Bögen gegen den Schenkel, wo dann die Trauben des Schnabelholzes hie und da auf den Boden zu liegen kommen, besonders wenn der Bogen am Schenkel zu nieder angehängt wird, weßhalb der Schnabel des Bogens mindestens einen Fuß vom Kopfe entfernt sein soll. Bei dem Anhängen der Bögen an den Pfahl muß, damit die Trauben nicht allzuhoch zu hängen kommen, besonders auf kurze Schenkel gesehen werden. Werden nur zwei Schenkel dem Stock gegeben, so ist es sehr zweckmäßig, wenn, wie zu Rottenburg', Reutlingen und in der Bodenseegegend, Schenkel und Bögen den Berg hinauf und hinuntergestellt werden, so daß sich aufwärts gegen den Berg eigentliche Gassen bilden, in welche die Sonnenwärme ungehindert einwirken kann und dadurch auch einen wohlthätigen Einfluß auf die Zeitigung der Trauben ausübt.

Das Befestigen der Bögen an den Schenkeln oder am Pfahl geschieht durch einen Klank von dünnen Weiden, die man Bandweiden nennt. Bei der Vornahme des Ruthenbiegens ist sich auch nach der Witterung zu richten, indem bei warmer trockener Witterung das Rebholz gerne spröde wird und dann öfters abbricht, wogegen dasselbe bei feuchter oder nasser Witterung zäher und biegsamer ist, es ist daher sehr zweckmäßig, wenn das Ruthenbiegen Morgens frühe, so lange der Thau noch auf den Reben liegt, oder Abends oder nach einem Regen vorgenommen wird.

c. Außerordentliche Frühjahrsarbeiten.

§. 142 u. 143.

Mit dem Schneiden und Ruthenbiegen sind die regelmäßigen Frühjahrsarbeiten, welche sich auf die Erziehung des Rebstocks beziehen, beendigt, es kommen aber nicht selten auch außerordentliche Arbeiten vor, wie das Stöckenachsetzen, das Pfropfen und Ringeln der Reben, deren zweckmäßige Behandlung einer näheren Beschreibung bedarf.

aa. Das Stöckesetzen.

In neuen Anlagen bleiben, auch bei der größten Sorgfalt, hie und da Stöcke aus (§. 118) und in alten Weinbergen werden hie und da Stöcke abgängig, die wieder ersetzt werden müssen.

In neu angelegten Gereuten werden schon bei dem Zudecken der Stöcke mit Erde (Anhäufeln) vor dem Winter diejenigen, welche nicht angetrieben haben, dadurch bezeichnet, daß man das Ziel schief steckt. Kommt das Frühjahr herbei, so wird an der Stelle des fehlenden Stocks eine Grube (Stufe) von 1 Fuß weit und 1½ Fuß tief gemacht, in dieselbe etwas reine zarte Erde, Schleimsand oder Weintreber gethan und der Stock (Wurzelrebe oder

Fechser §. 102. 103) darauf möglichst frühe gesetzt, damit die Rebe, ehe sie antreibt, in den Boden und der Stock in die Winterfeuchtigkeit kommt. Ist das Gereut erst ein Jahr alt und der Boden mehr mild als strenge, so können statt eines Stocks auch zwei Schnittlinge (Blindreben) zur Ergänzung genommen und statt in Stufen mit dem Setzholze (Stelze) gesetzt werden; zu der Ergänzung älterer Gereute sind aber jedenfalls ein- oder zweijährige Stöcke erforderlich. Sehr gut ist es, wenn dabei der Stock oder die Rebe mit Wasser angegossen und die Spitze neben der Erde mit etwas Moos, Sägspänen 2c. bedeckt wird (§. 112), damit dieselbe vor der Beschädigung durch die Frühjahrsreifen und vor dem Austrocknen geschützt wird.

In ältern Weinbergen können entweder abgegangene Stöcke fehlen, die durch neue ersetzt werden müssen, oder es sind Stöcke vorhanden, die selbst Altershalber oder weil man einen Theil der Schenkel und Reben zu der Ergänzung benachbarter fehlender Stöcke nöthig hat, verjüngt werden müssen. Beides geschieht in der Regel durch das Einlegen ganzer Stöcke oder einzelner Reben von benachbarten Stöcken, entweder sogleich nach dem Herbst, wenn das Holz zeitig und das Wetter günstig und trocken ist, oder besser und sicherer zeitig im darauffolgenden Frühjahr, auf die §. 103 und 113 angegebene Weise.

Kann an der Stelle eines abgegangenen Stocks kein Einleger gemacht werden, so kann derselbe durch eine Wurzelrebe, Fechser oder Korbstock (§. 103) ersetzt werden, wobei jedoch Korbstöcke immer vorzuziehen sind. In diesem Falle wird schon im Spätjahr nach dem Herbst der abgegangene Stock ausgehauen, an dessen Stelle eine Grube von 2 Fuß Tiefe und 1½—2 Fuß Weite gemacht, dieselbe womöglich zum dritten Theil mit gutem Rasen angefüllt und während des Winters offen gelassen, damit Erde und Rasen durchfrieren, dadurch zerfallen, mürbe und fein werden. Im Frühjahre wird dann in die Grube der neue Stock, nachdem er gehörig geschnitten ist, gesetzt, dabei an die obere Wand der Grube angelegt, unten mit lockerer Rasenerde bedeckt und mit dem Fuße festgetreten. Hierauf füllt man die Grube bis zur Hälfte mit Erde voll, tritt sie nochmals fest und zieht dann die übrige Erde vollends in die Grube. An den neu gesetzten Stock wird sofort ein Ziel gesteckt, damit die Stelle, wo er steht, bei den übrigen Weinbergsarbeiten gut kenntlich ist, und die Beschädigung desselben verhütet wird. Durch den Rasen (Wildung) soll der durch den alten Stock etwas ausgesaugte Boden neu gekräftigt und dem Stocke eine gute Nahrung zugeführt werden, damit er schnell und gut anwächst. Hat man keine Rasen, so kann man im Frühjahr noch Compost, Floß- oder andere gute Erde zum Setzen nehmen, nur keinen frischen Dünger, weil derselbe, wenn er an die Wurzeln kommt, hitzt (brennt) und zum Krankwerden des Stockes beiträgt, auch hier ist es gut, wenn die Stöcke mit Wasser eingeflößt werden. Reben, welche keine große Wurzelkrone machen, ihre Nahrung deßwegen zunächst aus dem sie umgebenden guten Boden suchen und schneller anwachsen, wie der Sylvaner, sind zu dem Ausbessern älterer Weinberge tauglicher, als Reben mit langen Wurzeln, weil dieselben in den die Grube umgebenden festeren Boden gar nicht oder nur mit Mühe einbringen können.

bb. Das Pfropfen des Rebstocks.

§. 144.

Das Pfropfen des Rebstocks kann hauptsächlich als Mittel angewendet werden, um, wenn sich in einem neuangelegten Weinberge untragbare oder unpassende Rebgattungen befinden, dieselben durch andere bessere zu ersetzen. Diese Veredlung der Reben war schon den Griechen und Römern bekannt und wird noch jetzt in südlichen Ländern, wie in Ungarn und im südlichen Frankreich, häufig angewendet, in Deutschland aber ist dasselbe wenig im Gebrauche, auch haben die vom Verfasser und andern Oenologen angestellten Versuche zu keinem besonders günstigen Resultate geführt, indem die meisten derselben dadurch mißglückten, daß die Pfropfreiser entweder gar nicht oder nur schwach antrieben und später wieder verdorrten. Es scheint deßwegen, daß in dem gemäßigten Clima Deutschlands der Trieb der Rebe nicht so stark und kräftig sei, wie in wärmeren Gegenden, um eine schnelle Vereinigung des Propfreises mit dem Mutterstocke zu bewirken, und daß dadurch das häufige Mißlingen der angestellten Versuche herbeigeführt wurde, daher das Ersetzen unpassender Stöcke durch andere, mit weit mehr Zuverläßigkeit durch Einleger von benachbarten Stöcken (§. 142), als durch das Pfropfen geschieht. Das Letztere wird daher nur da anzuwenden sein, wo nicht durch Einleger geholfen, und wo die Bodenverhältnisse von der Art sind, daß das gute Gedeihen junger, neu eingesetzter Stöcke nicht erwartet werden kann.

Die Veredlung der Rebe kann, wie diejenige der Obstbäume, auf verschiedene Weise vorgenommen werden, nämlich:

a. durch Pfropfen in den Stamm unter der Erde,
b. durch Pfropfen in das zwei- oder einjährige Holz unter oder über der Erde, sowie
c. durch Okuliren und Kopuliren der Reben.

Unter diesen Veredlungsmethoden hat jedoch, nach den bisherigen Erfahrungen, das Pfropfen in den Stamm unter der Erde noch die günstigsten Resultate geliefert, daher wir dasselbe hier näher beschreiben.

Man pfropft mit jungem einjährigen Holze auf die Wurzelstange des alten Stocks. Der Letztere darf dabei nicht zu alt oder beschädigt, sondern muß kräftig und in gutem Wachsthum sein, daher das Pfropfen nicht zu der

Verjüngung alter Weinberge dienen kann, auch soll der Stock nicht von edlerer Art als der Zweig sein, oder der erstere nicht zu den starktriebigen Reben gehören, während der Zweig von schwachtriebigen genommen wird, weil der letztere in dem starken Safttrieb leicht ersticken könnte. Dagegen wird es keinen wesentlichen Unterschied ausmachen, ob schwarze auf weiße oder diese auf schwarze Traubenstöcke gepfropft werden. Der Zweig soll nur von ganz gesunden fruchtbaren Stöcken, die schon Trauben getragen haben, aber noch nicht zu alt sind, sowie von ganz ausgezeitigtem Holze mit vollkommen ausgebildeten, gesunden, nicht weit auseinander stehenden Augen genommen werden, welche Eigenschaften gewöhnlich am untern Theile der Rebe bis zum siebenten Auge angetroffen werden, indem höher stehende Augen häufig minder ausgezeitigt und weniger fruchtbar sind. Auch das unterste, zunächst am alten Holze stehende Auge wird, weil gewöhnlich ein Holzauge, nicht gerne zum Pfropfen gewählt, daher der tauglichste Theil der Rebe derjenige ist, der zwischen diesem und dem siebenten Auge steht.

Das Abschneiden der Zweige kann zwar nicht zur Pfropfzeit geschehen, doch ist es zweckmäßig, wenn dieselben im Spätjahr oder im Frühjahr zeitlich und bevor der Safttrieb in die Rebe kommt, abgeschnitten werden, damit sie den Saft vom abgeworfenen Stock gehörig aufnehmen können. Im letztern Falle werden die Zweige in feuchten Sand oder in lockere feuchte Erde gestellt und im Keller oder an einem andern trockenen, der Kälte nicht ausgesetzten Orte aufbewahrt, auch kann man, um das Austrocknen der Zweige mehr zu verhindern, beim Schneiden etwas vom alten Holze stehen lassen, das jedoch vor dem Pfropfen weggenommen werden muß.

Bei diesem wird der Stock $1/2$--1 Fuß tief aufgeräumt, von allen Seiten- und Thauwurzeln gereinigt, die Stange unter dem Kopfe oder auch tiefer etwa 3 Zoll über der Theilung der Wurzel unter einem Gelenke (Knoten) abgesägt, so daß dieselbe zwischen dem abgesägten Gelenke und dem nächsten noch eine Länge von 2 Zoll hat und die Stelle, wo die Zweige aufgesetzt werden, womöglich 4 Zoll unter den Boden kommt. Dieselbe wird sofort mit einem Messer (Hape) eben geschnitten, und die Stange in der Mitte, jedoch ohne Verletzung des Markes, bis zum nächsten Gelenke mit der Hape oder einem Meißel gespalten, nachdem man zuvor die Stange am Gelenke fest mit einer Weide gebunden hat, damit der Spalt nicht weiter und durch ein Gelenke geht. Hierauf wird der einzusetzende Zweig auf beiden Seiten keilförmig, so lange der Spalt ist, mit einem scharfen Messer zugeschnitten, so daß auf der einen Seite das Mark sichtbar ist, hütet sich jedoch, dasselbe zu verletzen, treibt den Spalt durch den Meißel oder die Hape sanft auseinander und schiebt den zugeschnittenen Zweig in denselben ein, so daß seine Safthaut (Splint) an der äußern Seite mit der Safthaut des Stocks genau zusammentrifft, daher auch Rinde und Safthaut unverletzt sein müssen. Zweckmäßig ist es, wenn in den Spalt zwei Zweige auf beide Seiten eingesetzt werden, weil ein Zweig durch den starken Saftzudrang leicht ersticken kann. Bei dem Zuschneiden des Zweigs darf auf der einen Seite das Mark sichtbar sein, auf der andern Seite wird aber blos ein Einschnitt bis auf den Splint gemacht und der Keil so abgeflächt, daß der innere Theil etwas dünner, der äußere aber etwa so dick wie ein Messerrücken bleibt, auch muß derselbe so glatt geschnitten sein, daß zwischen dem Spalt sich keine Oeffnungen zeigen, indem eine jede derselben das Verwachsen hindert. Man fängt mit dem Schnitt an einem Auge, das auswärts geht, an und beim Einsetzen auch gegen außen gerichtet werden muß, indem dasselbe das Verwachsen befördert, und gibt dem Zweig einen kleinen Absatz, damit derselbe fest auf der Stange aufsitzt. Nach dem Einsetzen der Zweige wird der obere, abgesägte Theil der Stange itm etwas Baumsalbe, Baumwachs ꝛc. überstrichen, um den Zutritt der Luft und der Nässe, sowie das Ausströmen des Saftes zu verhindern, sofort der Spalt mit etwas Papier bedeckt, damit kein Unrath in denselben fallen kann und auf beiden Seiten mit Baumwachs verstrichen, alsdann mit Leinwand, die zuvor mit zerflossenem Unschlitt und Harz getränkt wird, verbunden und dieselbe mit Bast oder Weiden befestigt, auch kann man, damit der Saft nicht nachtheilig auf den eingesetzten Zweig wirkt, unter dem Verband die Stange mit dem Messer leicht verwunden, wodurch der überflüssige Saft einigen Abfluß bekommt. Zur Erhaltung der Feuchtigkeit legt man um die Leinwand Moos, einen Zoll dick, und deckt dann die Stange wieder mit Erde zu, so daß von dem eingesetzten Zweig 1—2 Augen unter die Erde und 2 Augen über die Erde zu stehen kommen. Oben wird der Zweig gleichfalls mit etwas Baumwachs bestrichen, um das Austrocknen des Markes zu verhüten, weil es längere Zeit dauert, bis der Zweig anwächst und in Trieb kommt; auch kann man zu Abhaltung von Kälte und starker Hitze denselben oben mit Moos, Sägspähnen, Gerberlohe ꝛc. bedecken. Der Stock wird durch ein kleines Pfählchen bezeichnet, und wenn die Pfropfreiser angewachsen sind, nach dem ersten und zweiten Jahre bis auf die, unterm Boden befindlichen Augen abgeworfen und dadurch ein neuer Kopf gezogen. Sind zwei Zweige eingesetzt worden und gediehen, so wird nach dem ersten oder zweiten Jahre, der geringere herausgeschnitten und nur einer zum Stock herangezogen. Während dieser Zeit werden auch alle aus den eingesetzten Zweigen getriebenen Thauwurzeln abgeschnitten, indem solche dem Gedeihen und der Tragbarkeit des Stocks Eintrag thun. Gut ist es, wenn die Zweige, bevor man sie einsetzt, 1—2 Tage 1 Zoll tief ins Wasser gestellt werden, besonders wenn sie schon früher geschnitten oder von andern Orten her transportirt wurden. Die beste Zeit zum Pfropfen ist das Frühjahr, bevor der Safttrieb in der Rebe beginnt, damit der Zweig einige Zeit zu seiner Entwicklung hat, ehe der Saftzufluß zu stark wird. Ein Uebermaß der Säfte erstickt nicht selten die Augen des Zweiges, daher auch in südlichen Ländern, wie z. B. in Ungarn, das Pfropfen erst dann für vortheilhaft gehalten wird, wenn der Safttrieb etwas nachgelassen und die Augen des zu pfropfenden Rebstocks sich bis zum zweiten Laub entwickelt haben, was bei starktriebigen Reben vielleicht auch bei uns zweckmäßig erscheinen dürfte.

§. 145.

Das Pfropfen in das zweijährige oder einjährige Holz wird auf ähnliche Weise, wie in die Stange, vorgenommen. Man wählt an dem zu pfropfenden Stocke Zweige, welche 1—2 Fuß über dem Boden stehen, schneidet sie glatt ab, spaltet sie, wie oben angegeben wurde und setzt das zugeschnittene Pfropfreis in den Spalt so ein, daß wenigstens auf einer Seite Rinde auf Rinde passen, zweckmäßiger ist es aber, wenn das Pfropfreis eben so stark ist, wie die zu pfropfende Stelle. Bei dem Pfropfen in das zweijährige Holz muß auch das Pfropfreis 1½—2 Zoll zweijähriges Holz enthalten, das dann hauptsächlich zum Einsetzen durch keilförmiges Zuschneiden verwendet wird. Sind die Pfropfreiser aufgesetzt, so gräbt man bei beiderlei Pfropfarten den ganzen Stock auf, so daß derselbe etwa 1 Fuß tief von der Erde entblößt ist, zieht Gruben von 1 Fuß Tiefe, bis an die Stelle, wohin die gezweigten Schenkel des Stocks gelegt werden sollen und bringt auf den Boden etwas fruchtbare Erde, damit sich die Wurzeln darin leicht bilden können. Nun wird der ganze Stock umgelegt, die Pfropfreiser sorgfältig in die Gruben gebracht, damit sie sich nicht verschieben, die verbundenen Stellen mit guter Erde bedeckt, mit dem Fuß angetreten und jedes Reis an der Stelle, wohin der neue Stock bestimmt ist, etwa 1 Fuß senkrecht aufgebogen, an einen Pfahl gebunden, auf 1—2 Augen abgeworfen, und die Grube sofort mit Erde zugeworfen.

Bei dem Pfropfen in das zweijährige Holz will man die Erfahrung gemacht haben, daß wenn dasselbe erst gegen Ende des Monats April, wenn die Reben erbsengroße Augen getrieben haben, vorgenommen wird, es im Erfolge sehr sicher sei. Die Pfropfreiser müssen aber jedenfalls vor dem Beginnen des Safttriebs geschnitten werden.

Ueber der Erde kann man in das einjährige Holz und in die grünen Zweige pfropfen, beide Arten sind jedoch weniger gebräuchlich, weil sie seltener gedeihen, indem die eingesetzten Zweige gerne austrocknen oder vom Winde ꝛc. beschädigt werden, auch kann man nur in dem Falle auf einen dauerhaften Stock rechnen, wenn die gepfropften und angewachsenen Zweige im nächsten Jahre in den Boden eingelegt, und dann erst von diesen Einlegern Stöcke erzogen werden, wogegen man den Vortheil hat, daß wenn das Pfropfen mißlingt, der Stock nicht verloren ist, sondern schon im nächsten Jahre wieder Früchte bringen kann.

Bei dem Pfropfen in das einjährige Holz muß, wegen des Eintrocknens desselben der Spalt etwas länger gemacht und ebenso auch der einzusetzende Zweig länger zugeschnitten werden, so daß das einzusetzende Auge etwa noch 6 Linien in den Spalt zu stehen kommt, auch muß wieder dafür gesorgt werden, daß Rinde auf Rinde paßt.

Das Okuliren der Reben wird, wie dasjenige der Obstbäume, vorgenommen, indem man mit einem Okulirmesser an einem tragbaren Stocke gesunde Augen aushebt und dieselben in einen an dem zu okulirenden Stocke in das einjährige Holz gemachten Rindeneinschnitt genau einschiebt, so daß jedes Auge an der Rinde des obern Querschnitts genau anliegt, worauf das Ganze mit Bast oder Hanf umwunden wird. Es erfordert große Pünktlichkeit, wenn es gelingen soll, und ist daher noch weniger, als das Pfropfen im Gebrauche.

Das Kopuliren der Rebe hat gleichfalls viele Aehnlichkeit mit demjenigen der Obstbäume. Man nimmt Rebholz (Schnittlinge), an welchem sich noch ca. $^1/_2$ Fuß zweijähriges Holz befindet und kopulirt dieses zweijährige Holz mit gleichem Holz auf dem zu veredelnden Stock durch den sogenannten Rehfußschnitt, wobei man darauf zu sehen hat, daß beide Reben gleich stark sind und genau auf einander passen. Man umbindet dann die kopulirte Stelle mit einem starken in gutes Baumwachs getauchten Band, so daß die verwundete Stelle luft- und wasserdicht geschlossen ist, reinigt den kopulirten Stock von allen Trieben und Augen, legt denselben in eine Grube, befestigt ihn mit einem Hacken, so daß nur 2—3 Augen von einjährigem Holz über den Boden herausschauen und füllt dann die Grube mit guter Erde zu. Einjähriges Holz hat zu viel Mark und verwachst daher nicht so gerne wie 2jähriges.

cc. Das Ringeln der Reben.

§. 146.

Das Ringeln der Reben besteht in dem ringförmigen Rinden-Ausschnitt unter den angesetzten Trauben, wodurch das Abröhren derselben verhütet und die Vollkommenheit sowie die frühe Zeitigung derselben befördert werden soll. Das Verfahren dabei ist folgendes.

An denjenigen grünen Trieben, an welchen sich Trauben angesetzt haben, werden unterhalb der Traube in der Regel vor oder sogleich nach der Blüthe mit einem kleinen Messer zwei einige Linien von einander entfernte Rundschnitte gemacht und die dazwischenliegende Rinde mit dem Nagel bis auf den Schnitt, oder mittelst einer besonders dazu angefertigten Zange abgelöst, wobei aber die übrige Rinde weder verschoben noch sonst verletzt werden darf. Hat eine Rebe mehre Trauben angesetzt, so muß das Ringeln jedesmal ob der zweiten Traube wiederholt werden, weil sich die Wirkung desselben nur einige Augen weit erstreckt. Durch das Ringeln wird der niedersteigende Saft in der Rinde und dem Baste aufgehalten und der Traube zugeführt, was man deutlich daran ersieht, daß die oberhalb des Ringelschnitts stehen gebliebene Rinde dicker wird, nach und nach einen Wulst bildet, der sich über den Schnitt herabzieht, bis er den Rand der untern Rinde erreicht und die Verbindung wieder hergestellt hat. Durch das Aufhalten des Saftes schwillt die Traube an, wird vollkommener und geht der Reife anscheinend früher entgegen, indem sie sich bälder färbt, es scheint jedoch mehr eine krankhafte Beschleunigung zu sein, indem die Reben auch die Blätter fallen lassen, die Beere hie und da kleiner und der Saft minder süß und schmackhaft ist, d. h. weniger destillirt als bei andern Trauben sein soll. Da nun das Ringeln sehr behutsam vorgenommen werden muß, indem, wenn auch der Splint verletzt wird, dasselbe mehr schadet als nützt, weil durch die gänzliche Unterbrechung der Saftzirkulation der Zweck des Ringelns verfehlt und Krankheiten der Reben herbeigeführt werden, auch dasselbe an den künftigen Tragreben nicht wohl ausgeführt werden kann, weil das Holz dadurch brüchig und seiner vollständigen Zeitigung weniger entgegengeht, und das ganze Geschäft überhaupt sehr zeitraubend ist und viele Arbeit erfordert, so glauben wir, daß dasselbe zur Ausführung im Großen nicht wohl empfohlen werden kann, dagegen könnte dasselbe an einzelnen Rebgeländen, um sehr vollkommene und reife Trauben zu erzielen, sowie in ungünstigen Weinjahren bei solchen Rebstöcken in Anwendung kommen, die, wie der Rauh=Elbling, die Beere gerne fallen lassen (abröhren) oder Kleinbeere machen, nur müßte bei solchen Stöcken das Ringeln jedenfalls vor oder während der Blüthe erfolgen.

d. Das Verbrechen (Zwicken) und Einkürzen der Reben.

§. 147.

Das Verbrechen oder Zwicken der Reben besteht, wie bei dem Schneiden, in dem Abnehmen oder Einkürzen der überflüssigen oder zu lang gewachsenen jungen Triebe (Lotten) und ist daher gewissermaßen die Vorarbeit zu dem Schneiden des nächsten Jahres. Der Zweck desselben besteht vorzüglich in dem Zurückdrängen des Saftes von den Spitzen der Zweige gegen den untern Theil derselben, wo die Trauben sich befinden, damit der Rebstock seine Kräfte nicht in nutzlosen Trieben erschöpft, sondern dieselben hauptsächlich zur Ausbildung zahlreicher und schöner Früchte, sowie eines kräftigen Tragholzes für das nächste Jahr verwendet. Außerdem soll der Rebstock, insoweit es die angesetzten Früchte gestatten, durch Entfernung der überflüssi=

gen Triebe gelichtet werden, damit Luft und Sonne möglichst auf denselben, sowie auf die Erwärmung des Bodens einwirken können (§. 62. 71).

Das Verbrechen gehört daher zu den wichtigsten Arbeiten des Weinbaues und erfordert Arbeiter, die mit demselben genau bekannt sind, indem die richtige Ausführung desselben nicht nur auf den Ertrag des laufenden Jahrs, sondern auch auf die Dauer des Stocks, und dessen künftige Fruchtbarkeit einen wesentlichen Einfluß ausübt. Die Art des Verbrechens geschieht auf sehr verschiedene Weise, wobei hauptsächlich die Triebfähigkeit des Rebstocks und des Bodens in Berücksichtigung kommt. Bei demselben wählt man zunächst die künftigen Traghölzer aus, wozu man, damit die Schenkel nicht zu lang werden, die aus den hintersten Augen zunächst dem Schenkel ausgewachsenen Ruthen nimmt, die, wenn gut gebogen und angehängt worden ist, bei der Pfahlerziehung zunächst dem Pfahle stehen sollten. Man läßt gerne ein Holz mehr, als man im künftigen Frühjahr beim Schneiden braucht, stehen, damit, wenn eines während des Sommers oder beim Niederlegen verunglückt, dasselbe durch das Ueberflüssige ersetzt werden kann, so daß man also, wenn man einem Schenkel einen Bogen und einen Zapfen geben will, 3 Traghölzer heranzieht. Das Gleiche hat zu geschehen, wenn man von einem Weinberge im folgenden Jahre Schnitt- (Blind-) Reben sammeln will. Hat man die Traghölzer ausgewählt, so werden entweder sogleich beim Verbrechen oder bei dem darauf folgenden Binden die Seitentriebe, die sogenannten Aberzähne, Geizen, Afterzähne, ausgebrochen oder abgezwickt, sofort alle übrige Triebe an der Rebe oder am Bogen 2—3 Augen über der letzten Traube mit der Hand abgebrochen (abgezwickt), wobei man darauf zu sehen hat, daß nicht zu kurz, sondern eher etwas lang verbrochen wird, indem sonst die vorhandenen Trauben nicht die gehörige Bedeckung erhalten, und die Traube am obersten Auge gerne abfällt, oder in der Entwicklung zurückbleibt. Sind die Triebe an der Haupt- (Bog-) Rebe verbrochen, so werden auch die überflüssigen Triebe an den Zapfen hinter dem Bogen und an den Schenkeln auf ähnliche Weise wie am Bogen abgebrochen; befinden sich an den Trieben des Schenkels keine Trauben, oder wenn man dieselben nicht als junges Holz zum Zurückschneiden der Schenkel nachziehen will, so werden sie häufig ganz weggebrochen, so daß der Schenkel ganz gesäubert dasteht, doch finden hier manche Ausnahmen statt, wobei zu berücksichtigen ist, daß die Schenkel durch das gänzliche Abreißen der Triebe nicht selten Wunden bekommen, die dem übrigen Triebe der Rebe schaden und hie und da Krebs- oder andere Krankheiten veranlassen können, auch erhalten die Trauben, wenn man die Zweige blos einkürzt, mehr Schutz vor dem Sommerbrand rc.

Die Kopftriebe werden, insoweit sie nicht zum Nachziehen neuer Schenkel bestimmt sind, gleichfalls abgebrochen. Haben sich bei der Kopferziehung viele

Ausschläge aus dem Kopf angesetzt, so schaden sie nicht selten dem Fruchttrieb, es ist daher rathsam, daß man sich noch vor dem eigentlichen Verbrechen ein besonderes Geschäft daraus macht, die unnützen Auswüchse gleich beim Entstehen zu unterdrücken, wobei man zugleich die übrigen überflüssigen Triebe, die keine Trauben angesetzt haben, entfernen kann. Bei der Schenkelerziehung bilden sich weniger derartige Auswüchse, weil dazu kein Raum vorhanden ist und der Saft in dem Schenkel in gespannter Richtung in die Fruchtschose treiben kann.

§. 148.

Von den hier für das Verbrechen im Allgemeinen aufgestellten Grundsätzen finden jedoch, aus dem bereits angeführten Grunde, manche Ausnahmen statt, indem z. B. im obern Neckarthale theilweise die Schenkel bis auf die zur Nachzucht bestimmten Hölzer von allen Trieben gereiniget und die Aberzähne ausgebrochen, während in der Umgegend von Tübingen alle Triebe auch an den Schenkeln, sowie die Aberzähne blos abgezwickt werden, damit die Trauben mehr Schutz vor den kalten Winden haben.

Ueber das Ausbrechen oder das bloße Abzwicken der Aberzähne sind die Ansichten sehr verschieden, indem diejenigen, welche das Ausbrechen derselben vertheidigen, dafür anführen, daß die Aberzähne dem nebenstehenden Auge die Kraft zur vollständigen Ausbildung entziehen und das Rebholz bälder zur Zeitigung gelange, wenn kein Zug mehr in den Seitentrieben vorhanden sei, auch werden durch die Entfernung der Aberzähne die Rebstöcke und der Weinberg weniger beschattet, während durch das Stehenlassen derselben die Augen sich gerne verholzen und untragbar werden, wogegen diejenigen, die nicht für das Ausbrechen, sondern nur für das Abzwicken der Aberzähne über dem Auge sind, behaupten, daß durch das Ausbrechen derselben die Augen zwar mehr anschwellen und hervortreten, daß dieses aber blos ein künstliches Befördern der künftigen Vegetation sei, indem der Saft, der den Aberzähnen zufloß, sich nach dem Ausbrechen derselben gegen die Augen dränge und sie mehr hervorhebe und belebe, dadurch aber auch empfindlicher mache und namentlich dem Erfrieren während des Winters weit mehr aussetze, wie denn namentlich in denjenigen Gegenden Württembergs, in welchen die Aberzähne meistens ausgebrochen werden, die Weinberge in der Regel gedeckt werden müssen, während in andern, wo das Ausbrechen nicht stattfinde, wie in den Rheingegenden, die Weinberge während des Winters ungedeckt bleiben, dessen ungeachtet aber dort kein Nachtheil in Ertrag bemerkt werde, vielmehr sollen sich auch an den hintern Augen gerne Trauben entwickeln und die Aberzähne besonders dazu beitragen, daß sich diese Augen nicht verholzen, sondern zu Fruchtaugen ausbilden. Das Ausbrechen der Aberzähne sei daher ein reiner Ueberfluß und ein unnöthiger Geldaufwand.

Wir wollen das Ausbrechen derselben nicht gerade vertheidigen, sondern nur anführen, daß dasselbe in Württemberg hauptsächlich in solchen Gegenden eingeführt ist, wo ein starktriebiger Boden sich befindet und starktriebige Reben angepflanzt sind, daß dagegen in Weinbaugegenden mit magerem Boden (wie häufig im Rheinthale), dasselbe selten stattfindet, indem, wenn man in jenen Gegenden die Nebenzweige wachsen ließe oder blos einkürzen wollte, die Weinberge sich so bewalden würden, daß dieses einen wirklichen Nachtheil für die Auszeitigung der Trauben und des Holzes hätte, auch werden durch das Ausbrechen der Aberzähne die Weinbergbaukosten nicht gesteigert, indem dieses schneller als das Abzwicken von statten geht und jedenfalls dadurch das Schneiden im nächsten Frühjahr befördert wird, weil keine Nebenzweige, besonders beim Trollinger, ausgeschnitten werden dürfen, indem bei diesem die Nebenzweige festsitzen, während sie beim Elbling, Sylvaner und andern weißen Traubengattungen häufig selbst abfallen.

Man darf mit Recht fragen, warum denn beim Schneiden und Verbrechen überall darauf hingearbeitet wird, die Säfte der Rebe zurückzudrängen und zu konzentriren und warum dieses gerade bei den Aberzähnen durch Nichtausbrechen derselben unterlassen werden solle, während in Württemberg gerade diejenigen Weinbaugegenden, wo das Ausbrechen stattfindet, sich durch reichlichen Ertrag auszeichnen. Außerdem kommt noch in Berücksichtigung, daß wenn man die Aberzähne an den hintern Augen stehen läßt, auch die Säfte des Stocks sich immer mehr dahin ziehen und neue Triebe veranlassen, wodurch die Zeitigung des Holzes nicht so schnell und vollkommen vor sich gehen dürfte, als wenn die Aberzähne ausgebrochen werden, wo dann die Säfte der Rebe sich mehr den Endspitzen derselben zuziehen, was, namentlich in ungünstigen Weinjahren, wo das Holz ohnedieß später zeitiget oder gar nicht vollständig reif wird, besondere Beachtung verdient.

Wir glauben deßwegen, daß auch hier auf die Triebkraft des Bodens und der Rebe, sowie auf die Erziehung der Letztern und auf klimatische Verhältnisse Rücksicht genommen werden muß, so daß, bei magerem Boden und geringer Triebkraft der Rebe, sowie bei kurzer Erziehung das Ausbrechen der Aberzähne zum Schutze der Trauben und bei sehr geringer Triebkraft sogar auch das Einkürzen beim Verbrechen unterlassen werden kann, daß aber bei starker Triebkraft des Bodens und der Rebe, weil die blos eingekürzten Aberzähne bald wieder nachtreiben würden, das Ausbrechen derselben, damit der Rebstock sich nicht zu sehr bewalde und demselben, sowie den Trauben möglichst Luft und Licht verschafft wird, ohne Schaden vorgenommen werden kann, daß jedoch da Ausnahmen stattzufinden haben, wo die Stöcke alte lange Schenkel erhalten, die weniger Triebkraft besitzen und wo die Trauben, wie beim Trollinger, mehr Schatten als Sonne verlangen. Schädlich wird aber das Ausbrechen nicht selten da wirken, wo die Aberzähne schon so stark sind, daß sie sich unten am Auswuchs aus der Rebe schon etwas verholzt oder eine stärkere Rinde gezogen haben, so daß der Ausbruch nicht mehr leicht erfolgt, sondern mit demselben nicht selten auch ein Theil der Rinde der Rebe weggerissen und dadurch das Auge beschädigt wird, in einem solchen Falle ist es daher zweckmäßiger, wenn die Aberzähne etwa 1 Zoll hoch über dem Auswuchse abgebrochen oder abgeschnitten werden. Auch dann dürfte dasselbe nachtheilig wirken, wenn an der Stelle der ausgebrochenen Zähne sich wieder neue Triebe entwickeln, weil dadurch der künftige Trieb des Auges geschwächt werden könnte, daher das Ausbrechen nicht allzufrühzeitig zu geschehen hat. Ebenso in sehr südlichen heißen Lagen mit hitzigem seichten Boden, indem hier, wenn die Reben zu sehr gelichtet werden, der Boden leicht austrocknet und dieselben dadurch Schaden nehmen. Die Zeit des Verbrechens hat sich gleichfalls nach der Triebkraft der Rebe zu richten, ein allzufrühes Verbrechen ist jedoch nicht zu empfehlen, weil, so lange die Triebe noch zu kurz (noch keinen Fuß lang) sind, die obersten Trauben ihrer Bedeckung beraubt oder gar mit abgebrochen werden, auch die abgezwickten Triebe bald wieder Aberzähne nachtreiben, so daß später fast ein nochmaliges Zwicken nöthig wird. Während der Traubenblüthe soll nicht verbrochen (gezwickt), sondern, so lange dieselbe dauert, der Weinstock ganz in Ruhe gelassen werden, weil die Blüthen während der Arbeit abgestreift und die Befruchtung der Traube gehindert werden kann. Die angemessenste Zeit ist daher vor oder sogleich nach der Traubenblüthe, wobei man jedoch auch auf die Witterung Rücksicht zu nehmen und die Arbeit bei nassem Wetter sorgfältig zu unterlassen hat, weil bei oder nach derselben die Trauben und Traubenbeere gerne abfallen.

§. 149.

Das Einkürzen nach der Blüthe.

Bei unsern klimatischen Verhältnissen geht das Bestreben intelligenter Weinbauern immer mehr dahin, der Rebe eine möglichst kurze Erziehung zu geben, und sie dadurch nicht nur dem warmen Boden immer näher zu bringen, sondern auch den Saft der Rebe in die untern Theile zurückzudrängen und dadurch dieselbe zu der Hervorbringung einer kräftigen, saftreichen Frucht, sowie zu der Ansetzung eines starken, fruchtbaren, kurzgegliederten Tragholzes zu veranlassen, was sowohl auf die Qualität, als die Quantität des Ertrags einen vortheilhaften Einfluß ausübt. Zu diesem Zwecke hat man neuerlich das Einkürzen der Reben nach der Blüthe sehr empfohlen und auch nach den, von dem Verfasser in dieser Richtung schon seit mehreren Jahren gemachten Erfahrungen, hat sich das Verfahren als zweckmäßig erprobt.

Dasselbe besteht darin, daß nicht nur die beim gewöhnlichen Verbrechen einzukürzenden Triebe abgezwickt, sondern auch die Traghölzer, sobald sie die erforderliche Länge erlangt haben, also bald nach der Traubenblüthe, eingekürzt werden, wobei dann aber, damit der Saftumlauf nicht gehemmt wird, die Aberzähne (Winkeltriebe, §. 4) nicht ausgebrochen werden dürfen.

Unter diesem Einkürzen versteht man also dasjenige des künftigen Tragholzes, indem bei demselben durch das Zurückdrängen des Saftes gegen den untern Theil der Rebe ein starkes, kräftiges, kurz gegliedertes Tragholz erzeugt werde, das nicht nur zur größeren Fruchtbarkeit der untern Augen beitrage, sondern auch im folgenden Jahre viele, sehr schöne und vollkommene Trauben hervorzubringen und daher sehr zur Erhöhung des Ertrags der Weinberge beizutragen im Stande sei. Dagegen wollen einzelne Weinbauer die Erfahrung gemacht haben, daß durch das Einkürzen die Tragbarkeit der Reben zwar bedeutend erhöht, die Qualität des Weins aber ebenso vermindert werde, indem die Trauben zwar eine ungewöhnliche Größe erreichen, wodurch aber blos die wässerigen Theile derselben vermehrt werden, während der Geschmack alles Gewürzige und Feine verliere, weil der Stock, indem ihm besonders die jüngern, zur Verarbeitung der Säfte besonders tauglichen Blätter entzogen werden, die Kraft zur weitern Destillirung der Traube verliere, weil die untern, ältern, verdickten Blätter die erforderliche Luftnahrung nicht mehr gehörig einziehen und verarbeiten können.

Diese Ansicht dürfte vielleicht da, wo auf die Erzeugung ganz feiner Weine gesehen wird, Beachtung verdienen, obgleich die vom Verfasser bei einem Rießling-Weinberge gemachten Beobachtungen damit nicht übereinstimmen, auch wird, wenn besonders auf Qualität gesehen wird, das Einkürzen bei jungen kräftigen Weinbergen weniger angemessen, als bei ältern erscheinen, weil es eine längst bekannte Sache ist, daß in jungen Weinbergen, wegen des größern Ertrags und der größern Trauben und Beere, keine so feine Weine, wie in ältern Weinbergen erzeugt werden, und daher bei jenen der Ertrag nicht noch gesteigert werden darf.

Wir glauben jedoch, daß man auch hier zwischen den Erziehungsarten und den einzelnen Traubengattungen unterscheiden muß, indem das Einkürzen hauptsächlich nur für Reben mit kurzer Erziehung paßt und daher nur bei dem Rießling, Traminer, Sylvaner, mittleren Velteliner ꝛc. sowie in Gegenden in Anwendung kommen sollte, wo wegen der magern Bodenbeschaffenheit ohnedieß eine kurze Erziehung mit Halbbogen und Zapfen eingehalten werden muß, wie im Kocher- Jagst- und Tauberthale (§. 148), indem hier das Einkürzen der Tragreben nach der Traubenblüthe und das Unterlassen des Ausbrechens der Aberzähne zuverlässig sehr zur Erkräftigung und größeren Tragbarkeit der Reben beitragen würde, ohne die Qualität zu beeinträchtigen, weil durch die niedrige Erziehung die Trauben dem Boden möglichst nahe gebracht und dadurch ihre Zeitigung und Destillation wesentlich befördert wird. Das Gleiche wird auch bei der gestreckten Pfahl- und der niedern Rahmenerziehung stattfinden, auch erzeugen sich dadurch, daß die Aberzähne nicht ausgebrochen, sondern beim Verbrechen nur eingekürzt werden, bis zum Einkürzen der Tragreben, an jenen schon wieder neue Triebe, so daß es an jungen Blättern zur Einsaugung der Luftnahrung nicht fehlen wird. Bei Reben, welche eine lange Erziehung verlangen (§. 137. 138), wie beim Trollinger, Urban, Elbling, wird das Einkürzen der Tragreben, besonders in kräftigem, triebigem Boden, weniger angemessen erscheinen, weil es längere Zeit nach der Blüthe anstehen wird, bis die Rebe ihre gehörige Länge zu einem weiten Bogen erlangt hat und das Einkürzen fast mit dem Ueberhauen (Abgipfeln) zusammenfallen würde, auch dann das untere Holz schon mehr ausgebildet ist, so daß das Einkürzen auf dasselbe und auf die Ausbildung der Augen nicht mehr die erwartete Wirkung hätte. Jedenfalls hat aber der Weingärtner durch das Einkürzen ein vortreffliches Mittel in der Hand, die Vegetation auf den Rebstöcken möglichst gleich zu vertheilen und dadurch besonders die mehr zurückstehenden Triebe, die öfters schwächer bleiben, als die an der Spitze befindlichen, mehr zu kräftigem und zu künftigem Tragholz geschickter zu machen. Auch können dadurch ältere Weinberge lange und in gutem Ertrage erhalten werden, daher die Einkürz-Methode mehr als bisher in Anwendung gebracht werden dürfte.

e. Das Ueberhauen, Ausflügeln, Gipfeln, Laubschneiden, Ausblatten.

§. 150.

So lange der Weinstock seine Ruthen in die Höhe treibt, werden dieselben wohl länger und stärker, ihre vollkommene Ausbildung und Auszeitigung erfolgt aber erst, wenn das Wachsthum in die Höhe nachgelassen hat. Um nun dieses in gemäßigten Klimaten, wo die Vegetation durch Hitze, wie in heißen Klimaten, nicht eingestellt wird, rechtzeitig, d. h. vor dem Eintritt von Frost und Kälte zu bewirken, werden die Reben gegen das Spätjahr, nachdem sie ihre gehörige Länge erreicht haben, abgeschnitten, ab- oder ausgebrochen, was man Ueberhauen, Gipfeln, Ausflügeln, Verhauen, Laubschneiden ꝛc. nennt.

Unter dem Ueberhauen und Gipfeln versteht man das Abschneiden der der künftigen Tragreben, insoweit sie über den Pfahl hinausgewachsen sind, nach der Pfahlhöhe oder bei andern Erziehungsarten auf die Länge, die etwa zum künftigen Tragholze erforderlich ist, wobei man eher etwas zugibt, als zu stark abschneidet. Sind an einzelnen Stöcken kurze Pfähle oder ist ein Schenkel an dem Pfahl hoch angehängt (angebunden), so wird etwas ob dem Pfahl abgeschnitten, damit die künftige Tragrebe ihre gehörige Länge erhält.

Unter dem Ausflügeln, Verhauen, begreift man das Abschneiden oder Ausbrechen der an dem übrigen Holze des Weinstocks gewachsenen Nebentriebe (Flügel), die früher abgezwickt wurden und später wieder neue Triebe gemacht haben, damit den Trauben möglichst Luft und Licht zugeführt wird, ohne die Beschattung ganz zu beseitigen, daher an den fruchttragenden Reben die Nebentriebe ob den Trauben nicht ausgebrochen, sondern nur so weit eingekürzt werden dürfen, daß sie den Trauben noch einigen Schatten gewähren, weil bei manchen Traubengattungen die Reife derselben durch die unmittelbare Einwirkung der Sonnenstrahlen nicht befördert wird. Zu dem Ausflügeln gehört insbesondere auch das Einkürzen der Aberzähne an den künftigen Tragreben bis auf das untere Auge, wobei jedoch dem obersten Aberzahn ein Zugreis gelassen werden muß, oder in manchen Gegenden das zweite Ausbrechen derselben, was jedoch, aus den bereits angeführten Gründen (§. 148), besonders an den künftigen Tragreben, nicht für sehr angemessen erkannt werden kann, während das Ausbrechen derselben an dem übrigen Holz, wenn es zu dicht belaubt ist, hie und da zweckmäßig erscheinen dürfte.

Bei der Einkürzungsmethode (§. 149) kommt das Ueberhauen gar nicht vor, sondern nur das Ausflügeln oder Einkürzen der, nach dem Einkürzen der Hauptreben sich gebildeten Seitentriebe (Aberzähne), die, weil sich der Zug des Saftes hauptsächlich auf diese geworfen hat, oft lange gewachsen sind und eine eigentliche Laubdecke über den ganzen Stock bilden und ihn zwar während des Sommers gegen Sonnenbrand und Hagel schützen, gegen das Spätjahr aber, wo diese Schäden nicht mehr zu befürchten sind, dadurch beseitigt werden müssen, daß man sie über dem ersten oder zweiten Auge von der Hauptrebe an, abschneidet; der Zweck beider Arbeiten besteht darin, den Zug des Saftes gegen oben und dadurch auch das weitere Wachsen der Reben zu unterbrechen und dadurch auf die Zeitigung des Holzes d. h. durch die Verwandlung des Bastes und Splints in festeres Holz (§. 2) einzuwirken, indem, sowie der Saft zurückgedrängt wird und stockt, das Holz wegen der geringeren Saftcirkulation weit schneller zeitigt, als wenn derselbe seinen regelmäßigen Zug gegen oben hat. Zeitigt aber das Holz, so beginnt auch die Traube zu reifen, was man bald daran erkennen wird, daß die Stiele und Kämme braun und die Beere weich werden.

Außerdem soll das allzu große Beschatten der Trauben beseitigt und der Sonne und warmen Luft mehr Zutritt zu den Reben und Trauben verschafft werden, wodurch die Zeitigung beider gleichfalls befördert wird. Das Ueberhauen und Ausflügeln ist daher in vielen Fällen ein wichtiges Beförderungsmittel der Traubenreife und der Heranziehung eines vollständig ausgereiften Rebholzes für das nächste Jahr.

Dasselbe soll nicht bälder vorgenommen werden, als bis die Rebe von unten herauf stark zeitigen und dadurch der Saftzudrang etwas abgenommen hat, also je nach dem Jahrgang zu Ende des Monats August oder zu Anfang oder in der Mitte des Monats September, jedenfalls hüte man sich vor allzufrühem Ueberhauen, weil, wenn das Holz noch grün ist und durch das Ueberhauen die Säfte schnell und zu stark zurückgedrängt werden, während die Bestandtheile der Traube noch nicht erweicht, sondern noch in der Entwicklung begriffen sind, bis sich der gestörte Organismus wieder geregelt hat, ein Stillstand in jener eintritt, wodurch nicht nur die Zeitigung der Trauben in's Stocken gerathet, mithin eine entgegengesetzte Wirkung hervorgebracht wird, sondern auch durch den Saftzudrang die neu gebildeten Augen leicht zum Antreiben veranlaßt werden, wodurch der Ertrag für das nächste Jahr verloren geht. Will man, wegen des allzustarken Wachsens der Reben, dessen ungeachtet etwas früher Ueberhauen, so lasse man, da wo das Ausbrechen der Aberzähne stattfindet, oben an der Rebe einige abgezwickte Aberzähne stehen, damit die Cirkulation der Säfte nicht ganz unterbrochen wird und die Rebe noch einigen Zug hat.

Der angemessenste Zeitpunkt zum Ueberhauen und Ausflügeln ist nicht allein, wenn das Holz zu zeitigen beginnt, sondern auch wenn die Trauben schon weich sind, indem dann keine allzustarke Störung in der Saftcirkulation zu befürchten ist.

Bei Traubengattungen, welche die unmittelbare Einwirkung der Sonne weniger ertragen können (wie der Trollinger), sondern gerne im Schatten stehen, ist es angemessen, wenn die gedachten beiderlei Arbeiten je abgesondert vorgenommen werden, nämlich das Ueberhauen, wenn die Trauben zu reifen beginnen, das Ausflügeln, wenn dieselben in der Reife vorangeschritten sind. Eine besondere Aufmerksamkeit ist bei dem Ueberhauen, besonders in ältern Weinbergen, darauf zu richten, ob in der Nähe Stöcke fehlen und an deren Stelle eine Rebe von einem benachbarten Stocke eingelegt werden kann, indem in diesem Falle bei dem Ueberhauen darauf Rücksicht genommen und nicht zu kurz abgehauen werden darf.

§. 151.

Ein besonderes Geschäft bildet das Ausblatten oder das Ausbrechen der Blätter, es ist nicht allgemein eingeführt, sondern kommt nur bei einzelnen Traubengattungen oder von einzelnen Weinbergbesitzern in Anwendung. Durch dasselbe sollen die Trauben mehr der Sonne ausgesetzt und denselben überhaupt viel Luft und Licht verschafft werden. Dasselbe ist von unten gegen oben in der Art vorzunehmen, daß man immer nur die Blätter um die Trauben, besonders an denjenigen Reben, die nicht zu den künftigen Tragreben gehören, wegnimmt, die Blätter aber nicht abbricht, sondern in der Mitte des Stiels abschneidet, so daß also der Rebstock besonders von unten Luft bekommt, während die obern Blätter stehen bleiben, damit die Blätternahrung nicht ganz aufhört. Auf Letzteres ist besondere Rücksicht zu nehmen und eher zu wenig als zu viel Blätter wegzunehmen, weil durch starkes Ausblatten dem Rebstock die, während der Zeitigung der Trauben so nöthige Luftnahrung entzogen, dadurch die Vegetation und die Reife gehemmt und weit mehr Nachtheil als Vortheil gestiftet wird. Das Ausblatten soll deßhalb mit großer Vorsicht und erst dann vorgenommen werden, wenn die Trauben schon in der Reife vorangeschritten sind und anfangen hell oder durchsichtig zu werden, oder sich schon gefärbt haben und hauptsächlich nur bei solchen Traubengattungen, welche, wie der Ortlieber, gerne dem Faulen unterworfen sind, oder bei anhaltend regnerischer Herbstwitterung, durch die das Faulen der Trauben befördert wird. Mit dieser Arbeit kann dann auch da, wo beim ersten Ueberhauen und Ausflügeln die obern Aberzähne gar nicht oder nur schwach eingekürzt worden sind, das zweite Zurückschneiden oder Ausbrechen derselben vorgenommen werden.

Das beim Ueberhauen, Ausflügeln und Ausblatten gewonnene Laub wird mit den jungen, weichen Zweigen häufig als Viehfutter benützt, wenn es jedoch dazu nicht nöthig ist, so ist es das Angemessenste, man läßt dasselbe als Dungmittel in den Weinbergen liegen, zu welchem Behuf die längern Zweige zerschnitten werden. Sehr zweckwidrig ist es aber, dieselben in Bündeln auf die Pfähle zu stecken und zu dörren, weil dadurch die Beschattung des Weinberges vermehrt wird und derselbe ein unschönes Aussehen erhält.

IX. Die Boden-Arbeiten.

§. 152.

Das gute Gedeihen des Rebstocks erfordert nicht blos eine entsprechende Lage und Erziehung, sowie einen angemessenen Boden, sondern der letztere muß auch für das Eindringen von Wärme und Feuchtigkeit gelockert und von Unkraut rein gehalten werden, damit die Nahrung des Stocks durch letzteres nicht verkümmert und der Boden durch dasselbe nicht beschattet wird. Außerdem muß der Rebstock bei den meisten Erziehungsarten durch Holz unterstützt und die Rebe an dem Holz befestigt werden, damit Winde und Stürme dieselbe nicht beschädigen und die Sonne gehörig auf den Rebstock einwirken kann. Die Weinberge erfordern daher neben der Anpflanzung und Erziehung des Weinstocks noch verschiedene andere mehr mechanische Arbeiten, die sich auf Bodenbearbeitung oder auf die Herstellung oder Benützung der Holzunterstützung beziehen, und die hauptsächlich bestehen in dem Aufziehen der Rebstöcke, in dem Aufräumen derselben, in dem Hacken und Felgen des Bodens, in dem Pfählen und dem Binden und Heften der Reben an die Holzunterstützung, in verschiedenen außerordentlichen Arbeiten, in dem Bandaufschneiden und Pfähleausziehen, sowie in dem Bedecken der Rebe vor dem Winter. Diese Arbeiten kommen jedoch nicht in allen Weinbaugegenden vor und werden auch nicht in allen gleichförmig behandelt, daher wir uns hier mehr nur auf eine allgemeine Beschreibung derselben einlassen können.

1. Das Aufziehen, Aufdecken.

§. 153.

Das Aufziehen der Weinberge ist nur in denjenigen Weinbaugegenden nothwendig, wo die Weinberge vor dem Winter mit Erde, Pfählen, Steinen, Stroh ꝛc. zugedeckt werden (§. 165), um sie vor der Winterkälte zu schützen, wie es in vielen Weinbaugegenden Deutschlands eingeführt ist. Das Aufziehen oder Aufdecken der Reben ist das erste Frühjahrsgeschäft, sie werden dabei von denjenigen Gegenständen, mit welchen sie niedergelegt und zugedeckt wurden, befreit und dadurch zur Erweckung der Vegetation den Einwirkungen der Sonne und der Luft wieder ausgesetzt. Dasselbe geschieht, wenn mit Erde oder Rasen gedeckt wurde, mit dem Karst, oder einer Dunggabel oder auch nur mit einem Pfahl, je nachdem die Last schwer oder leicht ist. Man greift dabei mit dem Instrument unter die Reben, hebt sie empor, schüttelt sie, oder schlägt etwas gelinde an dieselben, damit die Erde, die daran hängt, abfällt. Das Aufziehen bei Steinen oder bei Pfählen geschieht mit der Hand. Die Steine werden dabei im Weinberg auf besondere Häufchen und an Stellen zusammengetragen, wo sie bei den übrigen Arbeiten am wenigsten hindern und bis zum Spätjahr liegen bleiben können, weil aber doch diejenigen Stellen, wo sie liegen, während des ganzen Frühjahrs und Sommers nicht bearbeitet werden können, auch unter den Steinen Schnecken, Mäuse und andere schädliche Thiere Aufenthalt finden, so ist es da, wo Mauern vorhanden sind, zweckmäßiger, wenn man sie auf dem Rande derselben auflegt, wodurch sie zugleich bei starkem Regenwetter das Abflößen der oberhalb liegenden fruchtbaren Weinbergserde aufhalten. Wurde mit Pfählen gedeckt, so werden dieselben auf besondere Haufen zwischen vier in die Erde eingeschlagene kurze Pfähle gelegt, nachdem zuvor oben und unten kleine Erdaufwürfe mittelst Stufen gemacht sind, damit die Pfähle behufs ihrer besseren Erhaltung nicht auf dem Boden, sondern hohl liegen.

Bei dem Aufziehen muß man sich sehr in Acht nehmen, daß keine Ruthen und Schenkel abgebrochen werden, was, wenn dieselben stark mit Erde oder Rasen bedeckt sind, durch schnelles unvorsichtiges Aufreißen leicht geschehen kann. Das Aufziehen soll erfolgen, wenn der Boden etwas abgetrocknet ist, und bevor die Augen angeschwollen sind, oder gar angetrieben haben, was unter der warmen Erde leicht geschieht und wodurch, wenn die Augen an kühlere oder kalte Luft kommen, dieselben leicht Schaden nehmen können. Auch das längere Gedecktsein bei anhaltendem Regenwetter ist zu vermeiden, indem dadurch Reben und Augen gerne schwarz werden und abfallen. Das frühere Aufziehen erscheint daher angemessener als das allzuspäte, obgleich im erstern Falle die Reben bei den starken und kalten Märzwinden hie und da der Gefahr ausgesetzt sind, winddürr zu werden, oder, weil sie weich aus dem Boden kommen, bei eintretender späterer Kälte zu erfrieren.

Bei günstiger, warmer Witterung kann mit dem Aufziehen in hohen Bergen schon Ende Februar begonnen werden, gewöhnlich soll es aber in der Mitte des Monats März geschehen, oder nach der Weingärtnersregel an Mariä-Verkündigung, den 25. März.

Man wähle zum Aufziehen heitere, warme Tage, damit die aus dem Boden kommenden, feuchten Reben schnell abtrocknen und vor dem Eintritt der kalten Nächte sich an die Luft gewöhnen können. Aus diesen Gründen soll auch das Aufziehen nur während der bessern Tageszeit, etwa von Morgens 9 Uhr bis Nachmittags 3 Uhr, und nicht an Tagen geschehen, an welchen kalte Winde wehen.

2. Das Aufräumen.

§. 154.

Das Aufräumen (Verraumen) ist die Vorarbeit zum Schneiden der Rebe (§. 134) und ist hauptsächlich bei der Kopferziehung nothwendig und eingeführt. Bei dem Schneiden des Rebstocks soll der Kopf gehörig ausgeputzt (ausgeschnitten) und die unter demselben am obern Theile der Stange befindlichen sogenannten Thauwurzeln entfernt, auch nach der Größe des Kopfes und der Stärke der Stange beurtheilt werden, ob dem Stock viel oder wenig Tragholz (Bogen oder Zapfen) gegeben werden soll (§. 119, 135), daher der Kopf frei stehen und die Stange bis zum ersten, bei jungen und tiefstehenden Stöcken aber bis zum zweiten Gelenke von der sie umgebenden Erde befreit werden muß, was durch das Aufräumen geschieht. Außerdem hat dasselbe den Zweck, das um den Rebstock gewachsene Unkraut zu entfernen, möglichst viel Wärme demselben zuzuführen und neue kräftige Erde an denselben zu bringen und durch all dieses den Kopftrieb sowie überhaupt den Trieb an den untern Theilen des Stamms zu befördern, wodurch neue kräftige Schenkel herangezogen und der Weinstock lange gesund und tragbar erhalten werden kann, daher das Aufräumen auch bei der Schenkelerziehung, besonders bei jungen Weinbergen, zweckmäßig erscheint.

Das Aufräumen hat unmittelbar vor dem Schneiden zu geschehen, mit einer leichten Haue, damit der Stock nicht beschädigt wird, und in der Art, daß um denselben eine runde Vertiefung von ½—1 Fuß gegraben wird, in der Kopf und Stange in der Mitte stehen.

Durch tiefes Ausräumen bis zum zweiten Gelenke und dadurch herbeigeführte kräftige Saft-Cirkulation sollen auch manche Krankheiten des Rebstocks verhütet werden.

Das Aufräumen findet übrigens auch bei der Kopferziehung nicht in allen Weinbaugegenden, oder nur bei jungen Weinbergen in den ersten 3—4 Jahren statt, und wird besonders da bei ältern Weinbergen manchmal unterlassen, wo vom Stock hinweggereutet oder seicht gesetzt wird (§. 112) und daher der Rebstock seine Nahrung mehr in den obern gedüngten Bodenschichten suchen muß, mithin seiner obern Wurzeln nicht beraubt werden darf, oder wo Traubengattungen, wie z. B. Trollinger im mittlern Neckarthale, gepflanzt werden, die im Alter nicht mehr gerne aus dem Kopf treiben, was jedoch, aus dem angeführten Grunde, nicht immer und besonders da nicht als zweckmäßig erscheint, wo auf junge Triebe aus dem Kopfe gesehen werden muß.

Nach dem Aufräumen bleibt der Rebstock gewöhnlich offen stehen, bis zum Hacken; wenn jedoch frühzeitig aufgeräumt und geschnitten wird, ist es nothwendig, daß der Stock sogleich nach dem Schneiden wieder zugedeckt wird, damit derselbe durch die hie und da noch eintretende strenge Kälte keinen Schaden leidet.

Auch in magerem, steinigen Boden soll nach dem Schneiden der aufgeräumte Boden sogleich wieder, oder besser frische Erde an den Stock gebracht werden, weil der Boden sonst zu stark austrocknet.

3. Das Hacken, Graben, Umkehren.

§. 154.

Das Hacken der Weinberge, auch Graben und Umkehren genannt, ist die erste größere und wichtigere Bodenarbeit und wird im Frühjahr nach dem Schneiden der Reben (§. 140) vorgenommen, doch kommen bei einzelnen Erziehungsweisen auch Ausnahmen vor (§. 156, 157).

Der Zweck des Hackens besteht

a. in der Auflockerung des, durch die Herbstgeschäfte des vorigen Jahrs, sowie durch die vorangegangenen Geschäfte des Aufziehens, Aufräumens und Schneidens zusammengetretenen Bodens, damit Luft, Wärme und Feuchtigkeit in denselben eindringen und dadurch die in dem Boden befindlichen Nahrungstheile zersetzt und der Rebe zugeführt werden (§. 61—63, 70, 71).

b. In der Vertilgung des Unkrauts, damit dieses die Nahrungssäfte des Bodens nicht an sich und dadurch dem Rebstock entzieht.

Dasselbe geschieht gewöhnlich den Berg hinauf, wodurch der Boden den

Berg hinunter geschafft und die obere Zeile nach und nach erdenlos wird. Um dieses zu vermeiden, werden vor dem Hacken Anfälle oder sogenannte Hackschläge gemacht, d. h., es wird vom untern Ende des Weinbergs hinter der letzten Zeile der Boden aufgehackt und die Erde an das obere Ende, den Kopf, getragen, damit dieser Theil nicht erdenlos bleibt. Kann übrigens dieser obersten Zeile durch Ausschlagen von Gräben oder auf andere leichtere Weise Erde gegeben werden, so kann das Hintragen von Erde vom untern Ende des Weinbergs unterlassen, dagegen muß jedenfalls der Boden aufgehackt und die Erde in die untern Zeilen des Weinbergs geworfen werden. Ist ein Weinberg durch Mauern oder Raine in mehrere Beete (Gräben) abgetheilt, so kann der Boden (Hackschlag) vom untern Theile des obern Beets auf den obern Theil des zweiten Beets geworfen werden, wodurch manche Arbeit erspart wird.

Sind die Beete schmal, so wird hie und da statt den Berg hinauf in die Quere gehackt, dessen ungeachtet muß für Hackschläge gesorgt werden, weil besonders an steilen Bergen auch viel Boden durch Regen von dem obern gegen das untere Ende des Beets geflößt wird. In einzelnen Weinbaugegenden, wie im Rheingau, in welchen die gestreckte Pfahl- oder die Rahmenerziehung eingeführt ist, wird beim Hacken der Boden, in den einzelnen Gassen gegen die Mitte auf sogenannte Balken gezogen, damit, weil sich dadurch gegen die Rebstöcke Vertiefungen bilden, die Wärme mehr auf den Stock einwirken kann und sich weniger Thauwurzeln ansetzen. Das Aufräumen vor dem Schneiden wird dann aber öfters unterlassen. Das Hacken geschieht in der Regel mit dem, mit zwei breiten, vornen etwas scharf gemachten Zinken versehenen Karsch, indem man mit demselben am leichtesten in den Boden einhauen und die Erde aufziehen kann.

In den Weinbergswegen (Furchen), oder wo überhaupt der Boden sehr hart ist, wird auch die Reuthaue dazu verwendet. In der Bodenseegegend wo das Hacken, Graben, Umkehren genannt wird, erfolgt dasselbe entweder mit dem Spaten, wobei $1/2$ Fuß tief gestochen wird, oder mit der Furke, einer Gabel mit drei Zinken. Man hackt etwas schief in den Boden, zieht die Erde gegen sich so, daß der obere Theil unten zu liegen kommt und der Boden also umgekehrt wird. Der Boden soll möglichst tief gelockert und daher besonders in jungen Weinbergen tief gehackt werden, so daß der Karsch so tief in den Boden kommt, als die Zinken lang sind, man hat sich dabei jedoch sehr in Acht zu nehmen, daß die Wurzeln der Reben nicht verletzt werden. In ältern Weinbergen, wo die Stöcke ihre Nahrung mehr von den obern Wurzeln beziehen, kann daher etwas seichter gehackt werden, ebenso in Weinbergen, in welchen bei der Anlage die Reben etwas seicht gelegt wurden (schief in Gräben oder mit der Haue, §. 111, 112). Auch auf die Bodenart muß Rüksicht genommen und in schwerem Boden tiefer, d. h. 1 Fuß tief, in leichtem Boden seichter, d. h. 4—6 Zoll tief gehackt werden. Der schwere Boden bedarf ein tiefes Hacken, weil er durch dasselbe nie so vollkommen gelockert wird, wie der von Natur lose, sandige oder kalkige Boden, auch muß man dabei die Schollen mit dem Helme des Karstes zerschlagen, damit sie kleiner werden und überall Luft, Wärme und Feuchtigkeit eindringen lassen. Bei einem leichten, lockern Boden, der beim Hacken in kleine Theile zerfällt, tritt diese Rücksicht nicht ein, vielmehr nimmt er Regen und Thau schnell in sich auf, läßt aber das Wasser eben so schnell und leicht in die Tiefe versinken oder in die Luft verdunsten, wodurch der Boden bei warmer Witterung zu schnell austrocknet und den Wurzeln die erforderliche Feuchtigkeit entzogen wird, daher dieselbe durch das nicht zu tiefe Lockern des Bodens den Wurzeln der Rebe möglichst lange erhalten werden soll. Außerdem muß das Hacken um die einzelnen Rebstöcke mit Sorgfalt geschehen, weil dieselben sonst leicht mit dem Karst beschädigt werden könnten.

Auf die Vertilgung des Unkrauts ist eine besondere Aufmerksamkeit zu verwenden, man säubere daher den Boden von demselben gänzlich, namentlich lasse man das schädliche Flechtgras und die Wenden nicht aufkommen, reiße sie deßhalb mit den Wurzeln sorgfältig aus und entferne sie aus dem Weinberg, weil, wenn man sie auf dem gehackten Boden zum Abdorren liegen läßt, solche beim ersten Regen wieder anwachsen und sich weiter verbreiten. Sehr zweckmäßig ist es, wenn nach dem Hacken die Weinberge durchgangen und das wieder angewachsene Unkraut herausgehauen wird, indem, wenn dieses im ersten Safttrieb geschieht, die etwa zurückgebliebenen Wurzeln in dem Safte ersticken und dadurch zu Grunde gehen, wodurch eine nachhaltige Ausrottung des Unkrauts bezweckt wird. Bei sehr saftreichem Unkraut, wie z. B. Disteln, lassen sich dieselben auch dadurch ausrotten, daß man auf die zurückgebliebenen Wurzeln etwas Koch- oder Viehsalz streut.

Das Hacken soll vorgenommen werden, wenn kein Schneefall und keine strenge Kälte mehr zu befürchten ist, mithin im Monat April oder zu Anfang des Monats Mai, und da es häufig in der Fastenzeit geschieht, so wird es auch hie und da Fastenhauen genannt. Ein frühes Hacken kann sehr schädlich wirken, indem, wenn Kälte, Schneewasser und Eis in den Boden bis zu den Wurzeln bringen, der erstere erkältet wird und die letztern leicht krank werden. Tritt dann später warme Witterung ein, so drängt die Wärme leichter in den Boden, wodurch der Trieb der Reben zu schnell erweckt wird, was, wenn später Frost eintritt, den Reben weit mehr Schaden bringen kann, als wenn bei spätem Hacken der Boden länger geschlossen bleibt. Auch hat ein allzufrühes Hacken noch den weitern Nachtheil, daß sich der Boden durch die im Frühjahr öfters fallenden Regen zu bald schließt, wodurch später die Wärme und warme

Gewitterregen in den Boden nicht gehörig eindringen können, vielmehr den Berg hinabströmen und Dung und Erde mit fortnehmen. Doch soll dasselbe auch nicht zu spät und besonders nicht zu der Zeit vorgenommen werden, wo die Augen etwas angetrieben haben, indem dieselben nicht nur leicht abgestoßen werden können, sondern auch von selbst abfallen, wenn man mit dem Karsch oder dem Fuß an einen Schenkel stößt. Bei nasser Witterung soll nicht gehackt werden, weil der Boden dabei zu viel Feuchtigkeit aufnimmt, nicht zerfällt, sondern zähe und zusammenhängend bleibt und durch das Geschäft selbst sowie durch die darauffolgenden Arbeiten (Pfählen, Anbinden) allzusehr zusammengetreten würde, es ist deßwegen zum Hacken womöglich eine beständige und warme Witterung zu wählen.

Auch auf die Lage und Bodenart muß Rücksicht genommen werden, insbesondere sind trockene Höhen frühzeitig zu hacken, weil sie dadurch bei etwa fallendem Regen mehr Feuchtigkeit aufnehmen und sich bälder wieder schließen, mithin die Feuchtigkeit länger behalten, warme Böden früher als kalte, lockere früher als strenge. Sind die zur Ergänzung fehlender Stöcke bestimmten Reben von benachbarten Stöcken nicht schon früher eingelegt worden (§. 139, 142, 143), so muß dieses bei dem Hacken geschehen, daher man solche Stöcke auch Hackstöcke nennt.

4. Das Pfählen.

§. 156.

Der Zweck der Holzunterstützung überhaupt und insbesondere des Pfählens, sowie die der Erziehung des Weinstocks entsprechende Ausführung desselben ist bereits oben §. 255 und 256 abgehandelt worden, daher wir hier mehr nur die mechanischen Arbeiten zu beschreiben haben. Das Pfählen wird je nach der Erziehungsweise, entweder vor oder sogleich nach dem Hacken vorgenommen, sowie der Boden etwas abgetrocknet ist und so lange der Untergrund noch Feuchtigkeit hat, damit die Pfähle gut und tief gesteckt werden können. Bei nassem Wetter ist dasselbe zu unterlassen, weil der Boden dabei zu sehr zusammengetreten würde. Das Pfählen vor dem Hacken sowie das Anhängen der Reben an die Pfähle ist gewöhnlich bei der gestreckten oder Rheingauer-Erziehungsweise, das Pfählen nach dem Hacken bei den übrigen Pfahlerziehungen eingeführt.

Die zur Unterstützung der Rebstöcke zu verwendenden Pfähle werden gewöhnlich aus tannenem Holz gespalten und sollen 6, in einzelnen Weinbaugegenden auch 7 Fuß lang und mindestens 1 Zoll stark sein. Hie und da werden auch eichene Pfähle genommen, die, weil das eichene Holz weit langsamer als das tannene Holz fault, etwas kürzer aber von gleicher Stärke wie tannene Pfähle sein müssen. Eichene Pfähle von grünem Holz werden gerne krumm, daher dieselben nach dem Spalten mindestens ein Jahr lang der Luft und dem Regen ausgesetzt und dabei gut beschwert, auch anfänglich hie und da mit Wasser begossen werden müssen, damit sich die Lohe herauszieht und das Austrocknen befördert wird.

In einzelnen Weinbaugegenden, wo eine sehr hohe Erziehung der Reben eingeführt ist, wie in der Bodenseegegend und im Moselthal, werden anstatt der Pfähle tannene Stänglen von 10—12 Fuß Länge verwendet, die man Stecken nennt. Vor dem Einstecken der Pfähle müssen dieselben wenigstens an einem Ende gespitzt werden, damit sie tiefer und besser in den Boden gehen, auch ist es gut, wenn die Pfähle, um sie mehr vor Entwendung zu sichern, mit dem Namen des Eigenthümers bezeichnet werden, was dadurch schnell geschieht, wenn man den in Eisen geformten Anfangsbuchstaben in jeden Pfahl einschlägt. Die Spitze des Pfahls soll, damit er feststeht, noch in den ungebauten (ungehackten) Boden kommen. Das Einstecken der Pfähle geschieht gewöhnlich mit dem Pfahleisen, das sich der Arbeiter an den rechten Fuß schnallt und womit er den Pfahl unten faßt und 6—10 Zoll tief in den Boden drückt. In denjenigen Weinbaugegenden, wo der Weinbergsboden mit vielem Steingerölle vermischt ist, wie z. B. im Kocherthale, werden die Pfähle mit einem eisernen oder hölzernen Hammer eingeschlagen. Bei dem Einstecken der Pfähle muß auf die Erziehung eines jeden einzelnen Stocks Rücksicht genommen und also bei langen Schenkeln weiter, bei kürzern enger gepfählt werden. Kommt der Pfahl bei langen Schenkeln zu nahe an den Stock, so muß der Bogen zu weit an den Pfahl hinauf gebunden werden, was nicht nur einen nachtheiligen Einfluß auf die Zeitigung der Trauben, sondern auch den weitern hat, daß die jungen Hölzer bald über den Pfahl hinauswachsen und nicht mehr angebunden werden können. Aus diesem Grunde sind auch die längeren Pfähle den Schenkeln und Bögen, die schon etwas abgefaulten und kürzeren aber den Zapfen und den Trieben aus dem Kopfe (Bodenhölzer) zu geben. Wird der Pfahl bei kurzen Schenkeln zu weit vom Stocke gestellt, so müssen dieselben sowie die Augen zu nieder angehängt werden, wodurch die untern Trauben auf den Boden zu liegen kommen und gerne anfaulen oder von Insekten ꝛc. beschädiget werden. Gewöhnlich sollen die Bögen oder Zapfen der Schenkel 1 Fuß über dem Boden stehen.

Bei der gestreckten Erziehung muß hauptsächlich darauf gesehen werden, daß die Pfähle in eine gleiche Linie zu stehen kommen und namentlich der Pfahl in der Mitte von 2 Stöcken so gesteckt werden, daß die Streckreben beider Stöcke an denselben bequem gebunden werden können. Der Kopf bekommt dabei den stärksten Pfahl, bei dem Stecken der Pfähle an die Köpfe dürfen jedoch dieselben dem Kopfe nicht allzu nahe kommen, damit die Wurzeln nicht verletzt werden. Bei dieser Erziehungsweise wird, wie bereits bemerkt, in der Regel vor dem Hacken gepfählt und angehängt, weil dadurch, wenn die offenen Gassen bereits gebildet sind, ersteres wesentlich erleichtert wird.

Der bedeutende Aufwand, der durch die Bepfählung eines Weinberges veranlaßt wird, indem bei einer Bestockung von 4 Fuß Weite auf 2400 Stöcke mindestens 7200, bei einer Weite von 3½ Fuß auf 3200 Stöcke mindestens 8000—9600 Pfähle nöthig sind, was bei einem Preise von 2 fl. per Hundert ein Kapital von 144—192 fl. repräsentirt, das längstens binnen 8—10 Jahren wieder erneuert werden muß, hat schon vielfache Vorschläge zu Verminderung dieser unverhältnißmäßig großen Auslagen hervorgerufen, die dahin gingen:

a. Durch Erziehung der schnell wachsenden Akazie aus Samen das Pfahlholz selbst zu gewinnen, indem die Stämmchen, sobald sie die Stärke von 1—1½ Zoll erreicht haben, dazu verwendet werden können.

b. Die Pfähle vor dem Einstecken mit Asphalt-Theer 2—3 mal wenigstens zur Hälfte von unten herauf zu bestreichen, wodurch sie vor dem schnellen Verfaulen geschützt werden.

c. Die Pfähle mittelst Eintauchen in eine Flüssigkeit Kupfervitriol zu konserviren, wodurch dieselben gleichfalls gegen schnelle Fäulniß geschützt werden und mindestens eine vierfache Dauer erlangen sollen, zu welchem Behufe 1 Pfd. Kupfervitriol möglichst frei von Eisen in 100 Pfd. Wasser aufgelöst und diese Flüssigkeit in alte Fässer, Kufen oder Züber so vertheilt wird, daß sie 12—15 Zoll hoch damit angefüllt sind, worauf so viele Pfähle in dieselbe gestellt werden, als hineingehen. Da nun die Flüssigkeit in den Saftröhren des Holzes aufwärts steigt, so werden die Pfähle, besonders wenn man Pfähle von grünem Holze dazu verwendet, in dem die Saftröhren noch nicht eingetrocknet sind, in jener Höhe in 2—3 Wochen ganz davon durchdrungen sein und oben ein bläuliches Aussehen erhalten, worauf man sie umkehrt und das andere Ende ebenso lange in der Auflösung stehen läßt. Nach der Verwendung läßt man sie an der Luft trocknen. Gleiche Dienste soll auch der Chlorzink leisten, wobei 1 Pfd. koncentrirte Chlorzinklösung mit 20 Pfd. Wasser verdünnt wird.

Diese verschiedenen, zur Ersetzung oder Erhaltung der Pfähle empfohlenen Mittel sind aber, soviel dem Verfasser bekannt ist, noch nirgends im Großen angewendet worden, daher es sehr zu wünschen wäre, wenn in dieser Richtung weitere Versuche angestellt und das Verfahren dabei, das möglichst einfach sein sollte, bekannt gemacht würde.

Am zweckmäßigsten wäre es, wenn man immer mehr zu dem §. 126 beschriebenen Rahmenbau übergehen und bei demselben dann die Draht-Anlage einführen würde, die, nach neueren Notizen, besonders in den Rheingegenden immer mehr Verbreitung findet und auch sonst noch manche Vortheile darbietet.

5. Das Anhängen, Anheften, Gürten.

§. 157.

Das Anhängen, Anheften, auch Gürten genannt, besteht in dem Aubinden des Schenkels und des Bogens an den Pfahl, was gewöhnlich mit dünnen Weiden (Anhängweiden), hie und da auch mit Stroh oder Binsen geschieht. Das Anhängen muß sogleich nach dem Pfählen vorgenommen werden, weil sonst bei starken Winden die Schenkel und Bögen an die Pfähle geschlagen werden, wodurch die gewöhnlich schon angetriebenen Augen abfallen, daher man auch beim Anhängen selbst darauf zu sehen hat, daß die Bögen nicht stark bewegt und die Augen nicht abgestoßen werden. Das Geschäft des Anhängens ist nicht unwichtig, indem durch ein zweckmäßiges Ausführen desselben die folgenden Geschäfte, namentlich das Verbrechen (Zwicken), sehr erleichtert und auch die Zeitigung der Trauben befördert wird. Der Bogen darf nicht quer, sondern muß so angehängt werden, daß derselbe den Berg hinauf oder hinunter und der Schnabel womöglich nicht gegen oben, sondern gegen den Boden sieht, damit die künftigen Traghölzer am hintern Theile des Bogens gegen oben zu stehen kommen und beim Verbrechen leicht erkannt werden können. Ist dieses nicht der Fall und steht der Schnabel bald oben bald unten am Pfahl, so muß man beim Verbrechen die hintersten Wachshölzer erst mühsam suchen, oder es werden die besten Hölzer abgebrochen und die Schnabelhölzer stehen gelassen, die man im nächsten Frühjahr zu Traghölzer oder Bögen nicht brauchen kann und daher wegschneiden muß, wodurch ein Theil des Ertrags verloren geht. Zugleich muß bei dem Anhängen darauf gesehen werden, daß der Bogen oben und unten fest an dem Pfahl anliegt und fest angebunden werden kann, damit derselbe nicht durch jeden Wind bewegt wird, indem dadurch die Rinde der Rebe leicht aufgerieben und brandig wird, die Trauben aber gerne am Stiel lahm werden und dadurch in der Zeitigung zurückbleiben. Hat der Schenkel zwei Bögen, so werden sie auf beiden Seiten des Pfahls hie und da mit einem Klank angehängt. Sind statt der Bögen nur Zapfen angeschnitten, so werden auch diese oder der ganze Schenkel mit Weiden an den Pfahl geheftet. Werden beim Biegen der Bögen dieselben nicht an die Schenkel, sondern nach §. 141 an den Pfahl gebunden, so wird mit dem Anhängen der Bögen an den Pfahl auch das Biegen verbunden.

Bei der gestreckten Pfahl- Rahmen- und Kammer-Erziehung wird das Anhängen in der Regel nach dem Schneiden und vor dem Hacken vorgenommen, indem dadurch die Reben vor Beschädigungen beim Hacken gesichert werden und letzteres sehr erleichtert wird (§. 156). Durch das Anhängen sollen die Trauben dem warmen Boden zwar möglichst nahe gebracht und dadurch die Zeitigung derselben befördert werden, wenn jedoch der Boden naß und kalt ist, so darf etwas höher angehängt werden als bei warmem und trockenem Boden, weil sonst die Trauben gerne frühzeitig faulen.

6. Außerordentliche Arbeiten.

§. 158.

Die Lage, der Boden und die Bebauung mancher Weinberge machen neben den gewöhnlichen auch außerordentliche Arbeiten nöthig, die besonders im Frühjahr vorzunehmen sind und die wir hier kurz berühren wollen.

a. Das Graben-Ausschlagen.

Wenn Weinberge sehr steil und mit keinen Mauern und gepflasterten Wasserabzugsfurchen versehen sind, oder wenn der Boden locker und leicht abschwemmbar ist, werden nicht selten in der Mitte derselben oder sonst an passenden Stellen Gräben zum Auffangen und Ableiten des Wassers angelegt, in welchen sich während des Sommers und Winters Erde und Schlamm ansammeln, die von Zeit zu Zeit ausgeschlagen werden müssen, damit das Wasser in denselben sich gehörig ansammeln und von dort ablaufen kann. Dieses Ausschlagen hat regelmäßig im Frühjahr vor dem Hacken zu geschehen, indem mit der ausgeworfenen Erde häufig die Hackschläge gemacht werden können (§. 155), auch ist dasselbe sowie das Reinigen der Wasserabzugsfurchen jedesmal nach heftigen Wassergüssen zu wiederholen. Mit diesem Geschäft kann auch das Ausschlagen der gewöhnlich unten an den Weinbergen zum Auffangen des Wassers und der Erde befindlichen Erd- und Wasserlöcher oder der ausgemauerten und gepflasterten Sammelkästen (§. 98), sowie die Reinigung der Wege und Staffeln verbunden werden.

b. Das Rainpritschen.

Sind in den Weinbergen statt der Mauern, Grasraine angelegt (§. 98), so muß auch für deren Erhaltung gesorgt werden, indem dieselben durch die Winterkälte sowie durch die Hitze, besonders wenn sie den Wirkungen der Sonnenstrahlen stark ausgesetzt sind, sich auflockern, zerfallen und abrutschen. Um dieses zu verhüten, müssen sie, so lange noch die Winterfeuchte im Boden und derselbe weich und feucht ist, oder nach einem stärkern Regenfall durch Pritschen wieder festgemacht werden, wodurch man sie lange erhalten kann. Man bedient sich dabei einer besondern Rainpritsche von Holz, die 4—5 Fuß lang und 3—4 Zoll breit ist.

c. Das Steinelesen.

In hohen und steilen Kalksteingebirgen, wie z. B. im mittlern Neckar-Enz- Kocher- und Jagstthale, ist der Boden sehr häufig mit vielen großen und kleinen Kalksteinen gemischt, die zwar auf der einen Seite die Erde vor dem Abflößen schützen, die Wärme des Bodens vermehren und die Feuchtigkeit länger erhalten, mithin für die Rebe sehr zuträglich sind, auf der andern aber die Bebauung der Weinberge, besonders wenn sie von größerem Umfange sind, erschweren, daher nach dem Hacken die größeren Steine, die bei demselben öfters zum Vorschein kommen, zusammengelesen und entweder aus dem Weinberge geschafft oder auf besondere, in den Weinbergen angelegte Steinhaufen, sogenannte Steinmauern (§. 111. Pft. 9) zusammengetragen werden, woraus in manchen Orten ein besonderes Geschäft, das Steinlesen, gemacht wird.

7. Das erste Felgen (Rauhfelgen), Brachen, Rühren.

§. 159.

Je aufgelockerter der Boden in den Weinbergen ist, desto mehr kann die Luft und die Wärme sowie die Feuchtigkeit in denselben dringen und dadurch nicht nur die Auflösung der im Boden befindlichen Nahrungsstoffe, sondern auch die Ausdünstung des Bodens an kohlenstoffhaltigen Substanzen, an Wärme und Feuchtigkeit befördern und dadurch sehr wohlthätig auf das Wachsthum des Rebstocks und der Trauben sowie auf die Zeitigung der letztern einwirken. Ein öfteres Bearbeiten des Bodens in den Weinbergen ist daher eine Nothwendigkeit und hat nach dem Hacken während des Sommers einigemale zu geschehen. Die erste Bodenarbeit nach dem Hacken, Pfählen und Anhängen ist daher das erste Felgen auch Rauhfelgen genannt, weil der Boden vom Hacken noch rauh daliegt, oder das Rühren, Brachen oder zweite Graben. Dasselbe soll nicht früher begonnen werden, als bis die jungen Schoße an den Reben ziemlich erstarkt sind, indem sie sonst leicht abgestoßen werden, doch darf dasselbe auch nicht zu lange und namentlich nicht bis gegen die Blüthe im Anstand gelassen werden. Die beste Zeit, je nach dem Triebe der Weinberge, ist das Ende des Monats Mai oder der Anfang des Monats Juni. Der Zweck des Rauhfelgens ist, den vom Hacken noch aufgeworfenen Boden zu ebnen, die vorhandenen Erdstücke (Schollen) zu zerkleinern, sowie den durch starke Regen mit einer Kruste überzogenen Boden zu öffnen und überhaupt denselben zart und nach der Weingärtnersprache mohl zu machen, damit derselbe der Wärme und den sonstigen Einflüssen der Witterung mehr zugänglich ist; ferner das nach dem Hacken wieder angewachsene Unkraut auszurotten, zu welchem Behuf unter den Rebstöcken mit Sorgfalt gefelgt und besonders das Flechtgras, das den Boden außerordentlich ausmärgelt, entfernt werden muß. In manchen Orten wird das Unkraut nach dem Felgen aufgelesen und aus dem Weinberg geschafft, damit dasselbe nicht wieder neu anwachsen und durch Ausfallen des

Samens sich nicht vermehren kann, was sehr zweckmäßig erscheint. Auch das hie und da gebräuchliche Aushauen der Unkrautbüsche nach dem Anhängen ist für die Reinhaltung der Weinberge besonders dann sehr empfehlungswerth, wenn bei sehr hitzigem Boden mit seichtem Obergrund in trockenen Jahren das öftere Bearbeiten des Bodens, damit er nicht allzusehr austrocknet und die Vegetation der Rebe zum Stillstand kommt, nicht räthlich erscheint. Der dritte Zweck des Felgens ist das Zudecken der Köpfe an den Rebstöcken, die beim Hacken offen gelassen oder nach demselben wieder aufgeräumt worden sind (§. 136), damit sie von der Sonne nicht ausgebrannt werden, sowie, wenn beim Hacken in der Mitte der Gassen Balken gebildet werden (§ 155), das Verziehen derselben gegen die Stöcke, so daß der durch Luft, Wärme und Feuchtigkeit befruchtete Boden an dieselben zu liegen kommt und der Weinberg wieder eine gleiche Fläche bildet

Das Felgen wird mit einer kurzen, unten aber breiten Haue verrichtet, die wohl etwas geschärft sein darf, damit der Boden gehörig durchgearbeitet werden kann, auch muß dasselbe aus diesem Grunde etwas tiefer als das zweite Felgen (2—3 Zoll tief), und bei trockener Witterung und trockenem Boden geschehen, indem sonst der angegebene Zweck gar nicht erreicht werden kann vielmehr bringt das Felgen bei nasser Witterung und nassem Boden durch das Gelbwerden der Rebstöcke mehr Schaden als Nutzen, namentlich sollen dabei die stärkeren Thauniederschläge dem Trollinger sehr schädlich sein. Man hüte sich jedoch durch allzutiefes Felgen die obern Wurzeln zu verletzen, indem, wenn dieselben gleich im Frühjahr weggeschnitten werden, eine Verletzung der= selben im Sommer während der Vegetation der Rebe einen Nachtheil auf die letztere ausüben würde.

Bei allen Arbeiten mit der Haue arbeitet man in der Regel gegen den Berg, d. h. denselben hinauf, so daß die Erde vom Berg herabgezogen wird, beim Felgen wird aber an steilen Bergen mit vielen schmalen Mauerabsätzen in einzelnen Gegenden, wie im mittlern Neckarthale, den Berg hinunter gear= beitet, so daß die Erde den Berg hinaufgezogen wird, was insofern als ange= messen erscheint, weil dadurch der Boden dem betreffenden Weinbergsbeet mehr erhalten und das öftere Erdentragen erspart wird.

8. Das Binden der Reben.

§. 160.

Die jungen Reben sind bei ihrem ersten Heranwachsen, besonders in masten Weinbergen sehr weich und werden daher durch Winde und Gewitter= stürme leicht abgerissen. Die Natur hat ihnen zwar durch die Gabeln (Voll= hacken §. 3) eine Stütze gegeben, durch welche sie sich an alle feste Körper an=

hängen können, dieses geschieht jedoch nicht immer auf regelmäßige und dem Wachsen und Zeitigen der Traube entsprechende Weise, daher hier durch Kunst mittelst Anbinden der jungen Triebe an die Pfähle, Rahmen, Truber 2c. nachgeholfen werden muß.

Das Binden der Reben hat daher zu erfolgen, sobald dieselben so weit (1½—2 Fuß hoch) herangewachsen sind, daß sie durch Winde beschädigt werden können, oder auch durch ihre eigene Schwere herabhängen und leicht abbrechen. Gewöhnlich wird dasselbe sogleich nach dem Verbrechen (Zwicken) vorgenommen, indem dann diejenigen Triebe, welche zu künftigen Traghölzern herangezogen werden sollen und hauptsächlich das Anbinden erfordern, ausgeschieden sind, während dieses bei den eingekürzten (abgezwickten) Hölzern weniger nöthig ist (§. 147, 148). Das Binden vor dem Verbrechen ist nicht zweckmäßig, weil dadurch nicht nur letzteres erschwert, sondern auch das Erstarken des Holzes verhindert wird, und durch das Aufbinden das junge Holz mehr in die Länge als Stärke wächst. Aus diesem Grunde ist auch da, wo das Verbrechen, wie im Tauberthale, nicht regelmäßig vorgenommen wird, ein frühes Binden nicht angemessen. Das Verbrechen und Binden vor der Blüthe der Trauben gewährt den Vortheil, daß denselben mehr Sonne und Luft zugeführt wird und das Verblühen gleichmäßiger, das Wachsen der Trauben aber schneller geschieht. Bei der Erziehung ohne Holzunterstützung unterbleibt das Binden entweder ganz oder wird nur auf die in §. 122 beschriebene Weise vorgenommen.

Auch bei der Einkürzmethode (§. 149) kann das Binden oder wenigstens das spätere Heften (§. 162) unterbleiben. Bei dem Binden werden die zu einem Schenkel gehörigen, nicht abgezwickten Hölzer (Wachs-, Staub-, Traghölzer) einigemal so an den jedem Schenkel gegebenen Pfahl gebunden (§. 124, 125, 156), daß sie vom Winde nicht erfaßt und hin und her getrieben werden können. Das Gleiche geschieht mit den zur Nachzucht bestimmten Kopfreben, hat jedoch der Kopf keinen Pfahl erhalten, so werden die Wachshölzer an einen Schenkel gebunden.

Da wo das Ausbrechen der Aberzähne gebräuchlich ist (§. 148), wie im untern Neckarthale, wird dieses Geschäft gewöhnlich nicht mit dem Zwicken, sondern mit dem Binden verbunden, wobei es vor dem Anbinden der Ruthen zu geschehen hat.

Das Anbinden erfolgt mit Stroh, man nimmt 2—3 Halme, umwendet damit Ruthen und Pfahl und befestigt dieselben durch einen sogenannten Klank. Roggen- oder Einkornstroh ist, weil es die meiste Zähigkeit hat, das tauglichste zum Binden, Dinkelstroh bricht gerne ab. In manchen Gegenden nimmt man statt des Strohs Binsen, wodurch das oft sehr theure Stroh erspart wird. Bevor das Stroh zum Binden gebraucht wird, muß es durch eine etwas weite hölzerne Reff gezogen und dadurch von Gras, Unkraut und dem verwirrten Stroh gereinigt werden, die reinen Halme werden dann in sogenannte Schäube (kleinere Büschel) gebunden und oben abgehauen, damit die Halme eine gleiche Länge erhalten und die Klanke nicht zu lang werden und dadurch an den Stöcken herumflattern. Unmittelbar vor dem Binden werden die Strohschäube in Wasser getaucht, und besonders die starken Roggenhalme etwas mit den Füßen getreten, um sie weicher und gelenkiger zu machen. Die Strohbänder sollen nur locker und nicht fest angelegt werden, weil sonst dieselben in die weichen Triebe leicht einschneiden und sie verletzen oder die Saftcirkulation leiden könnte. Auch sind die einzelnen Triebe beim Zusammenbinden nicht zu stark anzuziehen, und Trauben und Laub nicht unter das Band zu bringen, weil die Triebe sonst abbrechen oder zu gedrängt auf einander zu liegen kommen, wodurch Trauben und Blätter zu ihrer Entwicklung zu wenig Luft und Licht erhalten. Gut ist es daher, wenn die Triebe etwas bogen- oder kesselförmig und jedenfalls nicht gekreuzt, sondern freistehend angebunden werden, so daß innerhalb des leeren Raums die Träubchen hängen und sich gehörig entwickeln können. Besonders sind die Bodenhölzer aus dem Kopfe öfters so seitwärts ausgewachsen, daß sie beim starken Anziehen leicht abbrechen, daher sie nicht mit Gewalt an den Pfahl oder Schenkel gezogen werden dürfen, sondern mehr bogenförmig, oder es kann denselben noch ein besonderes Pfählchen gegeben werden.

Außerdem hat das Binden nur bei trockener Witterung und auch nicht bei starkem Morgenthau zu geschehen, indem das Arbeiten an den Rebstöcken bei nasser Witterung, wie schon mehrmals bemerkt wurde, schädlich ist und wenn das feuchte Laub zusammengebunden wird, dasselbe sich leicht erhitzen, faulen und mit den Trauben abständig werden kann.

9. Das zweite Felgen, Rühren, Lautergraben.

§. 161.

Bei dem zweiten Felgen verfolgt man ähnliche Zwecke, wie bei dem ersten Felgen, der Boden soll durch dasselbe der Wärme, der Luft und der Feuchtigkeit wiederholt geöffnet und das Unkraut vertilgt werden. Dasselbe ist auch in dem Falle nicht zu unterlassen, wenn das erste Felgen aus dem in §. 159 angeführten Grunde unterblieben ist, weil sonst das Unkraut allzusehr überhand nehmen könnte und der Boden, der die Winterfeuchtigkeit längst verloren hat, allzusehr geschlossen bliebe, auch ein lockerer Boden sich weit weniger als ein streng geschlossener erwärmt, dagegen Luft und Feuchtigkeit weit eher, als ein geschlossener zu den Wurzeln bringen läßt und erfahrungsgemäß den Thau weit mehr anzieht. Dasselbe darf nicht so tief, wie das erste geschehen, sondern der Boden höchstens einen Zoll tief aufgerührt werden. In Württemberg erfolgt das zweite Felgen in den Weinbaugegenden mit kräftigem Thon- und Lehmboden, der sich bälder schließt und schnell wieder Unkraut treibt, in der Regel im Monat August, mithin zur heißesten Zeit des Jahres, daher man sich während der Mittagshitze bei starkem Sonnenschein hüten muß, dieses Geschäft zu verrichten, weil die Trauben sonst gerne braten. Ist viel Gras und Unkraut im Weinberg, was in nassen Jahrgängen, besonders im kühlen Boden, nicht selten der Fall ist, so ist es zweckmäßig, wenn der Weinberg vor dem Felgen ausgegrast und das Unkraut aus demselben entfernt wird, damit sich dasselbe durch Ausfallen des Samens nicht weiter verbreitet.

In andern Weinbaugegenden, wie z. B. im Rheinthale, wird das zweite Felgen oder das zweite Rühren, das auch drittes Hacken oder Graben oder Lautergraben genannt wird, später und in der Regel erst dann vorgenommen, wenn die Trauben weich werden wollen, oder sich läutern sollen, weil in dem dortigen, meist warmen, sandigen, zum Theil etwas magern Boden, das Unkraut sich nicht so schnell vermehrt und ein Oeffnen des mehr lockern Bodens zur heißen Jahrszeit denselben allzusehr austrocknen würde, auch fällt dort vielleicht weniger Regen als in den höher liegenden mehr bewaldeten Neckargegenden. Zugleich soll dort durch das zweite Felgen zu Ende des Monats August oder im Monat September, wo die Tageswärme nicht mehr so stark ist, daß sie schaden könnte, der Boden derselben geöffnet und dadurch die Ausbildung und Reife der Trauben wesentlich gefördert werden.

Dasselbe ist jedoch nur bei trockener Witterung vorzunehmen, indem die Vornahme bei nasser Witterung nicht nur, wie das erste Felgen, nachtheilig auf den Rebstock einwirken, sondern auch die entgegengesetzte Wirkung herbeiführen, nämlich statt Wärme, Feuchtigkeit in den Boden bringen und statt zur Verdünstung der letztern beizutragen, dieselbe noch vermehren würde.

In der Bodenseegegend, wo das Gras in den Rebländern sehr üppig wächst, wird mit dem zweiten Felgen noch ein besonderes Geschäft, das Jäten oder Grasausziehen verbunden, was mit der Hand oder mit einer Gabel von zwei Zinken geschieht und wobei das Gras entweder durch Liegenlassen auf dem Boden oder durch Aufhängen an den Stecken (Pfählen) gedörrt und als Winterfutter nach Hause geschafft wird.

10. Das Heften oder zweite Binden.

§. 162.

Das rasche Wachsen der jungen Triebe der Rebe dauert fort, bis das Holz und die Traube zu zeitigen beginnt, in triebigem Boden, wie im Neckarthale und seinen Seitenthälern, muß daher im Monat August auf das erste

Binden noch ein zweites folgen, bei dem die nachgewachsenen Triebe, wie beim ersten Binden, mit Stroh an den Pfahl gebunden werden, was man Heften heißt, wahrscheinlich weil die Triebe schwächer sind und kein so starkes und festes Band mehr erfordern. Bei diesem Heften werden zugleich die ersten Bänder, welche durch Winde ꝛc. losgerissen wurden, ergänzt, und, wo das Ausbrechen der Aberzähne an den Tragreben üblich ist, dieselben, um die Reife des Holzes zu befördern, nochmals ausgebrochen.

Das Heften wird im Monat August, je nachdem sich neue lange Triebe zeigen, entweder vor oder nach dem zweiten Felgen vorgenommen, in manchen Weinbaugegenden, wo die Triebkraft der Rebe geringer ist, aber ganz unterlassen.

11. Das dritte Felgen

§. 163.

wird, wenn die Trauben weich werden und zu reifen beginnen, vorgenommen und hat den Zweck, den Weinberg von dem nachgewachsenen Unkraut nochmals zu säubern, hauptsächlich aber um durch Oeffnung des Bodens der Luft, Wärme und Feuchtigkeit Zutritt zu verschaffen und dadurch die Traubenreife zu befördern, auf die es einen wesentlichen Einfluß hat, und sollte daher da, wo ein öfteres Felgen wegen der Bodenverhältnisse nothwendig erscheint, nie versäumt werden. Die Vornahme desselben ist jedoch nur bei trockenem Boden und nicht bei nasser Witterung anzurathen, indem im letztern Falle durch das Felgen das Faulen der Trauben, besonders in mehr ebenen Lagen mit kräftigem Thon- und Lehmboden, sehr befördert würde.

Bei diesem Geschäft sind auch an denjenigen Stöcken, an welchen die Trauben auf dem Boden liegen, unter denselben Grübchen in den Boden zu machen, oder dieselben an den Stöcken hinaufzubinden, damit sie wieder freihängen und dadurch weniger dem Faulen und der Beschädigung durch Insekten ausgesetzt sind, so daß sie gesund und ausgereift in die nun bald beginnende Weinlese kommen.

12. Das Bandaufschneiden und Pfähleausziehen.

§. 164.

Ist der Herbst vorüber, so hat der Weingärtner zunächst dafür zu sorgen, daß die Reben vor den schädlichen Einflüssen der Winterwitterung geschützt werden. Das erste Geschäft besteht in dem Bandaufschneiden und Pfähleausziehen, ersteres hat aber auch da zu geschehen, wo kein Pfahlbau stattfindet, oder wo die Pfähle (Stecken), wie in der Bodenseegegend, im Boden stecken bleiben und wo die Reben nicht niedergelegt werden, weil dieselben, wenn sie reistehen und vom Winde hin und her bewegt werden können, schnell abtrocknen und dem Glatteis während des Winters weniger ausgesetzt sind. Das Aufschneiden der Bänder geschieht mit dem Rebmesser (Hape), wobei nicht nur die Stroh= sondern auch die Weidenbänder aufgeschnitten werden müssen, so daß der Rebstock von dem Pfahle oder der sonstigen Holzunterstützung ganz befreit wird.

Das Pfähleausziehen erfolgt mit der Hand, indem man den Pfahl mit beiden Händen faßt und gerade in die Höhe zieht, bis er aus dem Boden ist. Bei schrägem Ausziehen brechen die Pfähle, besonders bei trockenem Boden, gerne ab, was sorgfältig zu vermeiden ist, indem durch das häufige Abbrechen kein unbeträchtlicher Schaden entsteht.

Nach dem Ausziehen werden die Pfähle armvollweise auf den Boden gelegt, so daß der untere Theil den Berg hinabsieht; nachher werden sie entweder zum Niederlegen der Reben verwendet, oder man legt sie in Schrägen auf die Weise ein, daß zwei Pfähle in Entfernungen von 2 Fuß schräg gegen einander in den Boden gestoßen werden, damit sie oben ein Kreuz bilden, in das man dann die Pfähle einlegt, und wobei die unteren Spitzen derselben auf den Boden zu liegen kommen, oder man schlägt der Länge nach in Entfernungen von 4 Fuß vier Pfähle in den Boden, so daß sie zwei Kreuze bilden und schafft dann in dieselben die übrigen Pfähle, damit sie frei in der Luft liegen, auch kann man sogenannte Pfahlschaften machen, indem man vier starke Pfähle 2 Fuß in der Breite und 4 Fuß in der Länge in den Boden schlägt, hinten und vornen die Erde etwas aufwirft und auf diese Aufwürfe kurze Pfähle legt, auf die dann die übrigen Pfähle der Länge nach zu liegen kommen, so daß sie nirgends den Boden berühren und daher bei schlechter Witterung leicht wieder abtrocknen. Ferner kann man die eingeschlagenen Pfähle oben kreuzen und das Kreuz mit einer Weide befestigen und sofort in diese Pfahlschaft die Pfähle, das untere Theil den Berg hinab gerichtet, einschieben, so daß das Ganze wie ein Dach oben zuläuft, wodurch Regen und Schneewasser leicht ablaufen und in das Innere der Pfahlschaft selten Wasser eindringen kann.

Die letztern Aufbewahrungsweisen sind für die Erhaltung der Pfähle die zweckmäßigsten. In hohen und steilen Weingebirgen mit vielen Mauerabsätzen werden die Pfähle hie und da an die Mauern gestellt; es hat jedoch diese, sowie die erstere Behandlungsweise das Nachtheilige, daß der untere Theil der Pfähle während des ganzen Winters auf der Erde steht, wodurch das Faulen des Holzes befördert wird.

Ist der Boden in den Weinbergen sehr strenge und zähe und geschieht das Pfahlausziehen bei weichem Boden, so daß das Loch, in dem der Pfahl gesteckt ist, nicht selbst zufällt, so ist es zweckmäßig, wenn die Löcher mit dem

Fuße zugetreten oder später mit der Haue zugeräumt werden, weil sich sonst Wasser in denselben ansammeln könnte, das, wenn es während des Winters gefriert, auf die Wurzeln der Rebstöcke sehr schädlich wirken würde. Bei Weinbergen, welche mit Erde gedeckt werden, geschieht dieses gelegentlich des Deckens.

13. Das Niederlegen und Bedecken (Trechen, Beziehen) der Reben.

§. 165.

Durch das Niederlegen und Bedecken der Reben vor dem Winter sollen die Rebstöcke vor der Winterkälte geschützt werden, indem in strengen Wintern nicht nur die unbedeckten Ruthen, sondern auch die Schenkel und die Köpfe im Boden erfrieren können, wodurch der ganze Stock zu Grunde geht.

Das Decken der Reben ist jedoch in den südlichen Weinbaugegenden, wo keine strenge Winterkälte vorkommt, gar nicht und auch in mehr nördlichen Gegenden nicht überall eingeführt, je nachdem die besondern klimatischen Verhältnisse dasselbe mehr oder weniger fordern, oder die Vortheile und Nachtheile desselben, die wir hienach näher bezeichnen werden, für überwiegend gehalten werden. Das Niederlegen und Decken, auch Beziehen oder Trechen genannt, geschieht theils mit Erde, theils mit Steinen, theils mit Rasen oder Pfählen und hie und da auch mit Stroh, man muß übrigens zwischen dem Niederlegen und Decken unterscheiden, indem durch ersteres der Rebstock blos auf den Boden niedergelegt und durch aufgelegte Steine oder Pfähle dort festgehalten wird, während er durch das Decken nicht blos auf dem Boden niedergehalten wird, sondern auch noch durch Erde, Rasen, Stroh eine schützende Decke bekommt, was auf die Gesundheit und die Erhaltung, sowie auf den Ertrag der Rebe hie und da von Einfluß ist. Das Niederlegen und Decken mit Erde ist im Allgemeinsten verbreitet. Man nimmt das zu einem Stock gehörige Rebholz mit der Hand zusammen und legt es gegen den Berg auf den Boden nieder, tritt mit dem einen Fuß darauf, hebt mit der breiten Trechhaue Erde neben dem Stock aus und bedeckt damit die Schenkel und Ruthen, daß sie auf dem Boden liegen bleiben. Weil jedoch starke Schenkel durch das allzutiefe Niederlegen gerne abspringen, so ist es angemessen, wenn vor dem Niederlegen etwas Erde gegen den Kopf herangezogen wird, so daß die Schenkel auf dieselbe zu liegen kommen und dadurch nicht hohl liegen, sondern einen festen Stützpunkt haben. Außerdem wird auch der Kopf etwa $1/2$ Fuß lang gegen die Schenkel mit Erde bedeckt (angehäufelt) und dadurch gleichfalls vor dem Erfrieren gesichert. Bei diesem Decken ist hauptsächlich auf gute Bedeckung des Kopfes und der Schenkel zu sehen, weil auch während des Winters die Saftcirkulation in dem Holz nicht ganz aufhört und wenn dann nur die Ruthen, die Schenkel aber nicht bedeckt sind und daher kalt liegen, Saftstockungen eintreten können, wodurch dieselben grindig werden und absterben. Bei Weinbergen, bei welchen die gestreckte Pfahlerziehung eingeführt ist, ist es zweckmäßig, wenn nicht sämmtliche Reben den Berg hinauf, sondern nach der Erziehung (§. 125) ein Schenkel den Berg hinauf, der andere den Berg hinab niedergelegt wird, weil der letztere, wenn er gegen den Berg hinauf gezogen wird, leicht abbrechen kann. Bei dem Beziehen mit Erde muß man den Boden genau untersuchen und kennen, ob er keine den Augen schädliche Bestandtheile enthält, indem bei dem Vorhandensein von vielem Gyps, Kalk oder salpeterartigen Bestandtheilen die Augen gerne ausgefressen werden (fressender Boden) und der Ertrag dadurch geschmälert wird. Bei solchen Bodenarten ist es daher angemessener, wenn die Rebstöcke entweder gar nicht bedeckt oder mit Steinen oder Pfählen niedergelegt, oder, wie im Tauberthale, nur an der Spitze der Ruthe, die beim Schneiden hinwegfällt, mit Erde bedeckt oder zuvor mit Stroh überlegt werden. Das Niederlegen mit Steinen kommt hauptsächlich da vor, wo wegen des steinigen Bodens nicht mit Erde gedeckt werden kann. Hier werden auf die Schenkel und Ruthen Steine, die in den Weinbergen aufbewahrt werden (§. 153), gelegt, damit sie auf dem Boden liegen bleiben, der Kopf aber mit Dünger zugedeckt, der im Frühjahr unter dem Kopf eingehackt wird.

Werden die Pfähle zum Decken der Rebstöcke verwendet, so drückt man dabei Schenkel und Ruthen auf die angegebene Weise auf den Boden und belegt sie sofort quer mit 4—6 Pfählen, durch die sie auf dem Boden gehalten werden, denn es ist eine alte Erfahrungsweise, daß die Reben nicht erfrieren, wenn sie auch nicht bedeckt, sondern nur auf den Boden niedergelegt und dadurch vor den kalten und strengen Nordostwinden geschützt sind. Blos vor dem Glatteis, durch das häufig die Augen beschädiget werden, schützt das Niederlegen mit Pfählen oder Steinen nicht überall, dagegen bleiben die Augen dabei, besonders in nassen Wintern, gesünder als in dem feuchten Boden und die Rebstöcke werden gegen die kalte Frühjahrswitterung nicht so empfindlich, daher ein derartiges Niederlegen mehr Nachahmung finden dürfte. Mit Pfählen kann man übrigens, weil man mehr Pfähle braucht als der einzelne Stock hat, nur ungefähr die Hälfte der Reben niederlegen, die andere Hälfte wird dann mit Erde oder Steinen gedeckt. Das Niederlegen mit Pfählen kann auch noch dadurch vollzogen werden, daß man die Reben mit den Pfählen auf den Boden spannt, indem man dieselben theils schief auf die Reben legt, theils unter die Schenkel schiebt, wodurch man eine Spannung und einen Druck auf die Reben hervorbringt, durch den sie auf dem Boden gehalten werden, wobei aber hie und da auch ein Schenkel abspringen kann.

Das Decken mit Rasen kann nur da nachhaltig in Anwendung kommen, wo Gelegenheit zum Stechen desselben auf Oedungen und Waiden der Gemeinden gegeben ist. Ebenso ist auch das Decken mit Stroh, wie es in der Bodenseegegend bei Ravensburg eingeführt ist, wegen der Kostspieligkeit und des Mangels an Stroh in vielen Weinbaugegenden nicht anwendbar, auch hat dasselbe sowie das Decken mit Moos und Laub den Nachtheil, daß beide zuviel Nässe aufnehmen, dadurch sich erhitzen, faul werden und hieburch, sowie durch das baldige Erregen der Vegetation der Rebe Schaden bringen, überdies Mäusen und andern Thieren zum Aufenthalt dienen, von welchen die Augen der Reben ausgefressen werden. Bei der Schenkelerziehung läßt sich das Niederlegen und Decken der Rebstöcke in der Regel nur theilweise ausführen, indem die aufrecht stehenden, öfters starken Schenkel, wenn sie nicht brechen sollen, nicht immer gebogen und niedergelegt werden können, daher dieses gewöhnlich nur bei den Ruthen stattfinden kann.

Das Niederlegen und Decken der Reben kann sogleich nach dem Pfahlausziehen vorgenommen werden, jedoch nicht bälder, als bis dieselben ihre vollkommene Reife erlangt haben, holzig und braun geworden sind, gewöhnlich zu Anfang oder im Laufe des Monats November. Das Niederlegen muß mit Vorsicht und so geschehen, daß die Reben höher zu liegen kommen als das sie umgebende Erdreich, damit sich kein Wasser unter denselben ansammeln kann, auch muß man, besonders da, wo mit Erde gedeckt wird, sich nach der Witterung und der Bodenbeschaffenheit richten, indem mit ganz trockenem Boden nicht gut gedeckt werden kann, weil derselbe zerfällt und dadurch nicht auf den Reben liegen bleibt, wodurch dieselben sich wieder aufrichten. Der Boden soll daher feucht, aber nicht naß sein. Das Decken bei Regenwetter oder nach gefallenem Schnee ist nicht angemessen, weil, wenn die Stöcke naß oder mit Schnee umgeben unter den Boden kommen, besonders wenn er nicht austrocknet, sondern bald darauf gefriert, leicht Schaden nehmen können.

§. 166.

Das Niederlegen und Bedecken der Rebstöcke gewährt den Vortheil, daß dieselben vor der Beschädigung nicht nur durch die strenge Winterkälte, sondern durch das Bedecken auch in minder strengen Wintern vor dem den Augen sehr schädlichen Glatteis geschützt sind, und daß bei dem Bedecken mit Erde der aufgezogene Boden den Einwirkungen der Kälte blos gestellt und dadurch nicht nur milder wird, sondern auch aus der Atmosphäre sich mit nährenden Bestandtheilen schwängern kann, auch werden viele Unkrautwurzeln, sowie die im Boden befindliche Insektenbrut zerstört, und die Reben vor dem nachtheiligen Benagen durch Thiere (Hasen ꝛc.) geschützt.

Die Nachtheile bestehen jedoch darin, daß die Rebstöcke verweichlicht werden und daher nicht nur für manche Krankheiten empfänglicher sind, sondern auch durch die Frühjahrsfröste nicht selten bälder als das ungedeckte Holz Schaden nehmen und kein so hohes Alter erreichen als ungedeckte Stöcke.

An den ungedeckten Reben kann das Holz, besonders wenn nicht bald strenge Kälte eintritt, weit mehr auszeitigen, die Saftgefässe (Poren) desselben werden stärker und ziehen sich enger zusammen, widerstehen dadurch mehr der Kälte, und das Holz treibt häufig mehr Trauben, als das gedeckte Holz, wenn gleich hie und da behauptet werden will, daß die Trauben an letzteren vollkommener werden und dadurch hinsichtlich des Ertrags kein Unterschied stattfinde. Bei den ungedeckten Reben können überdieß die Frühjahrsarbeiten weit früher beginnen, oder schon nach dem Herbst vorgenommen und dadurch namentlich das Schneiden sorgfältiger, rechtzeitiger und ohne großen Saftverlust vollzogen werden (§. 140), auch werden die Kosten des Deckens und des Aufziehens der Reben erspart.

Die Vorzüge des Nichtdeckens scheinen daher größer als diejenige des Deckens zu sein, daher das letztere in den höhern Bergen und geschützten Lagen, wo Kälte und Frost weit seltener Schaden thun, in der Regel und besonders auch noch aus dem Grunde unterlassen werden dürfte, weil in den steilen Bergen die Sonne den Schnee weit schneller als in niedern Lagen schmilzt und durch das öftere Aufthauen und Zugefrieren desselben während der Nächte, die niedergelegten Reben durch Bildung von Glatteis 2c. weit mehr Schaden nehmen, als wenn sie freistehen und durch die Winde und Sonnenwärme schnell abtrocknen.

Das Niederlegen und Decken der Reben sollte deßhalb auf niedere und unbeschützte Lagen, so wie auf den Rücken der Berge, wo die kalten und strengen Winde überall Zutritt haben, beschränkt und dabei hauptsächlich darauf gesehen werden, daß mehr mit Pfählen und Steinen niedergelegt, als mit Erde ganz gedeckt wird, weil bei Ersterem die Reben, aus dem bereits angeführten Grunde, gesünder bleiben und weniger Schaden nehmen.

Außerdem sollte bei der Entscheidung der Frage, ob gedeckt oder nicht gedeckt werden soll, auch auf die Rebgattungen Rücksicht genommen werden, indem es eine Thatsache ist, daß Reben mit engen Saftgefässen (Poren) weit länger Kälte und Frost, ohne Schaden zu nehmen, ertragen können, als diejenigen mit weiten Gefässen. Zu jenen ausbauernden Reben gehört namentlich der Rießling, daher derselbe in manchen Gegenden schon seit vielen Jahren nicht mehr gedeckt wird, ohne daß man irgend einen Nachtheil dabei verspürt hat. Auch ein weiterer Umstand, wenn nämlich einzelne Rebgattungen mehr an den vordern Augen Trauben treiben, wie z. der Urban, dürfte Beachtung finden, indem durch das Niederlegen und Decken solcher Reben, die vorderen Augen leicht beschädigt werden, daher es angemessen sein wird, wenn solche ungedeckt bleiben.

Bei dem Unterlassen des Deckens ist jedoch die Vorsicht zu gebrauchen, die Köpfe der Rebstöcke stark, etwa ½—1 Fuß hoch mit Erde anzuhäufeln, damit jedenfalls der Kopf und der untere Theil der Schenkel vor der strengen Kälte geschützt sind, so daß, wenn auch der übrige Theil des Stocks erfriert, derselbe wieder neue Triebe machen kann, wodurch sich manche Stöcke, wie nach dem strengen Winter von 1860—61 wieder ganz verjüngen.

X. Die Düngung.

§. 167.

Die Rebe, wenn sie gehörig gedeihen soll, bedarf, wie jede andere Pflanze, einer angemessenen Ernährung, die Stoffe, welche dazu tauglich sind, empfängt sie theils aus der Luft, theils aus dem Erdboden.

Die Luftnahrung besteht in den §. 61 beschriebenen Bestandtheilen der Luft, sowie in der Wärme= und Feuchtigkeits= (Regen=) Entwicklung derselben (§. 62), die der Rebe theils durch die Poren der Blätter, theils durch diejenigen der Wurzeln zukommen. Außerdem enthält aber auch der Boden verschiedene Bestandtheile (Erde, Metalle, Salze, Humus ꝛc.), die der Rebe zur Nahrung dienen, und, nachdem sie durch die Luft, Wärme und Feuchtigkeit aufgelöst sind, derselben in flüssigem Zustande zugeführt werden.

Die Luftnahrung wird durch die Ausdünstungen des Bodens und der Pflanzen, sowie durch die Strömungen der Luft fortwährend ersetzt (§. 63), bei den in dem Boden enthaltenen Nahrungsstoffen ist dieses aber weniger der Fall, indem dieselben nach und nach von den darauf gebauten Pflanzen aufgezehrt werden, und wenn sie nicht mehr in gehöriger Menge, oder gar nicht mehr vorhanden sind, denselben, und insbesondere der Rebe, nur noch ein dürftiges Vegetiren gestatten. Damit nun die letztere die natürlichen Nahrungsstoffe in gehöriger Menge und auf die leichteste Weise erhält, dazu dienen die bereits abgehandelten Bodenarbeiten; die im Boden enthaltenen, von der Rebe aber absorbirten Nährtheile müssen dagegen auf künstliche Weise ersetzt werden und dieß führt zur **Düngung** der Weinberge.

In südlichen Ländern, wo die natürlichen Nahrungsstoffe durch die climatischen Verhältnisse auf die Rebe weit kräftiger wirken, ist die Düngung derselben hie und da ganz überflüssig, oder weit seltener nöthig, in nördlicheren Gegenden, wie unser Deutschland, kann dieselbe aber nicht umgangen werden, weil dadurch der Rebe nicht nur neue Nahrung zugeführt, sondern auch durch die Verwesung der meisten Düngerarten Wärme im Boden verbreitet, derselbe gelockert, dadurch der Zutritt der äußern Wärme erleichtert und somit auch derjenige der natürlichen Nahrungsstoffe, sowie überhaupt die durch die climatischen Verhältnisse weniger begünstigte Vegetationskraft befördert wird

Unter Dünger versteht man im Allgemeinen jeden Körper, der zur Ernährung der Pflanzen dient; nicht jede Pflanze hat aber die gleichen Nahrungsstoffe nöthig (§. 63) und auch diejenigen für die einzelnen Rebgattungen erforderlichen sind nicht immer die gleichen, daher bei der Anwendung der verschiedenen Düngerstoffe darauf besondere Rücksicht zu nehmen ist.

Nach den in §. 75 enthaltenen Untersuchungen bestehen die Hauptbestandtheile der Rebe in Kali, Natron, Kalk, Magnesia (Bittererde) und Phosphor, auch hat dieselbe zu der Hervorbringung kräftiger Früchte eine gewisse Menge stickstoffhaltiger Materien (Ammoniak) nöthig, daher durch die Düngung derselben vorzugsweise jene Stoffe zugeführt werden müssen. Sie sind nach §. 65 theils in verschiedenen Metallen, aus welchen unsere Erdrinde besteht, also auch in dem gebauten Boden, theils in Pflanzen und Thierkörpern enthalten, daher die Düngerstoffe eingetheilt werden in

Organische und in

Unorganische oder Mineralstoffe.

Um jedoch richtig bestimmen zu können, welche von den verschiedenartigsten Düngerstoffen dem Weinbergsboden zuzusetzen sind, muß man die Beschaffenheit der einzelnen Bodengattungen genau kennen, und deßhalb ist insbesondere beim Weinbaue eine genaue Bodenkunde eine unerläßliche Bedingung (§. 74), denn jeder Dünger wirkt nur da wohlthätig auf die Pflanzen, wo sein Stoff im Boden entweder ganz fehlt oder nicht in gehöriger Menge vorhanden ist, so daß da, wo er schon genügend zugegen, ein Uebermaß desselben eine ganz entgegengesetzte Wirkung hervorbringen könnte, wie z. B. in einem kalkreichen Boden eine stark kalkhaltige Düngung keine günstige Wirkung haben kann, während in einem kalkarmen Boden dieselbe von sehr gutem Erfolge sein wird.

Aus eben diesem Grunde muß der rationelle Weinbauer auch mit den verschiedenen Bestandtheilen der verschiedenen Düngerarten genau bekannt sein, indem er sonst nicht beurtheilen kann, welche Substanzen derselbe enthalten muß, um die dem Boden durch die Erzeugung der Traube entzogene Kraft wieder vollständig in dem Dünger zu ersetzen und eine unpassende Düngung diesen Ersatz, wie bereits angeführt, nicht nur nicht leistet, sondern sogar schädlich wirken und dadurch immer mehr zur Entkräftung des Bodens beitragen kann. Mit Bestimmtheit wird man daher annehmen dürfen, daß die in einzelnen Gegenden versuchte Anpflanzung edler Traubengattungen (Clevner, Traminer) hauptsächlich nur aus dem Grunde mißlungen ist, weil für dieselben nicht der zu ihrer nachhaltigen Ernährung geeignete Boden gewählt und derselbe durch eine entsprechende Düngung auch nicht zu verbessern, oder bei angemessenem Boden die Bodenkraft durch eine passende Düngung nicht zu erhalten gesucht wurde.

Die Bestandtheile der Rebe und die zu ihrer Ernährung erforderlichen

Stoffe lernen wir aus einer genauen Untersuchung der Bestandtheile des Reb=
holzes und Laubes (§. 75), dasjenige, was dem Boden jährlich durch die Er=
zeugung der Frucht entzogen wird, durch die genaue Untersuchung der Traube
kennen, es wird beßwegen, wenn man einmal mit diesen Momenten bekannt
ist, nicht mehr schwer werden, zu beurtheilen, welcher Boden für die Anpflan=
zung jeder einzelnen Rebgattung der geeignetste ist, und welche Düngerstoffe
zur Erhaltung und Ergänzung der Bodenkraft erforderlich sind.

Weil übrigens nicht jeder Weinbauer mit den Untersuchungen der Be=
standtheile der einzelnen Boden= und Rebgattungen umgehen kann, so würden
sich unsere landwirthschaftlichen Anstalten und Weinbauschulen ein großes Ver=
dienst erwerben, wenn sie, wie es auch bereits von einzelnen Freunden und
Beförderern des Weinbaues geschehen ist (§. 70, 75), in jener Beziehung
weitere Untersuchungen nach gleichen Principien vornehmen und die Resultate
von jeder Weinbaugegend besonders bekannt machen würden.

Die Nahrung, welche die Rebe durch die Atmosphäre bezieht (Stickstoff,
Kohlensäure), werden derselben durch die Luft und das Wasser zugeführt
(§. 63), es handelt sich daher bei der Ergänzung der Bodenbestandtheile
durch den Dünger hauptsächlich um diejenigen der festern Bestandtheile (Al=
kalien), die theils in den organischen (vegetabilischen), theils in den animali=
schen Düngerstoffen enthalten sind, daher wir die verschiedenen Düngergattun=
gen einer nähern Betrachtung unterziehen und mit den

Mineralstoffen

beginnen wollen.

§. 168.

Nach den Bestandtheilen des Rebholzes gehören zu den düngenden, ein=
fachen Mineralstoffen der Kalk, Gips, die Laugensalze (Kali, Natrum), Sal=
peter, Kochsalz, Schwefel oder deren Säuren (§. 64, 65), die an und für
sich oder in Verbindung mit andern Stoffen im Wasser löslich sind und sich
in diesem flüssigen Zustande der Rebe mittheilen; auch die Asche muß hieher
gerechnet werden, indem sie blos die in der Rebe enthaltenen Mineralstoffe
darstellt (§. 75). Zu den zusammengesetzten Mineralstoffen gehören aber die
verschiedenen Erdarten, wie Mergel, Thon, Lehm, Schiefer, Sand, die nicht
nur schon vermöge ihrer Zusammensetzung düngende Stoffe enthalten (§. 67,
68), sondern auch die einfachen Mineral= sowie die organischen Stoffe in sich
aufnehmen und im löslichen Zustande der Rebe zuführen.

Der mineralische Dünger wirkt theils chemisch, indem er die Auflösung
der im Boden enthaltenen, schwer auflöslichen Stoffe erleichtert, wodurch diese
zu wirklichen Nahrungsstoffen umgeschaffen werden, wie Kalk, Mergel, Asche,
theils wirkt er mehr reizend auf die Pflanzen selbst, indem er ihre organische
Thätigkeit erhöht und zum Theil sich selbst den Pflanzensäften mittheilt, wie

die verschiedenen Salze. Auch mechanisch wirkt derselbe dadurch, daß er die nährenden Bestandtheile der Atmosphäre anzieht, die Wärme und Feuchtigkeit an sich hält und den Boden lockert, und dadurch die physischen Eigenschaften desselben verbessert, wie Sand, Thon, kleine Steine ꝛc.; häufig vereinigen aber die verschiedenen Düngerarten alle drei Eigenschaften in sich.

1. Der Kalk.

Da der Kalk einen wesentlichen Bestandtheil der Rebe ausmacht, so muß sie in jedem Boden, in dem sie freudig gedeihen soll, Kalk finden, jedoch nicht im Uebermaße, indem die Rebe im reinen Kalkboden gar nicht gedeiht, im stark kalkhaltigen aber weniger stark vegetirt. Fehlt der Kalk im Boden oder ist er durch die Rebe consumirt worden, so kann er dadurch ersetzt werden, daß man gebrannten, ungelöschten Kalk (§. 64) an der Luft zerfallen läßt, ihn dann mit etwas feuchter Erde vermischt, und diese Masse bei trockenem Wetter dünn auf die Oberfläche des Weinberges streut, ohne sie mit den Blättern in Berührung zu bringen.

Der Kalk äußert eine starke Wirkung auf den im Boden befindlichen sauren Humus, besonders auf schwerem, nassen Thonboden in dem sich der Humus weniger leicht zersetzt, weil er denselben im Wasser löslich macht, und dadurch als Nahrungsstoff zubereitet, auch lockert er den gebundenen kalten Boden und trägt dadurch zu dessen Erwärmung bei. Die Düngung mit reinem Kalke kommt jedoch in den Weinbergen selten vor, häufiger dagegen mit kalkhaltiger Erde, doch soll eine Düngung mit gebranntem Kalk das Gelbwerden der Reben verhindern oder vertreiben, auch das Untermengen von Kalk unter den Viehdünger die Traubenreife beschleunigen.

2. Der Gyps oder schwefelsaurer Kalk.

§. 169.

Dieser ist eine Verbindung der Schwefelsäure mit Kalk (§. 64, 77), er übt eine ähnliche Wirkung aus, wie der Kalk, besonders auf bündigem, wasserhaltigen Boden, weniger auf trockenem und hitzigem Sandboden, er kommt jedoch beim Weinbaue nie in reiner Gestalt in Anwendung, weil er schwerer löslich als der Kalk ist, dagegen wird er da, wo er im Boden mit Erde gemischt vorkommt, häufig zum Düngen der Weinberge verwendet, wo er, sowie bei dem Einstreuen desselben in die Düngergruben gute Wirkung thun soll.

Aus dem Gyps können die Pflanzen sich mit Kalk und Schwefel versorgen, er wird daher, wie der Kalk, hauptsächlich nur da von Wirkung sein, wo einer oder beide Stoffe fehlen, oder nicht in gehöriger Menge vorhanden sind.

3. Die Salze.

§. 170.

Unter den düngenden Salzen versteht man alle diejenigen, welche im Wasser löslich sind und in diesem aufgelösten Zustande den Reben oder überhaupt den Pflanzen zugeführt werden.

Sie werden eingetheilt in

a. Laugensalze,

die einen laugenartigen Geschmack haben, wie das Kali und Natrum und aus den Aschen verschiedener Pflanzenreste bereitet werden, auch wird hieher der aus vegetabilischen Düngerstoffen entstehende Ammoniak gerechnet (§. 72). Sie wirken mehr reizend auf die Pflanzen und äußern eine größere auflösende Wirkung auf den Humus als der Kalk; Kali und Natrum kommen aber nie in reinem Zustande als Düngungsmittel in Anwendung, sondern in ungereinigtem Zustande als Holzasche, wozu dann auch noch die Steinkohlen- und Torfasche kommt.

Die Holzasche enthält nach §. 75 neben den Laugensalzen auch noch kohlensauren, phosphor- und schwefelsauren Kalk, sowie Bittererde, Eisenoxyd und etwas Thon- und Kieselerde, sie wirkt daher nicht nur reizend, humusauflösend und Dünger vermittelnd, sondern sie kann, weil ihre Salztheile in der Auflösung in die Pflanzen selbst eingehen und als Bestandtheile derselben gefunden werden, und die erdigen Verbindungen mit Säuren ebenfalls Dungmittel sind, auch als wirkliches Düngermaterial betrachtet werden. Sie kommt jedoch selten in diesem Zustande als Dünger zur Anwendung, sondern sie findet meistens dadurch eine vortheilhaftere Verwendung, daß ihre Laugensalze behufs des Waschens, Bleichens und Seifensiedens oder in Potaschen- und Salpetersiedereien, Glasfabriken 2c. zuvor ausgezogen werden, worauf sie erst im ausgelaugten Zustande die Verwendung als Dünger findet, der immer noch sehr schätzbare Eigenschaften als Dungmaterial besitzt, doch ist dessen Wirksamkeit bezüglich des vorausgegangenen Gebrauchs ziemlich verschieden.

Diese ausgelaugten Aschen, namentlich von Potaschen-Salpetersiedereien 2c. enthalten, neben etwas zurückgebliebenen Salzen, hauptsächlich Kalk, Thon, sowie etwas Eisen- und Kieselerde, unter diesen herrscht aber in den Aschen von Bleichen und Seifensiedereien kohlensaurer und ätzender Kalk vor, weil denselben, um das Aetzende der Lauge zu erhöhen, viel Kalk zugesetzt wird, daher diese Aschen und besonders diejenigen von Seifensiedereien von dem Kochsalzzusatz, und weil sie auch noch unaufgelöste Fleischtheile des Fetts enthalten, die eine unmittelbar düngende Eigenschaft besitzen, am wirksamsten sind.

b. Torf- und Steinkohlenasche

finden keine andere nutzbringende Verwendung und werden daher nur als Düngungsmittel gebraucht, sie enthalten hauptsächlich kohlen- und phosphorsauren Kalk, Gyps-, Thon- und etwas Eisen und Kieselerde und ihre Wirksamkeit hängt hauptsächlich von der größeren Menge der ersten im Verhältniß zu den erdigen Substanzen ab.

Die Aschen sind übrigens eben so verschieden, wie die Gattungen des Brennmaterials, daher ihre Wirkung gleichfalls verschieden ist und nur da hauptsächlich von nachhaltigem Erfolg sein wird, wo viele nährende Bestandtheile im Boden vorhanden sind, zu deren Auflösung sie hauptsächlich beitragen. Auf armem und magerem Boden wird daher die Wirkung geringer sein. Für den Rebstock, der viel Kalkgehalt besitzt, sind hauptsächlich solche Aschen zuträglich, die viel Kali haben, wie diejenige von buchen Holz.

c. Salpetersaure und kochsalzsaure Salze

werden als Salpeter oder Kochsalz wegen ihrer Kostspieligkeit selten oder nie zur Düngung verwendet, dagegen sind salpeterhaltige Erden aus dem Boden der Viehställe, Keller und den Wohnungen des Menschen, sowie der salpeterhaltige Bauschutt sehr wirksame Düngungsmittel. Ebenso die sogenannte Hallerde (salzsaure Kalkerde), die in dem Bergwerke zu Sulz am Neckar gegraben wird, sowie die Abfälle in den Salinen, der Dorn- und Pfannenstein, die in Gyps und kohlensaurem Kalke bestehen.

Die Anwendung der verschiedenen salzartigen Düngerstoffe in den Weinbergen wird am besten geschehen, wenn man dieselben entweder mit gewöhnlicher Erde vermischt und sie vor dem Hacken in den Weinbergen ausstreut, oder in kleinen Quantitäten (eine Hand voll) ob jedem Rebstock ½ Fuß tief eingrabt und sie etwas mit Erde mengt, oder wenn man sie vor dem Einbringen des gewöhnlichen Düngers in die Weinberge mit demselben genau vermischt. Das bloße Ausstreuen auf den Boden ist nicht räthlich, weil sie an den Bergen leicht abgeschwemmt werden können.

4. Der Mergel

§. 171.

auch Kies, Kerf genannt, wird besonders in Württemberg häufig zum Düngen der Weinberge verwendet und hat nach den in §. 68 angegebenen Bestandtheilen von Kalk, Kali, Natrum besonders da eine sehr gute Wirkung, wo die Letztern im Boden entweder ganz fehlen, oder nicht in gehöriger Menge vorhanden sind. Der Mergel kommt in der Kalksteinformation als Kalkmergel oder als Steinmergel, wenn er beim Ausgraben eine steinartige Masse bildet, und in der Keuperformation als Thonmergel vor. Er zerfällt an der Luft bald und wird erdiger Mergel genannt, wenn seine Auflösung pulverartig ist, schieferiger Mergel aber (Leberkies, Kerf), wenn er einen schieferartigen Bruch hat. Er hat nach §. 78 durch seine Wärme und Feuchtigkeit haltende Kraft auch in physikalischer Beziehung eine sehr vortheilhafte Wirkung auf die Rebe, sowie auf das Wachsen und frühere Reifen der Traube, daher da, wo Mergel und namentlich fetter, weniger sandhaltiger zu haben ist, derselbe vorzugsweise, wenn auch mit mehr Mühe und Kosten als andere düngende Erde, in die Weinberge geschafft werden sollte, indem sich ein solcher Aufwand gewiß sehr gut lohnen wird.

5. Der Schiefer

hat durch seinen fetten Thongehalt (Thonschiefer) nicht nur eine vorzüglich düngende, sondern auch durch sein Zerfallen in einzelne Blättchen, wie der Mergel, eine Wärme und Feuchtigkeit haltende Kraft (§. 77) und wird daher nicht nur in Württemberg, sondern auch in andern Weinbaugegenden, wie im Rheingau und an der Mosel und Saar, zum Düngen der Weinberge verwendet, was man Schiefern nennt.

6. Die Erde

§. 172.

gehört, je nach ihrem Gehalt von Thon, Kalk, Gyps, Mergel, Sand gleichfalls zu den düngenden Substanzen und wird, besonders in Württemberg, in den meisten Weinbaugegenden in ziemlichen Quantitäten in die Weinberge gebracht. Das Einbringen von Boden in die Weinberge hat den doppelten Zweck, um dieselben nicht erdenlos werden zu lassen, und um sie mit einem neuen, kräftigen, düngenden, die Vegetation befördernden Boden zu versehen.

Bei der besonders in Württemberg fast allgemein eingeführten Kopferziehung ist es die erste Aufgabe des Weingärtners, dafür zu sorgen, daß der Kopf des Rebstocks nicht erdenlos wird, sondern stets leicht mit Erde bedeckt ist, indem er sonst von der Sonne ausgebrannt wird, dadurch bis auf die Schenkeltheile abstirbt und keine neue Triebe mehr macht. Da nun schon durch die Bebauung der Weinberge der Boden mehr den Berg hinunter als hinauf gearbeitet, namentlich aber an steilen Bergen bei heftigen Regengüssen viel Boden abgeschwemmt oder auf andere Weise den Berg hinunter geschafft wird, so muß den Weinbergen der auf verschiedene Weise entzogene Boden von Zeit zu Zeit durch Herbeischaffung von neuer Erde ersetzt werden, damit aber die Erde auch eine düngende Wirkung hat und der Weinbergsboden durch dieselbe zugleich verbessert wird, so muß dabei nicht nur auf die Qualität der einzubringenden Erde, sondern auch auf die Bodenbeschaffenheit der betreffenden Weinberge Rücksicht genommen werden.

Der beste Boden ist der sogenannte wilde Boden, der in abgehobenen Rasen von Wiesen und Allmanden, oder in gutem, weder steinigen noch sumpfigen Waldboden besteht. Durch Verwesung des Rasens und der daran befindlichen vielen Wurzeln äußert er eine große düngende Kraft und trägt, wo er regelmäßig in die Weinberge gebracht wird, hauptsächlich zur starken und kräftigen Vegetation der Rebe bei. Auch verwitterte vulkanische Erde von Lava; Basalt, Dolorit ꝛc. hat einen vorzüglichen Einfluß auf die Fruchtbarkeit der Rebe, so daß solche Rebberge fast keine sonstige Düngung nöthig haben. Ebenso Erde von verwittertem Urgebirge, wie Feldspath, Glimmer, Gneiß (§. 66).

Der theils strenge, theils milde warme Boden, besonders aber der kalkhaltende Thonboden gehören gleichfalls zu denjenigen Bodenarten, die in den Weinbergen eine gute düngende Wirkung hervorbringen, während dieses bei mehr kühlem und leichtem Boden, dem Lehm, dem Sand, dem wasserhaltigen zähen Thon (Letten) weniger der Fall ist, daher deren Beischaffung in die Weinberge möglichst vermieden, oder dieselben da, wo kein anderer Boden zu haben ist, durch kräftigen Viehdünger verbessert werden sollten.

Zu den schlechtesten Bodenarten gehört der in der Keuperformation öfters vorkommende sogenannte Aschenboden, eine, wie es scheint, vermoderte, unausgebildete Mergelgattung, die ganz leicht wie Asche ist, durchaus keinen innern Gehalt hat, sich leicht abschwemmt und daher nie in die Weinberge gebracht werden sollte. Ebenso Schlamm aus Seen ausgeschlagen oder Sumpferde, indem diese viele freie Humussäure haben (§. 72), die den Reben mehr schadet als nützt, wenn man sie nicht einige Jahre auf Haufen verwittern läßt, oder sie mit Kalk oder Asche mischt, welche die Säuren auflösen.

Statt gewöhnlicher Erde wird, wie bereits erwähnt, häufig auch Mergel oder Schiefer, da, wo solche zu haben sind, in die Weinberge gebracht.

Es taugt jedoch nicht jede Erde für jeden Boden in den Weinbergen, daher vor der Einbringung die Tauglichkeit genau geprüft werden muß, indem durch eine richtige Auswahl derselben der Weinbergsboden sehr verbessert werden kann, was auch auf die Qualität des Weins einen wesentlichen Einfluß ausübt.

Für einen kühlen oder kalten oder schweren lettigen Boden taugt am besten Mergel (Kies, Kerf) der denselben erwärmt und durch seinen Kalk- und Kaligehalt den gebundenen Humus auflöst; für einen leichten, sandigen Boden, guter warmer Thon, sowie auch Rasen, Mergel, Schiefer, Waldboden; für einen schweren, allzuhitzigen und geschlossenen Boden mehr leichte, sandhaltige Erde, wie guter Lehm, sandiger Mergel oder auch wirklicher Sand, indem derselbe nicht nur durch Trennung und Zertheilung der festen Erdtheile mechanisch, sondern auch düngend wirkt, wenn die einzelnen Körner aus Steinarten bestehen, die sich nach und nach auflösen, wie Glimmer, Feldspath, Kalk ꝛc. (Anmerkung 5.)

Durch zweckmäßige Verbesserung des Weinbergbodens, namentlich des schweren, werden auch häufig die Weinbergsarbeiten, besonders das Hacken, sehr erleichtert.

§. 173.

Allzuviel Erde darf jedoch nicht in die Weinberge geschafft werden, indem, wenn die Köpfe der Reben zu tief in der Erde stehen, dieselben nicht mehr ausschlagen und neue Triebe machen, auch werden dadurch die Wurzeln des Rebstocks zu sehr nach oben gezogen, wodurch sie leicht dem Erfrieren ausgesetzt sind.

Doch kann dabei auch auf die Traubengattung Rücksicht genommen werden, indem z. B. der Trollinger, der, wenn er älter ist, weniger aus dem Kopf treibt, einen stärker bedeckten Kopf erhalten darf, als andere, bei welchen, wie bei dem Sylvaner, wegen Verjüngung der Schenkel mehr auf Kopftriebe gesehen werden muß.

Erde soll den Weinbergen erst dann gegeben werden, wenn sie dieselbe, als etwas erdenlos, wirklich bedürfen, da jedoch damit auch eine Düngung verbunden wird, so wird das Erdentragen, namentlich in einzelnen Weinbaugegenden Württembergs, häufig regelmäßig in bestimmten Jahresperioden, etwa von 3 zu 3, oder von 6 zu 6 Jahren wiederholt, wobei besonders auf die Lage der Weinberge, ob mehr oder weniger steil, sowie auf die Beschaffenheit des Weinbergsbodens, ob er leicht abgeschwemmt werden kann oder nicht, Rücksicht genommen wird, hie und da wird es auch fast ganz unterlassen.

---

5. Anmerkung. Die Verbesserung des strengen Bodens durch Sand wird sich in den meisten Fällen nur sehr langsam bewerkstelligen lassen, weil sich der Sand mit dem geschlossenen Thonboden nicht so leicht und erst durch längere Bearbeitung verbindet, dagegen geschieht dieses weit leichter mit Kalk, indem sich dieser schneller mit dem Thon verbindet und schon ein Kalkgehalt von nur 1—2 Proc. auf die Lockerheit des Bodens einen wesentlichen Einfluß hat. Der Kalk darf jedoch demselben nicht im festen, sondern nur im gebrannten Zustand, in welchem er bald an der Luft zerfällt, beigemischt werden, insofern übrigens das Brennen mit vielen Umständen und Kosten verbunden ist, so wird dessen häufige und allgemeine Anwendung selten vorkommen, dagegen kann dessen Stelle der Mergel, der an der Luft ohne weiteres Zuthun zerfällt, in den meisten Fällen vertreten, daher derselbe für den Weinbau von großem Werthe ist. Namentlich kann zur Verbesserung des Bodens verwendet werden auf kaltem strengem Boden, der Thon- und Kalkmergel, auf mehr leichtem losem Boden, der Thonmergel, und auf strengem, hitzigen Boden der Kalk- und Sandmergel.

Die zum Uebertragen der Weinberge erforderliche Erde wird theils aus besonderen Erdengruben, theils aus den Weinbergen selbst genommen, in welch letzterem Falle der in einem Beet hinweggenommene Boden bei dem Reuten nach §. 96 wieder ausgeglichen werden muß.

Die organische Düngung.

§. 174.

Dieselbe theilt sich ab in die Düngung mit den unmittelbaren Pflanzen und Thierstoffen und in die Düngung der Pflanzen und Thierstoffe, welche zur Nahrung der Menschen und Thiere dienten, d. h. in die Auswürfe und Extremente derselben.

1. Der Pflanzen= oder vegetabilische Dünger.

Die Nahrung der Pflanzen besteht neben den mineralischen Stoffen und denjenigen, welche dieselben aus der Luft und dem Wasser an sich ziehen (§. 61), hauptsächlich in Stoffen aus dem Pflanzenreich, die denselben durch den Pflanzen oder vegatabilischen Dünger (Humus §. 72) zugeführt werden.

Dieser Dünger wird aus Pflanzen erzeugt, die entweder grün, bevor sie ihre vollständige Reife erlangt haben, ganz oder in einzelnen Bestandtheilen in den Boden gebracht, oder von welchen blos die abgestorbenen Ueberreste zur Düngung verwendet werden. Ersteres heißt man die grüne Düngung, letzteres ist die Düngung mit todten Pflanzen oder deren Ueberresten.

Alle Pflanzen lassen sich zu Dünger verwenden, in so weit sie durch Gährung einer Zersetzung fähig sind. Die Zersetzung erfolgt um so schneller, je saftiger die Pflanze und je zusammengesetzter und loser ihr Körper ist (§. 63), sie geht aber desto langsamer vor sich, je einfacher die einzelnen Pflanzentheile sind und je fester ihr Zusammenhang ist, wie beim Holz. Aus diesem Grunde ist auch ein bedeutender Unterschied zwischen den verschiedenen Gattungen der Pflanzen=Düngung, im Allgemeinen ist jedoch diejenige am passendsten für den Boden, die sich am vollständigsten und in kurzer oder wenigstens nicht in allzulanger Zeit zersetzt und dadurch den Pflanzen zur Nahrung zugänglich wird.

Wir haben hier nun zunächst diejenigen Dünger=Gattungen näher zu betrachten, welche hauptsächlich zur Düngung der Weinberge verwendet werden.

a. Die grüne Düngung.

Die grüne Düngung beruht auf dem Grundsatze, daß viele Pflanzen während ihres Vegetationsprozesses mehr organische Bestandtheile aus der Luft und dem Wasser anziehen, als aus dem Boden, man versteht daher unter derselben hauptsächlich das Einsäen der Weinberge mit saftreichen Pflanzen und deren Unterbringung im grünen Zustande, es gehört zu denselben aber auch das Ein= und Unterbringen von allen grünen, noch nicht in der Verwesung begriffenen Pflanzenresten, wie das grüne Rebholz, das Traubenlaub und die Traubentreber.

Die grüne Düngung durch das Einsäen von saftreichen Pflanzen in die Weinberge wird dadurch vorbereitet, daß man die Einsaat im Frühjahr sogleich nach der ersten Bodenarbeit (dem Hacken) oder während des Sommers beim zweiten Felgen ziemlich dicht und reihenweise vornimmt, damit dadurch das Begehen der Weinberge bei den übrigen Arbeiten erleichtert wird. Man wählt dazu Pflanzen, die schnell wachsen und in kurzer Zeit eine möglichst große Krautmasse liefern, mithin mit vielen breiten Blättern, weil sie die meisten luftförmigen Stoffe aufnehmen und vermöge ihres Saftreichthums schnell verwesen und den meisten Nahrungsstoff für die Rebe verbreiten, wie die Lupine oder Wolfsbohne, die Acker= Pferde= oder Saubohne, der Reps, die Erbsen ꝛc., die man, um das Wachsthum zu befördern, mit Asche, Kalk oder Gyps überstreuen kann. Sie müssen, wenn sie in voller Blüthe stehen, mithin bei der Frühjahrssaat beim zweiten oder dritten Felgen, bei der Sommersaat entweder in dem Winter oder im darauf folgenden Frühjahr in den Boden gebracht werden, weil sie hier in der höchsten Entwicklungsperiode stehen und so bald sich die Früchte entwickeln, dem Boden zu viel Nahrungsstoff entzogen wird, auch die Blüthen Stickstoff enthalten, der der Rebe erhalten werden sollte. Diese grüne Düngung gewährt den Vortheil, daß sie wenig kostet, von jedem Weinbergbesitzer und besonders von solchen in Anwendung gebracht werden kann, die keinen sonstigen Dünger besitzen, und daß sie der Rebe am schnellsten gute Nahrungsstoffe zuführt, daher sie hauptsächlich für leichte, sandige oder stark kalkhaltige und weniger geschlossene Bodenarten, in welchen der animalische Dünger bald verflüchtet, passend erscheint, sie hat aber den großen Nachtheil, daß sie den Weinbergsboden allzu sehr beschattet und dadurch mehr Kühle als Wärme verbreitet, auch die nothwendigen Bodenarbeiten (§. 152) verhindert oder erschwert, wodurch der Boden zu sehr geschlossen bleibt, und nicht bei allen Erziehungsarten, namentlich bei der Erziehung mit drei und mehr Pfählen, sondern in der Regel nur bei der gestreckten Reihen= und Rahmenerziehung anwendbar ist, auch ist sie weniger nachhaltig als andere Düngungsarten und muß daher öfter oder fast jedes Jahr wiederholt werden. Eine solche Düngung paßt daher mehr in südliche Gegenden, wo die Trauben zu ihrer gehörigen Ausbildung mehr Kühle und Schatten verlangen, wie denn dieselbe auch in Italien und im südlichen Frankreich häufig vorkommen soll; bei den klimatischen Verhältnissen Deutschlands kann sie aber für den dortigen Weinbau nicht empfohlen werden und wird daher nur ausnahmsweise bei jungen Gereuten, wo großer Mangel an sonstigem Dünger vorhanden ist, als zweckmäßig erscheinen.

In tragbaren Weinbergen sollte dieselbe nie versucht werden, weil dadurch zwar der Holztrieb aber nicht der Traubentrieb geweckt wird, und die Traube in der Blüthe und Zeitigung zurückbleibt, mithin wenig und geringer Wein erzeugt wird.

Zu der Gründüngung gehört auch die Anlegung von Graspfaden, wie sie hie und da vorkommt, indem bei der kurzen, reihenweisen Erziehung der dazwischen liegende Boden je über den zweiten oder dritten Reihen mit Gras- oder Kleesamen eingesäet und dann im folgenden Jahre untergehackt wird, wodurch, wenn man mit den Reihen abwechselt, der Rebe von Zeit zu Zeit eine kräftige Düngung zugeführt wird, sie läßt sich jedoch aus den bereits angeführten Gründen mit einem rationellen Weinbaue gleichfalls nicht recht vereinigen, erscheint aber bei einem leichten, losen, hitzigen Boden, in welchem die Rebe gegen das allzuschnelle und starke Eindringen der Wärme geschützt werden soll, noch zweckmäßiger als die erstere Art der Gründüngung, besonders wenn man das Gras nie hoch wachsen läßt, sondern dasselbe öfters abschneidet.

Zu der grünen Düngung darf auch gerechnet werden, wenn in ausgehauenen Weinbergen Futterpflanzen gebaut werden, mit großen, saftigen Wurzeln, wie der rothe Klee, der blaue Klee (Luzerne) und Esparsette (Esper), welche, wenn jene gereutet werden, durch ihre Fäulniß den Reben auf längere Zeit eine kräftige Nahrung geben, was, wie §. 91 näher nachgewiesen ist, besonders in Württemberg sehr häufig vorkommt.

§. 175.

b. Die Düngung mit dem Laub und Holz der Reben.

Nach mehrfachen Erfahrungen bildet das von den Reben abfallende Laub so wie das dürre und grüne Holz wegen seines starken Kaligehalts einen vorzüglichen Pflanzendünger und wird von einzelnen Weinbergbesitzern auch schon seit längerer Zeit mit gutem Erfolg dazu verwendet. Das Rebholz, als zu den weicheren Hölzern gehörig, verwest schnell in dem Boden, verwandelt sich in Holzerde und gibt in diesem Zustande einen ganz guten Dünger, so daß man in einem kräftigen Boden fast jede andere Düngung ersparen kann. Zwar darf man in den ersten 4—6 Jahren keine solche augenscheinliche Erfolge erwarten, wie bei gutem Viehdünger, dagegen wirkt die fortgesetzte Düngung mit Rebholz gleichförmiger und nachhaltiger, auch übt dasselbe auf die Beschaffenheit des Bodens einen sehr wohlthätigen Einfluß aus, indem durch dasselbe der strenge Boden lockerer, der kühle oder nasse und bündige durchlassender und wärmer, der magere dagegen humusreicher und fester wird, was nicht nur zur Beseitigung mancher Krankheiten der Rebe, wie der Gelbsucht ꝛc. beiträgt, sondern auch die Feinheit und das Bouquet des Weins vermehrt, auch wird durch das im Boden befindliche Rebholz das schnelle Ablaufen des Wassers bei starken Regengüssen aufgehalten und dadurch das Abschwemmen des Bodens verhindert. Der Verfasser kann dieses aus eigener langjähriger Erfahrung bestätigen, daher die Düngung mit dem Rebholz weit häufiger und namentlich von denjenigen Weinbergbesitzern in Anwendung gebracht werden sollte, welche keinen eigenen Vieh= oder andern Dünger besitzen, sondern denselben häufig um theures Geld und manchmal in schlechter Qualität von Andern erkaufen müssen, dagegen das Rebholz dem Baumann als etwas Werthloses überlassen.

In magerem oder in seichtem Weinbergsboden mit kalkigem Untergrund, der von der Rebe mehr ausgesogen wird, sowie in ältern Weinbergen mit weniger kräftigem Boden wird zwar durch die Düngung mit Rebholz eine weitere mit Vieh= oder anderem Dünger nicht ganz erspart, aber sie darf doch erst in längeren Zwischenräumen in 6—8 Jahren vorgenommen werden, in jungen tief gereuteten Weinbergen mit kräftigem Boden erscheint aber die Zugabe von anderem Dünger fast ganz überflüssig, besonders wo bei einem kräftigen Stand der Reben viel Rebholz abfällt.

Zu dieser Düngung wird übrigens blos das schwächere Rebholz, Bögen und einjähriges Holz verwendet, das stärkere aber, die Schenkel, besonders gesammelt und als Brennholz nach Hause geschafft. Damit jenes zur Düngung tauglich gemacht wird und unter den Boden gebracht werden kann, muß es auf eine Länge von 2—3 Zoll verkleinert werden. Dieses geschieht entweder dadurch, daß man das Rebholz bei oder nach dem Schneiden händevollweis sammelt und auf kleinen Blöckchen mit einem Beile zerhaut und dann wieder im Weinberge zerstreut, was durch Kinder geschehen kann, oder daß man da, wo man mit der Rebscheere schneidet, jede abgeschnittene Rebe oder einige mit einander sogleich zerschneidet und die kleinen Abschnitte auf den Boden fallen läßt. Letztere Behandlungsweise erscheint als die zweckmäßigere, indem, wenn die Arbeiter einmal damit umgehen können, das Schneiden und Zerkleinern der Reben kaum etwas mehr Zeit erfordert, als jenes allein. Die zerkleinerten Rebabschnitte werden dann beim Behacken des Weinbergs untergehackt. Die beim Verbrechen und Ueberhauen abfallenden weichen Triebe läßt man entweder zerschnitten im Weinberg liegen, oder man kann sie, wenn sie länger sind, der Länge nach in kleine Grübchen neben den Stöcken unterbringen.

Zu der Pflanzendüngung gehören auch die ausgekelterten Weintreber, indem sie wegen ihres Kaligehalts ein vorzügliches Dungmittel abgeben und deßwegen auch schon beim Setzen der Reben zweckmäßig verwendet werden können (§. 84), es sind darunter aber nur die frischen Weintreber verstanden, indem, wenn dieselben, wie häufig geschieht, zuvor zum Branntweinbrennen benützt werden, durch das Kochen ein großer Theil des Kaligehalts ausgelaugt wird und in diesem Falle nur noch im verwesten Zustande, besonders, wenn sie hie und da mit Jauche übergossen und mit Erde vermischt umgearbeitet werden, als Dünger, in der Eigenschaft als Humus, gute Dienste leisten (§. 251). Die Treber werden, weil man sie selten in großer Menge besitzt, in Gräben ob den Rebstöcken in den Boden gebracht und sofort wieder mit der ausgehobenen Erde bedeckt, oder auch mit anderem Dünger vermischt.

§. 176.

c. Die Düngung mit todten Pflanzentheilen.

Bei der Tauglichkeit todter Pflanzentheile oder einzelner Ueberreste derselben zu der Düngung der Weinberge, kommt es hauptsächlich darauf an, ob sie sich mehr oder weniger schnell zersetzen, d. h. Stoffe enthalten, welche sich schon im kalten Wasser auflösen, wie Gummi, Schleim, Zucker, Eiweiß, Extractivstoffe, Pflanzensäuren und ihre Verbindungen mit Laugensalzen, oder ob sie viele feste Theile besitzen, wie Holzfasern, Stärke, Kleber, Harz, fette Oele ꝛc. und ob sich bei der Zersetzung von den der Rebe so zuträglichen löslichen Stoffen, wie Kali, Natron, Kalk mehr oder weniger entwickeln. Diese todten Pflanzentheile bestehen hauptsächlich in dem Stroh der verschiedenen Getreidearten, in dem Laub der Bäume und in den Nadeln und schwächern Trieben der Nadelhölzer, in dem Heidekraut und in dem Moos von Waldungen und öden Plätzen, sowie in den Ueberresten von ausgenutzten Körnerfrüchten, wie Oelkuchen ꝛc., sind aber hinsichtlich ihrer düngenden Kraft so verschieden von einander, daß jede derselben in dieser Beziehung einer nähern Darstellung bedarf.

aa. Das Stroh.

In dem Stroh der verschiedenen Getreidearten sind als Bestandtheile Schleim und Zucker vorhanden, und der Zusammenhang der Holzfasern ist gering, auch trägt die hohle oder mit Mark erfüllte Form desselben dazu bei, daß die Luft in das Innere mehr Zutritt hat und daß es die Feuchtigkeit mehr zurückhält, wodurch es schneller in Gährung übergehen kann und sich daher auch als Dungmittel besonders gut eignet, und diese Eigenschaft nimmt zu, je mehr das Stroh nährende Theile für Thiere ꝛc. besitzt.

Hinsichtlich des Gehalts an Mineralstoffen verdient das Gersten- und Haberstroh den Vorzug vor dem Waizen- und Roggenstroh, indem bei jenen der Kali- und Natrongehalt noch einmal so viel als bei letztern beträgt (6 und

5½ gegen 12 und 14). Auch Bohnen- und Repsstroh haben sehr viel Kaligehalt und gehören in dieser Beziehung zu dem bessern Dungmaterial, bei dem Erbsen-, Wicken- und Kartoffelstroh ist der Kaligehalt etwas geringer. Auch die der Rebe zuträgliche Phosphorsäure findet man in allen diesen Strohgattungen, der Gehalt ist jedoch nicht so verschieden wie beim Kali.

bb. Laub.

Das Laub der Bäume zersetzt sich, weil es consistenter ist und Luft und Feuchtigkeit weniger aufnehmen kann, nicht so schnell, wie das Stroh, auch ist der Kaligehalt gering und das Laub wird bei der Ausbreitung in den Weinbergen durch Winde leicht entführt, daher er zu den geringeren Streumaterialien gehört, doch hält, wenn es sich einmal im Boden befindet, seine Wirkung aus dem angeführten Grunde länger an, als bei dem Stroh, man muß aber, um eine gleiche Wirkung, wie beim letztern hervorzubringen, mehr Dünger aufführen, weil derjenige von 100 Pfd. Laubstreu durchschnittlich nur 32 Pfd. Stroh gleichkommen soll.

cc. Holznadeln.

Die Holznadeln und die schwachen Aestchen der Nadelhölzer, an welchen sich erstere befinden, zersetzen sich wegen der harzigen und festen holzigen Bestandtheile noch langsamer als das Laub, auch sind sie besonders im dürren Zustande sehr arm an löslichen Stoffen (Kali und Natron), indem sie davon kaum ½ Procent enthalten. Dagegen sind sie als Dungmittel nachhaltiger, die Weinberge erfordern aber, wenn eine gleiche Wirkung wie beim Stroh erzielt werden soll, eine größere Menge an Dünger. 100 Pfd. Holznadelstreu soll 58 Pfd. Strohstreu gleich kommen.

Eine ähnliche Bewandtniß hat es

dd. mit dem Heidekraut,

indem auch dieses wegen seiner festen holzfaserigen Bestandtheile sich sehr schwer zersetzt, dagegen hat es viel Gehalt an Kali und muß deßwegen, wenn es einmal zersetzt ist, eine gute Wirkung auf die Reben ausüben.

ee. Das Moos

scheint eine ähnliche Wirkung wie die Holznadelstreu zu haben, indem auch hier 100 Pfd. Streumaterial 58 Pfd. Stroh gleich stehen sollen. Die Sammlung desselben ist jedoch sehr zeitraubend und kostspielig, daher es nur in sehr streuarmen Gegenden in Anwendung kommt.

ff. Die Oelkuchen

haben viel stickstoffhaltige Substanzen, wie Eiweiß ꝛc., wodurch sie zur Entwicklung von Ammoniak beitragen, sowie ziemlich Kali, Natron, Kalk und Phosphorsäure, daher sie als Dünger sehr kräftig wirken. Sie werden im zerriebenen oder gepulverten Zustande etwa 1 Pfd. an jeden Rebstock gebracht und sogleich mit Erde vermischt und zugedeckt. Auch kann man sie in Wasser auflösen und wie Gülle an die Rebstöcke bringen.

Die hier beschriebenen Düngermaterialien werden jedoch, mit Ausschluß der Oelkuchen, in der Regel nicht unmittelbar zur Düngung verwendet, sondern zunächst als Streumaterial für das Vieh benützt, wodurch die flüssigen und festen thierischen Exkremente mit denselben verbunden werden, und, nachdem sie aus den Stallungen gebracht und auf den Dungstätten aufgeschichtet sind, durch den Zutritt der Luft in Gährung übergehen, durch die sich, vermöge der Wärme-Entwicklung, auch die festeren Theile nach und nach auflösen. Dadurch wird dann erst der für die Weinberge brauchbare, d. h. der sogenannte Stallbünger erzeugt. Damit die Exkremente der Thiere und das Streumaterial sich mit einander verbinden und in Dünger übergehen, ist es nothwendig, dieselben so lange der Gährung auszusetzen, bis die Verbindung und Zersetzung beider erfolgt ist. Die Gährung geht um so schleuniger und gleichförmiger vor sich, je gährungsfähiger und zersetzbarer die thierischen Exkremente und die Streumaterialien sind, jene sind jedoch, wie diese, nicht gleich zersetzbar und gährungsfähig, daher wir, um den Werth und die Wirkung des Düngers richtig beurtheilen zu können, denselben hienach unter der Abtheilung animalisch-vegetabilischen Dünger (§. 181) eine besondere Betrachtung zu widmen haben.

2. Thierische Düngung.
§. 177.

Alle thierischen Körper oder einzelne Bestandtheile derselben dienen zur Nahrung der Pflanzen und können als Dungmittel betrachtet werden. Die meisten thierischen Substanzen werden aber auf andere Weise benützt und erlangen dadurch einen weit höhern Werth als wie der Dünger, daher zu demselben in der Regel nur die Abfälle, bestehend in den Abfällen der Abdeckereien, in Blut, Hornspähne, Haare, Wolle, Knochen ꝛc. verwendet werden, deren Werth wir als Dünger hier näher zu untersuchen haben.

Die Körper der Thiere enthalten sehr viel Stickstoff, der sich, sobald dieselben in Fäulniß oder Gährung übergehen, in Ammoniak verwandelt (§. 63), wodurch die einzelnen Abfälle sehr werthvollen Dünger abgeben.

a. Die Abfälle von Abdeckereien.

Diese Abfälle bestehen in dem nicht zu verwendenden Fleisch oder den Aastheilen der Thiere, die, wenn sie in Gruben mit gebranntem Kalk und

Erde schichtenweise gelegt werden, wodurch sich auch ihr starker Geruch nach und nach verliert, ein vorzügliches und schnell wirkendes Dungmaterial abgeben, das in gepulvertem Zustande an die Pflanzen gebracht wird.

b. Das Blut

gehört gleichfalls zu den kräftigsten schnellwirkenden Dungmitteln und übt besonders auch auf den Ertrag des Weinstocks einen sehr vortheilhaften Einfluß aus. Es kann entweder frisch im flüssigen Zustande der Rebe zugesetzt werden, indem man eine um den Rebstock gemachte kleine Grube damit anfüllt und sie sofort mit Erde zudeckt, oder es wird im geronnenen Zustande mit Kalk und Erde vermischt, auf Haufen gebracht und einigemal umgearbeitet, worauf es gleichfalls in Gruben an die Rebstöcke gebracht wird. Sehr zweckmäßig wäre es daher, wenn in Schlachthäusern das Blut der Thiere in besondern ausgemauerten Behältern aufgefangen und auf die angegebene Weise zu Dünger bereitet würde. Auch die Abfälle von Zuckerfabriken, die hauptsächlich aus geronnenem Ochsenblut und Zucker bestehen, können mit Nutzen als Dünger verwendet werden.

c. Die Hornspähne.

Die Hörner, Klauen, Hufe finden bei den Drehern 2c. zum Theil eine technische Verwendung, die Abfälle davon, die Hornspähne, geben aber auch noch, vermöge ihres Stickstoffgehalts, einen sehr nachhaltigen Dünger, wenn sie zuvor mit Erde, Kalk oder Asche gemischt und durch Zugießung von Jauche in Gährung gesetzt werden. Bei der Verwendung ganzer Klauen, Hufe 2c. zu Dünger müssen dieselben zuvor verkleinert werden. Sie wirken nicht so schnell, aber nachhaltiger, weil ihre Auflösung langsamer von Statten geht.

d. Haare und sonstige Abfälle von Gerbereien und Leimsiebereien

sind vor der Verwendung als Dünger, wie die Hornspähne, durch Kalk, Erde und Jauche in Gährung zu setzen, weil namentlich die Haare sich sehr langsam zersetzen, sie können jedoch auch unmittelbar an die Rebstöcke gebracht werden, in welchem Falle jedem Stock eine Hand voll gegeben und das Material sofort mit Erde bedeckt wird.

e. Die Wolle.

Die Abfälle von Wollspinnereien, insbesondere aber wollene Lumpen, bilden, nach den bisher gemachten Erfahrungen, einen sehr wirksamen Dünger. Sie können im verkleinerten Zustande entweder vor dem Winter in einer kleinen Grube je eine Hand voll unmittelbar und nachdem sie zuvor in Jauche getaucht wurden, an die Rebstöcke gebracht und mit Erde bedeckt werden, wobei sie sich durch die Winterfeuchtigkeit in Gährung setzen, oder sie werden auf Haufen gesetzt, mit Erde oder Rasen vermischt und mit Jauche begossen und auf diese Weise der Gährung überlassen, worauf sie erst nach deren Vollendung an die Rebstöcke gebracht werden. Zwölf bis zwanzig Centner, je nachdem man düngen will, sind per Morgen erforderlich, es sollen dadurch aber auffallend günstige Resultate bei den Reben erzielt werden.

§. 178.

f. Die Knochen

der Thiere bestehen aus einem erbigen Gewebe von feinen Zellen, in denen eine organische Substanz, Gallerbe oder Leim, eingeschlossen ist, die sehr viel Stickstoff enthält, leicht verfault, wenn sie mit Wasser angefeuchtet an der Luft stehen bleibt und sich dadurch in Ammoniak verwandelt. Die erdigen Bestandtheile bestehen in der Hauptsache in phosphorsaurem und in geringerer Quantität in kohlensaurem Kalke. Da nun alle diese Bestandtheile auch dem Gedeihen der Rebe sehr förderlich sind, so bilden die Knochen, wenn ihnen auch das Kali fehlt, um so mehr ein gutes Dungmaterial, als durch dieselben der Wein nicht leicht einen unangenehmen Geschmack bekommt, wie bei andern scharfen Düngerarten.

Die Knochen können übrigens, weil sie sich sonst viel zu langsam zersetzen würden, nicht in ihrem ursprünglichen Bestand, sondern nur im zerkleinerten, gepulverten Zustande, was auf besondern Knochenmühlen geschieht, als Dünger benützt werden. Je feiner dieselben zermahlen werden, desto schneller zersetzt sich das davon gewonnene Mehl und desto wirksamer ist dasselbe. Die Zersetzung desselben und dadurch auch die Wirksamkeit kann beschleunigt werden, wenn man das Knochenmehl mit Schwefelsäure dadurch aufschließt, daß man fein gemahlene Knochen mit derselben anrührt und einige Tage stehen läßt, worauf sich dieselben in einen weißen Brei verwandeln, indem die Schwefelsäure die festen Bestandtheile der Knochen auflöst und sich mit den Kalktheilen zu Gyps verbindet, der dem Verwesungsprozeß des Leims in der Erde kein Hinderniß mehr entgegensetzt.

Nach chemischen Untersuchungen enthält das Knochenmehl

Wasser	5—9 Procent,
Stickstoff	5—6½ „
Verbrennliche Stoffe außer dem Stickstoff	28—42½ „
Phosphorsauren Kalk	53—36 „
Kohlensauren Kalk	8—5 „
Sand, Erde	1—1 „
	100. 100.

Bei der Anwendung desselben in den Weinbergen feuchtet man dasselbe gut an und vermischt es mit der gleichen Quantität Erde und Asche, wodurch das fehlende Kali ergänzt wird. Man schlägt es dann zu einem festen spitzen Haufen zusammen und überläßt es, wenn es fein gemahlen ist, einige Tage, wenn es aber gröber, etwa wie Gries ist, 2—3 Wochen seiner Selbstauflösung, worauf der Haufen umgestochen und bei dem Hacken jedem Stock eine Hand voll von dem präparirten Dünger in der Art gegeben wird, daß er zwar in die Nähe, aber nicht in unmittelbare Berührung mit den Wurzeln und nicht zu tief in den Boden kommt. Das durch Schwefelsäure aufgeschlossene Knochenmehl, kann, sobald es mit Erde und Asche gemischt ist, sogleich zur Düngung verwendet werden. Bei der Vermischung desselben mit gewöhnlichem Stalldünger erhöht es dessen Wirksamkeit. Bezüglich der Bodenart wird dasselbe auf einem Boden von mittlerer Bündigkeit die schnellste und sicherste Wirkung hervorbringen, während dieses auf sehr schwerem oder sehr leichtem, losen Boden weniger der Fall sein wird, weil es dem Knochenmehl in sehr geschlossenem und nassem Boden nicht selten an Luft, in sehr leichtem und losem Boden aber an Wasser zu seiner Zersetzung fehlen wird. Ebenso wird es in einem Boden, in dem seine Hauptbestandtheile Stickstoff, Kalk und Phosphor schon in hinreichender Menge vorhanden sind, weniger wirken, als da, wo dieselben mehr oder weniger fehlen.

§. 179.
g. Der Guano oder Vogeldünger.

Der Guano besteht aus den Exkrementen von Seevögeln, die sich hauptsächlich von Fischen nähren, und aus den verwesten Körpern derselben. Er hat sich in südlichen Meeren auf unbewohnten Inseln und Klippen im Laufe von Jahrhunderten in starken Lagern aufgehäuft und wird in Europa erst seit einigen Jahrzehnten als Dünger verwendet. Der beste kommt aus Gegenden, wo es gar nicht oder nur selten regnet, wie aus Peru und Südamerika, indem der durch Regen ausgelaugte, wenig Wirkung und Werth hat.

Der Gehalt des besseren besteht in

Feuchtigkeit	10—8 Procent
Verbrennlichen stickstoffhaltigen Stoffen	59—65 „
Darunter Stickstoffgehalt	$12^{3}/_{4}$—$13^{1}/_{2}$.
Phosphorsaurem Kalk	25—22 „
Kalisalze	2—4 „
Natron	1 „
Kieselerde, Sand, Steine	2—1 „
	100. 100.

Hienach sollte auch der Guano ein sehr schnell wirksamer Dünger für die

Weinberge sein, nachhaltige Erfahrungen sind aber hierüber noch nicht gemacht, sondern bei einzelnen angestellten Versuchen nur so viel bemerkt worden, daß derselbe in trockenen Jahrgängen, wo es dem Boden an Feuchtigkeit fehlt, von keiner wesentlichen Wirkung war, daher der Guano, wie das Knochenmehl, vielleicht hauptsächlich nur für Boden von mittlerer Bündigkeit paßt, in andern Bodenarten aber nur im flüssigen Zustande, indem er in einer angemessenen Quantität Wasser aufgelöst wird, angewendet werden sollte. Bei der Anwendung im trockenen Zustande werden die öfters zusammengebackenen Massen zuerst verkleinert und pulverisirt und mit der 2—3fachen Menge Erde oder mit Asche und Erde gut gemischt und wie das Knochenmehl an die Rebstöcke gebracht.

Zu dem Guano oder Vogeldünger gehört auch derjenige von Tauben, Hühnern und anderem Geflügel, er ist, weil dasselbe größtentheils von Insekten und Körnern und zum Theil auch von grünen Pflanzen lebt und diese Gegenstände feiner zertheilt und verbaut, leicht zersetzbar und schnell wirkend, hat aber, wie der Guano, viel Stickstoffgehalt und ist daher sehr reizend, er muß deßhalb vor der Verwendung gleichfalls mit Erde und Asche gemischt oder nur in sehr kleinen Quantitäten an die Rebstöcke gebracht werden. Er wird jedoch in der Regel nur in geringer Menge gewonnen und erscheint daher neben dem übrigen Dungmaterial nicht von Bedeutung. Unter diesem Geflügeldünger ist derjenige von Tauben und Hühnern der wirksamste, derjenige von Gänsen und Enten dagegen als wässeriger und viele geringe vegetabilische Stoffe (Gräser) enthaltend, von geringerer Qualität.

Bei der Verwendung aller dieser Düngerarten mit viel Stickstoffgehalt muß man übrigens sehr vorsichtig zu Werke gehen, weil die Rebe leicht überreizt wird, und dadurch zwar viel Holz, aber wenig Früchte bringt oder gar zu Grunde geht, und weil der Wein bei der Anwendung von scharfem Dünger gerne einen unangenehmen Geschmack annimmt.

§. 180.

h. Die Jauche, Gülle.

In dem Urin (Harn) der Thiere entwickelt sich, wenn er in Fäulniß (Gährung) übergeht, sehr viel Ammoniak, auch enthält er sehr viel Kali, wodurch er zu den scharfen, reizenden Dungmitteln gehört und bei dem Weinbaue nur mit Vorsicht zu verwenden ist. Wird er aber mit den festen Exkrementen der Thiere und mit den durch den Regen aus denselben ausgezogenen flüssigen Theilen in Verbindung gebracht, so bildet er die Jauche oder Gülle, die weniger Schärfe besitzt, jedoch, je nachdem sie mit mehr oder weniger Regenwasser gemischt, von verschiedener Qualität ist. Je schärfer dieselbe ist, desto vorsichtiger muß bei der Verwendung zu Werke gegangen werden, weil durch den scharfen ätzenden Gehalt die Wurzeln leicht angegriffen werden und Noth leiden, oder durch den allzu starken Trieb und Saftzudrang die Stöcke brandig werden. Die Jauche gehört zu den schnell wirkenden, aber weniger nachhaltigen Dungmitteln und thut namentlich in kühlem, mehr feuchten Boden und bei Rebstöcken, welche naß stehen und gelb werden, eine sehr gute Wirkung. Auch in magerem, wenn auch hitzigem Boden soll sie gute Dienste thun, weil durch den Ammoniak die Auflösung der verschiedenen Bodenbestandtheile schneller bewirkt wird. Man muß sich aber hüten, dieselbe bei trockenem, hitzigen Wetter in die Weinberge und unmittelbar an die Wurzeln der Reben zu bringen, auch wenn sie zu scharf ist, was man an dem Geruch erkennt, zuvor mit Wasser mischen. Am zweckmäßigsten geschieht die Verwendung, wenn die Jauche in den Wintermonaten in die Weinberge gebracht wird, wo sie sich mit dem Regen= und Schneewasser vermischt und mit demselben den Wurzeln der Reben zugeführt wird. In kühlen Jahrgängen wird sie auch nichts schaden, wenn sie während der Sommermonate bei Regen verwendet wird. Man kann dieselbe bei der Reihenkultur in der Mitte der Reihen ausgießen oder, was wirksamer ist, hinter jedem Rebstock eine kleine Grube machen, in dieselbe 2—4 Maas Jauche bringen und dieselbe mit der ausgeworfenen Erde wieder bedecken. Zu oft darf jedoch die Düngung mit Jauche, wegen des starken Ammoniakgehalts, nicht wiederholt werden.

Sehr zweckmäßig wird die Jauche auch verwendet, wenn man damit andere Dungstoffe übergießt, oder sie bei der Bereitung des Compostdüngers (§. 187) benützt.

Die Jauche oder Gülle wird in besondern, wasserdicht angelegten Behältern gesammelt, die sich entweder unmittelbar vor dem Viehstalle oder am tiefsten Theile der Miststätte befinden und wohin der Urin der Thiere und der flüssige Theil der Miststätte geleitet wird. Die Behälter müssen eine gute Bedeckung haben, damit kein Regen eindringen und womöglich mit einer Pumpe versehen sein, damit der Inhalt leicht geleert werden kann.

3. Die vegetabilisch=animalische Düngung.

§. 181.

Den meisten Dünger liefern die Auswürfe oder die Exkremente der Hausthiere und Menschen, dieselben kommen aber selten in dieser Gestalt unmittelbar zur Anwendung, sondern werden zuvor mit den oben in §. 176 beschriebenen Pflanzentheilen dadurch gemischt, daß man dieselben beim Vieh als Streumaterial benützt, wodurch sie mit den thierischen Exkrementen in Gährung übergehen und dadurch den vegetabilisch=animalischen oder den Stalldünger bilden. Dieser Dünger macht die Hauptmasse aller Düngerstoffe aus und kommt am meisten bei allen Gewächsen in Anwendung. Unsere Hausthiere sind pflanzenfressende Thiere und nur bei den Schweinen kommt hie und da eine Ausnahme vor, indem diese auch thierische Substanzen genießen.

Die Auswürfe der Thiere sind daher ein Gemenge, das aus den Ueberbleibseln der genossenen Pflanzen und Getränke und aus den zur Auflösung derselben beigemischten thierischen Säften besteht; sie sind unter sich nach der Natur des Thiers und nach der Beschaffenheit und Menge des Futters sehr verschieden. Sie enthalten viel Stickstoff, der durch Verbindung mit dem Sauerstoff der Luft die Gährung derselben veranlaßt, wodurch sich Ammoniak bildet, der, wenn er mit dem Streumaterial und der Erde gemischt wird, auch zur Auflösung der vegetabilischen und insbesondere der animalischen Theile derselben, sowie zur Bildung von salpetersauren Salzen beiträgt, die das Wachsthum und gute Gedeihen der Pflanzen so sehr befördern. Unter denselben machen die Auswürfe des Hornviehes den größten Bestandtheil des Düngers aus, worauf der Menge nach derjenige der Pferde, der Schafe und der Schweine und zum Schlusse derjenige des Menschen folgt.

a. Der Rindviehdünger.

Dieser Dünger verdient bei den Weinbergen vor allen andern den Vorzug, indem er als breiartig einen größern Grad von Feuchtigkeit besitzt, dadurch mit einer größeren Menge von Streu sich verbindet, wodurch, sowie weil er arm an gährungserregendem Stickstoff ist, die eigene Zersetzung zurückgehalten, diejenige der Streu aber befördert und somit eine Nachhaltigkeit herbeigeführt wird, welche die andern Düngerarten in der Regel übertrifft, indem Feuchtigkeit, Ammoniak und Kohlensäure nicht so schnell verdunsten, auch ist er reich an Alkalien, welche auf die Vermehrung des Zuckergehalts der Traube Einfluß haben und somit auch dadurch seine besondere Brauchbarkeit für die Weinberge nachweist.

Er verbindet sich am leichtesten mit dem Boden, befördert die atmosphärische Einwirkung auf denselben durch Anziehung der Feuchtigkeit und hat außerdem die gute Wirkung, daß der vergohrene und speckige Dünger den losen sandigen Boden bindet, den hitzigen Kalk- und Mergelboden kühlt, den kühlen Lehm- und nassen Thonboden erwärmt und den schweren Thonboden durch den Strohgehalt lockert, auch übt er, besonders in verrottetem Zustande, keinen nachtheiligen Einfluß auf die Rebe und den Wein aus, vielmehr trägt er viel zu dessen Gehalt und Güte bei und gibt ihm, weil er unter den meisten thierischen Auswürfen am wenigsten Stickstoff hat, keinen unangenehmen Beigeschmack.

§. 182.

b. Der Pferdedünger

ist trocken, hat wenig Feuchtigkeit und vermischt sich daher und vermöge seines festeren Zusammenhangs mit dem Streumaterial schwer, besonders da er mit dem letzteren gewöhnlich jeden Tag aus dem Stalle gebracht wird. Er hat sehr viel Stickstoff, ist deßhalb sehr hitzig und hat, weil er schnell in Gährung übergeht, weniger nachhaltige Wirkung als der Rindviehdünger. Durch dessen Vermischung mit dem Urin (Harn) der Pferde entwickelt sich sehr viel Ammoniak, der sich durch den stechenden Geruch anzeigt und leicht verflüchtet, wenn der Dünger nicht mit Gyps oder gypshaltigem Mergel oder auch mit Erde bedeckt und dadurch an denselben gebunden wird.

Für die Weinberge eignet sich der Pferdedünger besonders im frischen Zustande wegen seines starken Stickstoff- und des daraus sich bildenden scharfen Ammoniak-Gehalts (§. 63), wodurch er dem Weine leicht einen unangenehmen Geschmack beibringt, wenig, daher er nur in Verbindung mit Rindviehdünger, oder nur auf kalten, nassen Böden, nachdem er auf der Miststätte hinreichend vergohren hat, in Anwendung kommen sollte, in welchem Zustande er, wegen des beigemengten vielen Streumaterials den Boden locker und der Wärme zugänglicher macht.

§. 183.

c. Der Schafdünger

ist, wie der Pferdedünger, trocken und hat ähnliche Wirkung, jedoch noch mehr Triebkraft, aber weniger Nachhaltigkeit wie dieser, weil sich keine gröbere Pflanzentheile in demselben befinden, welche die Gährung und den Uebergang in die Pflanzenwurzeln aufhalten, und sollte, wegen seines starken Stickstoffgehalts und der davon abhängenden Ammoniakentwicklung stets mit Gyps, Mergel oder Erde überstreut werden, wodurch seine Wirkung auch nachhaltiger würde. Er paßt wegen seiner hitzigen Eigenschaft mehr für kühle, kalte und nasse Böden, die er lockert und erwärmt, als für warme oder hitzige Böden und sollte nur im vergohrenen Zustande in die Weinberge gebracht werden, weil er im frischen Zustande, wegen seines scharfen Geruchs, dem Weine einen unangenehmen, böckerartigen Geschmack beibringen kann, der sich erst durch das Ablagern verliert.

§. 184.

d. Der Schweinedünger

ist, wie der Rindviehdünger, aufgelöst und breiartig und mit vielem wässerigen Harne gemengt, er hat aber weit weniger Wirkung wie jener, weil die

Schweine häufig mit geringem, wässerigen Futter ernährt werden und ihre
Verdauungswerkzeuge sehr scharf zu sein scheinen, wodurch sie auch aus
geringem Futter noch Nahrung ziehen können, eben deßwegen aber auch wenig
Gehaltreiches mit ihren Exkrementen abgeht. Mehr Wirkung soll der Urin
derselben haben, wenn er die faulige Gährung durchgemacht hat. Der Schweine-
dünger zersetzt sich mit dem Streumaterial langsam, hat deßwegen keine er-
wärmende, kräftige, sondern eine mehr kühlende Wirkung, befördert den Graswuchs und taugt nicht für die Weinberge, besonders da er auch auf den Weingeschmack ungünstig einwirken kann, dagegen kann er durch Mischung mit dem
Pferdedünger den letztern tauglicher für die Weinberge machen.

§. 185.

e. Der Abtritts- oder Menschendünger

enthält vielen Stickstoff, geht daher schnell in Gährung über und hat eine sehr
starke aber schnell vorübergehende Wirkung, die jedoch, wenn derselbe mit
Erde gemischt wird, nachhaltiger gemacht werden kann. Er ist weder allzu-
hitzig noch zu kühlend und läßt sich daher für jeden Boden gebrauchen, er
kommt jedoch, weil dessen Menge nicht bedeutend ist, selten allein zur Anwendung, blos in großen Städten, wo viel erzeugt wird und Mangel an sonstigem Dünger ist, wird er zur Düngung der Weinberge verwendet. Er enthält gewöhnlich viel Urin und hat daher eine scharfe salpeterartige Beschaffenheit, die zwar bei der Rebe eine außerordentliche Triebkraft erweckt, öfter angewendet den Boden aber allzusehr mit salpeterartigen Theilen schwängert,
was, da er auch wenig Zucker erregende Alkalien besitzt, dem Weine einen
scharfen Geschmack beibringen und jedenfalls dem Bouquet schaden muß. Der
Abtrittsdünger sollte daher nie allein und im frischen Zustande in die Weinberge gebracht, sondern zuvor mit gutem Streumaterial, namentlich Erde oder
anderem Dünger gemischt und einer ordentlichen Gährung unterworfen werden, wo er dann gute Dienste thun kann, doch dürfte da, wo edle Weine mit
feinem Bouquet erzeugt werden wollen, dessen Anwendung ganz unterbleiben,
weil stinkender Dünger auf den Wohlgeruch der Weine einen sehr nachtheiligen Einfluß ausübt, während geruchlose und langsam in Verwesung über-
gehende Stoffe, wie Wolle, Hornspäne, Beinschwarz denselben befördern sollen.
Nur an solchen Stellen der Weinberge, wo sich regelmäßig kranke Stöcke befinden, die sich durch Gelbwerden auszeichnen, ist es nicht selten angemessen,
solche stark mit Abtrittsdünger zu übertragen, indem der Boden hie und da
Erdschichten (Wassergallen) enthält, die der Rebe nicht zuträglich sind und die
durch jene Düngung verbessert oder unschädlich gemacht werden können.

In manchen Ländern, wie in Frankreich und Belgien, sowie neuerlich auch in Deutschland sucht man den Abtrittsdünger, so lange er noch nicht mit Streumaterial gemischt ist, entweder allein oder unter Zugabe von Kalk und Gyps zu trocknen und daraus ein sehr wirksames Dungpulver zu bereiten, das unter dem Namen Poudrette (Misterde) in den Handel gebracht wird, und bei den Reben, wie das Knochenmehl, in Anwendung zu bringen wäre. Sehr gut ist es in jedem Falle, wenn man den in wasserdichten Behältern gesammelten Dünger von Zeit zu Zeit mit Erde überdeckt, indem dadurch nicht nur der starke Geruch unterdrückt, sondern auch die flüchtigen Theile (Ammoniak ꝛc.) weniger verloren gehen.

§. 186.

f. Zubereitung und Wirksamkeit dieser Düngerarten.

Die Wirksamkeit und Nachhaltigkeit der hier angeführten vegetabilisch-animalischen Düngerarten hängt übrigens nicht allein von der Qualität des Streumaterials (§. 176), sondern auch von der Nahrung der Thiere und Menschen ab. Der Dünger von schlecht genährten Thieren hat weit nicht die Kraft und Nachhaltigkeit, wie derjenige von gut genährten, weil jener nicht nur kräftigere vegetabilische Substanzen, sondern auch mehr thierische Säfte enthält, die, wie aller thierischer Dünger (§. 177), als Dungmaterial sehr wirksam sind.

Es liefert deßwegen das Mastvieh, das mit Körnern gefüttert wurde, einen sehr kräftigen Dünger, während derjenige von magerem Vieh, das hauptsächlich mit Stroh gefüttert wird, nur von geringer Wirksamkeit ist. Ebenso ist der Pferdedünger von solchen Pferden wirksamer, die mit Haber und kräftigem Heu gefüttert wurden, als von solchen, die blos Heu oder Grünfutter erhielten. Eine weitere Wirksamkeit des Düngers hängt von der Menge des Einstreu-Materials ab, indem, wenn dasselbe im Uebermaß vorhanden ist, so daß sich die thierischen Exkremente mit demselben nicht gehörig vermischen konnten, der Dünger weniger kräftig sein wird, als wo eine angemessene Mischung vorhanden ist. In jenem Falle ist es zweckmäßig, wenn der Dünger auf der Miststätte öfter mit Gülle übergossen und dadurch die Gährung befördert wird.

Die Art und Weise, wie der Dünger bis zu seinem Gebrauche auf der Miststätte aufbewahrt wird, hat ebenfalls Einfluß auf dessen Qualität, indem ein vom Regen ausgewaschener Dünger weit weniger Wirkung als ein solcher hat, in dem die ursprünglichen Bestandtheile noch größtentheils vorhanden sind. Es ist deßwegen nothwendig, daß die Miststätte vertieft und möglichst wasserdicht angelegt wird, so daß der flüssige Dünger nicht abfließen und sich nicht in den Boden versenken kann, sowie daß der Dünger, sobald er aus dem Stalle gebracht wird, ordnungsmäßig aufgeschichtet, und wo möglich mit Erde,

Mergel oder Gyps bedeckt wird, damit die Gährung gleichmäßig vor sich geht und die durch dieselbe sich entwickelnden flüchtigen düngenden Theile, wie Ammoniak ꝛc. nicht in die Luft entweichen, sondern von der aufgelegten Erde aufgefangen und für den zu düngenden Boden erhalten werden.

4. Der künstliche Dünger.

§. 187.

Zu den künstlichen Düngerarten gehören alle diejenigen, die aus verschiedenen animalischen, vegetabilischen und mineralischen Stoffen zusammengesetzt sind und entweder auf einfache Weise durch Aufhäufung und Mischung verschiedener Düngersubstanzen in Gruben oder auch freien Plätzen oder in besondern Fabriken auf chemische Weise bereitet werden.

a. Der Compost.

Der Compost (Mengedünger) gehört zu den bekanntesten künstlichen Düngerarten, weil er leicht und überall bereitet werden kann und dessen gute Wirkung schon vielfach erprobt ist. Er kann auf sehr verschiedene Weise bereitet werden. Die einfachste Bereitung besteht darin, daß man eine, wo möglich etwas wasserdichte Grube von 3—4 Fuß Tiefe anlegt, in dieselbe zuerst eine Schichte Erde oder Mergel, besonders Rasenerde, darauf eine Schichte Stalldünger und dann wieder Erde und Dünger bringt, bis dieselbe gefüllt ist. Dieser Düngerhaufen wird ein bis zweimal, oder auch öfter, sowie er etwas trocken erscheint, mit Gülle begossen, damit derselbe in Gährung kommen kann, einigemal mit dem gewöhnlichen Spaten oder mit einem Dungspaten, der herzförmig gestaltet und auf beiden Seiten bis zur Spitze scharf ist, umgestochen, damit auch die Luft auf alle Theile desselben einwirken kann, und wenn er gehörig gemengt ist und vergährt hat, nach Verfluß von $\frac{1}{2}$—1 Jahr in die Weinberge gebracht. Neben dem Dünger kann man aber auch noch manche andere Düngerstoffe, wie Asche, Gyps, Kalk, grüne Pflanzen, Laub, Moos, Blut, Hornspäne und sonstige thierische Abfälle von Gerbereien und Leimsiedereien, Gassenkoth ꝛc. in die Grube bringen, man hüte sich aber vor der Beigabe von Unkraut, das schon Samen getrieben hat, wenn man dasselbe nicht in die Weinberge verpflanzen will, wobei man jedoch zu berücksichtigen hat, daß nur solche Materialien in die Grube gebracht werden, welche auf die Reben nicht schädlich wirken und daß, bei Materialien, welche sich schwer oder langsam zersetzen, wie Sägmehl= und Holzspähne, Heidekraut ꝛc. es sehr zweckmäßig ist, wenn dem Kompost etwas ungelöschter Kalk beigegeben wird, der die Zersetzung befördert, auch muß man in diesem Falle den Composthaufen länger liegen lassen und öfter umstechen, bis sämmtliche

Materialien gehörig zersetzt sind. Man kann, wenn dem Compost verschiedene andere düngende Materialien beigegeben werden, den Stalldünger weglassen, dagegen darf die Uebergießung mit Gülle, wenn der Dünger gehörig vergähren und kräftig werden soll, nie unterlassen werden, auch wird die Gülle auf diese Weise am vortheilhaftesten für die Weinberge verwendet. Bei der Beigabe von Erde muß Rücksicht auf die Bodenbeschaffenheit des Weinberges genommen werden, in den der Dünger gebracht wird und daher für Weinberge mit schwerem, strengen Boden mehr leichte, sand- und kalkhaltige Erde (Lehm, Mergel), für Weinberge mit leichtem, losem Boden mehr schwere, strenge Erde (Thon), für kalklosen Boden mehr kalkhaltige Erde (Mergel, Gyps, Kalk), zu der Compostbereitung genommen werden.

§. 188.

b. Der chemische Dünger

wird in der Regel in besondern Dünger-Fabriken aus thierischen und Mineralstoffen bereitet und besteht häufig

1. aus künstlichem Guano, ganz aus thierischen Stoffen bereitet, mit 5 Procent Stickstoff und 25 Procent phosphorsaurem Kalk, oder

36—40 Proc. organischen Stoffen und Ammoniaksalze,

54—46 Proc. phosphorsaurem Kalk und mineralischen Stoffen und

10—14 Proc. Feuchtigkeit.

2. Aus Kalk-Superphosphat (schwefelsauren Knochen) mit 10—12 Proc. löslicher Phosphorsäure, 4 Proc. Stickstoff und 40—45 Proc. phosphorsaurem Kalk, oder

3. Aus aufgeschlossenem Knochenmehl oder Knochenkohlenmehl (Superphosphat) mit 16—19 Proc. saurem phosphorsaurem Kalk = 10—12 Proc. löslicher Phosphorsäure,

15—14 Proc. gewöhnlichem phosphorsauren Kalk,

48—43 Proc. mineralischen Stoffen,

10—12 Proc. organischen Substanzen und Ammoniak,

11—12 Proc. Feuchtigkeit

darunter 1,60—1,70 Proc. Stickstoff.

Ferner

4. Guanisirte Knochenkohle, die hauptsächlich als Weinbergsdünger empfohlen wird.

Solche künstliche Düngerfabriken befinden sich in Württemberg zu Reutlingen, Tübingen und Heilbronn. Bei der Beurtheilung der einzelnen Fabrikate kommt es hauptsächlich auf den Gehalt an Stickstoff und Phosphorsäure an, indem diese hauptsächlich auf das gute Gedeihen der Pflanzen einwirken (§. 178).

In wie fern nun diese künstlichen Düngerarten auch zur Düngung der Weinberge geeignet sind, darüber sind, soviel dem Verfasser bekannt ist, noch keine genügenden Erfahrungen gemacht worden, und auch die von ihm angestellten Versuche haben noch zu keinem bestimmten Resultat geführt.

Der Kunstdünger kommt in pulverisirter Form in Anwendung und soll bei den Weinbergen, namentlich die guanisirte Knochenkohle, in dem Verhältniß von 1 zu 3 Theilen mit gesiebter oder durchworfener guter Weinbergserde gemengt, ca. 8 Tage mit wenig Wasser angefeuchtet, liegen gelassen und dann in die Nähe der Hauptwurzeln der Reben (wie das Knochenmehl §. 178) durch Hacken untergebracht werden, was am besten geschieht, so lange die Stöcke aufgeräumt sind und bevor dieselben zugehackt werden. Vier Centner Dünger mit 12 Centner Erde gemischt sollen für einen Morgen als ganze Düngung genügen, zwei Centner als halbe Düngung. Sehr zweckmäßig dürfte es sein, wenn ⅔ Kunstdünger (Guano) und ⅓ aufgeschlossenes Knochenmehl, mit Erde gemischt und diese Mischung an die Reben gebracht wird, indem ersterer dann auch eine nachhaltigere Wirkung hätte.

5. Die Nachhaltigkeit, Zeit und Art der Düngung.

§. 189.

Bei der Düngung überhaupt, sowie insbesondere bei derjenigen der Weinberge, kommt weiter in Frage, wie oft, zu welcher Zeit und auf welche Weise gedüngt werden soll, daher, wenn auf eine angemessene Wirkung des Düngers gerechnet werden will, diese drei Fragen eine besondere Betrachtung verdienen.

a. Die Nachhaltigkeit des Düngers.

Bei der Frage, wie oft gedüngt werden soll, um einen Weinberg im gehörigen tragbaren Stand zu erhalten, kommt zunächst die Bodenbeschaffenheit des Weinbergs und die Qualität des Düngers in Berücksichtigung.

Bei der Bodenart kommt in Betracht, ob der Boden an und für sich ein kräftiger und fester oder ein magerer Boden ist, und ob derselbe den Dünger gerne aufnimmt und länger behält oder denselben schnell verzehrt (§. 72). Zu den kräftigsten Bodenarten (§. 76, 77) gehören die vulkanischen und die aus dem Urgebirge entstandenen, die fast gar keine oder nur in langen Zwischenräumen eine Düngung erfordern. Zu den kräftigen Böden werden die starken Thon- und Mergelböden gerechnet, die mindestens von 6 zu 6 Jahren eine starke Düngung verlangen, zu den mittlern Böden die leichten Thon- und thonhaltigen Kalk-, sowie die Lehmböden, die je in 3—4 Jahren eine gute Düngung erfordern, und zu den leichteren, den Dünger schnell verzehrenden Bodenarten, die Sand- und Kalkböden, bei denen es sehr angemessen ist, wenn die Düngung oft, und wenn auch nicht jedes Jahr, doch in zwei, längstens in drei Jahren wiederholt wird, wobei jedoch weniger stark gedüngt werden darf. Außerdem kommt es darauf an, ob ein Boden mehr oder weniger für den Rebbau überhaupt oder für einzelne Traubengattungen (§. 79—82) geeignet ist, indem, je weniger derselbe der Rebe entspricht, desto öfter muß mit Dünger nachgeholfen werden. Auch einzelne Traubengattungen, wie z. B. die blauen Clevner, Ruländer, Gutedel, sowie alle diejenigen, die wegen minder starker Bewurzelung schon an und für sich einen guten, milden, kräftigen Boden erfordern (§. 82, 83), verlangen eine öftere Düngung als andere, die in jedem Boden fortkommen, worauf gleichfalls geeignete Rücksicht zu nehmen ist. Ferner kommt die Erziehungsart der Rebe in Betracht, indem bei der Schenkel-Erziehung, bei der die obern (Thau-) Wurzeln nicht immer weggeschnitten, sondern gepflegt werden, öfter, doch nicht so stark gedüngt werden darf, als bei der Kopferziehung, bei der die obern Wurzeln hinweggenommen werden, weil in jenem Falle der Rebstock hauptsächlich im obern Boden seine Nahrung suchen muß. Auch darf man die obern Theile der Weinberge stärker düngen, als die untern, weil der Boden und die düngenden Theile durch Regen- und Schneewasser stets von oben abgeschwemmt und unten abgelagert werden (vergl. §. 173).

Zu einer starken Düngung rechnet man 8—12 zweispännige Wagen Stallmist, zu einer mittlern Düngung 7—8 Wagen, zu einer halben Düngung 4—5 Wagen auf den württembergischen Morgen.

Bei der Qualität des Düngers kommt es hauptsächlich auf die oben §. 167—188 näher beschriebenen Bestandtheile an, indem, je nachhaltiger und nährender dieselben wirken, in desto längeren Zeitabschnitten oder in desto geringeren Quantitäten darf derselbe aufgebracht werden, wir können deßwegen hier nur im Allgemeinen anführen, daß für die Weinberge nachhaltige, kräftige Düngerstoffe, wie der vegetabilisch animalische Dünger und unter diesem der Rindviehdünger und bei gewissen Bodenarten auch der Pferdedünger oder der gemischte Rindvieh- und Pferdedünger in der Regel die angemessensten sind, indem dieselben alle diejenigen Eigenschaften besitzen, die der Rebe am zuträglichsten sind (§. 181), wobei jedoch der Dünger nicht im frischen, sondern nur in dem in §. 186 beschriebenen vergährten Zustande in die Weinberge und unter den Boden gebracht werden darf, weil er sonst zu sehr hitzt und dadurch Brand und andere Krankheiten der Rebe verursacht, auch dem Weine leicht einen Beigeschmack beibringt.

Die mineralischen Düngungsmittel sind, gegenüber von den organischen, die schwächsten, weil sie nur einige Stoffe enthalten, die bei ihrer Zersetzung in die zu nährende Pflanze übergehen, mineralische Dünger, wie Kalk, Asche, sowie diejenigen chemischen Düngerarten, die weniger nährend, sondern mehr reizend und humusauflösend sind, können zwar aus dem letztern Grunde hie und da sehr kräftig wirken, dürfen aber nie zu oft und nur in längeren Zwischenräumen, zwischen welchen eine andere Düngung mit Stalldünger, Compost oder guter nährender Erde stattfinden muß, in Anwendung gebracht werden, weil die Rebstöcke sonst zu sehr überreizt werden und dadurch zwar Holz, aber keine Trauben treiben, oder zuletzt wegen Mangels an nachhaltiger Nahrung ganz zu Grunde gehen.

Der vegetabilische Dünger, wie grüne Pflanzen, Rebabschnitte und Weintreber entwickeln in den meisten Bodenarten nicht immer diejenige nährende Kraft und Nachhaltigkeit, daß sich der Rebstock allein damit begnügen kann, daher die Anwendung dieser Düngerstoffe gleichfalls eine Zwischendüngung von Stallmist erfordert, auch müssen dieselben, wenn sie eine Wirkung auf den Rebstock ausüben sollen, sogleich mit Erde bedeckt werden.

Eine Abwechslung mit verschiedenen, der Rebe je nach der Bodenart zuträglichen Düngerstoffen, dürfte sich, weil hiedurch die Triebkraft vermehrt wird, als sehr zweckmäßig erweisen, nur wird, wenn, wie es in Württemberg häufig vorkommt, mit der mineralischen, d. h. mit Auftragen von Erde und mit der Stallmistdüngung gewechselt wird, in gutem kräftigen Boden nicht gut sein, wenn auf das Beitragen von Erde im darauffolgenden Jahre sogleich gedüngt wird, sowie wenn überhaupt zu stark gedüngt wird, weil die Rebstöcke sonst zu triebig werden, weniger Trauben ansetzen und leicht durch schädlichen Thau, Frost ꝛc. Schaden nehmen, die Trauben aber in einem zu fetten Boden gerne faulen und der davon erzeugte Wein häufig molzig und schwer wird.

§. 190.

b. Die Zeit der Düngung.

Bei der Beurtheilung der angemessensten Zeit zur Düngung der Weinberge kommt zunächst die Bodenbeschaffenheit und hie und da auch die Lage in Berücksichtigung, indem man dabei hauptsächlich darauf zu sehen hat, daß man zu einer Zeit düngt, in welcher sich der Dünger am besten und schnellsten mit dem Boden verbindet und demselben seine düngende Kraft mittheilt, auch kommt es auf die Art und Beschaffenheit des Düngers an.

Das Düngen mit gutem Stalldünger erfolgt am zweckmäßigsten nach dem Herbst, bevor es einwintert und so lange kein Schnee liegt, indem die Winterkälte und Winterfeuchtigkeit den Dünger weit mehr, als während der Frühjahrs- und Sommerwitterung anzieht, wodurch er fester auf den Boden zu liegen kommt und demselben dadurch mehr Schutz und Kraft gibt. Auch kann der Dünger sich während des Winters gehörig zersetzen, mit dem Boden verbinden, und die düngenden Theile können bis zu den Saugwurzeln der Rebe bringen, wodurch zugleich bei Dünger, der zu viel Stickstoff und Ammoniak besitzt (§. 182, 183), die nachtheiligen Wirkungen desselben auf den Geschmack des Weins vermieden werden. Das Düngen im Spätjahr dürfte daher für die meisten Bodenarten die geeignetste Zeit sein, insbesondere aber für Weinberge von strengem, geschlossenen Thonboden, weil sich mit diesem der Dünger am langsamsten verbindet, und nur bei losem, tiefen Sand- und Lehmboden, weil sich hier die düngenden Theile während des Winters zu schnell in den Untergrund versenken können, dürfte vielleicht eine Ausnahme stattfinden. Dagegen dürfte das Düngen während des Winters bei gefrorenem und geschlossenem Boden möglichst vermieden werden, weil sich hier der Dünger mit dem Boden nicht verbinden kann und durch das Ausfrieren an Kraft verliert.

Das Düngen im Frühjahr ist für strengen Boden, wenn nicht ganz vergohrener und aufgelöster Dünger in den Weinberg gebracht wird, schon weniger angemessen, weil dasselbe aus dem angeführten Grunde auf den Traubenansatz wenig mehr wirken wird. Dagegen ist dasselbe für milderen Thon- und Mergel-, sowie für Kalk-, Lehm- und Sandboden schon mehr geeignet, weil diese Bodenarten den Dünger schneller aufnehmen und schneller zersetzen, doch muß darauf Bedacht genommen werden, daß der Dünger nicht zu frühe in den Weinberg gebracht wird, weil er den Frost anzieht, jedoch so, daß er beim Hacken in den Boden kommt. Wird nach dem Hacken gedüngt, so muß der Dünger kurz (stark verwest) sein, damit er beim ersten Felgen untergebracht werden kann. In keinem Falle soll frischer Dünger in den Weinberg gebracht und sogleich untergehackt werden, weil dieser erst im Boden die Gährung durchmachen muß, wodurch er zu hitzig wird und gerne brennt, wenn warme, trockene Witterung eintritt, was auf die Rebstöcke den nachtheiligen Einfluß hat, daß dieselben häufig gelb und krank werden und die Trauben fallen lassen. Ebenso darf man sich vor einer allzustarken Düngung hüten, weil durch die dadurch herbeigeführte starke Ammoniak-Entwicklung die Triebkraft der Rebstöcke zu sehr gesteigert und die angesetzten Trauben (Gescheine) sich in Ranken (Vollhacken) verwachsen könnten.

Bei dem Düngen während des Sommers trocknet der Dünger auf strengem, hitzigen Boden und in steilen warmen Lagen zu schnell aus (verbrennt), verliert dadurch einen großen Theil seiner düngenden Kraft und kann später, wenn er untergebracht wird, nur noch eine mechanische Wirkung durch Lockerung des Bodens hervorbringen. Bei kühlem, feuchtem und lockerem Boden (Lehm) wird dagegen die Sommerdüngung mit weniger Nachtheil verbunden sein, doch hat man sich zu hüten, daß der Dünger nicht erst spät, wenn die Trauben ausgewachsen sind und während der Traubenreife eingebracht wird, weil sonst der Wein leicht molzig und schwer werden und, einen üblen oder Böcksergeschmack erhalten könnte, auch werden dadurch die Stöcke unnützerweise zu neuem

Triebe gereizt, was auf die Zeitigung des Holzes einen nachtheiligen Einfluß hat.

Die hier hinsichtlich der Zeit der Düngung aufgestellten Grundsätze beziehen sich hauptsächlich auf die Einbringung des gewöhnlichen, d. h. des Stalldüngers, bei der Anwendung anderer Dungmittel ist die Zeit der Anwendung derselben theils schon oben bei der Abhandlung über deren Wirksamkeit angegeben worden, theils kommt es dabei hauptsächlich darauf an, ob der Dünger im feinen oder mehr groben Zustande, dem Boden übergeben wird, und ob derselbe, vermöge seiner innern Beschaffenheit, mehr oder weniger geeignet ist, bald in die auflösende Gährung und dadurch in die Rebe überzugehen. So werden unter den Mineralstoffen Mergel, Schiefer und Erde am zweckmäßigsten vor und während des Winters in die Weinberge gebracht, damit der Frost und die Winterfeuchtigkeit auf die Zersetzung derselben und dadurch auf deren Wirksamkeit für das nächste Jahr noch einwirken können, während die mehr salzhaltigen Düngmittel auch bei dem Einbringen im Frühjahr noch gute Dienste leisten werden, wogegen das Einbringen während des Sommers nur schädlich wirken könnte.

Die Düngung mit Pflanzenstoffen hängt von der Zeit ab, wo dieselben verwendet werden können, wie die Gründüngung, die Düngung mit dem Rebholze 2c., während bei den thierischen Stoffen es wieder auf ihre mehr oder minder schnelle Zersetzung ankommt, zu welcher Zeit sie am besten zur Düngung verwendet werden. Hornspähne, Haare, Wolle, grobes Knochenmehl werden daher am zweckmäßigsten vor dem Winter an die Rebstöcke gebracht, dagegen können Blut, aufgelöstes Knochenmehl, Guano auch noch im Frühjahr vor dem Hacken mit Vortheil zur Verwendung kommen. Das gleiche ist der Fall bei dem Kunstdünger, mit Ausschluß des Composts, indem die chemische Zusammensetzung desselben meist aus thierischen, schnell löslichen Substanzen besteht.

§. 191.

c. Die Art der Düngung.

Dieselbe kann auf zweierlei Weise vorgenommen werden, nemlich dadurch, daß man den Dünger oben auf dem Boden ausbreitet und denselben bei den Bodenarbeiten nach und nach in den Boden bringt und mit demselben verbindet, oder daß man denselben nach dem Einbringen in die Weinberge in besondere Gruben eingräbt.

Die erstere Düngungsweise ist in Württemberg fast in allen Weinbaugegenden eingeführt und nur in der Bodenseegegend wird, neben jener, auch bei der Verjüngung durch das Vergruben der Stöcke derselbe Dünger in die Grube gegeben.

Bei dem Düngen oben auf den Boden hat man blos die Regel zu befolgen, daß man den Dünger, so bald er in den Weinberg gebracht wird, gleichmäßig ausbreitet, damit er überall wirken kann, und denselben nicht feucht oder naß unterhackt, weil er sonst verfohlt und wenig Wirkung hat.

Die Düngung in Gruben kommt hauptsächlich da vor, wo es an Dünger mangelt, indem man durch dieselbe an Dünger viel ersparen kann, sie ist jedoch, weil nicht alle Bodentheile gedüngt werden, nicht so nachhaltig, wie eine sich über den ganzen Boden verbreitende Düngung und muß daher öfter wiederholt werden.

Diese Düngungsart kommt hauptsächlich in den Weinbaugegenden des Rheinthales vor und kann auf verschiedene Weise vorgenommen werden.

Da, wo die reihenweise Pfahl= oder die Rahmen=Erziehung eingeführt ist, werden häufig zwischen den einzelnen Reihen seichte Gruben gemacht, in dieselben der Dünger eingelegt und sofort wieder mit der ausgehobenen Erde bedeckt, oder es wird blos die Erde gegen die Stöcke auf beiden Seiten angezogen, in die dadurch gebildete Vertiefung der Dünger eingelegt und später mit der hinweggezogenen Erde wieder bedeckt.

Will man den Dünger sparen oder nicht vollständig düngen, so wird je eine Zeile übersprungen und diese dann im folgenden oder zweiten Jahre mit Dünger versehen.

In andern Gegenden, namentlich im Rheingau, werden Gruben oberhalb der Stöcke gemacht, und in dieselben der Dünger eingelegt und mit der ausgehobenen Erde bedeckt. Hiebei soll es sehr zweckmäßig sein, wenn hinter jedem Stock eine $1/2$ Fuß tiefe und $1 1/2$ Fuß lange querlaufende Grube gemacht und hier der Dünger eingelegt wird, wobei die ausgehobene Erde gegen die Bergseite geworfen, mit derselben sofort die Grube des oberhalb stehenden Stocks bedeckt und dadurch die Erde stets den Berg hinauf geschafft wird.

Bei dem Düngen während des Vergrabens der Stöcke wird der Dünger, nachdem die Stöcke mit Erde bedeckt sind, in die Grube gebracht, dort längere Zeit offen liegen gelassen und dann erst beim Felgen oder vor dem Winter mit Erde bedeckt. Ueberhaupt ist es bei dem Einlegen des Düngers in Gruben aus dem bereits angeführten Grunde nicht gut, wenn der frische Dünger sogleich stark mit Erde bedeckt wird, vielmehr ist es angemessener, wenn derselbe einige Zeit unbedeckt in der Grube liegen bleibt oder nur eine leichte Bedeckung von Erde erhält und erst später vollständig bedeckt wird.

Bei der Düngung in Gruben ist auch auf die Bodenart Rücksicht zu nehmen, indem der Dünger nicht so tief vergraben werden darf, daß die Luft wenig oder keinen Zutritt hat, weil dadurch die Auflösung desselben nur langsam, oder statt derselben eine torfartige Verkohlung vor sich gehen würde, die auf die Rebe keine Wirkung hätte. Es muß deßwegen namentlich zwischen

ſtrengem, ſchwerem, waſſerhaltendem und lockerem, loſem ſand= und kalkhalti=
gen Boden, der den Dünger ſchneller zerſetzt, unterſchieden, in erſterem derſelbe
nur ganz oberflächlich mit Erde bedeckt, in letzterem aber etwas tiefer einge=
bracht werden, wobei jedoch auch noch der weitere Umſtand zu beachten iſt, ob
bei der Anlage des Weinberges ſeicht oder tief geſetzt wurde, indem durch
das Ausheben der Gruben in keinem Falle die Wurzeln des Rebſtocks beſchä=
digt werden ſollten, daher die Gruben den Stöcken nicht zu nahe gebracht wer=
den dürfen.

XI. Die Krankheiten und Beſchädigungen des Weinſtocks und der Traube.

§. 192.

Auf die Dauer und Lebenskraft einer jeden Pflanze, mithin auch des
Weinſtocks und ſeines Erzeugniſſes üben klimatiſche und meteorologiſche Um=
ſtände, ſowie die Bodenverhältniſſe einen mächtigen Einfluß aus, ſo daß, ſowie
die zu einer kräftigen Vegetation nothwendigen Erforderniſſe fehlen oder in
ihrer Thätigkeit geſtört werden, dieſe auch auf den Rebſtock oder auf die Traube
einen mehr oder minder ungünſtigen Einfluß ausüben, wodurch Krankheiten
entſtehen, die entweder ein Verkümmern der Rebe und der Traube oder eine
gänzliche Auflöſung (Abſterben) derſelben veranlaſſen.

Neben dieſen durch äußere Einflüſſe herbeigeführten Störungen der Lebens=
kraft der Rebe und der Traube haben aber dieſelben und insbeſondere die letz=
tern auch viele Feinde, die weſentliche Beſchädigungen derſelben herbeiführen
können und insbeſondere auf den Ertrag der Rebe nicht ſelten eine ſehr nach=
theilige Wirkung haben.

Durch genaue Kenntniß der innern Organiſation der Rebe, ſowie der
Urſachen, durch welche die Krankheiten, Unfälle und Beſchädigungen derſelben
und der Trauben herbeigeführt werden, laſſen ſich jedoch manche entweder
ganz beſeitigen oder wenigſtens mildern, daher dieſelbe für den rationellen
Weinbauer von hohem Intereſſe iſt, indem davon nicht ſelten die Dauer ſeiner
Weinberge, ſowie der größere oder geringere Ertrag derſelben abhängt, wir
wollen deßhalb den am häufigſten vorkommenden Krankheiten und Beſchädi=
gungen je beſondere Abhandlungen widmen.

1. Die Beſchädigungen durch die Winterkälte.

§. 193.

Die Rebe gehört nicht zu den empfindlichen Pflanzen, welchen durch die
Winterkälte bald ein Schaden zugefügt wird, vielmehr iſt im Allgemeinen ſchon

ein größerer Grad von Kälte (von 15—18 Graden) nöthig, wenn dieselbe durch den Winterfrost leiden soll. Bei sehr starkem Frost von 20—24 und mehr Graden, wo der Boden bis zu den Grundwurzeln durchgefroren ist, werden aber auch diese durch denselben beschädigt. Das Erfrieren der Rebe erfolgt dadurch, daß derselben durch eine starke Kälte der innere Wärmestoff so vollständig entzogen wird, daß die innern Säfte gefrieren und dadurch die feinen Gefässe der Rebe sich ausdehnen und zerspringen, wodurch die Lebenskraft derselben aufhört und entweder einzelne betroffene Theile oder der ganze Rebstock zu Grunde geht. Ist das Erfrieren der Rebe nicht vollständig erfolgt, so entstehen im Laufe des Sommers manche Störungen der Lebenskraft oder innere Krankheiten, wie Saftstockungen, Grind, Abzehrungen, die ein Kränkeln des Weinstocks und später gleichfalls dessen Absterben oder einzelner Theile (Schenkel) veranlassen, daher der rationelle Weinbauer eine genaue Kenntniß von den Wirkungen der Kälte und deren Folge besitzen muß.

Das Erfrieren der Rebe hängt häufig von verschiedenen äußern Umständen, sowie von der Beschaffenheit der Rebe selbst ab.

Reben, die vom Schnee bedeckt sind, erfrieren bei strenger Kälte weniger als unbedeckte, ebenso leiden Reben, die den strengen und kalten Nord- und Nordostwinden ausgesetzt sind, mehr, als solche in geschützten Lagen; Reben in Niederungen, weil hier die Kälte stärker ist, mehr als auf luftigen Höhen. Eine strenge, aber kurz andauernde Kälte schadet in der Regel weniger, als lange andauernde, aber nicht so starke Kälte, weil hier der Rebe der Wärmestoff zwar langsamer, aber um so gewisser entzogen wird. Tritt eine strenge Kälte sehr frühe ein, wo das Holz noch nicht fest und hart ist, oder erst spät im Laufe des Monats Februar, wo schon der junge Saft in die Rebe aufzusteigen begonnen hat, so wirkt dieselbe nachtheiliger, als in der Mitte des Winters. Vorzüglich schädlich wirkt, wenn nach Regen oder nach Thauwetter oder nach starken Nebeln und Thauniederschlägen, so lange die Reben noch naß sind, Frost eintritt und dadurch sich eine Eiskruste (Glatteis) um die Reben bildet, wodurch die Augen zernichtet, die Rinde an der Rebe losgezogen und diese dadurch selbst berstet und schwarz wird. Ein solches nachtheilige Glatteis kommt in gelinden Wintern, in welchen ein häufiger Temperaturwechsel eintritt, öfter vor, als in strengen Wintern, auch wirkt dasselbe in engen Thälern schädlicher, als in weiten luftigen Thälern und auf Höhen, weil hier die Reben schneller abtrocknen und sich somit weniger Glatteis bilden kann.

Je nach dem Kältegrad und den sonstigen äußern Umständen erfriert zuerst das einjährige Rebholz mit den daran befindlichen Augen, dann der Schenkel und zuletzt auch noch der Kopf oder der Stamm.

Unter dem Rebholz selbst wird das im Vorjahr vollständig reif gewordene und ausgezeitigte nicht so bald erfrieren, als das weniger zeitige noch schwammige Holz, ebenso erfrieren Rebgattungen mit weichem porösen Holze (§. 2), weil in dieselbe die Kälte schneller eindringen kann, wie bei Sylvaner, Elblingen 2c., oder mit mastem Holze auf fettem Boden in Niederungen bälder, als bei Rebgattungen mit festerem Holze, wie bei den Rießlingen. Hie und da sind besonders bei Glatteis nur diejenigen Augen erfroren, welche dem strengen Winde zugekehrt sind und an welchen sich das Eis schneller bildete, als an den vor dem Winde mehr geschützten Augen. Bemooste Stöcke, welche das Eis mehr anziehen und länger behalten, sind dem Erfrieren mehr als andere, und ältere Stöcke, als weniger Lebenskraft besitzend, demselben mehr als jüngere ausgesetzt.

§. 194.

In vielen Weinbaugegenden und insbesondere auch in den württembergischen sucht man die Reben vor den Nachtheilen der Winterkälte durch das Niederlegen und Bedecken derselben auf die §. 165—166 beschriebene Weise zu schützen. Bei sehr strengen Wintern hilft aber auch dieses Schutzmittel nicht immer, auch ist dasselbe nach §. 166 hie und da mit andern Unzuträglichkeiten verbunden, daher dasselbe in solchen Weinbaugegenden, die mehr vor kalten Winden geschützt sind, wie im Rheinthale, selten in Anwendung kommt, doch ist es auch in einem solchen Falle gut, wenn wenigstens der Kopf der Rebe gut mit Erde zugedeckt wird.

Die Beschädigungen durch die Winterkälte erkennt man daran, daß die Rinde der Schenkel aufspringt und das innere Holz der Rebe braun statt grün ist. In einem solchen Falle bleibt nichts anderes übrig, als die erfrorenen Schenkel und Reben abzuwerfen und den Kopf so auszuputzen, daß er wieder neue Triebe machen kann. Doch ist auch auf die Beschaffenheit des Stocks Rücksicht zu nehmen, indem, wenn junge, vollsäftige Stöcke, namentlich Trollinger, ganz abgeworfen werden, dieselben bei dem starken Frühjahrstrieb sich allzusehr verweinen (verbluten), oder in ihrem Safte ersticken könnten, wodurch der Stock gleichfalls zu Grunde gehen würde. Hier ist es dann angemessen, wenn man das Abwerfen der Schenkel erst vornimmt, wenn die Saftströmung bereits begonnen hat, weil bei einem frühen Abschnitt die Poren des Holzes sich vor der Saftströmung schließen und ein nachtheiliger Saftüberfluß entstehen könnte, oder wenn man einen weniger beschädigten Schenkel bis zum nächsten Jahre stehen läßt, damit der Saft des Stockes sich dahin noch ziehen kann und die neuen Kopftriebe desto kräftiger werden, zu welchem Behuf es zweckmäßig ist, wenn man die Stöcke zu der Zeit, wo keine Frühlingsfröste mehr zu befürchten sind, nochmals aufräumt und die Gruben längere Zeit offen stehen läßt.

Sind nur einzelne Tragreben durch die Winterkälte beschädigt worden, so ist es rathsam, das Schneiden der Reben zu verschieben, bis der Saft in dieselben eingetreten ist, oder die Knospen sich zu entwickeln beginnen (Ende April oder Anfang Mai), damit die schadhaften Hölzer von den gesunden gehörig unterschieden und erstere durch Bodenhölzer ersetzt werden können. Doch kann der Stock zuvor, zur Zeit des gewöhnlichen Schneidens, von den alten Bögen oder den zu langen Schenkeln gesäubert und die unbrauchbaren, überflüssigen jungen Hölzer ausgeschnitten werden, damit derselbe wenigstens theilweise ausgerüstet dasteht, später das Schneiden der Tragreben desto schneller vor sich geht, und besonders dem Stock durch das späte Schneiden, nicht zu viel Saft entzogen wird.

Das Heranziehen von Bodenhölzern ist besonders auch bei den durch die Kälte nur theilweise beschädigten aber kränkelnden Reben zu empfehlen, weil die letztern im folgenden Jahre doch abgeworfen und daher durch gesunde Reben ersetzt werden müssen.

Ist auch der Kopf erfroren, der Stock in der Erde aber noch gesund, so kann man mit dem Pfropfen des Stocks in die Stange (§. 144. 175) oder mit dem Abwerfen des Kopfes nach §. 195 einen Versuch machen, indem man dadurch, besonders in ältern Weinbergen, immer noch bälder und sicherer zu einem neuen tragbaren Stock kommen kann, als wenn eine Wurzelrebe eingelegt wird.

2. Beschädigungen durch Winde.

§. 195.

In unbeschützten Weinbergslagen, besonders in solchen, welche den kalten und strengen Nord- und Nordostwinden ausgesetzt sind, können die Reben dadurch Schaden nehmen, daß durch die Winde der Saftumlauf gestört wird und das einjährige Reb- oder Tragholz austrocknet, dürr (winddürr) und unfruchtbar wird und entweder ganz absteht oder als kränkelnd keine Trauben treibt. Solche Beschädigungen kommen besonders bei nicht ausgezeitigtem Holze, so wie im Frühjahr bei gedeckten Weinbergen vor, weil bei diesen durch die geschützte Lage während des Winters, das Holz weit empfindlicher ist als bei ungedeckten, daher bei jenen ein allzu frühes Aufziehen (§. 153) zu vermeiden ist.

Die dürr gewordenen Reben werden beim Schneiden derselben abgeworfen und dabei hauptsächlich für neue Kopftriebe gesorgt. Ist es zweifelhaft, ob eine Rebe noch gesund ist oder nicht, so ist es besser, man läßt dieselbe stehen, damit der Saftzufluß mehr zertheilt wird und keine Saftstockungen entstehen. Sind nicht blos die Reben, sondern auch die Schenkel winddürr, was bei vorausgegangenen nassen Jahrgängen hie und da vorkommt, so daß der Stock als abgegangen zu betrachten ist, so ist es, weil derselbe in der Regel im Boden noch gesund ist, nicht angemessen, wenn er geradezu ausgehauen und durch einen Einleger oder auf andere Weise ersetzt wird, vielmehr kann er öfters noch dadurch gerettet werden, wenn man denselben im Frühjahr bis auf den Kopf abwirft und etwa 1 Fuß tief bis gegen die untersten Wurzeln aufräumt, so daß die Stange freisteht, wodurch sich an der letztern gerne junge Triebe entwickeln, die, weil sie nicht so fest sitzen, wie Triebe aus anderem Holz, sorgfältig an Pfähle gebunden werden müssen und in diesem Falle dann in kurzer Zeit zu einem neuen Stocke herangewachsen sind. Die Grube läßt man so lange offen stehen, bis das junge Holz im Herbst die gehörige Reife erlangt hat.

Starke und kalte Winde, besonders in den Monaten April und Mai, richten aber auch noch dadurch Schaden an, daß, wenn die Augen schon etwas angetrieben haben, solche in ihrem Triebe gehemmt und dadurch weniger kräftig austreiben oder ganz wegfallen, so wie, daß die jungen Triebe, wenn sie sehr saftreich sind, gerne abgerissen werden, wodurch die Vegetation gleichfalls gestört wird und besonders in jungen Gereuten hie und da das Abstehen des ganzen Stockes zur Folge hat. Ein baldiges und sorgfältiges Anheften der jungen Triebe an die Holzunterstützung sollte daher nie unterlassen werden.

3. Beschädigung durch Frühjahrs- und Spätjahrsfröste.

§. 196.

Zu dem Gedeihen aller vegetabilischen und animalischen Geschöpfe gehört Wärme, daher auch die Pflanzen einen gewissen Grad von innerer Wärme besitzen. Diese innere Wärme wird durch die Einwirkungen der Sonnenstrahlen gesteigert und jede Pflanze, mithin auch die Rebe, zu neuen Bildungen veranlaßt. Ein solcher Trieb tritt besonders im Frühjahr ein, nachdem die Rebe während des Winters ausgeruht hat und durch die nach und nach eintretenden stärkeren Wirkungen der Sonnenstrahlen der Boden und die Rebe sich erwärmt haben und dadurch zu neuen Saftbildungen veranlaßt werden, die um so stärker sind, je mehr der Boden durch die angesammelte Winterfeuchtigkeit zu der Auflösung der Nährtheile der Rebe geneigt ist, und je mehr dieselbe aus der Luft Wärme an sich ziehen kann. Ist nun dieses bei anhaltender warmer Frühjahrswitterung der Fall, so treiben sich die Augen der Reben, und es entstehen bald saftige Triebe, an welchen die jungen Träubchen sichtbar sind. Tritt dann später, bei dem häufigen Temperaturwechsel im Frühjahr, besonders nach Gewitterregen, wieder kältere Witterung ein und und sinkt dieselbe unter den Gefrierpunkt, so erstarrt der durch die feuchte Luft an den Reben sich angehängte Thau zu Eis, es entsteht ein Reifen, durch den die Saftbewegung der jungen Triebe entweder gehemmt oder der Saft selbst in Eis verwandelt wird, und da, nach den Gesetzen der Natur, die in Eis verwandelte Flüssigkeit sich ausdehnt, so hat dieses die Folge, daß durch diese Ausdehnung die zarten Saftgefässe der jungen Triebe zerreißen und abwelken, besonders wenn durch das baldige Erscheinen der Sonne ein allzu schneller Temperaturwechsel und dadurch eine Ungleichförmigkeit in der Zusammenziehung und Ausdehnung, sowie eine zu schnelle Erschlaffung der ausgedehnten Gefässe eintritt, bevor ein neuer belebender Saftzufluß erfolgen kann.

Der Reifen gründet sich zunächst auf die Entstehung des Thaues und dieser auf den allgemeinen physikalischen Grundsatz, daß da, wo Wärme und Kälte mit einander in Berührung kommen, beide Luftarten sich bestreben eine gegenseitige Ausgleichung dadurch herbeizuführen, daß der wärmere Theil seinen überwiegenden Wärmestoff an den kältern abgibt. Da nun bei hellen, windstillen, kühlen Nächten die Luft eine niedrigere Temperatur hat, als die am Boden stehende Gewächse, so geben diese fortwährend Wärme an dieselbe ab, und da die dadurch erwärmte Luft als leichter fortwährend in die Höhe steigt und durch kältere Luft wieder ersetzt wird, so geht die Wärme-Entziehung der Pflanzen oder deren Erkalten um so schneller vor sich.

Sind nun die Pflanzen gegen den kommenden Morgen kälter als die sie umgebende Luft, so schlägt sich auf dieselben, wie an jedem kalten Körper der in eine wärmere Temperatur gebracht wird, die in der Luft befindliche Feuchtigkeit als Dünste nieder, die sich nach und nach in Thautropfen zusammenziehen und bei Zunahme der Kälte sich in Eis oder Reifen verwandeln, der aus den Pflanzen so lange noch den Wärmestoff herauszieht, bis auch deren Säfte sich in Eis verwandelt haben.

Thau schlägt sich in allen hellen, kühlen Nächten nieder und er ist um so größer, je stärker der Temperaturwechsel des vorangegangenen Tages und der darauf folgenden Nacht, wie in südlichen Ländern, ist. Bei bedecktem Himmel, weil hier der Temperaturwechsel nicht so stark ist, und mithin auch keine Wärmeausstrahlung stattfindet, sowie bei Wind, weil dieser den Gewächsen auch wieder Wärme zuführt und dadurch ihre größere Erkältung verhindert, findet kein Thau-Niederschlag statt.

Hieraus läßt sich erklären, warum in der Nacht die Luft auf Höhen wärmer als in den Thälern ist, und daß daher auf denselben die Reben vom Frost weniger zu leiden haben als in Niederungen, sowie daß derselbe bei bedecktem Himmel und bei stark bewegter Luft, weil hier die Reben auch schnell wieder abtrocknen, seltener ein- und nicht so heftig auftritt als bei hellem Himmel und ruhiger Luft, wobei jedoch, wenn der Thau sich bereits auf den Pflanzen angesetzt hat und gegen Morgen ein kalter Ost- oder Nordostwind sich erhebt, auch das Gegentheil bewirkt werden kann, weil dieser die

Luft schnell und hie und da so stark erkältet, daß dadurch die Rebstöcke auch ohne Thau erfrieren können. Aus jenen Wirkungen folgt ferner, daß der Frost weit weniger oder gar nicht schadet, wenn auf denselben kein Sonnenschein, sondern trübe Witterung eintritt, wodurch das Aufthauen der gefrorenen Theile nicht gewaltsam, sondern nur langsam vor sich geht, und dieselben durch neuen Saftzufluß wieder gestärkt werden können. Ein bald auf den Frost eintretender Regen trägt gleichfalls dazu bei, daß sich manche beschädigte Reben wieder erholen.

Dagegen vermehrt vorangegangene nasse Witterung oder überhaupt ein feuchter, nasser Boden, so wie, aus diesem Grunde, eine kurz vorangegangene noch auf der Oberfläche des Weinberges befindliche Stallmistdüngung die Gefahr des Erfrierens, während ein trockener Boden mehr davor schützt, weil in jenem Falle mehr Feuchtigkeit ausgedünstet wird, und je feuchter die Luft ist, je mehr werden die Pflanzen, weil feuchte Luft ein besserer Wärmeleiter ist als trockene, dadurch erkältet, und desto stärker sind die Thauniederschläge.

Aus einem ähnlichen Grunde erfrieren Reben, die in der Nähe von Wiesen, Grasrainen, Kleefeldern sich befinden, bälder und stärker als andere, weil hier durch die gedrängt stehenden saftigen Pflanzen die Feuchtigkeitsausdünstung vermehrt wird, die Wärmeausstrahlung bei denselben schneller vor sich zu gehen scheint und dadurch die Luft sich bälder erkältet. Ebenso tritt in engen Thälern, in welchen der Boden weniger schnell austrocknet und der freie Luftzug mehr gehemmt ist, der Frost stärker auf und zieht sich in den Weinbergen höher hinauf als in weiten Thälern (§. 55).

Werden die Reben frühzeitig durch den Frost beschädiget, wo die Augen noch nicht vollständig angetrieben haben und manche noch in der Wolle stecken, so ist der Schaden in der Regel weniger bedeutend, auch machen in einem solchen Falle die Beiaugen der Reben, besonders beim Sylvaner, noch Nachtriebe und die gesund gebliebenen Augen treiben öfters mehr und größere Trauben, so daß es hie und da (wie 1862) noch sehr viel Wein gibt, und alsdann das alte Sprichwort der Weingärtner in Erfüllung geht:

"Wenn der Weinstock erfriert in der Wollen,
"soll man die alten Fässer herfür holen."

Tritt der Frost spät ein, wo die Reben schon Schooße getrieben haben, so ist wenig Hoffnung auf einen Weinertrag vorhanden, weil die Nachtriebe selten Trauben bringen. Nach einem solchen Froste sehen die erfrorenen, zarten Triebe, weil das Aufthauen des Eises durch die Sonnenstrahlen zu schnell vor sich ging, wie vom heißen Wasser gebrüht aus und werden bald schwarz und dürr; doch ist es nicht räthlich, sie sogleich auszubrechen, weil unten gegen das alte Holz sich doch noch etwas Gesundes befinden kann, aus dem sich neue Triebe entwickeln, dagegen erscheint es angemessen, wenn nach Verfluß von einigen Tagen der erfrorene Theil der Schooße abgeschnitten wird, damit der Rebstock seine Säfte nicht unnütz zur Wiederbelebung der erfrorenen Theile, sondern ausschließlich zur Hervorbringung neuer Triebe verwendet.

Die gefährlichste Zeit für die Reben hinsichtlich des Eintritts des Frostes ist das Ende des Monats April und bis gegen die Mitte des Monats Mai (Pankratius, Servatius und Bonifacius vom 12.—14. Mai), indem dieselben hier gewöhnlich schon zarte Triebe entwickelt haben, die auch von einem leichten Frost beschädigt werden. Später ist die Luft und der Boden mehr erwärmt, so daß weniger Frost zu befürchten ist, doch ist ein solcher auch schon zu Ende des Monats Mai und zu Anfang des Monats Juni vorgekommen.

§. 197.

Bei dem Froste muß man übrigens zwischen dem Erstarren der Pflanzen und der gänzlichen Zerstörung der organischen Gefäße oder einzelner Theile wohl unterscheiden, indem im letztern Falle das Leben derselben durch kein äußeres Mittel mehr zurückgerufen, während im erstern Fall dieselben nicht selten dadurch noch gerettet werden können, wenn, wie schon bemerkt, nach dem Frost ein trüber Himmel eintritt, oder Regen erfolgt, oder wenn die Pflanzen mit Wasser begossen werden, weil der wärmere Gehalt des Wassers das Eis aus der Pflanze herauszieht, wie man dieses, wenn man gefrorenes Obst in kaltes Wasser legt, deutlich bemerkt, oder wenn man durch das Räuchern der Weinberge die allzu schnelle Erkältung der Luft, sowie die allzustarke Einwirkung der Sonnenstrahlen auf die erstarrten Reben zu verhindern sucht. Auch die in Gestalt von Nebeln von Bächen und Flüssen aufsteigenden Dünste können theils zur Zerstörung der Pflanzen durch Vermehrung des Frosts beitragen, theils zum Schutze derselben dienen, je nachdem sie vom Winde getrieben sich an die ihnen nahen Pflanzen als Thau ansetzen, oder erst spät aufsteigend bei ziemlich ruhiger Luft gleichsam eine Nebelwand bilden, in welcher die Strahlen der aufgehenden Sonne gebrochen und dadurch hinsichtlich ihrer zerstörenden Kraft unwirksam werden.

Die Wirkungen des Frostes und die Ursachen, durch welche dieselben bei den Reben verhütet werden, sind sehr verschieden, daher der Frost, wenn er nicht erst spät, wo die Triebe schon ganz entwickelt sind, und sehr stark auftritt, wodurch die Gefäße der jungen Triebe zerstört werden, sehr selten sich ganz, sondern je nach dem Stande der Reben (unten, mitten, oben) und nach dem Zuge des Windes u. s. w. theils mehr theils minder zerstörend zeigt, so daß sich sogar an einem und demselben Stocke und an einer und derselben Rebe, je nachdem die einzelnen Reben und Augen vor den zerstörenden Ursachen geschützt waren, sich erfrorene und gesunde Theile befinden können.

Der Schutz, den man den Reben gibt, um sie im Allgemeinen vor den

Wirkungen des Frostes zu bewahren, wird daher hauptsächlich darin bestehen, sie mit einer wärmenden Decke zu versehen, wodurch sowohl die Heftigkeit des Frostes gebrochen, als die nachtheilige Einwirkung der erwärmenden Sonnenstrahlen verhütet werden.

Eine solche wärmende Decke kann durch das Räuchern in den Weinbergen herbeigeführt werden, es ist jedoch für die einzelnen Weinbergbesitzer, wenn sich nicht größere Flächen an einem Stück befinden, weniger ausführbar, vielmehr gehört dazu ein gemeinschaftliches Zusammenwirken sämmtlicher Weinbergbesitzer, so wie eine genaue und sorgfältige Ausführung, woran bisher nachhaltige Versuche im Großen häufig scheiterten, auch wird dasselbe bei einer förmlichen Windstille nicht immer die erwartete Wirkung thun.

Um das Räuchern der Weinberge zweckmäßig ausführen zu können, muß dafür gesorgt werden, daß durch die Weinberge ein hinlänglich dicker Rauch verbreitet werde, durch Anhäufung von brennbaren Materialien um die Weinberge, den Berg hinauf in Entfernungen von 20—30 Schritt namentlich von langen und einige Fuß dicke Wellen von Reisach, in welche man Moos, Sägmehl, Gerberlohe einlegen und mit umgekehrten Rasen bedecken kann. Diese Brennstoffe werden auf der Seite, von welcher der Wind kommt, Morgens in der Frühe sowie der Frost eintreten will, angezündet und fort erhalten bis kein Frost mehr zu befürchten ist, mithin etwa bis Morgens 9 Uhr. Ist die Weinbergfläche sehr groß, so daß der Rauch dieselbe nicht ganz durchdringen kann, so müssen in den Wegen (Furchen) neue Brennhaufen angelegt werden.

Ein weiteres Mittel, die Reben vor dem Froste zu schützen, will man darin gefunden haben, wenn man mit Strohseilen, welche einige Fuß tief in den Boden reichen, die Rebstöcke umwendet, oder die Seile über die Reihen hinlaufen läßt und sie in gewissen Entfernungen, jedoch in lothrechter Richtung, wieder mit der Erde verbindet, weil durch das Stroh, als ein schlechter Wärmeleiter, die aus dem Boden kommende Wärme mehr zurückgehalten und an die Rebstöcke geleitet wird, mithin die Erkältung derselben langsamer von statten geht. Dieses Mittel wird jedoch nur bei gelindem Frost einige schützende Wirkung äußern und sich daher bei der Umständlichkeit und dem zweifelhaften Erfolge nicht wohl im Großen, sondern nur an einzelnen Traubenstöcken in Gärten anwenden lassen, auch läßt sich dasselbe sowie das Ueberhängen der Rebstöcke mit zusammengebundenem Stroh oder mit Strohhütchen erst nach dem Pfählen der Weinberge und Anhängen der Reben ausführen, während der Frost öfter viel früher eintritt.

Das einfachste Mittel die Reben vor dem Froste zu schützen, und das auch von jedem einzelnen Weinbergsbesitzer angewendet werden kann, wäre, wenn man die Rebstöcke mit Strohmatten oder mit in Theer getränktem Papier, Pappendeckel ꝛc. in der Art überhängt, daß zwei etwa 3 Fuß breite und

4 Fuß lange Matten ꝛc. oben zusammengeheftet und die beiden Flügel über die Rebstöcke gehängt werden, so daß sie gleichsam ein Dach über denselben bilden. Es läßt sich dieses Schutzmittel jedoch nur bei der Rahmenerziehung zweckmäßig anwenden, auch ist die Anschaffung der Strohmatten, Pappendeckel ꝛc. etwas kostspielig, weil aber dieselben bei sorgfältiger Aufbewahrung lange Jahre brauchbar bleiben, so dürfte sich der Aufwand bei der Anwendung im Großen doch gut rentiren.

Die natürlichsten Schutzmittel gegen jeden Frostschaden bestehen jedoch darin, wenn man bei der Anlage der Weinberge auf gute, gegen die kalten Nord- und Ostwinde geschützte Lagen Rücksicht nimmt, und wenn man in Lagen, welche den Frühjahrsfrösten ausgesetzt sind, keine frühtreibende und solche Traubensorten anpflanzt, die gegen den Frost besonders empfindlich sind, wie Trollinger, Elbling, Gutedel, Traminer, Velteliner, dagegen härtere wie Sylvaner, Fütterer, Clevner, Rießling, auch bei den jährlichen Weinbergsarbeiten Frostlagen besonders behandelt, namentlich nicht zu frühe oder vor dem Winter schneidet und nicht zu frühe hackt, weil durch beide Arbeiten der Trieb der Rebe frühzeitig geweckt wird, und, aus dem bereits angeführten Grunde, keine Graspfade und Grasraine in den Weinbergen duldet, und wo letztere nicht umgangen werden können, sie frühzeitig abgrast.

Bei der Anwendung von künstlichen Schutzmitteln muß auch die rechte Zeit dazu gewählt werden. Frühlingsfröste treten meistens nach Gewittern oder Stürmen ein, durch welche die Lufttemperatur in wenigen Stunden hie und da zur empfindlichen Kälte herabgedrückt wird; wird dann dieselbe durch kalte und trockene Nord- und Ostwinde vermehrt, so stellt sich, besonders wenn sich die Winde um Mitternacht legen, in der Regel der Frost am Morgen des dritten Tages nach dem Gewitter ein, daher, wenn solche Anzeigen vorhanden sind, schon Vorbereitungen zur Verhütung des Frostes getroffen werden dürfen, und da die Kälte kurz vor oder bei Sonnenaufgang am größten ist, so müssen hier die Vorbeugungsmittel, wie z. B. das Räuchern, überall in der Ausführung begriffen sein.

§. 198.

Spätjahrsfröste, die sich entweder vor, während oder nach dem Herbste einstellen, wirken in der Regel weniger zerstörend, als die Frühjahrsfröste, doch können sie, wenn sie frühzeitig vor dem Herbst erscheinen, so lange Trauben und Holz noch nicht reif sind, auch sehr nachtheilige Wirkungen haben, wie im Jahr 1805, 1816 und 1817, doch kommen solche Jahre sehr selten vor. Durch einen solchen heftigen Frost werden zunächst die Blätter der Rebstöcke beschädiget, so daß sie schnell welken und abfallen, wodurch die Saftcirkulation gestört und die Zeitigung des Holzes und der Trauben aufgehalten wird. Ist der Frost so stark, oder wiederholt er sich, daß dadurch auch die Traubenstiele und die Trauben selbst angegriffen werden, so stehen letztere in der Zeitigung still und ist dieselbe noch weit zurück, so welken sie ab und es steht wenig und ein sehr saurer Wein in Aussicht. Wird durch den Frost auch noch das Holz im unreifen Zustande angegriffen, so hört die Zeitigung auf, es wird braun und hat die nachtheilige Wirkung, daß auch der Ertrag des nächsten Jahres in Frage gestellt wird, weil unvollständig gereiftes Holz selten oder wenig Trauben treibt. Ein Frost kurz vor oder während des Herbstes, wenn Holz und Trauben gehörig gezeitiget sind, thut keinen wesentlichen Schaden, indem er zwar die Quantität vermindert, dagegen aber die Qualität des Weins erhöht, weil durch denselben eine Menge Wasser aus den Trauben herausgezogen wird und sich verflüchtet, doch bekommt der Wein hie und da einen Frostgeschmack, der sich jedoch durch Ablagerung verliert. Der Frost nach dem Herbst verursacht in der Regel keinen Schaden, wenn er nicht, wie eine Winterkälte, so heftig auftritt, daß er auch das noch etwas zarte einjährige Holz, sowie die grünen Augen angreift, was jedoch selten der Fall ist, vielmehr kommt derselbe, wenn er nur die Blätter versengt, dem Weingärtner erwünscht, weil dadurch die Saftcirkulation vermindert, die Zeitigung des Holzes befördert und weil, bevor diese erfolgt ist, nicht niedergelegt und gedeckt werden soll (§. 165).

Es ist schon hie und da die Ansicht aufgestellt worden, daß in den letzten hundert Jahren und namentlich in dem gegenwärtigen Jahrhundert die Beschädigungen durch die Frühjahrs- und Spätjahrsfröste zugenommen haben, nach angestellten Untersuchungen und Vergleichungen ist jedoch dieses wenigstens in keinem auffallenden Verhältnisse der Fall. Dagegen könnte die Heftigkeit der Fröste in manchen Weinbaugegenden dadurch zugenommen haben, daß nicht nur in den Weinbergen selbst die Anpflanzung von Futterkräutern (Klee) sich vermehrt hat, sondern daß auch die Brache des Ackerfeldes fast ganz mit grünen, saftigen Futter- und andern Kräutern eingebaut wird, wodurch die Erkältung der Luft bälder und stärker erfolgen dürfte, als bei einem geringeren Bracheinbau oder bei der Einhaltung reiner Brache.

4. Der rothe Brenner (Laubrausch).

§. 199.

Der rothe Brenner besteht in einer Krankheit des Blatts, die in den Sommermonaten sich bemerklich macht und hauptsächlich entsteht, wenn in den Monaten Juli und August Regen mit Sonnenschein schnell wechselt und dadurch die Blätter weder vollständig abtrocknen, noch die Flüssigkeit durch die Poren derselben (§. 4) ganz aufgesaugt wird. Die auf den Blättern der

Rebe befindlichen Wassertropfen werden dann je nach dem Stande der Sonne, besonders bei bewölktem Himmel mit wechselndem Sonnenschein, weil hier die Sonnenstrahlen in einem engeren Kreise zusammengebrängt und fixirt werden, wie durch ein Brennglas so erwärmt, daß dadurch da, wo der Wassertropfen stand, das Blatt sowie das Mark desselben verbrüht und die Saftcirkulation sowie das Aufnehmen (Einathmen) neuer Lebenskräfte von der Luft, dem Thau, dem Regen, dem Sonnenschein gehemmt wird, was bei der Fortdauer abwechselnder Witterung krebsartig um sich frißt und nach und nach das Absterben und Abfallen des Blatts zur Folge hat.

Da nun durch die Blätter hauptsächlich die Saftcirkulation vermittelt wird, so leiden durch die Beschädigung derselben auch die nun unbedeckten Trauben, indem sie in der Entwicklung und Zeitigung zurückbleiben und hie und da vom Brenner selbst getroffen, nicht selten braten und dürr werden oder sich ausbeeren und ganz abfallen. Auch auf die Zeitigung des Holzes übt die Krankheit des Blatts, wenn sie lange andauert, einen nachtheiligen Einfluß aus.

Der Rothbrenner bildet zuerst nur einzelne Punkte oder Kreise und zeigt sich zunächst an allen denjenigen Stellen der Blätter, wo die Regen- hie und da auch Thautropfen am längsten stehen bleiben, mithin bei abwärts stehenden Blättern am Rande derselben, bei senkrechten oder gebogenen Blättern an den Vertiefungen derselben zwischen den Hauptrippen, bei aufrecht stehenden Blättern gegen den Blattstiel, wo die Rippen sich verzweigen. Ferner an solchen Stöcken mehr, die nach der Lage des Weinberges oder nach dem Stande der einzelnen Rebstöcke der Morgen- und besonders der stark wirkenden Abendsonne ausgesetzt sind, wie am Rande der einzelnen Weinberge, während die mehr beschatteten Stöcke ganz oder theilweise davon verschont bleiben, insbesondere aber die Weinberge mit stark westlicher Lage, weil dort die Rebstöcke zu lange naß bleiben und dann die Sonne auf einmal zu kräftig einwirkt. Außerdem sind auch die einzelnen Traubengattungen theils mehr, theils weniger dem Rothbrenner ausgesetzt, die empfindlichsten sind die schwarzen oder blauen Sorten und unter denselben namentlich der Clevner, Affenthaler, der Portugieser, wobei sich das Blatt zunächst roth färbt; unter den rothen Sorten der Malvasier mit rothen, unter den weißen der Elbling, Rießling mit gelben Kreisen. Je häufiger zur gedachten Zeit Regen mit Sonnenschein wechselt, desto stärker wird auch der Rothbrenner auftreten, wenn aber nach dem ersten Erscheinen desselben Trockenheit eintritt, so wird er weniger nachtheilig wirken, weil sich dann die noch gesunde Stelle des Blatts von der verbrannten abschließt und ihre Thätigkeit fortsetzt. Mehr wird er in dem Falle auftreten, wenn auf vorangegangene große Trockenheit längeres warmes Regenwetter folgt, wodurch bei den Reben durch vermehrten Saftzufluß von den

Wurzeln ein schnelleres Wachsthum und eine Ueppigkeit und Zartwerden der Blätter eintritt, die, sowie später kein anhaltender Sonnenschein mit Luftzug und allmähliger Hitze, sondern brennender Sonnenschein kommt, von demselben leichter als kräftigere Blätter beschädigt und zerstört werden. Der Boden hat hie und da gleichfalls Einfluß auf den Brenner, indem in kühlem und kaltem Boden die Reben weniger schnell abtrocknen und manchmal ein sehr üppiges und empfindliches Laub erzeugen, das mehr vom Brenner getroffen wird. Aehnliches gilt auch von der Lage der einzelnen Weinberge. Reben, welche vom Winde hin= und herbewegt werden können, wodurch die Regentropfen abfallen und auftrocknen, werden weniger vom Rothbrenner getroffen, als diejenigen, die fest an den Pfahl gebunden sind, daher die Rahmenerziehung mit Drahtanlage als ein besonderes Schutzmittel erscheinen dürfte, indem der Draht beweglicher ist als Pfähle oder Latten, wodurch sich die Regentropfen leichter und vollständiger abschütteln, als bei jeder andern Holzunterstützung.

Besondere Heilmittel gegen die Krankheit sind keine bekannt, doch sollen eingekürzte Reben (§. 149), ohne Zweifel weil sie kräftigere Triebe machen, später vom Brenner getroffen werden als andere.

5. Der schwarze Brenner.

§. 200.

Der schwarze Brenner, auch schwarzer Fresser genannt, zeigt sich hauptsächlich in nassen Jahrgängen, wo viel überflüssige Feuchtigkeit in dem Boden steckt und nach starken Nebeln und Thauniederschlägen. Er erscheint in der Regel etwas später als der Rothbrenner, in den Monaten August und September und macht sich an den, dem Boden zunächst stehenden jungen Trieben, öfters aber auch an den obern Gipfeln des jungen Holzes bemerkbar. Die jungen weichen Triebe an der äußersten Spitze der Rebe erscheinen zuerst wie vom heißen Wasser gebrüht, welken sofort ab und werden schwarz. Das Gleiche wird nach und nach auch an den ältern Blättern bemerkbar, sie bekommen schwarze Punkte, wie mit glühendem Eisen gebrannt, welche sich immer mehr ausbreiten und durchfaulen, wodurch das Blatt Löcher und Risse bekommt, abstirbt und seine Lebensthätigkeit ganz oder größtentheils verliert. Dieser Krankheitsstoff geht, wenn die ungünstige Witterung länger fortdauert, auch auf das junge Holz und auf die unter den Blättern hervorstehenden Trauben über. Ersteres bekommt schwarze Punkte, die sich immer mehr ausdehnen und sich fast bis auf das Mark der Rebe durchfressen, wodurch nicht nur die Reife desselben gehemmt und für das folgende Jahr als Tragholz wenig oder gar nicht brauchbar ist, sondern auch Saftstockungen eintreten, durch welche einzelne Schenkel oder ganze Stöcke zu Grunde gehen, weil selten Nachtriebe stattfinden.

Die Traubenbeere und Traubenstiele erhalten gleichfalls schwarze Punkte, die sich an dem hintern Theile der Traube, die der Luft weniger ausgesetzt sind, zuerst zeigen, sich vergrößern und auf andere Beere übergehen, so daß diejenigen, die noch wenig ausgebildet (unzeitig) sind, abwelken, schwarz werden und abfallen, was auch nicht selten bei ganzen Trauben geschieht, indem ihnen die zu ihrer Ausbildung erforderliche Luft- und andere Nahrung entzogen wird. Vollkommenere Traubenbeere oder die vom Brenner nach gehöriger Ausbildung später befallene Beere fallen nicht ganz ab, behalten aber ihre schwarze Flecken, die sich immer mehr ausdehnen und der vollständigen Zeitigung der Trauben sehr hinderlich sind. Sie behalten immer eine gewisse Säure, die sich um den nach und nach verhärteten Fleck bildet und müssen daher bei der Lese sorgfältig entfernt werden. An den Trauben, die durch Laub geschützt sind, zeigen sich die schwarzen Punkte weniger als bei freihängenden und bei diesen auf der Vorderseite mehr als auf der Hinterseite, hie und da fallen aber auch an der letztern die Beere, wo sie weniger vollkommen waren, ganz weg.

Nach all diesem wirkt der schwarze Brenner weit schädlicher als der rothe Brenner, indem er nicht nur den Weinertrag des laufenden Jahrs hinsichtlich der Quantität und Qualität sehr vermindert, sondern auch eine sehr nachtheilige Wirkung auf die Gesundheit des Stocks und auf den Ertrag des nächsten Jahrs ausübt.

Die Art der Entstehung des schwarzen Brenners ist noch nicht gehörig ermittelt, es ist aber nicht unwahrscheinlich, daß derselbe, da die brandigen Stellen ganz dasselbe Aussehen wie vertrocknete Thautropfen haben, durch schädliche Erdausdünstungen erzeugt wird, die sich als kalter, vielleicht etwas salpeterhaltiger Thau an der Rebe ansetzen und daß daher auch da, wo sich derselbe stärker niederschlägt und weniger schnell abtrocknet, die Beschädigungen stärker sind als an andern Orten. Vielleicht tragen auch Saftstockungen im Innern der Rebe dazu bei, indem, wenn der Boden allzuviel Feuchtigkeit enthält, durch die Wasserhaltigkeit desselben oder durch die Lage des Weinberges herbeigeführt, die Rebe dadurch in einen krankhaften Zustand versetzt wird, d. h. gleichfalls zu viel Wasser in sich aufnimmt, das sie, wenn schnell Hitze eintritt, nicht mehr gehörig verarbeiten kann, wodurch, indem durch die brennenden Sonnenstrahlen die Säfte mehr koncentrirt werden, kranke (schwarze) Stellen an Laub, Holz und Trauben entstehen.

Auch will man bei genauen Untersuchungen mit Vergrößerungsgläsern gefunden haben, daß sich auf den kranken Stellen moos- und pilzartige Gewächse bilden, die als Schmarotzerpflanzen, sich durch Samen, sogenannte

Sporen, wie der Schimmel bei der Traubenkrankheit, sehr schnell vermehren und sich über alle benachbarten Pflanzentheile verbreiten.

Nach den bisherigen Erfahrungen zeigt sich der schwarze Brenner hauptsächlich in nassen Jahrgängen und in Weinbergen mit kühlem, nassen und kaltem Boden (Lehm, Letten) oder mit strengem, wasserhaltigen Thonboden, der die überflüssige Feuchtigkeit lange behält, oder in ebenen, wenig abhängigen Weinbergen, wo das Wasser nicht gehörig ablaufen kann, oder in nicht sehr tief (2 Fuß) gereuteten Weinberge, mit wenig durchlassendem Untergrund, wo die Wurzeln des Rebstocks im Wasser stehen, vorzugsweise und weit heftiger, als in Weinbergen mit trockenem, tief gereutetem Boden und starker Abdachung. Auch enge Thäler, wo die Winde nicht gehörig streichen können und in welchen am Tage die Hitze der Sonnenstrahlen durch den Reflex verdoppelt wird, während sie in kühlen Nächten wieder mehr den kalten und feuchten Nebeln ausgesetzt sind, und wo also am Tage die Triebkraft der Stöcke aufgereizt, in der Nacht aber um so stärker zurückgeschreckt wird, sollen der Entstehung des Brenners mehr günstig sein, als weite Thäler und luftige Höhen.

Außerdem werden auch einzelne Traubengattungen und namentlich solche mit schwammigem, porösen Holze, wie Sylvaner, Portugieser, von demselben mehr als andere getroffen, was auf die oben angeführten Saftstockungen hindeuten würde, da jedoch auch Sorten mit härterem Holz, wie Rießling, Süßrothe von dem Brenner bald ergriffen werden, so läßt sich davon kein allgemeiner Grundsatz über die Entstehung der Krankheit ableiten, vielmehr scheint deren Entwicklung doch hauptsächlich von den Witterungsverhältnissen und der Bodenbeschaffenheit abzuhängen.

Als Vorbeugungsmittel gegen diese Krankheit dürfte sich daher hauptsächlich das möglichst schnelle Ableiten des Wassers aus den Weinbergen durch Wasserabzugsgräben, Drainirung (§. 93), durch tiefes Reuten und durch das Reuten bei trockenem Boden (§. 94. 95), sowie das Uebertragen der Weinberge mit warmer, wenig wasserhaltender Erde (Mergel, Kies) empfehlen, auch dürfte das Einkürzen der Reben, um sie kräftiger und widerstandsfähiger zu machen, gute Dienste thun.

6. Die Gelbsucht.

§. 201.

Die Gelbsucht der Rebstöcke besteht darin, daß die Blätter einzelner Stöcke oder derjenigen ganzer Gelände vor oder bald nach der Blüthe gelb werden, abwelken und später abfallen, so daß der Ernährungs- und Lebensproceß des Rebstocks ganz oder theilweise aufhört und die Fruchterzeugung für das laufende Jahr, und je nach Umständen auch der ganze Rebstock oder einzelne Schenkel desselben verloren gehen. Dieselbe kann auf verschiedene Art entstehen, in der Hauptsache wird aber der Grund vorzüglich in der Störung des Ernährungsprozesses zu suchen sein, der entweder durch die Bodenbeschaffenheit oder durch äußere atmosphärische Einflüsse herbeigeführt werden kann.

Durch die Bodenbeschaffenheit kann das Gelbwerden der Reben entstehen:

a. Wenn bei der Anlage eines Weinberges auf dieselbe keine Rücksicht genommen und ein strenger fester Boden nur seicht gereutet wird, oder ein undurchlassender Untergrund vorhanden ist, dessen nachtheilige Wirkungen nicht beseitigt wurden (§. 73), indem dadurch der Boden entweder zu schnell austrocknet und seine Nährkraft verliert oder, besonders in nassen Jahrgängen, die Feuchtigkeit zu lange behält und das Wasser gegen die Wurzeln anstaut, wodurch dieselben weich und krank (wasserschleichend) und zur Aufnahme von Nährstoffen untauglich werden. Der gleiche Fall tritt ein, wenn bei dem Verlegen der Stöcke Gruben gemacht werden, in welchen das Wasser sich ansammelt und nicht abziehen kann.

b. Wenn sich in dem Weinbergsboden unterirdische Quellen befinden, die bei der Anlage nicht gehörig abgeleitet oder deren Abzug erst später gehemmt wurde, oder die erst neu entstanden sind, indem auch durch diese den Wurzeln der Reben zuviel Wasser zugeführt wird, wodurch dieselben krank werden und in der Ernährung des Stocks nachlassen.

c. Wenn die chemische Zusammensetzung des Bodens den Ernährungsprincipien der Rebe nicht entspricht, besonders wenn sich in nassen Jahrgängen die alkalischen und salzigen Stoffe im Boden allzu reichlich auflösen, wodurch die flüssigen Nährstoffe der Rebe nicht nur mit Kalksalzen überfüllt und die Verbindung und Entwicklung der kohlenstoffhaltigen Substanzen und vielleicht selbst des Ammoniaks gehindert, sondern auch der Rebe überhaupt zuviel Wasser zugeführt wird. Dadurch werden die zur Ernährung der Rebe dienenden Stoffe derselben ganz oder theilweise entzogen, es tritt Schwäche und Kränklichkeit ein und das Gelbwerden der Blätter erfolgt umsomehr, als das Licht auf die Pflanzen einen wesentlichen Einfluß ausübt; und Wasser und Luft dieselben nur dann grün färben sollen, wenn das Licht nur auf die Pflanzen, nicht aber auf das Wasser einwirke und Wasser in Verbindung mit alkalischen Stoffen die Gewächse gelb mache. Das Gelbwerden der Rebstöcke erscheint daher häufig in solchen Weinbergen in größerer Ausdehnung, welche viel Kalkgehalt besitzen, indem der im Boden befindliche Kalk öfters die Veranlassung zu der Bildung von salpetersauren Salzen gibt.

d. Ein magerer Boden trägt gleichfalls zu dem Gelbwerden der Reben bei, indem, wenn derselbe so ausgesaugt ist, daß die Rebe keine vollständige

Nahrung mehr findet, dieselbe nicht nur an allgemeiner Schwäche leidet, sondern auch die Blätter, weil die Kraft zur vollständigen Ausbildung der Traube fehlt, besonders gegen die Traubenreife gelb werden und abfallen, wodurch auch die Trauben in der Auszeitigung zurück oder ganz stehen bleiben. Es kommt dieß namentlich in ältern Weinbergen bei Rebgattungen mit starker Triebkraft und besonders bei dem Trollinger in dem Keuperboden des untern Neckar- und Weinsberger Thales bei einer Bestockung von $3^{1}/_{2}$—4 Fuß Weite öfters vor, während es in der Gegend von Stuttgart bei ähnlichem Boden, aber bei einer Bestockungsweite von $4^{1}/_{2}$—5 Fuß, weit weniger der Fall ist, und in den Kalkgebirgen des Neckarthales, sowie auch da, wo der Trollinger gemischt gebaut wird, jene Krankheitserscheinung gar nicht bemerkt wird.

Der Trollinger verlangt bei seiner starken Triebkraft, da, wo er mehr rein gepflanzt wird, Luft sowohl oben als im Boden und bedarf daher, wenn die Erde nicht allzusehr ausgesaugt werden soll, neben einer regelmäßigen guten Düngung, einen größeren Raum zu seiner Ernährung, als manche andere Traubengattungen; auch mögen vielleicht einzelne Gattungen des Keuperbodens, besonders solche mit geringem Kalkgehalt, für den Trollinger weniger nährende Theile besitzen, als wie die Kalkgebirge des Neckarthales, dagegen zeichnen sich die Trollingerweine des Keuperbodens vor denjenigen von den Kalkgebirgen nicht selten durch stärkeres Bouquet und Gewürz aus.

§. 202.

Zu den äußern atmosphärischen Einflüssen, welche die Krankheit herbeiführen, gehört vorzüglich lang andauerndes, kaltes Regenwetter, wodurch in dem Boden überhaupt sich allzuviel Feuchtigkeit ansammelt, so daß die Wurzeln im Wasser liegen und entweder allzuviele wässerige Säfte oder schädliche chemische Zersetzungen aufnehmen müssen, oder es bildet sich besonders in stark thonhaltigen Böden, ein saurer Humus (§. 72), der die feinen Haarwurzeln umgibt, sie ihres Ueberzugs beraubt, zernagt und tödtet, und dadurch dem Rebstock selbst die Nahrungssäfte abschneidet. Auch entbehrt derselbe durch lange anhaltende ungünstige Witterung der Wärme und des Sonnenscheins, die er beide zu seinem guten Gedeihen verlangt, wodurch auch die Thätigkeit der Blätter in der Aufnahme der zur Verarbeitung der Säfte erforderlichen Stoffe (§. 4) gestört wird. Ferner kann im Gegensatz zu allzustarker nasser Witterung eine allzutrockene Witterung, wie im Jahr 1842, das Gelbwerden der Reben bewirken, indem, wenn sich in dem Boden keine Feuchtigkeit mehr befindet, auch der Saftzufluß aufhört, der, wenn er lange andauert, auf das Wachsthum und den ganzen Vegetationsproceß der Rebe einen nachtheiligen Einfluß ausübt.

Außerdem kann das Gelbwerden der Reben noch veranlaßt werden, wenn in vorausgegangenen kalten Wintern, die Wurzeln der Reben Schaden genommen haben, oder wenn sie durch Insekten (Engerlinge), Mäuse ꝛc. beschädigt werden, oder wenn durch das Unterhacken von Schnee und Schloßen, dieselben in dem Boden zu sehr erkältet werden, oder wenn in bindendem Boden bei Regenwetter gehackt wird, wodurch derselbe sich leicht ganz schließt und das Eindringen der atmosphärischen Luft und das Zersetzen der Nahrungsstoffe verhindert, sowie, wenn bei nasser oder regnerischer Witterung die sogenannten Laubarbeiten (Zwicken, Binden, Einkürzen) in den Weinbergen vorgenommen werden, weil durch die Verwundung der Reben der schon durch die ungünstige Witterung benachtheiligte Lebensproceß der Rebe noch mehr gestört wird. Auch das tiefe Hacken bei seicht angelegten Weinbergen, wodurch die Wurzeln verletzt werden, sowie das Einbringen und alsbaldige Unterhacken von frischem, besonders Schaf- und Pferdedünger, weil durch zu starke Ammoniak-Entwicklung die Wurzeln gleichfalls angegriffen werden (§. 189), kann ein Gelbwerden der Rebe verursachen.

Nach dem hier Angeführten üben fast alle die Gelbsucht herbeiführenden Umstände einen nachtheiligen Einfluß auf die Wurzeln der Rebe aus, da nun Wurzel-, Zweig- und Blätterbildung in einer genauen Wechselwirkung zu einander stehen, so daß dieselben sich in ihrer Ausbildung nach Kräften zu unterstützen haben, so folgt daraus, daß die Verletzung des einen Theils auch ein Uebelbefinden des andern Theils nach sich zieht. Wenn man daher die Krankheit vermeiden oder bei deren Erscheinung derselben entgegen wirken will, so ist es zunächst nothwendig, daß man die Ursache derselben genau kennt und keine Mittel anwendet, welche dieselbe, statt zu unterdrücken, noch mehr befördert.

Nicht selten hilft die Natur sich selbst, indem sie die Gegensätze auszugleichen sucht, so daß z. B. durch den Eintritt warmer, trockener auf vorausgegangene nasse Witterung die Krankheit nach und nach sich wieder von selbst verliert. Ist dieses aber nicht der Fall, sondern zeigt sich dieselbe in einzelnen Weinbergen oder an einzelnen Stellen derselben fast jedes Jahr, so ist dieß ein Beweis, daß ungünstige Boden- oder sonstige Verhältnisse vorhanden sind, die, wenn die Krankheit aufhören soll, beseitigt werden müssen. Hat man den Grund der Krankheit gehörig erforscht, so können verschiedene Mittel zu deren Beseitigung angewendet werden.

Um dem Gelbwerden von Anfang an entgegen zu wirken, dient zunächst bei strengem, wasserhaltigen Boden oder bei undurchlassendem Untergrund ein tiefes Reuten nach der oben ertheilten Anweisung (§. 93—98) oder bei seichtem, allzuhitzigen Boden, daß man das Hacken ganz unterläßt und den Weinberg nur durch Jäten oder Futtergrasen rein zu erhalten, oder die allzugroße Hitze durch Anlegung von Graspfaden zwischen den Zeilen abzuhalten sucht.

(§. 174). Ist das Gelbwerden durch allzustarken Wasserzudrang und durch den dadurch gebildeten sauren Humus entstanden, so kann demselben bei anhaltender Nässe durch unterirdische Quellen ꝛc., durch Ableitung derselben mittelst Wasserabzugsgräben oder Drainirungen entgegengewirkt werden, oder wenn es nur vorübergehende Nässe einzelner Jahrgänge ist, durch Anhäufeln des Bodens gegen die Stöcke und Ziehen von schwachen Gräben in der Mitte der Zeilen, um dem Wasser schnelleren Abfluß zu verschaffen, oder durch Aufgraben und Entfernen der Erde von den kranken Stöcken und durch Auffüllung mit frischer guter Rasenerde, besonders vor dem Erscheinen der Krankheit, ferner durch das Düngen mit kräftigem, hitzigen und scharfen Dünger, wie Schafe- und Pferdedünger, Gülle, besonders aber Abtrittsdünger, indem dadurch die Lebenskraft der Rebe wieder mehr angeregt und dem Boden mehr passende Nährtheile zugeführt werden. Auch das Auftragen von Asche, besonders Steinkohlenasche, von Kalk und Gyps und das Unterbringen derselben bei der nächsten Bodenarbeit wird gute Dienste leisten, wenn der Boden nicht zuvor schon sehr kalk- oder gypshaltig ist, indem sonst, wenn sich in Folge des Kalkgehalts salpetersaure Salze gebildet haben, die Krankheit noch vermehrt wird, wogegen in einem solchen Falle das Aufbringen oder das Vermischen des Düngers mit Asche vorzüglich gute Dienste leisten soll. Auch das Uebertragen der Weinberge bei zähem, naßkalten Boden mit warmem, trockenen Boden, besonders Mergel oder auch mit Steinkohlenasche, stark mit Sand gemischt, wird namentlich als Vorbeugungsmittel gute Wirkung thun, sowie bei einzelnen Stöcken, wenn mit dem Erdbohrer tiefe Löcher zwischen zwei Stöcken gebohrt werden, um das Wasser mehr von denselben abzuleiten. Ebenso bei starken Abdachungen das Düngen hinter die Stöcke (oberhalb), weil durch den eingegrabenen Dünger das Wasser abgeleitet und weil derselbe nicht so schnell zersetzt wird, den Wurzeln der Rebe immer wieder neue kräftige Nahrung zugeht.

Kommt das Gelbwerden von der Magerkeit des Bodens her, so wird ein schnell wirkender Dünger, wie Gülle, und das öftere Wiederholen der Düngung (von zwei zu zwei Jahren) dem Gelbwerden am besten entgegenwirken. Trägt aber eine unpassende Düngung oder eine zur unpassenden Zeit vorgenommene Bodenarbeit die Schuld, so wird das baldige Oeffnen des Bodens durch Wiederholen der Arbeit oder durch die Vornahme der nächsten Bodenarbeiten zu einer zweckmäßigen Zeit, damit Luft und Licht eindringen und Nässe und sonstige schädliche Dünste ausströmen können, gute Wirkung thun, wobei aber etwas tiefer zu greifen ist, damit der untere Boden heraufgeschafft wird. Am wenigsten wird der Gelbsucht entgegengewirkt werden können, wenn dieselbe durch ungünstige chemische Zusammensetzung des Bodens entstanden ist und nur vorbeugend kann dadurch geholfen werden, wenn man von den, häufig von der Krankheit befallenen Stöcken die sie umgebende Erde entfernt und durch bessere, namentlich Rasenerde, ersetzt, oder wenn man die Weinberge mit anderer guter Erde, wie z. B. den Kalkboden mit warmer Thonerde, stark überträgt. Jedenfalls ist es gut, wenn bei solchen Böden, die gerne zu der Bildung überflüssiger, salpetersaurer Salze geneigt sind, kein stark wirkender, viel Ammoniak haltender Dünger, wie Schaf- und Pferdedünger, sondern mehr Compost, Rasenerde, oder nur alter vergohrener Rindvieh-, oder auch grüner vegetabilischer Dünger angewendet wird.

Da wo das Verlegen (Vergruben) der Reben eingeführt ist, werden gelb gewordene Stöcke im nächsten Jahre häufig verlegt, was auch gute Dienste thun soll.

7. Der Honig- und Mehlthau.

§. 203.

Wenn die Reben in der Saftfülle stehen und es tritt schneller Witterungswechsel ein, so daß Wärme und Kälte schnell auf einander folgen, was besonders im Frühjahr und Sommer, wo auf starke Regen schnell wieder heißer Sonnenschein und mitunter kühle Nächte eintreten, öfters der Fall ist; so wird hiedurch eine Stockung im Umlauf der Säfte veranlaßt, die innern Pflanzengefäße zerplatzen und es wird auf den Blättern ein süßer Saft ausgeschwitzt, dem Bienen und andere Insekten eifrig nachgehen. Folgt nun warme Witterung, so vertrocknet der Saft und es zeigt sich ein weißer mehlartiger Ueberzug auf den Blättern, den man Honig- oder Mehlthau nennt, ob er gleich mit dem Thau nichts gemein hat. Durch diesen klebrigen Ueberzug werden, wenn nicht bald Regen eintritt, der denselben ganz oder theilweise abwascht, die Schweißlöcher (Poren) der Blätter verstopft und letztere vielleicht auch durch die Saugapparate der Insekten noch verwundet, wodurch die Thätigkeit derselben gehindert, deren Welkwerden, wie bei der Gelbsucht, herbeigeführt und überhaupt die ganze Vegetation des Rebstocks beeinträchtigt wird, was natürlich auch einen nachtheiligen Einfluß auf die Ausbildung und die Zeitigung der Traube hat. Die auf oder in dem Thau befindlichen Insekten werden erst durch denselben herbeigezogen und sind nicht, wie hie und da irrig angenommen wird, dadurch die Ursache desselben, daß sie die Säfte der Pflanzen einsaugen und als verarbeiteten Honig wieder von sich geben.

Mittel gegen die dadurch herbeigeführte Krankheit sind keine bekannt, höchstens könnten die vom Thau befallenen Zweige und Blätter ausgebrochen werden, auch könnte vielleicht ein dünnes Bestreuen mit ungelöschtem Kalkstaube in der Frühe, ehe der Thau sich verhärtet hat, oder das Begießen der angegriffenen Theile mit Wasser, in dem etwas Kochsalz aufgelöst ist, gute Dienste leisten.

8. Die Saftüberfüllung und das Verwachsen der Trauben.

§. 204.

Die Traube verlangt zu ihrer Entwicklung einen gut ausgebildeten, consistenten Nahrungsstoff nnd warme, trockene Witterung. Tritt nun während der Entwicklung derselben warme, aber zugleich nasse oder feuchte Witterung ein, so wird die Rebe zu einem außerordentlich starken Triebe durch schnelle Aufsaugung der Nahrungssäfte veranlaßt, bei dem dieselben in den innern Organen der Rebe nicht mehr gehörig verarbeitet werden und daher gehaltlos und wässerig bleiben, so daß dadurch, wenn sich auch einzelne Trauben (Gescheine) zeigen, dieselben dem Saftandrange nicht widerstehen können, sondern sich verwachsen und in Ranken (Gabeln) übergehen (§. 3), was den Ertrag der Weinberge öfters sehr schmälert. Aehnliche Saftüberfüllungen kommen auch bei sehr nassen Weinbergen vor, sei es nun, daß dieselben durch allzustarke Düngung oder durch einen fetten, feuchten Untergrund herbeigeführt werden, indem auch hier die Säfte nur zur Bildung der Triebe verwendet werden und die Trauben entweder gar nicht zu Stande kommen oder kleinbeerig und ohne Samen bleiben und später abdörren.

Werden solche krankhafte Anzeigen an den Reben bemerkt, so ist es sehr zweckmäßig, wenn man dem allzustarken Saftandrang Abfluß zu verschaffen sucht, entweder dadurch, daß man, wie bei den Obstbäumen, die Rinde des Stamms und der Schenkel aufschlitzt (verwundet), wodurch der Saft sich hier einen Ausweg sucht und die Verdünstung desselben befördert wird, oder wenn man durch Wegschneiden von einjährigem oder älterem Holze, besonders aber durch starkes Verwunden am Kopfe des Rebstocks den Abfluß des Saftes erleichtert, oder durch das Abnehmen eines Theils der geilen Triebe das Wachsthum des Stocks zu mäßigen sucht.

Wird ein Weinberg durch die Bodenverhältnisse zu einem allzustarken Triebe veranlaßt, so kann ein langer Schnitt, wodurch die Säfte mehr vertheilt und viele Augen zum gleichzeitigen Austreiben veranlaßt werden, von gutem Erfolge sein, sowie überhaupt besonders starktriebige Rebsorten, wenn sie unfruchtbar sein sollten, unter den angeführten Verhältnissen durch langen Schnitt zum Ertrag gebracht werden können.

9. Die Trauben- oder Schimmel-Krankheit.

§. 205.

Diese Krankheit ist erst in den letzten fünfzehn bis zwanzig Jahren aufgetreten, hat sich jedoch weniger in den gemäßigten Weinbaugegenden Deutschlands, als in südlichern Ländern, wie in dem südlichen Tyrol, im südlichen

Frankreich, in Italien und in Griechenland durch große Verheerungen ausgezeichnet, so daß ganze Weinernten zu Grunde giengen.

Sie besteht in einem Pilze, Oidium, der sich zuerst 1845 an einzelnen Weinreben in den Glashäusern von England, dann 1847 und 1848 in den Gewächshäusern in der Umgegend von Paris und Versailles an feinen Tafeltrauben zeigte, bald aber auch auf die Rebgelände im Freien überging. Im südwestlichen Deutschland wurde die Krankheit hauptsächlich nur an hohen Rebgeländen (Kammerzen) und am häufigsten an der Trollinger- und Urbantraube wahrgenommen, woraus hervorgeht, daß nicht alle Traubengattungen gleich empfänglich für die Krankheit sind. Nach dem Trollinger und Urban folgen die dem ersten verwandten Traubengattungen, wie der rothblaue Zottelwelsche (Gol, Weißlauber), der schwarzblaue Zottelwelsche (Rohrtraube, Wullewelsch), der blaue Gänsfüßler, dann der Muskateller, der Portugiese, sowie der Traminer, der Elbling, Sylvaner, weißer Räuschling, Gutedel, Tokaier.

Am wenigsten empfänglich für die Krankheit sind: der Rießling, der blaue Clevner und Burgunder, der weiße Burgunder, ferner der Affenthaler, die Müllertraube, der Rothgypfler und blaue Limberger. Die nordamerikanischen Trauben (Isabelle) sollen bis jetzt von der Krankheit nicht befallen worden sein.

Auch bleiben nach den gemachten Erfahrungen junge Reben, die im ersten oder zweiten Jahre des Ertrags stehen, häufig von der Krankheit verschont, sowie auch ganz niedrig gehaltene Reben, sogenannte Heckenweinberge (§. 123), wenig oder gar nicht von derselben befallen wurden, während an hochstämmigen und an Rebgeländen sich dieselbe vorzugsweise und in größerer Ausdehnung zeigte.

Nach der Untersuchung und Beschreibung des Herrn Professors v. Mohl in Tübingen zeigt sich der weiße, schimmelartige Pilz zuerst als ein nur dem bewaffneten Auge und nur schwierig erkennbares, die Oberhaut überziehendes Spinngewebe.

Solche Flecken erscheinen im Anfange vereinzelt; strahlig sich ausbreitend, fließen sie erst später zusammen. Auch finden sie sich mehr oder weniger weit entwickelt, bereits an den ältern, untern Stengelgliedern der Rebe, wenn die oberen, vor Kurzem erst aus dem Knospenzustande hervorgegangenen, noch völlig frei davon sind. Die einfachen Zellenreihen, aus welchen der Pilz besteht, wachsen der Oberhaut, den von ihnen befallenen Pflanzentheilen dicht angeschmiegt, dieser entlang. Sie verästeln sich nach rechts und links, wenig nach vorwärts gerichtete Seitensprossen entsendend. Auch diese verzweigen sich aufs Neue. So entsteht bald jenes den ganzen ergriffenen Pflanzentheil über- und umspinnende Netz. Aus den etwas älteren Theilen dieses Geflechts erheben sich bei Zeiten schon senkrecht aufstrebende Sprossen, Reihen kurzer Zellen, deren Endzelle anschwellend sich endlich abgliedert und so eine zur Fortpflanzung dienliche Spore darstellt. Der nämliche Vorgang wiederholt sich in der zunächst unteren Zelle des aufrechten Fadens, so daß man an der Spitze desselben bisweilen zwei bis drei hinter einander stehende eiförmige Sporen findet. Werden die Fortpflanzungszellen vom Luftzuge auf, vom Pilze noch nicht überzogene, grüne Theile der Rebe getragen, so keimen sie leicht und bald, indem sie einen schlauchförmigen, fädlichen Fortsatz treiben: die erste Anlage der auf der Oberhaut der Nährpflanze hinkriechenden Fäden.

Unter den jüngsten Enden der kriechenden Pilzfäden erscheint die Oberhaut der Rebe völlig unverändert und von normaler Grüne, unter den ältern Theilen des Pilzgeflechts, dagegen zeigt die Nährpflanze hie und da kleine braune Flecken. Jeder solchen mißfarbigen Stelle entspricht eine Ausstülpung des Pilzfadens nach unten; eine Auftreibung oder lappige Aussackung seiner Außenhaut, die mit stumpfen, halbkugeligen Enden auf den Außenwänden von Oberhautzellen der Rebe haftet. — Bald nimmt dieses Haftorgan des Pilzes eine braune Farbe an, die gleiche Färbung tritt in Wand und Inhalt der berührten Oberhautzellen, später auch in deren Nachbarinnen ein, so daß in der örtlichen Abtödtung der Oberhaut der Rebe, der Blätter und der Traube einzig und allein das Wesen der Krankheit zu suchen ist. Der entwickelte Pilz stellt sich als ein schimmelartiges Gewächse dar, das die weitere Vegetation der Rebe und Traube hemmt und dazu beiträgt, daß durch die Krankheit der Oberhaut das obere junge Rebholz sowie die Blätter welken und verdorren, und die Traubenbeere aufspringen, dann in Fäulniß gerathen, später eintrocknen und dadurch nach und nach ganz zu Grunde gehen. Der Pilz verbreitet sich durch Besamung so schnell, daß in acht bis zehn Tagen ein ganzer Weinberg davon erkrankt sein kann.

Die untern Theile des jungen Rebholzes werden häufig von der Krankheit nicht befallen, auch leidet der Rebstock selbst nicht darunter, wenn die Krankheit nicht allzu heftig auftritt, so daß förmliche Saftstockungen eintreten, auch macht derselbe im ersten Jahre nach der Krankheit neue Triebe und treibt neuen Samen, um, wie es schon häufig vorkam, wieder aufs Neue von der Krankheit befallen zu werden.

An der Traube erscheint die Krankheit gewöhnlich zuerst an den kleinen zurückgebliebenen Beeren, die in der Blüthe nicht befruchtet wurden, und verbreitet sich von dieser geschützten Lage aus dann auf die übrigen Beere. Streicht man über die vom Pilz befallenen Blätter und Beere, so erscheint die Stelle feucht und verbreitet einen widerlichen sauren Geruch.

Die Entstehung derselben hat man schon sehr verschiedenen Ursachen, namentlich Saftstockungen oder Desorganisation des Rebstockes zugeschrieben und demgemäß auch viele von einander sehr verschiedene Mittel zur Heilung oder

Verhütung derselben vorgeschlagen, bis jetzt ist man aber weder bei den einen noch bei den andern ganz ins Klare gekommen. Da jedoch die Krankheit zur gleichen Zeit mit der Kartoffelkrankheit aufgetreten ist und bei derselben sich die gleichen Symptome, wie bei dieser zeigen, so daß zuerst die Blätter und Stengel und dann die Frucht davon befallen wird, auch bei andern Gewächsen, wie z. B. bei den Kirsch- und Nußbäumen ꝛc. ähnliche Krankheitsanfälle beobachtet wurden, so ist nicht unwahrscheinlich, daß alle diese Krankheitserscheinungen mit dem innern Leben unserer Erde zusammenhängen und durch feine, schädliche Ausdünstungen derselben entstanden sind, die sich als Nebel oder Thau niedergeschlagen oder auf irgend eine andere Weise sich an die zärteren Theile der Pflanzen angehängt haben und dadurch zu der Entwicklung des Pilzes Veranlassung geben, der sich dann durch seine Samenentwicklung schnell weiter verbreitet, worauf auch der Umstand hindeutet, daß vorzugsweise die höher gezogenen Reben davon befallen werden.

Nach den angestellten Versuchen zur Beseitigung der Krankheit, die sich hauptsächlich auf die Vertilgung des Pilzes beziehen, haben folgende Mittel sich am besten bewährt:

a. Das Eintauchen der Trauben bald nach der Blüthe in ein leichtes Leimwasser (2 Loth Leim auf 2 Maas Wasser), was jedoch sehr beschwerlich und zeitraubend ist und daher nicht wohl im Großen angewendet werden kann; dagegen wird das Bespritzen der angegriffenen Trauben mit Leimwasser mittelst einer gewöhnlichen feierartigen Gartenspritze von Blech mit 1—1½ Zoll Lichtweite schneller und leichter von Statten gehen.

b. Das Einschwefeln der ganzen Rebstöcke im trockenen Zustande mit feiner Schwefelblüthe und zwar 14 Tage vor der Blüthe, sowie man an den grünen Stellen der Reben einige weißliche Punkte bemerkt, dann und hauptsächlich vor oder während der Blüthe und 3 Wochen nach der Blüthe oder nach der zweiten Schwefelung, indem dadurch nicht nur der Schimmel gänzlich zerstört, sondern auch die Vegetation der Rebe und Traube befördert wird, auch soll dieses Mittel, nach den in Südtyrol und Frankreich gemachten Erfahrungen, das bewährteste sein, das auch im Großen ohne viel Mühe und Kosten ausgeführt werden kann. Wird der Schimmel durch diese dreimalige Schwefelung nicht gänzlich zerstört, so ist eine nochmalige Anwendung desselben, besonders vor dem Weichwerden der Trauben nothwendig. Man bedient sich dazu eines Blasbalges, an dessen vorderer Seite ein längliches Kästchen von Blech, in der Mitte durch ein Sieb abgetheilt, angebracht ist, aus dem der Schwefel bei der geringsten Bewegung des Blasbalges durch eine an dem Kistchen befindliche längliche Röhre ausgestäubt wird, oder einer Puderquaste mit einem 1—2 Zoll weiten Cylinder von Blech und oben mit einem Seiher, in den theilweise wollenes Garn eingeflochten wird, das man 2—3 Zoll lang quastenartig hängen läßt, und aus dem dann der Schwefel bei einer starken Schwingung ausstäubt. (Bei Flaschner August Haas in Stuttgart.)

Das Einschwefeln der Reben im nassen Zustande nach Regen, Thau ꝛc. soll weit weniger von günstigem Erfolge sein.

Man kann zum Bestäuben auch eine gewöhnliche Gartenspritze gebrauchen.

c. Auch das Eintauchen oder Bespritzen der Trauben mit Schwefelwasser soll gute Dienste thun. Man nimmt 1 Pfd. Schwefelblüthe und 1 Pfd. frisch gelöschten Kalk, verbindet sie innig mit einander und vermischt sie mit 2 Maas Wasser in einem glasirten Topf, worauf das Ganze unter fortwährendem Umrühren eine Viertelstunde lang gekocht, sofort abgekühlt, und, nachdem sich die Masse gesetzt hat, die klare Flüssigkeit abgegossen und in gut verkorkten Flaschen oder Krügen aufbewahrt wird. Bei der Anwendung kann ein Theil mit 80—100 Theilen reinem Wasser gemengt werden.

Am zweckmäßigsten ist es, wenn man durch öfteres genaues Visitiren der Reben und der Trauben die Krankheit so viel wie möglich im Keime zu ersticken sucht, was dadurch am einfachsten geschieht, wenn man bei dem Durchgehen der Weinberge, wie z. B. beim Verbrechen (Zwicken), oder auch schon früher alle Blätter und Zweige abbricht und entfernt, die auch nur im Entferntesten einen Schimmelansatz zeigen, was man daran am besten erkennt, wenn Blätter und Zweige welk werden und oben einzelne braune und abgestorbene Flecken zeigen, die dann gewöhnlich unten mit dem Pilze besetzt sind.

Werden dessen ungeachtet nach der Blüthe einzelne Trauben von der Krankheit befallen, so ist es am zweckmäßigsten, wenn man die Traubenstöcke genau durchgeht und alle Beere, auf welchen sich weiß bestäubte Pünktchen zeigen, zerdrückt oder auspflückt und beseitigt.

Sind dagegen schon mehrere Beere oder die ganze Traube von der Krankheit ergriffen, so kann man dieselbe mit einem in Schwefelblüthe getauchten, weichen Maurerpinsel einigemal auf allen Seiten bedupfen, wodurch der Pilz zerstört, die bedupfte Stelle etwas feucht wird und der Schwefel dadurch gerne an derselben hängen bleibt. Nachher kann man noch den ganzen Stock mit der Puderquaste einschwefeln, damit auch der etwa schon am Laub oder Rebholz befindliche Pilz zerstört wird. Ist auch schon der Traubenstiel von der Krankheit ergriffen, so kann zwar durch die angeführte Manipulation die Traube gerettet werden, dieselbe wird aber wegen des gestörten Saftzuflusses in der Entwicklung stets zurückbleiben, daher auch daraus hervorgeht, wie nothwendig es ist, die Krankheit sogleich bei ihrer Entstehung zu bekämpfen.

10. Der Grind.

§. 206.

Der Grind besteht in dem unregelmäßigen Ausschwitzen der Säfte des

Rebstocks. Er entsteht durch strenge Winterkälte, wenn durch dieselbe die innern Gefässe der Rebe ganz oder theilweise zerstört nnd dadurch die Saftzirkulation gehemmt wird (§. 193), ferner durch Frühjahrsfröste, wenn in Folge derselben der Saft von den Spitzen der Reben gegen die Schenkel zurückgetrieben wird, oder auch nur, wenn häufige Nässe und Wärme mit Kälte schnell wechseln, was besonders in engen Thälern der Fall ist, indem, wenn ein Stock im Frühjahr oder Sommer in Folge der warmen feuchten Witterung zu viel Säfte einsaugt, die durch die Wärme in schnellen Lauf kommen, und es tritt rauhe kalte Witterung ein, durch welche die Ausdünstungen des Stocks vermindert werden, können die jungen Triebe das Uebermaß der Säfte nicht mehr consumiren, wodurch gleichfalls ein Rücktritt derselben gegen Schenkel und Kopf erfolgt. Solche Zufälle können sich besonders bei jungen Reben auf sehr kräftigem, fetten Boden zeigen, wenn durch günstige Witterung Saftüberfüllungen und später durch ungünstige Witterung Saftstockungen eintreten.

Durch dieses Zurücktreten oder Zurückdrängen der Säfte gegen die Schenkel und den Kopf erfolgt ein theils mehr, theils weniger starkes Zerspringen der innern Gefässe derselben, wodurch der überflüssige Saft ausgeschwitzt wird und sich eine Art Geschwulst (Grind) bildet, der die freie Cirkulation des Saftes hindert, oder ableitet und dadurch den Rebstock krank macht, so daß die Schenkel oder der ganze Stock entweder schon im laufenden Jahr, besonders gegen die Traubenreife, oder längstens im nächsten Jahre abstirbt.

Von dieser Krankheit werden vorzugsweise Rebstöcke mit schwammigem, saftreichen Holze, wie Sylvaner, blaue Portugiesen ɪc. befallen, besonders wenn sie in unpassende Lagen und Boden gepflanzt werden, auch entsteht sie gerne in Folge anderer Krankheiten, durch welche Saftzurücktretungen veranlaßt werden.

Mittel gegen die Krankheit, wenn sie einmal eingetreten ist, lassen sich keine anwenden, dagegen läßt sie sich, besonders bei Beschädigung durch Winterkälte und Frühjahrsfrost, durch die dort angegebene Behandlung der Reben (§. 194, 197), hie und da verhüten, ist sie aber einmal vorhanden, so bleibt nichts übrig, als so bald als möglich junges Holz aus dem Kopfe nachzuziehen und die kranken Schenkel im ersten oder zweiten Jahre herauszuschneiden oder den ganzen Stock durch Einleger zu ersetzen.

11. Die Beschädigungen durch Hagel, Wolkenbrüche, Regen, Nebel.

§. 207.

a. Beschädigungen durch Hagel

Solche Beschädigungen sind zwar nur örtlich, sie dehnen sich aber öfters nicht blos auf einzelne Markungen, sondern auf eine ganze Weinbaugegend aus und gehören zu den größeren und am nachtheiligsten wirkenden Unfällen, welche die Weinberge treffen können, indem, wenn die Beschädigung spät, während des Sommers eintritt, häufig nicht nur der größere oder der ganze Jahresertrag vernichtet, sondern theilweise auch der Ertrag von den nachfolgenden Jahren gefährdet wird, weil das noch weiche, künftige Tragholz entweder ganz abgeschlagen oder durch die Hagelkörner so beschädigt wird, daß es braune oder schwarze Brandplatten bekommt und dadurch im nächsten Jahre keine oder wenig Trauben treibt, öfters aber noch beim Biegen der Reben abbricht, so daß statt Bogen nur kurze Zapfen angeschnitten werden können. War der Hagel so stark, daß auch die Schenkel beschädigt wurden, und müssen solche hinweggenommen werden, so kann es 3—4 Jahre anstehen, bis der Weinberg wieder in vollen Ertrag kommt.

Der Hagel wirkt um so schädlicher, wenn damit ein starker Wind verbunden ist, indem derselbe die schützenden Blätter in die Höhe jagt und die Hagelkörner in schräger Richtung um so stärker an die unbedeckten Trauben und an die Zweige des Weinstocks treibt.

Tritt der Hagel frühe, vor der Traubenblüthe ein, so machen die Reben aus den Beiaugen hie und da noch Nachtriebe, von welchen aber die Trauben selten vollkommen werden und zur gehörigen Reife kommen.

Auch die vom spätern Hagel getroffenen Traubenbeere bleiben in der Zeitigung zurück und behalten an dem Punkt, wo sie vom Hagel getroffen wurden, stets eine Säure, daher, wenn noch ein guter Wein erzielt werden will, solche Trauben und Traubenbeere, sowie die nachgetriebenen unreifen Trauben bei der Lese sorgfältig ausgeschieden und zur Nachlese genommen werden müssen.

Verwandelt sich der Hagel in einen sogenannten Eisregen, geschmolzenen Hagel, der eisig kalt ist, so wirkt auch dieser dadurch schädlich, daß zwei Extreme zusammentreffen, nemlich der hohe Grad von Hitze, der gewöhnlich solchen Gewittern vorausgeht, und der hohe Grad von Kälte des Eisregens, indem nicht selten, wenn ein Tropfen auf eine Beere fällt, dieselbe welk wird, oder, wenn er bis auf den Traubenstiel bringt, so kann auch dieser mit der Traube abstehen.

Zur Abwendung des Hagels sind noch keine Mittel entdeckt worden, indem die bis jetzt in Vorschlag gebrachten Hagelableiter mittelst Befestigung von Strohsailen oder von Metalldrähten an hohen Stangen und Einsenkung in den Boden noch zu keinem entsprechenden Resultate führten. (Anmerkung 6.)

---

6. **Anmerkung.** Ueber die Entstehung des Hagels, wobei die Elektricität der

Bei minder starkem Hagel, besonders ohne Sturmwind, dürfte das Einstürzen der Reben von gutem Erfolge sein, indem die herabhängenden Aberzähne häufig eine schützende Decke für die Trauben bilden. Jedenfalls wird
es sehr angemessen sein, wenn in Gegenden, wo öfters Hagel vorkommt, die
Weinbergbesitzer sich bei einer Hagelversicherung betheiligen, um wenigstens
einigen Ersatz für den erlittenen Schaden zu erhalten.

Ist ein starker Hagelschaden eingetreten, so ist das Hinwegschneiden der
vom Hagel getroffenen Triebe sogleich nach demselben, um die Reben zu neuen
Trieben zu veranlassen, nicht immer räthlich, weil die Beschädigung unmittelbar nach dem Hagel öfters weit stärker erscheint, als sie wirklich ist und
manche Rebe sich noch erholt; dagegen ist auch das gänzliche Unterlassen des
Wegschneidens nicht angemessen, indem dadurch der Rebstock einen großen Theil
seiner Säfte zur Wiederbelebung der verstümmelten Triebe unnütz verwendet,
wodurch Selbstschwächung eintritt und die Wunden leicht in krebsartige Krankheiten (Grind ꝛc.) übergehen können. Am zweckmäßigsten ist es daher, wenn
mit dem Hinwegnehmen der beschädigten Triebe etwa 6—8 Tage gewartet
wird, bis man die gesunden und wenig beschädigten Theile von den stärker
beschädigten und nicht mehr brauchbaren unterscheiden kann.

§. 208.
b. Beschädigung durch Wolkenbrüche.

Mit heftigen Gewittern, besonders aber mit Hagelwettern, sind häufig
sehr starke Regen, sogenannte Wolkenbrüche, verbunden, die namentlich in sehr
steilen Weinbergen große Beschädigungen verursachen, und die nur mit großen
Kosten beseitigt werden können, indem durch dieselben nicht nur ein großer
Theil des fruchtbaren Bodens, hie und da sogar mit den Pfählen, herabge-
schwemmt, sondern auch die Rebstöcke selbst manchmal aus dem Boden ge-
rissen und sogar Mauern eingestürzt werden.

Solche Beschädigungen lassen sich entweder ganz oder wenigstens theilweise verhüten, durch zweckmäßige Anlegung von Mauern, Wasserabzugs- und
Auffanggräben auf die in §. 98 näher beschriebene Weise, sowie auch dadurch,
wenn man je von 4—6 Zeilen kleine schmale Quergräben macht, in dieselben
im Frühjahr abgeschnittenes Rebholz einlegt und sofort 1—2 Zoll hoch mit
Erde bedeckt, indem dadurch das den Berg herabstürzende Wasser in seinem
Laufe gehemmt wird und weit weniger Boden mitnehmen kann, oder, wenn

Luft eine wesentliche Rolle zu spielen scheint und über die Grundsätze, nach welchen
Hagelableiter einzurichten wären, siehe die interessanten Abhandlungen in dem Correspondenzblatt des württembergischen landwirthschaftlichen Vereins von 1822, S. 155,
von 1825 7. Band S. 209 und 8 Band S. 300.

überhaupt das Rebholz klein zerschnitten und nach §. 175 als Gründüngung in den Boden eingehackt wird.

§. 209.
c. Beschädigung durch Regen und Nebel.

Das durch Regen und Schnee aus der Atmosphäre niederfallende meteorische Wasser zeichnet sich gegenüber von andern Wassern (Quellbrunnenwasser) durch seinen größern Gehalt an Electricität (§. 62) und Sauerstoffgas aus und besonders ist dieses bei dem Wasser von Gewitterregen der Fall, das auch noch einen ziemlichen Gehalt an salpetersauren Salzen besitzen soll. Durch diese Eigenschaften übt das Regenwasser einen weit größeren Einfluß auf die Belebung der Vegetation aus, als das gewöhnliche Quellwasser, indem nach einem warmen, besonders Gewitterregen, die manchmal ganz erschlaffte Vegetation wieder erfrischt, belebt und zu erneuter Thätigkeit angespornt wird.

So wohlthätig nun ein zur rechten Zeit niederfallender Regen auf die Vegetation, insbesondere der Rebe, wirkt, ebenso schädlich kann er aber auch werden, wenn er zur unrechten Zeit eintritt oder zu lange anhält. Regnet es lange, während die Weinberge besonders mit Erde gedeckt sind, so erstickt oder ersauft manches Auge unter dem nassen mit Wasser angefüllten Boden, oder es werden durch das Wasser die im Boden enthaltenen salz- und salpeterartigen Bestandtheilen in größerer Menge aufgelöst und dadurch die Augen der Reben ausgefressen. Fällt viel Regen während der Entwicklung des Rebstocks und der Trauben vom Frühjahr bis zum Spätjahr, so können die Weinberge nicht gehörig und nicht zur rechten Zeit bearbeitet werden, der Weinstock treibt mehr in's Holz als in Trauben, die letztern bleiben in der Entwicklung und Zeitigung zurück, und ist der Boden mit Wasser angefüllt, so hat dieses auch auf den Rebstock selbst einen nachtheiligen Einfluß, indem manche Wurzeln abstehen und das Laub gelb und krank wird. Besonders schädlich sind kalte, sowie anhaltende Regen während der Traubenblüthe, indem diese dadurch aufgehalten und in sofern gestört wird, als die auf der Blüthe sitzende Käppchen statt abzufallen auf denselben sitzen bleiben und sich zusammenballen, wodurch die Befruchtung nicht gehörig vor sich gehen kann (§. 6) und einzelne Beere oder ganze Trauben abfallen, oder nur Kleinbeere, erzeugen. Einzelne Traubengattungen, wie die Elblinge ꝛc. leiden jedoch durch eine Störung der Blüthe mehr als andere, was in der individuellen Entwicklungsfähigkeit derselben liegt, indem den Staubfäden die Kraft, die Decke wegzudrücken, bei der einen und der andern Traubensorte mehr oder weniger gegeben ist, wodurch sich die Empfindlichkeit in der Blüthe ausdrückt, auch kommt dieses in ältern, namentlich in Elblingweinbergen häufiger vor, als in jungen und kräftigen.

Das Abfallen der Traubenbeere soll zwar durch das Ringeln der Reben verhütet werden können, aus den §. 146 angeführten Gründen ist dasselbe aber nicht allgemein und im Großen ausführbar. Außerdem bieten die langsame Blüthe und die zusammengeballten Käppchen dem Heuwurme bequeme Gelegenheit dar, sich zu entwickeln, in den Käppchen einzunisten und seine Verheerungen unter den zarten Traubenbeerchen zu beginnen. Dagegen schadet ein nicht lange anhaltender, warmer Regen mit nicht zu heftigem Winde während der Blüthe nicht, indem der Wind die Käppchen abschüttelt und dadurch die Befruchtung befördert, der Regen aber die kleinen Beerchen abwascht, damit sie besser fortwachsen können.

Starke und mehrere Tage anhaltende Nebel erkälten häufig die Luft und haben besonders während der Traubenblüthe ähnliche nachtheilige Wirkung wie der lange anhaltende Regen, besonders ist dieses bei den sogenannten stinkenden Nebeln der Fall, indem dieselben sich bei der Blüthe verschiedener Gewächse sehr schädlich äußern.

Auch spätere Nebel sollen namentlich auf den Trollinger nachtheilig wirken, so daß derselbe das Laub verliert und in der Zeitigung zurückbleibt. Ohne Zweifel wirken die Nebel nicht allein durch die Verbreitung von Kälte und Nässe, sondern in gewissen Fällen auch durch den Gehalt der niedergeschlagenen Feuchtigkeit schädlich, indem dieselbe, nach chemischen Untersuchungen, Pyrrhin in Gesellschaft von freier Salzsäure und zuweilen salzsaure Kalkerde und Phosphorsäure enthalten soll (§. 205). Jedenfalls ist durch die Erfahrung bestätiget, daß nach starken Morgennebeln nicht nur die Weinreben, sondern auch Bäume und sonstige Gewächse Schaden nehmen und namentlich bei den ersteren sich der Brenner oder sonstige Krankheiten zeigen, auf welche Weise dieses aber geschieht, ist noch nicht gehörig festgestellt.

Die Nebel haben hie und da und besonders bei großer Trockenheit aber auch eine gute Wirkung, indem sie durch ihre Niederschläge die Pflanzen erfrischen und namentlich zur Zeit der Traubenreife dadurch gute Dienste leisten, daß durch die wässerigen Niederschläge das Weichwerden der Trauben befördert, die Haut der Beere dünn gemacht und die Zeitigung beschleuniget wird.

Zu den Nebeln darf auch der sogenannte Höhenrauch gerechnet werden, der in einem trockenen Nebel besteht, der sich in ziemlicher Höhe als ein nebeliger Ueberzug über das blaue Gewölke des Himmels zeigt und namentlich in trockenen, warmen Jahren theils kurze, theils längere Zeit erscheint und für die Vorbedeutung eines guten Weinjahrs gehalten wird. Ueber die Entstehung dieses Nebels ist man noch nicht einig. Manche wollen denselben, besonders auch wegen seines stinkenden Geruchs, einfach als Erzeugniß der Moorbrände in den nördlichen und nordöstlichen Gegenden Deutschlands ansehen, Andere nehmen an, daß derselbe keinen von der Erdoberfläche ausgegangenen Ursprung habe, vielmehr bei dessen Bildung, nebst dem vorausgegangenen Temperaturwechsel die Luftelectricität vorzüglich thätig seie und daß ein solcher Nebel in so lange die Stelle eines schwachen Gewitters vertrete, als er nicht in Regen aufgelöst oder durch starke Winde zerstreut werde, mithin ein unvollkommen verdichtetes Wasser sei, in dem das elektrische Fluidum sich noch ungebunden befindet, was um so wahrscheinlicher sei, als der stinkende Geruch des Nebels die meiste Aehnlichkeit mit demjenigen des ungebundenen elektrischen Fluidums habe. Jedenfalls erscheint erstere Annahme, da der Höhenrauch öfters ganze Länderstrecken gleichförmig überzieht, als die unwahrscheinlichste.

12. Das Braten der Trauben (Sonnenbrand).

§. 210.

Wenn in den Sommermonaten, besonders im August und zu Anfang des Septembers, heiße und trockene Witterung eintritt, die noch nicht ausgewachsenen Trauben aber noch wenig Saft haben, so zeigen sich an freihängenden Trauben, welche an heißen klaren Sommertagen den Einwirkungen der Sonne stark ausgesetzt sind, einzelne welke Beere oder ganze Traubentheile, die sich schnell braun färben und abdorren, was man das Braten der Trauben oder den Sonnenbrand nennt. Manche braten nur an der Sommerseite, auch werden solche, welche länger im Schatten gehangen sind und durch die Laubarbeiten schnell der Sonne ausgesetzt werden, häufiger von der Krankheit befallen, als die, welche das Sonnenlicht schon länger gewohnt sind, und einzelne Traubengattungen, wie Trollinger, Elbling, Velteliner, Weislauber ꝛc. sind dem Braten mehr als andere ausgesetzt. Es ist deßwegen in heißen, trockenen Jahrgängen sehr angemessen, wenn man beim Verbrechen, Binden, Heften und Ueberhauen den Trauben ihren natürlichen Schutz, die überhängende Zweige, weniger hinwegnimmt, auch das Felgen bei heißen Tagen, besonders während der Mittagshitze, ganz unterläßt, indem durch Oeffnung des Bodens die Trockenheit vermehrt und dadurch auch das Braten befördert wird. Außerdem gewährt die Einkürzungsmethode ein sicheres Mittel gegen den Sonnenbrand, indem durch die ausgewachsenen Ueberzähne die meisten Trauben leicht beschattet werden und dadurch vor dem Braten geschützt werden. Auch das Belegen des Fußes der Rebstöcke mit kühlendem Moos, sobald die Trockenheit eintritt, soll das Braten der Trauben verhüten.

13. Das Faulen der Trauben.

§. 211.

Das Faulen der Trauben theilt sich ab in die Sauer- und Süßfäulniß.

a. Die Sauer- oder Grün-Fäulniß tritt ein, wenn zur Zeit, wo die Traubenbeere erwachsen und zu erweichen beginnen, anhaltendes Regenwetter eintritt und dadurch das Wasser, das zwischen die Beere eindringt, nicht abtrocknet, sondern die Fäulniß einzelner Beere und zuletzt der ganzen Traube veranlaßt. Solche unreif gefaulten Beere bleiben sauer und schaden daher nicht nur der Qualität des Weins und vermindern die Quantität, sondern geben ihm auch einen unangenehmen, sauren, widrigen Geschmack oder machen ihn ganz ungenießbar, wenn viele solche Trauben zu dem Weine kommen. Die Fäulniß stellt sich bälder und nachtheiliger ein in niedern Lagen mit kühlem oder kaltem, wasserhaltigen Lehm- und Thonboden als auf luftigen Höhen mit trockenem Sand-Mergel- (Kies-) oder steinigem Boden. Man sucht derselben zu begegnen durch Lüften der Rebstöcke mittelst starkem Ausbrechen der überflüssigen Triebe und Blätter, besonders am untern Theile der Stöcke, beim Ueberhauen und Ausbrechen (Ausflügeln derselben §. 150, 151), sowie durch das Aufheften der herabhängenden Zweige, an welchen sich Trauben befinden, wodurch das schnellere Abtrocknen und die Reife derselben befördert wird. Ist aber die Krankheit einmal vorhanden, so ist es das Zweckmäßigste, wenn man die angefaulten Theile der Trauben ausschneidet (ausbeert), oder bei starker Fäulniß die ganze Trauben abschneidet und dieselben, je nach dem vorangegangenen Grade der Reife entweder zum Nachwein, oder zum Branntweinbrennen verwendet. Jedenfalls müssen solche Trauben bei der eigentlichen Lese sorgfältig ausgeschieden und dürfen nicht mit den übrigen vermischt werden.

b. Die Süß- auch trockene Fäulniß unterscheidet sich von der sauren dadurch, daß bei derselben die Zuckerbildung in der Traube bereits so weit vorangeschritten ist, daß der Saft nicht mehr sauer, sondern süß schmeckt, man muß deßwegen, besonders dann, wenn die Reife der Trauben schon ziemlich vorangeschritten ist, zwischen Sauer- und Süßfäulniß genau unterscheiden, da eine noch nicht ganz ausgereifte Traube immer noch Säure besitzt und daher dem Weine nur schadet, wenn sie mit den übrigen Trauben abgelesen und gemischt wird. Außerdem setzt sich an den süßgefaulten Trauben bald Schimmel an, der dem Weine einen unangenehmen Geschmack gibt, auch klären sich Weine, unter welchen sich der Saft von vielen angefaulten Trauben befindet, weniger gern, daher es in vielen Fällen sehr angemessen sein wird, wenn die angefaulten Trauben besonders gelesen und der Wein durch öfteres Ablassen auch besonders behandelt wird. Sehr angemessen wird es sein, wenn man die angefaulten und schimmeligen Trauben sogleich nach der Lese auspreßt und den Most in gut eingeschwefelte Fässer in Keller bringt, nach der Lese der guten Trauben denselben aber an den ausgepreßten Trebern derselben vergähren läßt, wodurch nicht nur der Schimmelgeschmack beseitigt, sondern der Wein auch frischer und weniger zum Krankwerden geneigt sein wird.

Die Süßfäulniß entsteht auf ähnliche Weise wie die Sauerfäulniß, daher man derselben auch auf gleiche Weise, wie der letztern, durch Lüften des Weinstocks und besonders durch das Ausblatten desselben (§. 151) zu begegnen sucht, wobei dann noch auf diejenigen Traubengattungen, die gerne und frühzeitig der Fäulniß unterliegen, wie Ortlieber, Sylvaner ꝛc. besondere Rücksicht genommen werden muß.

Tritt die Fäulniß sehr spät ein, wo die Traube schon ihre vollständige Reife erlangt hat, so wird aus den faulen Trauben häufig ein besserer Wein als von den gesunden gewonnen, weil in jenem der Wassergehalt der Beere schneller verdunstet und sogenannte Trockenbeere entstehen, die, wie bei der Strohweinbereitung, einen vorzüglichen Wein geben. Springen aber die Beere auf und es setzt sich Schimmel an, so geht der Saft bald in Essigsäure über, trocknet ganz oder theilweise ein und ist dann zur Weinbereitung nicht mehr zu gebrauchen.

Die Süßfäulniß hat zwar einige Aehnlichkeit mit der Edelfäulniß der härteren Traubengattungen, wie der Rießlinge, man muß jedoch zwischen beiden genau unterscheiden, indem letztere mehr in einem Morschwerden der Beerenhäute besteht, wodurch die Verdunstung der wässerigen Theile der Beere gleichfalls befördert wird, dagegen in der Regel kein Schimmel und kein Uebergang in eine kranke Fäulniß eintritt, durch welche die ganze Traube zu Grunde geht. Der Edelfäulniß werden wir bei der Lehre von der Weinbereitung eine nähere Beschreibung widmen (§. 224).

14. Sonstige Unfälle des Rebstocks.

§. 212.

Neben den hier angeführten Krankheiten können die Rebfelder aber auch noch andere treffen, die mehr in Zufälligkeiten oder in einer weniger sorgfältigen Anlage und Bebauung derselben ihren Grund haben, und von welchen wir hier nur noch kurz anführen:

a. Die Auszehrung, Entkräftung der Reben.

Dieselbe entsteht, wenn entweder eine andere Krankheit des Rebstocks ꝛc. vorausgegangen, besonders, wenn dieselbe in einer ungünstigen Bodenbeschaffenheit ihren Grund hat, der Obergrund seicht, der Untergrund undurchlassend ist, von welchem der Rebstock keine Nahrung ziehen kann.

In allen diesen Fällen ist in der Regel der untere Theil des Wurzelstocks krank, er zehrt ab und kann mit den obern Wurzeln der Rebe nicht mehr die erforderliche Nahrung liefern, wodurch die Fruchtbarkeit schwindet und endlich der ganze Stock zu Grunde geht.

Aehnliche Zufälle erscheinen bei Weinbergen, die durch allzu langen Schnitt in der Jugend zu sehr zum Ertrage gereizt worden sind und dadurch oder wegen Alters und wegen des ausgesogenen Bodens (§. 90) an Entkräftung leiden, oder wenn in einigen auf einander folgenden sehr trockenen Jahren keine Feuchtigkeit mehr im Boden steckt, besonders in strengem, hitzigen Boden, und die Wurzeln der Reben keine Nahrung mehr aufnehmen können, wie dieses 1858 hie und da vorkam.

Manchmal kann die Krankheit, besonders wenn derselben keine fortwirkende Ursache im Boden zu Grund liegt, durch angemessene Düngung, fleißige Bearbeitung des Bodens, kurzes Schneiden der Rebstöcke, Ableitung von überflüssigem Wasser ꝛc. beseitiget werden, in den meisten Fällen wird aber nichts übrig bleiben, als die kranken Stöcke zu entfernen und durch Einleger, Korbstöcke ꝛc. zu ersetzen oder, wenn die Krankheit allgemein ist, den ganzen Weinberg auszuhauen und entweder sogleich oder nach mehrjährigem Anbau von andern Gewächsen wieder neu anzulegen, wobei namentlich auf tiefes Reuten, Ersetzung des schlechten Bodens durch andern und auf die Auswahl passender Rebsorten zu sehen wäre.

b. An alten Weinstöcken, besonders in seichten Lagen oder in nassen Jahrgängen, setzt sich an dem Stamm und den Schenkeln gerne Moos an, dasselbe ist aber eine Schmarotzerpflanze, die ihre Wurzeln in den Splint des Rebstocks einschlägt und demselben die besten Nahrungsstoffe entzieht, so daß er seine Vegetationskraft und Fruchtbarkeit ganz oder theilweise verliert und nach und nach schwindsüchtig wird. Es ist deßwegen sehr zweckmäßig, wenn man das Moos nie aufkommen läßt, oder baldmöglichst zu entfernen sucht, was durch Abstreifen beim Schneiden der Reben, am besten aber durch einen Anstrich von leichter Kalkmilch geschehen kann, der entweder im Spätjahr nach dem Herbst, oder bald im Frühjahr mit einem starken Mauerpinsel an den ältern Theilen des Rebstocks anzubringen ist, wodurch das Moos erstirbt und der Anstrich nach einiger Zeit abfällt.

15. Die Beschädigungen durch Insekten.

§. 213.

Unter den Insekten befinden sich verschiedene Gattungen, welche den Reben, insbesondere aber den Trauben, sehr gefährlich sind und nicht selten großen Schaden anrichten, daher, um deren Vertilgung rechtzeitig und zweckmäßig vornehmen zu können, eine genaue Kenntniß derselben und deren Entwicklung für den Rebenbesitzer von besonderem Interesse ist.

a. Der Heu- und Sauerwurm.

Unter allen Insekten richtet der Heu- und Sauerwurm, auch Wolf genannt, die häufigsten und größten Verheerungen unter den Trauben an, indem er während der Vegetation der Rebe und Traube zweimal, nemlich als Blüthenraupe und dann später als Traubenbeer- oder Sauerwurm erscheint und das Erstemal die Blüthe, das Zweitemal die noch sauren Beere angreift und beschädigt. Die wurmartige Raupe, die zu der Gattung der Blattwickler gehört, entsteht aus den Eiern eines kleinen Nachtschmetterlings, der sogenannten Traubenmotte, die nicht größer als eine mittlere Fliege ist, einen dünnen, länglichen Körper mit vier Flügeln, sechs Füßen, zwei Fühlhörnern und rothe Augen hat und vom Kopf an etwas gelblich, dann aber grau erscheint.

Die Raupe erreicht eine Länge von ca. 3½ Linien, sie hat einen dunkelbraunen, fast schwarzen Kopf, an dem glatten, an der Seite nur mit einzelnen Härchen besetzten, braun grünlichen ins Graue stechenden Körper zwölf Ringe und auf jeder Seite vier hellere, etwas durchsichtige Punkte. Der untere Theil des Körpers ist gestreift, die Schwanzklappe dunkelbraun und ersterer mit sechzehn Füßen versehen.

Die Puppe liegt in einem, der Seide ähnlichen Gespinnst, kriecht, wenn sie den Winter überstanden hat, gegen das Ende des Monats Mai oder zu Anfang des Monats Juni, je nach dem Wärmegrad der Witterung, aus der Puppe als Schmetterling aus und flattert dann die ganze Nacht mit raschem Fluge herum. Derselbe legt sofort seine Eier in die Knospen und Gescheine der Trauben und stirbt dann in kurzer Zeit. Die Eier werden nach etwa vierzehn Tagen durch die Sonnenwärme ausgebrütet, aus welchen im Monat Juni kleine Räupchen auskriechen, die sich durch Zusammenspinnen einiger Pflanzentheile eine Wohnung bilden und sobald die Blüthenknospen der Reben sich entfalten, sich an denselben festsetzen und mehrere Blüthen und Blüthenkäppchen mit einem weißlichen Gespinnst umwickeln und innerhalb desselben die Knospen und Blüthen, sowie die bereits angesetzten Traubenbeere abfressen, wobei sie mit dem Gespinnst immer weiter rücken, bis fast die ganze Blüthe (etwa zwölf Knospen) verzehrt ist, auch sich zuweilen in den Stiel der Traube einbohren und dessen Mark verzehren, so daß dadurch die Traube ganz oder theilweise zu Grunde geht. Besonders wenn die Träubchen sich bei kalter und regnerischer Witterung nur langsam entwickeln können, sind die Verheerungen von Bedeutung, während, wenn die Blüthe schnell vorübergeht und die Träubchen frühe erstarken, solche der Raupe nicht mehr zur Nahrung dienen können, auch scheint derselben kühle Witterung mehr zu behagen, als sehr warme, indem bei der letztern, weil sich die Raupen durch das Gespinnst gegen die heiße Sonne nicht mehr zu schützen wissen, ein großer Theil zu Grunde geht. Das Erscheinen dieser Raupen fällt zugleich mit der Heuernte zusammen, daher sie allgemein unter dem Namen Heuwürmer bekannt sind.

Gegen das Ende des Monats Juni oder zu Anfang des Monats Juli spinnt sich die Raupe in den verheerten Träubchen ein und wird zur Puppe, um nach acht bis vierzehn Tagen, mithin Ende Juli oder zu Anfang des Augusts wieder als Nachtschmetterling zu erscheinen, der seine Eier an die nun schon etwas erwachsenen Traubenbeere legt, aus welchen gegen das Ende des Monats August oder zu Anfang des Monats September Räupchen ausschlüpfen und nunmehr sich meistens von unten in der Nähe des Stiels in die unreife und saure Beere bis zum Kerne einbohren und sich dort hauptsächlich von der Milch des Kernes nähren, daher man diese zweite Generation der gleichen Raupe den Sauerwurm nennt. Die Anwesenheit desselben in der Beere erkennt man leicht, wenn man unten an derselben kleine blaue Flecken antrifft. Sowie die Raupe erstarkt ist, verläßt sie die erste Beere und setzt ihren Fraß in andern Beeren fort, so daß sie täglich 3—4 Beere bis auf den Kern anbohren und ausfressen kann. Sie umspinnt die angefressenen Beere mit einem weißen Gespinnst, in dem sich die von den Häutungen abgelegte Haut sowie der Unrath ansammelt. Kühle, regnerische Witterung verlängert, wie während der Traubenblüthe, das Leben des Sauerwurms, hält die Trauben in der Entwicklung zurück und trägt zur Vermehrung des Schadens bei.

Die vom Sauerwurm angefressenen Traubenbeere können zwar noch theilweise zur Entwicklung kommen, so daß die Verheerungen desselben anfänglich weniger auffallen, die Beere bleiben aber immer sauer und äußern auf die Qualität des Weins einen sehr nachtheiligen Einfluß, daher sie bei der Lese, bei der man dann erst den ganzen Umfang der Zerstörung kennen lernt, sorgfältig ausgeschieden werden müssen.

Tritt dann, ehe die Trauben reifen, regnerische Witterung ein, so gehen die angefressenen Beere leicht in Fäulniß (Sauerfäulniß) über, die dann auch die gesunden Beere anstecken, wodurch noch größerer Schaden verursacht wird.

Gegen die Zeit der Traubenreife erfolgt die Verpuppung, die Raupe läßt sich an einem Faden zur Erde nieder, um sich in irgend einer Ecke am Stamm oder unter der Rinde der Rebe, oder in Ritzen der Pfähle und Rahmen einzuspinnen und dort ihren Winterschlaf zu halten, um dann im folgenden Frühjahr ihre Verheerungen neu zu beginnen. (Anmerkung 7.)

7. Anmerkung. Nach den von E. Wagner in Bingen gemachten Beobachtungen verpuppt sich der Sauerwurm, wenn er spinnreif ist, wie der Heuwurm, nachläßig und oberflächlich am Blatt und Blattstiel, wenn es vorübergehend warmes Wetter ist und schlüpft dann bei fortdauernder warmer Witterung auch noch als Nachtfalter aus, geht aber dann eher zu Grunde, so daß er im folgenden Jahr als Heuwurm sehr selten erscheint. Er verpuppt sich dagegen sorgfältiger ins Holz, wenn kühle, nasse Witterung stattfindet, um dort zu überwintern. Da nun nicht alle Sauerwürmer auf einmal spinnreif sind, auch die Witterung vor und nach dem 20. September (durchschnittliche Verpuppungszeit in den wärmsten Lagen) nicht gleich gut ist, so kann jedes

Auf die Vertilgung dieses schädlichen Insekts darf daher der Weingärtner eine besondere Aufmerksamkeit verwenden, wenn er später nicht großen Schaden erleiden will. Zur Vertilgung desselben trägt zuerst bei, wenn man schon während des Winters in ungedeckten Weinbergen die Puppen dadurch aufsucht und vertilgt, daß man die Rinde an allen Stöcken abkratzt, das abgeschabte Zeug auf einem untergelegten Tuche sammelt und verbrennt, wobei aber alle Ritzen und Winkeln der Rebenäste, sowie der Pfähle und Rahmen durchsucht und auch das beim Schneiden der Rebe abgefallene Rebholz frühzeitig aus dem Weinberg geschafft werden muß, auch trägt es zur Vertilgung der Puppe bei, wenn man die Rebstöcke mit Kalkmilch anstreicht. Am einfachsten kann man jedoch auf die Vertilgung eines großen Theils der Puppen hinwirken, wenn man bei dem Schneiden der Reben die rauhe Rinde an den Schenkeln mit der Hand oder besser mit einem wollenen Lappen abreibt, indem sich unter derselben die meisten Puppen befinden. Die schon dadurch, sowie daß sie beim Hacken in den Boden kommen, zerstört werden. Haben diese Mittel aber keinen genügenden Erfolg gehabt und zeigen sich nach dem Ausschlüpfen der Puppen viele Nachtfalter, so kann man in den Weinbergen während der Nacht kleine Feuer anzünden, denen sich die Schmetterlinge gerne nähern und häufig verbrennen, was aber nicht in einzelnen Weinbergen, sondern in ganzen Distrikten ausgeführt werden sollte. Mehr Erfolg für den einzelnen Weinbergbesitzer wird es jedoch haben, wenn der Heuwurm während der Traubenblüthe in seinen Verstecken, die man an dem weißen Gespinnst leicht erkennt, aufgesucht und vertilgt wird, was entweder mit einem kleinen Klämmchen von Blech oder mit einer feinen Stricknadel oder einem sonstigen spitzigen Instrumente geschieht; auch kann man das ganze Gespinnst sammt den angefressenen Traubenbeeren mit einer kleinen Scheere ausschneiden, nur muß man dabei die Vorsicht gebrauchen, daß man, wenn sich die Raupe in den Traubenstiel eingefressen hat, dieselbe durch einen schwachen Druck auf der angefressenen Stelle zuerst zum Herauskriechen zwingt. Diese Arbeit erfordert nicht allzugroße Mühe und Zeitaufwand und keine große Kosten, da sie durch Kinder verrichtet werden kann, auch ist dieses Mittel, mit Genauigkeit ausgeführt, wohl das nachhaltigste zur Vertilgung des Heuwurms. (Anmerkung 8.)

Jahr ein Theil der Würmer in den warmen Tagen an Blättern, und ein anderer bei kalter Witterung ins Holz sich verpuppen, wodurch das Aufsuchen und Vertilgen der Puppen während des Winters sehr erschwert wird.

Verhandlungen der deutschen Wein- und Obstproduzenten zu Wiesbaden 1858 S. 118.

8. **Anmerkung.** Behufs der Vertilgung des Heu- und Sauerwurms ist von dem großherzoglich hessischen Kreisamt Bingen ein eigenes Regulativ für die Gemeinde Büdesheim

§. 214.

Neben dem Heu- und Sauerwurm gibt es noch einige andere Raupenarten, die den Reben und Trauben Schaden bringen, jedoch weit nicht in so hohem Grade wie jener, auch erscheinen sie nicht so oft und so regelmäßig, wenigstens in den Weinbergen Deutschlands, wie der Heu- und Sauerwurm, und zwar:

b. Der Springwurmwickler,

gleichfalls ein Nachtfalter, der mit dem Heuwurmschmetterling zu Ende des Monats Mai fliegt und seine Eier in die Rinde des Rebholzes legt, aus denen die Raupe sich kurz vor oder während der Traubenblüthe entwickelt. Dieselbe ist etwa $3/4$ Zoll lang, schmutzig grün, etwas ins braune gehend. Der Kopf lederartig, glänzend braun, das Halsschildchen heller kastanienbraun, mit einer dunklen Rückenlinie und einem Seitenstreifen.

Der Schaden besteht darin, daß die Raupe mit ihrer Seide die Blätter und jungen Gescheine umschlingt und, weil sich dann der Saft nicht mehr frei bewegen kann, solche gewissermaßen erdrückt, auch soll sie neben diesem Zusammenspinnen eine klebrige Feuchtigkeit von sich geben, welche wie ein Aetzmittel wirke und das Austrocknen der Blätter und das Abwelken der Gescheine verursache. Die Vertilgung des Insekts kann auf ähnliche Weise, wie diejenige des Heu- und Sauerwurms geschehen.

c. Die rauchfarbige Eule,

eine Raupe, die namentlich in den Weinbergen von Würzburg schon Verheerungen angerichtet hat. Sie ist $3/4$—$1\frac{1}{2}$ Zoll lang, von der Dicke eines starken Strohhalms, düsterfarbig grau, etwas ins broncefarbig schimmernd, mit hartem Kopf und Nackenschild, hornfarbig glänzend und schwärzlich gefleckt, der Rücken mit einem breiten, schmutzig gelben, in der Mitte schwärzlichen Längsstreifen, die Seite mit weißlichen Linien gezeichnet. Der Körper ist sonst glatt, unbehaart, mit einzelnen schwärzlichen, fast walzenförmigen Punkten besetzt, und hat neben den gewöhnlichen drei Fußpaaren noch vier Paar Bauchfüße und ein Paar Nachschieber. Die Raupe zeigt sich in den Monaten April und Mai an den jungen Trieben der Rebe, frißt dieselben ab und richtet dadurch nicht geringen Schaden an.

---

erlassen worden, nach dem die hier zur Aufsuchung der Puppen und zur Vertilgung des Wurms angeführten Maßregeln auf der ganzen Markung zu gleicher Zeit in Anwendung kommen und namentlich nach dem Schneiden der Reben das Rebholz, Heftstroh, Heftweiden, Ranken und Laubbüschel sogleich aus den Weinbergen entfernt werden sollen.

Verhandlungen der deutschen Wein- und Obstproduzenten zu Karlsruhe 1853, S. 152.

Sie hält sich am Tage in der Erde versteckt und geht nur des Nachts auf Fraß aus. Gegen Ende des Monats Mai verpuppt sie sich in kleinen Erdhöhlen und in den letzten Tagen des Monats Juli entwickelt sich daraus ein Nachtschmetterling, aus dessen Eiern wahrscheinlich schon im September junge Raupen auskriechen, die in rundlichen Höhlen des Bodens überwintern und im folgenden Frühjahre dieselben verlassen, um, sowie sich die jungen Triebe der Rebe zeigen, dieselben anzugreifen, wo sie bei ihrer Größe am leichtesten abgelesen und vertilgt werden können.

d. Die Flechtweiden-Eule,

die sich als Raupe schon in den Weinreben von Rheinpreußen als gefährliche Feindin derselben gezeigt haben soll. Sie ist walzenförmig, nackt, gelbgrünlich grau, oft indessen auch etwas dunkler gefärbt und mehr bräunlich. Sie ist auf dem Rücken stets heller als an den Seiten, der Farbe der Rebe sehr ähnlich, wodurch ihr Auffinden sehr erschwert wird, und mattgrau gestreift. Sie hat 1½ bis 1¾ Zoll Länge und erreicht die Dicke eines gewöhnlichen Gänsefederkiels. Die Puppe ist braun, ¾—1 Zoll lang, walzenförmig und glatt und der Schmetterling gleichfalls ein Nachtfalter.

Die Raupe kommt blos Abends beim Beginnen der Dunkelheit zum Vorschein, wo sie von Rebe zu Rebe kriecht, das Herz und die Seiten des Auges benagt, das dann in 3—4 Tagen abstirbt. Später werden von derselben auch die 3—5 Zoll langen Triebe angegriffen, die dadurch gleichfalls schwächlich bleiben und Noth leiden.

§. 215.

Unter den Käfern haben die Reben und Trauben gleichfalls verschiedene Feinde, unter welchen sich zunächst

e. Der Rebensticher

auszeichnet, der zu dem Geschlecht der Rüsselkäfer gehört, von welchen es mehrere Arten gibt. Alle Gattungen sind mit einem langen, scharfen Rüssel versehen, mit dem sie in die jungen Triebe und Gescheine bringen, dieselben abnagen und aussaugen, so daß sie verdorren, wodurch der ganze Herbstertrag zu Grunde geht.

Der Rebensticher ist 3 Linien lang, 1½ Linien breit, glänzend goldgrün mit purpurfarbenen Füßen. Der Leib ist beinahe viereckig, hinten rundlich. Die Männchen haben vorn am Halse zwei kleine Spitzen, welche dem Weibchen fehlen. Er lebt, so lange die Rebstöcke noch nicht ausgeschlagen haben, auf Obstbäumen, Birken und Weiden, und macht sich erst später an die jungen Triebe des Weinstocks, wo er namentlich im Rheingau und in den Nahegegenben, sowie in der Pfalz schon große Verheerungen angerichtet hat, weniger ist dieses in Württemberg und in andern Weinbaugegenden beobachtet worden.

Der Käfer scheut die Hitze und verbirgt sich daher bis gegen Abend unter den Blättern ꝛc. Er hat die Eigenschaft daß er bei der geringsten Bewegung die Füße zusammenzieht und wie leblos auf die Erde fällt, wodurch er leicht eingefangen und vertilgt werden kann, wenn man, besonders Morgens, Tücher unter die Rebstöcke legt, dieselben leicht schüttelt und sofort die abgefallenen Käfer schnell sammelt.

f. Der Maikäfer.

Derselbe kann der Rebe auf zweierlei Art schaden, indem er, so lange er sich als Larve (Engerling) im Boden befindet, die zarten Wurzeln derselben annagt und dadurch ganze Stöcke zu Grunde richtet, oder wenigstens deren Vegetation schwächt und zu verschiedenen Krankheiten (Gelbsucht) Veranlassung gibt, und dann, indem er als Käfer das Laub der Reben abfrißt und dadurch die Vegetation der Rebe und die Zeitigung der Traube hemmt. Doch sind in Deutschland, wo die Maikäfer sich mehr an die Obstbäume und andere Gewächse halten, ausgedehnte Verheerungen weniger bekannt, als in südlichen Gegenden, wo hie und da durch dieselben ganze Weinberge zerstört werden sollen.

g. Hornisse, Wespen, Mücken, Bienen

beschädigen die Trauben dadurch, daß sie die reifen, süßen Beere anstechen und aussaugen, so daß von der Traube häufig nur noch die leeren Häute übrig bleiben. Unter denselben erscheinen die Hornisse und Wespen in warmen, trockenen Jahren öfters in so großer Menge, daß sie sehr erheblichen Schaden anrichten, wobei jedoch der Weingärtner sie als die Vorboten eines guten Weins ansieht.

Die Beschädigungen durch dieselben lassen sich durchgreifend nur dadurch beseitigen, daß man ihre häufig im Boden befindliche Nester aufsucht und zerstört, nachdem man zuvor die Wespen oder Hornisse durch angebrannten Schwefel oder mit Pulver oder mittelst gewöhnlichen Rauchs, indem man ein Feuer auf der Oeffnung des Nestes macht, oder durch Eingießen von Wasser, zu betäuben oder zu tödten sucht, was besonders Morgens und Abends, wo sich die ganze Familie noch im Nest befindet, zu geschehen hat.

Nicht selten setzen Gemeinden in Jahren, in welchen sich dieselben in größerer Anzahl zeigen, Preise für die Einbringung der Nester aus, was auch schon durch ältere Regierungsverordnungen empfohlen wurde.

Unter den Fliegen sind es besonders die sogenannten Stechfliegen, die durch das Anstechen der Beere den Trauben manchen Schaden zufügen, durch das Aufstecken von Leimruthen oder das Aufhängen von Schnüren, Seilen ꝛc. getränkt mit Fliegenleim in kleiner Entfernung, besonders von Rebgeländen und Spalierstöcken, lassen sich viele Fliegen und andere Insekten wegfangen, auch soll das Aufhängen von Fliegengläsern mit engen Oeffnungen und gefüllt mit Honigwasser, in welchen sich Wespen und Fliegen fangen, gute Dienste leisten.

h. Schnecken und Ameisen.

Die Schnecken benagen nicht nur im Frühjahr die jungen Rebschoße, sondern fressen auch, sowie die Ameisen besonders die auf dem Boden liegenden Trauben an, wodurch sie leicht in Fäulniß gerathen und ganz oder theilweise verderben.

Durch das von Zeit zu Zeit zu wiederholende Ablesen der Schnecken, sowie durch das Hinaufbinden der am Boden liegenden Reben und Trauben (§. 163) kann mancher Schaden verhütet werden.

Ameisen und Schnecken, wenn sie sich in großer Menge zeigen, lassen sich auch dadurch vertreiben, wenn man Kalk, Gyps, Asche, Kaminruß, Salzabgang um die Rebstöcke auf den Boden streut, die dann vor dem Winter hinunter gefegt werden können.

16. Die Beschädigungen durch Thiere.

§. 216.

Sowie die Trauben zu reifen beginnen, so eilen eine Menge Vögel und vierfüßige Thiere den Weinbergen zu, um dort Nahrung zu suchen und das mühsam errungene Erzeugniß des Winzers zu schmälern, wodurch, wenn kein Schutz vorhanden ist, kein unbeträchtlicher Schaden in den Weinbergen verursacht wird.

Unter den Vögeln sind es besonders die Staare, Feldhühner, Sperlinge, Krammetsvögel sowie auch die Elstern, Dohlen und Weindrosseln, welche den Weinbergen nachziehen und nicht nur viele Traubenbeere verzehren, sondern auch blos anpicken, wodurch eine Menge Fliegen und andere Insekten angezogen werden, welche die Beere vollends aussaugen. Namentlich sind es die Staare, welche in großen Zügen zu vielen Hunderten in die Weinberge einfallen und große Verheerungen unter den Trauben anrichten.

Zu den vierfüßigen Thieren gehören die Füchse, Dachse, Marder, sowie Mäuse und Ratten und, wenn sie in größerer Anzahl in benachbarten Waldungen vorhanden sind, auch Hirsche, Rehe und Wildschweine, welche den Weinbergen nachgehen, Trauben fressen und vielen Schaden verursachen, besonders sind es die Frühtrauben, denen diese Thiere gerne nachstellen und sie oft so verheeren, daß dem Eigenthümer wenig vom Ertrag übrig bleibt.

Die Beschädigungen durch alle diese Thiere können nur durch einen kräftigen Schutz der Weinberge verhütet werden, indem man, sowie die ersten Trauben zu reifen beginnen, Weinberghüter (Schützen) in genügender Anzahl aufstellt, welche die Weinberge weder bei Tag noch bei Nacht verlassen dürfen, sondern dieselben von Zeit zu Zeit zu begehen und durch Rätschen mit einer Klapper von Holz und Schießen die unberufenen Näscher zu vertreiben haben. Die Vögel suchen ihre Nahrung bei Tag, die angeführten vierfüßigen Thiere bei Nacht, daher das öftere Schießen während derselben, namentlich wenn die Nacht beginnt, und nach Mitternacht den Weinberghütern besonders auferlegt werden dürfte, auch würde es von gutem Erfolg für den Weinbergschutz sein, wenn den Jagdbeigenthümern und den Pächtern der Jagden das Wegschießen der schädlichen Raubthiere: Füchse, Dachse, Marder zur besondern Obliegenheit gemacht würde.

Füchse und Dachse sollen auch durch Feuer mit stinkenden Sachen, wie wollene Lumpen vertrieben werden, oder durch wollene Lappen, die man in ein Gemisch von 1 Pfund Salz, ½ Pfund Schweinefett und 4 Loth Terpentin, das zusammengeschmolzen wird, sowie von 1 Quintchen Teufelsdreck und ½ Pfund Schießpulver, das vorher etwas feucht in kleinen Parthien und in Geräthen, die kein Feuer geben, zerrieben wird, eintaucht und an den Rebstöcken aufhängt, wo das Wild herkommt.

XII. Die Weinbereitung.

§. 217.

Der Wein ist ein durch die geistige Gährung des Trauben= oder eines andern Fruchtsaftes entstandenes Produkt, daher es sehr verschiedene Weine wie Trauben= Obst= Johannisbeer= Stachelbeer= 2c. Weine gibt, unter dem allgemeinen Ausdruck Wein versteht man jedoch in der Regel den Traubenwein, den wir hier allein im Auge haben.

Die Erzeugung eines guten Weins hängt jedoch von so viel Vorbedingungen ab, daß die Weinbereitung zu den wichtigsten Geschäften des Weinbergbesitzers gehört und deßwegen einer sehr sorgfältigen Behandlung bedarf, wenn nicht der Fleiß und die viele Mühe, welche sich der Weingärtner bei der Anlage und der Bearbeitung seines Weinberges gab, ganz oder theilweise verloren gehen solle.

Die Weinbereitung theilt sich ab:

a. In die Weinlese,

b. in das Zerdrücken der Traubenbeere,

c. in das Keltern des Weinmostes, und
d. in die Gährung desselben.

1. Die Weinlese.

§. 218.

Die Traubenbeere besteht in ihrem unreifen Zustand in einer festen Substanz mit wenig Saft, der hauptsächlich Wasser und Säuren enthält (§. 7). Je mehr aber die Beere wächst und sich ausdehnt, desto mehr erhöhen sich auch die saftigen Theile derselben, in denen sich neben verschiedenen andern Bestandtheilen nach und nach ein Zuckerstoff, der sogenannte Traubenzucker, bildet. So lange die Beere noch wächst und in ihrer ersten Ausbildung begriffen ist, nimmt mit der Zunahme des Saftes auch der Säuregehalt zu, während der Zuckergehalt noch sehr unbedeutend und nur sehr langsam im Zunehmen begriffen ist. Hat jedoch derselbe ca. den vierten Theil des Zuckergehalts einer ganz reifen Beere erreicht, so nimmt der Zuckergehalt sehr rasch zu, während der Säuregehalt sich nach und nach, jedoch nicht im gleichen Verhältniß vermindert. (Eine interessante Untersuchung über das Reifen der Trauben und über die Bestimmung des Zucker- und Säuregehalts derselben während des Reifens von A. Famintzin enthalten die Berichte über die Verhandlungen der naturforschenden Gesellschaft zu Freiburg im Breisgau 1860. II. Bd. II. Heft. S. 177. Ferner das Hohenheimer Land- und forstwirthschaftliche Wochenblatt von 1851. Nr. 7. S. 31 von Professor Fehling in Stuttgart).

Während der Entwicklung der Traube gehen mit den anfänglichen Bestandtheilen derselben verschiedene Veränderungen vor, die wir, wenn wir über das Ausreifen der Trauben und über die Bereitung des Weins durch die Gährung ein richtiges Urtheil fällen wollen, näher kennen lernen müssen, dabei jedoch zwischen den gährungserregenden (stickstoffhaltigen) und den nicht gährungserregenden (stickstofffreien) Substanzen zu unterscheiden haben, indem letztere hauptsächlich in den Wandungen und in einem größern Theil des Inhalts der Pflanzentheile bestehen oder zu deren Bildung vorhergehen müssen, während erstere hauptsächlich die Verwandlung der Traubensäfte in Wein mittelst der Gährung bewirken. Die stickstofffreien sind vorzüglich aus Kohlenstoff, Sauerstoff und Wasserstoff zusammengesetzt, wogegen zu den stickstoffhaltigen auch noch der Stickstoff hinzutritt und mit ersteren verschiedene Verbindungen eingeht (§. 63) wozu bei beiden noch unorganische Stoffe kommen.

a. Stickstofffreie Bestandtheile der Trauben.

1. Der Zellstoff oder die Cellulose bildet die ersten Zellenglieder und ist daher in den jungen Beeren sehr reichlich vorhanden, indem zu demselben nicht

blos die Zellenwandungen, sondern auch die Verdickungsschichten derselben gehören, so daß man in der unreifen Beere nur Mark mit mehr oder minder saurem Safte findet und somit der Hauptinhalt derselben, neben Säuren und Salzen, in Zellstoff besteht. Während der Reife der Traube geht der innere Zellstoff zuerst in Dextrin und dann in Traubenzucker über.

2. Das Dextrin oder Gummi bildet sich aus Zellstoff und Stärkmehl durch erhöhte Temperatur, durch Säuren, sowie durch die Einwirkung der sogenannten Diastase, einer im keimenden Samen auftretenden eiweißartigen Substanz (wie im Gerstenmalz) und wird dann durch Einwirkung derselben Agentien in Traubenzucker verwandelt, doch bleiben auch nicht umgebildete Theile in der Traube zurück, die dann auch in den Weinmost übergehen und das sogenannte Fett oder Schmalz des Weins bilden sollen.

Ob in der Traube sich auch Stärkmehl (Amylum) entwickelt, das in der Regel als Körnchen oder Kügelchen von bestimmter Gestalt und Größe in festeren Körpern, wie in den Körnerfrüchten, Kartoffeln ꝛc. vorkommt, und ob dasselbe somit auch zur Entwicklung des Traubenzuckers mitwirke, ist noch unbestimmt, doch nicht unwahrscheinlich, weil die Traubenbeere auch Eiweißstoffe enthalten, in welchen die Stärke sich in reichlichem Maße befinden soll. Jedenfalls ist der Stärkmehlgehalt der Beere selbst von unbedeutendem Belange, dagegen enthält das Mark und die Rinde der Trauben= und der Beerenstielchen viel Stärkmehl, von wo es in die Traube behufs der Zuckerbildung überführt werden kann.

3. Der Zucker muß einen der Hauptbestandtheile der Traubenbeere bilden, wenn ein guter Wein erzielt werden soll, indem durch dessen Verwandlung mittelst der Gährung die geistige Kraft des Weins erzeugt wird. Die Pflanzen enthalten verschiedene Zuckerarten, die unter drei Hauptformen erscheinen, nämlich als Rohrzucker, der vollkommen crystallisirbar und im Wasser löslich ist; als Traubenzucker, der undeutlich krystallisirbar und süßschmeckend ist; als Frucht= oder Schleimzucker, der nicht krystallisirbar, dabei löslicher ist und süßer schmeckt als der Traubenzucker. In der Traube kommt hauptsächlich der Trauben= und dann der Schleimzucker vor. (Anmerkung 9.)

---

9. **Anmerkung.** Auf welche Weise die Zuckerbildung vor sich gehe, ist oben Punkt 1 und 2 erwähnt worden, es ist jedoch schon öfters die Behauptung aufgestellt worden, daß auch die Säuren in Zucker übergehen, wenn gleich der Säuregehalt nicht in dem Grade abnimmt als der Zuckergehalt zunimmt. (Siehe die oben allegirten Untersuchungen von Famintzin.) Da jedoch der Beere von der Rebe nicht unmittelbar Zucker, sondern nur verschiedene Säfte, die keinen Zucker enthalten, zugeführt werden, so muß der letztere erst innerhalb der Beere durch Zersetzung der Säftemasse auf chemische Weise bereitet werden, wobei es sich recht wohl denken läßt, daß, während der Beere durch die Verbindungsgefässe mit der Rebe stets neue freie Säure zugeführt

22*

4. Der Pflanzenschleim (Pectin) ist eine gallertartige Substanz, der mit dem Sauerstoff Verbindungen eingeht und in diesem Falle eine saure Masse, die Pektinsäure bildet. Die Funktionen, die dieser Pflanzenschleim während der Zeitigung der Traube zu verrichten hat, sind noch nicht bekannt, in der unreifen, harten und herben Traube ist jedoch dieser Pflanzenschleim noch unlöslich, er verwandelt sich jedoch mit dem Voranschreiten der Reife in das gummiartige, lösliche Pektin, daher derselbe vielleicht in Verbindung mit Dextrin ähnliche Wirkung wie dieser hervorbringt.

5. Die Pflanzensäuren sind von sehr verschiedener Art und kommen theils frei, theils mit organischen oder unorganischen Basen zu Salzen verbunden, in der Pflanze vor, in der Traube sind jedoch die freien Säuren weit vorherrschender als die gebundenen. Dieselben bestehen hauptsächlich in Weinsteinsäure, Traubensäure, Citronensäure, Apfelsäure, Gerbsäure, auch Gerbstoff (Tanin).

6. Wachs und harzige ölige Stoffe sind in dem Pflanzenreich ziemlich verbreitet. Das Blattgrün oder Chlorophyll, sowie die gelben und gelbrothen Pflanzenfarbstoffe sind immer an eine wachsartige, in kleine Körner abgesonderte Grundlage gebunden. Auch der bläuliche Anflug der Trauben besteht, wie bei den Pflaumen, wahrscheinlich in einer dünnen Schichte von Wachs.

An öligen mit Harz verbundenen Stoffen besitzt der Traubensaft nur ganz geringe Quantitäten (in einem Schoppen nur wenige Tropfen), den sogenannten Oenanth-Aether, der hauptsächlich das Bouquet der Weine bilden soll, worüber jedoch die Chemiker noch nicht einig sind.

(Vergl. die Wein- und Obstproduzenten Deutschlands von Dornfeld. Stuttgart 1852. S. 393—398.) Anmerkung 10.

---

wird, ein Theil derselben innerhalb der Beere in Zucker übergeht und daß, wie bereits bemerkt, wenn mit der Zunahme der Reife die Verbindungsgefässe in der Rebe vertrocknen und der Säftezufluß aufhört, dadurch auch die schnelle Zunahme des Zuckergehalts sich erklären läßt, denn wohin sollte denn der anfänglich in der Beere enthaltene starke Gehalt an Säure gekommen sein, wenn keine Verwandlung vorgehen würde?

10. Anmerkung. Nach neueren chemischen Untersuchungen soll sich aus bouquetreichen Weinen eine eigenthümliche Stickstoffverbindung in Form eines neutralen Salzes abscheiden lassen, das den Geruch des Bouquets des verwendeten Weins hat, mit dem Unterschied, daß der Geruch desselben von vorzüglichen Weinen sehr angenehm, von geringen Weinen aus ausgereiften Trauben aber sehr unangenehm erdig sein soll, es ist somit auch hieraus zu entnehmen, wie nothwendig, um feine, bouquetreiche Weine zu erzielen, eine sorgfältige Auslese des ganz Reifen, Minderreifen und Unreifen ist, da das Unreife nicht nur an und vor sich schlecht ist, sondern auch noch das Gute in hohem Grade verschlechtert.

Eine größere Quantität von Oel besitzen die Kerne der Traubenbeere, das als Speise- und Brennöl verwendet werden kann (§. 251).

7. Die Farbestoffe der Trauben, die sich unter der Beerenhaut bilden (§. 7) bestehen in einer eigenen Substanz und sind, wie die Farbe der Trauben, von verschiedener Beschaffenheit, haben aber für den Weinzüchter ein besonderes Interesse, da sie besonders den Rothweinen die Farbe und je nach ihrer größern oder geringeren Anwesenheit, mehr oder weniger Ansehen geben. Farbstoffe, die keine Säure besitzen, gehören häufig zu den stickstoffhaltigen Bestandtheilen der Pflanzen.

8. Ein besonderer Stoff erscheint in den Pflanzen und besonders auch in der Traube, der noch nicht gehörig erforscht ist, weil es mit außerordentlichen Schwierigkeiten verbunden ist, denselben völlig rein und völlig unverändert darzustellen. Es ist dieses der Extractivstoff. Er findet sich in den Pflanzen als farblose Materie in wässeriger Lösung, verändert sich leicht, geht gerne mit dem Sauerstoff der Luft Verbindungen ein, in welchem er dann den Wein trüb macht, eine braune Farbe und einen unangenehmen Geschmack gibt, der sich jedoch wieder verliert, wenn der Sauerstoff dem Extractivstoff wieder entzogen wird. Er spielt somit bei der Weinbereitung und Weinbehandlung keine unwichtige Rolle, auch hat er vielleicht Einfluß auf das Bouquet der Weine und scheint hauptsächlich durch den Stoffwechsel der Organismen erzeugt zu werden, er hat häufig einen süßen oder bittern, kratzenden, herben ꝛc. Geschmack, und gleicht viel den humusartigen Stoffen, indem er mit diesen leicht Verbindungen eingeht.

Stickstoffhaltige Bestandtheile der Trauben.

1. Die eiweißartigen oder Proteinkörper (Pflanzenleim) fehlen in keinem Pflanzentheil und haben einige Unterabtheilungen. In der Traube kommen hauptsächlich vor:

Das Pflanzeneiweiß oder Albumin, das sich in allen Pflanzensäften gelöst oder in halb geronnenem Zustande, wie im Zellkorn findet und durch Hitze (70 Grad), Säuren und Weingeist niedergeschlagen werden kann.

Der Pflanzenfaserstoff, vermischt mit Pflanzenschleim, ist im Alkohol löslich und kann durch Destillation aus demselben entfernt werden. Beide Stoffe enthalten Schwefel und Phosphor, die hie und da im Weingeschmack bemerklich sind, die Verbindungen, welche die stickstoffhaltigen Stoffe mit den stickstofffreien (Schleim, Säure, Extractivstoff ꝛc.) eingehen und dadurch neue Stoffe bilden, werden in der Weinbausprache mit dem allgemeinen Namen „Kleber" bezeichnet.

c. Die unorganische Bestandtheile der Pflanzen sind größtentheils Sauerstoffverbindungen und werden durch das Verbrennen der betreffenden Pflanzen dargestellt (§. 175). Sie bestehen bei den Trauben hauptsächlich in

Kali, Natron, Kalk, Magnesia, Phosphorsäure, Schwefelsäure, Salzsäure, Thonerde, Eisenoxyd, Kieselerde.

Neben diesen organischen und unorganischen Stoffen enthalten die Traubenbeere auch noch Wasser, das sogar den Hauptbestandtheil derselben ausmacht und natürlich auf den Gehalt des Weins einen mächtigen Einfluß ausübt. Herr Professor Walz hat im Jahr 1846 Trauben von einigen Gegenden ihrem ganzen Inhalt nach untersucht (die Wein- und Obstproduzenten Deutschlands S. 348), daher wir das interessante Resultat hier folgen lassen:

343

Bestandtheile	Trauben von Speyer vom 21. August 1846.			Trauben von Heilbronn von Ende August.					
	Riesling	Traminer	Ausländer	Riesling ziemlich unreif	Riesling ziemlich reif	Clevner ziemlich unreif	Clevner ziemlich reif	Trollinger ziemlich unreif	Trollinger ziemlich reif
Weinsteinsäure	5,717	4,135	3,176	3,141	4,397	1,385	2,640	1,739	2,137
Traubensäure	0,160	0,314	0,210	0,546	0,078	Spuren	0,012	0,562	0,403
Citronensäure	Spuren	Spuren	Spuren	Spuren	Spuren	Spuren	—	—	—
Apfelsäure	4,620	5,010	4,200	3,409	2,465	4,301	2,975	2,835	1,893
Gummi und Dextrin	5,143	5,137	6,513	5,131	4,963	6,793	4,132	7,964	5,581
Zucker	159,593	198,763	180,314	110,317	140,720	106,370	152,176	102,700	125,975
Farbstoff	—	—	—	—	—	—	0,015	—	0,136
Kleber und Eiweiß	15,176	22,158	14,210	13,864	15,300	10,158	11,768	19,167	18,575
Gerbstoff	0,134	1,354	Spuren	Spuren	Spuren	0,946	0,998	0,143	0,158
Phosphorsäure	0,227	1,061	0,291	0,190	0,214	0,385	0,506	0,154	0,164
Schwefelsäure	0,031	0,050	0,094	0,025	0,035	0,034	0,031	0,029	0,273
Salzsäure	0,087	0,071	0,051	0,037	0,029	0,027	0,028	0,038	0,295
Kali	1,143	2,176	1,145	1,005	0,964	1,348	1,035		1,004
Natron	2,537	1,354	0,625	2,174	2,369	0,561	0,401		0,379
Kalk	1,846	0,956	0,410	1,846	1,799	0,139	0,313	2,978	0,431
Magnesia	0,765	1,354	0,114	1,003	0,925	0,014	0,018		0,076
Thonerde	0,241	0,195	0,091	0,210	2,225	0,003	0,005		0,006
Eisenoxyd	0,514	0,097	0,035	0,609	0,630	0,006	0,007		0,009
Kieselerde	0,635	1,141	1,135	0,854	0,736	0,403	0,600		0,732
Wasser	801,431	754,674	787,386	855,639	824,151	866,827	822,310	861,691	840,973
	1000,000	1000,000	1000,000	1000,000	1000,000	999,700	999,770	1000,000	1000,000

Die Stoffe, aus welchen die Traubenbeere gebildet sind, sind jedoch in den einzelnen Trauben in sehr verschiedenem Verhältniß vorhanden, und hängt dieses hauptsächlich von der Traubengattung, von dem Boden und von der Beschaffenheit des Jahrganges ab, in dem die Traube erwachsen ist, besonders hat letzterer auf den Zucker= und Schleim= (Kleber=) Gehalt des Weinmostes einen wesentlichen Einfluß.

§. 219.

Die angeführten Bestandtheile der Traubenbeere sind schon in der ganz unreifen Beere vorhanden, doch zeigt sich in derselben der Zucker noch in solch geringer Menge, daß er bei der chemischen Untersuchung nur als eine Spur zur Zuckerbildung erscheint. Die Beere hat jedoch, bis sie zu ihrer vollkom= menen Ausbildung (Reife) gelangt, verschiedene Perioden durchzumachen, wobei sie in der ersten neben den Kernen blos als saure, markige Substanz erscheint, die in eine Menge kleiner Zelten eingetheilt ist. In der zweiten Periode gehen unter Abnahme des Wasser= und Säuregehalts diejenigen Substanzen, aus welchen sich der Zucker bildet, in Zuckerschleim über, und in der dritten Pe= riode wird unter fortwährender starker Abnahme des Wassers und Säurege= halts fast aller Zuckerschleim zersetzt und zu Zucker gebildet, was jedoch nur in vorzüglichen Jahrgängen bei der Ueberreife der Trauben eintritt.

Die Güte und Menge des Weins hängt daher hauptsächlich davon ab, daß sich die Bestandtheile der Traube in allen Beziehungen gehörig ausge= bildet haben und insbesondere, daß ein angemessener Gehalt an Zucker vor= handen ist. Es ist deßwegen von hoher Wichtigkeit, die Traubenlese nicht früher vorzunehmen, als bis eine vollkommene Reife der Trauben eingetreten ist, die sich durch verschiedene Merkmale zu erkennen gibt.

Die Reife erfolgt, wenn das einjährige Rebholz sich verhärtet und braun wird, wodurch der Saftzufluß nach und nach gehemmt und dadurch die Zucker= bildung gefördert wird, indem dann der Traubensaft hauptsächlich auf sich selbst und auf die Einflüsse der Atmosphäre beschränkt ist, durch die er gelän= tert und seiner vollständigen Reife entgegengeführt wird. So lange das Reb= holz noch grün ist, wird der Traube immer neuer Saft mitgetheilt, und dadurch die vollständige Reife gehindert. Dieselbe erfordert, neben warmer, sonniger Witterung, einige Feuchtigkeit, daher Herbstnebel oder warme, nicht anhaltende Regen sehr günstig auf dieselbe einwirken, indem dadurch nicht nur die Ver= dünnung und Ausdehnung der Beerenhaut, sondern auch die Destillation des Saftes befördert wird, so daß auf die dünne Beerenhaut die Sonne kräftiger einwirken und die Verwandlung der sauren und wässerigen Säfte in Zucker, sowie die Verdunstung der Wassertheile schneller vor sich gehen kann. Tritt aber in trockenen, heißen Jahrgängen auch zur Zeit der Traubenreife kein Re=

gen ein, so daß die Reben ganz trocken stehen, oder entsteht anhaltendes, nasses trübes Wetter, so wird dadurch die Traubenreife wesentlich verzögert und nicht selten darf man sich, besonders im letztern Falle, auf einen geringen Wein gefaßt machen.

Die Reife der Trauben kann auf verschiedene Weise befördert werden:

a. Zunächst ist es die Erziehung der Rebe, welche einen wesentlichen Einfluß auf dieselbe hat, indem je näher die Traube dem Boden hängt, desto schneller und vollständiger geht auch, vermöge der Wärmeausstrahlung des Bodens, die Zeitigung vor sich. (§. 124—125.)

Auch wird dieselbe

b. durch einen angemessenen Schnitt des Rebstocks, wodurch der Saftzufluß nicht zu sehr vertheilt und vergeudet, sondern mehr zusammen gehalten wird (§. 134), sowie durch die ganze Sommerbehandlung der Rebe befördert. Insbesondere zielt

c. das Ueberhauen der Reben (§. 150) darauf hin, indem dadurch das Wachsthum derselben unterbrochen und durch das Zurückdrängen des Saftes die Zeitigung des Holzes befördert wird.

Auf künstliche Weise kann die Traubenreife befördert werden:

d. durch das Abdrehen der Traubenstiele, indem dadurch der Saftzudrang aus dem Stocke gehemmt und die Verdünstung der Wassertheile befördert wird, doch darf dieses erst geschehen, wenn die Zuckerbildung in der Traube gehörig vorangeschritten ist, so daß durch das Abdrehen des Stiels eigentlich eine Ueberreife, wie bei der Erzeugung der Muskatweine im südlichen Frankreich, herbeigeführt wird.

e. Durch das Ringeln der Reben auf die in §. 146 angegebene Weise, besonders wenn dasselbe erst vor dem Herbst vorgenommen wird, indem auch dadurch eine Hemmung des Saftzuflusses eintritt.

Die Reife der Beere beginnt von innen gegen außen, so daß also die erste Zuckerbildung im Herzen der Beere um die Kerne erfolgt, während die Zeitigung des Saftes der Zellgewebe und des Rindenmarks erst später eintritt, wie man sich bei jeder halbreifen Beere überzeugen kann. Die vollständige Reife erkennt man daher

f. wenn die Traubenstiele sich verholzen und braun werden, das Häutchen der Beere dünn und der Saft selbst hell und durchsichtig wird, so daß bei weißen Trauben die Beerenhäute bräunlich und punktirt werden, wie beim Sylvaner und Rießling, und man die Kerne der Beere erkennen kann; ferner wenn die Beere sich leicht ablösen lassen, der Saft süß und klebrig ist, und die Kerne von keiner klebrigen Substanz umgeben, sondern braun sind. Insbesondere bei blauen Trauben, wenn nach Abwischen des Duftes, die Beere eine dunkelschwarzblaue Farbe zeigt, und beim Abnehmen derselben der

Zapfen roth ist, wenn der rothholzige Trollinger rothe Kammäste hat, und wenn beim Clevner und Burgunder die Beere dem Einschrumpfen (Welkwerden) nahe sind, auch scheint die Farbe der Trauben einigen Einfluß auf die Reife derselben auszuüben, da nach physikalischen Gesetzen ein dunkler Körper mehr Licht und Wärme aufnimmt als ein heller, wornach blaue und schwarze Trauben von gleicher oder ähnlicher Gattung früher als rothe, diese früher als weiße reifen werden. (Vergl. §. 7.) Ein weiteres Zeichen der Reife ist, wenn der Beerensaft ein Gewicht zeigt, das nach §. 269 einem guten Weine entspricht, daher es sehr zweckmäßig sein wird, wenn man von Zeit zu Zeit den Saft von einzelnen Trauben der gleichen Gattung und der gleichen Lage ausdrückt, filtrirt und auf der Mostwage untersucht, wobei, so lange der Zuckergehalt noch in starkem Zunehmen begriffen ist, bei guter Witterung immer noch ein besserer Reifegrad der Traube erwartet werden darf, während bei nasser, feuchter Witterung, weil die Traubenbeere viel Feuchtigkeit an sich ziehen, die Mostwage ein Zurückgehen des Zuckergehalts anzeigen wird und daher in einem solchen Falle zur Bestimmung des Reifegrades unbrauchbar wird.

Die Kennzeichen einer vollständigen Reife sind jedoch nicht jedes Jahr gleich stark vorhanden, sondern fehlen öfters theilweise, besonders in minder günstigen Weinjahren, daher man die allgemeinen Witterungsverhältnisse des betreffenden Jahrganges stets auch in Berücksichtigung ziehen muß. (§. 267 bis 269.)

§. 220.

Von der gewöhnlichen Reife der Trauben unterscheidet sich die Ueberreife oder Edelreife (Edelfäule) derselben, die dadurch herbeigeführt wird, daß man die Trauben, nachdem die Anzeichen der vollständigen Reife eingetreten sind, noch längere oder kürzere Zeit am Stock hängen läßt, so daß durch Nebel, Thau und Sonnenschein die Beerenhäute immer mehr verdünnt und die weitere Zuckerbildung, sowie die Ausschwitzung der wässerigen Theile des Saftes befördert und erleichtert wird und endlich durch das Morschwerden der Beerenhaut eine Edelfäule eintritt, bei der sich der Zuckerstoff der Beere immer mehr verdichtet, wodurch zuletzt ein süßer, feiner, bouquetreicher Wein erzeugt wird, der besonders in guten Jahrgängen zu den Edelweinen gerechnet werden darf und einen viel höheren Werth als der gewöhnliche Wein hat.

Die Ueberreife oder Edelfäule erkennt man, bei den weißen Trauben, wenn die Beerenhaut morsch wird, eine braune oder braunrothe Farbe annimmt und das Abwelken derselben beginnt; bei den rothen und blauen Trauben, wenn die Beerenhaut welk wird und die Beere einschrumpfen; bei beiderlei Gattungen, wenn, neben den angeführten Anzeichen, auch die Trauben- und Beerenstiele abwelken und morsch werden und einzelne Beere oder hie und da ganze Trauben abfallen.

Zu der Ueberhaltung bis zur Ueberreife oder Edelfäule eignen sich aber nicht alle Traubensorten, sondern nur die härteren, indem diese eine dickere Beerenhaut und markiges Fleisch haben, die der eigentlichen Fäulniß länger widerstehen, wodurch die Zuckerbildung immer mehr zunehmen, das Wasser sich aber stets mehr verlieren kann, auch mögen die markigen Stoffe längere Zeit, als bei saftigern Trauben, zur Zuckerbildung nöthig haben, wodurch sich bei längerem Ueberhalten der Zuckerstoff gleichfalls vermehrt. Außerdem mögen sich bei der Ueberreife auch edlere Stoffe, wie das Gewürz und Bouquet noch besonders ausbilden, da sich gerade die auf diese Weise erzeugten edlen Weine durch jene Eigenschaften vorzugsweise auszeichnen.

Zu den härteren Sorten gehören von den weißen und rothen Trauben zunächst der Rießling und Traminer, sowie der Orleans und Velteliner, sodann bis zu einem gewissen Grad der Ueberreife auch der Rothurban, der Gutedel, besonders der Krachgutedel, der Haus oder kleine Velteliner und der rothe Malvasier. Von den blauen Trauben der Trollinger, der Schwarzurban, der Zottelwelsche, sowie zum Theil auch der Affenthaler, der blaue Clevner, der blaue Burgunder, der blaue Scheuchner (Grübler), die Müllertraube und der blaue Liverdun, doch darf bei den blauen Trauben die Ueberreife nicht so weit getrieben werden, daß dadurch eine Zersetzung der Beerenhaut vor sich geht, weil sonst auch der in und unter derselben enthaltene Farbestoff zersetzt und der Wein keine ganz dunkelrothe Farbe erhalten würde.

Bei den weicheren, saftreicheren Trauben dagegen, wie bei dem Elbling, Sylvaner, Fütterer, Muskateller, weißen Burgunder, Räuschling, Süßrothen, Ortlieber, Tokaher, Grobschwarzer, Hängling ꝛc. tritt, besonders bei etwas feuchter Witterung, häufig statt der Edelfäule, die wirkliche Fäulniß ein, womit das Auslaufen des Saftes und das Vertrocknen und Zugrundegehen der ganzen Traube verbunden ist, daher man bei diesen Gattungen die Lese in der Regel nie länger als bis zur vollkommenen Reife verschieben darf, doch können dieselben in magerem Sand-, Kalk- und Mergelboden und auf luftigen Höhen auch lange übergehalten und dadurch wenigstens theilweise einer Ueberreife entgegengeführt werden, was natürlich auf die Qualität des Weins einen außerordentlichen Einfluß hat.

Das Ueberhalten zur Ueberreife kann übrigens nur in guten Weinjahren, wo die Trauben zur vollständigen Reife kommen, in Ausführung gebracht werden, in ungünstigen Weinjahren, wo die Reife der Trauben nur unvollständig erfolgt, kann man zwar, wenn die Witterung es erlaubt, durch möglichst langes Verschieben der Lese auf die Qualität der Trauben und des Weins sehr vortheilhaft einwirken, indem durch dasselbe der Zuckergehalt sich immer noch um etwas vermehren wird, eine Ueberreife in dem oben angegebenen Sinne wird aber nie eintreten, sondern nur ein Morschwerden bei dem, weil bei einer unreifen Traube Säure und Wasser vorherrschend sind, durch die Verdünstung des letztern eine stärkere Säure als bei der noch ganz frischen Traube sich zeigen oder wirkliche Fäulniß, besonders bei ungünstiger Witterung, eintreten kann.

In den deutschen Weinbaugegenden ist das Ueberhalten der Trauben bis zur Ueberreife hauptsächlich in dem Rheingaue und in einigen Gegenden oder Orten des Ueberrheins eingeführt, auch sind in Württemberg schon öfters einzelne Versuche damit gemacht worden. In Ungarn wird der berühmte Tokayerwein dadurch bereitet, daß man die Trauben so lange am Stock hängen läßt, bis sich die Beere zu Trockenbeeren gebildet haben, worauf dieselben abgenommen, in eine Kufe gebracht und aus demjenigen Saft, der durch den Druck des eigenen Gewichts der Trauben abfließt, zunächst die sogenannte Tokayeressenz bereitet. Der Rest der Traubenbeere wird dann gequetscht und mit gutem süßem Most von gewöhnlichen Trauben übergossen, was sofort den Tokayerausbruch gibt.

In Frankreich werden nach Jullien ein Theil der weißen Bordeauxweine, sowie einzelne weiße Weine im Departement Lot und Garonne gleichfalls dadurch bereitet, daß man die Trauben hängen läßt, bis sie die Reifheit überschritten und die Schalen, nachdem sie eine braune Farbe angenommen haben, an den Fingern kleben.

Von der Ueberreife der Trauben ist die Nachreife zu unterscheiden, die dadurch herbeigeführt wird, wenn die abgeschnittenen Trauben durch Auflegen auf Hurten, durch Aufhängen auf Stäben oder auf irgend eine andere Weise längere Zeit in einem nicht zu kalten Lokale, in dem kein Frost eintritt, aufbewahrt werden, indem durch das längere Lagern sich zwar kein neuer Zuckerstoff bildet, dagegen aber der vorhandene durch die Verdünstung der Wassertheile sich mehr concentrirt, wodurch ein weit besserer Wein erzeugt wird, wie wir dieß bei der Fabrikation des sogenannten Strohweins sehen, bei dem die Trauben bis gegen das Frühjahr, auf Stroh gelagert oder an Bindfäden aufgehängt, aufbewahrt und dann erst gepreßt werden. (Siehe das Hohenheimer Wochenblatt für Hauswirthschaft 1834 S. 121.)

Der Nachreife können jedoch auch nur die härteren Traubengattungen, weil bei den weicheren bald Fäulniß eintreten würde, und, aus den oben angeführten Gründen, nur in Jahrgängen unterworfen werden, in welchen dieselben zur vollkommenen Reife gelangen, auch dürfen die Trauben nicht zu lange der Nachreife ausgesetzt werden, weil sonst blos ein süßlicher, süßer Wein erzeugt wird, ohne Blume, während bei nicht allzu langem Liegenlassen, d. h. bis der Most bei dem Auspressen einzelner Trauben in mittleren Weinjahren nach der Mostwage 100, in guten 115—120 Grade zeigt, ein vorzügliches Produkt gewonnen werden kann. Im Großen wird jedoch ein solches Verfahren, weil es sehr viel Raum erfordert und wegen der Umständlichkeit des Lagerns, sowie weil, wenn einzelne Traubenbeere zu faulen beginnen, solche von jeder Traube weggenommen werden müssen, selten ausführbar sein.

§. 221.

Die Zeit der Weinlese wird in den meisten Weinbaugegenden obrigkeitlich bestimmt und es ist dieses um so nothwendiger, als durch die willkürliche Bestimmung von Seiten der einzelnen Weinbergbesitzer, nicht nur viele Unordnungen durch Entwendungen von Trauben ꝛc. vorkommen könnten, sondern auch das frühzeitige Lesen einzelner, besonders der kleineren Weinbergbesitzer, und das Nichtabwarten der vollständigen Reife der Trauben manche sonst gute Weinorte in einen üblen Ruf kommen könnten, wodurch allgemeine Nachtheile für einen ganzen Ort oder für eine ganze Gegend entstehen würden. In manchen Weinbaugegenden, namentlich in einzelnen Gegenden des Rheinthales (Rheingau und im Breisgau ꝛc.), werden die Weinberge, sobald die Reife der Trauben so weit vorangeschritten ist, daß Traubenschützen (Weinbergshüter) aufgestellt werden können, die Weinberge sogar ganz geschlossen, so daß auch der einzelne Besitzer dieselben ohne besondere obrigkeitliche Erlaubniß nicht mehr betreten darf, auch werden an manchen Stellen die Zugänge mit Dornen vermacht. Zu diesem Behuf wird etwa acht Tage vor dem Schlusse der Weinberge dieses öffentlich bekannt gemacht, damit die in den Weinbergen nothwendigen Arbeiten zuvor noch besorgt werden. Die Oeffnung erfolgt dann erst wieder, wenn entweder bei ungünstiger Witterung das Faulen der Trauben beginnt und daher eine Auslese nothwendig wird, nach deren Beendigung die Weinberge aber wieder geschlossen werden, oder wenn unter Zuziehung größerer und verständiger Weinbergbesitzer die Traubenreife so weit vorangeschritten ist, daß mit der Lese allgemein begonnen werden kann, wobei es aber einzelnen Weinbergbesitzern unbenommen bleibt, die Trauben für die Spätlese, auch noch länger hängen zu lassen. Diese in vielfacher Beziehung sehr zweckmäßige Einrichtung ist jedoch nur da vollständig ausführbar, wo größere, geschlossene Weinbergshalden sich befinden, wo der Futterbau (Kleebau) in den ausgehauenen Weinbergen nicht eingeführt ist, sondern in der Regel sogleich vom Stock hinweggeerntet wird (§. 90, 91), weil das für den Viehstand oft höchst nöthige grüne Futter nicht auf längere Zeit nach Hause geschafft werden kann, und wo in den einzelnen Weinbergen nicht zu vielerlei, sondern ziemlich gleich reifende Trauben, also keine früh- und spätreifende, wie Elevner und Trollinger gepflanzt werden, so daß keine Vorlese nothwendig ist.

In andern Weinbaugegenden, besonders Württembergs, wird die Ordnung des Lesens und Kelterns nach dem Loose bestimmt, was, damit der Weinmost nicht zu lange über den Trebern stehen bleibt, ganz zweckmäßig erscheint, wogegen die Ordnung der Lese nach Gewänden (Bännen, wie sie hie und da vorkommt) einer rationellen Weinbereitung nicht immer entspricht, indem dabei besonders die gleichzeitige Gährung des Mostes gestört und eine Auslese des rothen und weißen, sowie des guten und geringen Gewächses mit manchen Umständlichkeiten verbunden ist. Nur das Gute kann bei gehöriger Berücksichtigung der Traubenreife damit verbunden werden, daß die Lese der geringeren Gelände, in welchen die Reife der Trauben in der Regel noch etwas zurück ist, entweder noch einige Zeit verschoben oder jedenfalls zuletzt vorgenommen wird.

Ueber den richtigen Zeitpunkt der Lese sollten übrigens nicht blos die Ortsobrigkeiten vernommen, sondern in jedem Bezirk zur Untersuchung und Begutachtung des Reifezustandes der Trauben eine Commission von Sachverständigen, etwa aus der Mitte der landwirthschaftlichen Vereine, gewählt und dieser zugleich zur Pflicht gemacht werden, sich jedes Jahr auch über die zweckmäßigste Art der Lese zu äußern.

Im Allgemeinen darf wohl der Grundsatz aufgestellt werden, daß bei der Bestimmung der Zeit der Lese die vollständige Reife der Trauben abzuwarten und daher die Lese möglichst lange zu verschieben ist, indem je reifer eine Traube ist, desto besser wird nicht nur der Wein, sondern desto saftreicher wird auch dieselbe, so daß der Weinproducent sowohl an Quantität als Qualität gewinnt.

Sollten daher bei dem Eintritt ungünstiger, regnerischer Witterung die Trauben zu faulen beginnen, so ist es, statt einer frühen Lese oder statt der Lese während der ungünstigen Witterung, weit zweckmäßiger, wenn man die faulen Trauben herausschneidet und den daraus gewonnenen Weinmost, der häufig von vorzüglicher Qualität ist, bis zur allgemeinen Lese im Keller aufbewahrt und ihn später mit dem übrigen Most vereinigt, indem dieses, wenn die faulen Trauben zeitig sind und sich noch kein Schimmel angesetzt hat, unbedenklich geschehen kann, wogegen das Vermischen mit dem Moste von stark in Schimmel übergegangenen Trauben sorgfältig zu vermeiden ist, weil der Wein dadurch einen sehr unangenehmen Schimmelgeschmack bekommt, der sich erst spät und nur nach mehrmaligem Ablassen verliert.

Wenn dagegen die Reife der Trauben noch ziemlich zurück ist und nach der vorangeschrittenen Jahreszeit keine vollständige Reife derselben, sondern bei ungünstiger Witterung mehr eine Abnahme derselben zu erwarten wäre, so wird es angemessen sein, wenn man, besonders mit Rücksicht auf den kleineren Weinproducenten und gewöhnlichen Weingärtner, auf die ungewisse kleine Zunahme der Qualität verzichtet und dagegen die Quantität zu retten sucht, mithin die Traubenlese nicht allzulange verschiebt, sondern sie noch so zeitig vornimmt, bevor Trauben und Most durch Regen und Frost noch mehr verdorben und verschlechtert werden.

§. 222.

Bei der Traubenlese kommt hauptsächlich auch die Art und Weise derselben in Berücksichtigung, indem davon vorzüglich die Gattung (weiß oder roth) und die Qualität des Weins (gering, mittelgut, edel) abhängt.

Bei dem veränderten Weingeschmack (§. 48) ist hauptsächlich auf die Erzeugung solcher Weine zu sehen, welche bald reif und dadurch zur Consumtion geeignet werden, was nur geschehen kann, wenn bei der Traubenlese eine sorgfältige Auslese gemacht und dieselbe überhaupt mit Umsicht und Sorgfalt vorgenommen wird.

In ältern Zeiten, bei der vorherrschenden Consumtion von alten, abgelagerten Weinen, war dieses weniger nöthig, weil durch das Ablagern sich manches Herbe und Unangenehme in dem Weine verloren hat, jetzt aber muß auf eine sorgfältige Lese ein Hauptgewicht gelegt werden. Zunächst ist darauf zu sehen, daß zu dem Lesen keine Kinder, sondern nur erwachsene Personen genommen werden, welche die einzelnen Gattungen der Trauben genau kennen und ihre Brauchbarkeit zu beurtheilen verstehen, indem unerfahrene Leser zu einer sorgfältigen Auslese des guten, sowie des geringen, unreifen, faulen Gewächses durchaus nicht zu gebrauchen sind.

Bei der Lese selbst kommt in Betracht:

Der Reifegrad der Trauben im Allgemeinen und in den einzelnen Gewänden;

das Ausscheiden der verschiedenen Traubengattungen;

das Ausscheiden des guten und geringen Gewächses;

die Berücksichtigung der Witterungsverhältnisse;

der Uebergang zu einer Spätlese;

die Werkzeuge, die zu der Lese und Auslese erforderlich sind.

a. Der Reifegrad der Trauben.

Im Allgemeinen ist mit der Lese, wenn die Witterung des Jahrganges und des Herbstes es gestattet, erst dann zu beginnen, wenn die Trauben ihre vollständige Reife erlangt haben, d. h. am reichsten an Zucker und am ärmsten an Säure sind. Da jedoch diese Reife nicht in allen Geländen und bei allen Traubengattungen zu gleicher Zeit erfolgt, vielmehr von der Lage und der Bodenbeschaffenheit jener, sowie von den angepflanzten Traubensorten, dem Alter und der mehr oder minder sorgfältigen Erziehung und Cultur des Weinbergs abhängt, so muß darauf die geeignete Rücksicht genommen werden. Dieselbe wird in warmen, südlichen Lagen früher, als in östlichen, westlichen oder

nördlichen und in Weinbergen mit warmem Boden früher, als in solchen mit
kaltem Boden erfolgen, daher man bei dem Beginnen der Lese den Anfang
da machen muß, wo die Reife schon am weitesten vorangeschritten ist. Hat
ein Weinberg selbst verschiedene Lagen, d. h. zieht er vom Grund des Thales
bis auf und über den Rücken des Berges, so muß auch hier bei der Lese
zwischen den einzelnen Lagen unterschieden und die Trauben derselben je ab=
gesondert gelesen, aufbewahrt und gekeltert werden, indem besonders an sehr
steilen Abhängen die Mitte der Berge, wo die Sonne am kräftigsten wirken
kann, weit besser ist, als unten, wo der Boden kühler und die Sonne weniger
Kraft hat und oben, wo die kalten Winde mehr streichen und auch der Boden
viel leichter ist und weniger Kraft hat. Bei der Reife der verschiedenen Trau=
bengattungen findet gleichfalls ein wesentlicher Unterschied statt (§. 220), in=
dem die weichen Gattungen in der Regel früher zur vollständigen Reife ge=
langen werden, als die harten, daher bei jenen mit der Lese zu beginnen wäre.
Aber auch bei der Reife jeder einzelnen Traubengattung wird man fast in
allen Jahrgängen bald etwas mehr, bald etwas weniger reife Trauben finden
und dieses wird besonders in minder günstigen Jahrgängen der Fall sein, in=
dem z. B. diejenigen Trauben, welche dem Boden nahe hängen, einen stärkern
Reifegrad als die höher hängenden erreichen werden. Außerdem hat auch das Alter
der Weinberge einigen Einfluß auf die Reife der Trauben, indem in alten
Weinbergen dieselben etwas bälder, als in jungen kräftigen reifen, und ebenso
hängt die bäldere Reife nach §. 219 nicht selten von der Erziehung und übri=
gen Cultur der Rebe ab.

Unter Berücksichtigung all dieser besondern Umstände wird daher derje=
nige intelligente Weinbauer, der in guten Weinjahren sehr vorzügliche oder
edle Weine erzeugen will, die Traubenlese so lange verschieben, bis die Trau=
ben den möglichst hohen Reifegrad erlangt haben und dann zuerst die reifsten
und zum Theil süß= oder edelfaulen, nachher aber erst die weniger reifen lesen
lassen, jedenfalls muß dieses aber in minder günstigen Jahren, wo noch un=
reife, saure Trauben vorhanden sind, geschehen, indem hier das Unreife von
dem Reifen, sogar durch das Herausnehmen (Auspflücken) der unreifen oder
reifen Beere aus den einzelnen Trauben mit aller Sorgfalt geschehen muß,
weil durch eine unreife Beere der Gehalt von 10 reifen verschlechtert wird.
Sollten jedoch die Trauben zu moussirenden Weinen bestimmt sein, so darf
man keine Ueberreife eintreten lassen, weil der Most, damit er sich bei der
Entschleimung schneller und besser klärt, nicht sehr consistent (dick) sein darf,
und derselbe sich von noch ganz gesunden Trauben besser auspressen läßt, ohne
bei blauen Trauben (Clevner) dem Weine Farbe mitzutheilen, auch sollen die
Trauben nicht bei sehr warmer Witterung gelesen werden, damit der Wein=

most nicht sogleich in Gährung übergeht, wodurch die Entschleimung gleichfalls erschwert wird (§. 245).

§. 223.
b. Das Ausscheiden der verschiedenen Traubengattungen.

Wenn schon bei der Anlage eines Weinberges auf eine rationelle Weise verfahren wurde (§. 84—88), so wird bei der Traubenlese eine Ausscheidung einzelner Traubengattungen selten vorkommen, da wo aber gemischte Bestockung noch stattfindet, wie dieses häufig in den einzelnen Weinbaugegenden Württembergs der Fall ist, ist die Ausscheidung des rothen und weißen Gewächses, sowie der edlen (härteren) von den gemeinen (weichen) oder der früh- und und spätreifenden Traubensorten unumgänglich nothwendig, wenn gute charakterfeste Weine erzeugt werden wollen, was besonders von den größern Weinbergsbesitzern nie unterlassen werden sollte. Die Bestandtheile und der Geschmack der rothen und weißen Traubengattungen zeigen zum Theil eine große Verschiedenheit, insbesondere besitzen erstere weit mehr Gerbstoff und Gerbsäure als letztere (§. 218), daher auch der Geschmack der rothen und weißen Weine sehr verschieden ist. Werden nun die verschiedenen Traubengattungen bei der Lese untereinander gemengt, so wird die Eigenthümlichkeit einer jeden Gattung, d. h. der Geschmack und das Bouquet oder Gewürz unterdrückt, es entsteht ein ungleichartiges röthliches Gemisch, der sogenannte Schillerwein, der weder eine entschiedene Farbe, noch einen bestimmten Geschmack und Charakter hat, und besonders in entfernteren, dem Weinlande nicht angehörigen Gegenden nicht gesucht ist, sondern im Mißkredit steht, und nur in denjenigen Weinbaugegenden getrunken wird, wo man an denselben gewöhnt ist.

c. Das Ausscheiden des guten und geringen Gewächses.

Die Trauben können auf verschiedene Weise durch Frost, Krankheiten, Hagel, Braten, Faulen, durch Insekte u. s. w. (§. 196—216) beschädiget werden, in welchem Falle sie in der Regel in der Entwicklung und Zeitigung zurückbleiben und nur einen geringen Wein geben, es müssen daher, wenn man einen guten, kräftigen, reinen Wein erzielen will, bei jeder Lese die beschädigten Trauben oder Beere sorgfältig ausgelesen oder ausgebeert werden, indem auch in guten Weinjahren immer etwas Geringes, Halbvertrocknetes oder sonst Beschädigtes auszuscheiden sein wird, und es ist um so mehr darauf zu sehen, als, wie bei den unreifen Trauben, nur eine beschädigte, den Wein von vielen guten Trauben verschlechtert. Insbesondere ist bei der Erzeugung von Rothweinen darauf zu halten, daß alle faule Beere, auch wenn sie süß und noch nicht in Schimmel übergegangen sind, entfernt werden, weil sie dem

Wein die Frische nehmen, und weil der Farbstoff in der Beerenhaut bereits zerstört und in ein mattes Braun übergegangen ist, auch beeinträchtigen sie die schöne rothe Farbe und stören die Haltbarkeit des Weins. Eine sorgfältige Auslese wird sich daher stets durch die Erzielung einer möglichst guten Qualität und durch gute Verkaufspreise sehr lohnend zeigen und sollte daher nie unterlassen werden.

d. Die Berücksichtigung der Witterungsverhältnisse.

Die Witterungsverhältnisse haben sowohl auf das Ausreifen der Trauben als auf die bereits reifen Trauben einen mächtigen Einfluß, indem bei regnerischer oder neblicher Witterung die Traubenbeere durch die dünne Beerenhaut nicht nur von dem niederfallenden Regen oder Thau viel Wasser und Feuchtigkeit anziehen, sondern es bleibt auch fast an jeder Beere ein Regen- oder Thautropfen hängen, wodurch, wenn während einer solchen Zeit die Lese stattfindet, viel Wasser zu den Trauben kommt und dadurch auch dem Weine beigemischt wird. Wie nachtheilig dieses auf die Qualität des Weins einwirkt, wird man finden, wenn man den Most von Trauben wiegt, die bald nach einem gefallenen Regen oder während ein starker Thau noch auf denselben lag, abgelesen wurden, indem derselbe mindestens einige, nach angestellten Versuchen sogar 5—10 Grade weniger wägen wird, als von den gleichen Trauben, die bei trockener Witterung gesammelt wurden.

Die Traubenlese muß deßwegen wo möglich stets bei trockenem Wetter vorgenommen, jedenfalls aber bei Regenwetter und sogleich nach demselben unterlassen werden. Ist während der Nacht ein starker Thau gefallen, so muß mit der Lese etwa bis Morgens 9 oder 10 Uhr gewartet werden, bis derselbe abgetrocknet ist, wogegen mit derselben über Mittag, wo die beste Zeit ist, unausgesetzt fortgefahren werden kann, sie ist aber wieder einzustellen, sowie sich gegen Abend um 3 oder 4 Uhr wieder feuchte Luft, Nebel und Thau zeigt. Frost bringt denjenigen Trauben, die in der Reife schon ziemlich vorangeschritten sind, keinen Schaden, vielmehr trägt er, wenn nicht sogleich nach dem Aufthauen der Beere gelesen wird, ohne dem Wein einen Frostgeschmack zu geben, sehr zur Verbesserung desselben bei, indem durch denselben die Wassertheile mehr zusammengezogen und die Beerenhäute morscher werden, wodurch das Verdunsten des Wassers weit schneller vor sich geht. Dagegen wird die Quantität durch denselben wesentlich vermindert. Bei unzeitigen Trauben wird durch den Frost der Säuregehalt vermehrt, auch bekommt dann der Wein gerne einen Frostgeschmack, daher dieselben nie mit den guten und reifen Trauben vermengt werden dürfen.

§. 224.

c. Der Uebergang zu der Spätlese.

Unter der Spätlese versteht man das Zurückstellen der Lese bis zur Ueberreife der Trauben; da jedoch aus den §. 220 angeführten Gründen bei den blauen Trauben die Ueberreife nicht bis zum Morschwerden der Beerenhäute verschoben werden darf, so handelt es sich bei den besondern Regeln für die Spätlese hauptsächlich um die härteren weißen und rothen Trauben. Derselben sind gewöhnlich nur die Trauben in den besseren Lagen und in möglichst reifem Zustande zu unterwerfen, da in geringen Lagen die Ueberreife seltener eintreten und jene häufig, weil die Sonne weniger wirken kann, mehr kühl und feucht sind und daher mehr auf die wirkliche Fäulniß als die Edelfäulniß einwirken, jedenfalls aber ein geringeres Produkt als die bessern Lagen geben werden, bei dem sich der höhere Werth durch den Verlust an Quantität nicht gehörig ausgleicht.

Bei einer zweckmäßigen Spätlese hält man die Lese so lange zurück, bis die grüne oder gelbbraune Haut der Beere eine rothbraune Farbe angenommen hat und dieselbe sich bei der geringsten Berührung von der Beere ablöst, oder hie und da bereits aufgesprungen ist. Ist dieser Zustand eingetreten, so wird mit der Lese begonnen, da jedoch in manchen Jahrgängen der Grad der Ueberreife oder Edelfäule nicht bei allen Trauben zur gleichen Zeit eintritt, so wird eine Auslese veranstaltet, bei der nur die auf die angegebene Weise sich zeigenden überreifen Trauben oder Traubenbeere ausgeschnitten oder ausgebeert, die übrigen aber noch länger hängen gelassen werden, bis jener und eintritt, oder sie werden in besondere Geschirre gethan und als zweite Sorte behandelt, wobei natürlich Alles wirklich faule oder sonst beschädigte auf die sorgfältigste Weise ausgeschieden werden muß.

Will man die Spätlese noch weiter treiben, wie dieses in den größeren Rebgütern des Rheingaues in den besseren Jahrgängen nicht selten geschieht, so läßt man die Trauben so lange hängen, bis die edelfaulen einschrumpfen und rosinenartig werden, so daß fast alles Wasser verdunstet ist und nur ein dünner Syrup aus den zerquetschten Beeren hervorquillt. Ist dieser Zustand eingetreten, so werden verschiedene Auslesen vorgenommen, und dabei zuerst die rosinenartigen Trauben und Beere, dann die edelfaulen, aber nicht eingeschrumpften Trauben gesammelt und in besonderen Geschirren aufbewahrt. Nach dieser Auslese werden die übrigen noch gesunden d. h. nicht in die Edelfäule übergegangenen Trauben abgelesen und eine dritte Sorte Wein daraus bereitet. Zuletzt werden die abgefallenen und auf dem Boden liegenden Trauben und Traubenbeere gesammelt und gleichfalls besonders aufbewahrt, weil, wenn einzelne Trauben durch Vertrocknen oder Abfaulen der Stiele frühzeitig abgefallen sind, dieselben, wenn auch gleich faul, doch keine solche feine Qualität besitzen, wie die am Stocke gefaulten.

Läßt sich in minder günstigen Jahren keine solche feine Auslese vornehmen, so werden von Zeit zu Zeit die ungesunden und wirklich faulen Trauben ausgeschnitten und dann, so wie der zu erwartende möglichste Grad der Reife erreicht ist, mit der Lese in der Art begonnen, daß sich je 2 Leser an einen Stock stellen und von dem einen Leser alle edelfaulen, von dem Andern alle noch gesunden Trauben abgeschnitten und in besondern Geschirren gesammelt werden, oder es wird jeder Leser mit 2 Geschirren versehen, um darnach die Ausscheidung vorzunehmen, wobei, wenn an einer Traube sich nur einzelne edelfaule Beere befinden, dieselben sorgfältig ausgebeert und zu den übrigen edelfaulen Trauben geworfen, auch die abgefallenen und auf dem Boden liegenden Beere mit feinen Nadeln oder gewöhnlichen Speisegabeln aufgestochen und zur geeigneten Sorte gethan werden. Die edelfaulen Trauben geben dann die erste, die übrigen die zweite Sorte Wein.

Durch solche auf einen hohen Grad getriebenen Spätlesen werden zwar Weine erzeugt, von welchen das Stückfaß nicht selten um 5000 fl. und mehr oder der Eimer für 1000—1400 fl. verwerthet wird, es geht aber stets ein ziemlicher Theil der Quantität an Wein, hie und da bis zu $1/3$ oder die Hälfte verloren, auch treten, besonders wenn andauernde ungünstige Witterung erfolgt, oft Umstände ein, welche der Qualität des Weins schaden, indem nach heftigem Frost auch die grünen Beerenhäute eine braunrothe Farbe annehmen und dadurch von den edelfaulen bei der Auslese nicht mehr unterschieden werden können, oder die edelfaulen Beere, deren Haut bei dem Uebergang in diesen Zustand an einigen Stellen aufreißt, worauf ein kleines Tröpfchen honigartigen Saftes austritt, das sich bei guter Witterung zuckerartig verdickt, werden bei regnerischer Witterung ausgewaschen, wodurch viel Zuckerstoff verloren geht, so daß der Verlust hie und da 10—15 Grade nach der Mostwage beträgt. Außerdem gehören, um die verschiedenen Auslesen vornehmen zu können, größere Flächen von Weinbergen dazu, auf welchen die gleiche Traubengattung, vorzugsweise Rießlinge, gebaut werden, damit von jeder Auslese eine entsprechende Quantität gewonnen werden kann. Es darf daher von jedem, besonders aber von dem gewöhnlichen Weinbergbesitzer, bevor er zu der Spätlese übergeht, wohl in Ueberlegung genommen werden, ob überhaupt durch die zu erwartende Qualität und den höheren Preis des Weins die größern Kosten der Lese und der Verlust an Quantität genügend ersetzt werden und ob die Witterungsverhältnisse des betreffenden Jahrganges von der Art sind, daß die Trauben durch das längere Hängenlassen zur vollständigen Reife gelangen, so daß sie, besonders durch Frost und Reifen keinen Schaden mehr nehmen, und daß dadurch wirklich ein Verdunsten des Wassergehalts, wozu trockene, womöglich auch warme Witterung gehört, eintritt und der Zweck der Spätlese gehörig erreicht wird. Im andern Falle wird zwar die Lese der Trauben möglichst lange zu verschieben und dadurch ein vorzüglich hoher Reifegrad derselben zu erzielen, eine eigentliche Spätlese aber zu unterlassen sein.

§. 225.

f. Die Einrichtung und Art der Lese.

Ein Hauptaugenmerk bei der Lese ist auf die rechtzeitige Vornahme und auf eine sorgfältige Auslese zu richten, es sind deßwegen nur erfahrene Personen dazu zu nehmen, und da es eines Theils wegen der gleichzeitigen Gährung des Weinmostes von besonderem Werthe ist, daß die zusammengehörigen Trauben schnell nacheinander abgelesen werden, andern Theils, wenn sich die Lese lange verzögert, im tiefen Spätjahr die zur Lese günstige Witterung nur spärlich sich zeigen wird, ist es sehr zweckmäßig, wenn zur Lese, in so weit es thunlich ist, nicht zu wenig, sondern möglich viel Personen genommen werden, damit dieselbe in wenigen Tagen beendigt wird.

Bei der Auslese des weißen und rothen Gewächses, so wie bei der Spätlese ist es am angemessensten, wenn man zuerst eine Gattung ablesen läßt und dann erst zur andern übergeht; ebenso ist es auch bei der Spätlese mit der Auslese der rosinenartigen Trauben und Beere, so wie der edelfaulen zu halten, wozu hauptsächlich nur ganz erfahrene und intelligente Leser zu verwenden sind.

Das Gleiche ist zu beobachten, wenn die Trauben einen verschiedenen Reifegrad erreicht haben (§. 222), indem hier durch eine mehrmalige Durchlese der Weinberge die reifsten Trauben von den weniger reifen und diese von den unreifen getrennt, und die erstern dadurch vor Fäulniß bewahrt, die letztern aber durch längeres Hängenlassen zur möglichsten Reife gebracht werden sollen, daher man sich von einer solchen mehrmaligen Durchlese durch die etwa entstehenden größeren Kosten nicht abhalten lassen sollte, denn mit Recht sagte Schams, der berühmte ungarische Oenologe bei der Versammlung der deutschen Naturforscher zu Freiburg:

„Nie sind die Trauben aller Rebsorten und nie sind alle Trauben derselben Rebsorte und derselben Rebe gleich lesereif, der größere Aufwand bei der mehrmaligen Lese der gleich reifen Trauben bezahlt sich daher mit Wucherzinsen durch bessere Weine."

Wird bei mehr gleichen Traubengattungen und bei mehr gleicher Reife derselben nur auf die Auslese und auf die Ausscheidung der guten und geringeren oder beschädigten Trauben (§. 223), oder bei der Spätlese nur auf die Ausscheidung der edelfaulen und der gesunden Trauben (§. 224) gesehen, so ist es am zweckmäßigsten, wenn jeder Leser mit zwei Geschirren versehen und angehalten wird, in das eine die guten, in das andere die minder guten oder geringen Trauben zu werfen, und wobei nicht nur darauf zu sehen wäre, daß die Geschirre nicht verwechselt, sondern daß auch jede einzelne abgeschnittene Traube geprüft, und wenn der Reifegrad derselben verschieden ist oder beschädigte Beere an derselben sich befinden, die einzelnen Beere sorgfältig ausgepflückt und, je nach ihrer Beschaffenheit, in das betreffende Geschirr geworfen werden. Man kann zwar auch hier zuerst das Gute ablesen und das Geringere oder Schlechte hängen lassen und später abschneiden, da jedoch viele Trauben nur theilweise beschädiget, unreif oder angefault sind, so muß bei einer solchen Lese, weil man dabei nur ganze Trauben sortiren kann, das Ausbeeren der einzelnen unterlassen werden, wodurch entweder manche geringe Traubentheile zum Guten kommen und dieses verschlechtern, oder einzelne gute Traubentheile müssen unnöthigerweise zum Schlechten genommen werden, wodurch die pünktliche und sorgfältige Auslese wenigstens theilweise verloren geht.

Eine besondere Aufmerksamkeit ist auch dem Traubenessen der Leser zu widmen, denn da von diesen in der Regel nur die edelsten und reifsten Trauben gegessen werden und manche derselben sich dabei sehr unmäßig benehmen, so kommen besonders bei einer sorgfältigen Sortirung eine große Zahl der besseren Trauben statt in das Lesegeschirr in den Magen der Leser, wodurch dem Weinbergbesitzer kein unbeträchtlicher Schaden zugefügt wird, es ist daher in solchen Fällen sehr angemessen, wenn man den Lesern unter Androhung augenblicklicher Entfernung aus dem Weinberge und Verkürzung des Lohns das Traubenessen ganz untersagt, ihnen dagegen eine angemessene Lohnerhöhung zusichert.

Das Abschneiden der Trauben geschieht entweder mit dem Rebmesser (Hape §. 139) oder mit der Traubenscheere, die einer gewöhnlichen Scheere ähnlich, hinten aber mit einer Feder versehen ist, damit sie sich selbst aufdrückt. Mit der Scheere geht das Geschäft weit leichter und schneller von statten, auch kann man mit derselben den Trauben besser beikommen, und der Stock erleidet durch das Abschneiden keine Erschütterung, wie bei dem Rebmesser, wobei öfters die edelsten Beere abfallen, daher, namentlich bei der Spätlese, überall nur scharfe Scheeren angewendet werden dürfen.

Während der Lese muß für möglichste Reinlichkeit der Lesegeräthschaften (Kübeln, Butten, Kufen, Fässer) gesorgt werden, da der in denselben etwa befindliche Unrath, Erde, Laub, faule Beeren ꝛc. auf den guten Geschmack des Weins leicht einen üblen Einfluß ausüben kann, zu welchem Behuf dieselben jeden Tag vor der Lese zu reinigen sind.

Außerdem ist bei derselben darauf zu sehen, daß die Stöcke bei dem Aufsuchen der innerhalb derselben befindlichen Trauben nicht zerrissen, und die

Bögen und Ruthen bei dem Aufschneiden von Stroh und Weiden, behufs der Herausnahme der eingebundenen Trauben, nicht verletzt werden, auch sind die Lesekübel nicht auf die Schenkel und nicht unter die Stöcke zu stellen, damit erstere nicht abgebrochen werden, und, wenn die Lese schon Morgens früh beginnt, nicht auch noch der Thau von den Blättern oder der früher gefallene Regen in dieselben kommt, was, wie bereits angeführt (§. 223), auf die Qualität des Weins einen sehr nachtheiligen Einfluß hätte.

Nur in Jahren, wo ein saurer Wein zu erwarten ist, könnte das Lesen bei feuchter Witterung und bei starkem Thau, mithin überhaupt die Zugabe von Wasser, auf die theilweise Entsäurung des Weins einwirken.

2. Das Zerdrücken der Traubenbeere.

§. 226.

Das Zerdrücken der Traubenbeere hat den Zweck, den in den Beeren enthaltenen Saft in eine flüssige Masse zu bringen und dadurch den Einwirkungen der Luft auszusetzen, damit er in Gährung übergeht und sein Zuckerstoff sich in Alkohol, der ganze Saft aber in Wein verwandelt.

Die einzelnen Bestandtheile der Traubenbeere (Zucker, Wasser, Gerbstoff) sind nämlich in derselben nicht gemischt, sondern besonders der Zucker und die gährungserregenden Substanzen in besondern Abtheilungen vorhanden, daher, so lange die Beere ganz und der Saft derselben unvermischt bleibt, keine weingeistige Gährung eintreten wird, wohl aber kann der in der Beere enthaltene Zucker, wenn die Beere ungewöhnlich erwärmt wird oder sich selbst erhitzt, durch einen besondern Gährungsakt in Essigsäure sich verwandeln. Damit nun der Uebergang des Traubensaftes in Wein ohne Störung geschehen kann, so muß bei dem Zerdrücken der Beere hauptsächlich darauf gesehen werden, daß dasselbe gleichförmig erfolgt, und alle Beere zerdrückt werden, so daß das Ganze eine gleiche saftige Masse, die Trebermasse, bildet.

Das vollständige Zerdrücken der Beere hat auf die regelmäßige und gleichförmige Gährung und die spätere Klärung des Weins einen wesentlichen Einfluß, während durch ein unvollständiges Zerdrücken, wenn der Weinmost an den Trebern ganz oder theilweise vergährt, die Gährung dadurch gestört wird, daß manche Beere nicht zerdrückt werden, so daß der innerhalb derselben befindliche Saft süß bleibt oder in Säure übergeht und erst bei dem Abkeltern der Treber ausgedrückt und zu dem übrigen bereits in Gährung befindlichen Saft kommt, wodurch, wenn viele solcher Beere vorhanden sind, eine ungleiche und unvollständige Gährung eintritt, so daß manche trübe und molzige Theile in dem Weine zurückbleiben, die dessen späteres Trüb- und Schwer- (Rahn-) oder Sauerwerden oder andere Krankheiten herbeiführen. Werden die Treber sogleich nach dem Zerdrücken auf die Kelter gebracht, wie dieses in einigen Weinbaugegenden Württembergs der Fall ist, so ist das unvollständige Zerdrücken mit wenigen oder keinen Nachtheilen verbunden.

Das Zerdrücken der Traubenbeere erfolgt auf verschiedene Weise und theilt sich zunächst ab in das Zerdrücken mit den Kämmen und ohne die Kämme. Im Allgemeinen ist jedoch dabei zu bemerken, daß dasselbe, wie das Lesen, mit möglichster Reinlichkeit geschehen muß, weil jeder unreine Zusatz dem Wein und besonders dem edlen einen unangenehmen Beigeschmack geben oder auf dessen Feinheit einen nachtheiligen Einfluß ausüben könnte.

a. Das Zerdrücken mit den Kämmen

erfolgt, wenn man die abgeschnittenen Trauben sogleich auf die Presse (Kelter) bringt und sie dort ausdrückt. Es geschieht dieses hauptsächlich bei den zur Fabrikation moussirender Weine bestimmten Trauben, wobei jedoch kein starkes Ausdrücken stattfinden darf, damit das Molzige des Saftes in der Beerenhaut zurückbleibt und besonders bei den zu moussirenden Weinen zu verwendenden blauen Trauben (Clevner) die Farbe der Häute nicht mit ausgedrückt wird, so daß die Treber nachher entweder noch zur Färbung von anderem Wein, oder durch Uebergießung mit geringerem Most noch zur Verbesserung desselben oder durch Uebergießung mit reinem oder Zuckerwasser noch zu einem guten Nachwein verwendet werden können.

Hie und da werden die Trauben auch bei der gewöhnlichen Weinerzeugung unmittelbar auf die Kelter zum Ausdrücken gebracht, um entweder einen möglichst feinen, reinen und bald trinkbaren oder einen besseren Wein zu erzeugen, weil dadurch der molzige, schleimartige und wenig ausgereifte Saft, wenigstens theilweise in den Beerenhäuten zurückbleibt, wodurch ein milderer und angenehmerer Wein erzielt wird, als wenn die Trauben zuvor zertreten oder zerstampft werden, daher eine solche Kelterung besonders in geringen Weinjahren, wo überhaupt das Auspressen nicht zu stark erfolgen sollte, sehr angemessen erscheint.

Die gewöhnliche Art des Zerdrückens der Trauben mit den Kämmen erfolgt jedoch dadurch, daß man die abgelesenen Trauben, je ein Butten oder Korb voll nach dem andern, in einen kleinen Zuber (Tretzuber) ausleert, der auf einem hölzernen Gestell und auf einem größeren Zuber (Bergzuber) oder auf einer Kufe (Bütte) steht, im Boden mit vielen runden Löchern versehen ist und in dem dann die Trauben von einem Buben mit blosen oder beschuhten Füßen oder mit einem hölzernen Stämpfel zertreten oder zerstoßen werden, von wo aus der Saft in den unten stehenden Zuber oder in die Kufe läuft, die zurückgebliebenen Treber aber durch ein besonderes, in dem Boden des Tretzubers angebrachtes Thürchen gleichfalls in die Kufe geleert werden, wie dieses in vielen und besonders auch in den meisten württembergischen Weinbaubezirken eingeführt ist.

Eine solche Behandlungsweise ist jedoch mit dem Nachtheile verbunden, daß, wenn man dabei nicht mit aller Sorgfalt zu Werke geht, doch nicht alle Beere zerdrückt werden, besonders aber, daß mit dem Zertreten oder Zerstampfen der Beere auch ein Theil der Kämme und Kerne zerdrückt und dadurch der herbe und saure Saft der erstern mit dem Traubensafte gemischt und der ölige Geschmack der letztern dem Weine mitgetheilt wird, was besonders in geringen Weinjahren, wo die Kämme noch grün und saftreich sind, der Qualität des Weins zuverläßig sehr schadet, wogegen dieses in guten Weinjahren, wo die Kämme, besonders bei der Spätlese, meistens dürr und wenig oder keinen Saft haben, weniger der Fall ist, vielmehr kann, weil die Kämme auch viel Gerbstoff besitzen, durch Belassung des Traubensaftes an den Kämmen, demselben, besonders bei sehr zuckerreifen Trauben, die wenig Gerbstoff besitzen, die erforderliche Menge von den Kämmen mitgetheilt werden, was auf einen regelmäßigen Verlauf der Gährung von gutem Erfolge sein dürfte, auf der andern Seite aber auch mit einigem Verlust von Saft verbunden sein wird, den die dürren Kämme einschlucken. Außerdem gehört aber das Zertreten mit den Füßen nicht zu den reinlichsten Arbeiten, besonders wenn der Treter, wie es häufig der Fall ist, den Tretzuber hie und da verläßt, und, ohne die Schuhe oder Füße zu reinigen, später wieder in den Zuber steigt, wodurch dem Moste manche fremde, zum Theil schädliche Substanzen beigemischt werden, die später dem reinen Geschmacke des Weins nothwendig schaden müssen. Jedenfalls sollte aber das Zertreten nicht mit nägelbeschlagenen Schuhen oder Stiefeln, sondern eher mit Holzschuhen geschehen, weil sonst dadurch Kämme und Kerne stärker zerdrückt werden und der im Traubensafte enthaltene Weinstein gerne die Nägel angreift und nach und nach dem Weine Stoffe mittheilt, wodurch dieser einen mehr oder weniger zusammenziehenden Geschmack erhalten kann.

Die zweckmäßigste und zugleich reinlichste Einrichtung zum Zerdrücken der Traubenbeere ist die Traubenmühle, sie besteht in einem viereckigen Trichter, oben weit und unten mit einer schmalen nur etwa 2—3 Zoll weiten länglichen Oeffnung, unter der zwei hölzerne oder eiserne gegen einander laufende Walzen etwa 2 Fuß 6 Zoll lang und 6 Zoll stark angebracht sind, die durch ein Handgetriebe in Bewegung gesetzt werden und auf welche die in den Trichter eingeleerten Trauben fallen und durch das Umdrehen der Walzen mittelst einer Kurbel von diesen zerdrückt und sofort als Treber in den unter der Mühle befindlichen Zuber fallen, wobei es sehr zweckmäßig ist, wenn die Walzen gleichlaufend oder etwas gewunden gerippt oder zur Hälfte mit Weißblech in der Art beschlagen sind, daß das Blech der einen Walze der Holzseite der andern Walze gegenüber steht, und wobei das Blech, wie bei einem Reibeisen 4 Linien weit ausgeschlagen sein muß, damit dadurch die Trauben von den Walzen schneller gefaßt werden, auch müssen dieselben eine Vorrichtung haben, damit sie je nach der Größe der Trauben enger oder weiter gestellt werden können und dadurch zwar das Zerdrücken der Beere, aber möglichst wenig dasjenige der Kämme und Kerne bewirkt wird. Dieses Zerdrücken geht hier am leichtesten und schnellsten vor sich, indem die ganze Maschine durch einen Mann in Bewegung gesetzt werden kann und in einigen Minuten ein ganzer Butten mit Trauben zerdrückt ist.

Eiserne Walzen sind übrigens weniger zweckmäßig als hölzerne, weil das Eisen, wie bereits erwähnt, dem Weine einen unangenehmen Geschmack geben kann und dasselbe den weißen Weinen gerne eine graue unscheinbare Eisenfarbe mittheilt.

Hölzerne Walzen nützen sich dagegen, wenn sie nicht von sehr hartem Holze gefertigt sind, bald ab. Werden dieselben aber statt gerippt, mit weißem Eisenblech beschlagen, und letzteres zuvor wie ein Reibeisen durchlöchert, so sind sie lange haltbar, ohne durch den Gebrauch Schaden zu nehmen.

§. 227.

b. Das Zerdrücken ohne Kämme.

Bei dem Zerdrücken der Trauben ohne Kämme müssen die Beere zuvor von den letztern gesondert, d. h. die Trauben müssen abgebeert (gerappt) werden. Dieses Abbeeren (Abrappen) kann auf verschiedene Art, nämlich mit der Hand oder auf mechanische Weise geschehen, und ist neuerlich hauptsächlich in verschiedenen Weinbaugegenden Württembergs eingeführt. Das Abbeeren geschieht jedoch nicht dadurch, daß man die Beere von den einzelnen Trauben abpflückt, sondern die Trauben werden auf ein großes Sieb von Holz oder Draht geworfen und dort so lange umgerührt (geraspelt), bis sich die reifen Beere von den Kämmen getrennt und durch die Oeffnungen des Siebes gefallen sind, so daß eben nur noch die Kämme mit den daran hängenden unreifen Beeren zurückbleiben. Dieses Sieb nennt man daher in der Regel das Raspelsieb und das Abbeeren häufig Abraspeln.

Sind die Beere von den Kämmen getrennt, so muß dann erst für das Zerdrücken derselben gesorgt werden, was wieder auf verschiedene, häufig auf mechanische Weise durch eine mit der Raspel in Verbindung stehende Vorrichtung geschehen kann:

Die bis jetzt bekannten Raspeln haben folgende Einrichtungen:

1. Die einfache Raspel, die in einem gleichseitigen oder etwas länglichen Viereck besteht, das auf dem Boden eine Fläche von 3 Fuß bis 3 Fuß 3 Zoll

darstellt, mit eichenen kantigen Stäben, die so in einander gefügt sind, daß sich zwischen denselben kleine Oeffnungen ergeben, die im Viereck eine Weite von 8—10 Linien haben und dadurch eine Art Gitter oder Sieb bilden. Dieser Boden hat eine Einfassung von schief anstehenden tannenen Brettern, 7 Zoll 3 Linien hoch und oben auf allen Seiten 3 Fuß 6 Zoll weit, oder auf zwei Seiten etwas länger als breit, in welche die einzelnen Stäbe eingelassen und durch besondere Leisten befestigt sind.

Eine solche Raspel wird auf einen Weinbergzuber (Bergzuber) gestellt, jeder Butte mit Trauben in dieselbe geleert und die letzteren mit den Händen so lange leicht umgeschafft und umgerührt, bis sich die zeitigen Beere abgelöst haben, die dann durch die erwähnten Oeffnungen in den unter der Raspel befindlichen Zuber fallen. Die Kämme, an welchen beim Abbeeren doch etwas Saft hängen bleibt (an den Zapfen der Beere), mit den an denselben befindlichen unreifen Beeren, kommen in einen nebenstehenden Zuber, und werden besonders zerdrückt und gekeltert, woraus dann der sogenannte Kammwein erzeugt wird. Die guten Beere aber werden, wenn der Raspelzuber gehörig angefüllt ist, mit einem Schöpfkübel wieder eingefaßt und nach und nach in den auf der großen Kufe oder auf einem dritten Zuber stehenden Tretzuber gefüllt, wo sie entweder mit beschuhten Füßen zertreten oder mit einem Stämpfel zerdrückt werden.

Statt der eichenen Stäbe kann man das Innere der Raspel auch mit Draht in der angegebenen Weite oder auch etwas enger ausflechten, es ist jedoch damit der Nachtheil verbunden, daß sich die Trauben auf dem Drahtgitter nicht so leicht abbeeren, wie auf den kantigen Stäben, daher mehr Zeit zum Raspeln erforderlich ist, und daß, besonders bei weißen Trauben, dieselbe leicht eine graue Farbe oder einen Eisengeschmack annehmen.

Werden die Oeffnungen zwischen den einzelnen Stäben so enge gemacht, daß besonders große Traubenbeere nicht durchfallen, so kann mit dem Abbeeren auch das Zerdrücken der Beere verbunden werden, was jedoch mit den Händen geschehen müßte, und nicht nur sehr mühsam und aufhaltend wäre, sondern es würde auch von dem Safte, dem Fleisch und den Häuten Vieles an den Kämmen hängen bleiben und dadurch die Quantität des guten Beereweins vermindert, dagegen diejenige des geringeren Kammweines vermehrt werden. Man kann auch die abgeraspelten Traubenbeere unzerdrückt auf die Presse bringen, es muß dieses aber sogleich nach dem Abbeeren geschehen, weil sonst die Beere durch das Aufeinanderliegen sich erwärmen und der in denselben befindliche Zucker durch die innere Gährung leicht in Essigsäure übergeht, auch können die Beere unzerdrückt, wie bei dem Keltern ganzer Trauben nicht so rein ausgedrückt werden, wodurch ein Verlust an Quantität eintritt.

2. Die doppelte Raspel hat zwei Abtheilungen, nämlich oben die so eben

beschriebene einfache Raspel und unter derselben eine zweite, siebartige Einrichtung gleich einem Tretzuber, deren Boden mit Hohlkehlen $1/4$ Zoll tief und $1/2$ Zoll weit versehen ist, so daß sich zwischen zwei Hohlkehlen ein Rand von $1/4$ Zoll Breite bildet. In jeder Hohlkehle werden $1 1/2$ Zoll [entfernt, Löcher eingebohrt, die im Innern des Siebs $1/2$ Zoll weit sind, auf der untern Fläche des Bodens aber weiter, trichterförmig und so gebohrt werden müssen, daß der Durchmesser des Trichters gegen den innern Theil des Siebs wieder abnimmt, damit die Beerenhäute und Kerne, die sich in die Löcher stopfen, leichter durchfallen und bei einem später etwa nothwendig werdenden frischen Durchstoßen der Hohlkehlen, die Löcher im Innern nicht zu weit werden.

Die Nebenwandungen dieser zweiten Abtheilung stehen, wie diejenigen der ersten Abtheilung, gleichfalls etwas schief, oben etwas weiter als unten am Boden und haben eine Höhe von 1 Fuß, die von oben herab einige Zoll lang zu $1/3$ Zoll abgeplattet werden, so daß dadurch ein Absatz gebildet wird, auf den die obere Abtheilung gelegt wird, und, sowie man in der zweiten Abtheilung arbeitet, hinweggenommen werden kann, wobei die Wand, an der der Arbeiter steht, im Mittel etwa 2 Zoll tief auszuschweifen ist, um dem Arbeiter das Geschäft zu erleichtern. Einfacher ist es aber, wenn beide Abtheilungen zusammenhängend angefertigt werden, mit einer Seitenwand von 12 Zoll Höhe, in der Länge von 3 Fuß 7 Zoll und in der Breite 3 Fuß 5 Zoll, unten am Boden der zweiten Abtheilung aber 3 Fuß weit. In der Mitte der längern Seitenwand 6 Zoll hoch wird dann das Gitter der ersten Abtheilung ohne Seitenwand, aber mit Seitenrahmen an Charnierbändern befestigt und auf der entgegengesetzten Seite auf einer in gleicher Höhe angebrachten Leiste aufgelegt. Auf dieses Gitter werden die Trauben geleert und abgeraspelt, worauf die Beere in die zweite Abtheilung fallen, und auf dieser von dem Raspler mit einem 10—12 Zoll langen, 4—5 Zoll breiten und 2 Zoll hohen Reibholze zerdrückt werden, das oben auf beiden Seiten der Länge mit hölzernen nach der Breite gerichteten Haudgriffen versehen ist, die rund gewölbt, 4 Zoll hoch, abgerundet und etwas dick sein müssen. Auf der untern Seite des Reibholzes werden der Länge nach $1/4$ Zoll starke Hohlkehlen gezogen und zwischen zwei derselben ein Rand von $1/4$ Zoll gelassen. Die obere bewegliche Abtheilung muß so eingerichtet sein, daß das Gitter nach Beseitigung der Kämme, bequem aufgeschlagen werden kann, der untere Reibboden aber hat wie der Tretzuber, ein Thürchen, das hinweggenommen oder aufgeschlagen wird, und durch das die zerdrückten Traubenbeere (Treber) ohne besondere Mühe in den darunter befindlichen Zuber geschafft werden. Die doppelte Raspel kostet zwar etwas mehr als die einfache, gewährt aber gegen diese den Vortheil, daß dabei das Ueberschöpfen der geheerten Trauben zum Zerdrücken ober Treten und weitere Geschirre erspart wird, sowie daß durch die Handarbeit das Zerdrücken der Beere, woran viel gelegen ist, sorgfältiger geschehen kann.

3. Die Walzenraspel hat oben eine ähnliche einfache Handraspel, wie unter 1. beschrieben wurde, unter der sich ein viereckiger, trichterförmiger Kasten befindet, in den die Traubenbeere beim Raspeln fallen, und der unten eine schmale längliche Oeffnung hat, unter der zwei hölzerne oder eiserne Walzen, wie bei den Traubenmühlen (§. 226), angebracht sind, zwischen welchen die darauf fallenden Beere zerdrückt werden, und die je nach der Größe der Beere, enger oder weiter gestellt werden können.

§. 228.

Zu den mechanischen Raspeln gehören:

4. Die Reibmaschine, die namentlich in der Gegend von Eßlingen, Untertürkheim und Cannstatt im Gebrauch ist. Sie besteht aus zwei Theilen, nemlich aus dem obern Kasten, in den die Trauben eingefüllt, und dem Reibkasten, in dem dieselben abgebeert und zerdrückt werden. Der erstere Theil bildet einen viereckigen Kasten von 2½—3 Fuß Weite und einer angemessenen Höhe, so daß er einen Butten mit Trauben gut fassen kann. Derselbe ist unten etwas enger und mit einer Drehfalle versehen, durch die man die Trauben in beliebiger Quantität in den Reibkasten fallen lassen kann. Der letztere ist halb kreisförmig mit zwei Seitenstücken versehen, in welche eichene platte oder etwas gerippte Stäbe eingelassen sind, die 4—6 Linien von einander stehen und einen Rost bilden, so daß zwischen denselben die abgelösten und zerdrückten Beere in die Kufe fallen können. Oben in diesem Kasten ist ein Wellbaum mit Hebel angebracht, der in der Mitte eingesetzt ist, und an dem sich im Innern des Kastens ein Flügel befindet, der einige Zoll breit, oben so lang als der Boden des Kastens und unten mit Rippen versehen (ausgekehlt) ist, und nur so weit von dem Boden des Kastens entfernt sein darf, (je nach der Größe der Trauben 6—10—15 Linien), daß die Trauben durch das Hin- und Herbewegen des Flügels mittelst eines außerhalb des Kastens befindlichen Handgriffs abgebeert und zerdrückt werden, wobei die einfache Mechanik so eingerichtet ist, daß der Flügel hoch oder nieder gestellt werden kann. Auf der andern Seite des Kastens befindet sich ein Thürchen, das, wenn ein Butten Trauben abgebeert ist, geöffnet wird, um die zurückgebliebenen Kämme mit einem kleinen Rechen herauszuschaffen und in einen besondern nebenstehenden Zuber zu werfen.

Die ganze Maschine ruht auf einem einfachen Gestelle von 4 Rahmschenkeln und 4 Pfosten, an den obern beiden kürzern Rahmschenkeln wird der obere und untere Kasten befestigt, mit den untern längeren wird die Maschine auf die Kufe oder den Zuber gestellt, in den die zerdrückten Traubenbeere fallen. Die obern und untern Rahmschenkel werden durch die 4 Pfosten verbunden, die in dieselben eingelassen sind.

Durch diese Reibmaschine werden zwar die Beere von den Kämmen abgebeert und zerdrückt, dieses geschieht aber sowohl bei den reifen als unreifen, wodurch der eigentliche Zweck des Beerens, die unreifen Beere von den reifen zu trennen, verfehlt wird, auch bleiben viel Beerenhäute und Saft an den Kämmen hängen, der für die bessere Qualität verloren geht. Außerdem werden durch das längere Hin- und Herreiben der Kämme dieselben noch mehr gedrückt und verkleinert als durch das Treten derselben, was besonders bei Trauben von geringerem Reifegrad für die Qualität des Weins sehr nachtheilig ist, auch ist das Geschäft an und vor sich sehr mühsam und schwerfällig und ist im Allgemeinen nicht zu empfehlen.

Man hat deßwegen diese Reibmaschine neuerlich dadurch verbessert, daß der obere Kasten etwas niederer und weiter gemacht, die Falle ausgehoben und auf denselben ein der einfachen Raspel ähnliches Gitter aufgesetzt wurde, wodurch dieselbe, da nun das Abbeeren der Trauben vor dem Zerdrücken der Beere erfolgt, allerdings weit zweckmäßiger eingerichtet ist und mit der hiernach beschriebenen Reibraspel Aehnlichkeit hat.

5. Die Walzenreibraspel ist durch eine Zusammensetzung der Walzenraspel und der Reibmaschine entstanden und von einem Wagnermeister Gottlieb Neff in Fellbach bei Cannstadt erfunden worden. Der Oberbau besteht, wie bei der Walzenraspel (sub 3), jedoch ohne Gitter, in einem trichterförmigen Kasten, in den die Trauben geleert werden und von dort sammt den Kämmen auf zwei darunter befindliche Walzen von ca. 5 Zoll Durchmesser fallen, welche die ganzen Trauben hineinziehen und, ob zeitig oder unzeitig, hart oder weich zerquetschen. Diese Walzen, welche je nach der Größe der Trauben enger oder weiter gestellt werden können, werden durch ein auf der Seite des Kastens befindliches Getriebe in Bewegung gesetzt, mit einer Kurbel die in ein größeres, eisernes Rad (Uebersetzung) eingreift, durch das die Walzen getrieben werden. Der Unterbau der mit dem Oberbau in zusammenhängender Verbindung steht, besteht in der halbkreisförmigen Reibmaschine (sub 4), auf welche die zerquetschten Trauben fallen und dort durch zwei unten mit Querleisten versehene Arme (Flügel) von den Kämmen abgerieben und sofort in den darunter befindlichen Zuber fallen. Die beiden Arme stehen mit dem Getriebe der Walzen in Verbindung und werden durch dieses in Bewegung gesetzt, die abgebeerten Kämme aber werden, wie bei 4. durch ein am Roste angebrachtes Thürchen heraus genommen.

6. Die Reibraspel, eine mit Patent gesicherte Erfindung des Wagnermeisters Holoch in Stuttgart, unterscheidet sich von der Reibmaschine dadurch,

daß hier die Trauben zuerst abgeraspelt (abgebeert) und dann erst durch die Reiber zerdrückt werden, während bei letzterer gerade die umgekehrte Behandlung stattfindet.

Diese Reibraspel besteht gleichfalls aus zwei Theilen, nämlich aus einem länglichen Kasten von 3½ Fuß Länge und 2½ Fuß Breite, der hinten einen festen Bretterboden von 10—12 Zoll Breite hat, vornen aber, anstatt desselben, mit einem Raspelgitter versehen ist. Auf dem hintern Boden werden die Trauben gebeert, er ist abhängig mit einem Fall von 3 Zoll gegen das vordere Gitter, so daß die Trauben bequem auf das Letztere zum Abraspeln gezogen werden können. In der Mitte des Kastens ist ein Schild, der eine Höhe von 8 Zoll hat und auf jeder Seite zwischen zwei Schiebleisten bis auf 5 Zoll gegen das Gitter eingelassen ist, so daß die Trauben beim Ausleeren des Buttens nicht in den vordern Raum des Kastens fallen. Vornen haben die Wandungen des Kastens eine Höhe von 5 Zoll, hinter dem Schild aber werden dieselben, zum Schutze der eingefüllten Trauben, höher, so daß die Seitenwandungen etwas ausgeschweift eine Höhe von 12 Zoll, die hintere Wand eine solche von 10 Zoll erreicht, die ganze Maschine ist auf zwei langen Rahmschenkeln mit 2 Querleisten befestigt und ist mit 4 kleinen Füßen versehen, so daß sie leicht hingetragen und aufgestellt werden kann, wo man will.

Das Abraspeln erfolgt, statt mit den Händen, mit einem kleinen Rechen, der so lange ist, als das Gitter breit und an einer Walze befestigt ist, die durch Einschnitte in der Mitte der Seitenwandungen des Kastens mit der Hand hin und her bewegt werden kann, zu welchem Behuf der Rechen oben einen Handgriff hat. Der untere Theil der Maschine besteht in dem bei der Reibraspel beschriebenen halbkreisförmigen Reibkasten, in dem sich zum schnelleren und besseren Zerdrücken der Beere zwei Flügel mit Reiber befinden, auch stehen dieselben außen an der Maschine durch eine Kurbel mit dem Rechen so in Verbindung, daß, wenn der letztere zum Abbeeren der Trauben in Bewegung gesetzt wird, die beiden Flügel gleichfalls arbeiten und dadurch nie einen größeren Vorrath an Beeren anwachsen lassen.

§. 229.

Durch das Abbeeren oder Raspeln der Trauben soll in guten Weinjahren ein möglichst feiner, in minder günstigen Weinjahren aber ein guter, angenehmer, jedenfalls nicht saurer Wein erzeugt werden. Soll dieser Zweck aber vollständig erreicht werden, so gehört dazu nicht nur ein sorgfältiges Auslesen der Trauben während der Lese, sondern dieselben müssen auch noch während des Abbeerens auf dem Raspelsieb einer Musterung durch die Raspler unterworfen und dabei jede faule, ungesunde oder unreife Traube oder einzelne Beere derselben entfernt und zu den Kämmen geworfen werden, weil bei der

Lese doch hie und da der Fall vorkommen wird, daß aus Unwissenheit oder Nachlässigkeit der Leser schlechte Trauben zu der guten Auslese kommen; eine Hauptsache ist es daher, daß zu dem Raspeln ein verständiger Mann genommen wird, der die Trauben genau kennt und das Raspeln versteht, damit während desselben, das entweder mit der Hand oder bei sehr kalter Witterung mit einem kleinen, dünnen, kurz abgeschnittenen Besen, oder, wie oben bemerkt, auf mechanische Weise geschehen kann, durch das starke Drücken der Trauben nicht auch die unreifen Beere abgebeert werden.

Ein weiterer Hauptzweck des Abbeerens oder Raspelns der Trauben besteht darin:

a. daß die Traubenbeere von den Kämmen befreit werden, damit der saure und bittere Saft der letztern beim Zertreten oder Zerdrücken der Trauben so wie bei dem Keltern nicht mit dem Traubensafte gemischt wird, und

b. daß die an den einzelnen Trauben, besonders in minder günstigen Weinjahren, öfters befindlichen unreifen oder minder reifen Beere möglichst dadurch ausgeschieden werden, daß sie bei dem leichten Umrühren mit den Händen ꝛc. als fester sitzend an den Kämmen hängen bleiben und mit diesen zu dem Kammwein kommen.

Damit aber all dieses gehörig erreicht wird, müssen auch die Raspeln und die damit in Verbindung stehende Vorrichtung zum Zerdrücken der Beere eine dem Zweck entsprechende Einrichtung haben, was nicht bei allen oben beschriebenen Raspeln der Fall ist.

Die einfache Raspel ist die minder kostspielige, leicht transportabel, kann auf jeden größern Zuber oder Kufe gestellt werden, und es lassen sich bei derselben, wenn damit das Zerdrücken der Beere in dem Tretzuber verbunden wird, alle Zwecke des Raspelns leicht und ohne viel Umstände erreichen, sie eignet sich daher besonders für den kleinen Weinbergbesitzer und ist auch im untern Neckarthale und in den Seitenthälern desselben, wo ein rationelles Raspeln unter dem Weingärtnerstande am meisten verbreitet ist, vielfach im Gebrauche.

Bei der Doppelraspel kann zwar das Zerdrücken der Beere und das Raspeln nach einander durch eine Person und gründlicher besorgt werden, als das Zerdrücken in dem Tretzuber, auch läßt sich das Zerreiben der Beerenhäute bei der Bereitung des Rothweines durch öfteres Hin- und Herschaffen der Trebermasse damit verbinden, die Arbeit ist aber sehr mühsam und geht nicht rasch von statten, daher bei einer größeren Zahl von Lesern immerhin zwei Raspler angestellt werden müssen. Es vereinigt sich jedoch damit große Reinlichkeit, auch ist deren Anschaffung, weil damit zugleich die Kosten des Tretzubers erspart werden, nicht theuer und eignet sich daher besonders auch für den kleineren und mittlern Weinbergbesitzer, der über die erforderlichen Arbeitskräfte verfügen kann.

Mit der Walzenraspel geht das Abbeeren und Zerdrücken der Traubenbeere schnell und leicht vor sich, die Beere werden aber von derselben nur gequetscht und nicht zerrieben, daher besonders bei der Bereitung rother Weine der Farbestoff während der Gährung aus den Häuten nicht so vollständig ausgezogen wird, wie beim Zerreiben derselben. Auch ist die Raspel etwas schwerfällig zum transportiren, ziemlich kostspielig und erfordert einen Raspler, der mit der Einrichtung derselben bekannt ist und die Walzen gehörig zu stellen weiß. Sie dürfte daher besonders größeren Weinbergsbesitzern und solchen zu empfehlen sein, die hauptsächlich weiße Weine erzeugen.

Die verbesserte Reibraspel mit Gitter gehört zu den besseren Raspelmaschinen und hat besonders den Vorzug, daß durch dieselbe die Traubenbeere nicht blos zerdrückt, sondern die Häute, wenn die Flügel und Reiber sehr nieder gestellt werden, mit etwa 1—3 Linien Zwischenraum, auch zerrieben werden, daher dieselbe, da hiedurch der Farbstoff durch die Gährung mehr ausgezogen werden kann, zu der Erzeugung von Rothweinen mit besonderem Vortheil benützt werden kann.

Bei der Walzenraspel wird das Abbeeren der Trauben gegenüber von den übrigen Raspeln in umgekehrter Weise vorgenommen, d. h. die Trauben werden mit den Kämmen ohne Rücksicht, ob einzelne Trauben oder Beere ganz reif, halbreif oder unreif oder sonst schadhaft sind, zuerst zerdrückt und dann in diesem Zustande von den Kämmen abgerieben, der oben angegebene Zweck des Raspelns wird daher durch dieselbe, wie bei der Reibraspel ohne Gitter, in keiner Weise erreicht, auch bleibt an den Kämmen viel Saft hängen, der durch das Austrocknen derselben für den Weinbergsbesitzer größtentheils verloren geht, und bei der künstlichen Einrichtung des Getriebes mit verschiedenen Rädern kann an der Maschine, besonders bei ungeübten und ungeschickten Arbeitern, leicht etwas zerbrochen werden, das nicht schnell wieder zu repariren ist, wodurch, zum großen Schaden des Besitzers, das ganze Weinbereitungsgeschäft ins Stocken gerathen kann. Sie hat deßwegen blos den Vorzug, daß das Zerdrücken der Trauben und Beere sehr schnell vor sich geht, und daß daher in möglichst kurzer Zeit ein größeres Quantum Trauben vermostet werden kann, und nur für den größeren Weinbergbesitzer in dem Falle einen Werth, wenn die Trauben vollkommen reif sind, und wenn bei der Lese derselben das Schadhafte und Untaugliche mit Sorgfalt ausgelesen wurde. Im Allgemeinen aber liefert sie blos den Beweis, zu welchen verkehrten Ansichten der menschliche Erfindungsgeist sich verleiten läßt, und da dem Erfinder ein Patent ertheilt wurde, wie wenig die Sachverständigen, die darüber gehört wurden, den eigentlichen Zweck des Raspelns ins Auge gefaßt oder richtig gewürdiget haben.

Die Reibraspel hat neben dem, daß mit derselben alle Einrichtungen einer guten Raspel verbunden sind, noch den Vorzug, daß bei derselben das Abbeeren nicht mit den Händen, was besonders bei kalter Witterung mit großer Beschwerde verbunden ist und zu einer übereilten nachläßigen Arbeit führt, sondern mit dem Rechen geschieht, und daß mit dem Abbeeren zugleich das Zerdrücken oder Zerreiben, je nachdem die Reiber gestellt werden, mit leichter Mühe erfolgt, auch die dabei in Anwendung kommende Mechanik einfach und leicht herzustellen ist, nur dürfen bei der Handhabung des Rechens nicht zu viele Trauben auf das Gitter vorgezogen und nicht übersehen werden, daß während des Abbeerens mit dem Rechen die etwa noch vorkommenden unreifen oder sonst beschädigten Trauben mit der einen Hand ausgelesen und beseitiget werden müssen. Sie darf daher mit Recht als besonders brauchbar und zweckmäßig empfohlen werden.

§. 230.

Das Raspeln (Abbeeren, Abrappen) der Trauben kommt in Württemberg häufig vor (§. 81), und es sind deßwegen dort auch die hier beschriebenen Raspeln hauptsächlich im Gebrauch, auch wird nach den vielfach gemachten Erfahrungen bei den dortigen klimatischen und Bodenverhältnissen von den abgeraspelten Trauben ein viel feinerer und nicht selten weit geistreicherer Wein erzeugt, als von den mit den Kämmen gemosteten Trauben, daher auch der sogenannte Beerwein gewöhnlich theurer als der andere bezahlt wird. In anderen besonders aber milderen Weinbaugegenden, wie im Rheinthale, ist das Raspeln der Trauben weniger eingeführt, vielmehr wird demselben von einzelnen Weinproduzenten der Vorwurf gemacht, daß der Wein durch dasselbe weniger geistreich und weniger haltbar werde, als bei dem Zerdrücken und Keltern mit den Kämmen, was in einzelnen Fällen auch begründet sein mag; da jedoch neuerer Zeit der Geschmack der Wein-Consumenten sich mehr den jüngern, pikanten Weinen zugewendet hat, so dürfte es doch im Interesse der meisten Weinproduzenten liegen, diesem Geschmacke durch die Erzeugung eines bald reifen und angenehmen trinkbaren Weines Rechnung zu tragen, indem die mit den Kämmen gekelterten Weine, besonders wenn sie zuvor an denselben ganz oder theilweise vergohren haben, zwar mehr Haltbarkeit und weniger Neigung zum Krankwerden zeigen, dagegen in den ersten Jahren mehr hart und rauh und weniger angenehm zum Trinken sind als die Beerweine.

Bei der Frage, ob abgebeert werden soll oder nicht, hat man jedenfalls auf verschiedene Umstände Rücksicht zu nehmen. In minder günstigen, besonders höher oder mehr nördlich liegenden Weinbaugegenden, oder auch in einzelnen ungünstigen Weinbergslagen, wo die Trauben selten zur Ueberreife kommen und also auch die Kämme noch vielen sauren, gerbstoffhaltigen Saft enthalten, wird das Abbeeren der Trauben für die Erzeugung eines guten Weins stets mit Vortheil verbunden und daher regelmäßig anzuwenden sein. Der gleiche Fall wird eintreten in Weinbergslagen mit sehr kräftigem, triebigem und etwas kühlem Boden, der starke saftreiche Kämme treibt, die nicht so bald abdorren und dürr werden, mithin dem Weine, wenn sie an den Trebern gelassen werden, noch viel von ihrem Säuregehalt mittheilen können.

In milden (niedern und geschützten) oder mehr südlich gelegenen Weinbaugegenden dagegen, wo eine vollkommene Reife der Trauben fast regelmäßig und nicht selten Ueberreife eintritt, besonders wenn damit auch noch ein magerer Sand- oder Kalkboden verbunden ist, der keine allzukräftige Vegetation aufkommen läßt, wird es, wie bereits bemerkt (§. 226), nicht unzweckmäßig, vielmehr hie und da mit Nutzen verbunden sein, wenn in guten Weinjahren die Kämme an den Trauben gelassen und mitgekeltert werden, weil, wenn die Trauben sehr reif sind, auch die Kämme dürr werden und wenig Säure, aber immer noch Gerbstoff besitzen, den sie dem Weinmoste, der je mehr er Zuckerstoff besitzt, desto weniger Gerbstoff hat, mittheilen und dadurch zum schnelleren und besseren Niederschlagen des Klebers beitragen können, doch wird auch hier eine vollständige Vergährung an den Trebern zu vermeiden sein.

In minder günstigen Weinjahren, wo die Trauben sich in keinem ganz vollkommenen, reifen Zustande befinden, wird aber das Raspeln der Trauben, damit der Wein nicht zu viel Säure bekommt, stets als Regel aufzustellen sein.

Eine weitere Rücksicht bei dem Raspeln der Trauben ist auf die Gattung derselben zu nehmen, indem namentlich an den rothen Weinen ein gewisser Gerbsäuregehalt geliebt wird, die demselben besonders in milderen und wärmeren Gegenden nur durch das Vergähren an den Kämmen in gehöriger Menge beigebracht werde, auch soll sich die Farbe und das Bouquet an solchen Weinen stärker entwickeln, als wenn die Trauben geraspelt werden. In solchen Fällen wird daher das Raspeln der Trauben zu unterlassen, dagegen eine schnelle Gährung derselben an den Trebern herbeizuführen sein, weil der Wein sonst leicht doch einen allzu herben oder unangenehmen, sogenannten Treber-Geschmack bekommen könnte. Auch bei weißen Traubengattungen, welche viel Schleim, bei vollkommener Reife aber nicht viel Säure enthalten, werden die Kämme, weil durch dieselben viele Schleimtheile niedergeschlagen werden, eine gute Wirkung auf die Klärung und somit auch auf die Qualität des Weins ausüben, doch wird dieses auch in den meisten Fällen dadurch erreicht werden können, daß man die gebeerten Trauben an den Trebern vergähren läßt.

Was sodann noch das Zerdrücken der Traubenbeere anbetrifft, so muß dabei gleichfalls nicht nur nach §. 229 auf die Traubengattung, sondern auch auf die Reife der Trauben Rücksicht genommen werden, indem bei minder reifen, besonders weiße Trauben die Beerenhäute, damit der in denselben befindliche saure Saft möglichst zurückgehalten wird, nicht zerrieben, sondern die Beeren nur zerquetscht werden dürfen, weßhalb bei den Walz- und Reibmaschinen die Walzer und Reiber darnach gestellt werden müssen.

§. 231.

c. Die Behandlung und Aufbewahrung der zerdrückten Traubenbeere.

Das Treten oder Zerdrücken der Trauben geschieht entweder bei der Kelter, zu welchem Behuf dieselben in Butten beigetragen, oder in besonderen runden oder ovalen Zübern beigeführt und dann die zerdrückten Treber von dem Tretzuber oder der Raspel sogleich in die Standkufe (Bütte) geleert werden, oder das ganze Geschäft erfolgt auf einem freien Platz in der Nähe der Weinberge, wo dann die Treber zunächst in einen größern Zuber (Bergzuber, Berggölte) kommen und von hier in sogenannten Lad- (Herbst-) Fässern zur Kelter geführt und dort in die Kufe geleert werden.

Die Kufen sowie überhaupt das sämmtliche Herbstgeschirr muß vor dem Gebrauche einige Tage gewässert und die Reife angetrieben werden, um versichert zu sein, daß dasselbe wasserdicht und nicht rinnig ist, worauf es durch Auswaschen zum Gebrauch hergerichtet wird. Auch nach dem Herbst muß sämmtliches Herbst- und Keltergeschirr sorgfältig aus- und abgewaschen werden, weil während des Gebrauchs in den Spalten und Poren des Holzes der Weinmost eindringt, und, wenn er durch Auswaschen nicht entfernt wird, bald in Sauergährung übergeht, wodurch bei dem Einfüllen von Weinmost im nächsten Herbst, demselben leicht ein übler Geschmack beigebracht werden könnte. Sehr zweckmäßig ist es, wenn Kufen und Züber innerhalb mit guter Oelfarbe stark angestrichen werden, indem dadurch das Eindringen des Weinmostes in das Holz verhütet und das Reinigen erleichtert wird.

Um den Wein von der Kufe ablassen zu können, muß dieselbe auf einer etwa 2 Fuß vom Boden entfernten Erhöhung stehen, wozu man entweder ein hölzernes Gestell (Kreuz) oder ganz starke Hölzer benützt, die quer auf vier gleiche Steine gelegt werden. Außerdem muß die Kufe mit einem Zapfloche versehen sein, das sich entweder unten im Boden der Kufe, oder unten an einer Seitendaube, befindet. Im erstern Falle erhält das Loch im Innern der Kufe einen langen Zapfen, der bis an den Rand der Kufe reicht und von Innen gezogen wird, wie an einem Waschzuber, im zweiten Falle einen kurzen Zapfen von Außen, wie an einem Fasse. Damit übrigens der Weinmost rein, ohne Treber, ablaufen kann, muß, um die letzteren zurückzuhalten, vor das Zapfloch ein kleines Dornbüschelchen gelegt werden, das bei einem langen Zapfen mittelst Durchstechen mit demselben, bei einem kurzen Zapfen durch leichte Belegung mit einigen Steinen am Zapfloch fest gehalten wird.

In der Bodenseegegend ist das Ablassen des Weines von der Kufe vor dem Keltern nicht eingeführt, weil man die ganze Trebermasse bald möglich auf die Kelter zu bringen sucht und die Kufen keine Vorrichtung zum Ablassen haben, es wäre jedoch gar nicht unangemessen, wenn auch hier Einrichtungen zum Ablassen des Weins und zum theilweisen Vergähren an den Trebern getroffen würden, weil auf der einen Seite durch das Ablassen an den Trebern (Vorlaß) ein weit besserer Wein erzielt werden könnte, als bei dem Keltern des ganzen Quantums mit den Trebern, und auf der andern Seite dem Molzig- und Schwerwerden mancher Weine, wie z. B. im Argenthal, durch das Vergähren an den Trauben begegnet würde.

Aehnliche Einrichtungen sollen auch im Rheinthale, besonders im Rheingau vorkommen, wo man die Weintreber in kleinen Kufen (Bütten) aufbewahrt, die häufig von alten durchschnittenen Stückfässern gebildet werden und mit guten, schließbaren Deckeln versehen sind. Die Treber bleiben jedoch in denselben nicht lange stehen, sondern werden längstens binnen 12 Stunden mit allem Safte auf die Kelter gebracht, wobei vorausgesetzt werden muß, daß fast jeder Weinbergbesitzer seine eigene Kelter besitzt.

3. Das Keltern des Weinmostes.

§. 232.

Auf das Zerbrücken der Trauben folgt das Keltern derselben oder der sogenannten Weintreber. Unter demselben versteht man das Ausdrücken des an den Weintrebern befindlichen Traubensaftes, der dann die Benennung Most (Weinmost, süßer Wein) erhält.

Zu diesem Ausdrücken oder Keltern des Weinmostes sind verschiedene Vorrichtungen, namentlich Kelterhäuser und Pressen, nothwendig, die wieder sehr von einander abweichende Einrichtungen haben und daher einer näheren Beschreibung bedürfen.

a. Die Kelterhesäur.

Die Kelter- (Torkel-) Häuser und die in denselben befindlichen Pressen sind entweder öffentliches Eigenthum und im Besitze des Staats, von Grundherrschaften oder Gemeinden, oder sie sind Privateigenthum und dienen nur zum Keltern des eigenen Weinmostes des Besitzers oder werden auch, gegen

Entschädigung an Weinmost oder Geld, andern Weinbergbesitzern zur Benützung überlassen.

Die Kelterhäuser mögen nun aber im öffentlichen oder Privatbesitz sein, so sollten dieselben jedenfalls eine solche Einrichtung haben, daß in denselben nicht blos die Pressen aufgestellt, sondern auch die Kufen untergebracht werden können, damit die in denselben aufbewahrten Weintreber von nachtheiligen Witterungseinflüssen (Regen, Hitze, Sonnenschein) möglichst geschützt werden können, indem, besonders das Aufstellen der Kufen unter freiem Himmel, wie es noch in vielen Weinbaugegenden vorkommt, wenn sie auch Deckel haben, weil diese selten genau schließen und daher Regen und Hitze doch eindringen kann, auf die Qualität des Weins nicht selten einen sehr ungünstigen Einfluß ausübt. Aber auch in bedeckten Räumen sollten die Kufen mit Deckel und zwar mit schließbaren und diese in der Mitte mit einem runden Loch zur Einsetzung eines Gährrohrs versehen sein, indem dadurch nicht nur manche Diebereien verhütet, und die Weintreber vor jeder Verunreinigung bewahrt werden, sondern auch, wenn die Kelterung, besonders in reichen Herbsten, nicht so schnell, als gewünscht wird und nöthig wäre, vorgenommen werden kann, die beginnende Gährung des Weins in verschlossener Kufe vor sich geht (§. 247). Die namentlich im Rheingau bestehende Einrichtung, wornach jede Bütte (Kufe) einen hölzernen Deckel hat, der über den Rand der Kufe 1 Zoll hervorsteht und mit einer Schlempe, die Kufe aber mit einem Schließkloben versehen ist, so daß das Ganze fest verschlossen werden kann, dürfte daher, wenn dabei eine Vorrichtung zum Ablassen des Weins von den Trebern angebracht wird, überall Nachahmung finden.

Bei der innern Einrichtung der Kelterhäuser ist hauptsächlich für Reinlichkeit und dafür zu sorgen, daß dieselben trocken und hell und genügenden Raum zu den Kufen und sonstigen Kellergeräthschaften haben, daher es sehr angemessen sein wird, wenn dieselben mit Steinplatten belegt und öfters gereiniget und die Wände und Decken mit Mauerspeis gut vertüncht werden, indem ein gut hergestelltes und reinlich gehaltenes Kelterhaus auch einen guten Eindruck auf die Weinkäufer machen wird.

In öffentlichen Kelterhäusern, oder überhaupt in Keltern wo verschiedene Weinbergbesitzer ihr Erzeugniß keltern wollen, muß eine bestimmte Ordnung eingeführt werden, nach welcher das Abkeltern stattfindet. Dieselbe richtet sich, wie die Lese (§. 221), entweder nach dem Loose oder nach der Zeit der Beendigung der Lese oder nach der Anmeldung zum Keltern oder nach irgend einer andern bestimmten Ordnung, wobei hauptsächlich darauf gesehen werden muß, daß das Abkeltern möglichst befördert und dasselbe bei einzelnen Weinbergbesitzern nicht so lange hinausgeschoben wird, daß die Weintreber in vollständige stürmische Gährung oder zuletzt gar in Essiggährung übergehen.

§. 233.

b. Die Pressen.

Das Gewinnen des in den Weintrebern enthaltenen Saftes kann dadurch geschehen, daß man dieselben sogleich nach dem Zerdrücken unter die Presse bringt und ausdrückt, oder daß man die Treber in einer Kufe aufnehmen, d. h. durch die beginnende Gährung etwas in die Höhe schieben läßt, sodann den unten sich ansammelnden Weinmost durch das unten an der Kufe angebrachte Zapfenloch abläßt, der den sogenannten Vorlaß bildet, und sofort nur noch die zurückbleibenden Treber auspreßt, die dann den Druck geben, der in der Regel herber und strenger und in ungünstigen Weinjahren auch saurer als der Vorlaß ist, daher hinsichtlich der Qualität zwischen Vorlaß und Druck häufig unterschieden wird. Doch gibt der letztere, besonders in guten Weinjahren, dem Weine mehr Haltbarkeit, und weil er viel Gerbstoff hat, übt er auch auf den vollständigen Verlauf der Gährung eine gute Wirkung aus, daher es in dem angeführten Falle nicht unzweckmäßig ist, wenn der Most, der auf das erste und zweite Drücken von der Kelter abläuft, mit dem Vorlaß gemischt wird.

Das Ausdrücken des in den Weintrebern enthaltenen Saftes erfolgt durch die Weinpresse. Die Einrichtung dieser Pressen ist aber von sehr verschiedener Art, auch werden die Gattungen derselben durch neue Erfindungen in der Mechanik immer noch vermehrt, doch lassen sich dieselben in der Hauptsache abtheilen in

die Baum- oder Hebelpressen (Baumkeltern) und
die Kasten-, Schrauben- oder Spindelpressen.

Die Einrichtung sämmtlicher Pressen bestehen in dem Biet- oder Preßraum, auf den die Treber aufgeschüttet werden, in den Preßgeräthschaften, Preßkasten, Preßbretter, Preßbalken (Bracken), welche die Trebermasse zusammenhalten und auf dieselbe aufgelegt werden, damit der Druck der Presse gleichförmig erfolgt, und in der zur Ausübung des Drucks eingerichteten Presse.

Die Abweichungen der einzelnen Pressen von einander bestehen in der Verschiedenheit der ganzen innern Einrichtung oder einzelner Theile derselben.

Die Eigenschaften einer guten Weinpresse sollen hauptsächlich darin bestehen, daß die Trebermasse möglichst gut ausgedrückt wird, das Auspressen schnell vor sich geht, durch dasselbe der saure unangenehme Saft in den Kämmen und Kernen nicht zugleich ausgedrückt und mit dem Traubensafte vermischt wird, und daß dabei die möglichste Reinlichkeit beobachtet werden kann, hienach ist auch die Zweckmäßigkeit der Einrichtung der einzelnen Pressen zu beurtheilen.

aa. Die Baum- und Hebelpressen

auch Torkeln genannt, sind wohl die ältesten und einfachsten Pressen, weil mit denselben auf einmal sehr viel und möglichst stark gepreßt werden kann.

Dieselben bestehen in einem breiten, aus eichenem Holz ausgehauenen Biet von 10—12 Fuß im Quadrat mit niedern Seitenwänden von höchstens 1 Fuß Höhe (den Bietschalen), die eine gemauerte oder von eichenem Holz konstruirte Unterlage von 3—4 Fuß Höhe haben. In der Mitte dieses Biets werden die Treber aufgeschüttet und aus denselben ein möglichst viereckiger, etwas mehr länger als breiter Secker (Haufen) gebildet. Auf diesen Secker werden zuerst starke Bretter und auf dieselben die sogenannten Kelterhölzer (Bracken) von 4—6 Zoll Breite, 2—3 Zoll Stärke und 4—6 Zoll Länge in viereckiger Form bis unter die Presse aufgesetzt. Die letztere besteht aus 4—6 zusammengefügten, gewöhnlich 30—40 Fuß langen eichenen Stämmen als Preßbalken (Hebel), die hinten auf einer Unterlage zwischen zwei aufrecht stehenden, in dem Boden gut befestigten Balken (Hinterdocken), vornen aber in einer hölzernen Spindel ruhen, die durch die Preßbalken durchgeht, und wodurch dieselben entweder hinauf- oder herabgewunden werden können. Die Spindel ist in den sogenannten Vorderdocken befestigt, die entweder in einem großen hölzernen Roste bestehen, der 8—10 Fuß tief in den Boden gelegt und dort durch Seitenbalken, sowie durch Auffüllung mit Erde und Steinen befestigt wird, oder die Vorderdocken bestehen in einem großen freihängenden Kasten von Holz, der mit Steinen gefüllt ist, ein Gewicht von 40—60 Centner hat und in einer im Boden befindlichen Oeffnung von 8—10 Fuß Tiefe hängt. Wenn nun die Preßbalken vornen durch die Spindel in die Höhe getrieben werden, so senkt sich der hintere Theil derselben und wird dann dieser durch einzuschiebende Hölzer zwischen den Hinterdocken gespannt, so daß er sich nicht mehr in die Höhe heben kann und der vordere Theil durch die Spindel herabgelassen, so wird dadurch ein außerordentlich starker Druck auf die Bracken und auf die unter denselben befindliche Trebermasse ausgeübt, so daß, wenn die Treber mehrmals umgearbeitet und neu aufgesetzt werden, auch fast der letzte Tropfen aus denselben ausgepreßt wird.

Mit den feststehenden Vorderdocken kann man zwar stärker pressen als mit den freihängenden, sie lassen aber in ihrer Kraft bald nach, sowie die Trebermasse durch das Pressen mehr zusammengedrückt wird und nachgibt, daher sie öfters angezogen werden müssen, während die freihängenden stets einen gleichen Druck ausüben und immer fortpressen, so lange das Gewicht noch freihängt, daher sie vor jenen in mancher Beziehung den Vorzug verdienen.

Im Allgemeinen sind jedoch die Baumpressen viel zu schwerfällige Maschinen, die viel Raum einnehmen und auf welchen man zwar sehr viel pressen kann, durch die man aber an einer sorgfältigen Auslese und Sortirung häufig gehindert wird, weil sich kleinere Quantitäten auf denselben nicht gut pressen lassen, und weil auch das Pressen selbst etwas langsam von statten geht, indem die Trebermasse nicht zwischen Seckerbrettern eingeschlossen ist, sondern frei auf dem Biet liegt und daher, so lange sie noch breiartig ist, durch den Druck von oben immer wieder aus einander gedrückt wird. Sie muß daher mehrmals aufgesetzt werden, bis sie einen gleichen viereckigen Secker bildet, der dann auf den vier Seiten mit einem scharfen Beile behauen wird, so daß die Wände senkrecht stehen und wobei eine Menge von Kämmen und Kernen zerhauen und dadurch bei der außerordentlich starken Hebelkraft der Presse auch das Ausdrücken des sauren, herben und zuckerlosen Saftes von diesen erleichtert, mithin die Weinqualität wesentlich verschlechtert wird, wie denn auch der Weinmost des behauenen Seckers stets herber ist, als des unbehauenen. Außerdem kann der Saft, weil der Secker auf keinem durchlöcherten Senkboden ruht, nur gegen die Seiten ausgedrückt werden, was den Nachtheil hat, daß das Pressen dadurch gleichfalls aufgehalten wird und ungleich erfolgt, indem die unmittelbar unter dem Preßbalken befindliche Masse weit stärker ausgepreßt wird, als die außerhalb an den Seiten befindliche, wodurch der äußere Theil des Seckers durch Behauen immer wieder gegen die Mitte geschafft werden muß, und dadurch endlich auch der letzte Saft der, bei dem Treten mit beschuhten Füßen ohnehin schon häufig zerquetschten Kämme zum Ausdruck kommt.

Bei den Baumpressen könnte man übrigens dadurch noch Verbesserungen anbringen, daß man den Secker mit feststehenden oder beweglichen durchlöcherten Seckerbrettern umgibt, insbesondere aber, weil bei einem Druck von oben der Saft lieber gegen unten als gegen die Seiten sich zieht, wenn man auf dem Boden des Biets durchlöcherte Senkbretter auflegen würde, wodurch der Abfluß des Weinmostes weit leichter und schneller von statten gienge, als bei der gegenwärtigen Einrichtung.

Die hier beschriebenen Baumpressen sind besonders in Württemberg eingeführt, in andern Weinbaugegenden, wie z. B. im Rheinthale, sind zwar auch Baumpressen im Gebrauche, aber kleinere mit nur 1—2 Hebeln (Eichbäumen) von 20—25 Fuß Länge und kleinerem Biet, bei welchen die angeführten Verbesserungen leichter anzubringen sein dürften.

Hinsichtlich des Pressens selbst ist bei der gegenwärtigen Baumkeltereinrichtung noch zu bemerken, daß anfänglich das Pressen der Trebermasse nicht zu stark, sondern langsam vorgenommen, mithin die Kelter nicht zu fest zugezogen werden sollte, weil sonst durch den starken Druck die Seiten des Seckers sich zu schnell dem Ausfluß des Saftes verschließen, wodurch derselbe gehemmt und das Keltergeschäft wesentlich verzögert wird.

§. 234.

bb. Die Kasten-, Schrauben- oder Spindelpressen,

in manchen Weinbaugegenden auch Trotten genannt, unterscheiden sich von den unförmlichen Baumpressen dadurch, daß dabei die langen, schweren Eichbäume ganz wegfallen, die Treber in einem geschlossenen Raume, dem Preßkasten, sich befinden, und der Druck durch die über dem Preßkasten befindliche Spindel unmittelbar auf die Trebermasse ausgeübt wird, wodurch das Ausdrücken der Treber in der Regel weit schneller vor sich geht. Solche Pressen ruhen auf einer Unterlage von starkem Holz oder gemauerten Steinen von 2—3 Fuß Höhe, das Biet von starken eichenen Dielen ist nicht viel größer als der Preßraum, der mit einem feststehenden oder auch in Einschiebleisten laufenden Mantel (Seckerbretter) umgeben ist, dessen einzelne Theile im letztern Falle, behufs der Reinigung des Biets, herausgenommen werden können und die, zur Beförderung des Ablaufs des Weinmostes, mit vielen etwas von oben gegen unten gebohrten Löchern versehen sind.

Zwei der Seitenbretter haben starke, dicke Ohren, die durch die zwei andern Bretter gesteckt und außen durch Einsteckung von eisernen Nägeln zusammengehalten werden. Werden die Nägel herausgenommen, so kann der ganze Kasten auseinander gelegt werden. Auf den Kasten kann man in dem Falle, wenn man auf einmal viel pressen will, noch einen Aufsatz von 4—6 Zoll Höhe setzen, der die gleiche Einrichtung wie der Kasten hat.

In den, je nach der Kraft der Spindel 3—6 Fuß im Quadrat haltenden Preßraum werden die Treber geschüttet, dieselben sofort mit starken Kelterbrettern, die genau in den Preßraum passen, belegt, auf welche die Kelterhölzer und zuletzt der Preßblock kommen, auf die sodann die oben in der Mitte des Preßkastens befindliche Spindel durch Zuziehen derselben ihren Druck ausübt.

Die ganze Presse befindet sich zwischen zwei starken aufrecht stehenden Balken, die oben durch einen oder zwei Querbalken verbunden sind, in welchem die Spindel mit ihren Gewinden lauft und durch Einsteckung von Querarmen zugezogen werden kann. Zwischen dem 5—8 Zoll hohen Rande des Biets und den Seckerbrettern befindet sich eine schmale Rinne von 3—4 Zoll Breite, in welche von den durchlöcherten Seckerbrettern der ausgepreßte Weinmost lauft und von hier aus zu dem an dem vordern Theile der Presse befindlichen Auslauf kommt, wobei es zur Beförderung des schnellen Ablaufs sehr zweckmäßig ist, wenn der hintere Theil des Biets einige Zoll höher, als der vordere, oder wenn die Rinne vornen tiefer als hinten ist.

Diese Spindelpressen sind dann unter sich wieder sehr verschieden und können zunächst abgetheilt werden, in Pressen mit einer und mit zwei Spindeln, welch' letztere hauptsächlich bei größeren Pressen zweckmäßig erscheinen, jedoch auch den Uebelstand mit sich führen, daß von den beiden Spindeln der Druck nicht immer gleichförmig ausgeübt wird, und daß in diesem Falle, wenn nicht durch erfahrene Personen beide Spindeln gleich zugewunden werden, dieselben leicht Schaden nehmen, wodurch das ganze Preßgeschäft aufgehalten wird.

Eine wesentliche Verbesserung bei den Spindelpressen ist dadurch eingetreten, daß bei den neueren Pressen die Spindel von Eisen etwa 4—5 Fuß lang und 2—3 Zoll stark gefertigt und nicht mehr von oben zugewunden, sondern durch das Biet und durch die zur Unterlage dienenden Hölzer geht und unten an der Außenseite derselben in einen Kopf endigt, der etwas in das Holz eingelassen ist und mit demselben durch eine Schraube oder auf andere Weise fest verbunden wird, innen im Biet aber mit einer Platte umgeben ist, damit der Most nicht durchrinnen kann. Die Spindel steht auf diese Weise ganz fest, geht oben durch den Preßblock und ist mit Gewenden versehen, in welchen sich eine sehr starke eiserne Mutter befindet, die durch das feste Zudrehen auf den Preßblock, die Kelterhölzer und Trebermasse drückt und dadurch gewissermaßen einen doppelten Druck von oben und unten herbeiführt. In der Mutterschraube befinden sich runde Oeffnungen oder kurze eiserne hohle Arme, in welche die hölzernen Arme zum Zudrehen der Schraube eingesteckt werden. Die aufrechtstehenden und Querbalken (Docken), in welchen nach der oben enthaltenen Beschreibung die hölzerne Spindel lauft, fallen bei jener Einrichtung ganz weg.

Will man den Ablauf des Weinmostes und das Ausdrücken desselben befördern, so ist es sehr zweckmäßig, wenn man nicht nur auf das Biet einen Senkboden auflegt, sondern wenn man auch zwischen die Trebermasse einige Weidengeflechte oder dünne durchlöcherte, mit schmalen Hohlkehlen versehene Bretter einlegt, wodurch der Druck in der Mitte des Seckers vermehrt und das Preßgeschäft besonders dann wesentlich erleichtert und befördert wird, wenn, nachdem der Preßraum zur Hälfte angefüllt ist, die Masse kurz gepreßt, dann wieder ein Weidengeflecht oder ein Senkboden aufgelegt und so fortgefahren wird, bis der Preßraum ganz angefüllt ist, wo dann erst das eigentliche Pressen beginnt.

Diese Spindelpressen sind in der neuesten Zeit vielfach abgeändert und theils durch einfache, theils mehr künstliche Einrichtungen angeblich verbessert worden. Von diesen verbesserten Pressen verdienen die von dem Mechanikus Klein in Cannstatt angefertigten Schnellpressen eine besondere Erwähnung, indem dieselben nach den in verschiedenen Keltern Württembergs gemachten

Erfahrungen, wirklich sehr gute Dienste leisten und auf denselben sich noch einmal so viel als auf den alten Baumpressen keltern läßt. Sie haben zwei Spindeln und unterscheiden sich von den gewöhnlichen Pressen hauptsächlich dadurch, daß durch einen eigenthümlichen und sinnreichen Mechanismus die beiden Schraubenmuttern so in Bewegung gesetzt werden, daß dieselben den Preßbalken zu gleicher Zeit und mit gleicher Stärke niederdrücken, wodurch ein gleichförmiger Druck und zugleich ein schnelles vollständiges Auspressen des Seckers bewirkt wird.

Das Ganze wird durch ein auf der Seite der Presse befindliches Rad in Bewegung gesetzt, wodurch zugleich das Keltergeschäft sehr erleichtert und vereinfacht wird. Eine nähere Beschreibung dieser Schnellpresse mit Zeichnung enthält das Hohenheimer Wochenblatt für Haus- und Landwirthschaft von 1845 Nr. 19 Seite 103.

Bei sämmtlichen Spindelpressen hört jedoch der Druck auf die Trebermasse mehr oder weniger auf, sobald dieselbe durch die Presse mehr zusammengedrückt wird und keinen Widerstand mehr leistet, daher dieselben immer wieder fester zugezogen und die Trebermasse öfters umgearbeitet werden muß. In diesem Falle kann auf denselben schneller als auf den Baumpressen und auch kleinere Quantitäten gepreßt werden, daher die Anschaffung einer eigenen Presse für jeden größeren Weinbergbesitzer ein Haupterforderniß ist, indem er nur dadurch in Stand gesetzt wird, zu jeder Zeit für die rechtzeitige Auskelterung seines Weinerzeugnisses Sorge zu tragen.

§. 235.

cc. Hydraulische Pressen, Art des Pressens.

Neben den hier angeführten Pressen können auch noch hydraulische Pressen zum Ausdrücken des Weinmostes verwendet werden, wie dieses auf den herzoglich Nassauischen Domanialgütern zu Wiesbaden und Rüdesheim der Fall sein soll, bei der komplicirten Einrichtung derselben sind sie aber nicht nur sehr kostspielig, sondern erfordern auch viele Reparationen, weil sie nur kurze Zeit verwendet werden können und daher bei denselben während der langen Unthätigkeit von einem Herbst zum andern der Chlinder leicht einrosten und das Lederwerk unbrauchbar werden kann, wodurch vor jedem Herbst die Presse durch einen Sachverständigen auseinandergelegt und zum Gebrauche hergerichtet werden muß.

Die Pressen sollen zwar sehr gut, rasch und rein auspressen, werden aber jedenfalls nur für größere Weinbergbesitzer taugen, die Gelegenheit haben, dieselben zum Gebrauche ordentlich herrichten und, sowie etwas daran zerbricht, sogleich wieder repariren zu lassen.

Das Auspressen der Weintreber und die Anwendung von Pressen dabei ist übrigens nicht in allen Weinbaugegenden eingeführt, indem dieselben in südlichen Ländern bei dem reichen Ertrag, den dort die Reben gewähren, häufig ganz unbekannt sind. Man zapft dort den Wein blos von den etwas ausgenommenen Trebern ab und verwendet den Rest, wie im südlichen Frankreich, zur Branntwein- (Weingeist-) Fabrikation oder man überschüttet die Treber mit Wasser und gewinnt daraus einen Nachwein, der zum eigenen Gebrauche des Winzers verwendet wird.

Hie und da, wie in einzelnen Gegenden von Ungarn, werden die Treber nach dem Ablassen in Säcke von Bindfaden gefüllt und der Saft in denselben ausgetreten oder in kleinen Pressen ausgedrückt. Solche Säcke würden, nach den angestellten Proben, auch auf unsern Baumpressen, besonders wenn man den Weinmost nicht lange über den Trebern stehen lassen will, gute Dienste leisten, indem die Trebermasse mehr zusammengehalten und dadurch, so wie wenn man zwischen die einzelnen Lagen der Säcke Weidengeflechte legen würde, das Keltergeschäft sehr befördert werden könnte.

4. Die Erzeugung verschiedener Gattungen von Weinmost und Prüfung dessen Qualität

§. 236.

Die bei der Weinlese und Kelterung der Trauben aufgestellten Grundsätze beziehen sich auf die Weinerzeugung im Allgemeinen, wie aber schon bei der Anlage eines Weinberges der rationelle Weinzüchter sich entscheiden muß, welche Gattung von Wein er erzeugen will (§. 84), so muß dieses auch bei der Weinlese (§. 223), sowie vor und bei der Kelterung geschehen, indem sein Hauptaugenmerk stets darauf gerichtet sein muß, aus seinem Traubenerzeugniß einen möglichst guten und edlen Wein zu gewinnen.

Die Weine werden zunächst in weiße und rothe Weine eingetheilt und die ersteren aus weißen, die letztern aus blauen oder schwarzen Trauben dadurch erzeugt, daß man den Weinmost an den Trebern (Traubenbeeren, Hülsen) vergähren läßt, wodurch die unter und in den Häuten der Beere befindliche rothe Farbe ausgezogen und dem Weine mitgetheilt wird, worüber unter der Abtheilung Gährung das Weitere abgehandelt werden wird. Man könnte bezüglich der Farbe auch noch eine dritte Sorte von Weinen aufstellen, nämlich die gelben Weine, die aus hellrothen Trauben (Velteliner, Rothurban) gewonnen werden, dieselben werden aber gewöhnlich zu den weißen Weinen gerechnet, weil sich die gelbe Farbe mit dem Alter immer mehr verliert, während die weißen Weine, besonders wenn sie etwas an den Trebern vergohren haben, im Alter eine in's Gelbliche gehende Farbe annehmen, wodurch zwischen beiderlei Weinen kein großer Unterschied mehr stattfindet.

Nicht immer will man aber aus blauen Trauben rothe, sondern häufig auch weiße Weine erzeugen, wie zur Fabrikation moussirender Weine, auch können nicht in allen Jahren aus blauen Trauben, besonders aus spät reifenden, ganz dunkel- (dick-) rothe und dabei angenehme Weine erzeugt werden, indem in minder günstigen Weinjahren der Farbstoff in den blauen Trauben sehr häufig nicht sehr stark entwickelt ist, so daß, wenn der blaue Duft hinweggenommen ist, die Beerenhaut mehr roth als blau sieht, auch hat der Saft gewöhnlich einen mehr säuerlichen und herben als süßen Geschmack, wodurch aus solchen Trauben nur wenig Farbstoff ausgezogen werden kann, so daß der Wein mehr eine hellrothe Farbe und dabei einen harten, selten aromatischen und angenehmen Geschmack erhalten würde. In solchen Fällen ist es daher angemessener, wenn aus den blauen Trauben weiße Weine erzeugt werden, wie dieses auch in Weingegenden, wo vorzüglich rothe Weine produzirt werden, namentlich in Burgund, häufig vorkommt.

Bei der Erzeugung von weißen Weinen aus blauen Trauben dürfen dieselben weder abgebeert noch zerdrückt werden, sondern die Trauben kommen ganz mit den Kämmen auf die Kelter und werden hier ein- bis zweimal gepreßt, so daß der Saft ganz weiß oder kaum etwas röthlich gefärbt abläuft, was später bald in's Gelbliche übergeht. Dieser weiße Wein hat, wenn er aus ganz reifen und ausgezeitigten Trauben ausgepreßt wird, einen sehr feinen, süßen und angenehmen Geschmack, der auch nach der Gährung sehr milde und bald trinkbar, aber weniger haltbar ist und weniger Arom und Geist hat, weil durch das angegebene Pressen hauptsächlich die mehr wässerigen Theile der Beere ausgedrückt werden, ein Theil des Zuckerstoffes so wie das in den Zellgeweben und zum Theil in den Beerenhäuten befindliche Gewürz der Trauben in den noch nicht vollständig ausgepreßten Trebern zurück bleibt.

Ein solches Verfahren oder wenigstens ein einmaliges Pressen dürfte auch bei großbeerigen blauen Trauben, die verhältnißmäßig mehr weißen Saft als Farbstoff besitzen, angewendet werden, indem dadurch aus dem Rest der Treber ein desto dunklerer rother Wein gewonnen werden könnte. Der Rest der Treber wird dann in einem wie in dem anderen Falle mehrmals getreten oder gestampft und sofort der Gährung überlassen, worauf er, wenn diese vollendet ist, erst nochmals auf die Presse gebracht wird. Sind die Treber nach dem ersten Pressen zu trocken, so kann, nach dem Stampfen derselben, etwas geringer rother oder auch weißer Weinmost denselben beigegeben werden, indem man auch im letztern Falle immer einen schönen rothen Wein erhalten wird.

Aus dem angeführten Grunde ist es, wenn man aus blauen Trauben lauter rothe Weine gewinnen will, von hohem Werthe, daß das Fleisch und die Häute derselben möglichst zerdrückt und zerrieben werden, damit alle Theile derselben sich leicht auflösen, indem nur dadurch mittelst der Gährung alle Farb- Gewürz- und Zuckerstoffe vollständig aus denselben ausgezogen werden, in welchem Falle der daraus zu entwickelnde Wein sich sehr vortheilhaft durch Körper, Geist und Gewürz vor dem blos aus ausgedrückten Trauben gewonnenen Wein auszeichnen wird.

Man darf deßwegen auch von dem auf solche Weise zubereiteten Wein Vorlaß und Druck nicht besonders thun, sondern es muß, wenn der Wein in mehrere Fässer kommt, der Druck unter dieselben ganz nach Verhältniß des Vorlasses vertheilt werden, zu welchem Behuf kein Faß ganz, sondern höchstens nur zu ²/₃ mit Vorlaß angefüllt werden darf.

Befinden sich aber die Trauben in keinem ganz gereiften Zustande, so wird es, je mehr sie sich von der vollständigen Reife entfernen, wenn keine ganz pünktliche und sorgfältige Auslese vorgenommen werden will, sowohl bei blauen als weißen Trauben am angemessensten sein, wenn dieselben ganz auf die Kelter gebracht und nur so weit ausgepreßt werden, als der Saft noch einen entsprechenden Zuckergehalt entwickelt, indem dadurch, wenn auch etwas leichter, doch immer noch angenehme und bald trinkbare Weine gewonnen werden können, wogegen der noch weiter ausgedrückte, meist saure und herbe Most mit dem ersten nicht vermischt werden darf, sondern besonders eingekellert werden muß oder zu einem Nachwein verwendet werden kann.

§. 237.

Wenn nun in manchen Jahren die Weinbereitungsmethode von dem Reifegrad der Trauben und von der zu erwartenden Weinqualität abhängt, so ist es für jeden Weingärtner von besonderem Interesse, schon vor dem Herbste die zu hoffende Weinqualität möglichst genau kennen zu lernen.

Die allgemeinen von den Witterungsverhältnissen abhängenden Anhaltspunkte werden am Schlusse besonders zusammengestellt und dabei die Anwendung auf den Wein näher abgehandelt werden, ein vorzügliches Mittel, die Weinqualität von jeder einzelnen Weinberglage zu ermitteln, besteht aber in der Weinmostwage, die kein sorgfältiger Weinzüchter entbehren kann.

Die Mostwage beruht auf dem allgemein bekannten Prinzipe, daß, wenn man einen festen Körper auf eine Flüssigkeit bringt, derselbe untersinkt, wenn er schwerer, auf derselben aber schwimmt, wenn er leichter ist. Im letztern Falle verdrängt er, im Verhältniß seiner Schwere, eine größere oder kleinere Menge der Flüssigkeit, oder er taucht mehr oder minder tief ein. Dieses Eintauchen richtet sich auf der andern Seite nach der Beschaffenheit der Flüssigkeit, indem eine schwerere, dichtere Flüssigkeit dem schwimmenden Körper einen größeren Widerstand entgegensetzt, d. h. je dichter eine Flüssigkeit ist, desto weniger sinkt ein leichter Körper in dieselbe ein. Da nun der Weinmost, vermöge seines Zuckergehalts, schwerer und dichter als das Wasser ist, von dem größeren oder geringeren Gehalt an Zucker aber die Güte des Weinmostes abhängt, so beruht darauf die Einrichtung der Mostwage, um bei dem mehr oder mindern Einsinken derselben auf den größeren oder geringeren Zuckergehalt des Mostes schließen zu können.

Die Mostwage besteht aus einer hohlen Kugel (Schwimmer), damit die Wage in der Flüssigkeit nicht untersinkt, unten mit einem kleinen Stiefel, um das gleichförmige senkrechte Schwimmen derselben in der Flüssigkeit zu bewirken und oben mit einem dünnen 1—1½ Zoll langen Stänglein oder einer Röhre, an der der Punkt, bis zu dem die Wage im Wasser einsinkt, mit einem Strich und mit einer Null bezeichnet wird, oben aber muß dieselbe mit einer Nadelspitze versehen sein, in die Gewichte eingesetzt werden können. Diese Gewichte müssen von der Beschaffenheit sein, daß das kleinste mit 1 bezeichnet gerade $^1/_{1000}$ vom Gewicht der Wage beträgt.

Wenn man nun das spezifische (eigenthümliche, verhältnißmäßige) Gewicht des Wassers zu 1000 Gewichtseinheiten (Graden) annimmt und man das Gewicht des Weinmostes gegenüber vom Wasser erfahren will, so muß man, weil der Most schwerer ist als das Wasser und die Wage daher in denselben nicht bis zum Nullpunkt einsinken wird, so viele Gewichtchen aufsetzen, bis das Einsinken zu dem gedachten Punkte erfolgt. Die Zahl der aufgesetzten Gewichtstheile zeigt dann an, um wie viel Gewichtseinheiten der Most schwerer ist als das Wasser, oder in welchem Verhältniß das Gewicht einer gewissen Menge Most zum Gewicht einer gleich großen Menge Wasser steht. In der Naturlehre besteht nämlich der Satz, daß, wenn ein Körper in einer Flüssigkeit schwimmt, die von ihm aus der Stelle gedrängte Flüssigkeit gerade so viel wiegt, als er selbst, woraus folgt, daß wenn die Mostwage, welche 1000 Gewichtseinheiten wiegt, im Wasser bis zu dem Nullpunkt an der Röhre einsinkt, eine Wassermenge, welche so viel Raum einnimmt als die Mostwage bis zu dem Nullpunkt, auch 1000 Gewichtseinheiten wiegt. Wenn man nun bei einem Most z. B. 80 Gewichtseinheiten auflegen muß, bis die Wage auch hier bis zum Nullpunkt einsinkt, so folgt daraus weiter, daß sich das Gewicht des Weinmostes zu demjenigen des Wassers wie 1080 zu 1000 verhält, oder daß eine gleiche Menge Most 1,080 schwerer als eine gleiche Menge Wasser ist, d. h. der Most wiegt abgekürzt 80 Grade schwerer als das Wasser. Dieses stärkere Gewicht wird hauptsächlich durch den Zuckergehalt des Mostes herbeigeführt, so daß also die Zahl der aufgelegten Einheitsgewichte oder die Grade zugleich den Zuckergehalt des Mostes anzeigen, wobei die Einheit einem fünftels Procent des im Weinmoste enthaltenen Zuckers entspricht, so daß 1 Procent (= 5 Grade) etwas mehr als 1 Pfd. oder 5 Procent ungefähr 6 Pfd. Zucker in dem württ. Eimer gleichkommen. (Anmerkung 11.)

---

11. **Anmerkung.** Nach angestellten Untersuchungen nimmt mit der Schwere

Je weniger ein Weinmost, mithin über das Gewicht des Wassers wiegt, desto geringer ist er, so daß nach §. 269 ein Weinmost von 55—65 Graden zu den geringen, von 66—76 zu den mittlern, von 77—85 zu den guten, ein Weinmost unter 55 Graden aber zu den ganz geringen gehört, der nur aus unreifen sauren und zum Theil noch harten Trauben gewonnen wird.

Eine andere, aber auf die gleichen Grundsätze gebaute, jedoch zum Gebrauche einfachere Mostwage hat die Einrichtung, daß entweder der Stiefel durch seine eigene Schwere oder daß unten an demselben durch ein Gewinde ein Gewichtchen angehängt wird, durch das die Wage in klarem Wasser bis 50 Graden einsinkt. Das Einsinken bis zu diesem Punkt ist oben an dem Stänglein mit einem Strich und mit der Zahl 50 bezeichnet, von wo an auf demselben gegen die Kugel eine Scala mit Graden bis zu 100 angebracht ist, auf der jeder Grad, wie bei den Gewichten, die Zunahme des Mostes um 5 Procent Zucker anzeigt. Wird nun diese Wage in den Weinmost gebracht, so wird sie, je dichter und zuckerreicher derselbe ist, desto weniger in demselben einsinken und dadurch die Grade seines Zuckergehalts anzeigen.

Solche Mostwagen sind ursprünglich und zwar erstere auf Veranlassung der württembergischen Weinverbesserungsgesellschaft durch den Mechanikus Kinzelbach in Stuttgart, letztere durch den Mechanikus Oechsle in Pforzheim ge-

des Mostes auch der Zuckergehalt zu, so daß in 1000 Pfd. = 1000 Einheiten von 75 Graden an, der Zuckergehalt bei 5 Graden (1 Procent) je um 1½—1¾ Pfd. steigt. Im Allgemeinen wird man aber annehmen dürfen, daß der Zuckergehalt von unsern vorzüglichsten Traubengattungen (Mießling, Traminer ꝛc.) in den besten Jahren höchstens 28—30 Procent, mithin derjenige von gewöhnlichen guten Weinen nur 18—24 Procent beträgt, während derselbe in südlichen Gegenden nicht selten 50 Procent erreicht. Demnach würde ein württembergischer Eimer Most á 160 Maas = 320 Flaschen von 80 Graden an Zucker enthalten:

5 Procent = 25 Grade = 6—9 Pfd. Zucker, mithin

80 Grade = 19—28½ Pfd. und da der Eimer Wein durchschnittlich 700 Pfd. (altes, nicht Zollgewicht) hat, und das spezifische Gewicht eines guten Weins gegenüber von Wasser (= 1000) = 0,991, dasjenige eines guten Weinmostes = 1,085 beträgt, so wird man das Gewicht eines Eimers Weinmostes wohl zu 775 annehmen dürfen, thut

7¾ mal = 147¼ bis 220¾ Pfd. oder wenn man 18—24 Procent Zuckergehalt annimmt = 139½ bis 186 Pfd.

Nach einer von Professor Fehling und Marx in Stuttgart auf chemischem Wege angestellten Untersuchung des Zucker- und Säuregehalts des Weinmostes, ersteres mittelst einer Kupferlösung, letzteres durch Sättigung des Saftes mit kohlensaurem Natron und dessen Vergleichung mit dem Gewicht nach der Mostwage haben sich nach dem Hohenheimer land- und forstwirthschaftlichen Wochenblatt von 1858 Nro. 5 S. 27 folgende Resultate ergeben:

Trauben-Gattungen.	1848			1849			1850			1852			1855			1857		
	Grade der Weinmostwag	Zuckergehalt in 100	Säuregehalt in 100	Grade der Weinmostwag	Zuckergehalt in 100	Säuregehalt in 100	Grade der Weinmostwag	Zuckergehalt in 100	Säuregehalt in 100	Grade der Weinmostwag	Zuckergehalt in 100	Säuregehalt in 100	Grade der Weinmostwag	Zuckergehalt in 100	Säuregehalt in 100	Grade der Weinmostwag	Zuckergehalt in 100	Säuregehalt in 100
Trollinger	77°	17°	1,28	73°	16,5	1,24	64°	14,0	1,46	74°	15,9	1,22	76°	16,0	1,25	79°	22,2	0,68
Velttiner	85°	20,4	1,27	84°	18,5	1,00	72°	16,3	1,17	85°	17,8	1,16	95°	19,6	0,90	97°	24,7	0,59
Grüner Sylvaner	85°	18,4	1,20	95°	21,3	0,91	69°	15,8	1,07	92°	19,2	1,06	93°	21,3	0,85	90°	24,6	0,52
Blauer Sylvaner	70°	14,4	1,29	80°	17,5	0,89	66°	14,5	1,02	—	—	—	87°	17,8	0,75	95°	28,1	0,69
Roth Urban	86°	19,8	1,28	85°	18,7	0,89	70°	14,9	1,26	80°	16,6	1,46	83°	17,1	1,17	90°	26,7	0,75
Schwarz Urban	94°	19,6	1,33	88°	19,6	1,05	68°	14,2	1,31	83°	16,6	1,36	79°	16,3	1,18	96°	26,7	0,61
Rießling	91°	20,4	1,27	96°	21,2	1,10	74°	15,6	1,31	91°	18,5	1,27	88°	17,1	1,28	89°	23,3	0,81
Elesner	93°	20,4	1,37	91°	18,9	0,90	81°	17,6	1,11	83°	18,2	1,30	86°	17,8	1,07	95°	27,0	0,54

fertiget worden, und sind nun unter dem Namen dieser ersten Anfertiger in den Gebrauch gekommen. Da jedoch der süße Weinmost neben Zucker und Wasser auch noch manche andere Substanzen enthält, wie dicker Schleim, Säuren, Theile von Beerenhäuten, Kerne ꝛc., die denselben gleichfalls verdichten und das Einsinken der Wage hindern, so muß derselbe vor dem Wägen von allen diesen Unreinigkeiten möglichst gereinigt und zu diesem Behuf entweder durch feine Leinwand oder durch Fließpapier filtrirt werden, oder man läßt denselben in einem Glase einige Zeit stehen, bis sich die fremden Bestandtheile gesetzt haben und der Most möglichst hell ist. Trüber, dicker Most wird nie ein sicheres Resultat geben. Auch auf die Traubengattung darf einige Rücksicht genommen werden, indem der Most von schleimigen Trauben, wie vom Sylvaner, immer etwas mehr als von andern Trauben wägen wird, daher bei solchen der Schleim ꝛc. mit möglichster Sorgfalt zu entfernen ist. Außerdem muß der Most noch ganz süß sein und darf durchaus noch keine Zeichen der Gährung besitzen, weil sonst sein Gewicht weit geringer ist, auch muß die Mostwage ganz rein sein, daher sie nach jedem Wägen mit einem feinen Tuche zu reinigen und zu trocknen ist, weil jede Unreinigkeit Einfluß auf das Gewicht hat. Der Most selbst soll eine Temperatur von 12—14 Graden nach Reaumür (der gewöhnlichen Zimmerwärme) haben, für welche Temperatur die angeführten Weinwagen ausgearbeitet sind, denn jeder Körper wird durch Wärme ausgedehnt und dadurch leichter, durch Kälte dagegen schwerer, so daß, weil auch die Kälte und Wärme auf das Gewicht des Mostes Einfluß ausübt, indem je kälter derselbe ist, desto mehr steigt das Gewicht, bei sehr kaltem Most immerhin, je nach der Temperatur, 1—2 Grade in Abzug gebracht werden dürfen.

Wenn nun auch die Mostwagen die künftige Qualität des Weins nicht immer ganz genau anzeigen, weil auf dieselbe auch noch andere Gegenstände, namentlich aber der Säuregehalt und die gewürz- und bouqueterregenden Substanzen einigen Einfluß ausüben, so geben dieselben doch einen Hauptbestandtheil des Mostes, den Zuckergehalt oder den geistigen Gehalt des künftigen Weins ziemlich genau an, daher solche allgemeine Verbreitung verdienen.

Außer den angeführten sind übrigens auch noch verschiedene andere Most-

---

Hienach würde sich bei dem württembergischen Eimer Weinmost berechnen, wenn das Gewicht desselben zu 775 Pfd. angenommen wird: der Zuckergehalt
bei dem geringsten von 64 Grade und 14 Proc. Zucker . . . . . 108½ Pfd.
bei den besten von 95 Graden und 27 Procent . . . . 209½ Pfd.
der Gehalt an freier Säure,
bei den geringsten á 1,46 Procent oder 14,60 Promille . . . . 11⅓ Pfd.
bei den besten á 0,54 Procent oder 5,40 Promille . . . . 4⅕ Pfd.

wagen im Gebrauch, die, weil ihnen eine andere Eintheilung zu Grund liegt, öfters ein von den angeführten Wagen sehr verschiedenes Gewicht haben, wodurch mancher Wein für gering erachtet werden und dem Verkäufer wesentlichen Schaden bringen kann, während dieses blos von der Wage herkommt; es wäre daher sehr angemessen, wenn in allen Orten, in welchen sich öffentliche Keltern befinden, eine gute Kinzelbach'sche oder Oechsle'sche Mostwage angeschafft würde, damit sich nicht nur jeder Verkäufer und Käufer derselben bedienen kann, sondern es würde auch sehr zum Rufe eines Weinortes beitragen, wenn von jedem Weinmost, der zur Kelterung kommt, das Gewicht, so lange er noch süß ist, amtlich erhoben und in ein besonderes Buch zur Notiz für Käufer und Verkäufer so wie zu Vergleichungen mit künftigen Jahren eingetragen würde. Außerdem würde eine solche öffentliche Controle der Weinqualität sehr und mehr als jede andere Veranstaltung oder Aufmunterung dazu beitragen, daß nicht nur eine sorgfältige Auslese des guten und geringen Gewächses vorgenommen wird, weil kein Weingärtner einen Most mit geringem Gewicht würde haben wollen, sondern Unterschleife, Betrügereien und Verfälschungen des Mostes würden auch in den meisten Fällen verhütet werden können.

§. 238.

Neben dem Zucker hat auch eine gewisse Quantität von Säure einen wesentlichen Einfluß auf die Qualität des Weins, die Untersuchung des Säuregehalts des Weinmostes bietet daher umsomehr ein besonderes Interesse dar, als die öfters vorzügliche Süße mancher Traubengattungen, wie . B. beim Sylvaner, nicht blos von dem starken Zucker-, sondern theilweise auch von dem geringen Säuregehalt herkommt.

Von dem letztern hängt aber hauptsächlich auch die künftige Ausbildung des Weins sowie dessen Haltbarkeit ab, indem, je weniger der Wein eine entsprechende Quantität Säure hat, desto weniger Haltbarkeit wird er auch zeigen, wie wir an manchen südlichen Weinen wahrnehmen.

Nach den angestellten Untersuchungen sollten gute und angenehm trinkbare Weine wenigstens $4^{1}/_{2}$ und höchstens 7 Promille freie Säure haben, Weine, welche weniger haben, nähern sich mehr den süßen Weinen, diejenigen, die mehr haben, mehr den säuerlichen, herben oder sauren Weinen. Da nun der Säuregehalt des Weinmostes durch die Gährung sich nicht verändert, sondern höchstens $1/_{8}$ Promille durch die in demselben enthaltenen unorganischen Stoffe ausgeschieden wird, so läßt sich vom Säuregehalt des Mostes auch auf diejenige des künftigen Weins und dessen Qualität schließen, wie oben in der in Anmerkung 11 enthaltenen Zusammenstellung und Berechnung nähere Nachweisung gegeben wurde, nach welcher der Weinmost von dem schlechten

Jahrgang 1850 1,46 Procent oder 14,6 Promille Säure enthielt, während dieselbe bei dem Weinmost von dem guten Jahr 1857 blos 0,54 Procent oder 5,4 Promille betrug.

Die Ermittlung des Säuregehalts geschieht entweder, wie oben bemerkt wurde, auf chemischem Wege, oder mittelst eines Säuremessers, wobei man sich entweder des von Professor Otto in Braunschweig oder des von Mechanikus Geisler in Bonn erfundenen Säuremessers bedienen kann, die in Dr. Ludwig Galls praktischer Anleitung sehr gute Mittelweine aus unreifen Trauben zu erzeugen, dritte umgearbeitete Auflage S. 166 und 169, Trier 1854, näher beschrieben sind.

5. Die Gährung des Weinmostes.

§. 239.

So lange die in §. 218 näher beschriebenen Bestandtheile der Traube noch in der Beerenhaut eingeschlossen und durch dieselbe, sowie durch die zum Theil wachsartigen Bestandtheile derselben von der Luft abgeschlossen werden, geht keine wesentliche Veränderung mit denselben vor, sowie aber das organische Leben der Traube und der Beere aufhört, letztere zerdrückt und dadurch deren Saft mit der Luft und insbesondere mit dem Sauerstoff derselben in Berührung gesetzt wird, so wird dieselbe, wie jeder todte, organische Körper, wesentlich verändert, es tritt in dem Traubensafte nach und nach eine Bewegung ein, wobei sich kleine Luftbläschen an der Oberfläche desselben zeigen, der schon vorher nicht ganz klare Saft wird trüber, die gröberen Schleimtheile heben sich und bilden eine Decke auf der Oberfläche des Mostes, die Bewegung der Flüssigkeit wird nach und nach stärker, sie erhitzt sich dadurch, es bildet sich Schaum an der Oberfläche, die Luftbläschen (Gasbläschen) werden größer, die Consistenz der Flüssigkeit vermindert sich u. s. w., d. h. die Gährung des süßen Traubensaftes hat begonnen, wodurch eine mehrfache Umgestaltung der Bestandtheile desselben besonders dadurch herbeigeführt wird, daß sich der Zucker auflöst und in Alkohol (Weingeist) übergeht. Zu der Herbeiführung der Gährung gehört jedoch, neben den Bestandtheilen des Traubensaftes, Luft und Wärme, indem ohne diese sich kein Gährungsstoff entwickeln kann.

Unter den Bestandtheilen des Traubensaftes ist der eiweißhaltige Stickstoff der eigentliche Erreger der Gährung, sowie daher derselbe mit der Luft in Berührung kommt, so geht er Verbindungen mit dem Sauerstoffe derselben ein, wodurch eine gährende Bewegung in den Traubensaft kommt, in Folge dessen sich Hefe bildet, die dadurch nach Mulder (S. 77) erfolgt, daß die in dem Traubensaft enthaltene Weinsteinsäure die festen eiweisartigen Körper aufzulösen im Stande ist und daß aus dem Pflanzenschleime (Pectin) kleine häutige Bläschen (Hefen-Cellulose) entstehen, welche den aufgelösten Eiweisstoff einschließen, der durch die Wände der Bläschen durchschwitzt und dann, mit dem Zucker in Berührung gebracht, auch diesen in Gährung setzt, woraus sich erklären läßt, warum bei dem Beginn der Gährung, der Weinmost fast noch seine volle Süße besitzt.

Die Gährung beginnt daher durch Eiweis oder Pflanzenleim, der unter dem Einfluß von Sauerstoff umgesetzt wird, worauf aber sogleich auch die Hefenbildung eintritt, durch die dann die Gährung fortgesetzt und allgemein verbreitet wird.

Die Hefe muß jedoch Pflanzensäure enthalten, wenn sie die Gährung gut befördern soll, daher auch Rohrzucker viel langsamer als Traubenzucker vergährt, wenn ersterem nicht etwas Weinstein zugesetzt wird. Aus eben diesem Grunde gährt auch der Saft von nicht ganz reifen Trauben, der viel Säure besitzt, schneller als von ganz reifen Trauben, und sehr zuckerreicher Weinmost wegen seines geringern Gehalts an freier Säure, langsamer, als weniger zuckerhaltiger.

Unter Pflanzensäuren ist es hauptsächlich die Weinsteinsäure, welche auf den guten und schnellen Verlauf der Gährung einen vortheilhaften Einfluß ausübt und besonders auch zu einer größeren Alkohol-Entwicklung beiträgt. Ohne Weinsteinsäure würde der Most, aus dem oben angeführten Grunde nicht in Gährung übergehen. Gerbsäure ist in dem Moste keine vorhanden, wohl aber in den Häuten, Kernen und Kämmen der Trauben, die durch das Pressen derselben, sowie durch das Gähren an den Häuten und Kämmen aus denselben ausgezogen wird, daher auch Weine, die an den Trebern vergohren haben, mehr Gerbsäure als süß eingekellerte besitzen. Sie geht mit den eiweißartigen, also stickstoffhaltigen Stoffen eine innige Verbindung ein und wirkt dadurch auf die Gährung hemmend, trägt aber dadurch auch zur Haltbarkeit des Weins bei, indem sie die Umsetzung des letztern, mithin den Eintritt einer Nachgährung hindert; auch gibt sie dem Weine, wenn nicht in zu großer Menge vorhanden, einen eigenthümlichen zusammenziehenden Geschmack, der besonders bei rothen Weinen geliebt wird. Aepfelsäure theilt dem Weine blos Säure mit und hat deßwegen, in großer Menge vorhanden, auf denselben einen sehr ungünstigen Einfluß, sie ist in den Obstweinen in großen Quantitäten enthalten und trägt daher auch zur geringeren Qualität derselben, gegenüber von dem Traubenwein, bei.

Durch die Gährung, insbesondere aber durch die Hefenbildung, sowie dadurch, daß sich die unorganischen Bestandtheile des Traubensaftes (Kalk 2c.) auflösen, trübt sich der Traubensaft, der Zucker verwandelt sich in Alkohol, der Pflanzenschleim, aus dem sich die Wände der Hefenzellen bildeten, wird unlöslich, der eiweisartige Inhalt der Hefenbläschen geht in den Wein über, aus den unorganischen Stoffen scheiden sich Salze (weinsteinsaure Magnesia) aus, die sich theils niederschlagen, theils in dem Weine zurückbleiben, auch andere Stoffe des Traubensaftes lösen sich auf und durch all dieses bildet sich der Wein.

So lange diese Symptome der Gährung sich zeigen, dauert dieselbe unter dem Namen stürmische Gährung fort, sowie aber dieselbe vorüber ist, d. h. sowie sich der größere Theil des Zuckers in Alkohol aufgelöst hat und der Gährungsstoff sich vermindert, schlagen sich die gröberen Theile der unaufgelösten Stoffe (Cellulose, unorganische Bestandtheile), weil sie sich in der weniger consistenten weingeistigen Flüssigkeit nicht mehr halten und mit derselben keine neuen Verbindungen eingehen können, nieder, der Wein beginnt sich zu klären, und auf dem Boden des Fasses erscheinen die ausgeschiedenen Theile als rohe Weinhefe.

Mit dem Ende der stürmischen Gährung hat aber dieselbe ihr Ende noch nicht erreicht, sondern dieselbe dauert, unter dem Namen Stille- oder Nach-Gährung fort, so lange sich noch Hefenstoffe und Zucker in dem Weine befinden und mithin noch Auflösungen und Zersetzungen ursprünglicher Stoffe vor sich gehen können.

Diese stille Gährung wird durch die, durch die Hefenzellen durchgeschwitzten und in dem jungen Weine zurückgebliebenen Hefenbestandtheile unterhalten, der Wein behält während derselben durch die Kohlensäure-Entwicklung einen den Gaumen reizenden säuerlich prikelnden Geschmack, er wird immer alkoholreicher, die im Weine zurückgebliebenen Salze scheiden sich, weil sie im Alkohol unlöslich sind, aus, setzen sich und bilden in Verbindung mit Kalk den rohen Weinstein, der übrigens auch schon in der niedergeschlagenen Hefe vorhanden ist. Auch die Säuren (Gerbsäure rc.) werden mit den aufgelösten Stoffen theilweise niedergeschlagen, der Wein bekommt dadurch mehr Feinheit und durch die Entfernung eines großen Theils der Säuren und der Auflösung der feineren Bestandtheile des Traubensaftes, der ätherischen Oele, erhält er erst seinen feinen gewürz- und bouquetreichen Geschmack.

Durch den Uebergang des Zuckers in Gährung entwickelt sich Kohlensäure, die das Brausen und Schäumen des Weinmostes veranlaßt und in Gasform entweicht, so daß also nur ein Theil des Zuckers als Alkohol im Weine zurückbleibt, und da nahezu aus dem Procentsatz des Zuckers die Hälfte an Alkohol erzeugt wird, so geben 2 Procent Zucker 1 Procent Alkohol.

Ohne Zucker entsteht keine geistige Gährung, er bildet daher die Basis der Weingährung, dagegen tritt bei denjenigen todten organischen Körpern, die keinen Zucker enthalten, eine andere Art der Auflösung, die Verwesung oder faulige Gährung ein, die sogar auch hie und da, jedoch selten beim Weine, besonders bei ganz schwachen Weinen, eintreten kann, wenn der Zucker- und Alkohol-Gehalt so gering ist, daß dadurch der Uebergang des Weins in Fäulniß nicht geschützt wird, woraus sich auch einzelne Krankheiten desselben erklären lassen. Der Zucker in Verbindung mit Wasser geht jedoch nur dann in geistige Gährung über, wenn er durch einen dritten Stoff, die Hefe, dazu veranlaßt wird. Die Traube, sowie alle Obstgattungen unterscheiden sich übrigens dadurch wesentlich von andern zuckerhaltigen Produkten, daß bei denselben der Gährungsstoff im Safte vorhanden ist, während er bei andern, wie bei den Körnerfrüchten, Kartoffeln ꝛc. häufig in der Gestalt von Hefe (Bierhefe) zugesetzt werden muß, um dieselben in Verbindung mit Wasser in Gährung zu bringen.

Der durch die Gährung der Traubenbestandtheile entstandene Wein darf jedoch nicht zu lange den allzustarken Einwirkungen der Luft ausgesetzt werden, weil sonst der, in dem Weine enthaltene Alkohol, besonders, wenn noch Gährungsstoff in dem Weine vorhanden ist, neue Verbindungen mit dem Sauerstoffe der Luft ein- und dadurch in Essig- (Sauer-) Gährung übergeht. Auch vor allzu großer Einwirkung der Wärme muß der Wein während und nach der Gährung bewahrt werden, indem sich bei einer äußern Wärme von 20 bis 22 Grade Reaumür die weinige Gährung leicht in Essiggährung verwandelt.

§. 240.

Der Erfolg der Gährung ist jedoch nicht immer der gleiche, sondern derselbe hängt von verschiedenen äußern auf dieselbe einwirkenden Umständen, sowie von dem innern Gehalte des Traubensaftes ab.

Zu den äußern Umständen gehören:

1. Der Zutritt der Luft, dieselbe ist jedoch, wenn die Gährung einmal im Gange ist, nicht mehr so nöthig, als beim Anfange derselben zum Erregen der Gährung, was hienach (§. 247) näher erörtert werden wird.

2. Ein gewisser Grad von Wärme. Eine allzustarke Wärme (Siedhitze) löst die gährungserregenden Stoffe entweder auf, oder es erfolgt, wie bereits erwähnt, eine andere Gährung, die Essiggährung. Kälte unterdrückt die Gährung, daher dieselbe bei einer Temperatur unter 8 Graden Reaumür entweder gar nicht oder nur unvollständig erfolgt, so daß, wenn der Wein später in eine wärmere Temperatur kommt, eine wiederholte Gährung mit Trübung und und andern Nachtheilen vor sich gehen kann, woraus dann weiter folgt, daß man von dem gleichen Moste, wenn er in verschiedenen Temperaturen gährt, Weine von sehr ungleicher Güte und Beschaffenheit erhalten kann. Die angemessenste Temperatur für gährenden Wein wird daher eine solche von 10 bis 12 höchstens 15 Graden Reaumur sein, wobei jedoch auch auf die Quan-

tität der gährenden Masse Rücksicht genommen muß, indem, je größer dieselbe ist, desto mehr erfolgt die innere Erhitzung durch sich selbst, je kleiner dieselbe ist, desto geringer ist die Selbsterhitzung und desto mehr braucht dieselbe äußere Einwirkung.

Zu den innern, die Gährung des Weinmostes bedingenden Bestandtheilen sind zu rechnen:

3. Eine im Verhältniß stehende Quantität von Zucker und Wasser (etwa 1 Theil Zucker auf 10 Theile Wasser), indem, sowie allzuviel Zucker vorhanden ist, die Gährung entweder gar nicht oder nur unvollständig erfolgt, weil der zu dichte Zuckerstoff die Hefenstoffe umhüllt und dadurch bei der gleichfalls vorhandenen geringen Menge von Weinsteinsäure die Gährungsfähigkeit unterdrückt, wodurch der Zucker ganz oder noch ein großer Theil desselben im Weine zurückbleibt, wie wir dieß an den süßen, südlichen Weinen beobachten und wodurch der Wein, wenn er öfter oder länger mit der Luft in Berührung kommt, leicht in Milch- oder Essigsäure übergehen oder sonst eine Krankheit annehmen kann.

4. Eine der Auflösung des Zuckers angemessene Quantität von Gährungsstoff. Die Gährung dauert nur so lange fort, als Zucker und stickstoffhaltiger Gährungsstoff in dem Weine vorhanden sind, ist der eine oder andere Theil aufgelöst, so hört die Gährung in der Art auf, daß, wenn der Zucker aufgelöst, aber noch Gährungsstoff vorhanden ist, ein Theil des letztern im Weine zurückbleibt, so daß, wenn derselbe neuen Zuckerzusatz bekommt, er bei entsprechender Wärme wieder in Gährung übergehen oder verschiedene Weinkrankheiten, zähe, rahn werden (trüben) ꝛc. herbeiführen kann, hat sich aber der Gährungsstoff vor dem Zucker umgesetzt, so bleibt ein Theil des Zuckers im Weine zurück, was, wenn es nur in geringer Menge geschieht, dem Weine eine angenehme Süße geben wird, wenn er aber in größerer Menge vorhanden ist, mit den oben angeführten Nachtheilen verbunden sein kann.

Bei der Leitung der Gährung muß daher hauptsächlich darauf Rücksicht genommen werden, daß die, dieselbe bedingenden Ursachen in einem gegenseitigen angemessenen Verhältnisse vorhanden sind, so daß womöglich eine vollständige Auflösung des Zuckers und eine vollständige Niederschlagung des Gährstoffes (auch Kleber genannt) stattfindet. Jenes Verhältniß kann wenigstens theilweise durch Herbeiführung angemessener äußerer Umstände, sowie durch Zusatz oder Entfernung innerer Bestandtheile des Mostes erreicht werden. Die Gährung wird nemlich gefördert und beschleunigt und dadurch auf eine vollständigere Zersetzung des Zuckers eingewirkt.

5. Durch Erhöhung der Temperatur des Gährlokals und des Mostes.

6. Durch Vermehrung und stärkere Anregung des Gährungsstoffes.

7. Bei allzu zuckerreichem Weinmoste durch Verdünnung desselben mittelst Wasser, was hie und da bei südlichen Weinen vorkommt.

8. Durch das Vermengen des Gährungsstoffes mit dem Zuckerstoff mittelst öfterem Umrühren der gährenden Masse, so daß sich die Hefe erst niederschlägt, nachdem kein Gährstoff mehr in derselben enthalten ist.

Die Gährung wird ermäßigt oder theilweise aufgehalten, beziehungsweise auf vollständige Niederschlagung der Hefenstoffe hingewirkt.

9. Durch Verminderung der Gähr- oder Hefenstoffe.

10. Durch Entfernung der Pflanzen-, besonders der Gerbsäure, sowie der sauren mineralischen (Kali) Salze, indem dieselben in großem Ueberflusse vorhanden, der Gährung entgegenwirken, während eine geringe Menge derselben förderlich ist.

11. Durch Vermehrung der Zuckerstoffe.
12. Durch Vermehrung des Zutritts der Luft.

Auf welche Weise nun all dieses zu erlangen ist, und wie darnach die verschiedenen Gattungen der Weine zu behandeln sind, darüber haben wir nähere Betrachtungen anzustellen.

§. 241.

a. Die Gährlokale.

Der Weinmost bedarf zu seiner vollständigen Gährung nicht nur einen gewissen Grad von Wärme, sondern auch eine möglichst gleichmäßige Wärme, denn sowie sich die Temperatur stark erkältet, so vermindert sich entweder die Gährung oder hört ganz auf, tritt aber wieder ein oder steigert sich, sowie die Wärme zunimmt, oder wenn später der Wein in ein wärmeres Kellerlokal gebracht wird, was, wie bereits angeführt, für den Wein, durch Umschlagen, Krankwerden ꝛc. von bedeutendem Nachtheil sein kann.

Da nun in den meisten deutschen Weingegenden, besonders bei der immer mehr in Aufnahme kommenden Spätlese die Lufttemperatur während des Herbstes häufig eine sehr kühle ist, die nicht mehr den, zur Durchführung einer vollständigen Gährung erforderlichen Wärmegrad besitzt, so ist es von besonderer Wichtigkeit, daß für ein Gährlokal mit der erforderlichen Wärme gesorgt wird.

Die Gährung geht, so lange der Weinmost sich noch in der Kufe befindet, entweder in freier Luft oder in bedeckten und geschlossenen Kelterlokalen, wenn aber derselbe gekeltert ist, gewöhnlich in den Kellern vor sich. Daß hier ein der vollständigen Gährung entsprechender Wärmegrad nicht immer vorhanden ist, lehrt die Erfahrung, am unzweckmäßigsten erscheint aber die Vergährung des Weinmostes unter freiem Himmel, indem, wenn auch die Kufen bedeckt sind, die Luft doch einen allzu freien Zutritt zu dem Moste hat, wodurch Wärme, Kälte und Regen einen sehr abwechselnden und häufig sehr ungünstigen Einfluß auf die Gährung ausüben können. Besonders sehr nachtheilig für dieselbe ist es, wenn die Kufen von der Sonne beschienen werden können, indem dadurch die Gährung so schnell vor sich geht, daß leicht Essiggährung eintreten kann, oder wenn die Kufen nicht so gut bedeckt oder verschlossen sind, daß kein Regen und keine Feuchtigkeit eindringen kann, was selten der Fall ist, wodurch nicht nur die Gährung aufgehalten und gestört, sondern der Weinmost auch mehr als gut ist, gewässert werden kann. Eine derartige Gährung ist daher unter allen Umständen zu verwerfen.

Die Gährung in bedeckten und geschlossenen Kelter= und anderen Lokalen ist zwar mit den so eben angeführten Nachtheilen weniger verbunden, da jedoch auch hier die Luft meistens freien Zutritt hat und die Wärme oder Kälte derselben einen wesentlichen Einfluß auf den Verlauf der Gährung ausübt, so ist dieselbe so sehr von den Witterungsverhältnissen abhängig, daß sie in vielen Fällen zu keinem vollständigen Erfolge führt und daher gleichfalls nicht als sehr zweckmäßig erscheint. Doch könnte, wenn in unsern weiten Kelterräumen, statt der unförmlichen Baumpressen, nach und nach Spindelpressen eingeführt würden, in denselben viel Raum zu der Aufstellung von Kufen disponibel werden, wodurch, gegenüber von deren Aufstellung unter freiem Himmel, schon viel gewonnen wäre.

Den angeführten beiden Vergährungsarten ist jedoch die Gährung des Weinmostes in den Kellern weit vorzuziehen, indem die Temperatur in denselben, wenn sie nicht zu seicht und wenig verwahrt sind, ziemlich gleichförmig ist, so daß die Gährung nicht gestört wird, sondern einen gleichen Verlauf nehmen kann, auch können dieselben, wenn sie zu kühl sein sollten, bei warmer Witterung durch Oeffnung der Thüren und Läden über die Mittagszeit, oder durch Anmachung von Feuern oder durch vorübergehende Aufstellung eines Ofens erwärmt werden, wobei man sich jedoch, wenn sich auch noch ältere Weine in einem Keller befinden, sehr hüten muß, daß derselbe nicht zu stark erwärmt wird, weil sonst diese leicht wieder in Gährung kommen oder in Essiggährung übergehen könnten.

Die angemessenste und dem Zwecke einer vollständigen Gährung am meisten entsprechende Einrichtung sind unstreitig besondere heizbare Gährlokale, in welchen man, je nachdem man die Gährung steigern oder mäßigen will, die Temperatur durch Einheizen erhöhen oder durch Lüftung erniedrigen kann und wodurch man die Leitung derselben ganz in der Hand hat, auch will man die Erfahrung gemacht haben, daß die in gut geheizten Lokalen vergährten Weine sich weit besser ausbildeten, als die in ungeheizten Räumen und daher auch theurer bezahlt wurden. Solche Gährlokale sollen sich zur ebenen Erde über oder in der Nähe der Keller befinden, damit der vergohrene Wein leicht und womöglich durch einen Schlauch in letztere geschafft werden kann. Sie haben einen Plattenboden von Stein und in der Mitte einen Ofen, von dem aus 1½—2 Fuß über dem untern Boden eiserne Wärme-Abzugs-röhren ½—¾ Fuß im Durchmesser laufen, so daß dadurch die Wärme überall verbreitet und das Lokal ganz gleichförmig erwärmt wird. Weil jedoch die Wärme, vermöge ihrer eigenthümlichen Leichtigkeit, immer in die Höhe steigt, so wird es zweckmäßig sein, wenn die Lokale, besonders auch zu Ersparung von Heizmaterial, nicht sehr hoch sind, vielmehr dürfte eine Höhe von 8 Fuß genügen.

Bei einer solchen Einrichtung läßt sich auch genau untersuchen und prüfen, ob die stürmische Gährung ganz vorüber ist und die dabei nothwendigen Zersetzungen vollständig beendigt sind, indem man, sowie die Gasentwicklung und das laute Entweichen desselben beendigt ist, die Temperatur von 10—15 Graden auf 20—24 Grade erhöht und wenn dann nicht wieder eine stärkere Gährung eintritt, so darf man annehmen, daß Zucker und Gährstoff sich gehörig zersetzt haben.

Man muß jedoch dabei mit möglichster Vorsicht zu Werke gehen und die erhöhte Temperatur nur wenige Stunden andauern lassen, weil sich sonst leicht Essig erzeugen könnte.

Die Einrichtung solcher Gährlokale wird übrigens nur für den größeren Weinbergbesitzer als lohnend erscheinen, der kleinere Weinbergbesitzer kann jedoch bei allzu niedriger Temperatur die Gährung seines Weinmostes dadurch befördern und vervollständigen, wenn ein Theil des Mostes, etwa 2 Imi per Eimer, in einem Kessel erwärmt und dann dem Uebrigen beigegeben wird, doch darf die Wärme nicht bis zur Siedhitze steigen, weil sonst der Gährungsstoff zerstört wird, auch kann man gegen das Ende der Gährung ein gelindes Erwärmen wiederholen, wenn der Weinmost sich wieder zu sehr erkältet haben sollte.

In geschlossenen Räumen, mithin in Kellern oder besondern Gährlokalen, entwickelt sich während der Gährung durch Ausströmen aus dem Moste nicht selten so viel kohlensaures Gas, daß dadurch das Athmen sehr erschwert wird, oder, wenn dasselbe in großer Menge vorhanden ist, das Athmen ganz aufhört und ein Erstickungstod erfolgt, man darf deßwegen solche Lokale nur mit der größten Vorsicht begehen. Dieses Gas ist weit schwerer als die atmosphärische Luft, senkt sich daher immer zu Boden und nimmt zuerst die unterste Stelle in dem Lokale ein, sowie sich aber die Gasausströmungen vermehren, so steigt es nach und nach, indem es stets eine horizontale Fläche bildet, immer höher, bis der ganze Raum damit angefüllt ist. Demnach ist es für den Eintretenden so lange unschädlich, als sein Kopf sich noch über der obersten Schichte desselben befindet, sowie er sich aber bückt, wird er die schädliche Einwirkung desselben sogleich empfinden. Licht und Feuer erlöschen in dieser Luftart, daher man durch Vorhalten eines Lichts leicht erfahren kann, ob sich Gas entwickelt hat und wie hoch die Schichte desselben geht. Dasselbe vermischt sich, aber nur langsam, mit der atmosphärischen Luft, wodurch das Athmen erleichtert wird, daher alles das, was die Vermischung befördert, namentlich Luftzug durch Oeffnen der Thüren und Läden, vorsichtiges Feueranmachen in dem Lokale, oder das Schießen mit Feuergewehren die Gefahr vermindert.

Das kohlensaure Gas hat die Natur einer Säure und verbindet sich gerne mit Alkalien (Potasche, Natron, Ammoniak und gebranntem Kalk), daher die schädliche Einwirkung ganz verhütet werden kann, wenn die Gährgefäße (Fässer, Kufen) mit Gährröhren versehen werden, die in einem Gefäß mit Wasser ausmünden und bringt man in dasselbe gelöschten Kalk oder besser Potasche, so verbindet sich das Gas mit dem Kalk zu einem festen, sich niederschlagenden Pulver, mit der Potasche aber zu einem im Wasser löslichen Salze, so daß die Ausströmung in das Gährlokal dadurch beseitigt wird.

§. 242.

b Die Gährgefäße.

Dieselben bestehen entweder in weiten offenen Kufen (§. 231), die häufig gebraucht werden, wenn der Weinmost an den Trebern vergähren soll, oder in Fässern, in welchen man in der Regel den in der Kelter ausgepreßten Weinmost vergähren läßt. Will man den Wein in den Kufen an den Trebern vergähren lassen, so sind schon oben (§. 241) die Nachtheile nachgewiesen worden, die mit der Gährung in offener Kufe verbunden sind, das Zudecken derselben mittelst eines luftdicht verschließbaren Deckels ist daher ein wesentliches Erforderniß, wobei es sehr angemessen ist, wenn man sich dabei besonderer Gährkufen mit Senkboden und Gährrohr bedient. Diese Kufen sind oben und unten gleich weit, im Ganzen mehr hoch als weit und haben in der Mitte eine Schraube mit Gewenden, in welche der Senkboden einpaßt und an der derselbe auf- und abgelassen werden kann. Derselbe wird aus tannenen Brettern in runder Form gefertigt, so daß er bequem in die Gährkufe paßt; er wird, wenn die Treber eingefüllt sind, vermittelst der Schraube bis auf die Treber niedergelassen, so daß sich dieselben nicht über den Senkboden erheben können, dagegen ist er mit einer Menge kleiner, $\frac{1}{2}$ Zoll weiter Oeffnungen zu versehen, damit durch dieselben die durch die Gährung ausgedehnte Weinmostmasse aufsteigen kann. Die Kufe darf jedoch höchstens zu $\frac{4}{5}$ mit Trebern angefüllt werden und muß oben mit einem in einen Falz eingelassenen Deckel versehen sein, der genau paßt und der alsdann am Rande noch mit Lehm ober Hafnererde luftdicht verschlossen wird. Dieser Deckel erhält in der Mitte ein rundes Loch, je nach der Größe der Gährkufe, von 1—2 Zoll Weite, in das das Gährrohr fest eingesetzt wird, dessen anderes Ende in einem kleinen Gefäß mit Wasser endigt, das von Zeit zu Zeit ergänzt oder aufgefüllt werden muß, so daß der Zutritt der Luft und dadurch das Entweichen der flüchtigen geistigen Bestandtheile möglichst verhindert wird. Das Gährrohr kann von Blech, Holz, Glas oder Thon gefertigt und muß oben gebogen sein oder ein doppeltes Knie haben, damit das eine Ende in das Wassergefäß gebracht werden kann.

Wer sich übrigens keine besondere Gährkufe anschaffen will oder kann, wie der kleinere minder bemittelte Weingärtner, der kann auch die gewöhnlichen Kufen (Bütten), so wie Weinbergszüber dadurch zu jenem Zwecke herrichten, daß der Senkboden nicht breiter wird, als die obere enge Oeffnung der Kufe und daß derselbe durch Leisten, die an der Kufe ob dem Senkboden mit Schrauben befestigt werden, auf der Trebermasse zurückgehalten und die Kufe sofort wie oben mit Deckel und Gährrohr versehen wird. Noch einfacher und weniger kostspielig ist es, wenn statt des Senkbodens Pfähle so zugeschnitten werden, daß sie in die Kufe eingespannt werden können, wobei sie so dicht neben einander gelegt werden müssen, daß sich die Trebermasse nicht über sie erheben kann.

Will man den Wein in den Fässern vergähren lassen, so sind dazu solche von Eichenholz die geeignetsten, da jedoch dasselbe sehr viel Gerbstoff enthält, der durch den Wein ausgezogen wird, so könnte derselbe leicht einen unangenehmen Faßgeschmack bekommen, wenn neue Fässer ohne vorangegange Zubereitung zur Gährung des Weins verwendet werden wollten. Diese Zubereitung besteht darin, daß man die Fässer mehrmals mit heißem Wasser ausbrüht, dem man etwas Alaun zusetzen kann. Nach dem Ausbrühen werden dieselben mit kaltem Wasser gefüllt, das in denselben einige Tage, besser einige Wochen stehen bleibt und von 8 zu 8 Tagen zu erneuern ist, wodurch ein großer Theil des Gerbstoffs ausgezogen wird und in das Wasser übergeht. Ganz wird aber das Ausziehen der Gerbsäure selten erfolgen, daher in solche Fässer kein alter Wein eingefüllt werden darf, wenn er nicht einen Faßgeschmack erhalten soll, dagegen hat bei dem neuen Wein das Ausziehen des geringeren Gerbsäuregehalts aus dem Holze der Fässer hie und da die gute Wirkung, daß der Klebergehalt desselben stärker niedergeschlagen wird, wodurch der Wein sich mehr ausbildet und haltbarer wird, daher namentlich bei sehr schleimigen Weinen das Vergährenlassen in neuen Fässern öfters von besonderem Vortheil ist.

Bei dem Einfüllen des Weinmostes muß man die Vorsicht gebrauchen, daß man weißen Weinmost nicht in Fässern vergähren läßt, in welchen zuvor rother Weinmost vergohren oder rother Wein gelegen hat, weil derselbe Farbe an das Holz absetzt, welche sich durch die Gährung dem weißen Weine mittheilen könnte. Soll der Weinmost mit den Trebern vergähren, so muß das Spundloch erweitert und ein besonderer Trebertrichter mit weitem Rohr angeschafft werden, damit die Treber bequem eingefüllt werden können, oder man kann auch die Fässer aufrecht auf den hintern Boden stellen, den vordern Boden herausnehmen, die Treber einfüllen, den Boden nachher wieder einsetzen und sofort das Faß in die gewöhnliche Lage bringen oder dasselbe aufrecht stehen lassen, in welchem Falle dasselbe dann unten mit einem Zapfloch zum Abzapfen des Weins versehen werden muß. Eine besondere Beachtung verdient die Größe der Gährgefässe, indem der Weinmost in großen Gährgefässen sich während der Gährung weit mehr erhitzt, als bei kleineren, weil dem Weinmost in den letztern durch größere Berührung mit der kälteren Luft verhältnißmäßig weit mehr Wärmestoff entzogen wird, als größern Quantitäten, so daß, während der Weinmost sich in größeren Gährgefässen (Lagerfässern) hie und da bis zu 20—25 Grad Reaumur erhitzt, in kleineren Gefässen die Temperatur oft kaum 10—12 Grade erreicht. Die Gährung wird daher in größeren Gefässen schneller und wahrscheinlich auch vollständiger vor sich gehen, als in kleineren, weßhalb es sehr zweckmäßig sein wird, wenn man in ungeheizten Lokalen den Weinmost in größeren Gährgefässen vergähren läßt, in geheizten dagegen in kleineren etwa von 2—4 Eimern, damit hier der Weinmost durch die wärmere Luft bälder und gleichmäßiger erwärmt wird, wodurch auch die Gährung vollständiger vor sich gehen kann. Doch hat man auch auf den Gehalt des Weinmostes Rücksicht zu nehmen, indem ein gehaltreicher, wegen der größeren Zuckermenge und der geringeren Menge an Gährstoff, zur Gährungsentwicklung eine größere Einwirkung von außen (Luft und Wärme) erfordert, als geringerer Weinmost, daher bei ersterem die 3—5 eimerige Gährgefäße am zweckmäßigsten, für letztere mehr größere Lagerfässer angemessen sein dürften, und dieses um so mehr, als bei stärkerer Erhitzung des Weinmostes in großen Lagerfässern sich besonders auch die feineren aromatischen Theile desselben mehr verflüchten sollen, wodurch die besseren und edleren Weine vielen Gehalt verlieren würden. Es kann übrigens auch in großen Fässern, wenn sie sich in tiefen kalten Kellern befinden, die Gährung, unerachtet der starken Erhitzung des Weinmostes, eine unvollständige bleiben, weil derselbe, wenn die Gährung abnimmt, zu bald erkaltet, wodurch die Gährung zu schnell, mithin unvollständig vorübergeht und auch eine unvollständige Nachgährung folgt. Ein angemessener, sich möglichst gleich bleibender Wärmegrad des Gährlokals so wie ein nicht allzu stürmischer, sondern mehr allmähliger Verlauf der Gährung wird daher zu der Herbeiführung einer vollständigen Weinmostgährung immer eine Hauptsache bleiben.

§. 243.

c. Die Art der Gährung.

Die mehr oder minder vollständige Gährung hängt, wie bereits bemerkt, hauptsächlich auch von dem innern Gehalte des Weinmostes ab, daher durch die Art der Gährung dieselbe wesentlich befördert werden kann, weßhalb es von besonderem Interesse ist, die verschiedenen Gährmethoden und diejenigen Umstände, unter welchen jede einzelne zweckmäßig in Anwendung zu bringen ist, näher kennen zu lernen.

aa. Die Gährung an den Trebern.

Die Häute, Kerne und Kämme der Traubentreber enthalten viel Gerbsäure und erstere auch noch Farbstoff, da nun zur Erregung der Gährung hauptsächlich auch Pflanzensäure gehört (§. 239), so wird durch die Gährung des Traubensaftes an den Trebern dieselbe besonders in dem Falle sehr angeregt und befördert, wenn der Traubensaft selbst wenig Säure besitzt, was namentlich in guten Weinjahren bei zuckerreichen Trauben auf die Zuckerauflösung und Erzeugung von Alkohol einen sehr günstigen Einfluß ausübt. Außerdem hat aber die Gerbsäure auch noch die Eigenschaft, daß sie mit den gährungserregenden (eiweißartigen und stickstoffhaltigen) Stoffen Verbindungen eingeht, und dadurch das spätere Nachgähren und Umschlagen des Weins verhindert, wodurch, sowie durch die Vermehrung des Alkohols, zugleich auch die Haltbarkeit des Weins erhöht wird. Die Gerbsäure sowie der Farbstoff der Häute wird theilweise schon bei dem Zerbrücken der Traubenbeere aufgelöst und ausgedrückt und von dem in dem Traubensafte enthaltenen Wasser ausgezogen. Dieses Auflösen und Ausziehen wird aber durch den Alkohol des Weins wesentlich befördert und hat namentlich auf das Ausziehen der Farbe aus den Häuten einen wesentlichen Einfluß.

Bei der Gährung an den Trebern muß man jedoch unterscheiden, ob die Trauben gebeert (geraspelt) oder mit den Kämmen zerbrückt wurden, ist letzteres der Fall und sind namentlich die Kämme noch grün und nicht abgedorrt, in welchem Falle sie noch viel Gerbsäure enthalten, die sich durch die Gährung noch mehr als durch den Druck der Presse dem Moste mittheilt, so wird es immer gut sein, wenn man die Gährung nicht vollständig vorübergehen läßt, sondern nur bis sich die Treber gehoben haben und die stürmische Gährung zum größern Theile beendigt ist, was man an dem Aufhören des Kochens (Sprudeln) des Mostes erkennt, so wie wenn bei dem Aufsetzen eines Gährrohrs in dem Sperrwasser nur noch langsam Blasen geworfen werden, weil sonst der Wein zu viel Gerbsäurestoff erhalten und dadurch, wenigstens in den ersten Jahren, rauh und unangenehm werden könnte. Sind die Kämme ganz dürr, so wird von denselben zwar wenig oder keine Gerbsäure dem Weine mitgetheilt werden, dagegen können sie dem Weine bei vollständiger Gährung an denselben einen andern unangenehmen Geschmack beibringen, jedenfalls werden sie aber etwas Weinmost einsaugen, der durch die Presse später nicht mehr ganz aus denselben entfernt werden kann, wodurch ein Verlust an Flüssigkeit entsteht. Bei dem Ablassen eines solchen noch in der Gährung befindlichen Mostes, sowie bei dem Auspressen der Treber hat man jedoch dafür zu sorgen, daß der Most so wenig wie möglich den Einwirkungen der äußern Luft ausgesetzt, mithin schnell zu Faß gebracht wird, weil sonst die Kohlensäure zu schnell entweichen und der junge Wein mit dem Sauerstoffe der Luft Verbindungen eingehen könnte, die eine längere Trübung herbeiführen würde. Das Abbeeren der Trauben von den Kämmen wird sich daher auch aus den hier angeführten Gründen empfehlen, auch kann man dann die Gährung an den Trebern eher vollständig, bis das Brausen oder Kochen des Mostes oder das Sprudeln im Sperrwasser aufhört, vorübergehen lassen, indem dabei nicht nur alle mit der Gährung an den Kämmen verbundenen Nachtheile vermieden, sondern auch die in den Häuten einzelner Traubengattungen enthaltenen wohlriechende Stoffe ausgezogen und dadurch das Bouquet des Weins erhöht wird, doch ist auch hier anzurathen, den Wein beim Ablassen und Auspressen möglichst schnell zu Faß zu bringen. Will man den Wein besonders in minder vorzüglichen Jahren nicht an allen Trebern vergähren lassen, so hat es für die vollständigere Gährung schon eine gute Wirkung, wenn man dem Weinmoste etwa 1 Imi per Eimer süße, entweder gepreßte oder unausgepreßte Treber gibt, wobei es jedoch im erstern Falle gut ist, wenn die Treber von den Kernen zuvor gereinigt werden, weil der Wein von der öligen Substanz derselben, die durch das Pressen etwas gelöst worden ist, leicht einen bittern, unangenehmen Geschmack annehmen könnte. Sehr vortheilhaft ist es in diesem Falle, wenn man zu gewöhnlichem Weinmost Treber von edlen Traubengattungen (Rießling, Traminer, Muskateller, Clevner) füllt, indem der Wein dadurch einen feineren Geschmack bekommt. Auch alte oder kranke Weine können durch Zugabe von 1 Imi unausgepreßten süßen Trebern per Eimer wieder erfrischt oder hergestellt werden.

Durch die Vergährung des Weins an den Trebern in guten Jahren erhält derselbe nicht nur mehr Geist, Gewürz und Bouquet, sondern er wird auch durch die größere Haltbarkeit vor manchen Krankheiten bewahrt, daher die Gährung an den Trebern bei sehr schleimhaltigen Trauben, für die meisten Jahre besonders auch aus dem Grunde empfohlen werden darf, weil die Gährung durch die gleichförmige Vertheilung der Wärme in der dickeren Masse regelmäßiger vor sich geht, und weil durch dieselbe der an den Beerenhäuten hängende Zuckerschleim vollständiger aufgelöst und dadurch auch mehr Most erzeugt wird.

Bei der Gährung des Weinmostes an den Trebern werden die letztern erst später nach der Gährung ausgedrückt, wodurch bei großem Drange der Herbstgeschäfte dieselben wesentlich gefördert werden, doch muß, weil der Most schon in Wein übergegangen ist, dann mit der Kelterung möglichst geeilt und der Wein nach dem Ablauf sogleich wieder zu Faß gebracht werden, weil sich sonst neben dem bereits angeführten Uebelstande auch zu viel Alkohol verlieren könnte.

§. 244.

bb. Die Gährung ohne die Treber.

Bei der Gährung ohne die Treber kommt hauptsächlich in Berücksichtigung, ob ein möglichst farbloser Wein erzeugt werden will, sowie der Grad der Reife der Trauben und die künftige Qualität des Weins.

Durch die Gährung an den Trebern wird, wie bereits angeführt, hauptsächlich auch der in den Häuten befindliche Farbstoff ausgezogen und da nicht blos die gefärbten rothen oder blauen Trauben, sondern auch die weißen oder grünen Trauben Farbstoff besitzen, indem, wenn dieselben mit Weingeist übergossen oder durch die Gährung mit Weingeist in Berührung kommen, aus denselben eine gelbliche Flüssigkeit ausgezogen wird, die dem Weine von rothen Trauben eine stark gelbe, hie und da röthlich gelbe, von weißen Trauben aber eine schwächere gelbliche Farbe gibt, so darf man, wenn man reine weiße Weine erziehen will, keine Gährung an den Trebern vor sich gehen lassen. Die gelbliche Farbe von weißen Trauben scheint jedoch hauptsächlich dadurch zu entstehen, daß der im Weinmoste enthaltene Extraktivstoff durch Weingeist aufgelöst wird und wenn derselbe dann mit der Luft in Berührung kommt, sich oxhdire und braun färbe und in verdünntem Zustande dadurch dem Weine die gelbliche Farbe gebe.

Häute und Kämme der Trauben haben aber auch viel Gerbsäure, die in erhöhtem Maße vorhanden ist, wenn die Trauben nicht zur vollständigen Reife gelangen, indem dann nicht selten die in dem Saft der Beere so wie in den Häuten und Kämmen enthaltene Säure den Zuckergehalt übersteigt, daher, je länger der Wein an den Trebern steht, desto mehr wird auch der Säuregehalt aus denselben ausgezogen und dem Weine mitgetheilt. In geringen Weinjahren ist es deßhalb ein unumgängliches Erforderniß, daß man, um noch einen guten und trinkbaren Wein zu erhalten, die in demselben enthaltenen Säuren möglichst zu vermindern sucht, was hauptsächlich dadurch geschieht, wenn man den Wein nicht an den Trebern vergähren läßt. Dieses erfolgt durch das Keltern der ganzen Trauben nach §. 226, indem dadurch der in den

Kämmen enthaltene saure Saft gar nicht, der Saft in den Häuten aber nur theilweise ausgedrückt wird. Es wird aber auch, jedoch in minderem Grade erreicht, wenn man die mit den Kämmen zerdrückten oder die gebeerten und zerdrückten Trauben sogleich nach dem Zerdrücken auspreßt und den Weinmost möglichst süß in den Keller schafft, damit er auch dort noch durch angemessene Behandlung mittelst Entschleimens und baldiges Ablassen seines Säuregehalts entledigt wird. In besseren Weinjahren kann man durch das Unterlassen der Gährung an den Trebern den besondern Zweck erreichen, daß der vergohrene Wein länger einen süßen Geschmack behält und bald ein angenehmes, mildes, liebliches Getränke abgibt, man muß aber auch erwarten, daß der junge Wein, wenn die Sommerwärme eintritt, weil die Gährung wegen Mangel an Gährungsstoff nicht vollständig vorüber ging, durch Zäh- und Trübwerden krank wird, daher in guten Weinjahren das Einkellern des süßen Weinmostes ohne vorausgegangene Gährung an den Trebern nur dann anzurathen ist, wenn der Wein bald konsumirt werden soll, oder wenn demselben nach §. 243 wenigstens 1/2—1/4 Zmi pr. Eimer gute Weintreber beigegeben werden.

§. 245.

cc. Die Entschleimung.

Der von den Trebern abgelassene und gekelterte süße Weinmost ist in der Regel nicht hell, sondern trübe, was daher kommt, daß in demselben schwebend sich noch viele leichte Schleim- (Kleber-) und Hefenstoffe (stickstoffhaltige Bestandtheile) befinden, die, wenn derselbe einige Zeit ruhig bleibt, ohne in Gährung überzugehen, niedersinken und sich auf dem Boden der Kufe oder des Fasses festsetzen, sie kommen aber wieder in Bewegung, und steigen in den Weinmost herauf, sowie die Gährung beginnt und theilen dadurch dem Weine nicht nur vielen Gährungsstoff, sondern auch durch ihre Auflösung den in denselben enthaltenen nicht selten sauren Saft mit. Werden daher vor dem Beginnen der Gährung jene gröbern Schleim- und Hefenstoffe aus dem Moste entfernt, so wird dadurch ein sehr milder, süßer, angenehmer Wein erzeugt, indem dadurch namentlich auch manche späteren Krankheitsstoffe niedergeschlagen werden. Man hat deßwegen schon vor längerer Zeit Versuche gemacht, die Gährung des süßen Weinmostes auf künstliche Weise zurückzuhalten, was auch gelungen ist und was man nun das **Entschleimen** desselben nennt. Dasselbe erfordert, daß der Most ganz süß in das Faß und dasselbe in einen kalten Keller gebracht wird, dessen Temperatur die Gährung zurückhält, oder daß man das Faß so stark mit Schwefelschnitten einbrennt, bis dasselbe mit Schwefeldunst ganz angefüllt ist und die Schnitten in dem Fasse nicht mehr brennen, worauf der Most eingefüllt und das Faß womöglich ganz gefüllt und gut verspundet wird. Man hat jedoch dabei auch auf die Lufttemperatur und auf die Temperatur des Lokals Rücksicht zu nehmen, indem in kühlen Herbsten, wo der Weinmost sehr kalt ins Faß gebracht wird, oder in kalten Kellern die starke Einschweflung der Fässer weniger nothwendig, als im entgegengesetzten Falle ist. Der Schwefeldunst (Schwefelsäure) hat die Wirkung, daß er mit dem Weinmoste Verbindungen eingeht und dadurch nicht nur die Gährung zurückhält, sondern auch das Niederschlagen der gröberen Schleim- und Hefentheile befördert, daher durch letzteres Verfahren der Zweck des Entschleimens vollständiger als durch ersteres erreicht werden wird.

Will man die Verbindung der schwefeligen Säure mit dem Weinmoste befördern, oder befürchtet man, daß derselbe zu frühe und ehe er sich gehörig gesetzt hat, in Gährung übergehen werde, so kann, wenn das Faß zur Hälfte mit Most gefüllt ist, derselbe durch einander geschlagen werden, wodurch die Verbindung des Schwefels mit dem Moste befördert wird, worauf man das Faß nochmals mit Schwefel aufbrennt und dasselbe vollends zufüllt. Während des Einfüllens ist es gut, wenn man, sowie ein Butten eingefüllt ist, den Spunden wieder verschließt, damit der Schwefeldunst nicht entweichen kann.

Sobald sich der Weinmost durch Ablagerung seiner gröberen Bestandtheile gehellt hat, so daß er durchsichtig ist, je nach der Beschaffenheit desselben nach 1—3 Tagen, wird er abgelassen, so lange er noch hell fließt, in ein reines ungeschwefeltes Faß gebracht und dort der Gährung überlassen. Der abgesetzte Schleim kommt in ein besonderes Faß, um dort gleichfalls zu vergähren, der davon gewonnene Wein wird aber nie mit dem entschleimten vermischt. Haben sich die Schleimtheile noch nicht gehörig gesetzt, so kann man die dünneren durch ein wollenes Tuch seien und den abgelaufenen Most dem Entschleimten beigeben.

Dieses Verfahren bezieht sich hauptsächlich auf den Weinmost von weißen Trauben oder weißen Wein, will man aber auch den Weinmost von blauen Trauben entschleimen und nachher doch einen rothen Wein erzeugen, so werden die blauen Trauben, sowie sie abgebeert und zerdrückt sind, sogleich auf die Presse gethan und gekeltert, der Weinmost sofort ganz süß in ein geschwefeltes Faß gebracht und dort wie der weiße Weinmost behandelt, die von der Kelter abgenommenen Treber hingegen, in einer Gährbütte oder in einem Fasse fest eingestampft, mit starkem, reinem Weingeist oder feinem, reinen Hefenbranntwein (2—3 Maas per Eimer) übergossen und luftdicht verschlossen, damit die Gährung und der Uebergang in Essigsäure verhindert und durch den Weingeist der Farbstoff möglichst aufgelöst wird.

Ist nun bei dem Weinmoste das Entschleimungsverfahren vorüber, so wird er abgelassen, zu den Trebern wieder gefüllt, durch Aufrühren mit denselben möglichst verbunden und sofort der Gährung überlassen, daher bei dem

Einfüllen der Treber in das Gährgefäß so viel leerer Raum gelassen werden muß, daß der entschleimte Most gut zugefüllt werden kann und auch noch der erforderliche Raum zur Gährung übrig bleibt. Da jedoch die Treber während der Entschleimung des Mostes in einem möglichst kühlen Lokale aufbewahrt werden sollen, damit sie sich nicht erhitzen, so kann man auch Most und Treber nach der Entschleimung in ein besonderes Gährgeschirr bringen und dasselbe in einem angemessenen, mehr warmen Gährlokal aufstellen, wodurch die Gährung vollständig vor sich gehen wird. Durch die nachherige Vermischung des entschleimten Weinmostes wieder mit den Trebern werden zwar in dem Weine die Schleimtheile nicht so rein ausgeschieden, wie bei dem weißen Weine, weil die Treber immer auch noch Schleim enthalten, da jedoch der größere Theil desselben durch das Auspressen doch in den Weinmost gekommen ist, und die blauen Trauben häufig weniger Schleim, dagegen mehr die Gährung befördernde Gerbsäure besitzen, so wird sich der Wein bei der Gährung von allen fremden Stoffen gehörig reinigen können und die Entschleimung bei demselben nicht minder vortheilhaft als bei dem weißen Wein sein. Diese Vortheile bestehen hauptsächlich darin, daß

1. der, besonders in mittleren und geringeren Weinen öfters vorhandene Ueberfluß an Schleim- und Hefestoff vor der Gährung ausgeschieden oder vermindert und dadurch eine Ausgleichung gegenüber vom Zuckerstoff vorgenommen wird, so daß nach der Gährung kein Stoff zurückbleibt, der später eine Krankheit des Weins, wie das Trüb- oder Zähewerden, oder bei den rothen Weinen den Stich herbeiführen könnte, was häufig dadurch erprobt werden kann, daß, wenn man den entschleimten Most einige Zeit der Luft aussetzt, derselbe seine Farbe unverändert beibehält, während der niedergeschlagene Schleim eine schwache bräunliche Farbe annehmen wird. Im Allgemeinen bleiben daher die entschleimten Weine gesünder und frischer, auch geht

2. nach dem Abziehen des Weins in ein anderes Faß, die Gährung nicht so heftig und stürmisch, wie bei Weinen mit viel Hefestoff, sondern langsam vor sich, wodurch sich die feineren und gewürzreicheren Theile des Weins, besonders bei vielem Schleimgehalt wie beim Sylvanerwein, weit mehr entwickeln können und der Wein durch die Niederschlagung aller unreinen erdigen Bestandtheile mehr reinen Geschmack, manchmal mit einem angenehmen Bouquet bekommt, insbesondere wird der Wein den Beigeschmack, den er hie und da vom Boden bekommt, ganz oder zum größern Theile verlieren.

3. Der nach §. 218 in dem Weinmoste enthaltene Extraktivstoff, der, wenn im Ueberfluß vorhanden, gern mit dem Sauerstoff der Luft Verbindungen eingeht und dadurch dem Weine eine trübe, röthliche Farbe und einen unangenehmen Geschmack oder auch bald einen ältlichen (Firniß) Geschmack beibringt, wird durch die Entschleimung zum größern Theile niedergeschlagen, daher, wenn

der Wein beim Ablaß oder bei Verfüllungen der Luft ausgesetzt wird, nicht zu befürchten ist, daß er trüb und mißfarbig werden wird.

Ob der Weinmost stark oder weniger stark zu entschleimen sei, hängt von dessen Qualität und von den mehr oder weniger schleimhaltigen Traubengattungen, sowie von dem Gebrauche ab, zu dem man den Wein bestimmt hat. Geringe Weine, die in der Regel von nicht ganz reifen Trauben gewonnen werden, besitzen viel sauren Schleim- und Hefenstoff, der aus dem bereits angeführten Grunde aus dem Weinmoste möglichst entfernt werden sollte, solche Weine werden daher stark, d. h. bis sie sich vollständig gehellt haben, zu entschleimen sein, was um so angemessener erscheint, als dieselben gewöhnlich nicht auf das Lager gehalten werden, sondern schnell zum Verbrauche bestimmt sind. Mittlere, schon mehr zuckerhaltige Weine weniger stark, so daß nur die gröberen Schleim- und Hefentheile niedergeschlagen werden, indem sonst zu viel Hefenstoff entfernt werden und der Wein dann nachher keine vollständige Gährung durchmachen könnte.

Jedenfalls wird es gut sein, wenn der Wein während der Entschleimung jeden Tag untersucht wird, indem ein allzu stark entschleimter Wein dadurch, daß ihm die Kraft zu seiner vollständigen Entwicklung fehlt, gerne auch matt, schaal und leicht wird. Ebenso wird der Wein von sehr schleimhaltigen Trauben, wie z. B. vom Sylvaner, Ortlieber, mehr, als von weniger schleimhaltigen, wie Rießling-, Traminer-, Clevner- und Trollinger-Trauben, ferner von Trauben auf einem fetten, düngerreichen Boden mehr, als von Trauben auf magerem Boden zu entschleimen sein.

Insbesondere dürfte bei den stark kleberhaltigen Weinen der Bodensee- und andern ähnlichen Weingegenden das Entschleimen von guten Folgen sein.

Weine von guten Jahrgängen, die viel Zucker-, aber wenig Hefenstoff haben, dürfen gar nicht entschleimt werden, weil dadurch die Gährung theilweise unterbrückt und der Wein durch Niederschlagung von nicht im Ueberfluß vorhandenen, zu seiner Entwicklung nothwendigen Stoffen in denselben wesentlich gestört, mithin an Gehalt, Gewürz und Bouquet verlieren würde, auch trägt bei nicht entschleimten Weinen die stärkere Alkohol-Entwicklung dazu bei, daß die im Weine befindlichen unreinen Theile mehr niedergeschlagen werden und der Wein, vermöge seiner Stärke, weniger Krankheiten unterworfen ist.

Im Uebrigen darf das Entschleimen jedenfalls mit besonderer Aufmerksamkeit vorgenommen werden, damit bei dem für den gewöhnlichen Gebrauch bestimmten Wein die Gährung nicht ganz unterbrückt, d. h. der Wein nicht stumm gemacht wird, indem ein solcher Wein zwar lange sehr süß bleiben, aber dabei nicht nur einen ziemlichen Theil seines Gehalts, sondern auch die Geschmack bildende Stoffe verlieren, mithin schaal bleiben und im folgenden Sommer doch wieder in Gährung kommen würde.

§. 246.

dd. Die offene und verschlossene Gährung.

Unter der offenen Gährung versteht man zunächst diejenige, bei welcher der noch an den Trebern befindliche Weinmost in der entweder offenen oder bedeckten Kufe den freien Einwirkungen der Luft vor der Kelterung ausgesetzt wird, wie dieses nicht selten nicht nur in württembergischen Weinbaugegenden, sondern auch noch in manchen andern vorkommt; eine solche Gährung steht jedoch aus den schon in §. 241 angeführten Gründen mit einer rationellen Weinbereitung in einem solchen Widerspruch, daß sie in keiner Beziehung Beachtung und Nachahmung verdient, auch kommt sie selten in volle Anwendung, weil auch dem unvernünftigsten Weingärtner bekannt ist, daß, wenn er seinen Wein vollständig in offener Kufe, sei sie nun ganz offen oder leicht bedeckt, an den Trebern vergähren läßt, derselbe einen großen Theil seines geistigen Gehalts verliert, rauh und herbe wird und leicht einen Sauerstich bekomt. Man sucht deßwegen in einem solchen Fall den Weinmost, bevor er seine Gährung ganz beendigt hat, mithin wenigstens noch etwas süß zu keltern und in das Faß zu bringen, doch kann auch hier schon dem Weine Essigsäure mitgetheilt werden, wenn nämlich während der Gährung die Treber (der Käs) sich über den Most so erhebt, daß er wenig Feuchtigkeit mehr besitzt, wodurch die weingeistige Masse mit dem Sauerstoffe der Luft sehr leicht Verbindungen eingeht und Essig sich bildet, der dann durch die Kelterung mit dem Moste vermischt wird. Um dieses zu verhindern, müssen entweder die gehobenen Treber täglich einigemal in den darunter befindlichen Most niedergedrückt und eingerührt, oder die obere saure und hie und da sogar mit Schimmel überzogene Trebermasse vor der Kelterung abgehoben und beseitigt werden.

Zu der offenen Gährung muß auch diejenige nach erfolgter Kelterung des Weinmostes in den Fässern gerechnet werden, wenn der Zutritt der Luft davon nicht abgeschlossen wird, indem man das Spundloch entweder offen läßt, oder dasselbe nur leicht mit einem Rebenblatt und Sandsäckchen bedeckt oder den Spunden verkehrt aufsetzt. Man füllt in diesem Falle das Faß nicht ganz voll, damit noch etwas atmosphärische Luft, die auf die vollkommene Niederschlagung des Klebers wirkt, sich über dem Weine ausbreiten kann und die Kohlensäure Raum findet, auch füllt man das Faß erst nach beendigter stürmischer Gährung etwas auf und spundet dasselbe fester zu. Es ist dieses bei vielen Weinproducenten die gewöhnliche Art, wie man den Weinmost der Gährung überläßt, und ist, weil dadurch der Zutritt der Luft zwar nicht ganz, aber doch zum größern Theile vom Weinmost abgesperrt wird, auch die im leeren Raume des Fasses enthaltene Kohlensäure den Zutritt der Luft sowie die Essiggährung verhindert, der ersteren Art der offenen Gährung weit vorzuziehen, es kann ihr daher nur der Vorwurf gemacht werden, daß mit der freien Entweichung der Kohlensäure auch ein Theil des durch die Gährung entwickelten Alkohols und vielleicht auch manche feinere und edlere Stoffe entweichen, die später auf die Entwicklung des Bouquets Einfluß gehabt hätten. Auch kann sich, wenn nach der stürmischen Gährung und der Entweichung der Kohlensäure ein Faß ziemlich leer bleibt, durch den Zutritt der Luft Kahn und ein saurer Hautüberzug über der Oberfläche des Weins bilden, der gleichfalls durch Essiggährung entsteht, und der, wenn er in den Wein untersinkt, demselben Säure mittheilen kann.

Bei der Anwendung dieser Gährmethode wird man wohl daran thun, wenn man geringem Weinmost, der zuvor nicht entschleimt wurde, mehr Raum für den Zutritt der atmosphärischen Luft gibt, als gutem, süßen Weinmost, damit dieselbe bei jenem auf die Niederschlagung der im Ueberfluß vorhandenen kleberartigen Stoffe mehr einwirken kann.

Eine besondere Art offener Gährung ist von dem als Chemiker berühmten Posessor Dr. Liebig in München in Vorschlag gebracht worden, indem er davon ausgieng, daß, weil bei der Bierwürze, wenn dieselbe in weiten offenen Gefässen, welche dem Sauerstoff der Luft unbeschränkten Zutritt gestatten, bei einer Temperatur von 8—10 Graden R. der Gährung überlassen wird, eine Abscheidung der Säuerungs-Erreger gleichzeitig im Innern und an der Oberfläche der Flüssigkeit stattfindet, dieses auch sich auf eine rationelle Weinbereitung anwenden lassen müsse, indem der Wein dadurch in der kürzesten Zeit die nämliche Reife und Güte erhalten werde, die er sonst erst nach jahrlangem Lagern zeigt.

Da jedoch ein guter haltbarer Wein nicht nur Alkohol, sondern auch noch Zucker, der dem Weine Süße gibt, und einen feinen gewürz- und blumenreichen Geschmack enthalten muß, wenn er den Anforderungen eines Weinkenners entsprechen soll, durch die Gährung des abgekelterten Weinmostes in einer weiten offenen Kufe aber dem Zutritt der Luft zu viel Spielraum gelassen wird, wodurch die Gährung zu schnell und die Zuckerauflösung zu vollständig vor sich geht, sich viel Alkohol während der Gährung verflüchtet und solche Weine häufig weniger Gehalt zeigen, so hat dieses Verfahren nach den von verschiedenen Weinproduzenten angestellten Versuchen zu keinem günstigen Resultat geführt.

(Die Wein- und Obstproduzenten Deutschlands S. 320.)

Blos unser berühmter Weinzüchter, der leider nun verstorbene Freiherr v. Babo zu Weinheim hat bei weiter angestellten Versuchen die Entdeckung gemacht, daß sich die angeführten Nachtheile vermeiden lassen, wenn man den Weinmost nur so lange in weiter offener Kufe den Einwirkungen der Luft aussetzt, bis sich, in Folge der beginnenden Gährung, Kohlensäure entwickelt und dadurch die gröberen Schleimtheile im Most auf die Oberfläche geworfen und dort eine ziemlich feste Decke bilden, die dann, sowie sie sich nach einiger Zeit an einzelnen Stellen hebt und zu durchbrechen beginnt, mit einem gewöhnlichen Schaumlöffel rein abgehoben und beseitigt, der Most aber sofort ohne Verzug in das Faß gebracht und dort der weitern Gährung überlassen wird.

Durch die Abhebmethode soll dem stark kleberhaltigen Weinmost sein Ueberfluß an Schleim- und Hefestoffen entzogen, mithin eine Verminderung derselben vor der Gährung herbeigeführt werden, wodurch die weitere Gährung zwar etwas schwächer und langsamer, aber doch vollständig vor sich geht, der Wein hingegen zugleich diejenigen Stoffe verliert, die das Klären desselben hindern und den Grund zu manchen Krankheiten desselben legen. Auch soll mit der Schleimdecke die überschüssige Säure von geringen Weinen zum größern Theile entfernt werden, ohne daß bei guten und vorzüglichen Weinen die Geschmack bildenden aromatischen Stoffe eine Minderung erfahren, weil die feineren Klebertheile und Extraktivstoffe im Most zurückbleiben.

Diese Behandlungsart des Weinmostes sei vorzugsweise anwendbar bei süßem Weinmost, wenn man bei ihm zu viel Kleber vermuthet, sowie bei saurem Most von geringen Jahren, besonders wenn sie eine namhafte Zuckermenge enthalten, die von überwiegendem Säuregehalt verdeckt wird.

Weitere Versuche zur Ausbildung dieses Verfahrens dürften übrigens noch gemacht werden, der Verfasser glaubt jedoch, daß durch die Gährung des süßen Weinmostes von guten Weinjahren an den von den Kämmen entfernten Beerenhäuten, sowie durch die Entschleimung des sauren Weinmostes in geringen Weinjahren jedenfalls ein sichereres und vollständigeres Resultat wird erlangt werden können.

§. 247.

Unter der verschlossenen Gährung versteht man die Absperrung des Weinmostes von der freien atmosphärischen Luft. Um die Gährung anzuregen, bedarf zwar der Weinmost Luft (§. 239), diese nimmt er aber schon während des Einfüllens in das Gährgefäß in sich auf, auch befindet sich in dem in dem letztern zur Entwicklung der Gährung zu lassenden leeren Raum hinreichend Luft, um die Gährung zu bewirken, hat aber dieselbe einmal begonnen, so ist, nach den angestellten Versuchen, ein weiterer Zutritt von Luft nicht mehr unumgänglich nöthig.

Die verschlossene Gährung wird auf die §. 242 näher beschriebene Weise bewirkt, entweder durch Aufsetzung von Gährrohren oder mittelst Einsetzung von Spunten mit einem beweglichen Deckel (Klappe), der aufgedrückt wird, so wie der Druck der Kohlsäure im Innern des Gährgefäßes größer ist, als das Gewicht des Deckels und der Druck der äußern Luft, der aber wieder zerfällt, so wie ein Theil der Kohlsäure sich entleert hat.

Die verschlossene Gährung hat die Wirkung

a. daß die aus dem Weinmoste aufsteigende Kohlensäure Verbindungen mit der im Innern des Gährgefäßes befindlichen atmosphärischen Luft eingeht (§. 242) und dadurch die schädlichen Einwirkungen derselben auf die Entwicklung des Weinmostes hindert;

b. daß gegen das Ende der Gährung, wo die Ausströmungen der Kohlensäure sich mindern und dieselbe somit keinen hinlänglichen Schutz mehr gewährt, das Eindringen der Luft zu dem gährenden Moste abgehalten, mithin auch der geringste Anflug von Essigsäure beseitiget wird;

c. daß dadurch eine ruhigere und gleichmäßigere Gährung herbeigeführt und zugleich eine vermehrte Alkoholerzeugung, so wie eine vollständige Entwicklung der aromatischen Stoffe bewirkt wird, indem das kohlensaure Gas erst dann durch das Sperrwasser der Gährröhre entweichen kann, wenn dessen Druck größer ist als derjenige des Wassers, so lange daher dieser Druck nicht stärker ist, wird das Gas einen rückwirkenden Druck auf den Most ausüben, wodurch dessen Gährung weniger ungestüm vor sich geht, als wenn die Masse sich frei in der atmosphärischen Luft bewegen kann;

d. daß die kleinen Theile von Alkohol und aromatischen Auflösungen, die in Verbindung mit der Kohlensäure aufsteigen, nicht mit derselben verflüchten, sondern durch den gegenseitigen und starken Druck der Glasbläschen innerhalb des Gährgefäßes in den Most als tropfbare Flüssigkeit wieder zurückgedrängt werden, bevor das Gas sich in Luftgestalt durch das Sperrwasser entfernt.

Unter allen Gährmethoden dürfte daher die verschlossene Gährung in Verbindung mit einem entsprechenden Gährlokal als die rationellste betrachtet werden, nur ist dabei, um die möglichste Vollständigkeit derselben herbeizuführen, noch zu berücksichtigen, daß wenn die Weintreber oder der Weinmost sehr kalt in die Gährgefäße gebracht werden, und dieselben sich in keinem erwärmten Lokale befinden, die Gährröhren oder der Klappspunten nicht bälder aufgesetzt werden dürfen, als bis die Gährung begonnen hat, damit, bei dem geringen innern Gährungserreger, die äußere Luft noch genügend auf Erregung der Gährung einwirken kann.

§. 248.

d. Die Gährung des weißen Weins.

An dem weißen Wein liebt man in der Regel Feinheit, Süße, Geist, ein angenehmes Bouquet und eine möglichst weiße oder hellgelbe Farbe, daher, um all' diese Eigenschaften zu erreichen, bei der Gährung darauf besondere Rücksicht zu nehmen und deßwegen zunächst zwischen Weinen von guten und geringen Jahren, so wie zwischen Weinen von schleimhaltigen und nicht schleimhaltigen Trauben zu unterscheiden ist.

Der Weinmost von guten Jahrgängen hat in der Regel wenig Hefe-Säure- und Gerbstoff-Gehalt, dagegen durch die vollständige Reife der Trauben viel Zucker, so daß zu der Verwandlung des letztern während der Gährung im Alkohol öfters nicht genug Gährstoff vorhanden ist, indem, so wie der letztere zum größern Theile verarbeitet ist, auch die Gährung aufhört, wodurch, wenn im folgenden Sommer größere Wärme in den Keller bringt und in dem Weine nur noch wenig Gährstoff vorhanden ist, eine Nachgährung erfolgt, durch welche derselbe trüb, zähe oder sonst krank werden kann. In einem solchen Falle ist es daher sehr zweckmäßig, wenn man den Weinmost von dem in den Beerenhäuten so wie bei ungeberten Trauben auch von dem in den Kämmen enthaltenen Gerbstoff, durch welchen die Gährung befördert wird, etwas anziehen und dem Weinmost auf die §. 243 näher beschriebene Weise entweder ganz oder theilweise an den Trebern vergähren läßt, oder demselben, bei nur theilweiser Vergährung, nachher noch einen kleinen Zusatz von guten Trebern gibt, was noch den weitern Vortheil gewährt, daß dadurch auch das theilweise in den Häuten befindliche Arom mit ausgezogen und der Wein dadurch ein stärkeres Bouquet erhält.

Durch die vollständige Gährung des Weins an den Trebern erhält derselbe aber eine mehr hellgelbliche, und wenn viele rothe Trauben darunter sind, eine röthlich gelbe Farbe und verliert dadurch die einladende weiße Farbe, wer daher reine weiße Weine erziehen will, darf die Gährung an den Trebern nie vollständig vorübergehen lassen, sondern muß den Wein ablassen und zu Faß bringen, nachdem die Treber sich geschoben haben, und die stürmische Gährung in der Hauptsache vorüber ist, so daß der Wein noch theilweise süß in das Faß kommt, wobei aber dann immer noch ein Gährrohr oder Gähr-(Klapp-) Spunten aufgesetzt werden muß. Läßt man den Weinmost mit den Kämmen vergähren, so ist das baldige Absondern des Weins von den Trebern aus den bereits angeführten Gründen (§. 243) um so nothwendiger.

In einem wie in dem andern Falle wird der Wein durch die Gährung an den Trebern an Frische und Reinheit gewinnen und mancher in dem Kleber enthaltene Bodengeschmack entfernt werden, auch wird es sehr angemessen sein, wenn bei dem Keltern der Treber nur der erste Druck zu dem übrigen Weine gefüllt, der übrige aber, der einen nachtheiligen Einfluß auf dessen Feinheit haben könnte, besonders aufbewahrt und behandelt wird.

Sind die Trauben, aus welchen der Most bereitet wurde, schon ihrer Gattung nach (Sylvaner, Ortlieber), oder weil sie auf einem sehr fetten und stark gedüngten Boden aufgewachsen sind, von sehr dickem, schleimigem Gehalt, so ist hier eine vollständige Gährung an den Trebern gerathener, weil sonst der starke Klebergehalt nicht niederschlagen wird, oder es wird eine leichte

Entschleimung, so daß der Most noch trüb vom Fasse abläuft, oder auch die Abschöpfmethode angewendet.

Eine andere Behandlung erfordert der Weinmost von geringen Jahrgängen, indem dieser gewöhnlich weniger Zucker, dagegen einen Ueberfluß an Säure, Gähr- und Gerbstoff besitzt, der möglichst bald aus dem Weinmost entfernt und dadurch wieder ein Gleichgewicht zwischen dem Zucker- und Gährstoff hergestellt werden muß, wenn der Wein nicht sauer und durch den gleich nach der Gährung noch vorhandenen Ueberfluß an kleberhaltigen Stoffen später nicht krank werden soll.

Die Entfernung dieses Ueberflusses erfolgt, wenn man die ganzen Trauben auf die Kelter bringt und ausdrückt, oder, wenn man den süßen Weinmost entschleimt, jedenfalls aber nicht an den Trebern vergähren läßt, wie dieses §. 226. 244. 245 näher beschrieben ist und es muß auf die Entfernung dieses Ueberflusses um so mehr Bedacht genommen werden, je mehr schleimigen Inhalt die Trauben enthalten haben. Nach der Entfernung desselben, wobei der letzte Druck bei dem Keltern der Trauben oder Treber nicht mit dem übrigen Weine gemischt, sondern besonders aufbewahrt werden sollte, wird der Weinmost offen oder verschlossen der Gährung überlassen, oder kann auch versuchsweise die von Liebig'sche Gährmethode (§. 246) in Anwendung gebracht werden.

Will man aus blauen Trauben weißen Wein bereiten, so tritt das §. 246 beschriebene Verfahren ein, wobei es sich von selbst versteht, daß hier keine Gährung an den Trebern vor sich gehen darf.

§. 249.

e. Die Gährung der rothen Weine.

Der Saft der meisten rothen und blauen Trauben ist in der Regel weiß und nur einige wenige Traubengattungen, bei welchen auch der Saft roth ist, machen hievon eine Ausnahme, von welchen in Deutschland hauptsächlich nur die sogenannte Farbtraube (Färber §. 30) jedoch selten angepflanzt wird.

Die rothen Weine werden daher fast ausschließlich aus blauen oder schwarzen Trauben dadurch gewonnen, daß der in den Beerenhäuten und unmittelbar unter denselben befindliche Farbstoff während der Gährung aufgelöst und dadurch, so wie durch das nachherige Pressen der Häute dem Weine mitgetheilt wird. Derselbe erscheint jedoch in den Beerenhäuten in der Regel hell- oder dunkelblau (schwarzblau), daher er erst dadurch in die rothe Farbe übergeht, daß er mit den in dem Weinmoste enthaltenen freien Säuren, namentlich der Weinsteinsäure, sich verbindet und dadurch sich roth färbt.

Dieser Farbestoff ist von wachs- oder harzartiger Natur und nur in Wein-

geist löslich, daher die Auflösung desselben nur durch den während der Gäh=
rung sich bildenden Alkohol erfolgt.

Ohne Alkoholentwicklung durch bloßes Pressen der Beerenhäute würde
äußerst wenig Farbe dem Weinmost mitgetheilt werden, die Erzeugung rother
Weine erfordert daher zunächst, daß dieselben an den Trebern der blauen
Trauben vollständig vergähren und daß die Beerenhäute bei dem Zerdrücken
der Trauben stark zerrissen und zerrieben werden, damit das Ausziehen der
Farbe während der Gährung möglichst leicht und vollständig geschehen kann,
wobei hauptsächlich die oben beschriebenen Doppel= und Reibraspeln (§. 227—229)
gute Dienste leisten werden. Je vollständiger daher die Gährung vorüber
geht, je zuckerreicher der Most ist, und je mehr Alkohol daraus gebildet wird,
desto mehr wird Farbe ausgezogen und desto dunkler wird auch der Wein
werden.

Bei der Lese oder bei dem Abraspeln der Trauben hat man jedoch sehr
darauf zu sehen, daß keine faulen Trauben zu der Masse kommen, indem in
diesen der Farbstoff zerstört ist und daher deren Beimischung nicht nur die
Farbe des Weins mindern, sondern demselben auch die Frische und glanzhelle
Farbe nehmen würde.

Will man die Auflösung der Farbe noch mehr befördern, so kann man
die abgebeerten Treber entweder vor der Gährung, nachdem der flüssige Most
theilweise abgelaufen ist, in einen Kessel bringen und dieselben bis gegen den
Punkt des Siedens erhitzen, ohne daß jedoch das Sieden wirklich erfolgt, weil
sonst leicht das Gewürz und Bouquet verloren gehen könnte, worauf erst das
Ganze der Gährung überlassen wird, auch kann man nach vollendeter Gäh=
rung die etwas trockenen Treber unter Zugießung von etwas Weinmost in
den Kessel zum Erhitzen und dann sogleich auf die Presse bringen.

Die Gährung an den Trebern kann nach der oben enthaltenen Ausfüh=
rung (§. 243—247)

in offener oder bedeckter Kufe,

in verschlossener Kufe mit Senkboden und Gährrohr und

in Fässern im Keller mit oder ohne Gährrohr
erfolgen, wir beziehen uns daher auf das dort Gesagte und haben hier nur
noch anzuführen, daß man an den rothen Weinen zwar Geist, Gewürz, Milde
und Zärte, aber weniger Süße, dagegen etwas fein abstringirendes (zusam=
menziehendes) liebt, das denselben hauptsächlich durch die Säuren und insbe=
sondere durch die Gerbsäure mitgetheilt wird, daher ein vollständiges Vergäh=
ren derselben an den Trebern stattfinden muß, und daß, namentlich das
Gähren an den Traubenkämmen in vorzüglichen Weinjahren und von
guten Lagen, wo der Most 100 und mehr Grade wiegt, mit weit weniger
Nachtheilen als beim weißen Wein verbunden ist, vielmehr sehr zur Erhöhung

des Gerbsäuregehalts und zur vollständigen reinen Gährung beitragen kann, nur darf der Weinmost nicht zu lange an den Trebern bleiben, vielmehr muß derselbe, so wie die Gährung beendiget ist, ohne Verzug abgelassen, gekeltert und zu Faß gebracht werden, weil der Wein sonst von den Kämmen einen unangenehmen Geschmack annehmen könnte.

Bei der Gährung in offener Kufe oder in offenen Faß ist es ein unumgängliches Erforderniß, daß die Trebermasse, besonders während der stürmischen Gährung, täglich 3-4mal umgerührt und mit dem sich mehr auf den Boden gesenkten Most vermischt wird, indem dadurch die Gährung befördert, die Ausziehung der Farbe möglichst vollständig geschieht und auf dem gehobenen ziemlich trockenen Treberkäs (Hut) sich keine Essigsäure bilden kann, was bei warmer Temperatur in kurzer Zeit geschehen würde. Außerdem ist es gut, wenn die Gährbütte oben enger als unten ist, damit bei dem Aufsteigen des Treberkäses (Huts) derselbe sich fester an die Wand anschließt, wodurch weniger Weingeist verflüchtet.

Im Allgemeinen muß der offenen Gährung viel Aufmerksamkeit gewidmet werden, indem bei derselben, so lange die stürmische Gährung dauert, durch die ausströmende Kohlensäure zwar die Essigbildung verhindert wird, so wie aber dieselbe vorüber ist, ohne daß die Gährung gestört und die Temperatur der Trebermasse herabgestimmt wird, tritt Essigbildung ein, wodurch zunächst der Grund gelegt wird, daß der Wein später einen Stich bekommt. Man muß deßwegen auch den offen vergohrenen Wein bälder und ehe sich die Gährung vollständig gelegt hat, zur Kelterung bringen.

Die verschlossene Gährung kann man mit oder ohne Senkboden einleiten, das erstere geschieht häufig durch Einfüllung der Treber in die im Keller befindlichen Fässer, kann aber auch in Kufen mit luftdicht geschlossenem Deckel erfolgen, in beiden Fällen muß jedoch der Zutritt der atmosphärischen Luft durch Aufsetzung eines Gährrohrs oder eines Gährspuntens verhindert werden. Es ist übrigens damit der Nachtheil verbunden, daß die Treber während der Gährung nicht umgerührt werden können, worunter der Auszug der Farbe nothleiden kann, auch wird zwar, so lange die ausgedünstete Kohlensäure auf der Treber- und Mostmasse liegt, dieselbe vor dem Uebergang in Essigsäure geschützt sein, so wie aber die Gährung abnimmt und durch irgend einen Zufall atmosphärische Luft eindringt, kann die Bildung der letztern, besonders bei der im Innern des Fasses vorhandenen starken Wärme, sehr schnell vor sich gehen. Bei dieser Gährmethode wird es daher gut sein, wenn man nach beendigter Gährung die Kelterung der Treber schnell vornimmt.

Die zweckmäßigste Gährungsart wird übrigens aus den §. 247 angeführten Gründen die verschlossene Gährung mit Senkboden, sele es nun im Fasse oder in der Kufe bilden, daher wir dieselbe namentlich für die Erzeugung vollkommen gesunder, dickrother Weine besonders empfehlen dürfen.

Ist die Gährung vorüber, die man durch Warmhaltung des Gährlokals oder durch Erwärmen der Treber zu beschleunigen suchen sollte, weil durch eine langsame Gährung die Alkoholentwicklung weniger stark ist und dadurch weniger Farbstoff ausgezogen wird, auch, besonders bei offener Gährung, sich leicht Essigsäure bilden könnte, so wird der Wein abgelassen und in andere Fässer verfüllt, die Treber aber gekeltert und der Druckwein unter den Vorlaß nach Verhältniß vertheilt, da derselbe noch viel Farbstoff, hie und da aber auch noch Gährstoff enthält, doch wird man wohl thun, wenn man den letzten Druck, der viele rauhe Theile mit sich führt, besonders aufbewahrt.

Vor dem Keltern ist es zur Erhöhung der Farbe sehr gut, wenn die Beerenhäute besonders in dem Falle, wenn sie bei dem Zerdrücken der Beere nicht zerrieben worden sind, tüchtig herumgearbeitet und dadurch verkleinert oder in dem Weinmoste förmlich gewaschen werden, wodurch der lösbare Farbestoff abgerieben und bei dem Pressen leichter ausgepreßt wird.

Will man nun eine erfolgreiche Nachgährung herbeiführen und versichert sein, daß sich in dem Weine kein Gährstoff mehr befindet, so kann man den in die Fässer eingefüllten Wein täglich mit dem Stoßeisen bearbeiten und damit fortfahren, bis sich in dem Sperrwasser des aufzusetzenden Gährrohrs keine Blasen mehr zeigen, worauf erst der Wein aufgefüllt und der stillen Gährung überlassen wird, wobei es übrigens sehr gut ist, wenn dem Weine etwas von Kernen gereinigte Beerenhäute, etwa 1—2 Butten auf 8—10 Eimer beigegeben werden, indem dadurch die Nachgährung befördert und die Farbe des Weins erhöht wird.

Manche Weinproduzenten lassen die gebeerten Treber an dem Weine bis zum Ablassen im Dezember, Januar oder Februar liegen, was jedoch in vielen Fällen nicht sehr angemessen erscheint, weil der Wein leicht einen Trebergeschmack oder zu viel Zusammenziehendes und Herbes bekommen kann und vielleicht nur da zweckmäßig ist, wo die Gährung wegen des geringern Wärme-Gehaltes des Gährlokals langsam vor sich geht und der Weinmost von Trauben gewonnen ist, die den Farbstoff ungern fahren lassen (blaue Sylvaner).

In einem solche Falle wäre es aber zweckmäßiger, wenn man die blauen Trauben entweder sogleich nach beendigter Lese oder wenigstens nach Vollendung der stürmischen Gährung keltern, die Treber von den Kernen reinigen und sofort blos die Beerenhäute in das Faß bringen würde, weil, wenn man die Kerne länger im Weine liegen läßt, solche demselben einen herben, etwas bittern Geschmack beibringen.

Die Entwicklung des Farbstoffs geht übrigens nur in guten Weinjahren so stark und in solcher Menge vor sich, daß aus den Trauben schöne dunkelrothe Weine erzeugt werden können, auch scheint in minder günstigen Weinjahren der Farbstoff weniger löslich zu sein, in solchen Jahren ist es daher sehr angemessen, wenn man aus den blauen Trauben keine rothe, sondern weiße Weine dadurch zu erzeugen sucht, daß man dieselben nicht an den Trebern vergähren läßt, sondern entweder in ganzen Trauben keltert oder sogleich nach dem Zerdrücken auf die Kelter bringt (§. 244).

Ebensowenig darf man aber in guten Weinjahren die zur Erzeugung rother Weine bestimmten blauen Trauben durch die Spätlese zur Ueberreife kommen lassen (§. 220), so daß sie fast ganz eintrocknen, indem zwar viel Zucker-, aber zu wenig Gähr- und Gerbstoff erzeugt wird, wodurch jener nicht ganz in Alkohol übergeht und dadurch auch der Farbstoff nicht vollständig ausgezogen, sondern ein süßer Wein gewonnen wird, der sich den südlichen Liqueurweinen nähert, aber den feinen, flüchtigen Gehalt mit angenehmem Feuer und leichtem zusammenziehenden Geschmack verloren hat. Zu einem guten Rothwein gehören daher gesunde (unverfaulte) Trauben, höchster Reifegrade (wenn einzelne Beere anfangen einzutrocknen) und schnelle Gährung, womöglich mit Abschluß von der atmosphärischen Luft, wie dieses auch in den vorzüglichsten Weinbaugegenden (Rheingau, Aßmannshausen), wo rothe Weine erzeugt werden, eingeführt ist.

§. 250.

f. Ueber das Aufhören und die Unterbrückung der Gährung.

Der gekelterte süße Traubenmost gährt nicht im luftleeren Raume, so bald aber die Luft Zutritt hat und er Verbindungen mit dem Sauerstoffe derselben eingehen kann, so beginnt die Gährung und schreitet fort, auch wenn nun die Luft abgehalten wird. Die Gährung hört aber wieder auf oder beginnt gar nicht, sowie die Wirkung des Gährungs-Erregers unterdrückt oder aufgehoben wird, was z. B. durch die Siedhitze geschieht.

Wenn man eine Flasche mit süßem Weinmost füllt, luftdicht verschließt und so lange in siedendes Wasser legt, bis daß der Most die Siedhitze angenommen hat, so wird während des Erhitzens die geringe Menge Sauerstoff, welche mit der Luft in der Flasche eingeschlossen war, von den Bestandtheilen des Mostes so aufgenommen, daß dadurch die Ursache der Gährung entfernt ist. Der Most bleibt so lange süß, bis die Flasche geöffnet und derselbe wieder mit der Luft in Berührung gebracht wird.

Ebenso kommt stark gesottener Weinmost nicht mehr in Gährung, weil seine stickstoffhaltigen Bestandtheile, die mit dem Sauerstoff der Luft Verbindungen eingehen, durch die Siedhitze eine Veränderung erlitten haben, wodurch jene Verbindung aufgehoben wurde, er verliert aber dadurch seinen eigenthümlichen Gewürz- und Bouquet-Geschmack.

Auch durch die Kälte wird die Gährung längere Zeit zurückgehalten, indem dieselbe zu ihrem Beginnen neben der Luft auch einen gewissen Wärmegrad erfordert. In kalten Gährlokalen wird daher die Gährung entweder gar nicht oder sehr spät beginnen und nur sehr unvollständig vor sich gehen, sowie aber der Wein in ein wärmeres Lokal kommt, wird dieselbe aufs Neue wieder angeregt werden.

Der Alkohol oder Weingeist besitzt gleichfalls die Eigenschaft die Gährung zu hemmen, indem die gährenden Stoffe durch den geistigen Gehalt desselben abgehalten werden, die zur Gährung erforderlichen Verbindungen einzugehen. Aus diesem Grunde hört auch die Gährung auf, wenn man dem Weinmost viel Alkohol zusetzt, oder wenn sich in einem zuckerreichen Weine so viel Alkohol entwickelt, daß dieser, gegenüber von den Gährungsstoffen vorherrschend wird. In diesem Falle bleibt ein Theil des Zuckers unzersetzt, und der Wein behält einen süßen Geschmack, die Gährung tritt aber wieder ein, so bald sich der überschüssige Alkohol verflüchtet hat, oder neuer Gährungsstoff zugesetzt wird, oder der noch im Wein vorhandene Gährungsstoff durch erhöhte Temperatur wieder mehr Leben bekommt. Geistige Weine sind daher einer solchen krankhaften Nachgährung weniger unterworfen, als schwache, welche wenig Alkohol, aber noch viel Gährungsstoff besitzen.

Auch durch einen allzustarken Zuckergehalt und zu geringen Gährstoff- und Säuregehalt des Weins, d. h., wenn kein angemessenes Verhältniß mehr zwischen diesen Stoffen existirt, wird die Gährung aufgehoben, weil dieselben dann keine Verbindungen eingehen können, vielmehr die letztern durch den dichten Zuckerstoff umhüllt und dadurch unwirksam gemacht werden.

Nur in dem Falle, wenn man dem zuckerdichten Weinmost einen fremden Gährstoff (Ferment), wie den Getreidekörnern (Bierhefe oder Sauerteig) mit Wasser zusetzte, würde die Gährung desselben sich wieder herbeiführen lassen. Die Gährungs-Unterbrückung durch den Zuckerstoff kommt jedoch nur bei Weinen aus südlichen Ländern, bei den deutschen Weinen aber selten und nur in dem Falle vor, wenn die wässerigen Bestandtheile der Trauben durch längeres Aufhängen oder Ablagern derselben zum größern Theile entfernt wurden, so daß hauptsächlich nur noch der Zuckerstoff vorhanden ist, wie bei der Erzeugung der sogenannten Strohweine.

Die Säuren und insbesondere die Schwefelsäure besitzen die Eigenschaft, daß sie Verbindungen mit den Hefestoffen des Weinmostes eingehen, dadurch die Natur derselben verändern und dazu beitragen, daß die gröberen Schleim- und Hefentheile des Mostes niedergeschlagen werden, wodurch die Gährung desselben entweder ganz unterdrückt oder aufgehalten wird. Der Weinmost muß jedoch in diesem Falle von den Einwirkungen der atmosphärischen Luft möglichst abgeschlossen werden, indem, sowie dieselbe Zutritt hat, die Gährung besonders bei zunehmender Wärme nach und nach beginnt, was häufig zur Zeit der Traubenblüthe des folgenden Jahres erfolgt. Es beruht hierauf das Entschleimen (§. 245), sowie das sogenannte Stummmachen des süßen Weinmostes, durch letzteres verliert aber derselbe einen großen Theil seiner Weinbestandtheile (Säure, aromatische Stoffe und, wie es scheint, auch einen Theil des Zuckers), so daß er, wenn er später in Gährung kommt, gewöhnlich nur einen matten, schaalen, wenig feurigen Wein gibt.

Gleiche Wirkung haben auch schwefelhaltige Oele oder Pflanzen, wie Senf, Meerrettig, indem, sowie dem vollkommen süßen Weinmoste nur wenige Loth beigemengt werden und das Faß luftdicht abgeschlossen wird, die Gährung längere Zeit, häufig bis zum folgenden Frühjahr oder Sommer, zurückgehalten und dadurch dieses Verfahren zu der Erzeugung süßer Dessertweine benützt werden kann.

XIII. Die Nebennutzungen.

§. 251.

Der Ertrag der Weinberge besteht nicht blos in Wein, sondern die Abfälle von denselben an Laub, Rebholz, Rebschnittlingen, sowie die Ueberreste der ausgepreßten Trauben, die Treber, und die von dem Weine abgesetzte Hefe geben auch noch einen Nebenertrag, auch werden in manchen Weinbergen noch andere Produkte, die zur Nahrung der Menschen oder des Viehes dienen gepflanzt, was alles unter dem Namen Nebennutzungen begriffen wird und hinsichtlich der Brauchbarkeit und des Werthes sowie des Einflusses, den dieselben auf die Weinerzeugung ausüben, hier näher betrachtet werden soll.

1. Die Abfälle an Laub und Rebholz.

Das Laub und namentlich das Holz der Reben enthalten nach den in §. 75 angestellten Untersuchungen, sehr viele alkalische Bestandtheile, die dem Gedeihen der Rebe so sehr förderlich sind, die Abfälle beim Schneiden der Reben im Spät- oder Frühjahr, sowie die grünen Abfälle beim Verbrechen, Ausbrechen (Ausflügeln) und Ueberhauen der Reben (§. 134—151) bilden daher nach §. 175 einen werthvollen Weinbergsdünger, und es ist nur zu bedauern, daß dieselben in dieser Eigenschaft nicht mehr verwendet werden.

Die hauptsächlichste Benützung dieser Abfälle in den meisten Weinbau-Gegenden besteht darin, daß das beim Schneiden der Reben abfallende ältere zum Theil dürre Rebholz gesammelt, in Büscheln gebunden und zum Verbrennen nach Hause geschafft wird, daher es besonders in holzarmen Gegenden dem gewöhnlichen Weingärtner einen sehr schätzbaren Beitrag zu dem anzuschaffenden Brennmaterial liefert.

Die beim Verbrechen und Ueberhauen abfallenden grünen Triebe werden dagegen häufig als Viehfutter benützt, haben aber als solches keinen hohen Werth und sollten nur in futterarmen Jahren als Ersatz für das fehlende bessere Futter benützt werden.

2. Die Rebschnittlinge.

Bei dem Schneiden der Reben fällt nicht nur älteres abgegangenes Holz ab, sondern auch junges ein- und zweijähriges Holz, sogenannte Schnittlinge, Blindhölzer, die nach §. 100 und 103 entweder zu der Anlage neuer Weinberge oder zu derjenigen von Rebläubern verwendet werden können, sie werden zu diesem Gebrauche häufig gut bezahlt (das Hundert 20–30 kr., hie und da bis zu 1 fl.), daher es für manchen Weinbergbesitzer ein lohnendes Geschäft ist, dieselben auf die oben angegebene Weise zu sammeln und zum Verkaufe zu bringen.

3. Die Traubenkerne.

Dieselben sind nach §. 7 mit einer kaffeebraunen Haut überzogen, die einen abstringirenden Stoff (Gerbstoff) enthält, der die Eigenschaft besitzt, daß er mit den im Weine befindlichen Schleim- und stickstoffhaltigen Stoffen (Kleber) Verbindungen eingeht, wodurch sich dieselben im Weine bald ablagern, was zur Klärung trüber, zäher, nicht ganz vergohrener Weine wesentlich beiträgt. Zu diesem Behuf übergießt man je 8 Loth Körner mit $1/4$ Quart heißem Wein oder Wasser, läßt sie 24 Stunden weichen und bearbeitet dann die Körner mit der Hand, damit die äußere Haut sich ablöst und möglichst zerrieben wird. Hierauf wird Alles in einem reinen irdenen Gefäß unter fortwährendem Umrühren 2 Stunden gekocht, damit aller Gerbstoff gelöst wird, sofort durch Leinwand filtrirt, mit $1^{1}/_{2}$ Schoppen auf 8 Imi des kranken Weins innig vermischt und in kleinen Portionen ins Faß gegossen und in dem Weine gut umgerührt. Auf einen Eimer Wein rechnet man einige Pfund reine Traubenkerne, auch wird es gut sein, wenn man vor dem Eingießen des gerbstoffhaltigen Aufgusses denselben mit etwas aufgelöster Hausenblase oder Gallertschöne vermischt.

Zugleich enthalten die Kerne ein feines Oel, aus dem ein vorzügliches Speiseöl oder auch Brennöl bereitet werden kann, wenn man sie durch Ausbreiten auf einem trockenen Boden und durch tägliches Umrühren zuerst trocknet, dann von dem anhängenden Treberunrath in einem Drahtsieb oder auf einer Putzmühle reinigt und sofort auf die Oelmühle bringt, wo sie zunächst gemahlen, dann etwas, jedoch nicht stark, erwärmt und sofort gut gepreßt werden müssen. Ein Simri Traubenkerne gibt gewöhnlich 1—2 Pfund Oel, was einen Werth von 24—48 kr. hat, so daß eine solche Oelbereitung immer noch als hinreichend lohnend erscheint.

Auch diejenigen Traubenkerne, über welchen bereits Branntwein abgezogen wurde, können noch zur Oelbereitung verwendet werden.

4. Die Weintreber

werden, nachdem sie von den Kämmen gereinigt sind, gewöhnlich zum Brannt= weinbrennen benützt und daraus ein guter Weinbranntwein, oder durch mehr= maliges Abziehen auch Weingeist gewonnen.

Außerdem kann man von den Weintrebern auch einen guten Nachwein (Treberwein, Lauren) bereiten, wenn man an ca. 6 Butten, womöglich auch von den Kernen gereinigten Trebern, weil letztere dem Getränke einen bittern Geschmack geben, sobald sie von der Presse kommen, und ohne daß sie zuvor warm geworden sind, 12—16 Imi Wasser gießt, und solche dann einige Tage womöglich unter einem Senkboden gähren läßt, worauf man die Flüssigkeit abläßt und zu Faß bringt, die Treber aber entweder nochmals mit ca. 4—5 Imi Wasser übergießt und sie wiederholt 8 Tage gähren läßt oder sie keltert, und beim zweiten Behauen oder Umarbeiten mit etwas Wasser befeuchtet und sofort auch den Druck zu der übrigen Flüssigkeit ins Faß bringt. Wird dann pr. Eimer 30 Pfd. Trauben= oder Farinzucker in einigen Imi Nachwein aufge= löst, diese Auflösung heiß ins Faß gethan und sofort das Ganze der Gäh= rung überlassen, so erhält man dadurch einen angenehmen Nachwein, der be= sonders während des Sommers bei starker Hitze sehr kühlend wirkt. Will man denselben stärker machen und einen förmlichen Weingeschmack beibringen, so kann man pr. Eimer bis 75 Pfd. Traubenzucker, 1 Pfd. aufgelöste Weinstein= säure etwa 1½—2 Imi gute alte Weinhefe beigeben und Alles mit vergäh= ren lassen, nur muß man dann diesen Nachwein nicht für wirklichen Wein ausgeben.

Die ausgenützten Kämme und Häute können sofort, wie die Lohe bei den Gerbern, in besondere Formen getrieben, getrocknet und als Brennmaterial benützt werden, auch geben sie eine gute Düngung, indem sie namentlich viel Kali und mehr Stickstoff als der gewöhnliche Stalldünger enthalten, daher sie besonders zur Bereitung von Compost sehr vorzüglich sind und in dieser Ei= genschaft nützlicher verwendet können, als wenn sie als Brennmaterial benützt werden.

5. Die Weinhefe

gibt gleichfalls einen guten Weinbranntwein, auch läßt sich aus derselben ge=

reinigter Weinstein präpariren, was hie und da schon Veranlassung gab, die Zubereitung fabrikmäßig zu betreiben.

Außerdem kann man die Hefe in starken leinenen Säcken langsam und stark auspressen und das Abgelaufene, das meist zwei Drittel des Ganzen beträgt als Wein benützen, den Rückstand aber an der Luft trocknen, der dann ein sehr wirksames Brennmaterial abgibt, dessen Asche, beinahe die Hälfte ihres Gewichts, fast chemisch reine Potasche liefern soll.

6. Die Anpflanzung von Nebengewächsen in den Weinbergen.

In manchen Weinbaugegenden, wo es an Boden zur Erzeugung der erforderlichen Lebensmittel fehlt, oder in der Nähe volkreicher Städte, wo alle Produkte zu guten Preisen verwerthet werden können, werden die Weinberge auch zu der Anpflanzung von Nebengewächsen, namentlich Mais (Welschkorn), Bohnen, Rüben, Rettige, Spargeln, Kraut ꝛc. benützt, was auch in einzelnen Weinbaugegenden Württembergs der Fall ist.

Solche Anpflanzungen äußern aber gewöhnlich einen sehr nachtheiligen Einfluß auf die Weinerzeugung, indem dadurch dem Boden ein großer Theil der Nahrungssäfte, die dem Rebstocke zufließen sollten, entzogen wird, was entweder den Ertrag im Allgemeinen verringert oder den Weinberg bald alt macht. Sie lassen sich deßwegen nur bei Gereuthen mit einem guten, kräftigen Boden und so lange dieselben noch nicht im Ertrage stehen, rechtfertigen, oder in Weinbergen mit weiter Bestockung bei kräftigem Boden und öfterer starker Düngung, besonders wo es an sonstigem Boden fehlt; auch in alten Weinbergen, wo hie und da einzelne Stöcke fehlen, wird an der Stelle derselben die Anpflanzung von Nebenprodukten weniger Schaden bringen. Ein intelligenter Weinbauer wird aber alle Anpflanzungen, auch in den Gereuthen möglichst zu vermeiden suchen, weil durch dieselben der Boden nicht nur ausgesaugt, sondern auch eine weit stärkere Beschattung der Weinberge herbeigeführt wird, was einen nachtheiligen Einfluß auf die Zeitigung der Trauben und des Holzes ausüben muß.

XIV. Die Behandlung des Weins im Keller.

§. 252.

Mit der Beendigung der stürmischen Gährung, dieselbe mag nun in der Kufe oder im Fasse erfolgt sein, hat sich der süße Weinmost zwar in Wein verwandelt, damit ist aber seine Entwicklung noch nicht beendigt (§. 239), sondern dieselbe dauert, nachdem der Wein in den Keller geschafft ist, im Fasse durch die stille oder Nachgährung noch fort, bis sich der trübe Wein gehörig geklärt, der Zuckerstoff sich möglichst aufgelöst und der Gähr- und Sauerstoff sich gehörig niedergeschlagen hat.

Während der stillen Gährung fallen die im Weine noch enthaltenen Stoffe, die nicht im Stande sind, bei derselben mitzuwirken, mithin auch mit dem jungen Wein keine Verbindungen eingegangen haben, sondern nur noch schwebend in demselben sich befinden, wie der Schleimstoff (Kleber), der Weinstein, der Extraktivstoff zu Boden, oder lagern sich an den Wandungen der Fässer und bilden zuletzt die Hefe, daher auch die Entwicklung des Weines so lange fortbauert, so lange sich noch Hefe absetzt.

Bei der Behandlung des Weines im Keller muß daher dieselbe hauptsächlich darauf gerichtet sein, den Wein von allen fremdartigen Theilen zu reinigen, jede nachtheilige Einwirkung auf denselben zu beseitigen und dadurch dessen Klärung sowie die Entwicklung seines eigenthümlichen Geschmacks und Geruchs (Bouquet) und seiner sonstigen besonderen Eigenschaften möglichst zu befördern.

Diese Behandlung hängt ab von der Einrichtung der Keller, von der Einrichtung der Fässer und von dem öftern rechtzeitigen Abziehen des Weins von der Hefe (Ablassen), was wir hier näher ausführen wollen.

1. Die Kellereinrichtung.

§. 253.

Wie zu der Erregung der Gährung ein angemessenes Lokal mit dem erforderlichen Wärmegrad gehört (§. 241), so ist dieses auch bei der Fortsetzung derselben durch die stille Gährung erforderlich. Ein guter Keller ist daher zu der Erziehung eines guten, gesunden Weins ein unumgängliches Erforderniß. Die gute Beschaffenheit desselben hängt ab von der Lage, dem Luftzug und dem Wärmegrad, sowie von der Feuchtigkeit und Reinlichkeit desselben.

Das erste Erforderniß eines guten Kellers besteht in der gleichen Temperatur desselben, so daß er während des Sommers nicht zu warm und während des Winters nicht zu kalt wird, weil durch beides die regelmäßige Entwicklung des Weins gestört wird, indem durch die Wärme des Sommers dieselbe allzuschnell befördert und dadurch zu manchen Krankheiten des Weins (trübzäh werden) Veranlassung gegeben wird, während durch die Kälte des Winters bei der Entwicklung ein Stillstand eintritt. Um eine möglichst gleiche Temperatur zu erreichen, muß derselbe

a. gegen Norden liegen, und auch die Kelleröffnungen sollten größtentheils diese Lage haben, jedenfalls aber nicht gegen Mittag, weil sonst die Sonnenhitze zu sehr eindringen kann.

b. Der Keller muß eine angemessene Tiefe haben, etwa von 15—18 Fuß, damit die äußere Luft weniger in denselben eindringen kann und auch die

Wärme oder Kälte der ihn umgebenden Bodenschichten weniger Einfluß auf denselben hat, wobei übrigens auch auf die Bodenart Rücksicht zu nehmen ist, weil in Thon= und Felsenboden die Wärme und Kälte weniger schnell eindringt als in leichtem Sand= und ähnlichem Boden.

    c. Die Umgebungen eines Kellers haben gleichfalls Einfluß auf dessen Temperatur, indem in einem von allen Seiten frei liegenden Keller die äußere Luft weit mehr eindringen kann, als in geschlossenen Straßen, wo die benach=barten Gebäude Schutz gewähren und selten ein starker Luftzug stattfindet. Freiliegende Keller müssen daher in der Regel tiefer als andere sein.

    Die weitern Erfordernisse eines guten Kellers bestehen noch darin:

    d. daß in demselben eine möglichst reine Luft herrscht, weil dieselbe nicht blos durch die Spunten und Zapfen, sondern auch durch die Poren des Hol=zes in die Fässer dringt, wodurch eine dumpfe Luft die Entwicklung des Weins stört, das Holz der Fässer mit Schimmel überzieht und dasselbe faul und morsch macht. Der Keller muß daher eine angemessene Höhe von 15—18 Fuß und Kelleröffnungen auf wenigstens zwei Seiten haben (gegen Norden, Osten, Westen), damit der Luftzug befördert wird.

    e. Derselbe muß gewölbt sein, weil in Keller, die oben nur mit Holz=werk (Balkenkeller) geschlossen sind, Wärme und Kälte viel leichter eindringen können.

    f. Er darf nur ein gemäßigtes Licht haben, indem ein all zu starkes Licht, besonders wenn die Sonne auf die Fässer scheinen sollte, der Entwicklung des Weins schädlich ist.

    g. Ein guter Keller darf weder zu trocken noch zu feucht sein, weil im ersten Falle das Holz der Fässer schwindet und dieselben leck werden, auch der Wein zu schnell zehrt, im letztern Falle aber, weil die Fässer sich mit Schim=mel überziehen und bald zu Grunde gehen, der Wein aber gerne faul wird und zu manchen Krankheiten geneigt ist. In einem Keller, der naß ist und in dem sich von Zeit zu Zeit Wasser ansammelt, wird selten ein guter Wein erzogen werden können.

    h. Derselbe soll mit guten steinernen Platten belegt sein, damit der Bo=den desselben sowohl in den Gängen als unter den Fässern möglichst rein ge=halten und öfters gesäubert werden kann, indem durch Unreinlichkeit die Luft gleichfalls verdorben wird.

    i. Ferner sollen keine andere Produkte als Wein, namentlich aber keine Gemüse, welche stark ausdünsten und in Gährung übergehen, in dem Wein=keller aufbewahrt werden, indem dadurch der Keller feucht und die Luft dumpf wird, und der starke Geruch einzelner Gewächse sich durch die Luft auch dem Weine mittheilen, oder dessen aromatische Entwicklung hindern kann.

    k. Gegen öftere Erschütterungen soll ein guter Keller gleichfalls bewahrt sein, indem durch dieselben sowohl der Wein als die Hefe in Bewegung kommt, wodurch sich ersterer schwer klären und letztere sich nicht gehörig setzen kann, sondern sich immer wieder mit dem Weine mischt und zum Sauerwerden oder sonstigen Krankheiten desselben beiträgt. Keller unter Straßen oder ganz in der Nähe derselben, auf welchen viele und schwere Fuhrwerke fahren, oder in der Nähe von Hammerwerken, Schmieden, welche starke Erschütterungen veranlassen, sind daher für die Weinerziehung nicht sehr geeignet.

l. Die Nähe von Senkgruben, Jauchenbehältern, Abtritten ist für einen Keller hie und da schädlich, weil sich unreine Luft in denselben zieht, oder sogar übelriechende Flüssigkeit in demselben sich sammelt.

Außerdem muß

m. jeder Keller während des Winters gegen das Eindringen der Kälte gut verwahrt, im Frühjahr aber bei heller Witterung öfters, besonders Morgens und Abends, gelüftet, gegen das Eindringen der Sonnenstrahlen aber verwahrt werden. Bei der Annäherung eines Gewitters müssen die Kellerläden geschlossen werden, weil das Eindringen des Blitzes und der elektrischen Luft dem Weine sehr schadet.

Sind die Keller auf die angegebene Weise eingerichtet und vor äußern schädlichen Einwirkungen gehörig verwahrt, so darf bei einer gewöhnlichen Temperatur von 6—8 Graden R. auf eine angemessene stufenweise Entwicklung des Weines gerechnet werden, nur bei alten Weinen, die keine Hefe mehr absetzen und keiner weitern fortschreitenden Entwicklung mehr bedürfen, sondern deren zurückschreitende Entwicklung durch Ablagerung und Entweichen des Weingeistes möglichst aufgehalten werden soll, sind Keller von niederer (kälterer) Temperatur von 3—4 Graden R. angemessen, daher bei größeren Weinlagern besondere Kellerräume für ältere Weine eingerichtet werden dürften.

2. Die Fässer.

§. 254.

Es ist bereits oben (§. 242) ausgeführt worden, daß die Größe der Fässer auf die Gährung des Weins einigen Einfluß ausübt, und das Gleiche ist auch bei der weitern Entwicklung desselben der Fall. Da sich nun der Wein in kleineren Fässern schneller ausbildet als in größeren und feinere, edlere und starke Weine zur Ausbildung längere Zeit brauchen als gewöhnliche, gemeine und etwas schwache Weine, so wird es angemessen sein, wenn für erstere Fässer von 3—4 Eimer, für letztere von 5—12 Eimer gewählt werden.

Die Fässer werden in der Regel von eichenem Holz, als das festeste und zäheste gefertiget, auch hat man dabei noch darauf zu sehen, daß möglichst dichtes Holz, das nicht im Saft gehauen wurde, dazu verwendet wird, weil poröses Holz einen starken Verlust an Wein durch Verdünstung herbeiführt, was auch auf die Qualität desselben Einfluß hat. Aus diesem Grunde sind Fässer von Fichten= Lerchen= Kastanien=Holz, wie sie in einzelnen Weinbau=Gegenden (Steyermark, Tyrol) hie und da vorkommen, weniger tauglich und zugleich weniger haltbar.

Neue Fässer können jedoch nur zu neuem, jungen Wein, so lange derselbe sich noch in der Gährung befindet und noch nicht abgelassen ist, verwendet werden, nachdem sie zuvor gehörig ausgebrüht und einige Zeit mit Wasser gefüllt waren (§. 242), indem der von dem neuen Wein aus dem Holze ausgezogene Gerbstoff ganz oder zum größern Theile mit der Hefe niedergeschlagen wird, während bei dem alten Weine, bei dem die Gelegenheit, sich des ausgezogenen Gerbstoffs zu entledigen, fehlt, derselbe im Weine zurückbleiben und demselben einen harten und unangenehmen Geschmack geben würde. Zu der Verfüllung vergohrener Weine sind daher ältere, sogenannte weingrüne Fässer, die auf der inneren Oberfläche schon mit etwas Weinstein belegt sind, die zweckmäßigsten. Aber auch hier steht der Wein durch die Poren des Holzes so wie durch die Spunten und Zapfen mit der äußern Luft immer noch in einiger Berührung, daher durch das Holz stets etwas Wein verdünstet (das Zehren, der Schwand), jedoch mehr die wässerigen als die geistigen Theile desselben, weßhalb Weine von guter Qualität während ihrer Entwicklung immer geistreicher werden.

Die Verdünstung, sowie das Faulen des Holzes kann umgangen werden, wenn man die äußeren Seiten der Fässer zuerst mit etwas dickem Leimwasser und dann mit einem guten Firniß oder einer Oelfarbe anstreicht, wodurch die Poren des Holzes verstopft und das Entweichen des Weins verhindert wird. Das Bestreichen mit Leimwasser ist aus dem Grunde nothwendig, weil, wenn das Anstreichen unmitelbar mit Firniß oder Oelfarbe geschehen würde, dieselbe durch die Poren des Holzes dringen und dem Weine einen üblen Geschmack beibringen könnte. Da jedoch junge Weine zu ihrer Entwicklung immer etwas Luft nöthig haben, so dürfen in luftdicht angestrichene Fässer nur alte, vollkommen entwickelte Weine gelegt werden, indem junge Weine in solchen Fässern wegen Mangel an Luft in ihrer Entwicklung zurückbleiben und faul (zähe) werden könnten.

§. 255.

Die Verfüllung des vergohrenen Weins während des Ablassens in andere Fässer erfordert gleichfalls einige Vorbereitung.

Dieselben sind, wenn sie lange zuvor nicht gebraucht wurden, einigemal mit heißem Wasser tüchtig auszubrühen, indem sonst der Wein einen eigenthümlichen Holzgeschmack bekommen könnte. Das Brühwasser ist jedesmal, so lange es noch warm ist, aus den Fässern zu entfernen und dieselben zuletzt mit reinem kalten Wasser auszuwaschen, auch wird es sehr gut sein, wenn dieselben mit gutem Trübwein ausgeschwenkt, oder mit einem französischen Weingeist oder starkem Hefenbranntwein, der keinen Fuselgeschmack hat, ausgebrannt werden, indem dadurch nicht nur jede schädliche äußere Einwirkung beseitiget wird, sondern der Wein auch öfters einen feineren Geschmack bekommt, nur muß der Weingeist, bevor er angezündet wird, im ganzen Faße herumgeschwenkt und so wie er ausgebrannt ist, der Rückstand herausgeschafft und das Faß gut verspundet werden, damit sich der Weingeistdunst dem Holze mittheilt.

Sind die leeren Fässer kurz zuvor mit Weingeist gefüllt gewesen und durch Einbrennen mit Schwefel gut erhalten worden, mithin weingrün, so genügt vor dem Einfüllen des Weins ein einfaches Auswaschen derselben mit kaltem, noch besser aber mit warmem Wasser, jedenfalls wird auch hier das Ausbrennen mit Weingeist gute Dienste leisten, weil durch den Schwefel, der zum Einbrennen verwendet wird, sich ein Ansatz am Holz bildet und im Faß selbst eine säuerlich schwefelige Luft entsteht, was beides sich dem Weine mittheilen und eine nachtheilige Einwirkung auf denselben haben kann.

Sind die Fässer unrein, hat sich Schimmel oder Säure in dem Holze gebildet, oder ist sehr saurer Wein oder Obstmost oder Hefe längere Zeit in denselben eingefüllt gewesen, so ist es nie zu rathen, in dieselben, ohne vorausgegangene sorgfältige Reinigung mit Kalkmilch, warmer, junger Weinhefe oder durch Ausbrennen mit Weingeist, guten neuen oder alten Wein zu bringen, weil derselbe dadurch leicht einen unangenehmen Beigeschmack bekommen könnte.

Fässer, in welchen geringe, saure Getränke aufbewahrt werden oder Getränke mit üblem Geschmack, wie Hefe, werden auf ähnliche Weise gereiniget, auch kann, wenn die Aufbewahrung nicht längere Zeit dauerte, schon ein mehrmaliges Ausbrühen mit heißem Wasser und das nachherige starke Einschwefeln gute Dienste leisten.

§. 256.

Zur Erhaltung der Fässer dient besonders das Ausschwefeln derselben, indem der Schwefel, wenn er angezündet wird, die Eigenschaft besitzt, mit dem Sauerstoffe der Luft Verbindungen einzugehen, wodurch sich schwefelige Säure erzeugt, die nicht nur in den leeren ausgebrühten Fässern die Wassertheile zusammenzieht und die Wände trocknet, sondern auch die feuchte Luft aus den Fässern austreibt und dadurch den Schimmel oder den Säureansatz verhindert. Da jedoch der Schwefeldampf sich nach und nach in den Fässern dadurch wieder verliert, daß sich die schwefelige Säure selbst wieder mit Wasserstoff sättiget, wodurch ihr die erwähnte Eigenschaft entgeht, und andere, häufig feuchte Luft in die Fässer eindringen kann, so muß, wenn dieselben längere Zeit leer bleiben, das Schwefeln öfters und in der Regel, besonders in feuchten Kellern, von 3 zu 3 Monaten wiederholt werden.

Auch vor dem Einfüllen des Weins in leere Fässer werden dieselben, nachdem sie gehörig gereinigt sind, nicht selten mit Schwefel eingebrannt, indem dadurch die wässerige Feuchtigkeit oder ein sonstiger falscher Geschmack entfernt wird. Das Ausbrennen mit Weingeist ist jedoch in diesem Fall vorzuziehen.

Jedenfalls darf in Fässer, welche längere Zeit leer waren und öfters geschwefelt wurden, kein Wein gefüllt werden, ohne daß sie zuvor mit Wasser gereinigt und erforderlichenfalls neu eingebrannt sind. Zu dem Einschwefeln nimmt man gewöhnlich sogenannte Schwefelschnitte, die durch das Aufstreichen des flüssigen Schwefels auf einen ein Zoll breiten und ein Fuß langen starken Papier oder Leinwandstreifen gefertigt und auf diese Weise dem Gewicht nach in den Handel gebracht werden. Man nimmt zu dem Einschwefeln gewöhnlicher Fässer etwa bis zu 10 Eimer in der Regel eine Schwefelschnitte, zu größern Fässer etwas mehr.

Der gewöhnliche Schwefel enthält übrigens hie und da auch noch etwas Arsenik und andere unreine Bestandtheile, die in das Holz der Fässer eindringen und sich später dem Weine mittheilen, wodurch derselbe gleichfalls verunreiniget oder durch die schwefelige Säure etwas versäuert werden kann, daher man neuerlich von verschiedenen Fabriken gereinigte Schwefelschnitten in den Handel bringt, die von jenen unreinen Theilen befreit sind, daher deren Anwendung sehr zweckmäßig erscheint und die überall eingeführt werden dürften.

Außerdem werden dem gereinigten Schwefel öfters auch noch feine Gewürze zugesetzt und die auf solche Weise zubereiteten Schwefelschnitten als Gewürzschwefel verkauft, der die besondere Eigenschaft besitzen soll, dem Weine einen gewürzhaften Geschmack beizubringen, was jedoch noch einer nähern Untersuchung bedürfen wird. Der Hauptnutzen des Gewürzschwefels besteht wahrscheinlich darin, daß durch das Gewürz die schwefelige Säure mehr gedeckt wird.

3. Das Ablassen des Weins und dessen Behandlung vor, bei und nach dem Ablasse.

§. 257.

Der neue Wein mag die stürmische Gährung in verschlossener Kufe oder in dem Fasse durchmachen, so erfordert er, so wie dieselbe beendigt ist, eine andere Behandlung als während derselben. Er bedarf zu seiner Entwicklung während der Nachgährung des starken Zutritts der Luft nicht mehr, vielmehr ist er, damit seine feinere Bestandtheile nicht verdunsten und er keine neue Verbindungen mit dem Sauerstoff der Luft eingeht, nach und nach möglichst von derselben abzuschließen. Dieses geschieht, wenn die Fässer, in welchen der Wein sich befindet, bis zur Spuntdaube aufgefüllt, durch Nachfüllen von 4 zu 4 Wochen voll erhalten und mit einem gut schließenden Klappspunten versehen werden, so daß durch denselben die sich in dem Weine noch entwickelnde Kohlensäure gehörig entweichen kann, ohne daß ein wesentlicher Zutritt der Luft stattfindet.

Während der Nachgährung erscheint der junge Wein immer noch etwas trübe, auch hat er noch einen säuerlich prickelnden Geschmack, was beweist, daß sich noch viele Hefenstoffe (Kleber) so wie auch Extraktivstoff in demselben befindet (§. 239. 240), und daß durch die Auflösung des Zuckerstoffs sich immer noch Kohlensäure entwickelt. Bei der weitern Entwicklung des Weins ist daher das Augenmerk des rationellen Weinzüchters hauptsächlich darauf zu richten, daß der Zuckergehalt des Weins möglichst zersetzt und in Alkohol aufgelöst, die in demselben enthaltenen fremden Bestandtheile (Kleber, Extraktivstoff) aber vollständig niedergeschlagen werden, damit der reine Weingeschmack nach und nach ganz zu Tage tritt.

Ersteres kann nach §. 240 auf verschiedene Weise, insbesondere aber dadurch erreicht werden, daß man die anregenden Gähr- (Hefen-) Stoffe nicht bälder aus dem Weine zu entfernen sucht, als bis sie sich gehörig niedergeschlagen haben und der Wein eine angemessene Helle (Klärung) erreicht hat. Letzteres geschieht, indem man das Niederschlagen der fremden Bestandtheile durch öfteres Ablassen des Weins und durch starkes Einschwefeln der Fässer, in welche der Wein zu liegen kommt, befördert.

Hienach muß, wie bei der stürmischen Gährung (§. 248. 249), auch bei der Behandlung des Weins während der Nachgährung ein besonderes Verfahren eintreten. Die Nachgährung dauert fort, so lange die Gährstoffe sich nicht vollständig niedergeschlagen haben, und so lange noch Zucker im Wein vorhanden ist, der sich in Alkohol verwandelt, was man gewöhnlich an der niedergeschlagenen Hefe bemerkt. Da nun geringe Weine mehr Gähr- und Sauerstoff, aber weniger Zucker, gute und vorzügliche Weine dagegen weniger Gähr- und mehr Zuckerstoff besitzen, so folgt daraus, daß auch die Nachgährung, je nach der Qualität des Weins, einen sehr verschiedenen Verlauf nimmt, daher auch die Behandlung desselben eine verschiedene sein muß.

Bei den geringen Weinen geht, aus dem angeführten Grunde, die Nachgährung und Klärung derselben in der Regel weit schneller vor sich, als bei guten zuckerreichen Weinen, es ist deßwegen nothwendig, daß, wie vor der Gährung durch Entschleimen (§. 245), auch nach derselben die sauren Hefen- und Schleimtheile baldmöglichst von denselben durch das Ablassen entfernt werden, während bei vorzüglichen Weinen vermöge des stärkeren Zuckergehalts die Nachgährung sehr langsam vor sich geht und daher hier ein spätes Ablassen von den niedergeschlagenen Hefestoffen und hie und da sogar ein Aufrühren der Letztern besonders anfänglich etwa von 4 zu 4 Wochen, zur Vermehrung der Gährungsanregung (§. 240) als zweckmäßig erscheint, so daß alle geringen Weine möglichst frühe und in kurzer Zeit zweimal, etwa zu Ende des Monats Dezember oder zu Anfang des Monats Januar und dann wieder Ende März oder zu Anfang des Aprils abzulassen sind, indem sie dadurch nicht nur milder und bälder trinkbar werden, sondern auch verhütet wird, daß bei dem geringen Alkoholgehalt eine Sauer= oder Essiggährung beginnt, wozu die niedergeschlagene Hefe, wenn sie nicht entfernt wird, gerne Veranlassung gibt.

Bei guten, geistreichen Weinen ist dagegen ein frühes Ablassen mehr schädlich als nützlich, weil denselben dadurch die zu ihrer Entwicklung erforderlichen Stoffe wenigstens theilweise entzogen und der Grund zu manchen Krankheiten (Zähewerden ꝛc.) gelegt wird. Es genügt daher, wenn bei solchen Weinen mit dem ersten Ablaß erst im Monat April oder Mai begonnen wird, jedenfalls aber vor der Traubenblüthe, indem durch die zu dieser Zeit eintretende Wärme der Wein häufig wieder in Gährung kommt und dabei durch das Aufsteigen der Hefentheile sich trüben und einen Hefengeschmack annehmen könnte. Außerdem ist auch auf die Temperatur des Kellers Rücksicht zu nehmen, indem in warmen Kellern die Gährung und Entwicklung des Weins schneller vor sich geht als in kalten (§. 241), daher in jenen der Ablaß etwas frühzeitiger als in den letztern wird beginnen können, wenn sich der Wein gehörig geklärt hat.

Das in vielen Weinbaugegenden bestehende Verfahren die jungen Weine, ohne Rücksicht auf die Gattung und Qualität, gewöhnlich im Monat März und dann höchstens noch einmal vor der Traubenblüthe abzulassen, verdient daher offenen Tadel und ist blos ein Beweis, daß namentlich viele Küfer von der Gährung des Weins keinen ordentlichen Begriff haben und deßhalb die Weinbehandlung ganz mechanisch betreiben.

§. 258.

Das Ablassen des Weins in andere Fässer hat den Zweck, nicht nur die niedergeschlagenen Schleim= und Hefenstoffe von demselben zu entfernen, sondern auch durch die Bewegung, in die derselbe durch den Ablaß kommt, zur Reinigung und Klärung anzuregen und denselben zugleich nach allen Theilen durch den dünnen Strahl aus dem Ablaßhahnen mit dem Sauerstoffe der atmosphärischen Luft in Berührung zu bringen, indem der letztere mit dem auch noch im hellen jungen Weine schwebend befindlichen feiner Hefe= und Schleimstoffe gerne Verbindungen eingeht und dadurch zu deren Unlöslichkeit und Niederschlagung beiträgt, was der nach dem ersten und zweiten Ablasse sich stets zeigende Hefenabsatz vollständig nachweist. Das Ablassen muß daher so oft erfolgen, als der Wein sich noch nicht vollständig geklärt hat und noch Hefe absetzt, so wie, so lange derselbe nach dem Ablasse noch eine auffallende Süße behält, indem dieß ein Beweis ist, daß er in der Entwicklung noch zurück ist, mithin geringe Weine, wie bereits bemerkt, wenigstens zweimal, bessere und vorzügliche Weine aber, die sich langsamer entwickeln, in der Regel dreimal, nämlich im Frühjahr (April), vor der Traubenblüthe und vor dem Herbst, auch ist, wenn sich derselbe durch dieses dreimalige Ablassen nicht gehörig gereiniget hat, hie und da noch ein viertes Ablassen im folgenden Frühjahr oder überhaupt ein so oftmaliges Ablassen nothwendig, bis derselbe keinen Bodensatz mehr absetzt.

Weiße Weine, welche gewöhnlich mehr Zucker- und weniger Gähr- und Gerbstoff besitzen, müssen öfter als rothe Weine abgelassen werden, letztere verlieren durch das öftere Ablassen an Farbe. Auch muß auf die Bestandtheile der einzelnen Weine Rücksicht genommen werden, indem besonders solche, welche von sehr schleimhaltigen Trauben, wie von Sylvanern, oder von Weinbergen mit sehr fettem Boden gewonnen wurden, ein öfteres Ablassen als andere erfordern, weil bei solchen Weinen der viele Schleimgehalt durch die Gährung nicht immer vollständig niedergeschlagen wird und daher im Weine zurückbleibt und zu spätern Krankheiten Veranlassung gibt, wenn er nicht durch öfteres Ablassen entfernt wird.

Das Ablassen selbst muß mit besonderer Vorsicht vorgenommen und der Wein namentlich vor allzu langer Berührung mit der Luft bewahrt werden, weil Weine mit noch viel Gähr- Zucker- und besonders Extraktivstoffgehalt (§. 218) gerne allzu starke Verbindungen mit dem Sauerstoffe der Luft eingehen, wodurch der Wein eine trübe, braune Farbe und einen widerlichen Geschmack (das Rahmwerden) annimmt, der sehr schwer und häufig nur durch künstliche Mittel (Schönen) aus dem Weine wieder entfernt werden kann. Es ist daher bei dem Ablassen nothwendig, daß der Wein möglichst rasch in ein anderes Faß gebracht wird, indem dadurch auch der geistige Gehalt weniger verflüchtet, insbesondere ist aber das Transportiren des Weins in andere Keller mit offenen Butten sorgfältig zu vermeiden.

Sehr angemessen ist es, wenn man die Weine vor dem Ablassen prüft, ob sie zum Rahmwerden Neigung haben oder nicht, was dadurch geschieht, daß man ein Glas voll, etwa 24 Stunden lang, offen den Einwirkungen der Luft aussetzt. Trübt sich dabei der Wein und nimmt er eine Mißfarbe an, so ist sehr zu rathen, denselben nur durch Schläuche abzulassen, wodurch er mit der Luft weniger in Berührung kommt.

Auch auf die Witterung muß bei dem Ablassen des Weins Rücksicht genommen werden, indem starker Frost, wodurch die Kellerräume ohnedieß erkältet werden, so wie feuchte, neblige Witterung oder feuchte Winde, wenn der Wein während derselben mit der Luft in Berührung kommt, aus dem angeführten Grunde einen nachtheiligen Einfluß ausüben können, daher das Weinablassen nur bei hellem, klaren, trockenen, etwas kühlen Wetter und bei kühlem Winde vorgenommen werden sollte.

§. 259.

Die Fässer, in welche der Wein abgelassen wird, müssen vollständig rein und gut vorbereitet sein (§. 254—256), insbesondere ist es sehr gewagt, Fässer dazu zu nehmen, welche nicht vollständig weingrün oder die zuvor von Schimmel, Essigstich ꝛc. gereinigt worden sind, indem in solche nur unvergohrener Wein verfüllt werden sollte, weil der vergohrene einen schwer zu vertreibenden Beigeschmack bekommen könnte. Auch müssen die Fässer fest auf dem Lager liegen, damit kein Schwanken derselben eintritt und dadurch die später abzusetzende Hefe nicht wieder in den Wein zurückkommt.

Vor dem Einfüllen des Weins werden die Fässer in der Regel, je nach der Größe derselben, mit gereinigtem Schwefel eingebrannt, und es ist dieses hauptsächlich dann anzurathen, wenn der Wein sich noch nicht vollständig gehellt hat, indem die schwefelige Säure die Eigenschaft besitzt, nicht nur die atmosphärische Luft aus dem Fasse auszutreiben und dadurch das Kahnziehen des Weins zu verhindern (§. 256), sondern auch mit den noch im Wein vorhandenen schleimigen Stoffen Verbindungen einzugehen und dadurch zu deren Niederschlagung und Reinigung des Weins beizutragen. Man darf jedoch, wenn der Wein nicht zu trüb ist und dadurch einer Krankheit entgegen zu gehen scheint, nicht allzu viel Schwefel anwenden, etwa 1 Schnitte auf 4 bis 5 Einer, weil die Schwefelsäure sonst leicht in den Wein übergehen und derselbe einen schwefelsauren Geschmack annehmen könnte. In angemessener Quantität angewendet, schadet der Schwefel dem Wein um so weniger, als die schwefelige Säure in demselben nur in sehr geringer Menge vorhanden ist, und dieselbe auch mit den im Wein vorhandenen Salzen (Säuren §. 218) Verbindungen eingeht, wodurch sie neutralisirt wird.

Der zur Anwendung kommende Schwefel muß gehörig gereiniget sein (§. 256) und dem Weine, nach dem Einschwefeln der Fässer und dem Einfüllen des Weins, längere Zeit Ruhe gelassen werden, damit der Schwefel die erwähnten Verbindungen eingehen und dadurch zur Reinigung des Weins beitragen kann. Junge Weine, die zum alsbaldigen Gebrauche bestimmt sind, sollen, weil die schwefelige Säure, so lange sie noch keine Verbindungen eingegangen hat, der Gesundheit schadet, namentlich Kopfschmerzen verursacht, entweder gar nicht geschwefelt, oder, weil die schwefelige Säure in nicht ganz vollen Fässern durch die Austreibung der atmosphärischen Luft auch das Kahnziehen auf dem Weine verhindert, nur von Zeit zu Zeit ganz schwach aufgebrannt werden.

Der Schwefel besitzt die weitere Eigenschaft, daß er zum Theil auch die Farbe der Weine niederschlägt, daher derselbe bei rothen Weinen selten in Anwendung kommt, auch ist das Schwefeln hier weniger nothwendig, weil die rothen Weine in der Regel weniger Schleim- und mehr Gerbstoffe besitzen, wodurch die Reinigung derselben ohnehin schneller und vollständiger vor sich geht, als bei weißen Weinen.

Zu dem Einbrennen von Fässern, in welche rother Wein kommt, wird es daher zweckmäßiger sein, wenn man eine mehrmals durchbohrte und mit feinem Weingeist gesättigte Muskatnuß, etwa 1 Loth auf 2 Eimer nimmt oder eine angemessene Quantität reinen Weingeist dazu verwendet (§. 255).

§. 260.

Bei jedem Ablassen des Weins zeigt sich, besonders so lange er noch Hefe erzeugt, am Schlusse Trübwein, der, weil er noch mit Hefentheilen geschwängert ist, nicht mit dem hell abgelassenen Weine, namentlich bei dem zweiten, dritten und weitern Ablasse, gemischt werden darf, weil er denselben nicht nur unnöthig trüben, sondern auch einen Anlaß zur Gährung geben und dadurch die Entwicklung des Weins mindestens verzögern würde. Weit zweckmäßiger ist es daher, wenn man das überfüllte Faß etwas leer läßt, dasselbe, damit der Wein keinen Kahn zieht, mit Schwefel aufbrennt, den Trübwein aber, damit er sich schnell hellt, in ein besonderes stark geschwefeltes Faß bringt und denselben, sowie er sich gehörig geklärt hat, zum Auffüllen oder Nachfüllen des Hauptfasses verwendet.

Um den in der Hefe enthaltenen Wein vollständig zu erhalten, kann man bei dem ersten Ablassen die dicke Hefe in Säcke füllen, auf die Kelter bringen und den ausgepreßten Wein, nachdem er sich geklärt hat, gleichfalls zum Auffüllen verwenden.

Auf das Auffüllen des Weins nach erfolgtem Ablasse und das feste Verspunten der Fässer muß besondere Sorgfalt verwendet werden.

Dasselbe hat den Zweck, den Wein von der atmosphärischen Luft möglichst abzuschließen, damit derselbe keinen Kahn bildet, indem dieser dem Weine sehr schädlich ist, und auf den starken Schwand einen wesentlichen Einfluß ausübt.

Der Kahn entsteht, wenn der Wein in nicht ganz vollen Fässern, besonders bei warmer Witterung, längere Zeit liegen bleibt, die Spundöffnung nicht sorgfältig geschlossen ist, so daß viele Luft in den leeren Raum des Fasses eindringen kann, indem sich zuerst eine dünne Haut über dem Weine bildet, die immer dicker und nach und nach mit Schimmel überzogen wird, einen Essigsäure=Geschmack annimmt und wenn sie zu schwer wird, in den Wein einsinkt und demselben gleichfalls Säure mittheilt.

Der Kahn entwickelt sich hauptsächlich auf sehr schleimhaltigen und zuckerreichen Weinen, daher er durch die Verbindung des Sauerstoffs der Luft mit dem Kleber und Zucker zu entstehen scheint und besonders auch den Nachtheil herbeiführt, daß die Weine durch den Kahn nach und nach alle Süßigkeit verlieren, während magere und saure Weine öfters weniger Kahn ziehen, am meisten widerstehen aber demselben sehr alkoholreiche Weine.

Die Kahnbildung wird verhindert, wenn die Fässer stets voll erhalten und luftdicht verspundet werden, oder, im Falle dieselben nicht ganz voll sind, wenn die atmosphärische Luft durch periodisches Einbrennen derselben mit Schwefel ausgetrieben wird.

Wir haben bereits erwähnt, daß der Wein auch in vollen und fest verschlossenen Fässern durch die Poren des Holzes mit der äußern Luft doch immer noch in Verbindung steht (§. 254), was die Folge hat, daß fortwährend ein Verdunsten von Feuchtigkeit und Flüssigkeit stattfindet, wodurch sich stets wieder leere Räume in den Fässern zeigen oder ein Schwand des Weins entsteht, der ein Nachfüllen oder Auffüllen der Fässer erfordert. Die Feuchtigkeit, welche aus den Fässern verdunstet, besteht jedoch zu dem größten Theile in Wasser und nur in einem sehr geringen Grade in geistiger Flüssigkeit, während die öligen Theile sowie das Arom :c. des Weins davon gar nicht berührt werden, daher auch junge Weine in Fässern, welche stets voll gehalten werden, sich geistreicher und aromatischer entwickeln, als in blos theilweise angefüllten Fässern.

Das Auffüllen der Fässer muß daher bei einer zweckmäßigen Weinpflege von 14 zu 14 Tagen, längstens aber von 4 zu 4 Wochen geschehen, indem sich sonst bei manchen Weinen schon Kahn zeigt. Dasselbe muß womöglich mit dem gleichen Weine oder wenigstens mit einem ähnlichen Weine geschehen, in keinem Falle aber von geringerer Qualität. Hat man keinen entsprechenden Wein, so ist es am angemessensten, wenn man die Fässer mit ausgesuchten gut gewaschenen Kieselsteinen auffüllt, die jedoch nicht in Kalksteinen bestehen dürfen, weil der Wein den Kalk auflöst. Hat der Wein bereits Kahn gezogen, so muß das Auffüllen mit besonderer Vorsicht geschehen, indem, wenn der Wein von einer gewissen Höhe auf den Kahn fällt, derselbe in dem Weine niedersinkt, sich schwimmend in demselben erhält und das Sauerwerden (sogenannter versoffener Kahn) desselben veranlassen kann. In einem solchen Fall ist es daher sehr zweckmäßig, wenn man zum Auffüllen einen langen Trichter nimmt, der tief in den Wein hineinreicht.

Ist ein Faß aufgefüllt, so muß zunächst dafür gesorgt werden, daß dasselbe fest verspundet wird und kein Luftzutritt stattfindet. Das Spundloch muß daher vollständig rund und mit einem in der Dreherei gebräuchlichen stählernen Ausreiber ausgerieben sein, so daß der Spunten sowohl innen als außen genau an das Holz der Spuntdaube sich anschließt, indem, sowie dieses nicht der Fall ist, sich zwischen dem Daubholze und dem Spunten ein leerer Raum befindet, in den Luft eindringt und zum starken Schwand des Weins und zur Kahnbildung beiträgt.

Es müssen daher ganz festschließende Spunten von Eichen- oder Akazienholz oder von Kork verwendet werden, wenn aber bei alten Fässern solche Spunten nicht mehr fest schließen, so thut es schon gute Dienste, wenn man die zum

Umwenden des Spuntens erforderliche Leinwand mit reinem Unschlitt oder Wachs dünn bestreicht, ohne daß Fett an dem Tuche hängen bleibt.

Besonders angemessen ist es, wenn den Fässern sogenannte Füllflaschen aufgesetzt werden, die in gläsernen Flaschen mit dickem Glas mit zwei Hälsen bestehen, wovon der eine in das Spuntloch selbst oder in einen Spunten von Kork fest zu stehen kommt, der andere aber oben, nachdem die Flasche gefüllt ist, mit einem Stöpsel fest verschlossen wird. Man sieht hier immer genau, um wie viel der Wein durch Verdunstung abgenommen hat und kann daher stets zur rechten Zeit nachfüllen und die Kahnbildung verhindern.

4. Die Bestandtheile des Weins, Prüfung der Qualität.

§. 261.

Durch die Gährung des Weins sind mit den ursprünglichen Bestandtheilen der Traube und des Mostes, nach dem bereits Angeführten, wesentliche Veränderungen vorgegangen, so daß die Hauptbestandtheile des Weins nunmehr bestehen:

a. in Wasser,

b. in Alkohol oder Weingeist, in den sich ein großer Theil des Zuckergehalts aufgelöst hat. Derselbe bildet eine wasserhelle, sehr dünne und flüchtige, brennbare Flüssigkeit von angenehmem Geruch und scharfem brennendem Geschmack und ist bedeutend leichter als destillirtes Wasser,

c. in dem unaufgelösten im Weine zurückgebliebenen Zucker,

d. in verschiedenen Säuren, namentlich Gerb- und Weinsteinsäure,

e. in den Farbstoffen und

f. in den, den Weingeschmack und das Gewürz und Bouquet bildenden öligen und salzhaltigen Stoffen.

Die Güte des Weins hängt hauptsächlich von der angemessenen Mischung dieser verschiedenen Bestandtheile ab, wornach dieselbe bestehen soll in 7—12 Procent Alkohol, in 4—6 pro Mille Säure und $1/2$—$1\frac{1}{2}$, bei vorzüglichen Weinen bis $3\frac{1}{2}$ Procent Zucker, hat daher ein Wein weniger Alkohol, so gehört er zu den schwachen, hat er aber mehr Säuregehalt und wenig Zucker zu den sauren Weinen. Bei 8—10 pro Mille Säure tritt dieselbe schon bedeutend hervor, Weine von 12—17 pro Mille sind aber wirklich sauer, wogegen Weine von 6 und mehr Procent Zucker schon zu den süßen Weinen gehören, woraus folgt, daß bei einem vollkommenen Wein weder Geist, noch Süße, noch Säure besonders hervortreten dürfen.

Den Alkoholgehalt des Weins will man durch die Weinwage erforschen, die auf das Princip gegründet ist, daß der Alkohol leichter als das Wasser ist, indem wenn ein Gefäß, das mit 1000 Pfd. Wasser gefüllt ist, die gleiche

Quantität Alkohol erhält, derselbe nur ein Gewicht von 791 Pfd. zeigt, so daß 791 Pfd. Alkohol denselben Raum einnehmen, wie 1000 Pfd. Wasser. Das Instrument ist auf ähnliche Weise geformt wie die Mostwage (§. 237) und dabei so eingerichtet, daß die in Grade von 1—10 eingetheilte Scala im klaren Wasser bis zum Nullpunkt und sofort je tiefer einsinkt, je mehr Alkoholgehalt der Wein hat. Da jedoch derselbe neben dem Alkohol auch noch andere Stoffe, namentlich Zucker enthält, welche dem Einsenken der Wage entgegenwirken, wodurch sehr alkoholreiche aber dabei auch süße Weine häufig ein sehr geringes Gewicht anzeigen, so sind die gewöhnlichen Weinwagen sehr unsichere Instrumente zu der Erforschung des Alkoholgehalts, besonders edler und vorzüglicher Weine, und können höchstens nur bei gemeinen Weinen, die wenig Zucker besitzen, den Alkoholgehalt annähernd anzeigen. Dagegen ist in den letzten Jahren von dem Physiker Geisler in Bonn ein sehr vorzügliches Instrument, unter dem Namen Vaporimeter, angefertigt worden, das auf den in Mulders Chemie des Weins Seite 151 aufgestellten Principien über die Ermittlung des Alkohols des Weins zu beruhen scheint und nach dem sich der Gehalt bis auf ein halb Tausendstel ermitteln läßt, daher dasselbe allseitige Verbreitung finden dürfte.

Der Säure- und Zuckergehalt des Weins läßt sich annähernd beim Versuchen durch die Zunge und den Gaumen bestimmen, auch kann man sich zur Untersuchung des erstern, nach §. 238 eines Säuremessers bedienen.

Bei den übrigen Bestandtheilen des Weins muß zwischen Geruch, Bouquet und Gewürz unterschieden werden. Den allgemeinen Weingeruch besitzen alle Weine, er kommt von einer im Weine enthaltenen fetten Säure, dem Oenanth-Aether her, der sich in geringer Menge (etwa $1/40,000$stel) in dem Weine befindet und sich auch aus Weinhefe und Weintreber gewinnen läßt. Dieser allgemeine Weingeruch ist um so stärker, je jünger der Wein ist, er ist aber unzertrennlich mit gutem Weine verbunden, charakterisirt denselben, so alt er auch sein mag und ist ein Zeichen reeller Qualität, daher Weine, bei welchen derselbe fehlt, als verfälscht zu betrachten sind.

Das Gewürz und Bouquet kommt dagegen nicht bei allen Weinen, sondern nur bei den vorzüglichsten vor.

Das Gewürz entwickelt sich in der Regel aus der Traube selbst, wie z. B. aus der Muskat- und Muskatellertraube, auch haben die Traminer- und Clevnerweine vielen Gewürzgeschmack, sowie derselbe überhaupt bei den rothen Weinen vorherrschender ist als bei den weißen.

An der Bildung des Bouquets nimmt auch der Boden Antheil, indem es Bodenarten gibt, die sehr bouquetreiche, andere die weniger bouquetreiche oder mehr gewürzige Weine liefern. Namentlich soll eine gewisse Quantität Thon und rechtzeitige Feuchtigkeit bei der Auszeitigung der Traube der Ausbildung des Bouquets sehr günstig sein, daher auch bei bouquetreichen Weinen, wie bei dem Rießling, das Bouquet nicht jedes Jahr gleich stark erscheint. Dasselbe macht sich durch einen feinen blumenartigen Geruch bemerkbar, der nur durch die Geruchsnerven erkannt werden kann, während das Gewürz mehr Sache des Geschmacks ist. Aus welcher Weinsubstanz das Bouquet entsteht, darüber herrschen noch manche Zweifel, nach neueren Untersuchungen soll sich aus bouquetreichen Weinen eine eigenthümliche Stickstoffverbindung, in Form eines neutralen Salzes ausscheiden lassen, das den Geruch des Bouquets in hohem Grade besitze und bei vorzüglichen Weinen einen höchst angenehmen, bei schlechten Weinen aber, aus nicht ausgereiften Trauben, einen widrigen Geruch äußern soll. (Vergl. §. 218 Anmerkung Nr. 10.)

Gewürz und Bouquet lassen sich übrigens bei manchen Weinen sehr schwer unterscheiden, weil die bouquetreichen Weine häufig auch Gewürz haben.

Zur sicheren Beurtheilung der Qualität eines Weins gehören übrigens nicht nur die angeführten Instrumente, sondern auch verschiedene Sinneswerkzeuge, namentlich

a. das Auge, um die Farbe und Klarheit der Weine zu beurtheilen. Entschiedene Farbe (roth, gelb, weiß) und Klarheit sind zwar günstige aber noch keine entscheidende Zeichen für einen guten Wein, während, wenn ein Wein nicht durchsichtig sondern trüb ist, man mit Bestimmtheit behaupten kann, daß er an irgend einem Gebrechen leidet.

b. Die Nase, um darnach den allgemeinen Weingeruch so wie das besondere Bouquet zu beurtheilen, das letztere ist, wenn angenehm, wie die Farbe und Klarheit des Weins, ein gutes aber gleichfalls kein entscheidendes Zeichen für die Güte des Weins, indem es auch leichte Weine mit Bouquet und Weine mit unangenehmem, widerlichen Bouquet gibt.

c. Die Zunge und der Gaumen. Der Geschmack, den der vordere Theil des Mundes empfindet, ist nicht derselbe, welchen der hintere Theil wahrnimmt. Wird der Wein in den Vordermund genommen, so läßt sich an den Rändern und der Spitze der Zunge sogleich spüren, ob derselbe mehr Säure oder Süße oder einen zusammenziehenden Geschmack hat. Ist das Eine oder andere vorherrschend, so wird die Qualität minder gut sein, während, wenn sich die drei Geschmacksgegenstände so vereinigen, daß keines als vorherrschend, sondern das Ganze dem Munde angenehm und gefällig erscheint, dieses eine gute Qualität anzeigt.

Gelangt der Wein in den hintern Theil des Mundes an den Gaumen, so läßt sich dort hauptsächlich die Stärke oder Schwäche an Alkohol, der Erdgeschmack, das widerlich Salzige, das Bittere und der Faßgeschmack verspüren.

Wird der Wein verschluckt, so steigt, sowie er den hintern Theil des Gaumens passirt hat, ein hervorstechender, deutlich ausgeprägter Geruch aus dem Schlunde in die Nase auf, wodurch gleichfalls die Qualität oder die Gebrechen des Weinbouquets beurtheilt werden können, auch läßt die letzte Berührung des Weins mit den Schleimhäuten des Schlundes und der Zunge einen längeren Eindruck des Geschmacks zurück, dessen angenehme oder unangenehme Empfindung mit dem Ausdruck „Nachgeschmack" bezeichnet werden kann. Diejenigen Weintrinker, die mit einer besondern Feinheit und Empfindlichkeit der gedachten Sinneswerkzeuge ausgestattet sind, werden daher darnach die Qualität eines jeden Weins am sichersten beurtheilen können.

Ueber die Behandlung der ausgebildeten Weine, über die Krankheiten, denen dieselben unterworfen sind ꝛc., könnte nun noch Vieles gesagt werden, da jedoch die gegenwärtige Schrift sich nur auf den Weinbau und die Weinbereitung beziehen solle, so läßt sich eine weitere Abhandlung über Weinbehandlung mit derselben nicht vereinigen, vielmehr wird sich auf andere in dieser Beziehung bereits vorhandene Schriften berufen.

Anhang.

Einfluß der climatischen Verhältnisse auf den Weinbau.

Nach den Beobachtungen in Württemberg.

§. 262.

Die Witterungsverhältnisse üben auf den Ertrag der Weinberge und auf die Qualität des Weins einen mächtigen Einfluß aus, es ist deßwegen von hohem Interesse, dieselben von den einzelnen Weinbaugegenden näher kennen zu lernen und damit Vergleichungen mit dem Erzeugnisse der Weinberge hinsichtlich der Quantität und Qualität derselben anzustellen.

Beobachtungen über die Witterungsverhältnisse in den einzelnen Weinbaugegenden Württembergs sind früher auf Veranlassung des Herrn Professors Plieninger in Stuttgart, später durch Veranstaltungen des topographischen Bureau daselbst von verschiedenen Freunden der Meteorologie unter Benützung gleichartiger Instrumente gemacht, von Herrn Professor Plieninger zusammengestellt und meistens in den württembergischen Jahrbüchern bekannt gemacht worden. Neuerlich werden ähnliche Notizen auch auf den einzelnen Telegraphen-Stationen von den dort angestellten Personen aufgenommen und jährlich an das topographische Bureau in Stuttgart eingesendet, bei dem sich die Akten über sämmtliche ältere und neuere Beobachtungen befinden. Unter Benützung dieser Akten, sowie nach Privatmittheilungen einzelner Freunde der Meteorologie sind nun die nachfolgenden Zusammenstellungen gefertigt worden, die, wenn gleich wegen Mangels an Beobachtungen lückenhaft, doch vielseitiges Interesse gewähren dürften.

1. Sommertage
von 20 und mehr Graden nach Reaumur.

I. Oberes Neckarthal

Jahr.	Tübingen, 1162 Fuß über dem Meere.	Jahr.	Pfullingen, 1488 Fuß über dem Meere.	Reutlingen, 1344 Fuß über dem Meere.	Bissingen, 1448 Fuß über dem Meere.
	Mai—Okt.		Mai—Okt.	Mai—Okt.	Juli—Okt.
1820.	29	1838.	47	—	—
1821.	17	1839.	45	—	28
1822.	42	1840.	34	—	7
1823.	26	1841.	42	—	20
1824.	22	1842.	64	—	48
1825.	29	1843.	41	—	17
1826.	40	1844.	34	—	15
1827.	35	1845.	28	—	21
1829.	19	1846.	83	—	50
1830.	31	1847.	46	—	32
1831.	23	1848.	79	—	35
1832.	30	1849.	65	—	—
1833.	20	1850.	63	—	20
		1851.	56	—	17
	Durchschnitt von 1820/26: 29	1852.			32
	von 1827/33: 26	1853.		43	32
		1854.		47	31
		1855.		31 17	24 15
				48	39
		1856.		25 17	17 17
	Gesammt-Durchschnitt von 13 Jahren: 28		Durchschnitt von 1838/46: 46	42	34
			von 1847/51: 62	Durchschnitt: 45	Durchschnitt von 1839/46: 26
			Gesammt-Durchschnitt in 14 Jahren: 54		von 1847/56: 30
					Gesammt-Durchschnitt in 17 Jahren: 28

II. Mittleres Neckarthal.

Jahr.	Stuttgart 860 Fuß über dem Meere.		Wangen 929 Fuß, Cannstatt 765 Fuß über dem Meere.	Ludwigsburg 1022 Fuß über dem Meere.	Hohenheim 1373 Fuß über dem Meere.
	Mai Juli.	August Okt.	Mai—Okt.	Mai—Okt.	Mai—Okt.
1825	48		—	—	—
1826	57		—	—	—
1827	27	10	—	—	—
	37				
1828	31	9	—	—	—
	40				
1829	20	6	22	18	—
	26				
1830	33	12	39	46	—
	45				
1831	32	14	40	—	—
	46				
1832	20	16	39	57	—
	36				
1833	33	1	34	40	—
	34				
1834	53	35	88	92	—
	88				
1835	40	21	63	60	—
	61				
1836	29	21	51	45	—
	50				
1837	25	19	49	47	—
	44				
1838	33	14	44	41	18
	47				
1839	40	13	48	35	36
	53				
1840 April 1.	25	15	40	—	25
	40				
1841 April 5.	30	25	53	—	42
	55				
1842 April 2.	42	32	70	—	67
	74				
1843	13	14	35	—	35
	27				
1844	12	8	25 Cannstatt 30	—	27
	20				

Jahr.	Stuttgart.		Wangen u. Cannstatt.	Ludwigsburg.		Hohenheim.	
	Mai Juli.	August Oktober.	Mai—Oktober	Mai Juli.	August Oktober.	Mai Juli.	August Oktober.
1845	22	7	39	—	—	39	
	29						
1846	45	22	85	—	—	78	
	67						
1847	32	14	59	—	—	52	
	46						
1848	30	14	61	—	—	57	
	44						
1849	25	11	39	—	—	46	
	36						
1850	18	7	35	—	—	37	
	25						
1851	13	10	26	—	—	32	
	23						
1852	34	6	43	—	—	46	
	40						
1853	21	9	34	—	—	34	
	30						
1854	15	15	35	—	—	41	
	30						
1555	25	15	41	—	—	43	
	40						
1856	19	20	42	—	—	47	
	39						
	Durchschnitt von 1827/36 32 14 46 von 1837/46 29 17 46 von 1847/56 23 12 35 Gesammt-Durchschnitt in 30 Jahren 28 14 42		Durchschnitt von 1825/36 47 von 1837/44 45½ von 1844/46 51 von 1847/56 41½ Gesammt-Durchschnitt in 29 Jahren 45	Durchschnitt von 1829/36 51 von 1837/39 41 Gesammt-Durchschnitt in 10 Jahren 46		Durchschnitt von 1838/46 41 von 1847/56 43½ Gesammt-Durchschnitt in 19 Jahren 42	

III. Unteres Neckarthal.

Jahr.	Heilbronn 532 Fuß über dem Meere. Mai–Oktober	Weinsberg 708 Fuß über dem Meere. Mai–Oktober	Jahr.	Heilbronn. Mai–Oktober	Weinsberg. Mai–Oktober
1811	47	— —	1842	76	85
1818	67	— —	1843	27	32
1822	80	— —	1844	20	30
1825	48	— —	1845	30	39
1826	57	— —	1846	78	77
1827	37	— —	1847	46	52
1828	40	— —	1848	43	60
1829	26	— —	1849	25	48
1830	45	— —	1850	37	35
1831	46	— —	1851	32	31
1832	36	— —	1852	54	44
1833	34	— —	1853	35	30
1834	98	— —	1854	20	36
1835	61	— —	1855	45	41
1836	50	— —	1856	50	47
1837	44	— —			
1838	47	45		Durchschnitt von 1827/36 47	Durchschnitt von 1838/46 55
1839	53	63		von 1837/46 46	von 1847/56 43
1840	41	52		von 1847/56 39	Gesammt-Durchschnitt in 15 Jahren 40
1841	41	68		Gesammt-Durchschnitt in 30 Jahren 44	

V. Remsthal.		V. Kocherthal.		VI. Jagstthal.		
Jahr.	Winnenden 1070 Fuß über dem Meere. Mai-Oktober.	Jahr.	Oehringen 808 Fuß über dem Meere. Mai. August. Juli. Oktober.	Jahr.	Schönthal 731 Fuß über dem Meere. Mai-Oktober.	Amlishagen 15—1600 Fuß üb. dem Meere unfern der Grenze des Weinbaues. Mai-Oktober.
1838	65	1838	38	1830	26	— —
1839	48	1839	48	1831	33	— —
1840	37	1840	59	1832	21	— —
1841	53	1841	65	1833	20	— —
1842	74	1842	81	1834	60	— —
1843	40	1843	46	1835	46	— —
1844	23	1844	31	1836	28	— —
1845	28	1845	47	1837	30	— —
1846	76	1846	93	1838	20	— —
1847	53	1847	57	1839	26	50
1848	48	1848	61	1840	12	16
1849	37	1849	46	1841	25	22
1850	29	1850	39	1842	49	35
1851	28	1851	28	1843	—	14
1852	46	1852	63	1844	—	9
1853	32	1853	40	1845	—	28
1854	29	1854	48	1846	—	78
1855	21 14 35	1855	30 16 46	1847	—	55
				1848	—	58
1856	19 14 33	1856	25 20 45	1849	—	45
				1850	—	35
				1851	—	30
	Durchschnitt von 1838/46 40		Durchschnitt von 1838/46 56	1852	—	57
				1853	—	42
	von 1847/56 37		von 1847/56 47	1854	—	37
				1855	—	31 14 45
	Gesammt-Durchschnitt in 19 Jahren 43		Gesammt-Durchschnitt in 19 Jahren 51½	1856	—	28 21 49
					Durchschnitt von 1827/36 33	Durchschnitt von 1839/46 31½
					von 1837 42 27	von 1847/56 45
					Gesammt-Durchschnitt 30	Gesammt-Durchschnitt 39

	VII. Tauberthal.		VIII. Bodensee-Gegend.	
Jahr.	Mergent-heim 711 Fuß über dem Meere. Mai–Oktober	Oberstetten 1100—1150 Fuß über dem Meere. Mai–Oktober	Jahr.	Friedrichs-hafen 1402 Fuß über dem Meere Mai–Oktober
1839	33	43	1830 Friedrichshfn	14
1840	23	24	1832 Weingarten	28
1841	46	39	1833 Weingarten	24
1842	47	47	1834 Weingarten	76
1843	—	24	1835 Friedrichshfn	31
1844	—	11	1836	—
1845	30	26	1837	47
1846	—	58	1853	26
1847	63	37	1854	32
1848	55	31	1855	45
1849	44	22	1856	69
1850	44	30		
1851	—	22		Durchschnitt in 10 Jahren 39
1852	—	38		
1853	38	26		
1854	41	27		
1855	43	31		
1856	32	34		
	Durchschnitt von 1839/46 36	Durchschnitt von 1839/46 34		
	von 1847/56 45	von 1847/56 30		
	Gesammt-Durchschnitt in 13 Jahren 41½	Gesammt-Durchschnitt in 18 Jahren 32		

§. 263.
2. Mittlere Temperatur.

Nach dem Thermometer von Reaumur und nach Graden über dem Eispunkt, auf einen Tag reduzirt.

I. Oberes Neckarthal.

Jahr	Tübingen 1162 Fuß über dem Meere. Mai Juli / August Okt.	Jahr	Pfullingen 1488 Fuß über dem Meere. Mai Juli / August Okt.	Bissingen 1418 Fuß über dem Meere. Mai Juli / August Okt.	Jahr	Bissingen 1448 Fuß über dem Meere. Mai Juli / August Okt.	Reutlingen 1344 Fuß über dem Meere. Mai Juli / August Okt.
1819	12,65 10,40 / 11,53	1838	13,78 11,06 / 12,42	---	1853	12,64 11,06 / 11,85	13,22 11,58 / 12,40
1820	11,25 9,82 / 10,54	1839	12,78 10,99 / 11,89	13,39 10,92 / 12,15	1854	13,03 11,23 / 12,13	13,75 11,65 / 12,70
1821	10,36 10,61 / 10,48	1840	11,45 9,63 / 10,54	12,28 9,95 / 11,11	1855	12,50 12,10 / 12,30	13,68 12,32 / 13,00
1822	13,89 10,90 / 12,39	1841	12,96 11,57 / 12,26	12,84 11,34 / 12,09	1856	12,31 11,53 / 11,92	13,02 11,82 / 12,42
1824	12,15 11,07 / 11,61	1842	13,54 10,67 / 12,11	13,86 10,99 / 12,43	Durchschnitt in 18 Jahren 12,73 11,00 / 11,86		Durchschnitt in 4 Jahren 13,42 11,84 / 12,63
1825	11,64 10,89 / 11,26	1843	11,62 9,64 / 10,63	11,61 11,33 / 11,47			
1826	12,97 12,31 / 12,64	1844	11,05 10,07 / 10,56	11,31 10,72 / 11,02			
1827	13,32 11,32 / 12,32	1845	11,09 8,84 / 10,41	12,62 10,74 / 11,68			
1831	12,53 11,71 / 12,12	1846	13,42 11,52 / 12,47	14,52 12,52 / 13,52			
1832	11,36 9,77 / 10,70	1847	13,69 11,24 / 12,46	13,43 10,70 / 12,06			
1833	12,85 8,68 / 10,36	1848	13,50 11,91 / 12,70	13,66 11,41 / 12,53			
Durchschnitt in 13 Jahren 12,35 10,62 / 11,49		1849	13,86 11,01 / 12,44	13,51 11,01 / 12,26			
		1850	10,46 11,75 / 11,11	12,41 9,65 / 11,03			
		1851	11,59 10,87 / 11,23	11,76 10,50 / 11,13			
		1852		13,67 10,67 / 12,17			
		Durchschnitt in 14 Jahren 12,56 10,90 / 11,23					

II. Mittleres Neckarthal.

Von **Stuttgart** besitzen wir Beobachtungen über die mittlere Temperatur vom Jahr 1792 (Correspondenzblatt des württembergischen landwirthschaftlichen Vereins 1836 I. Band S. 286), die wir hier bis zum Jahr 1826 zusammenstellen, wo sodann noch weitere Beobachtungen von andern Orten hinzukommen.

Jahr	Mai August Juli. Oktober. pr. Tag.	Jahr	Mai August Juli. Oktober. pr. Tag.	Jahr	Mai August Juli. Oktober. pr. Tag.	Jahr	Mai August Juli. Oktober. pr. Tag.
1792	13,68 12,47 13,07	1801	14,23 13,91 14,07	1810	13,30 12,27 12,79	1819	14,35 11,50 12,93
1793	14,12 12,61 13,36	1802	14,30 13,34 13,82	1811	14,98 12,57 13,78	1820	12,68 11,09 11,89
1794	15,28 11,40 13,34	1803	13,45 11,24 12,35	1812	13,51 11,16 12,33	1821	11,72 11,80 11,76
1795	14,14 14,02 14,08	1804	14,24 12,69 13,47	1813	12,70 10,05 11,38	1822	15,26 11,70 13,48
1796	13,60 12,40 13,00	1805	12,19 10,44 11,32	1814	12,66 10,49 11,57	1823	13,23 11,32 12,27 5
1797	14,70 12,51 13,60	1806	13,95 11,43 12,69	1815	13,24 11,08 12,16	1824	13,22 11,9 12,58
1798	14,46 12,55 13,51	1807	14,10 13,11 13,60	1816	11,36 10,59 10,97	1825	14,03 11,19 12,61
1799	12,92 11,75 12,33	1808	14,30 11,35 12,83	1817	12,99 10,66 11,83	1826	14,23 13,28 13,75
1800	13,87 12,12 12,99	1809	13,74 11,51 12,62	1818	13,92 10,86 12,39		

Jahr.	Stuttgart 860 Fuß über dem Meere.		Wangen 929, Cannstat 765 Fuß über dem Meere.		Ludwigsburg 1022 Fuß über dem Meere.		Hohenheim 1378 Fuß über dem Meere.		Unteres Neckarthal.	
	Mai Juli. pr. Tag.	August Oktober.	Mai Juli. pr. Tag.	August Oktober.	Mai Juli. pr. Tag.	August Oktober.	Mai Juli. pr. Tag.	August Oktober.	Mai Juli.	August Oktober.
1825	oben.		13,39 12,62	11,84	—		—			
1826			12,98 12,83	12,67	—		—		Heilbronn 532 Fuß über dem Meere.	
1827	14,77 13,28	11,80	—		—		—			
1828	14,60 12,88	11,16	—		—		—		13,35 12,27	11,20
1829	13,65 11,96	10,28	13,20 11,71	10,22	13,12 11,80	10,48	—		13,62 12,50	11,39
1830	14,32 12,62	10,93	13,84 12,29	10,73	14,69 13,9	11,50	—			
1831	13,79 13,03	12,26	13,14 12,49	11,84	13,93 13,76	13,59	—			
1832	13,21 12,28	11,35	12,70 12,05	11,39	14,10 13,30	12,50	—			
1833	15,12 12,55	9,89	14,07 11,84	9,62	15,35 13,09	10,84	—			
1834	15,84 14,20	12,56	15,25 13,75	12,26	16,79 15,10	13,40	—			
1835	14,25 12,84	11,44	13,77 12,18	10,60	14,83 12,83	10,83	—			
1836	13,36 12,49	11,61	12,72 11,88	11,03	13,73 12,95	12,18	—			
1837	13,04 12,14	11,25	12,41 11,64	10,88	13,91 12,56	11,22	—			
1838	13,51 12,50	11,50	13,18 12,00	10,83	—		13,1 11,9	10,8		
1839	14,89 13,04	11,68	13,92 12,50	11,09	—		13,9 12,7	11,4	Weinsberg 708 Fuß über dem Meere.	
1840	13,47 12,11	10,75	12,70 11,83	10,96	—		12,2 11,8	10,4		
1841	23,80 13,12	12,44	13,34 12,58	11,82	—		13,3 12,5	11,8	14,88 14,05	13,22
1842	14,19 12,99	11,79	14,12 12,62	11,12	—		13,9 12,7	11,5	15,21 13,63	12,06
1843	12,72 12,22	11,73	12,25 11,79	11,34	—		12,6 12,1	11,6	13,15 12,35	11,54

Jahr.	Stuttgart 860 Fuß über dem Meere. Mai August Juli. Okt. pr. Tag.	Wangen 929 Cannstatt 765 Fuß über dem Meere. Mai August Juli. Okt. pr. Tag.	Ludwigsburg 1022 Fuß über dem Meere Mai August Juli. Okt. pr. Tag.	Hohenheim 1373 Fuß über dem Meere. Mai August Juli. Okt. p. Tag.
1844	13,26 11,30 12,28	12,27 10,67 11,47 Cannstatt 13,16 11,33 12,24	—	13,1 11,3 12,2
1845	13,19 11,02 12,10	13,30 10,94 12,12	—	13,3 10,4 11,9
1846	15,82 12,98 14,40	15,27 13,05 14,16	—	14,9 12,8 13,9
1847	14,55 11,33 12,94	14,36 11,13 12,74	—	18,9 10,4 12,1
1848	14,57 11,94 13,25	14,42 11,72 13,07	—	14,0 11,5 12,8
1849	14,51 11,26 12,88	13,87 11,06 12,47	—	13,8 11,1 12,4
1850	12,88 10,17 11,53	12,92 10,04 11,48	—	12,10 9,7 11,3
1851	12,69 11,09 11,89	12,26 10,91 11,59	—	12,5 11,0 11,8
1852	14,59 11,48 13,04	13,97 10,86 12,41	—	14,0 10,5 12,3
1853	15,45 12,25 13,85	13,54 11,45 12,49	—	13,4 11,6 12,5
1854	14,08 11,66 12,87	13,53 11,04 12,29	—	13,3 11,1 12,2
1855	13,23 12,67 12,95	13,28 12,14 12,71	—	13,3 11,10 12,6
1856	13,39 13,30 12,84	12,91 11,71 12,31	—	12,9 12,0 12,5
	Durchschnitt in 65 Jahren 13,85 11,76 12,80	In 31 Jahren 13,40 11,34 12,37	Von 1829 bis 1837 14,39 11,75 13,07 Anmerk. 13.	In 19 Jahren 13,4 11,2 12,3

13. Anmerkung. Die etwas stärkere mittlere Temperatur zu Ludwigsburg mag hauptsächlich daher kommen, daß in der höher und freier liegenden Stadt die Luft häufig trockener und heiterer als in den benachbarten Thälern ist, und daß aus diesen bei Windstille die erwärmte Luft des Abends in die Höhe steigt, so daß höher liegende Orte häufig wärmere Nächte als Thalorte haben, indem in den Thälern durch die geringere Beweglichkeit der Luft und die aufsteigenden Nebel die Luft Abends erkältet wird, wodurch sich auch das öftere Erfrieren der Reben in Thälern als auf Höhen erklären läßt. Aehnliche Erscheinungen kommen auch bei den beobachteten Sommertagen zu Oehringen Amslishagen und in andern Orten vor

Jahr	Remsthal — Oberurbach 963 Fuß, Stetten 906 Fuß, Winnenden 1070 Fuß über dem Meere.		Kocherthal — Oehringen 808 Fuß über dem Meere.		Jagstthal — Schönthal 731 Fuß über dem Meere.		Jagstthal — Amlishagen 15—4600 Fuß über d. Meere.		Tauberthal — Mergentheim 711 Fuß über dem Meere.	
	Mai. Juli.	August. Oktober.	Mai. Juli.	August. Oktober.	Mai. Juli.	August. Oktober.	Mai. Juli.	August. Oktober.	Mai. Juli.	August. Oktober.
	Oberurbach									
1829	12,47 11,26	10,06	—		—				—	
1830	13,33 11,87	10,42	—		13,83 12,32	10,81			—	
1831	12,97 12,41	11,86	—		13,30 12,69	12,09			—	
1832	12,32 11,51	10,71	—		12,58 11,90	11,22			—	
1833	—		—		14,14 12,09	10,05			—	
	Stetten									
1834	13,82 12,84	11,87	—		15,07 13,71	12,35			—	
1835	14,13 12,92	11,72	—		14,13 12,73	11,34			—	
	Winnenden									
1836	13,51 12,59	11,68	—		13,19 12,49	11,78			—	
1837	13,35 12,90	12,45	—		12,68 12,04	11,40			—	
1838	13,78 13,13	12,49	13,7 12,3	11,0	13,20 12,03	10,86			—	
1839	13,73 12,53	11,33	14,2 12,9	11,5	14,30 12,91	11,52	14,46 12,99	11,53	14,21 13,08	11,95
1840	12,67 11,52	10,37	13,2 11,7	10,3	12,97 11,97	10,97	11,75 10,67	9,60	13,80 12,36	10,93
1841	13,58 12,82	12,06	13,7 12,7	11,8	13,89 13,09	12,26	12,42 11,67	10,93	15,50 14,17	12,85
1842	13,87 12,68	11,49	13,8 12,4	11,0	14,98 13,38	11,79	13,03 11,86	10,70	14,87 13,29	11,72
1843	12,14 11,69	11,24	14,7 12,7	10,7	—		11,20 10,89	10,58	—	
1844	11,96 11,04	10,12	12,5 11,6	10,6	—		11,58 10,64	9,71	—	
1845	13,19 12,04	10,89	13,4 11,9	10,3	—		12,40 11,18	9,96	10,43 10,67	10,92
1846	14,55 13,75	12,95	14,8 14,7	14,6	—		14,92 13,91	12,90	—	

Fortsetzung S. 451.

	Remsthal.	Kocherthal.		Tauberthal.	Bodensee-Gegend.
Jahr.	Winnenden 1070 Fuß über dem Meere.	Oehringen 808 Fuß über dem Meere.	Jahr.	Oberstetten 1100–1150 F über d. Meere	Friedrichshfn 1402 Fuß über dem Meere, Weingarten-Ravensburg 1693 Fuß
	Mai Juli. August Oktober.	Mai Juli. August Oktober.		Mai Juli. August Oktober.	Mai Juli. August Oktober.
1847	13,51 10,70 12,10	14,0 10,7 12,3	1829	—	—
1848	13,27 11,11 12,19	12,5 11,1 11,8	1830	—	Friedrichsh. 12,20 9,29 10,74
1849	13,20 10,82 12,01	15,2 10,6 12,9	1831	—	—
			1832	—	—
1850	12,36 9,56 10,96	12,9 9,10 11,4	1833	—	—
1851	11,35 10,52 10,93	12,2 10,7 11,5	1834	—	Weingarten 13,83 11,60 12,46
1852	13,37 9,65 11,51	14,4 10,5 12,5	1835	—	Friedrichsh. 14,40 12,16 13,28
1853	13,02 11,20 12,11	13,0 10,9 11,9	1836	—	—
1854	12,52 10,90 11,71	13,3 10,7 12,0	1837	—	13,85 12,12 12,99
1855	12,19 11,79 11,99	12,8 11,7 12,3	1838	—	—
			1839	14,69 11,65 13,17	Ravensburg
1856	12,29 11,55 11,92	12,7 11,5 12,1	1840	13,39 10,68 12,03	12,16 10,43 11,30
	Durchschnitt auf 26 Jahren 13,7 11,17 12,12	Durchschnitt in 19 Jahren 13,5 11,0 12,3	1841	13,42 11,94 12,68	—
			1842	13,73 11,32 12,52	
			1843	12,17 11,21 11,69	
			1844	10,83 10,46 10,64	—
			1845	12,87 10,17 11,52	—
			1846	14,16 12,87 13,52	—

Jahr.	Jagstthal				Tauberthal.				Bodensee-Gegend.	
	Schönthal. 731 Fuß über dem Meere.		Amlishagen 15—1600 Fuß über b. Meere.		Mergentheim 711 Fuß über bem Meere.		Oberstetten 1100—1150 F über b. Meere		Friedrichshaf. 1402 Fuß über bem Meere.	
	Mai Juli.	August Oktober.	Mai Juli.	August Oktober.	Mai Juli.	August Oktober.	Mai Juli.	August Oktober.	Mai Juli.	August Oktober.
1847	—	—	13,85 12,34	10,33	13,56 11,38	9,21	13,61 12,33	11,05	—	—
1848	—	—	14,32 12,71	11,11	13,55 12,18	10,81	14,11 12,82	11,53	—	—
1849	—	—	14,19 12,37	10,55	13,34 11,76	10,18	13,46 11,82	10,19	—	—
1850	—	—	13,28 11,52	9,75	13,11 11,53	9,95	12,98 11,37	9,77	—	—
1851	—	—	11,76 10,84	9,92	—	—	12,26 11,83	11,39	—	—
1852	—	—	14,69 12,80	10,91	—	—	13,95 12,44	10,94	Friedrichshf.	
1853	—	—	14,02 12,77	11,52	13,34 12,34	11,33	13,19 12,29	11,39	11,42 10,73	10,05
1854	—	—	13,55 12,34	11,13	13,71 12,46	11,21	13,39 12,24	11,09	14,07 13,25	12,44
1855	—	—	12,95 12,41	11,87	13,38 12,82	12,27	12,69 12,33	11,96	13,93 13,35	12,78
1856	—	—	12,91 12,45	11,99	12,52 11,83	11,15	12,68 12,45	12,22	13,19 12,77	12,35
	Durchschnitt in 13 Jahren 13,71 11,42 12,56		Durchschnitt in 18 Jahren 13,14 10,85 11,99		Durchschnitt auf 13 Jahre 13,53 11,21 12,38		Durchschnitt in 18 Jahren 13,19 11,22 12,02		Durchschnitt in 9 Jahren 13,17 11,47 12,32	

§. 264.

3. Regenfall.

Nach Pariser Kubikzollen, beobachtet in einem Blechgefäß von 1 Pariser Quadratfuß Oeffnung.

	I. Oberes Neckarthal.									
Jahr.	Tübingen 1162 Fuß über dem Meere.			Jahr.	Bissingen 1448 Fuß über dem Meere.			Jahr.	Stuttgart 860 Fuß über dem Meere.		
	Mai Juli	August Okt.	Vom ganzen Jahr		Mai Juli	August Okt.	Vom ganzen Jahr		Mai Juli	August Okt.	Vom ganzen Jahr
1819	1615	805	3577	1841	1236	1252	3857	1825	970	1250	3433
1820	673	532	1780	1842	780	827	2568	1826	1651	743	3038
1821	1215	1123	3512	1843	2288	1207	5255	1827	1159	1013	4000
1822	1170	848	2764	1844	1955	1357	4590	1828	701	714	2602
1824	2151	1815	5325	1845	1947	1199	4497	1829	931	1229	3364
1825	763	1457	3329	1846	1111	1347	4356	1830	1509	936	3471
1826	1651	743	3038	1847	1812	1384	4662	1831	1429	793	4005
1827	1176	888	4020	1848	1210	1484	4793	1832	868	469	2409
1829	824	1484	3497	1849	1195	981	4350	1833	1200	1220	4189
1830	1481	1099	3650	1850	1753	1869	5571	1834	742	716	2011
1831	1385	1087	3970	1851	1811	2413	6044	1835	680	963	2988
1832	913	545	2599	1852	1177	1445	3812	1836	823	829	3583
1833	1830	1056	4808	1853	2128	985	4449	1837	1175	1148	3746
				1854	1302	859	3770	1838	1149	647	3136
Durchschnitt in 13 Jahren 1296 1037 3528 2333				1855	1414	851	3681	1839	1077	690	3286
				1856	2102	846	4688	1840	1359	714	3095
								1841	1169	1045	3243
				Durchschnitt in 16 Jahren 1576 1269 4434 2845				1842	642	641	2144
								1843	1290	737	3414

II. Mittleres Neckarthal.

II. Mittleres Neckarthal.

Jahr	Stuttgart 860 Fuß über dem Meere			Jahr	Wangen 929, Cannstatt 765 Fuß über dem Meere			Jahr	Hohenheim 1373 Fuß über dem Meere		
	Mai. Juli.	August. Ott.	Vom ganzen Jahr		Mai. Juli.	August. Ott.	Vom ganzen Jahre.		Mai. Juli.	August. Ott.	Vom ganzen Jahre.
1844	1173	1156	3470	1825	931	1341	3250	1838	1109	746	2983
1845	1576	874	3817	1826	1500	496	2689	1839	878	705	3015
1846	685	824	3259	1827	1056	918	3519	1840	1069	733	2812
1847	1026	1206	3369	1829	712	982	2680	1841	1172	1011	3263
1848	940	848	3226	1830	1050	792	2663	1842	625	639	2178
1849	935	830	3343	1831	1245	744	3525	1843	1286	957	3619
1850	1282	1162	3822	1832	1068	436	2306	1844	1034	1222	3349
1851	1347	1910	4333	1833	1112	1217	3791	1845	1420	437	2988
1852	1462	1300	3617	1834	590	690	1942	1846	880	940	3424
1853	1250	636	3749	1835	781	978	2713	1847	1142	1022	3165
1854	1268	689	3247	1836	716	798	3364	1848	934	925	3424
1855	942	689	3027	1837	1084	1277	3479	1849	829	634	2636
1856	1705	669	3613	1838	995	692	2641	1850	1050	1308	3870
				1839	596	562	2388	1851	1990	1687	4672
				1841	1091	1014	2954	1852	840	1350	2990
Durchschnitt in 30 Jahren				1842	462	620	1654	1853	1359	801	3139
	1116	910	3352	1843	—	—	2848	1854	1256	550	3370
			2026	1844	—	—	3012	1855	1011	609	2827
								1856	2116	621	3612

Durchschnitt
937 847 2862
1784

Cannstatt

1844	—	—	3578
1845	1844	868	4034
1846	719	820	3251
1847	1099	1332	3559
1848	880	885	3379
1849	951	746	3219
1850	1186	1179	3730
1851	1748	1662	4737
1852	1554	1169	3660
1853	1772	716	3430
1854	1347	730	3225
1855	1208	793	3292
1856	1741	758	3730

Durchschnitt
1337 971 3602
2308

Durchschnitt
1153 886 3220
2039

III. Unteres Neckarthal.				V. Remsthal.				VI. Tauberthal.			
Heilbronn 532 Fuß über dem Meere.				Winnenden 1070 Fuß über dem Meere.				Mergentheim 711 Fuß über dem Meere.			
Jahr	Mai Juli	August Oct.	Vom ganzen Jahr	Jahr	Mai Juli	August Okt.	Vom ganzen Jahr	Jahr	Mai Juli	August Okt.	Vom ganzen Jahr
1853	2061	899	3827	1831	1715	923	5227	1849	1000	777	3162
1854	500	440	2246	Ober-urbach				1850	1048	1030	3603
Durchschnitt 1280 674 3036 1954				1836	911	1084	3767	1853	1578	743	3493
				1837	933	969	2900	1854	920	915	3514
				1838	837	453	2550	1855	1180	600	2854
				1839	678	744	2985	1856	1449	745	3372
IV. Jagstthal.				1840	718	543	2085				
				1841	760	998	2859	Durchschnitt 1196 801 3333 1997			
Schönthal				1842	418	632	1998				
781 Fuß über dem Meere.				1843	1740	1162	4662				
1827	786	1018	4268	1844	1328	1577	4336				
1829	1084	1496	3646	1845	1745	1289	4673	VII. Bodensee-Gegend.			
1830	1732	1100	4357	1846	855	891	3894	Friedrichshafen			
1831	1643	546	4971	1847	1421	923	4285	1402 Fuß über dem Meere.			
1832	903	371	2974	1848	784	1231	3840	1827	1346	952	4167
1833	637	1165	4297	1849	1174	932	3995	1830	1479	1571	4806
1834	813	946	2646	1850	1249	1372	4313	1835	847	1599	8068
1835	836	986	3425	1851	1316	1940	5162	1836	681	688	8118
1836	674	665	4193	1852	1239	1367	4021	1837	928	1119	3524
1837	1267	1029	4234	1853	1851	823	—	1953	2194	1777	5341
1838	967	717	3181	1854	1317	844	3926	1854	1787	1278	4929
1839	836	839	3637	1855	1474	1027	4371	1855	1489	1608	3927
1840	936	753	2891	1856	2111	840	4708	1856	1592	813	4010
1841	1026	1077	3509								
1842	335	606	2287	Durchschnitt in 20 Jahren 1197 1028 3771 2225				Durchschnitt 1305 1266 4099 2571			
Durchschnitt in 15 Jahren 965 881 3634 1846											

§. 265.

Nach voranstehender Zusammenstellung betragen durchschnittlich von den Monaten Mai bis Oktober einschließlich

	die Sommertage	die mittlere Temperatur Mai Juli. August Oktober.	der Regenfall Mai Juli. August Oktober. Auf 1 Tag.		Vom ganzen Jahre. Im Ganzen.
1. Im obern Neckarthale bei einer Erhebung über die Meeresfläche von 1162—1448 Fuß	37	12,76 11,9 11,93	1436 2589	1153	3981
2. Vom mittlern Neckarthale bei einer Erhebung über die Meeresfläche von 860—1373 Fuß	44	13,62 11,44 12,53	1136 2040	904	3259
3. Vom untern Neckarthale bei einer Erhebung über die Meeresfläche von 532—708 Fuß	46	14,4 11,88 12,96	1280 1954	674	3036
4. Vom Remsthale bei einer Erhebung über die Meeresfläche von 963—1070 Fuß	43	13,7 11,7 12,12	1197 2225	1028	3771
5. Vom Kocherthal bei einer Erhebung über die Meeresfläche von 808 Fuß	51½	13,5 11,0 12,3	—		—
6. Vom Jagstthale bei einer Erhebung über die Meeresfläche von 731 Fuß	30	13,71 11,42 12,56	965 1846	881	3634
von 15—1600 Fuß an der Grenze des Weinbaues	39	13,14 10,85 11,99	—		—
7. Vom Tauberthale bei einer Erhebung über die Meeresfläche von 711 Fuß	41½	13,53 11,21 12,38	1196 1997	801	3333
von 1100 Fuß an der Grenze des Weinbaues	32	13,19 11,22 12,20	—		—
8. Von der Bodenseegegend bei einer Erhebung über die Meeresfläche von 1402 Fuß	39	13,17 11,47 12,32	1305 2571	1206	4090

Vergleichen wir von den einzelnen Jahrgängen die Zahl der Sommertage, die mittlere Temperatur und die gefallene Regenmenge von den auf die Vegetation der Rebe und Traube einflußreichen Monaten mit dem spezifischen Gewicht und der allgemein bekannten Qualität des Weins, so finden wir, daß Wärme und Feuchtigkeit einen wesentlichen Einfluß nicht nur auf die Qualität, sondern auch häufig auf die Quantität ausüben, indem, wenn sich in den Monaten Mai bis Oktober viel Wärme und keine zu große Regenmenge entwickelt, wir auf einen guten Wein und reichen Ertrag, im entgegengesetzten Falle aber auf einen geringen Wein und in der Regel auch auf wenig Ertrag uns Rechnung machen dürfen.

Stellen wir nun zunächst Vergleichungen zwischen den einzelnen Weinbaugegenden nach den durchschnittlichen Wärmegraden und der Regenmenge an, so zeigt sich, daß

a. das obere Neckarthal, bei nur 11,93 Grad Wärme und bei 2589 Cubikzollen Regenmenge in den Vegetationsmonaten sowie bei 3981 Cubikzoll im ganzen Jahr zu den geringeren Weinbaugegenden gehört, und daß sich

b. die Bodenseegegend, zwar mit 12,32 Grad Wärme, aber mit 2571 Cubikzoll Regenmenge und im ganzen Jahr mit 4099 Cubikzoll an jenes anreiht,

daß dagegen

c. das mittlere und untere Neckarthal mit 12,53 und 12,96 Wärmegraden und nur mit 1954—2040, im ganzen Jahr aber nur mit 3036—3259 Cubikzoll Regenmenge zu den besseren Weinbaugegenden gerechnet werden darf, an die sich dann die übrigen Weinbaugegenden theils als gute, theils als mittlere anschließen, wobei jedoch zu bemerken ist, daß, da in den letztern Gegenden die Beobachtungen nicht in mehreren, sondern nur in einzelnen Orten angestellt worden sind, die berechneten Durchschnittszahlen keinen so allgemeinen Maßstab, wie in den übrigen Weinbaugegenden, abgeben, namentlich liegen von dem eigentlichen Rems- und Kocherthale keine oder nur wenige Beobachtungen vor, indem diejenigen vom Remsthale in dem benachbarten, schon etwas höher liegenden Winnenden, das eigentlich in einem Seitenthal des Neckars, in dem Zipfelbachthale liegt und diejenigen vom Kocherthale zu Oehringen in dem gleichfalls etwas höher und freier liegenden Ohrthale angestellt worden sind.

§. 266.

4. Traubenblüthe und Weinlese.

Eine Uebersicht über den Eintritt der Traubenblüthe und der gewöhnlichen Weinlese hat für den Weinproduzenten mancherlei Interesse, indem der frühe oder späte Eintritt des Einen oder des Andern sowie beider einen ziemlich sichern Schluß auf die Qualität des Weins machen läßt. Es sind deßwegen auch darüber Notizen gesammelt und in der hier folgenden Uebersicht zusammengestellt worden, in der auch das spezifische Gewicht des Weinmostes von jedem Jahrgang, in so weit es erhoben werden konnte, beigefügt wurde.

Jahr.	Stuttgart				
	Zeit der Blüthe.	Zeit der Weinlese.	Spezifisches Gewicht nach Graben.		
			Mittleres	Höchstes	Geringstes
1819	—	—	73	82	65
1820	—	—	59	65	54
1821	—	—	54	69	49
1822	—	—	80	91	70
1824	Anfang Juli	25. Oktober	60	—	—
1825	15. Juni	12.—17. Oktober	77	80	67
1826	28. Juni bis 8. Juli	16.—19. Oktober	65	75	60
1827	Vor dem 24. Juni	11. Oktober	76	—	—
1828	28.—30. Juni	15.—17. Oktober	68	95	58
1829	Ende Juni	21.—28. Oktober	61	80	51
1830	14. Juni b. 15. Juli	15.—16. Oktober	74	88	54
1831	Ende Juni	17.—24. Oktober	71	79	61
1832	Juli	19.—23. Oktober	64	80	53
1833	15.—24. Juni	18.—20. Oktober	64	78	46
1834	10.—15. Juni	6. Oktober	99	114	81
1835	13.—22. Juni	20. Oktober	82	88	—
1836	19.—24. Juni	20.—30. Oktober	—	100	—
1837	28.—6. Juli	24.—31. Oktober	44—55	—	—
1838	1.—12. Juli	18.—24. Oktober	64—72	—	—
1839	28.—30. Juni	14.—15. Oktober	70—78	—	—
1840	—	17. Oktober	68	—	—
1841	Anfangs Juni=Juli	5.—10. Oktober	76	—	—
1842	Anfangs Juni	11. Oktober	80	—	—
1843	Anfangs Juli	26. Oktober	—	—	—
1844	Ende Juni	21.—25. Oktober	65—75	—	—
1845	Anfangs Juni	21.—24. Oktober	63	—	—
1846	Anfangs Juni	10.—15. Oktober	80—90	—	—
1847	—	20.—31. Oktober	—	—	—
1848	20.—30. Juni	11.—16. Oktober	60 75 80		
1849	25.—30. Juni	21.—23. Oktober	76	—	—
1850	Juli	23.—27. Oktober	65	—	—
1851	Ende Juni	20.—25. Oktober	—	—	—
1852	Ende Juni	15. October	—	—	—
1853	Anfangs Juli	28. Oktober	—	—	—
1854	29. Juni	Ende Oktober	—	—	—
1855	27. Juni bis 6. Juli	25. Oktober	—	—	—
1856	3. Juli	24. Oktober	—	—	—

Nach dieser Uebersicht ist nach den zu Stuttgart angestellten Beobachtungen in 33 Jahren von 1824—1856 eingetreten:

a. Die Traubenblüthe:			b. Die Weinlese:		
Anfangs Juni	Mitte Juni	Ende Juni u. Anfangs Juli	Ende Sept. u. Anfangs Okt.	Mitte Oktober	Ende Oct. u. Anfangs Nov.
1834	1825	1824	1834	1825	1824
1842	1833	1826	1841	1826	1829
1846	1835	1828	1842	1828	1836
	1836	1829	1846	1830	1837
	1840	1830		1831	1843
	1847	1831		1832	1844
	1848	1832		1833	1845
	1849	1837		1835	1847
		1838		1838	1849
		1839		1839	1850
		1841		1840	1851
		1843		1848	1853
		1844		1852	1854
		1845			1855
		1850			1856
		1851			
		1852			
		1853			
		1854			
		1855			
		1856			

Die Traube braucht, wenn nicht ganz vorzüglich günstige Witterung eintritt, zu ihrer vollständigen Entwicklung von dem Anfang der Blüthe bis zur vollkommenen Reife einen Zeitraum von 120—130 Tagen, wie denn auch derselbe in den vorzüglichen Weinjahren von

    1834 . . 122 Tage
    1842 . . 126 „
    1846 . . . 130 „
    1857 . . . 125 „

betrug, wenn nun durch ungünstige Frühjahrswitterung die Blüthe nicht in der ersten Hälfte des Monats Juni, sondern erst in der Mitte oder gegen das Ende desselben und sogar erst zu Anfang des Monats Juli eintritt, so braucht die Traube zu ihrer Ausbildung schon die wärmere Jahreszeit, nämlich die Monate Juli, August und häufig auch noch einen Theil des Monats September, so daß das Weichwerden und die Reife in eine kühlere Jahreszeit fällt, in welcher die Zuckerbildung nicht mehr so vollständig vor sich geht, als wenn der August (Kochmonat) noch darauf einwirken kann, es bleibt deßhalb in den Traubenbeeren noch viel Wasser und Säure zurück, die sich nicht, wie der Zuckerstoff, bei der Gährung in Weingeist auflösen und wodurch der Wein geringhaltig und hie und da sauer und schlecht wird.

Man wird deßwegen, wenn die Traubenblüthe nach der Mitte des Monats Juni oder erst zu Ende desselben oder sogar erst im Monat Juli allgemein beginnt, in der Regel auf einen mittelmäßigen, häufig nur auf einen geringen Wein sich Hoffnung machen dürfen, indem, wenn auch die Lese lange und bis gegen das Ende des Monats Oktober verschoben wird, dieser Monat das, was im August und September hätte geschehen sollen, nicht mehr vollständig nachholen kann, wie denn dieses auch die oben bemerkten Jahrgänge, in welchen Blüthe und Lese spät eintraten, zur Genüge nachweisen.

Einen gleichen Nachweis liefern die hier angeführten Weinmostgewichte, indem dieselben in allen denjenigen Jahren, in welchen Blüthe und Lese später folgten, gering ausfielen.

§. 267.
Allgemeine Betrachtungen über die Bestimmung der Weinqualität nach den Witterungsverhältnissen.

Wir haben schon bemerkt, daß die Witterungsverhältnisse eines jeden Jahrs einen mächtigen Einfluß auf die Quantität und Qualität des zu erzeugenden Weins ausüben, insbesondere ist es aber die in den Vegetationsmonaten (Mai bis Oktober) entwickelte Wärme und gefallene Regenmenge, welche namentlich auf die Qualität des Weins einen entscheidenden Einfluß haben, während in einzelnen Lagen auch noch der Zutritt der Winde, die mehr oder minder trockene Luft, sowie im Allgemeinen die Elektrizität derselben bedingende Momente sind, von welchen die Qualität des Weins abhängt.

Kennt man jedoch einmal die Hauptmomente, Wärme und Feuchtigkeit, von einem Jahrgange, so läßt sich schon mit ziemlicher Sicherheit berechnen, ob es viel oder wenig guten oder geringen Wein geben wird, wie folgende Zusammenstellung zeigt.

a. Im Allgemeinen.

Vom mittleren Neckarthale, von welchem die vollständigsten Notizen vorliegen.

Durchschnitt.

Zeitperiode.	Sommertage.	Wärmegrade.	Regenfall.	Ertrag per Morgen.
1827/36.	46.	12,80.	1892.	3 Eimer.
1837/46.	46.	12,69.	1977.	2 Eimer 2 Imi.
1847/56.	35.	12,80.	2210.	2 Eimer 1 Imi.

Es hat also die Zeitperiode von 1827/36, welche durchschnittlich die meisten Sommertage und Wärmegrade, aber den wenigsten Regenfall gehabt hat, auch den meisten Ertrag und den besten Wein geliefert, indem in dieselbe die guten Weinjahre 1827, 1834 und 1835 gefallen sind, während die Zeitperiode von 1847/56 den geringsten Ertrag gab, indem, wenn auch gleich die Zahl der Wärmegrade derjenigen von 1827/36 gleichkommt, die geringere Zahl der Sommertage und der bedeutend größere Regenfall sehr ungünstig auf den Ertrag sowie auf die Qualität des Weins einwirkte.

b. Spezielle Vergleichung einzelner Jahre.

Orte. Jahrgang.	Sommertage.	Mittlere Temperatur. Mai Juli. August Okt. per Tag.	Regenfall. Mai Juli.	Regenfall. August Okt.	Zeit der Traubenblüthe.	Zeit der Weinlese.	Mittl. Gewicht des Weinmostes. Grade.
1. Oberes Neckarthal.							
Tübingen im Neckarthal 1162 Fuß über dem Meere.							
1822 Gut.	42	13,89 10,90 12,89	1170	848	Anfangs Juni.	10/25. Septbr.	—
1821 Schlecht.	17	10,36 10,61 10,48	1215	1123	Juni.	30. Okt.	—
1826 Mittelmäßig.	40	12,97 12,31 12,62	1661	743	28. Juni 8. Juli.	19. Okt.	61
Pfullingen im Echaztthale 1488 Fuß über dem Meere							
1846 Gut.	83	13,42 11,52 12,47	—		14. Juni.	6. Okt.	—
1844 Schlecht.	34	11,05 10,07 10,56	—				
1849 Mittelmäßig.	65	13,86 11,01 12,44	—		15. Juni.	20. Okt.	—
Bissingen im Lauterthale 1448 Fuß über dem Meere							
1846 Gut.	—	14,52 12,52 13,52	1111	1347	—	—	—
1844 Schlecht.	—	11,31 10,72 11,02	1955	1357	—	—	—
1849 Mittelmäßig.	—	13,51 11,01 12,26	1195	981	—	—	—

Orte. Jahrgang.	Sommertage.		Zusammen.	Mittlere Temperatur.		Regenfall.		Zeit der		Mittl. Gew. des Weinmostes.
	Mai Juli	August Okt.		Mai Juli Auf 1 Tag.	August Okt.	Mai Juli	August Okt.	Traubenblüthe.	Weinlese	
2. Mittleres Neckarthal.										
a. Stuttgart im Nesenbachthal 860 Fuß über der Meeresfläche.										
b. Wangen im Neckarthale 928 Fuß über dem Meere.										
c. Cannstatt im Neckarthale 765 Fuß über dem Meere.										
Gute Jahrgänge.										
1827 a.	27	10	37	14,77 11,80 13,28		1159	1013	Mitte Juni	11. Okt.	76
gehört zu den geringeren guten Jahrgängen.										
1834 a.	53	35	88	15,84 12,56 14,20		742	716	10/15 Juni	6. Okt.	79/84
b.			88	15,25 12,26 13,75		590	690	Anfgs Juni	6. Okt.	
1842 a.	42	32	74	14,19 11,79 12,99		642	641	Anfgs Juni	11. Okt.	79
b.			70	14,12 11,12 12,62		462	620	—	—	
1846 a.	45	22	67	15,82 12,98 14,40		685	824	Anfgs Juni	10/15 Okt.	80/90
c.			85	15,27 13,05 14,16		719	820	12. Juni	8. Okt.	
Summe	167	99	509	10,52·68,55		4999	5324	—	—	314.174
Durchschnitt	42	25	73	15,04 12,22 13,63		714	761	—	—	78/87
Geringe Jahrgänge.										
1829 a.	20	6	26	13,65 10,28 11,96		931	1229	Ende Juni	21/28 Okt.	61
b.			22	13,20 10,22 11,71		712	982	—	—	
1837 a.	25	19	44	13,04 11,25 12,14		1175	1148	28. Jun 6. Juli	24/31 Okt.	45/55
b.			49	12,41 10,88 11,64		1084	1277	1. Juli	24. Okt.	

Orte. Jahrgang.	Sommertage.		Zusammen.	Mittlere Temperatur.		Regenfall.		Zeit der		Mittleres Gewicht des Weinmostes.
	Mai Juli	August Okt.		Mai Juli Auf 1 Tag.	August Okt.	Mai Juli	August Okt.	Traubenblüthe.	Weinlese.	
1838 a.	33	14	47	13,51 12,50	11,50	1149	647	1/12. Juli	18/24 Okt.	64/72
b.			44	13,18 12,00	10,83	995	692	1. Juli	19. Okt.	
1844 a.	12	8	20	13,26 12,28	11,30	1173	1156	Ende Juni	21/25 Okt.	65
b.			25	12,27 11,47	10,67			21. Juni	23. Okt.	
c.			30	12,16 12,24	11,36			12. Juni	24. Okt.	
Summe	90	47	307	117,68	98,26	7219	7131			235·127
Durchschnitt	22½	12	34	13,08 12,00	10,92	1031	1019			59/63
Mittlere Jahrgänge. 1828 a.	31	9	40	14,60 12,88	11,16	701	714	28/30 Juni	15/17 Okt.	68
1830 a.	33	12	45	14,32 12,62	10,93	1509	936	14 Jun 15 Juli	15/16 Okt.	74
b.			39	13,84 12,29	10,73	1050	792	—	—	—
1831 a.	32	14	46	13,79 13,03	12,26	1429	793	Ende Juni	17/24 Okt.	71
b.			40	13,14 12,49	11,84	1245	744	—	—	—
1832 a.	20	16	36	13,21 12,28	11,35	808	469	Juli	19/23 Okt.	64
b.			39	12,70 12,05	11,39	1068	486	1. Juli	—	—
1833 a.	33	1	34	15,12 12,55	9,98	1200	1220	15/24. Juni	18/20 Oft	64
b.			34	14,07 11,84	9,62	1112	1217	15. Juni	—	—
1835 a. Gut Mittel.	40	21	61	14,25 12,84	11,44	680	963	18/22. Juni	20.. Okt.	75
b.			63	13,77 12,18	10,60	781	978	23. Juni	20. Okt.	
1836 a. Gut Mittel.	29	21	50	13,36 12,49	11,61	823	829	19/24. Juni	20/30 Okt.	77

463

Orte. Jahrgang.	Sommertage Mai Juli.	Sommertage August Okt.	Zusammen.	Mittlere Temperatur. Mai Juli.	Mittlere Temperatur. August Okt.	Regenfall. Mai Juli.	Regenfall. August Okt.	Zeit der Traubenblüthe.	Zeit der Weinlese.	Mittleres Gewicht des Weinmostes.
1836 b.			51	12,72	11,03 11,88	716	798	21. Juni	24. Okt.	
1839 a.	40	13	53	14,39	11,68 13,04	1077	690	28—30. Juni	14/15 Okt.	70,78
b.			48	13,92	11,09 12,50	596	562	20 im Anfng.	14/15 Okt.	—
1840 a.	25	15	40	13,47	10,75 12,11	1359	714	—	17. Okt.	68
b.			40	12,70	10,96 11,83	—	—	12. Juni	20. Okt.	—
1841 a. Gut Mittel.	30	25	55	13,80	12,44 13,12	1169	1045	Juni Juli	5/10. Okt.	76
b.			53	13,34	11,82 12,58	1091	1014	—	—	—
1843 a. Gering Mittel.	13	14	27	12,72	11,73 12,22	1290	737	Anfgs Juli	26. Okt.	62
b.			35	12,25	11,34 11,97	—	—	18. Juni	25. Okt.	—
1845 a.	22	7	29	13,19	11,02 12,10	1576	874	Ende Juni	21/24 Okt.	71
c.			30	13,30	10,94 12,12	1844	868	17. Juni	25. Okt.	—
Summe	348	168	997	311,97	257,71	23194	17393		840	
Durchschnitt	29	14	43	13,56	11,12 12,34	1104	828			70

Orte. Jahrgang.	Sommertage.		Mittlere Temperatur.		Regenfall.		Zeit der		Mittleres Gewicht des Weinmostes.
							Trauben-Blüthe	Wein-Lese	
	Mai Juli.	August Oktober.	Mai Juli.	August Oktober.	Mai Juli.	August Oktober.			

Winnenden 1070 Fuß über dem Meere.

1846 Gut.	76	—	14,55 13,75	12,95	855	891	13. Juni	3. Okt.	
1844 Schlecht	23	—	11,96 11,04	10,12	1328	1577	7. Juni	23. Okt.	
1849 Mittel	37	—	13,20 11,04	10,82	1174	932	19. Juni	22. Okt.	

3. Kocherthal.

Oehringen im Seitenthal der Ohr 808 Fuß über dem Meere.

1846 Gut	93		14,8 14,7	14,6	—	—	15. Juni	5. Okt.	
1844 Schlecht	31		12,5 11,6	10,6	—	—	18. Juni	27. Okt.	
1849 Mittel	46		15,2 12,9	10,6	—	—	20. Juni	22. Okt.	

4. Jagstthal.

Schönthal 736 Fuß über dem Meere.

1834 Gut	60		15,07 13,71	12,35	813	946	21. Mai	8. Okt.	
1838 Schlecht	20		13,20 12,03	10,86	967	717	26. Juni	25. Okt.	
1835 Mittel	46		14,13 12,73	11,34	836	986	13. Juni	21. Okt.	

5. Tauberthal.

Mergentheim 711 Fuß über dem Meere.

1842 ziemml. gut	47		14,87 13,29	11,72	—	—	9. Juni	13. Okt.	
1848 Mittel	55		13,55 12,18	10,81	—	—	18. Juni	16. Okt.	
1850 Gering	44		13,11 11,53	9,95	1048	1030	26. Juni	28. Okt.	

§. 268.

Aus diesen Zusammenstellungen ersehen wir, daß die Entwicklung der Wärme und der gefallenen Regen in den einzelnen Weinbaugegenden nicht gleich, sondern zum Theil sehr verschieden ist, und im Allgemeinen die Wärme mit der geringeren Erhebung über der Meeresfläche oder der niedern Lage zu=, während die gefallene Regenmenge abnimmt, was auch auf die Qualität des Weins einen wesentlichen Einfluß ausübt, indem z. B. das mittlere specifische Gewicht des Weinmostes in dem untern Neckarthale fast jedes Jahr um ein oder einige Grade mehr beträgt, als im mittleren Neckarthale und in diesem wieder mehr als im obern Neckarthale.

Bei der Vorausbestimmung der Weinqualität muß man daher zwischen den einzelnen Weinbaugegenden unterscheiden, wobei man nach den bis jetzt gemachten Beobachtungen folgende Regeln aufstellen kann.

1. Oberes Neckarthal.

Ein guter Wein mit 70—77 Graden wird erzeugt werden, wenn die mittlere Temperatur durchschnittlich per Tag 12—13 Grade, besonders in den Vegetationsmonaten bis nach der Blüthe 13—14 Grade, in den Entwicklungsmonaten der Traube aber 11—12 Grade erreicht und die gefallene Regenmenge in den erstern Monaten die Zahl von 1100—1200 Kubikzoll, auf den Pariser Quadratfuß (§. 264) in den letztern Monaten die Zahl von 900—1100 Kubikzollen nicht übersteigt, so daß die Blüthe bald eintreten kann, und die Traube in ihrer Entwicklung nicht gestört wird.

Auf einen geringen Wein mit 48—56 Graden wird man sich Rechnung machen dürfen, wenn die mittlere Temperatur sowohl in den ersten als letzten Vegetationsmonaten auf 10—11 Grade herabsinkt, die Regenmenge aber sich auf 2400 bis 3000 Kubikzoll erhöht.

Die mittlern Weine mit 58—70 Graden fallen in die Grenzen zwischen den guten und geringen Weinen, wenn nach obigen Zusammenstellungen entweder die Blüthe wegen kühlem Wetter und starkem Regenfall sich bis in Juli verzögert, oder wenn nach günstig vorübergegangener Blüthe die Entwicklung der Traube wegen geringer Temperatur und starkem Regenfall zurückbleibt.

2. Mittleres Neckarthal.

Für dieses Thal, dem wir auch die untern Theile des Rems- und Enzthales gleichstellen dürfen, und von dem wir die zuverläßigsten Notizen besitzen, können wir folgende Anhaltspunkte geben:

	Sommertage.		Mittlere Temperatur		Regenfall.		Zeit der		Mittleres Gewicht des Weinmostes. Grade.
	Mai Juli.	August Okt.	Mai Juli.	August Okt.	Mai Juli	August Okt.	Trauben-Blüthe	Wein-Lese	
Für gute u. ausg. Weinjahre 1834. 1842. 1846	40/50 60—80	25/35	14/16 13—14½	12/13 13—1600	600/800 700/800		Anfangs Juni.	Ende Septemb Anfangs Oktober.	77—85 —90
Für geringe Weinjahre 1829. 1837 1838. 1844	10/25 20—40	8/15	12/13 11—12	10/11 19—2400	900/1200 1000/1200		Ende Juni. Anfangs Juli.	Ende Oktober.	55—65
Für mittlere Weinjahre	25/40 40—60	10/20	12½/14 10½/12 12—13		700/1400 600/1200 14—2000		Mitte Juni bis Anfangs Juli.	Mitte bis Ende Oktober.	66—76

3. Bei dem unteren Neckarthale, dem Kocher- und Jagstthale fehlen verschiedene Notizen, daher keine genaue Berechnung angestellt werden kann.

4. Bei dem Tauberthale

fehlt von den meisten Jahren, von welchen Beobachtungen vorliegen, die Regenmenge, auch sind die klimatischen Verhältnisse hie und da etwas verschieden von denjenigen der übrigen Thäler, indem z. B. der Wein des Jahrs 1849 in dem Tauberthale zu den geringsten gerechnet wird, während er in dem Neckarthale zu den mittleren gehört, auch beschädigte der Frühjahrsfrost im Jahr 1846 die Reben des Tauberthales so stark, daß es nur sehr wenig Wein gab, während in andern Gegenden ein mittlerer Ertrag gewonnen wurde. Außerdem fehlen von dem Tauberthale die Aufzeichnungen von den vorzüglichen Weinjahren, wie 1846, man wird jedoch in Vergleichung mit den vollständigeren Aufzeichnungen von dem Nebenthal der Vorbach (Oberstetten) bei dem unmittelbaren Tauberthale annehmen dürfen, daß zu erwarten ist:

	Sommer-Tage	Mittlere Temperatur.		Regenfall.		Zeit der	
		Mai Juli	August Okt.	Mai Juli	August Okt.	Trauben-Blüthe	Wein-Lese
Ein guter Wein bei	60/70	14/15 11½/12½ 13—14		500/900 600/800 13—1500		Anfangs Juni	Anfangs Oktober	Die weicheren Traubengattungen des Taubertales zeitigen auch vollständig bei einer etwas geringeren Temperatur, können aber weniger Regen vertragen.
Ein geringer Wein bei	20/30	11/13 9/11 10—12		1000/1200 800/1100 1800/2100		Ende Juni bis Anfangs Juli	Ende Oktober
Ein mittlerer Wein bei	40/55	12/14 10/11½ 11—13		700/1200 700/1000 14—1900		Mitte Juni	Mitte Oktober

5. Die Bodensee-Gegend.

Von dieser Gegend besitzen wir nur einzelne Bruchstücke von Witterungsbeobachtungen, auch sind die klimatischen Verhältnisse sehr verschieden von den übrigen Weinbaugegenden und unerachtet der mehr südlichen Lage zeigt sich wegen der höhern Lage doch eine geringere Temperatur, aber häufig mehr Regenfall als in den Neckargegenden, man wird deßwegen für die Vegetationsmonate blos annehmen dürfen:

	Mittlere Temperatur	dagegen Regenfall
Für gute Weinjahre	13—14½ Grade	16—2200 Cubikzoll
Für geringe Weinjahre	10—12 "	24—3000 "
Für mittlere Weinjahre	11⅓—13 "	18—2400 "

Im Allgemeinen dürfen wir, wenn wir die physikalischen Eigenschaften des Rebstocks in Betracht ziehen, den Grundsatz aufstellen:

a. Wenn mit dem Monat Mai warme, trockene Witterung und kein Frost eintritt, so daß die Blüthe der Reben bald zu Ende dieses Monats und zu Anfang des Monats Juni beginnt und bei guter Witterung schnell vorüber geht, so daß sie längstens bis zur Mitte des Monats Juni beendigt ist, auch die folgenden Monate heiß und trocken sind, und Wärme und Trockenheit nur durch kurze, warme Regen unterbrochen werden, so daß Holz und Trauben sich vollständig entwickeln und auszeitigen können, so dürfen wir uns auf einen reichen Herbst und guten Wein Rechnung machen und auch wegen der guten Auszeitigung des Holzes und der Ausbildung der Fruchtaugen auf einen guten Ertrag im folgenden Jahre hoffen, was auch durch die Erfahrung bestätigt wird, wie die reichen Herbste 1828, 1835 und 1847 nach den guten Jahren 1827, 1834 und 1846 nachweisen.

Ist dagegen

b. der Monat Mai naß und kalt, tritt noch Frost in demselben ein, der die Reben beschädigt, geht die Entwicklung derselben langsam vor sich und dauert die unbeständige Witterung im Monat Juni fort, so daß die Blüthe derselben erst zu Ende dieses und zu Anfang des Monats Juli, auch die Befruchtung nur unvollständig (§. 6) vor sich gehen kann, und ist auch die Sommer= und Herbstwitterung kühl und naß, treten in den Monaten September und Oktober bald Fröste ein, welche das Laub, die Trauben und das Holz beschädigen, wodurch die Trauben ihren Schutz verlieren und in der Zeitigung gehemmt werden, so ist ein geringer Herbst, und ein schlechter, saurer Wein zu erwarten. Auch für das folgende Jahr sind in diesem Falle die Aussichten sehr zweifelhaft, denn ein naßkalter Sommer treibt viel und starkes Holz, das aber zur Auszeitigung viel Wärme und Hitze bedarf, fehlt nun diese sowohl in dem abgekühlten nassen Boden als außerhalb desselben, so bleiben das Holz, so wie die Fruchtaugen in der Entwicklung zurück, letztere verholzen und beide nehmen durch den eingetretenen Frost leicht Schaden, und wenn auch durch denselben die Rinde der Reben, wie bei dem ausgezeitigten Holze, bräunlich gefärbt wird, so treibt dasselbe doch keine fruchtbringende Augen, auch werden in diesem Falle Holz und Augen durch den Winterfrost gerne beschädigt. Heiße und trockene Sommer treiben nur kurzes und etwas schwaches Holz, aber mit vollen und engstehenden Augen, die vollkommen auszeitigen, verhärten und leichter die Winterkälte ertragen, daher viel und starkes Holz wenig Wein, wenig und schwaches Holz viel Wein.

Will man erfahren, ob die Augen des verflossenen Jahres fruchtbar sind, so nehme man von den verschiedenen Lagen und Rebgattungen eines Weinbergs Schnittlinge, die in der Mitte der Rebe abgeschnitten werden, stelle sie zu Anfang des Monats Januar etwa handhoch in's Wasser und in ein Zimmer, in dem es nicht gefriert, jedoch entfernt vom Ofen und an eine sonnige lichte Stelle und erneure das Wasser von 3 zu 3 Tagen, nachdem dasselbe zuvor einige Stunden im Zimmer gestanden hat, damit es die gleiche Temperatur mit dem abzugießenden Wasser annimmt. Nach Verfluß von 4—5 Wochen werden die gesunden Augen sich entfalten, Blätter und mehr oder weniger Trauben treiben, wornach wenigstens einigermaßen die Ergiebigkeit der Reben im nächsten Sommer beurtheilt werden kann, obgleich dieselbe auch noch von andern Umständen, wie von der schnellen oder langsamen Entwicklung im Frühjahr abhängt.

c. Auf ein mittleres Weinjahr darf gerechnet werden, wenn wenigstens ein Theil der Vegetationsmonate der Entwicklung der Rebe und der Traube günstig ist, d. h. wenn entweder günstige Frühjahrswitterung eintritt und die Rebe und Trauben sich schnell entwickeln und verblühen können, so daß die letztern bei späterer ungünstiger Witterung doch noch einen Vorsprung haben, oder wenn nach ungünstiger Frühjahrswitterung noch ein guter warmer und trockener, sogenannter Nachsommer, eintritt, insbesondere übt ein gutes, warmes Spätjahr und eine gute Herbstwitterung noch außerordentlich günstig auf die Auszeitigung der Traube und des Holzes, daher man in diesem Falle in der Regel eine mittlere Weinqualität erwarten darf, während umgekehrt dieses, wie 1847 weniger der Fall ist.

§. 269.

Will man in einer bestimmten Weinbaugegend nach den Witterungsverhältnissen eines einzelnen Jahrganges auf die Qualität des zu hoffenden Weins einen Schluß ziehen, so kommen hier zunächst

a. die Temperaturverhältnisse, sofort

b. der Regenfall,

während der Vegetationsperiode der Rebe in Betracht.

Als weitere Anhaltspunkte dienen dann noch

c. die Zahl der Regen= und trüben Tage,

d. die Zeit der Traubenblüthe und die Zahl der Tage von dieser bis zur Weinlese.

Nehmen wir zuerst die mittleren Temperaturverhältnisse, wie sie oben angegeben wurden und die Beobachtungen von der Stadt Stuttgart zur Grundlage und stellen wir Vergleichungen zwischen den Wärmegraden sehr guter Jahrgänge wie 1811, 1822, 1834 und 1846 und denjenigen ganz geringer Jahrgänge wie 1816, wo ohne eingetretenen Frostschaden nur wegen schlechter Witterung so zu sagen gar kein oder ein äußerst geringer Wein gewachsen ist, so zeigt sich folgende Differenz:

Mittlere Temperatur von

		Sommertage.
1811	13,78	
1822	13,48	
1834	14,20	88
1846	14,40	67
	55,86	155
Durchschnitt .	13,96	77½

Sommertage.

Ganz geringe Jahre $\Big\}$ 1805 — 11,32
1816 — 10,97 — 20
22,29
Durchschnitt 11,14½
Differenz 2,81½

Setzen wir nun die Güte des Weins von vorzüglichen Jahrgängen = 1 von den geringsten = 0, und vergleichen damit andere Jahrgänge dadurch, daß wir von ihren Wärmegraden diejenigen des geringsten Jahrganges abziehen, so zeigt sich zwischen denselben und den vorzüglichen Jahrgängen folgendes Verhältniß:

1829 mittlere Temperatur 1196,
Davon 1114½
Rest 81½

d. h. die Güte des Weins von 1829 verhält sich zu derjenigen von vorzüglichen Jahrgängen, wie 81½ zu 281½ oder nahezu wie $2/7$ zu 1 oder die Güte des Weinmostes von 1829 hat nur $2/7$ der Güte der vorzüglichen Jahre, ist mithin um $5/7$ geringer. Annähernde Verhältnisse werden sich auch ergeben, wenn man zwischen den Sommertagen und dem mittleren spezifischen Gewicht des Weinmostes Vergleichungen anstellt, wobei auch noch die Zahl der Regentage und die Zeit der Traubenblüthe in Berücksichtigung kommt, wie folgende Tabelle zeigt:

Jahrgang.	Mittlere Wärmegrade.	Verhältnißmäßige Güte des Weins.	Sommertage.	Verhältniß.	Regentage.	Zeit der Traubenblüthe.	Zahl der Tage von der Traubenblüthe bis zur Weinlese.	Mittleres bezifisches Gewicht des Weinmostes.	
1827	13,28	3/4	37	1/3	83	20. Juni	113	76	Gute Weinjahre.
1842	12,99	5/8	74	6/7	65	10. Juni	123	80	
	26,27		111		148		236	156	
Durchschnitt	13,13½	2/3	55½	5/8	74		118	78	
1828	12,88	3/5	40	4/11	88	28. Juni	110	68	Mittlere Weinjahre.
1835	12,84	4/7	61	5/7	88	18. Juni	124	78	
1848	13,25	3/4	44	3/7	72	25. Juni	111	75	
1849	12,88	3/5	36	2/7	74	25. Juni	119	76	
	51,85		181		322		464	297	
Durchschnitt	12,96	9/14	45	3/7	80		116	72½	
1829	11,96	2/7	26	1/9	95	30. Juni	113	61	Geringe Weinjahre.
1837	12,14	5/14	44	3/7	83	3. Juli	115	56	
1845	12,10	1/3	29	1/6	91	1. Juli	114	63	
1850	11,53	1/7	25	1/11	102	3. Juli	115	65	
	47,73		124		371		457	245	
Durchschnitt	11,93	3/11	31	1/5	93		114	61¼	

Stellt man nun Vergleichungen zwischen den einzelnen Jahrgängen an, so ist z. B. der 1827er Wein, unerachtet die Vegetationsmonate mehr mittlere Wärme hatten als das Jahr 1842 doch etwas geringer geworden als der Wein vom letzten Jahre, weil weniger sehr warme (Sommer-) Tage, dagegen mehr Regentage vorhanden waren, die Traubenblüthe später eintrat und die Trauben dadurch weniger Zeit zur Ausbildung und Zeitigung hatten als 1842. Ebenso war der Wein von 1828 etwas geringer als derjenige von 1835, weil er weniger Sommertage hatte und die Blüthe spät eintrat. In geringen Weinjahren sind in der Regel alle auf die Vegetation der Rebe einwirkenden Umstände ungünstig, wenig Wärme und wenig Sommertage, dagegen viel Regentage und späte Blüthe.

Wird der Regenfall, dessen Menge auf die Qualität des Weins einen wesentlichen Einfluß ausübt, auch noch in Berechnung genommen, so muß die Summe der Wärmegrade während der Vegetationsperiode mit der Menge des

Regenfalls verglichen werden, und man wird dabei zu entsprechenden Verhältnißzahlen kommen, wenn man mit den Wärmegraden in diejenige des Regenfalls dividirt, wie nachfolgende Uebersicht zeigt:

Jahrgang.	Mittlere Wärmegrade Vom $\frac{Mai}{Okt.}$ einschließl.	Regenfall Pariser Kubikzoll	Verhältnißzahl.	Sommertage.	Regentage.	Zeit der Traubenblüthe.	Zahl der Tage von der Traubenblüthe bis zur Weinlese.	Mittleres spezifisches Gewicht des Weinmostes.	
1834	2647,0	1458		88	68	12. Juni	122	79	Vorzügl. Weinjhr.
1846	2649,9	1509		67	68	10. „	130	84	
	5296,9	2967		155	136		252	163	
Dsch.	2648,4	1483	0,56	77½	68		126	81½	
1827	2455,7	2172		37	83	20. „	113	76	Gute Weinjahr.
1842	2406,5	1283		74	65	10. „	123	80	
	4862,2	3455		111	148		236	156	
Dsch.	2431,1	1727	0,71	55½	74		118	78	
1828	2378,8	1415		40	88	28. „	110	68	Mittlere Weinjahre.
1835	2356,6	1643		61	88	18. „	124	78	
1848	2438,5	1788		44	72	25. „	111	75	
1849	2400,9	1765		36	74	25. „	119	76	
	9574,8	6611		181	322		464	297	
Dsch.	2393,7	1653	0,69	45	80		116	72½	
1829	2213,7	2160		26	95	1. Juli	113	61	Geringe Weinjahre.
1837	2232,7	2323		44	83	3. „	115	56	
1845	2241,9	2450		29	91	1. „	114	63	
1850	2155,3	2444		25	102	3. „	115	65	
	8843,6	9377		124	371		457	245	
Dsch.	2210,9	2344	1,06	31	93		114	61¼	

Druck der Schell'schen Buchdruckerei in Heilbronn.